张祥龙文集
第 5 卷

西方哲学史讲演录

（上卷）

商务印书馆
创于1897 The Commercial Press

总　序

这套《文集》有十六卷，绝大多数是我 1992 年留学回国后的著述，只有一篇阐释塔斯基真理定义（收于第 3 卷）的文章，上世纪八十年代就已发表。但是，如通常的情况那样，这些著作的源头要遥远得多，属于我们曾生活过的那个跌宕起伏的时代；被表达的思想本身也经历着某种变迁，这已经被某些评论者注意到；而这思想在未来的命运，则无法预测了。

诸卷的具体特点，很难被归总，但就其思想风格而言，可以有一个极简易的形容，即"思在边缘"。"边缘"意味着它有临空涉险的一面，逼得所思摆脱现成，甚至蹈虚而行；但也有坚实的一面，言之有据，从事实到逻辑，皆不敢杜撰。而且，边缘也指哲学的特性，不像常规科学那样有范式可依，有实验可证，又不像文学那样可随发奇想，动人于无理之中。哲学要讲理，但要讲到终极处，也就是边际处，那里的道理就会放光。贺麟先生曾几次对我说：真理不只是正确，而是能够感动人的光明[①]，为艰难乃至黑暗人生带来根本的希望。斯宾诺莎的生活和哲理，皆含此真理。我的哲学起点，就在

----

① 贺先生在这方面的想法，可参考他《我对哲学的态度》一文。见其《哲学与哲学史论文集》，商务印书馆 1990 年版，第 586 页。

这黑暗与光明的交接处。^①说到"思",它对我而言不限于概念化的思维,尽管也一定要厘清它们,但关键处却要破开茧壳而成为可飞翔者,也就是可应机直觉者,可意会者,可凭"纯象"^②或时势而行者。

很粗略地讲,《文集》大致涵盖这么几个向度。(1)深度解读现象学。"深度"既指进入其文本深层、有自家领会特点(重原时间的晕流性及其被动发生性,重思想方式如海德格尔的"形式显示",等等),也指具有东方的,首先是中国哲理的相涉意趣。现象学的重心于我似乎是海德格尔思想,这在上世纪九十年代及其后的一段时间中确是如此,但实际上(詹姆士引导的)胡塞尔,特别是他的发生现象学才是真正的源头。这许多年来,舍勒、列维纳斯等也越来越被我看重。(2)对西方和中国、印度哲理的诠释和比较。这"比较"并非是现成式的,就像拉两个人来比较其身高、性格、思想等,更不是以一方为标准来比量另一方,而是意在"发生",也就是在应机的对比中产生出在任何一边都没有的新东西,如同升音与降音、元音与辅音……的对立结合中产生语词及其意义。所以,对比可以是有形的,如我的不少著作所做的,但也可以是细微的甚至无形的,间接地表现于对东西思路的叙述和翻译的特别方式中。(3)阐发儒家

---

① 参见本《文集》第 15 卷《摸索仁道——随笔集》第二部分。

② "纯象"(reines Bild)由康德的《纯粹理性批判》提出。它由人的纯粹先天的想象力(的生产性的综合)所构成,又称为"图几"(Schema,图型)。纯粹先天的想象力是人最为原发的心灵能力(《纯粹理性批判》A118、A124),而纯象指一种前概念的、使得知性概念与感性直观的结合可能的纯综合,是"人类心灵深处隐藏着的一种技艺"(《纯粹理性批判》A141),首先指先验的原时间(《纯粹理性批判》A138、A142)。它暗示着一条非概念、非对象化的致思道路,为胡塞尔和海德格尔所重视。具体的解释可于此《文集》第 1、2 卷中讨论海德格尔的《康德书》的地方见到。它与王树人先生阐发的"象思维"也有呼应。

哲理及相关传统。它依据原始文本乃至历代注疏，但有独特的理解（如揭示"时"是理解儒家及先秦的关键，孔子音乐出神境界及其思想后果，董仲舒"拒秦兴汉"学说与语言的特别之处，般若中观与如来藏心学的结合效应，宋明理学和心学的源头、境界与缺憾，罗近溪赤子之心说的卓越，等等）。这理解既与现象学及另一些当代西哲流派的提示相关，又受到过其他思想乃至科学如量子力学、人类学、博弈论的激发，更有一些是说不清来源，就在人生经历的熬炼和与文本对话中产生的。说到底，我对儒家、道家、佛家哲理的领会和体认，许多是超语言的，在家庭、遭遇、技艺和自然中蓦然来临。

（4）自家思想的表达。与以上三者有内在关联，但更为重要的，如刚刚所言，是独自的涌现。每有心领神会处，都是人生的喜悦。要害在于，找到非对象、非概念（这于许多从事哲学的心智来说就等于不可捉摸的混沌）却更可直观领会和结构化表达的思与言的方式。斯宾诺莎哲学既是概念内涵化的，又是形式（含"象"）直观化的。从最初理解的斯宾诺莎那里，我攀行过两条路：先到康德、黑格尔，在克尔凯郭尔、叔本华那里转向，经詹姆士、柏格森引导，到达现象学，特别是其时间观和源构成观；另一条是从斯氏之"神与自然合一"之论（经维特根斯坦前期的"图象-逻辑形式"和"不可说者"）到庄子和老子，体会自然生态化的天道，再到儒家的核心——家与孝。它们的交汇点是阴阳道论。

阴阳首先不是平衡论，更不是两点论，而是原发生论；为了能生而又生，必须有"互补对生"结构。现象学时间的发生源即时晕，由滞留与前摄这互补对生的阴阳所构成（海德格尔思想转向时，曾借重老庄的阴阳说）；而道家的"万物负阴而抱阳"，要到儒家讲的"亲亲而仁"的代际时间晕流中，才获得了人际的原发道性，也才真正进入了《易》象所示"几微"之"时中"。此阴阳化的时间晕流乃意义、意识、存在的根源，是不离人生的活太极、真太极，由此而思，才能看到至情（亲情、爱情、友情）中如何有至理，情势、冲气、权能域、潜意识如何经由"纯象"或"时势"而再应机地"坍缩"为各种"对象"，比如场、势、习俗、道德、利益、关系网、系统、个体、自我意识、分子、原子，当追究到微粒了或原能波的地步时，对象性又开始消隐，"二象""叠加"与"纠缠"无可避免。只有能看到意识源头就是时晕之阴阳发生流，既不能被全归为脑神经网络，也不能被形而上学化为笛卡尔式的"我思"，才能领会到人为什么可以"官知止而神欲行"[①]，也就是在一切感性、知性的官能之前或之后，还有"阴阳不测之谓神"的"入神"可能，即神秘体验的可能。正是这种体验，往往成为历史的发端，无论是通过宗教家、诗人、艺术家、手艺家，还是通过科学家和思想家。"神就是（阴阳大化之能动）自然"，绝非虚言。

　　如果这个思想的确站在了"边缘"上，那么它不会不以自己的方式眺望和关心未来，既有中国哲学、中华文明的未来，也有儒家的未来和人类的未来。我在北大哲学系毕业后，一心想搞自然保护，除了受庄子影响外，也确有追求思想内在的生命和朝向未来的隐义。老庄，于我不止于隐士的境界，而隐晦的海德格尔，则启动了我对技术化未来的深思。留学第一门课的教材中有《瓦尔登湖》，

---

　　① 《庄子·养生主》。

让我从此倾心于梭罗这位自然的情圣。而自身的"亲亲"（家人之间的相互亲爱）经历，为我打开了儒家之门。对于我，哲学从来都活在人生本身的内在缝隙乃至断层之中，如茫茫黑夜中一支摇曳的火把和宁静深处的背景音乐，又如危难时的一线生机和想象另类将来的出奇能力。如果你在此《文集》中找到了这样的思想，无论是古老儒家的新生命，东方与西方乃至人与自然交融共生的可能，还是助人破开各种形式的"热寂"或"黑暗森林"的契机，那就正是这套书所要追求的。因为，我们的儿女、孙儿女乃至父母和祖先，都可能通过它们而与我们相遇和重逢。

　　由于《文集》中少量卷册当年形成时的情势所迫，以致与其他卷册的内容有部分重合。这次勉力删除重复的部分，个别卷做了重新组合①，但考虑到读者可能仅选读某单册，而缺失那些内容则意思不完整，所以依然有未尽处，如第 2 卷与第 1 卷内容的部分重合。尽管最早出版这两卷时就做过有关的声明并表达歉意，这里还是要向读者再次致歉！

　　感谢商务印书馆诸位编辑认真负责的合力工作！特别是陈小文总编和卢明静编辑，前者策划而后者具体实施，使此《文集》得以面世。

张祥龙

辛丑（2021 年）兰月谨撰

---

　　①　第 12 卷（《儒家现象学研究（卷二）——儒家再临的蕴意与道路》）在删除了与其他卷的重复部分后，加入《〈尚书·尧典〉解说：以时、孝为源的正治》（生活·读书·新知三联书店 2015 年版）一书的主体部分。

再 版 说 明

　　《西方哲学史讲演录》(上下卷)初版由北京大学出版社于2005年1月推出,书名为《西方哲学笔记》和《当代西方哲学笔记》。它的底稿是出版社请人根据我的北大讲课稿打印出来的,成书时间又较仓促,所以颇有些遗憾处。幸好书销得快,于是很快借再印的机会出了修订版,纠正了一些初版时的疏漏。详情见于"修订版说明"。这次利用商务印书馆出版《文集》本,我又对其正文、注释和边页评议做了一些修订、改写和增补,希望能带给读者更佳的阅读体验,更清晰地领会到西方哲学的独特、深邃、变化脉络及某种偏狭和不足。

　　当然,任何哲学史都带有作者的解释视角,或某种"必要的偏见",这本书也不例外,读者只要读无论哪卷的开头几页就可以感受到了。我对此书之所以还有点儿信心,除了那些共通学术素质(资料的详实、论证的合理、表述的准确等)的衡量之外,就是此书中多层交织的对比棱角,比如数学与哲学、主流与异端、技艺与思想、古代与当代(包括当代前沿科学)、这个流派与那个流派、这个哲学家与那个哲学家之间的对比,甚至形式上的正文与边评、叙述与插语、中文与西文的对比;更重要的,是西方与东方的对比。它着力研究的是西方人思想的核心,却是以非西方中心论的方式。我一直相信，应机的对比造成边缘，而活的边缘会让人凭空直觉到只用概念说不清的东西。

张祥龙写于辛丑（2021 年）早秋

修订版说明

　　《西方哲学笔记》《当代西方哲学笔记》两书的主体部分出自我的讲课稿。北大出版社的王立刚先生对它们有兴趣，于去年初请人打印了出来，并希望我能加一些评议。讲课稿是为"西方哲学史"和"现代西方哲学"这两门本科生的必修课而写，初稿成于1998年至1999年间。之后，在教学中又有改动。五年后，当我面对打印稿时，也确有了一些新的想法。只是那时正值去德国讲学之前，仓促间写了一些页边评议或"笔记"*，可谓"书被催成墨未浓"。文字上的校对也做得粗疏。我在外面一待就近乎一年，回来时两书已经付梓。责编为此书做了大量核对与校订的工作，并几次通过电子信件与我商议（连书名也是由他们提出，由我确认的），可谓尽心尽责。但是，由于原稿只是为讲课用的手稿，字迹时有不清之处，文气有时也不很连续，再加上时间与人事上的这些错位，以至第一版中有不少形式上的不满意之处。好几位同学，也可说是第一批热心读者向我指出了这些问题。我深感内疚，并借此机会向读者们致歉。

　　幸好，在这两本书出版后半年内，立刚就通知我要再次印刷，并可以做些修订。于是，在力所能及的范围内，我做了文字上的修

---

　　* 本书以边注形式呈现。——编者

改，并加了少许页边评议。我的学生蔡祥元还通读了两书，又找出了一些文字上的可改正之处。我深知，即便这样，它们还是粗糙的。比如，有少量注释，还没有放到章后，就在行文的括弧中给出。我觉得这并不从实质上影响读者的理解，就任其自行了。而且，肯定还有些我未能发现的错误，还望读者不吝赐教！就内容而言，两书中颇有些与流行说法不同之处，虽然自忖不无根据，但任何诤议与批评，都既是我预期的，也是竭诚期待着的。

乙酉（2005 年）初夏张祥龙谨识

西方哲学史讲演录（上卷）

目　　录

第一章　引论

一、学习西方哲学史的意义何在？
只从一条引线入手来回答

自19世纪中叶开始，"天下大势"对于中国人来讲骤生巨变：国耻不断，几乎每战必败，每约必失。与当年蒙古、满清入主时又不一样，一种异样的，似乎是"不可战胜"的神秘力量逼临过来。古老的文化与民族有存亡之危，面对"三千年未有之大变局"，张之洞等提倡"中学为体，西学为用"，严复反驳之："有牛之体，则有负重之用；有马之体，则有致远之用，未闻以牛为体，以马为用者也。"[①]于是译《天演论》、《原富》、《法意》、《群己权界论》（《论自由》）、《穆勒名学》等，以求知西人之体。（然而，这些也不是最原本之体。）一战后，严复有醒："觉彼族三百年之进化，只做到'利己杀人，寡廉鲜耻'八个字，回观孔孟之道，真量同天地，泽被寰区"，"窃尝究观哲理，以为

左文襄公收复新疆之战全胜，乃漫夜中一炬光明。

按照耗散结构理论，如果机缘凑合，即有合适的输入与输出，那么美洲的一只蝴蝶扇动一下翅膀，可以引起一个自催化的或效应连续放大的过程，导致印度次大陆的一次风暴。严复的译撰之作《天演论》，就是引起中国现代西化思想进程的那一下致命的扇动。而他本人的整个思想历程，也在预示着某种东西。

---

① 《严复集》，第3册，王栻主编，中华书局1986年版，第558页。

耐久无弊，尚是孔子之书。"①

　　于是，"向西方求真理"之门洞开，新文化运动之后愈发不可收拾，汹涌蜿蜒至今。"全盘西化"成为主流，只是对何为真理、如何适应国情地西化有不同意见，都是些党派、主义之争，而非文化根基之争，似乎此问题早已解决了，其实事情远非如此简单。明了就里，才可知"西体"与"中体"的巨大不同！这不会是带来幸福的结合。方志敏从政治和民族命运上讲"可爱的中国"的悲惨遭遇，文化上又何尝不如此？而且更是如此！问题还在于中国文化会不会被"民国""反封建""大跃进""文化大革命"铲除了？只要用方块汉字，这破衣烂衫、沿街拉二胡乞讨、卖唱算命的"母亲""父亲"（罗中立大幅油画的震撼力所在，却有歪曲）就不会死？所以有贺麟者言，要将西方的"大经大法"介绍进来，先将大脉络理清，不要还未见正主就让其被对方的一些无赖官痞或二流货色（社会进化论、实在论、实证主义……）给糟蹋了。读严复的传记、新文化运动的记述、上世纪

商女不知亡国恨
隔江犹唱后庭花

三四十年代的"论战"、文化建设……令人感伤。相对论、量子力学、非欧几何、现象学、生存主义、分析哲学，都出来了，这边还只知"打倒孔家店"、尊崇"德先生、赛先生"——中国人似乎总在补课补考，累极又不出活。实际上，新的机会已经出现。严复晚年的"倒退"有其深刻的内在根据。没有只靠补课补考能成为好学生的，必须迎头赶上，脚踩两只船，出奇方能制胜。踩在两难之间，哪能不"摸着石头过河"？"新机会"不

---

　　① 《严复集》，第3册，王栻主编，第692、667页。

是现成的，"当代西方"如果只是两次大战、高科技革命、好莱坞、毕加索、卡夫卡、迪士尼、互联网……，也只是在逼东方人补考补课。不摸到根子上，就看不出"新"和"机会"，"中西互体互用"如何"互"也就无契机可言。

所以，学西方哲学，就是做新的"夷夏之辨"，弄清"夷"（或当今之"夏"）之底细和走向，看到边际、底蕴之所在，然后"动心忍性，曾〔增〕益其所不能"。不然，没谱儿，一笔糊涂烂账，逃都不知往哪逃，更不知何所求。"教养""背景"，其余事也。

二、何谓"哲学"？

从西方的视野看，哲学｛定义｝（φιλοσοφία, philosophia；英文为 philosophy）这个词的原义是"爱智慧"。它的前一半即"philo"（其希腊语动词是 phileo，名词和形容词是 philos）意为"爱"或"love"，后一半"sophia"意为"智慧"或"wisdom"；合起来就是"对智慧的爱"或"the love of wisdom"。

哲学有狭义与广义之分。

狭义：古希腊人开创的爱智之学，通过概念（观念）逻辑探讨终极问题；有形而上学（本体论）、认识论和价值哲学（伦理学、美学、宗教哲学、政治哲学等）之分。学院中教的绝大部分是这种哲学。

广义：对于终极问题的思想探索。

1．什么是终极问题？

"终极问题"往往是孩子们把大人"问得没了词儿"的问题，

近来学界有"中国古代到底有没有哲学"之争；其关键就在于对"哲学"做狭义的还是广义的理解。

或把大人们折腾得颠三倒四的问题：到了一种情境和话语的边缘（Ende, end, 尽头），没了标准，"左右不是"。比如这样的问题或话题："死""终身大事""幸福""爱""好""正义"（可杀人而不悔者）、"自由""（活的）时间""怪病""世界的开头""睡眠"（越想睡就越⋯⋯）、"临场发挥"等等。

　　"终极问题"总有人生情境的托衬。比如"世界的本原"，只在某种语境中才成为终极问题，在另外的情境中就不是终极问题，成为（比如）科学问题。不像一些人比如亚里士多德、罗素所认为的，哲学的特点是处于已知和未知之间，由"诧异"引起，要解"某某之谜"，由"闲暇"养成。哥德巴赫猜想、"月球上有水"⋯⋯都处于已知未知之间，但对于当今知识界的人来说都不是终极问题，因为它们已预定了某个观念的和验证的框架，并未到真正的边缘。"外太空有没有高级生命？"是个潜在的终极问题，但许多人只拿它当科学问题看待。"边缘"可以出现在各种人生遭遇中，对于它的深刻感受能力也就是"道性"的一个表现。感受不到边缘的人生是不年轻、不天真、无大意趣可言的。边缘态并不是实证意义上的"客观"物，因为它总与人所处情境有关；但也绝不"主观"，权贵、巨富、名人可以得到许多，但不能凭其主观意志和某种安排而达到边缘。边缘情境所产生的畏惧、惊奇、深沉和际会，与"刺激"不等同。它抑或是"受苦人""被经验折磨者"的专利？

2. 神话或宗教的终极探索和意义机制
　　对终极问题，人类中的大多数民族在那样一个边缘时代（有

左侧边注：

哲学根本的活泼与不确定，就源于斯。

天才活在边缘；"鹰之朋，雪之友，日之邻。"（尼采）
帕斯卡尔说："唯其由于缺乏证明，它们才不缺乏意义。"（《思想录》第 233 节。商务印书馆。）
"乱石穿空，惊涛拍岸，卷起千堆雪。江山如画，一时多少豪杰！"

记载与无记载之交界处）都有过敏锐感受，并通过神话、传说或宗教来解答它。这些解答里边，有许多今天看来仍然闪光和深邃的东西，如苏美尔、埃及、赫梯、腓尼基、巴比伦、希腊、印度、印第安……的神话。

普罗米修斯（宙斯所放逐的神祇的后裔）用隐藏着天神种子的泥土造人，智慧女神雅典娜把灵魂和神圣的呼吸送给这仅有半生命的生物，而普罗米修斯还教他们各种技能。"在希腊的墨科涅，在指定的一天，神集会来决定人类的权利和义务。在这会上，作为人类顾问而出现的普罗米修斯设法使诸神……不要给人类太重的负担。"[①]宙斯拒绝给人类为了完成他们的文明所需的最后一物：火！普罗米修斯为人类盗来火种，但宙斯立刻设法为他们造出了一种新的危害：潘多拉——"有着一切天赋的女人"。她"突然掀开盖子，于是飞出一大群的灾害，迅速散布到地上。但匣子底上还深藏着唯一美好的东西：希望！由于万神之父的告诫，在它还没有飞出以前，潘多拉就放下盖子，将匣子永久关闭"[②]为此普罗米修斯被锁在高加索的悬崖绝壁上，笔直地吊着，不能入睡，而且永不能弯曲他疲惫的两膝。"无论谁，只要他学会承认定数的不可动摇的威力，"他说，"便必须忍受命运女神判给的痛苦。"

人类世纪分成几个阶段，第一纪：黄金的人类；第二纪：白银的人类；第三纪：青铜的人类，残忍而粗暴；第四纪：半神

[①] 斯威布：《希腊的神话和传说》，楚图南译，人民文学出版社 1984 年版，第 2 页。

[②] 同上书，第 6 页。

法国学者韦尔南讲："当我们综观 mythos（神话）这个希腊词的演变，就会发现事情并不那么简单：Mythos 只是指言语（parole），从一开始起就不存在 mythos 和 logos（思想、话语）的对立。"（见其《古希腊的神话与宗教》，杜小真译，生活·读书·新知三联书店 2001 年版，第 93 页）

"希望"是边缘，处于有与无、现在与未来之间，所以是意义的一个来源。把希望关在匣子里，人类就不能希望了吗？非也，匣子里的希望仍然是希望。而且，并非所有的希望都不能实现。

承认或领会命运的定数，就是智慧。它不止于"被动"。

当人们遥望远古时，看到的多是"黄金"；当他们审视现实时，发现的多是"蠕虫"。然而，不同的民族看到的是不同的黄金。

在古希腊人描述的黄金时代中，"大地自动地为人类生长出十分丰富

的果实。他们的需要都得到满足，大家在和平康乐中幸福地生活"。（斯威布：《希腊的神话和传说》，第17页）而中国古人心目中的"帝尧陶唐氏"的时代，"天下大和，百姓无事，有八十老人击壤于道。观者曰：'大哉。帝之德也。'老人曰：'吾日出而作，日入而息，凿井而饮，耕田而食，帝何力于我哉！'"（《帝王世纪》。《古诗源》中，此歌最后一句为"帝力于我何有哉！"）

的英雄，也陷于仇杀和战争；第五纪：黑铁的世纪。赫西俄德（Hesiod）慨叹："让我死得更早，或出生得更晚吧！……年老的人不得不听着可耻的言语并忍受打击，……处处都是强权者得势，人们毁灭他们邻近的城市。守约、良善、公正的人得不到好报应，而为恶和硬心肠的渎神者则备受光荣。善和文雅不再被人尊敬。恶人被许可伤害善良，说谎话，赌假咒。……留给人类的除了悲惨以外没有别的，而这种悲惨且是看不见边际的！"[1]

奥菲斯教（Όρφικά，Orphiká；Oriphism，又译作"俄尔甫斯教"）流行于西元前6世纪（乃至更早）的希腊，崇拜奥菲斯（Orphis，Orpheus），与狄奥尼索斯崇拜很有关系，甚至混同，可以看作是对后者乃至对奥林匹斯众神崇拜的一种改造，也改变了赫西俄德《神谱》中的神灵排序。奥菲斯是阿波罗神的儿子，诗人们曾传唱过他的事迹，而狄奥尼索斯（Dionysus）则是宙斯和赛美勒（Semele，大地女神）之子，是收获之神、酒神，每年在隆冬肃杀之际死去，到春天复生。按此种神话，宙斯在与泰坦（Titans，巨人，叛恶之神）的斗争中，用灰烬创造人。其中既掺有泰坦的灰，故人生来就不完善；但也有狄奥尼修斯的实体部分，因而也有神性。肉体与心灵的二元论，通过净化使灵魂在轮回转世中变得纯洁，从而得解脱并与诸神同在、享受至福。净化指的是用清净的泉水洁身、戒食、禁绝杀生和血祭。奥菲斯教也猜测宇宙起源、日月星辰等天体的形成，这影响了后来

奥菲斯教与西方主要宗教的不同在于，它的神有某种时间性。但它们的共同处在于都将身体与灵魂分离。

---

[1]　斯威布：《希腊的神话和传说》，楚图南译，第20—21页。

的"自然哲学"；而其灵魂转世、净化、宗教伦理等学说，影响了毕达哥拉斯派、恩培多克勒、赫拉克利特、爱利亚学派、苏格拉底和柏拉图、后期新柏拉图主义等等。

奥菲斯教和当时的某种神话相信：由克罗诺斯或时间之神开始，出现了成对的以太（光明的燃烧着的东西）和混沌（裂开的深渊）；由此形成或产生被浓雾包围起来的银壳的世界蛋。这枚世界蛋破裂后，它的上半部变成天空，下半部包含水，由此形成大地。以下为一种创世神话或寓言①：从这枚世界蛋中产生出法涅斯（Phanes，光明之神）或头生的神普洛托戈诺（Protogonus），是万物的创造者；他既是阴性又是阳性，也称为厄罗斯（Eros，爱神），包含一切生命的种子。他和自己的女儿尼克斯相结合。法涅斯相继产生了三代子女：天和地；克罗诺斯（Cronus，时间之神）和瑞亚（Rhea，众神的母亲）；神帝宙斯和神母赫拉。接着宙斯又吞噬了法涅斯（弑父），此后便创造了一代代神灵。在奥菲斯教派中，时间之神是万物之源。（但后来的理念［理式，相］论则力求排斥时间。）

神话中将自然现象（日、月、江、海、雷、电……）的产生归于诸神间的父子、夫妇、兄弟关系。最有代表性的是赫西俄德的《神谱》，它将古代传下的有关诸神的庞杂传统，整理出一个一脉相承的谱系：

①宇宙谱：宇宙演化。

在世界起源传说中，出现"蛋"的还有埃及和印度的神话。世界上大部分创世说的一开头都有一个自然与神还未分开的"混沌"，然后是成对的差异（天与地、阴与阳）出现。只有犹太－基督教的创世说，从一开始就由唯一的人格神来主宰。

在西方的精神圣殿之中，家庭从来就不是一个产生幸福的地方。

---

① 这里转述的"神出现的谱系"援引自汪子嵩等所著《希腊哲学史》第 1 卷（人民出版社 1988 年版）的绪论第 4 节（第 75—76 页），由达玛修斯和格思里记述和解释，与赫西俄德的《神谱》的内容，有一些不同。

②神谱:以宙斯和克罗诺斯为代表的神的谱系。

③英雄谱:半神半人的英雄谱系。[①]

还有荷马的《伊利亚特》(《伊利昂记》)。

神话绝不只是启蒙时代或持"发展观"之人所认为的那样,仅是"幼稚"的"编造""幻想",其实里边含有对终极问题的深刻的、充满张力(总有两面、异化和返源、善与恶、生与死……)的意义开显和某种回答,有一个让大多数人能够心领神会并受其鼓舞、得到灵感的"意义机制"(the matrix of meaning)。(棋、绘画、小说、诗、物理学、数学都是发生意义的灵巧机变的游戏。)在科技充分发展(生态危机、原子弹、生化武器,网络、人工智能、改造人本身的生物技术……)和西方传统概念哲学衰退的今天,这一点——神话、故事、隐喻的不可避免——更为明显。人类学家、结构主义者、神话学者……,对此已有共识。"宗教"也是如此。如今宗教并无"消亡"迹象,因为人从根子上就需要各种意义机制的激发,特别是终极的意义机制。

3. "哲学"是获得更简洁轻巧的意义机制的努力

"哲学"在古希腊出现的一个重要动机或引人处,就是希望能够比神话、宗教更为个人化地、"有效"地(一些哲学家们这么相信)获得或进入这种意义机制,使之成为活生生的真理(赫拉克利特讲的"永恒的活火");还原掉一切不必要的外在附着,只保存那能维持这终极的意义机制的最必不可少的"始基"

相比于(科学的)真理,意义是更本原的。意义就是使存在者脱开平衡态(熵最大)的差异。所以意义的本性或原意义不止于秩序,而意味着最自由、最不现成。思潮变化之源不是求实证之真,而是求意义,特别是原意义。所谓"意义机制",即能够较稳定地产生意义的结构。希腊哲学史专家康福德(F. M. Cornford)甚至认为,"最初的哲学更接近神话结构,而不接近科学理论。伊奥尼亚的自然学说,不论就其灵感而言还是就其方法而言,都与我们所说的科学毫无共同之处,尤其是它完全不知道实验。"(引自让-皮埃尔·韦尔南《希腊思想的起源》,秦海鹰译,生活·读书·新知三联书店1996年版,第92页)

---

① 汪子嵩等:《希腊哲学史》第1卷,第77页。

（ἀρχή，arche，本原）、"根"、"原子"、"理式"（eidos，idea、理念）、"实体"等。在哲学家看来，这种还原是一种"去蔽"、"揭去蔽障"（a-letheia，"a"〔非、去掉〕和"lethe"〔隐藏、遗忘〕为词根），也就是"真理"的获得，所以称之为"纯思想探讨"和"概念探讨"（这两者不等同）。

它与希腊纯数学的出现息息相关。泰利斯、毕达哥拉斯、柏拉图……都与数学有莫大的干系。如果比较数学和（西方）哲学，及后世各自发展中对于对方的依赖看，数学显然是更本原的。只是数学是纯关系、纯形式的和非自然语言的，不能对许多人们关心的终极问题发言。于是，有了哲学，即用观念化的自然语言来运算式地解决终极问题的学问。

几何学缩减了（"损"去了）形状的经验内容，却突出了纯形状之间的形式关系，获得了一个"形状本身的意义世界"。希腊人相信，它保存住了这里面一切有重大（数学）意义的因素、关系、形式、推演和判定机制，而且，正因为这种缩减（去掉、揭去），反而开显出了在不纯粹的状态下看不出的更精巧深妙的关系与意义。哲学家希望哲学活动在处理终极问题上扮演同样角色，开显出更精深、准确的意义关系，这就是"智慧"之所在。它当然有纯数学那种"为知而知"的味道，因为已进入到了纯形式纯关系的领域，但不只是"满足个人好奇心"（亚里士多德），而是为了以更现代的、更灵巧有效的方式来处理终极的意义问题。（当然，这也可以是个人的好奇心所在，两者可以是共通的。）

某个哲学活动的成功与否，与能否达到或起码有助于达到这个目的有关。广义哲学的根本意向不只是建立某种"世界

这里所说的，只是为了更充分地理解古希腊数学和哲学的特点，并不是主张这种数学从本质上就高于其他民族创造的数学，就如同绝大多数西方学者所认为的那样。不同的数学体系有各自不同的方法和特点，并没有根本的高低之分。以吴文俊、李继闵为代表的一批学者提出了非西方中心论的看法，即：世界古代数学分为东、西两大流派。古代西方数学是以欧几里得《几何原本》为典范的公理化演绎体系，古代东方数学则以中国的《九章算术》及刘徽注为代表的算法体系。在世界数学发展的历史长河中，

这两种体系互为消长，交替成为主流。（参见吴文俊《吴文俊论数学机械化》，山东教育出版社 1996 年版；李继闵《〈九章算术〉导读与译注》，陕西科学技术出版社 1998 年版）

观"，也不只是寻找什么"一般规律"[1]，因为规律已经以一个意义机制为前提；也不仅是"关于如何认识这个所予世界，或进而如何去改造这个世界的方法和理论"[2]，而是寻找终极的意义机制。

三、西方哲学与东方哲学

不仅"哲学"这个词，而且狭义的哲学（概念化哲学），都出自西方或古希腊。这一事实有重大的后果。许多西方人、哲学家直到今天仍然否认有真正意义上的东方哲学、中国哲学。甚至胡塞尔也是如此认为！梯利（西方哲学史家）还否认东方有广义上的哲学："东方人的理论，印度人的、埃及人的和中国人的，主要是由神话的和伦理的学说组成，因而不是完全意义上的思想系统。其中充斥着诗和信仰。"[3] 梯利的错误在于将"思想"等同于概念化思维。这一点已被当代西方哲学的发展（如柏格森、海德格尔、维特根斯坦后期的哲学，皆是非概念化的）所否定，其实也早被东方的纯思想追求所否定。他与黑格尔等人有理的一面是：如果将哲学限于狭义范围，则东方缺少这种哲学的成熟形态，甚至有意识地抵制这种形态。"中国哲学的范畴化"是条死路，而"不依据概念化方案的纯思想的理性探讨如何可能"

关于这个问题，我最近与法国学者杜瑞乐有一次争论（见《中国学术》第 15 辑）。另有一篇相关的文章"中国哲学研究方法的多元化"发表于《中国人民大学学报》（2003 年第 2 期）。

---

[1] 敦尼克等主编：《哲学史》，生活·读书·新知三联书店 1962 年版，第 1 页。

[2] 同上书，第 19 页。

[3] F. Thilly : *A History of Philosophy*, New York: H. Holt & Co., 1955, p.3.

则涉及整个思想方式的转变以及"哲学"观的转变,这对于当今许多西方和中国的哲学界人士来说,都还不可思议。

说"哲学终结"是指狭义的"哲学",但有无"终结"后的纯思想或广义哲学的探索,则众说纷纭了。所以,说"东方哲学"、特别是"中国哲学"是有危险的。但现在只有"哲学系",没有"理学系""纯思系""道术系""太极系",也没有了"文史哲不分的传统"。所以权且叫作中国哲学,不然无处安身,只是要明白,这"哲学"是广义的,不是"常(恒)名",只是"字"或"强名"。("吾不知其名,强字之曰道,强为之名曰大。")①

而且,一旦"哲学"观的视域扩大,对"西方哲学"亦可有新看法。我因而就不限于概念交待,尽管那将占很大篇幅,对这些哲学的评价也会不一样。那最能透露哲学原意(即广义的哲学)者为高(比如芝诺悖论、智者……)。西方哲学的起源是纯思想的终极意机探索,采取理式化、观念化的论证路子,到柏拉图才定型,到亚里士多德成典范,至斯多葛学派、中世纪则条理范型化。

文史哲硬性区别不合理,这种认识也表现于对"哲学"看法的转变。哲学的真髓在于寻求精巧生动逼真的意义机制,所以概念化或观念化(形而上学化、认识论化)只是一途,而且还是残缺失真的一途。现象学、结构主义、解释学、语言哲学……也是途径。"桥"(渡人到意义枢机中去者)有各种,西方的现代技术可造出"as faintly as possible"的钢构桥,中国则有赵州桥、

与科学史的研究不同,哲学史的探讨永远与对哲学本身的看法直接相关。这也正是哲学的终极(边缘)性的一个表现,它里边总有"怪圈",是一条在另一个维度中咬住自己尾巴的龙。(见侯世达:《哥德尔、艾舍尔、巴赫——集异璧之大成》,本书翻译组译,商务印书馆1997年版)

---

① 《老子》第二十五章。

吊索桥、风雨桥，以及今天的学西方者（杨高中）造的桥。哲学
苟能成其桥者（不是花架子），则加入"文""史"又有何妨，甚至
加入"神话""宗教"又有何妨？（其实柏拉图哲学中也有神话、传说、
宗教的地位，只是分裂开了，不成其为一桥。）

四、史

从刚才的说法可见"哲学"与"史"有关，也就是说，纯思
想与原时间有关。思想本身的历时经历参与塑造了它所经历的
东西，并没有从本质上超出这经历的实体本原或对象自身。因
此我们对这"历时经历"的理解，必须或必定大大深化和丰富
化对哲学本身的领会。

但一些美国学人视哲学与它本身的历史无关："什么哲学
史？只有问题！"在他们心目中，哲学与自然科学属同一类活
动，只须研究相关的对象及其涉及的问题，不必也不要顾及这
对象的形成史，包括认知它的历史。比如现在要研究物理学，
还用读亚里士多德的《物理学》吗？甚至连牛顿的著作也可不
读，只须通过最新的教科书、训练习题和配套实验来进入研究
前沿即可。

治史有不同方式：

（1）实证的（记录、考据、词源、事实发掘……）或"小学式的"。

（2）有"意义机制"的（看出、解释出整个历史的意义发生、保持或
减弱的方式）或"大学式的"。

这第二种又可再分：

伽达默尔在讨论为何要
让"理解的历史性上
升为解释学原则"时，
引用了他的老师海德
格尔的一句话："在
这种（解释学的）循
环中隐藏着一种最原
初认知的积极可能。"
（Hans-Georg Gadamer:
Truth and Method,
second, revised edition,
trans. J. Weinsheimer
and D. G. Marshall,
New York: Crossroad,
1975, p. 271; Martin
Heidegger: *Sein und
Zeit*, Tübingen: Max
Niemeyer, 1986, p.
153.）

（a）以概念框架或组织原则（如辩证发展）来构造。由此形成某种发展观、阶段论（服从于目的论），比如黑格尔式的、苏联教科书式的哲学史。

（b）与文本对话，让这对话境域"说"出、"道"出"微言大义"的方式。如现象学、解释学，孔子的《春秋》笔法。

也有各种混合性的、过渡性的治史类型。（汤因比？）

本书所谓的"西方哲学史"，应被理解为：对于探讨终极意义机制的西方进路和历程所做的现象学–解释学式的解读。

第二章　希腊哲学的产生

伊奥尼亚（Ionia）哲学家们组成了古希腊最早出现的哲学学派。伊奥尼亚位于小亚细亚沿岸，隔爱琴海与希腊半岛（含海上诸岛）相望，由希腊的十二座殖民城邦组成。"古希腊"主要指这两部分加上意大利南部及西西里岛。

"为什么哲学会在古希腊或伊奥尼亚产生？"如果视"哲学"为狭义的，那么它实际上是个终极问题，就如同问"为什么会产生孔子这样一位至圣先师？"，不可能给出充分的回答。但并非不可以讨论、分析有利于它产生的条件。这分析本身就是哲学探讨，因为我们被"哲学是什么"（哲学的本性、physis、基质）引导着。尤其是，当我们在广义上使用"哲学"时，则古希腊就不是孤例，而有了比较的可能。

亚里士多德对此有"闲暇"说和"惊奇"说，"只有在几乎所有的生活必需品都得到满足，而且确保有个安逸的生活环境时，才能探求这种知识"。[①]

马克思、恩格斯有十分类似的"脑、体劳动分工"说："从这时候［脑、体劳动分工］起，意识才能摆脱世界而去构造'纯粹

---

① 亚里士多德：《形而上学》，982B22—24。

的’理论、神学、哲学、道德等等。"①但埃斯库罗斯在悲剧《阿伽门农》中说："智慧自苦难中得来。"《旧约》声称智慧之果导致苦难，释迦的四圣谛是"苦、集、灭、道"，孟子的"苦其心志"，都各有道理。

所谓"有利于哲学产生的条件"，是指出现了"边缘"，有了处于有无（存在与非存在）之间的"可能地域"，有了引力、张力的激荡和可资利用的"势态"。于是，我们可以通过如下的角度来看待狭义哲学在古希腊出现的条件。

因此，往往是"春秋战国"的局面才激发出原创思想。它的产生既需要"交流"，也需要"隔离"。

第一节　狭义哲学在古希腊出现的条件一：有精神来源

一、本土来源

1. 米诺斯和迈锡尼文明

此地（爱琴海地区）不属于欧洲中石器文化，而与西亚文明区一致，是新石器时代新月形雨水线地区农业文化（西元前7000到前6000年向印度河、恒河、伊朗、阿富汗、北非及爱琴海地区扩展）的延伸。爱琴文明包括克里特文明和后来在希腊本土的迈锡尼文明。克里特文明的高峰期为西元前1700—前1450年，衰于西元前1400—前1380年。迈锡尼（Mycenae）文明则繁荣于西元

---

① 马克思、恩格斯：《德意志意识形态》，引自《马克思恩格斯文集》第1卷，中央马恩列斯著作编译局编译，人民出版社2009年版，第534页。

前 1450—前 1200 年或稍后，西元前 1125 年多立亚人入侵后衰败，进入黑暗时代或荷马时代（西元前 12 世纪—前 8 世纪），此时代只有荷马史诗保留。

克里特岛的米诺斯（Minos）文化直到 20 世纪初（1900—1905 年）才在克诺索斯被挖出，用理安·艾斯勒（Riane Eisler）的话讲：它"是一件爆炸性的事件"①。考古学家普拉东讲："考古学家被惊得目瞪口呆。他们无法理解这种高度发展的文明何以会出乎意料地一直保持到发现它们的时候。"②其实，不被劫夺、颠倒、车裂、篡改的地下挖出的文明都是"高度发展的"。（想想圆明园遗址的遭遇可知。）

"挖出了许多传说中的宏伟的宫殿、别墅、农场、居民区和规划整齐的城市、港口设施、贯穿全岛的公路网、神庙和秩序井然的墓地。"四种文字笔迹（象形、原始直线、直线 A、直线 B），人们从它们了解到早期米诺斯时期和晚期迈锡尼时期的许多社会结构和精神价值的情况。还有大量的壁画、塑像、花瓶、雕刻品和其他艺术品。

大约西元前 6000 年，一小批移民来自安那托利亚并信奉女神；其后他们发展出新石器时代的农业技术；随后的 4000 年中，社会和缓而平稳地进步并产生日益繁荣的贸易和活泼快乐的艺术风格。大约于西元前 2000 年，进入米诺斯中期或早

2006 年暮春，我参加了在克里特岛举办的国际会议，两次进入那里的古代王宫和博物馆，直接体验到这个伟大而又和平的文明的丰美气象，特别难忘那些壁画、露天剧场、米诺斯指环和各种彩陶器。还借机访问了雅典、德尔斐神庙、圣托里尼岛等等。真是一次如梦如幻的经历！

---

① 理安·艾斯勒：《圣杯与剑——我们的历史，我们的未来》，程志民译，社会科学文献出版社 1993 年版，第 35 页。

② 同上。

王宫时代；西元前 18 世纪中叶，克诺索斯等城市被毁；西元前
1700 年左右复兴，进入后王宫时代。这时社会极度繁荣，艺术
不只是宗教的装饰，而是日常生活的组成部分，女神母亲装束
得如一时髦的克里特女子，但无巨大庙宇、僧人组织和巨大神
像。后来的希腊人相信的宙斯和其他的许多神来自克里特，但
神灵们在这里应该不会那么依靠暴力如宙斯的闪电来统治。

　　艾斯勒让我们注意到：这里妇女至高无上，没有战争迹象
（无城墙等设施），没有严重的两极分化，生活水平普遍较高，后
期集权也未根本改变这种状态。处处是对生活的欣赏，对自然 　岛屿的边缘效应？
女神的崇拜（"对自然的崇拜渗透了一切"[①]），而艺术则与这种自然
女性的宗教相互渗透。这是一种"敏感的""优雅的生活"[②]。普
拉东说："普遍的生的欢乐消灭了对死亡的恐惧。"[③] 此时的社
会、生活被学者、艺术史家赞为"古代世界最激动人心的艺术"、
"迷人的仙境"、"最完美的前所未知的美好生活的世界"。[④] 所
以，克里特文明被艾斯勒视为"一种独特的文明"，[⑤] 它代表了
在"剑"、"男性的以暴力为基础的社会"之前的一种与迄今所
有社会发展理论、精神类型不同的人生形态。"生产力低下的
原始社会，""原始人类与现代的文明人类相比更好战，""财
富积累导致两极分化，""宗教必是异化的、向现世人类索取、

───────────

　　① 　理安·艾斯勒：《圣杯与剑——我们的历史，我们的未来》，程志民译，
第 40 页。
　　② 　同上书，第 37 页。
　　③ 　同上书，第 38 页。
　　④ 　同上。
　　⑤ 　同上书，第 40 页。

要求而非滋润的，""精神的发展以分裂、男子气概、残忍为前提，""美好的人类生活一定要破坏原始环境，"……，这些说法都不适用于克里特文明。[1]地震（比如西元前1500年左右的圣托里尼岛的大地震）、火山和蛮族（多立亚人）入侵导致她最终毁灭。

不管这本书（《圣杯与剑》）的观点是否完全站得住脚，但它确实代表了一种生气勃勃的新思路，一种重新打量人类本性和历史的更深远的视野；它似乎仍属于"西方的光荣"，但与我们所知的支撑西方中心论的几乎所有理论前提相冲突，所以也使我们可以更柔和美好地理解古希腊哲学，并因此带来重新看待东方的、古中国文明及其思想的视野。

"我们获得了关于我们的过去——以及我们潜在的未来——的完全不同的认识。……人们正千方百计地企图扼杀它。"[2]艾斯勒还依据其他考古材料（卡塔尔、惠雅克和哈希拉，现代土耳其），"证实了这样一个时代的传说：在一个男性神规定妇女永远服从男人之前的时代，是一个人类生活在和平和富裕之中的时代"。[3]

2. 反思和对比

古希腊早期诗人赫西俄德记述了黄金、白银、青铜（阿该亚人，Achaian）、英雄、黑铁时代（他本人所属时代）的传说。

黄金时代属于人类最早的"黄金种族"："一切美好的东西

---

[1] 理安·艾斯勒:《圣杯与剑——我们的历史，我们的未来》，程志民译，第42—43页。

[2] 同上书，第87页。

[3] 同上书，第84页。

（旁注）

学习哲学史，不是为了让人更充分地进入思想的"定式"。而是让人有可能突破它。

相信人类历史从根本上讲是"进步"的，这只是自认进步的人们的一种进步信仰。

都是他们的。富饶的大地自动地倾吐出她那无限丰富的果实。他们在和平安定中耕种他们的肥沃的土地，料理大量的财物，祭祀心爱的诸神。"①

　　这段叙述隐含了这样一个绪论：原初的（"柔弱"的）是美好的，在生存境界上更"高级"的。这种说法改变了整个"人类视野"的走向和"精神氛围"的构成。以前按西方中心论看来是处于边缘的、被视为低贱的、幻想的、"被侮辱与被损害的"，现在获得了更大的生存空间以及向中心移动的势态。

　　艾斯勒说："我们都很熟悉有关早期的、和谐而和平的时代的传统。《圣经》讲到了一个乐园，在那里，在一个男性造物主规定妇女从今以后必须从属男人之前，妇女和男人同自然互相和谐相处。中国的《道德经》描述了这样一个时代，在这个时代里，阴（或者女性原则）还没有被阳（或者男性原则）所统治，当时，母亲的智慧仍然特别受到尊重和遵循。……虽然学者们一致认为这些著作在许多方面都是以史前事件为根据的，但是，一旦涉及男女在一种合作关系中生活的时代，他们却从传统角度看问题，认为那只不过是一种幻想。"②

　　这就超出了狭义上的女权主义原则，使"阴阳相冲以为和"（"万物负阴而抱阳，冲气以为和"③）的思路获得了历史、人类

---

　　①　理安·艾斯勒：《圣杯与剑——我们的历史，我们的未来》，程志民译，第71页。此语出自赫西俄德的《工作与时日》："他们拥有一切美好的东西。肥沃的土地自动慷慨地出产吃不完的果实。他们和平轻松地生活在富有的土地上。羊群随处可见，幸福的神灵眷爱着他们。"引自〔古希腊〕赫西俄德《工作与时日·神谱》，张竹明、蒋平译，商务印书馆1991年版，第5页。

　　②　艾斯勒：《圣杯与剑》，第 XV 页。

　　③　《老子》第四十二章。

学和社会政治的体现。中国先秦思想中众所一致的慕古倾向也就有了一个活生生的历史落脚处。

让我们在这新视野中重读一下老、庄的一些话：

"谷神不死，是谓玄牝；玄牝之门，是谓天地根。绵绵若存，用之不勤。"①

"载营魄抱一，能无离乎？专气致柔，能如婴儿乎？涤除玄览，能无疵乎？爱民治国，能无知乎？天门开阖，能为〔改'无'为'为'〕雌乎？明白四达，能无为乎？生之，畜之，生而不有，为而不恃，长而不宰，是谓玄德。"②

"无状之状，无物之象，是谓惚恍。迎之不见其首，随之不见其后。执古之道，以御今之有。能知古始，是谓道纪。"③

"人之生也柔弱，其死也坚强。万物草木之生也柔脆，其死也枯槁。故坚强者死之徒，柔弱者生之徒。是以兵强则不胜。"④

"小国寡民，使有什伯之器而不用，使民重死而不远徙。虽有舟舆，无所乘之；虽有甲兵，无所陈之；使人复结绳而用之。甘其食，美其服，安其居，乐其俗。邻国相望，鸡犬之声相闻，民至老死不相往来。"⑤

"彼民有常性，织而衣，耕而食，是谓同德。一而不党，命曰天放。故至德之世，其行填填，其视颠颠。当是时也，山

我于2002年写了一篇与此问题有关的论文，题为《"性别"在中西哲学中的地位及其思想后果》（《江苏社会科学》2002年第6期），引起了争论（《浙江学刊》2003年第4期）2016年夏，在《中国国家地理》杂志的协助下，我访问了泸沽湖畔实行母系制的摩梭村落。在采访摩梭家屋中，我强烈体会到这种母系家庭和社会里的男女合作（"重女而不轻男"）（周华山《无父无夫的国度？》），阴阳相和、亲慈子孝的境况。事后的反思和阅读让我相信，所谓母系制，并不是早于父系制的一个漫长的人类独行阶段，而是与父系或其他各种可能的家庭化方式同时共行的选项之一。阴阳相分相和对于我们这种有着深长时间意识和权衡能力的人类来说，势必早早就体现在家系上了。引述这些"绵绵若存""专气致柔"的话，是为了提供一个与后面讲的西方哲学相当不同的反差背景。

---

① 《老子》第六章。
② 《老子》第十章。
③ 《老子》第十四章。
④ 《老子》第七十六章。
⑤ 《老子》第八十章。

无蹊隧，泽无舟梁。万物群生，连属其乡。禽兽成群，草木遂长。……夫至德之世，同与禽兽居，族与万物并。恶乎知君子小人哉！同乎无知，其德不离；同乎无欲，是谓素朴。素朴而民性得矣。"[①]

　　克里特的文明形态通过迈锡尼影响到希腊。B文字的石碑，记有许多希腊后来神祇(宙斯、赫拉、雅典娜……)的原型。希腊宗教与犹太-基督教的不同与此有关，它是一个中间形态。

这种小国寡民、素朴之世不一定是粗略的，它完全可以是"甘其食，美其服，安其居，乐其俗"而且具有其独特文明的。

　　迈锡尼文明继承了克里特文明的一些东西，比如线形文字B。克里特在被毁之前已由说希腊语的阿该亚人统治。迈锡尼文明的中心在希腊本土，但似乎"男性原则"已占主导；西元前12世纪初，迈锡尼的珀罗普斯王朝国王阿伽门农统率希腊半岛联军，远征小亚细亚西岸的特洛伊，经过十年战争取胜，促成希腊民族的形成；之后，迈锡尼衰落；西元前1125年左右，多立亚人(Dorian)摧毁迈锡尼。

　　多立亚人半农半牧，是"野蛮人"。线形文字B从此绝迹，只留下了荷马的两部史诗《伊利昂记》(《伊利亚特》)和《奥德修记》(《奥德赛》)。所以此时期(1150—750 B. C.)被称为"黑暗时代"或"荷马时代"。

罗斑写道："希腊人有喜欢旅行的性情，即由海道或商队路，从伊奥尼亚到埃及、腓尼基和巴比伦，以及从后列各地到印度或中国间的交通可能已经建立。"(罗斑：《希腊思想和科学精神的起源》，商务印书馆1965年版，第1卷第2章。与许多同类书籍一样，此书的基本见地是西方中心论的。)

二、古希腊哲学的非本土来源

　　主要是西亚文化和北非文化。前者指两河(底格里斯河和幼发拉底河)流域的文明，包括南部的苏美尔(Sumer)、巴比伦尼

　　[①] 《庄子·马蹄》。

亚（Babylonia）和稍后的阿卡德（Akkad）。

苏美尔文明被视为人类最早的文明之一，于西元前3200年甚至更早就已经出现。这些黑头发的苏美尔人建立城市，修造灌溉渠网，发明楔形文字、太阳历和有水准的数学计算等等，影响深远。巴比伦王朝的时限为西元前2100年至西元前538年，其中古代巴比伦在西元前18世纪汉谟拉比时代，统一了两河流域大部分地区，公布了著名的《汉谟拉比法典》。赫梯（Hittite）人发明了铁器和铁甲战车，武力一时称雄；善于石雕，有自己的《赫梯法典》；赫梯帝国存在于约西元前1400—西元前1100年，西元前700年政治形态灭亡。靠北的亚述帝国（Assyria），前20世纪—前619年，广泛使用铁器，首都尼尼微，其图书馆的泥版文献涵盖宗教、文学、历史、天文、医学、辞典等等。腓尼基人（Phoenician，叙利亚沿岸）的贸易发达，建立许多殖民点，比如北非的迦太基，更重要的是发明了字母文字。西元前15世纪，塞姆人受埃及文字影响创造二十六个字母。一两个世纪后，腓尼基人以二十二个辅音字母书写，是为真正的拼音文字，希腊字母就是从腓尼基人传来并经过改造而成。

《剑桥古代史》①列举希腊神谱中来自埃及、赫梯、腓尼基、吕底亚、米地亚的神的名称。希腊人赫西俄德的《神谱》和近东、特别是巴比伦的神话著作《伊奴玛·伊立希》（*Enūlma Eliš*）有特殊关系。

中华古史的次序是：上古有"三皇"，即伏羲、神农、祝融；有"五帝"，即黄帝、颛顼、帝喾、尧、舜。然后是夏（西元前21世纪—前16世纪）、商（西元前16世纪—前11世纪）和周（西元前11世纪—前256年）。接下来是秦（西元前221—前207年；短暂得惊人！）和汉（西元前206年—西元220年）。

---

① John Boardman、I. E. S. Edwards、N. G. L. Hammond、E. Sollberger（ed.）: *The Cambridge Ancient History*, Vol. III, Cambridge University Press, 1982.

这些对伊奥尼亚人、希腊人有重要影响，特别是伊奥尼亚，与之同处一片大陆，更受风气之先。希腊的早期哲学家们往往亲游西亚、埃及，访问和受学于那里的祭司，就如同今天到欧美留学一样。

埃及是世界上最古老的文明古国之一，时间从西元前3500年起，直到西元前332年为亚历山大征服；西元前4000年，埃及出现文字和芦苇制草纸。埃及人最先用太阳年来计时，分为12个月，埃及的尼罗河定期泛滥导致对实用的几何测量的需要。

埃及的宗教神话的灵魂不灭、灵魂轮回的思想，对毕达哥拉斯和柏拉图起过作用；希罗多德说："几乎所有神的名字（较大一部分）都是从埃及传入希腊的"，克里特的宗教也可能受到过埃及和两河文明的影响。埃及还向古希腊贡献了斯芬克司（Sphinx）、庄严的集会、游行和法事，以及经色雷斯来的狄奥尼索斯（巴库斯、酒神）崇拜，奥菲斯教改变之，使其成为精神性的沉醉和神秘主义。

"东方"具体的技术、数学、科学、宗教先进于古希腊，希腊人学来后有巧妙的变化，这"巧变"来自"边缘"或"交"，比如，从神话宗教上讲，不只是埃及、西亚，也有克里特的因素。

第二节　狭义哲学在古希腊出现的条件二：有相交的机缘

有精神的来源只立了一极，如无疏导则只是"压倒性的"而不会是引发性的。中国先秦之后，如果无印度思想，则会寂

希罗多德（古希腊第一位史学家）讲："关于埃及本身，我打算说得详细些，因为没有任何一个国家有这样多的令人惊异的事物，没有任何一个国家有这样多的非笔墨能形容的巨大业绩。"（《希罗多德历史》，下册，王以铸译，商务印书馆1997年版，第35节）

尼罗河是一条充满季节感和生育能力的河，但从中孕育出的是似乎超时间的几何知识和金字塔。关于这条奇妙的河，希罗多德写道："那里的农夫只需等河水自行泛滥出来，流到田地上去灌溉，灌溉后再退回河床，然后每个人把种子撒在自己的土地上，叫猪上去踏进这些种子，此后便只是等待收获了。他们是用猪来打谷的，然后把粮食收入谷仓。"（《希罗多德历史》，下册，王以铸译，商务印书馆1997年版，第14节）那里的猪一定是瘦肉型的。

窭得很。现今又有了"西夷",如能不丢掉自家的一边,则相交相生的好戏在后。关键在于"冷锋北下"时,有无南来、东至的温暖气团,成"格致"(其中的"交"意、"时"意一直还未显)之趣,凑巧而成时雨甘霖。

一、地理和生态的相交机缘:星罗棋布、活眼如泉

希腊本土多山地,各居民聚集区多被群山围绕,往往有易守难攻的关口(如温泉关),致使大一统的帝国在那时难于建立。陆上交通不便、平原缺少本是缺陷,但逼使沿海沿河城市向海外扩展,让生活方式多了一个维度。

希腊的城市受局限,城邦不可能太大,造成两个结果:一是使人有分寸感、"限度"或"边缘"感,公民大会制得以运行,整个城邦感或母邦感不至于失落;(参见杜威《公众及其问题》中关于"community"的思想。"大社团"想恢复这种原发的"社团感",不失落于"现代社会"之中。)二是被迫定期向海外移民,于是在沿海建立多处殖民城邦,伊奥尼亚即其一部分。

希腊东部海岸多良港,爱琴海对面的小亚细亚西岸亦是,回旋曲折正是吞吐卷舒、藏龙卧虎之处,且海中岛屿如繁星,接引勾连,使得地断意不断,扬帆使舵,处处有回旋余地。这些本土城邦、殖民城邦、岛邦如围棋中的布子,渐渐接上"气",形成"活眼",结成片……,且通过边缘者深入异地,引入技术上、文化上先进新异之潮流,如港、澳,如深圳"特区"……,如异国之"中国城"。

这样的局面,弱化了西亚、东方和色雷斯影响中的"沉重

隔绝中有通道,通道又可能变为隔绝;这正是有趣之处。"全球化"令人无趣。
黄河长江之外的海洋过大,又缺少岛屿链。如果渤海湾有地中海那么大,有大河注入,有众岛屿分布其中,那么中华的历史会很不同。

米利都公民为6万人,斯巴达全权公民不超过1万人。雅典公民西元前430年左右有15万—17万,外邦人3万—4万,奴隶8万—12万,共30多万(另一说法。公民6万,奴隶7万)。

的"（比如帝国体制、僧侣权势、阶层定分、神秘幽暗……）一面，而突出了"纯关系的"（海流、风向、互利……）一面，让人感到在线性的、一般的数量和面积关系之上，在生产、交税、统治、被统治……的关系之上，还有一种"发生性"的、"可投机"的、共荣的（"双赢"的）关系。没有那种遥远的联系，没有一些凭空的设定、假想和信任，以及随之而来的"冒险"，则什么也不会发生；可一旦接上这关系，则获利倍增，轻巧地、不全靠卖力、压迫而入到一个新层次。于是财富、新货、奇闻逸事、异国风俗如潮涌来，刺激出一种"引发型"的、"要凭空去建立关系，进入新天地"的思想意向和推演方式。这样，对于天才的颖悟者而言，数学技巧就不应只是给人方便的计算、测量工具，而应是能引发出一种新的、由一本而生万利的思想天地的技艺。

二、精神上的相交机缘

不是只受一家影响，而是有活眼、有空穴，于是八面来风，折衷交融，或有新意新境生出。

克里特的自然女神崇拜、艺术宗教生活化的人生看来起了极大的"种子"或格致、"布子成眼"的作用，使东方来的有数千年传统的大神威严和神秘主义被弱化，但不弱到世俗化或形同虚设，而是弱到有趣、有对于人的直接魅力。德尔斐庙的神谕，是纯关系的，充满语言艺术、技艺和解释潜域的；（参见《希罗多德历史》中描写的吕底亚最后一王克娄苏的遭遇，特别是他如何被这神谕缠绕的。）但那威严并未消失，与克里特文化相比，它们使希腊精神也有浓重的黑色，让整幅画面以深沉含蕴光明和轻快；酒

于是出现了那在张力中颤动的"中间"。有发生能力的"Betweenness"。"刚柔相摩，八卦相荡；鼓之以雷霆，润之以风雨。"（《周易·系辞上》）

神、命运女神、神谕……，这命运连神也逃不脱，如同绘画上从卢本斯到伦勃朗。

三、政治与经济时代的交替，逻各斯的当场收拢

西元前 544 年梭伦改革，之后西元前 509 年克利斯提尼改革宣告了氏族贵族"最终被推翻"。传统与改革、天然（physis，天性）与约定（nomos）相激相斗相和。

所有这些潮流、礁岛、曲港、山环水抱、人杰地灵汇在一起，漾激摩荡出了一种对于发生性的意义机制的敏感，有了从纯关系上去让它更精巧灵敏的用心和信心。按照海德格尔，"逻各斯"（logos）的原意是一种原发的"当场收拢"，在其中存在者"站入到结合之中"，并且在其自身中、凭借其自身被收拢起来，并且在此收拢中保持住自身。[①] 所以，存在的原义（physis，自然、本性）就是发生性的、动态的："出现、自身展现（像一朵玫瑰花在开放），打开见光和保持在那里。"[②]

这种开显、见光和保持充满了当场开启的活力，不同于后来被（误）认作希腊思想特点的"抽象"。它进入的是一个发生和保持的境域和世界，而不只是一种形式上纯粹的关系或概念。它是对原发的生活世界的一种"偏斜"，而不是割断，并在这种偏斜中透露出一方新的思想天地。抽象则割断了与人的生存脐带的联系，使那与人的体验血肉相连的"逻各斯"抽瘪成

---

① 张祥龙：《海德格尔思想与中国天道》，生活·读书·新知三联书店 1996
年版，第 56、62 页。

② 同上书，第 53、54 页。

了"逻辑"或"思想对象"。

"在海德格尔看来，古希腊人有一种'揭示存在的热情'。这其中所包含的（自身）斗争之惨烈和体验的人生命运之深沉反映在俄狄浦斯这样的悲剧角色身上。'一步步地，他必须前去揭开遮蔽，而那最终将使他只能通过挖出自己的双眼而忍受；也就是说，通过去掉他的一切光明，让深夜的黑暗笼罩住他。而且，双目失明，呼叫着请人们开门，以便向他们显现，这个人是一个什么样的人。'"①

第三节　数学的直接引发
——形式化的"意义机制"

不只是"好奇心""闲暇"，那个到处都有。在数学的激发下，使意义机制简洁轻巧，只保留能让结构运转的最少东西，甚至只是形式化的东西，这是古希腊人的特点。以上我们已经讨论了这一点，这里就点到为止。

在上一章中，我们讨论了"意义机制"的基本含义，即能够持续地引发出意义（反熵）的结构。任何一个人类群体、文化、文明、语言都有自己的意义机制，它的活力高低最深地影响到相关者的生存能力。由此可知此机制有其生命过程，而没有思辨逻辑赋予的永恒自在性。哲学特别是形成了传统和自身历史的哲学，必有其意义机制，不同的哲学传统则有不同的意义机

希腊人对数学的感受力表现得很早，而且形诸艺术。汤因比写道："陶艺中原几何风格的出现，……完全抛弃了米诺斯-迈锡尼陶艺的花纹图案中以植物和动物为主的传统。西元前1050年前后，原几何风格在雅典地区突然出现，并从这里迅速传向四方。……同样突然的是，土葬为火葬取代而成为标准的丧葬方式。在同一时期，铁取代了青铜而成为制造工具和武器的通用金属。……原几何和几何派希腊艺术的这三个与众不同的特点（即花瓶外形与装饰的联系、形式的和谐、简洁的基调），在

①　张祥龙：《海德格尔思想与中国天道》，第55页。

以后古希腊所有各个历史时期中，一直是古希腊所有艺术流派的共同特征。"（阿诺德·汤因比：《人类与大地母亲》，徐波等译，上海人民出版社 1992 年版，第 18 章）

制表达，比如古印度哲人以广义的瑜伽为意义机制或深层思想活动，儒家以六艺为激发哲理和升华伦理的机制，道家以"气功"（坐忘、心斋等）乃至手艺为意机，禅宗以捕捉禅机（参话头、机锋对话、日常活动）为意机。古希腊人则发现比较形式化的数学——后来的《几何原本》乃其典范——是激发哲理思维的重要法门，所以柏拉图学园门上有这样的铭文："不懂几何学者请勿入内。"

第三章　伊奥尼亚学派

第一节　西方哲学的起源：泰利斯的"水"

一、第一位西方哲学家

泰利斯（Thales），鼎盛年约西元前 585 年——因为他预言了一次日蚀，按推算应该是西元前 585 年 5 月 28 日。《希罗多德历史》记载了泰利斯的这个预言，它正发生在吕底亚人和米地亚人战争之时，并造成停战与和约，[①] 因而被郑重记述下来。上推四十年即算作他的出生年，为西元前 624 年，即第三十九届奥林匹克赛会的第一年。

他出生于米利都的名门望族，有腓尼基血统。[②] 当时伊奥尼亚城邦是欧亚两地民族杂居之处，[③] 泰利斯则成为希腊世界的"七贤"之一，与另一贤人梭伦相识。贤人（sophistes）即有实践智慧者。普卢塔克曰："在当时所有的贤人中，只有泰利

---

① 《希罗多德历史》上册，王以铸译，商务印书馆 1997 年版，第 74 节。

② 同上书，第 170 节。

③ 同上书，第 146 节。

斯懂自然哲学；所有其他贤人都是由于政治上的智慧而获得荣誉的。"①

　　泰利斯在天文上有重要贡献。拉尔修说，泰利斯第一个研究天体，发现月食、冬夏至点。泰利斯塑像下铭文："这里长眠的泰利斯是最聪明的天文学家，米利都和伊奥尼亚的骄傲。"②

　　他观察天文受人嘲笑。柏拉图《泰阿泰德篇》有记载："苏格拉底：……真实情况是，他[哲学家]只有外形处于此城市之中，他的心灵则视这些尘俗之事如敝屣，高高地飞翔于[如品达所描绘的]'天渊地数'，量地测天，探讨世界和万物作为一整体的最终本性，而不屑于俯就在手边的任何东西。／泰奥德罗(Theodorus)：你的意思是什么呀，苏格拉底？／苏格拉底：我将举一例子来说清我的意思，泰奥德罗。据说一个伶俐的色雷斯(Thracian)女仆有一次看见泰利斯正仰观星空之际落入一个井中，就嘲笑他说：他是如此热衷于知道发生在天上的事情，以至于不能看到脚下是些什么东西。这个笑话适用于一切哲学家，因为哲学家完全不熟悉他的近邻。他不仅不知道他(近邻)正在做什么，而且不知道他是一人还是一动物，因为他正在探索人的本性，忙于弄清楚适合于这样一种本性去做、去受苦的是什么。"③

　　而亚里士多德《政治学》中提到泰利斯如何证明"贤者"和

庄子则这样描写高蹈之人："藐姑射之山，有神人居焉。肌肤若冰雪，绰约若处子，不食五谷，吸风饮露，乘云气，御飞龙，而游乎四海之外。……孰弊弊焉以天下为事？"(《庄子·逍遥游》)

---

　　①　汪子嵩等：《希腊哲学史》第1卷，第140页。
　　②　第欧根尼·拉尔修：《著名哲学家的生平和学说》，第1卷第34节。引自汪子嵩等《希腊哲学史》第1卷，第140页。
　　③　柏拉图：《泰阿泰德篇》173-174B。

"哲学"的(实用)价值。(索罗斯学哲学出身,总希望别人视其为哲学家,靠智慧发财,而不只是靠投机暴富的"金融家"。)原文是这样的:

> 泰利斯曾以他的贫困而被人轻视,人们因此认为哲学
> 家毫无用处。某年冬天,他以占星术预测明年油橄榄将大
> 获丰收,他将有限的资金交给开俄斯和米利都的各油坊,
> 租用了所有的榨油设备。因为没有人和他竞争,租金很
> 低。当收获季节来临时,需要榨油的人只能照付他所索取
> 的高价,从而获得大量金钱。他向世人表明:哲学家只要
> 愿意是容易致富的,只是他们的抱负并不在此。[①]

亚里士多德对"经商致富"表示了轻蔑,而普卢塔克则说:"当时,正如赫西俄德告诉我们的那样,'工作并非耻辱',从事贸易无损于任何人的名誉,从事流动商业甚至是光荣的职业,可以使野蛮部落转为文明,得到君王的友谊,在不少地方学习到许多东西。……贤人泰利斯和数学家希波克拉底都曾经作为商人进行过旅行;就是柏拉图也是依靠到埃及卖掉橄榄油,支付他去埃及旅行的费用的。"[②]

泰利斯曾去埃及甚至巴比伦[③]旅行,想必学到了数学、天文学(包括占星术)、宗教(灵魂不灭、……)等"先进的科学文化知识",并加以"轻巧化",突出其纯关系的构意机制。

我们只能在行道中遭遇智慧,这不只是中国古人的看法。

---

① 汪子嵩等:《希腊哲学史》第1卷,第141页。

② 同上。

③ 同上书,第145页。

普罗克洛（新柏拉图派，著有《欧几里得〈几何学原本〉诠释》）说：
"泰利斯是最先从埃及把这种研究〔指几何学〕引进希腊的。他
本人发现了许多命题，并将其他许多基本原理揭示给后人。在
某种情况下，他的方法是较为一般的，而在其他情况下，则是
更为经验的。"[①] 希恩认为："随着泰利斯，几何学开始成为建立
在一般性命题之上的一门演绎科学。"[②]

西方第一位哲学家也是第一位数学家，这绝不是一个偶然的事实。

拉尔修记道："他没有〔师从过〕任何教师，只是在埃及与当
地的祭司们往来过。希洛尼谟说他在我们自己的影子和我们自
己同样长度的时候，观察金字塔的影子而测量它的长度。"[③]

托马斯（在《希腊数学原始资料选编》中）说泰利斯提出以
下几条几何定理[④]：

（1）圆周被直径等分；

（2）等腰三角形的两底角相等；

（3）两直线相交时，对顶角相等；

（4）如果两三角形的一边和两邻角彼此相应和相等，则这
两个三角形完全相等；

（5）内切半圆周的三角形是直角三角形。

想象一下这些定理当时在发现者心中激起的奇妙感和思
想灵感，它们与后人的推演证明不尽同。这是一种更纯粹的真
理，所以只说他是"自然"哲学家，就可能遮蔽他思想中这种数

---

①　汪子嵩等:《希腊哲学史》第 1 卷，第 146 页。

②　同上。

③　同上书，第 147 页。

④　同上。

学的纯关系世界。

泰利斯写的一首诗：

多说话并不表示有才智。

去找出一件唯一智慧的东西吧，

去选择一件唯一美好的东西吧，

这样你就会箝住许多饶舌汉的嘴。

……①

因此，伊奥尼亚哲学家、"自然"哲学家一样从数学得到灵感。"ἀρχή"或"arché"（本原、始基、起始）即有最少的又有最原发的意义机制之义。（莱布尼茨的"普遍语言"或"概念文字"思想潜伏于西方哲学的开头。）

在中国历史上，有没有过泰利斯这样的圣贤？

泰利斯还曾使河流改道，让克娄苏的军队渡过。②

二、水是本原

亚里士多德写道：

那些最初从事哲学思考的人，多数人都是只把物质性的东西当作万物唯一的本原（ἀρχή，arché，始基）。万物都由它构成，开始由它产生，最后又化为它（本体 ousia 常

---

① 北京大学哲学系外国哲学史教研室编译：《古希腊罗马哲学》，商务印书馆 1961 年版，第 3 页。

② 《希罗多德历史》上册，王以铸译，第 1 卷第 75 节，第 38 页。

存不变，只是变换它的属性)，他们认为这就是万物的元素（stoicheion)，也就是万物的本原。

他们认为，既然有一种实体是常存的，也就没有什么东西产生和消灭了；比如我们说，当苏格拉底有了神采和文才的时候，他并不是绝对地产生了；当他丧失了这些特色的时候，他也不是绝对地消灭了，因为基质（hypokeimenon, substratum)，即苏格拉底本身，是一直在那里的。所以他们说，没有什么东西是产生和消灭的，因为总有某种本体存在，它可能是一个或不止一个，别的东西都是从它产生出来的，而它则是常存的。

至于本原的数目有多少，性质是什么，他们的意见并不一致。这一派哲学的创始人泰利斯认为水是本原，所以他宣称地浮在水上。他之所以得到这个看法，也许是由于观察到万物都以湿的东西为滋养料，以及热本身就是从潮湿中产生，并且靠潮湿来保持的(万物从其中产生的东西就是万物的始基或本原)。他得到这种看法，可能是由于这个缘故，也可能是由于万物的种子就其本性说是潮湿的，而水则是潮湿的东西的本性的来源。

然而有些人认为，那些活在离现在很久很久以前，最初对神圣的事物从事思考的古人，对本体也是持这样的看法，因为他们把"奥克安诺"(海洋之神)和"德蒂丝"(海洋女神)当作创造万物的祖先，而神灵们对着起誓的见证也是水，就是那个为诗人们所歌颂的斯底克斯(黄泉)。最受尊崇的东西不是最古老的东西，而人们对着起誓的东西

亚氏提出实体与属性的范畴。但到了这个层次，本原的问题已经漏过去了。

这谈的已经是宇宙论意义上的本体论，而不是意义生成式的基本存在论了。

就是最受尊崇的东西。这种对于本体的看法，究竟是不是原始的和古老的看法，也许是不确定的，不过据说泰利斯对最初的原因是像上面所说的那样主张的。[①]

这一长段话在传统的西方哲学史研究中很重要，故几乎全录。它决定了人们对伊奥尼亚"自然哲学"的看法，即物质元素论，以及对亚里士多德之前所有哲学的解释框架——四因说，这四因是质料（物质）因、动因、本质（形式）因和目的因。

此引文讲的要点是：

1. 泰利斯认为水是本原。

2. 这本原，是物质性的本体或实体（ousia），也就是质料意义上的元素（stoicheion，element）。

3. 这种元素意味着万物由它构成，开始由它产生，最后又返回它。万物（如性质）可变，此元素作为实体常存。

4. 泰利斯主张水是本原的理由可能是：（1）万物以潮湿之物（其本性为水）为滋养料；（2）古人将水（海洋、黄泉）看作是最原初的和最应受尊崇的事物。

这（尤其前三点）似乎很清楚，但只是概念的清楚，有失去意机（意义机制）的危险。"时代错误"是另一个指责它的方式，但这种说法隐含着发展观；说它是"概念化、范畴化错误"，可能更合适。泰利斯那时还没有"四因说"，将本原视为质料因或

按照亚里士多德自己的形而上学，真正的实体必能独存，所以必有形式；它或是个体（如此引文中讲到的"苏格拉底本身"），或是纯形式。如果不考虑亚氏自相矛盾的情形（它时有发生），那么这里他的潜台词应该是："那些最初从事哲学思考的人"认为"元素"或"质料"是本原或实体，是搞错了。可还有一种可能性，即亚氏搞错了，这个本原不止于元素，它已经包含形式甚至动力和目的于自身中，只是都还没有分开，都还在生成之中，所以这是一种前实体的本原。

<hr>

① 北京大学哲学系外国哲学史教研室编译：《古希腊罗马哲学》，第4—5页；汪子嵩等：《希腊哲学史》第1卷，第152页。译文来自这两者，具体的表达有调整。

元素就排除了它可能具有另外的几因，因而它就不再可能成为一个有活力的本原，真能满足人们对于"本原""本性"（physis，自然）或终极的生发源头的领会需要。（亚里士多德的四因单独或加在一起能否满足这个需要也成问题。）当今的科学能告诉你万物都由基本粒子－能量场组成，由它来，归它去，但这并不能满足人的终极精神需要，所以又要讲人文学科、伦理、宗教、艺术。

古人或泰利斯确有超出"元素解释"的倾向，这可从第4点中看出：本原涉及"生命（种子、滋养）"和"最早""最神圣"的赋意。生命的原则是不能通过提供一种元素得到解释的，而老子的"人之生也柔弱，其死也坚强"[①]、"天下莫柔弱于水，而攻坚强者莫之能胜，以其无以易之"[②]、"上善若水"[③]，倒确是一种解释。而且，老子的水与牝母（雌）和古始的意思贯通，恰能打通"生命"与"最古老最神圣"。艾斯勒提供的新视野也能帮助我们理解古人对于柔弱之水与"万物之母""女神"的尊崇和向往。

所以，泰利斯确是一个站在"古老"（源头）与"现代"（理性的轻巧化）之间的人，是真正的开始、arche。因此第4点对于理解泰利斯的命题极重要。西元1世纪时《荷马问题》一书的作者赫拉克利德（Heraclides）主张："挑选水这种天然湿润的本体，因为它是最容易形成各种不同事物的。它容易经受各种不同的变化。水蒸发的部分就成为气，其中最精致的部分点燃

莱布尼茨（1646—1716）在《人类理智新论》中讲："您可以千百处地在经院哲学家们那里发现，他们说这些命题是'根据名辞'而自明的，即懂得了名辞就立即明白的，以致他们相信，这种深信的力量是基于对名辞的理解，也就是在它们的观念的联系之中。但几何学家们则更大大进了一步：他们曾常常企图来对它们加以证明。普罗克洛（西元410—485）已说过，米利都的泰利斯，已知

---

① 《老子》第七十六章。
② 《老子》第七十八章。
③ 《老子》第八章。

起来就成为以太，当水变得坚实时就成为黏泥，再变为土。所以，泰利斯声称四元素之一的水，作为原因是最有活动力的。"[1]

　　近代英国学者康福德认为赫西俄德的《神谱》深受巴比伦神话著作《伊奴玛·伊立希》(*Enūma Eliš*)诗篇的影响，后者写于西元前2000年中叶，其开始描写太初时代景象是这样的：

　　　　在上天还未被提及，下地也还未被想到，那时只有天地之父，太初的阿普苏(Apsu)和摩摩(Mummu)以及万物之母提阿玛特(Ti'amat)混合着各自的水流。那时候，沼泽还未形成，岛屿还无处可寻；神灵还没有出现，既未获有名称，也未确定身份；在这混流当中，后来才被造出了神灵，才出现了拉牧(Lahmu)和拉哈牧(Lahamu)，并且获了名称。[2]

根据康福德，这诗中的阿普苏为阳性形态的水，提阿玛特是指阴性形态的水。汤姆逊的解释图式是：阿普苏为淡水，提阿玛特为盐水，摩摩乃大雾。整个诗篇是说：太初时只有混沌，在混沌中，阳性淡水阿普苏与阴性盐水提阿玛特彼此混合，从中产生了代表淤泥的第一对神祇拉牧和拉哈牧；由他们产生第二对，即代表上界天的安沙尔(Anšar)和下界地的刻沙尔(Kisar)；再由他们产生第三对：天神阿奴(Anu)和地宰、别名纽迭门特

最古老的几何学家之一，就曾想把欧几里得以后假定为自明的那些命题加以证明。"(4卷7章1节)看来，"水"对于泰利斯来说比"两点间以直线为最短"还要自明。

---

① 汪子嵩等：《希腊哲学史》第1卷，第161页。

② 同上书，第163页。

（Nudimmud）的哀阿（Ea），后者是人类的创造者。正是他们，才是将秩序带进混沌之中的神祇。

在这巴比伦、古希腊神话中，水是原发的本原，而绝不只是元素。泰利斯将阳水（淡水）阴水（盐水）……减为水，但并未或多半并未将它们减为元素。他要保存这水的原初（时间上原初，意义上也原初）性、终极构意性，正如他在使古埃及几何轻巧化时也要保存其中的纯关系推演的构造能力（康德所谓"直观综合"的能力），而不会只将其变为"范畴关系"一样。

于是"阴／阳"消隐了。

古印度的《创生歌》或《无有歌》（*Nasadiyasukta*，大约西元前 2000 年）有云：

> 1. 那时既没有存在（有），也没有非存在（无）；既没有大气的空间，也没有超出它的天穹。什么被隐藏着？在何处？在谁的护持之下？在无底之水的深渊之中？
>
> 2. 那时既没有死，也没有不死。也没有日夜的区分。彼一（tad ekam）靠其自身无息地呼吸着。除此之外，再无任何东西。
>
> 3. 在一开头，有混冥裹藏着的混冥；这一切是一片无区别的汪洋。生成被空虚包藏着，彼一靠自身的热力而产生。①

可见，在人类最古老又最清新的终极思想中，常有"水"。

---

① 引自张祥龙《海德格尔思想与中国天道》，第 201—202 页。

它在那里不是一种元素，更不是诸元素之一（"五行"之一，恩培多克勒的"四根"[火水土气]之一），而是原发的混冥，那样一个处于有（存在）与无（非存在）之间的"大道氾兮，其可左右"[①]的状态。人应该或可以达到那个状态，以便获得生存的意义与真理。

这是"用人的生育现象来渲化为神的谱系，从而比附万物的最古老的祖先，因而只是时间上更古而已，并没有明确地提高到'第一性'的哲学水平"吗？[②]

首先，难道"第一性"的哲学问题可以完全排除"时间"，而以"逻辑在先"为由来提出和解决吗？现象学的时间观（胡塞尔和海德格尔）在传统的先天（无时间）与后天（宇宙时间）之间或之先给出了新的可能。所以"时间上更古"并非没有思想本身的意义。而"人的生育现象"中也确有现象学的时间性，"受孕、怀胎和分娩"本身的要求（比如被动、柔弱、水……）在现象学视野中能透露本性或本原。

黑格尔《哲学史讲演录》导言评论道："亚里士多德说过，泰利斯曾提出：一切事物的原则（ἀρχή）是水。但阿那克西曼德才是第一个使用 ἀρχή 这字的人。所以可见泰利斯还没有这一思想范畴。他认为 ἀρχή 是时间上的起始，但并不是内在的根据。泰利斯哲学里还没有提出'原理'这一思想范畴，'第一原理'乃是更进一步的规定。有许多民族一直还没有'第一原

近些年来发现的郭店楚简中有《太一生水》一篇，颇引人注意。其中水要比"天地"还更原本。它讲："大［太］一生水，水反辅大一，是以成天。天反辅大一，是以成地。……是故大一藏于水，行于时。"无怪乎《老子》要讲，"上善若水"（第八章）。

---

① 《老子》第三十四章。

② 叶秀山：《前苏格拉底哲学研究》，生活·读书·新知三联书店 1982 年版，第 45 页。

与传统的西方哲学家们的看法不同，尼采更推崇柏拉图之前的希腊哲学家。他写道："面对古希腊大师泰利斯、阿那克西曼德、赫拉克利特、巴门尼德、阿那克萨戈拉、恩培多克勒、德谟克利特、苏格拉底这样一个惊人理想化的哲学群体，每个民族都会自惭形秽。所有这些人是一个整体，是用一块巨石凿出的群像。……他们遇不到任何现成的模式可助他们一臂之力，以减轻他们的困难。所以，他们就共同构成了叔本华所称的，与所谓的'学者共和国'相对立的'天才共和国'。"（《希腊悲剧时代的哲学》，周国平译，商务印书馆1994年版，第1章，第3节）讲得不错，只除了"……自惭形秽"那一句。在我们中国人看来，在老子、孔子、庄子、孙子、孟子……的面前，"每个民族〔也〕都会自惭形秽"的。

理'这个概念。要具有这个概念还需很大一个阶段的发展。"[1]这里对"起始""本原"或"原则"做了辩证逻辑的解释，完全失去了古义。

三、万物有灵

亚里士多德在《形而上学》（984a16-29）中认为质料因或基质本身无变化可言。变化（生成、毁灭）的原因是"动因"，而只有阿那克萨戈拉讲的"努斯"（心灵），才第一次明白提出了动因。可是，他在《论灵魂》中注意到了反例或例外："根据关于泰利斯的记载来判断，他似乎是把灵魂看成某种具有引起运动能力的东西，如果他确实说过'磁石有灵魂，因为它吸动铁'这句话的话。"[2]这不只是"动力因"，如果结合泰利斯的整体思想看的话。"人们还说，灵魂是作为组成部分存在于全宇宙中的，泰利斯也许就是因此而得到万物都充满着神灵这个看法的。"[3]这种万物有灵魂、充满神灵性的看法必须和他"水本原"的思想结合起来看，"神灵们对着起誓的见证也是水"，这就间接说明，对于泰利斯，水有比神灵还要"神圣"的本性。它既然是本原，就无处不在，所以"万物都充满着神灵"，或万物都潜在地有"灵魂"或"水本原"，因此而能引发运动。"运动"涉及亚里

---

① 黑格尔：《哲学史讲演录》第1卷，贺麟、王太庆译，商务印书馆1996年版，第47页。

② 北京大学哲学系外国哲学史教研室编译：《古希腊罗马哲学》，第5—6页。

③ 同上书，第5页。

士多德讲的"动因","神灵"涉及"目的因",可见泰利斯的"水"绝不只是"元素",它对泰利斯而言是在各种"原因"分开之前的发生本原，既是原质，又是动力，又有终极的神意和天意。

我们可联系泛神论来理解泰利斯。泛神论（pantheism）：关于神与世界的关系的一种哲学学说；认为神没有外在于世界的性质（形象、意志、位格……），神就是世界的内在本性，世界也因此充满了神性。它与各种各样的有神论（theism, ploytheism）和无神论（atheism）都不同，它在哲学上的典型代表是斯宾诺莎。

这样，有关泰利斯的另一段话也就更可连贯地理解，亚里士多德在《论天》中说道：

可与老子、孙子及管子讲的"水"对勘。《老子》的第八章、第六十六章、第七十六章、第七十八章；孙子曰："夫兵形象水。水之形，避高而趋下；兵之形，避实而击虚。水因地而制流，兵因敌而制胜。故兵无常势，水无常形；能因敌变化而取胜者，谓之神。"（《孙子·虚实篇》）管子曰："水者何也？万物之本原也，诸生之宗室也，美恶贤不肖愚俊之所产也。"（《管子·水地篇》）可见水有神性和本原性。

> 另一些人说地浮在水上。这确乎是保存下来的最古的理论，据说这是属于米利都人泰利斯的。地被假定为静止的，因为它浮在那里，就像木头和其他类似的东西一样，这些东西的构造使它们浮在水上而不浮在空气上。[①]

这不只是"宇宙论"（cosmology，关于宇宙、世界如何形成和构造的学说；说明有关物质世界的基本概念——如"广延""空间""时间""延续""力""因果"的意义和有效性——的学问）的，而更与他的水本原说和"泛神"学说相关。这段话中除了有科学家的思路（泰利斯兼具科学逻辑头脑和思辨头脑），比如"这些东西的构造使

[①] 北京大学哲学系外国哲学史教研室编译：《古希腊罗马哲学》，第5页。

它们浮在水上而不浮在空气上"之外，还有更多的含义，即水包围着地，使地成为地。《庄子·逍遥游》中"北冥""南冥""息""风""气"的思想功能，类似于这种本原角色。托浮者而不是被托浮者乃是真正的本原，"逍遥"即入其本原的生存状态。庄子写道：

> 北冥有鱼，其名为鲲。鲲之大，不知其几千里也。化而为鸟，其名为鹏。鹏之背，不知其几千里也。怒而飞，其翼若垂天之云。是鸟也，海运则将徙于南冥。……水击三千里，抟扶摇而上者九万里，去以六月息者也。野马也，尘埃也，生物之以息相吹也。且夫水之积也不厚，则其负大舟也无力。覆杯水于坳堂之上，则芥为之舟，置杯焉则胶。水浅而舟大也。风之积也不厚，则其负大翼也无力。故九万里，则风斯在下矣。而后乃今培风。……列子御风而行，泠然善也。……犹有所待也。若夫乘天地之正，而御六气之辩，以游无穷者，彼且乎待哉？

"水"与"风"，是"势"与"道"之象。

这些都可能是泰利斯学说的隐藏义。但他之后哲学的发展还是偏于思辨的，还是受数学思想方式的影响。不管怎样，即便看到中西思路的不同，其后发展方向的不同，也不必以后来的亚里士多德"四因说"为唯一的解释可能。"早期的希腊哲学家被称为'自然学家'或'自然哲学家'，因为他们学说的主要方面，是要解释自然现象：世界是怎么形成的，大地、日、月、星辰等等又是怎么产生的，等等。……神话逐渐为科学和哲学所代替。

当时的科学还处于萌芽状态，……只能靠哲学的猜测来说明。因此，哲学和科学混成一体。古代凡是解释宇宙的形成和构造的学说，就被称为'宇宙学'或'宇宙生成学'。……哲学的宇宙论也就为科学所代替。"[1] 这是学术界中的典型看法，也是迄今为止的主流看法。它对于后来的一些发展有较强的说明力，但也封死了对某些本源思想家做深入理解的可能。用它来套中国、印度就更不合适。

以上篇幅较长，因为考虑到"开头"是最重要的，且要给出不同的解释可能。以下的论述，将时而简略，时而详细，注意不同学派特点的说明。

第二节 阿那克西曼德与阿那克西美尼
——无定与气

一、阿那克西曼德

阿那克西曼德(Anaximander, 611—546 B.C., 鼎盛年西元前 570 年)是米利都本地人，"泰利斯的继承人，"[2] 泰利斯的学生、朋友。[3] 据拉尔修《著名哲学家的生平和学说》记载，其事功为：第一个发明了日晷的指针；测夏至（泰利斯所为?）、冬至和昼夜平分点；造计时器，第一个画出陆地和海洋轮廓的地图，造了"地球仪"

是神话被科学和哲学"代替"了，还是像韦尔南讲的那样，是神话引出了哲学，然后大家并存？"自然哲学"或"哲学的宇宙论"的归宿一定就是科学吗？

韦尔南认为："正是在阿那克西曼德的著作中，那种对希腊人的世界观产生过深远影响的新宇宙模式得到了最严谨的表述。"(《希腊思想的起源》，秦海鹰译，生活·读书·新知三联书店 1996 年版，第 106 页)

① 汪子嵩等：《希腊哲学史》第 1 卷，第 174—175 页。
② 北京大学哲学系外国哲学史教研室编译：《古希腊罗马哲学》，第 7 页。
③ 汪子嵩等：《希腊哲学史》第 1 卷，第 178 页。

或"球体"。① 但《希罗多德历史》讲："日钟和日晷以及一日之分或十二部分，这是希腊人从巴比伦人那里学来的。"② 可见他像老师泰利斯一样，也向"东方人"学习；他有科学头脑，记载中好像没有数学上的大贡献，却肯定有数学方面的教养。

1. 本原是无定

"他说'无定'（ἄπειρον, apeiron，'阿派朗'）是一切存在物的本原和元素，他是第一个用这个名词来描述本原的。他说本原并不是水，也不是大家所承认的任何其他元素，而是另一种不同的本体，这种本体是无定的；从这个本原中产生出一切的天，以及其中所包含的一切世界。"③

如果将"水"认为只是元素，或将"火、气、水、土"都认为是元素，那么便会有进一步消除它们的局限性，达到一个"无定"本原的要求。但"无定"按一般解释仍是一种物质性本原或元素，只是无特殊性而已，是某种介乎水与气或气与火之间的中介，它比火和气浓厚，又比其他东西稀薄。所以黑格尔说"[这'无定'是]一种对有限者的否定。……他所指的不是别的，只是一般的物质，普遍的物质"。④ 但亚里士多德在《形而上学》第 1 卷第 3 章开头提到那些主张物质性本原的自然哲学家时，

这种视阿氏"无定"为一种物质性的本原的看法，已经过于陈久了。这"陈久"不只意味它已有两千多年的历史（自亚里士多德关于它的说法以来），而且更是指它的呆板干枯。读过尼采的《希腊悲剧时代的哲学》和海德格尔《阿那克西曼德之箴言》的人，都会惊异于"无定"中包含着如此丰富深刻的思想可能。比如尼采写道："为了

---

① 汪子嵩等：《希腊哲学史》第 1 卷，第 179 页。

② 同上。

③ 此段话系辛普里丘《〈物理学〉注释》的记载。北京大学哲学系外国哲学史教研室编译：《古希腊罗马哲学》，第 7 页。译文有调整。又见汪子嵩等：《希腊哲学史》第 1 卷，第 187 页。

④ 黑格尔：《哲学史讲演录》第 1 卷，贺麟、王太庆译，第 195 页。

似乎未涉及阿那克西曼德和"阿派朗"。

2. 分离说

据辛普里丘《〈物理学〉注释》记载："很显然，阿那克西曼德看到了四元素间的互相转化，所以觉得不能将其中某一个作为基础，而宁愿把另一种与这些不同的东西作为基础。他认为产生不是元素的转化，而是通过永恒的运动把对立物分离出来。"[①]

其说与"元素转化说"（阿那克西美尼）不同。

3. 补偿原则

辛普里丘还记道：

　　各种存在物由它产生，毁灭后又复归于它，都是按照必然性而产生的，它们按照时间的程序，为其不正义受到惩罚，并且相互补偿。这是他以诗意的语言说出的话。[②]

这就是说，阿那克西曼德的本原是一种原本的平衡态（无定），通过"分离"产生区别和万物，但这样一来就破坏了平衡，使之倾斜，造成"不正义"。于是这本原就有了一种回复原本状

让生成不会停止，本原就必须是不确定的。本原的不朽性和永恒性并不像阿那克西曼德的解释者们通常认为的那样，在于一种无限性和不可穷尽性，而是在于它不具备会导致它衰亡的确定的质。因此，它被命名为'不确定者'。"（《希腊悲剧时代的哲学》，第42页）这"无定"与老子讲的"无"，也不是不可对勘的。

这段话在近现代受到高度重视。尼采与海德格尔的解释都围绕它展开，而德里达对海德格尔的在场存在论的解构也与它相关（《趋别》，载《声音与现象》（Speech and Phenomenon）英文版末尾附录）。尼采在其中看到了深刻的人生道德领悟。他说："谁若像叔本华那样在'印度空气清新的高原'上倾听过关于人生的道德价值的神圣箴言，他就很难阻止自己陷入一个极端以人为本的隐喻，把那忧伤的学

---

① 苗力田主编：《古希腊哲学》，中国人民大学出版社1989年版，第26—27页。

② 汪子嵩等：《希腊哲学史》第1卷，第204页；北京大学哲学系外国哲学史教研室编译：《古希腊罗马哲学》，第7页。

说从人类生命的范围推广，用来说明一切存在的普遍性质。赞同阿那克西曼德的观点，把一切生成看作不守法纪的摆脱永恒存在的行为，看作必须用衰亡来赎罪的不正当行为，这也许不合逻辑，但肯定是合乎人性的，也是合乎前面所述的哲学跳跃的风格的。"（《希腊悲剧时代的哲学》，第41页）韦尔南在《希腊思想的起源》中认为希腊哲学在诞生时扎根于城邦政治思想，"希腊理性都是城邦的女儿"。（第119页）因此，他用政治秩序中"相互平等的力量之间的平衡"来解释阿那克西曼德的这段话（第110页）。可是，他还是禁不住要通过希腊人的几何化的天文学来理解这位思想家。"阿那克西曼德把宇宙放在了一个由纯粹的几何关系构成的、数学化的空间里。这样，等级世界的神话形象就被抹去了。……只要知道一个圆的所有半径都相等（而地球正处于世界的中心），我们就能理解，为什么人能够绝对安全地在地面上行走，为什么地球不像它表面的物体一样落下来。"（第108页）

态的正义要求，并去"惩罚"那些造孽的区别者，以恢复本原状态，以此"轮回"不已。所以，本原就这样变为火，火变成云（气），云变冷成为水，水又补充大地和海洋。"热的东西和干的东西，冷的东西和湿的东西交替前进退却"[1]，形成春夏秋冬变化。"转化"是为了补偿"分离"。

"必然性""正义""补偿"，它们既有宇宙论的含义，又有"自然法""宇宙伦理"的意思，合起来才可能回答终极问题。

这是一种意义机制，不只是物质性的或宇宙论的。

4. 科学见解

他认为，大地位置在世界中央，是世界中心、是球形的；月亮只反射太阳光；太阳和大地一样大，是一团绝对纯粹的火。[2]中间是地球，外边是气圈、火圈，气圈上有孔，透过它看到的火就是日月星辰，洞关闭就是蚀和月亮的盈虚。

他所理解的宇宙是一个枢机。此说法很形象化，但与中国古人的不一样，它更形式突出，根底处或正义处是静态的。

靳希平教授云：荷马史诗描写"火神为阿基里斯造的盾牌""刺死人或杀人的细部"，津津有味；西方思想从一开始就迷恋形式或对象，讲到底一定要讲出个"什么"来。

---

① 汪子嵩等：《希腊哲学史》第1卷，第204页。

② 拉尔修：《著名哲学家的生平和学说》，第2卷第1—2节，D1。引自北京大学哲学系外国哲学史教研室编译《古希腊罗马哲学》，第6页。

二、阿那克西美尼

阿那克西美尼（Anaximenes，鼎盛年西元前 546/545 年）亦是米利都本地人，阿那克西曼德的学生。另传说为巴门尼德的学生。但他不像阿那克西曼德"以颇带诗意的语言"表达，而是"用简单而纯朴的伊奥尼亚方言写作的"[①]。

1. 他认为气（ἀηρ, aer）是本原

"他以气为万物的本原，它是无限（apeiron）的。"[②]

古希腊人乃至古印度人将水、火、土、气四元素并列，但阿那克西美尼独以气为本原，所以在此它不只是一元素，它更"本原"。对此，一般的解释是：气与水不同，不可直见，更无形，所以可说它"无限"；但又不只是否定，它有具体的可感性质；所以从泰利斯到阿那克西曼德再到阿那克西美尼，是否定之否定；"退"（叶秀山）中"有进"（汪子嵩等）。

中国古人通过阴阳互补对生来理解"气"；阿那克西美尼则依据聚散、冷热的平衡来讲"气"。

2. 气通过浓聚（冷）和稀散（热）表现出区别，形成万物。

"它（气）通过稀散和凝聚而成为不同的实体。当它稀薄时，便成为火；当它浓密时，便成为风，成为云，更浓密时，便成为水、土和石头；别的东西都是由这些产生的。他也主张运

---

① 北京大学哲学系外国哲学史教研室编译：《古希腊罗马哲学》，第 11 页。
② 拉尔修：《著名哲学家的生平和学说》，第 2 卷第 3 节。引自汪子嵩等《希腊哲学史》第 1 卷，第 218 页。

动是永恒的，变化则由此产生。"[①]

"使物质集合和凝聚的是冷，使它稀散和松弛的是热。"（DK13B1）而"冷和热的对立是生成的最有力因素"（DK13A7）。于是赵敦华讲："这种生成观是典型的转化观，与阿那克西曼德的分离观形成鲜明对照。"[②]

3. 气：呼吸、灵魂、神。

艾修斯在《哲学家意见集成》中写道："他〔阿那克西美尼〕说：'正如我们的灵魂（psyche）是气，它将我们结合起来，同样，呼吸（πνεῦμα, pneuma, 普纽玛）和气（ἀηρ, aer）也包围着整个宇宙。'（DK12B2）这里，气和呼吸是在同义语意义上使用的。"[③]

可见广义的"普纽玛"是：（1）与生命相连的气息（breathing），气为生命。（2）它又是灵魂（psyche）和精神（spirit）。（3）艾修斯又记道："阿那克西美尼〔说〕气〔就是神〕：人要懂得，这就是说渗入元素和物体中的种种力量。"（DK13A10）所以气又是神。

奥古斯丁（354—430，基督教教父哲学家）："他〔阿那克西美尼〕将万物的原因归于无限的气，但并不否认有神，也不是闭

---

① 辛普里丘：《〈物理学〉注释》第 24 页；DK13A5。汪子嵩等：《希腊哲学史》第 1 卷，第 224 页。以下几处对"DK"的引用也出自此书。"DK"指第尔斯（D）和克兰兹（K）编辑和翻译的《苏格拉底以前的哲学家残篇》（*Die Fragmente der Vorsokratiker*）。有关详情见《希腊哲学史》第 1 卷，第 123 页和 1100 页。以下或称此书为"《残篇》"。

② 赵敦华：《西方哲学通史——古代中世纪部分》第 1 卷，北京大学出版社 1996 年版，第 12 页。

③ 引自汪子嵩等《希腊哲学史》第 1 卷，第 229 页。

口不谈神；他只是不相信气是由神创造的，而是认为神是由气产生出来的。"[1]

阿那克西美尼的"气"与印度、中国的"气"可有一比。古印度人通过"生命气息"（prāna）来领会"梵"和"大我"。《考史多启奥义书》（Ⅱ-2）有云："生物气息者，大梵也。——派吉雅尝如是言。而属此生命气息之为大梵者，眼安立于语言之后，耳安立于眼之后，意识安立于耳之后，气息安立于意识之后。"

"我为生命气息，为般若（智慧）自我（prajnātman）。……独生气为般若自我，摄遍此躯体而正起之者也。……有人于此熟眠矣，了不见若何梦境，其间彼与生气合而为一，则语言与一切名皆入焉，……"[2]

庄子描写"心斋"云："无听之以耳而听之以心，无听之以心而听之以气。"[3]

"人之生，气之聚也，聚则为生，散则为死。若死生为徒，吾又何患？故万物一也。"[4]

可见东西方的"气论"有相似思路，都认之为生命和存在之源，亦有不同处。东方的与原意识相关，更有其内在生成机制如阴阳，不只谈气的聚散冷热；古希腊的气理这时通过这些对立（聚散冷热）逼近了阴阳观，但未入其深层哲理，而是正向数理化、观念化迈进，但仍拖着一条长长的彗尾。

---

① 这两处引文来自汪子嵩等《希腊哲学史》第1卷，第231—232页。

② 《五十奥义书》，徐梵澄译，中国社会科学出版社1984年版，第56页以下。

③ 《庄子·人间世》。

④ 《庄子·知北游》。

第四章　毕达哥拉斯及其学派

第一节　毕达哥拉斯其人及其信仰

毕达哥拉斯（Pythagoras，鼎盛年为西元前532—前529年），出生于伊奥尼亚地区的萨摩斯岛（此岛一度统治伊奥尼亚，由伟大的僭主波吕克拉底领导，他在位期间建造了三大工程：隧道、神庙、防波堤），青年时离开母邦，热衷学习宗教和学术。在埃及、迦勒底、巴比伦、波斯等地居留过；懂埃及语言，当过埃及僧侣，参与祭典和秘密入教仪式；与巴比伦僧侣也有过来往；学到灵魂不灭和轮回转世，不吃鱼、不吃豆子（埃及）。拉尔修《著名哲学家的生平和学说》载："当有一只遭到痛打的狗穿过时，他〔毕达哥拉斯〕就充满怜悯地喊叫道：'住手！不要打它。它是我一个朋友的灵魂；我听到它吠声时就认出了他'。"[1] 他有许多禁忌：禁吃心脏、豆子、活的东西；愤怒时既不惩罚奴隶，也不惩罚自由民；只用没生命的东西献祭，有的人说他只是从来不用羔羊献

毕达哥拉斯从精神上应该算半个东方人。

如果我们能在动植物、甚至山河中"认出"朋友与亲人的灵魂，这个世界不是可爱得多吗？

---

[1] 拉尔修《著名哲学家的生平和学说》，第8卷第36节。引自汪子嵩等《希腊哲学史》第1卷，第257—258页。将其中的"毕泰戈拉"换成"毕达哥拉斯"，以下皆同。

祭；到神庙，首先是礼拜，除了日常生活事外，既不要说，也不要做任何别的事情；旅行时不进入神庙，走小路；追随神，认为最要紧的是要约束我们的舌头；不要用铁去拨火。他帮助负重的人，不帮助不负重的人；穿鞋子从右脚开始，洗脚从左脚开始；告诫人们不要在日光下谈论毕达哥拉斯派的事情；不要戴戒指；告诫人们平整睡过的地方……；不要在指环上刻神像，要把锅在灰上留的痕迹抹去，不要朝太阳小便，不要在剪下的指甲和头发上行走……。①

他似乎做过阿那克西曼德和斐瑞居德（Pherecydes，第一个用希腊文写下有关自然和神的著作，制造奇迹）的学生，并为后者送终、营葬。他从埃及等地"留学"回来后，不愿在"伟大"僭主波吕克拉底——罗素称之为"发了大财的老流氓"——治下生活，于是航行到意大利的克罗顿，很快吸引当地人，弟子三百，门人两千，后者与他们的家庭一起建立宏大的毕达哥拉斯学派，称为大希腊城。这学派遵循毕达哥拉斯的教导如神约，视毕达哥拉斯为阿波罗。② 他和他的学派治理克罗顿，使之强盛。当时此地文明程度逊于伊奥尼亚，但高于希腊本土。

当他从异邦回来时，一定很像陀思妥耶夫斯基笔下的梅什金公爵（《白痴》的主人公），只不过更有力些，善于用数学符号而不是修道院的书法写字罢了。

毕达哥拉斯是个有大事功的哲学家，被大多数古希腊人承认和尊重。后来他惹怒本地有权势者库隆，据说是不同意后者参加毕达哥拉斯派，或别的原因，库隆则纠集人火烧该派聚会之屋。毕达哥拉斯逃到一块豆子地就停住，认为宁可被杀也不

---

① 汪子嵩等：《希腊哲学史》第 1 卷，第 258—269 页。又参见《古希腊罗马哲学》，第 33—34 页。

② 汪子嵩等：《希腊哲学史》第 1 卷，第 251 页。

能糟蹋他的学说(禁止穿越豆子地),因而被追杀者们割断喉管,死后该派仍绵延许久。

实际上,毕达哥拉斯乃古希腊哲学家中从做人上讲最有特色者之一,不逊于苏格拉底,远胜过柏拉图和亚里士多德。毕达哥拉斯、赫拉克利特、苏格拉底、恩培多克勒,可谓"四杰",都是有信念、有激情、有智慧者。

罗素《西方哲学史》云:"无论就他的聪明而论或是就他的不聪明而论,毕达哥拉斯都是自有生民以来在思想方面最重要的人物之一。"[①] 而一般的哲学史著作对此重视不够,因为人们往往认为哲学首先是概念化或逻辑化的东西,与数学有相当的距离。罗素本人对毕达哥拉斯遭到的哲学冷遇也有责任,因为他接着写道:"自从他那时以来,而且一部分是由于他的缘故,数学对于哲学的影响一直都是既深刻而又不幸的。"[②] 罗素是数理逻辑学家,相信过抽象实体的存在,因而看到了毕达哥拉斯的"演绎推论意义上的证明化数学"对于西方文明的重要性;但他又是个认识论上的经验主义者,所以完全受不了毕达哥拉斯及其学派的这样一个特点,即"数学……与一种特殊形式的神秘主义密切地结合在一起。"[③]

奥菲斯教用的词像"狂欢"(orgy)、"理论"(theory),康福德解释为"热情的动人的沉思"。在这种状态中,"观察者与

因为他的"数本原论"触动了西方人的中枢神经;而通过西方的全球扩张与精神殖民,它正在越来越有效地统治世界。

---

① 罗素:《西方哲学史》上卷,何兆武、李约瑟译,商务印书馆1965年版,第55页。

② 同上。

③ 同上。

受苦难的上帝合而为一，在他的死亡中死去，又在他的新生中复活"。[①]到毕达哥拉斯，这种热情动人的沉思还在，但转向数学形式和这种意义上的理智方向。经过柏拉图和亚里士多德，特别是他们的中世纪追随者，动人的沉思变成了观念化的理论。所以歌德讲："亲爱的朋友，理论都是灰色的，只有生命的金树常青。"[②]

是毕达哥拉斯给予哲学以典型的"希腊"风格或我们今天讲的"西方的"风格，力图使之与数学的精神合一。形而上学的原意可理解为"关于终极问题的数学"。罗素从感觉经验论、归纳科学论角度进行批评，这不是现象学的反思，也无助于人们痛切地理解以毕达哥拉斯派开头的西方唯理论的要害。

据说是毕达哥拉斯首先使用"哲学"或"哲学家"这样的词。这一派相信，致力于数学、天文学和音乐，可以纯化灵魂。由于他及其学派在思想上的新锐，他们将所涉及的几乎所有领域，都推到一个前人没有达到而后人也要很久之后才步入的境地。在他们之后，只有作为新毕达哥拉斯主义者的莱布尼茨有这个本事。

毕达哥拉斯学派，从西元前6世纪末到西元3世纪古罗马时期，历时近八百年之久。分为三阶段：(1)早期。西元前6世纪末至西元前4世纪前半叶，这个时期的前期涉及毕达哥拉斯及其门徒，即被亚里士多德提到的佚名的"毕达哥拉斯学派的哲学家们"。后期从西元前5世纪末到西元前4世纪前半叶，涉及阿尔克迈翁、佩特罗斯、菲罗劳斯(Philolaos)、希凯塔俄、阿尔基塔等人；(2)希腊化时期。作为一个学派，到西元前4世纪已消亡，但影响仍在，比如存在于亚历山大里亚的科学思潮的发展中；(3)西元前1世纪，重新兴起，直至西元3世纪，新毕达哥拉斯派融入新柏拉图派。

---

① 罗素：《西方哲学史》上卷，何兆武、李约瑟译，第64页。
② 歌德：《浮士德》第1部分。

第二节　数是万物的本原

一、数中包含神秘的意义机制

与伊奥尼亚派的本原说、即"本原为可转化的一"很不同，毕达哥拉斯持有的本原为"不变的一"，高于"多"。

更合适的说法是：由"质的结构"到"形的结构"，或由"质的形式"到"形式的质"。

他认数为本原，一下子就改变了讨论的基本思路或风格。一般认为我们的思路是由可感的"元素"到"抽象观念"、"形式"，毕达哥拉斯却主张首先出现的是数结构。他最明确地力主将哲学思维与数学思维结合在一起。由此，经过巴门尼德、柏拉图、笛卡尔、斯宾诺莎、莱布尼茨……形成西方哲学的脊干和主流——唯理论（rationalism）。自此理性成为数学（数量比率或"ratio"、形式关系）式的或概念式的，也就是尽量模仿数学的思考和运作方式，比如定义、公理（自明）、演绎、论证、检验等等。其中有些说法在后人乃至今天看来，是幼稚、牵强的，在那时却是以深刻意义机制的出现为背景的。

罗素说："大多数的科学从它们的一开始就是和某些错误的信仰形式联系在一起的，这就使它们具有一种虚幻的价值。天文学和占星术……，化学和炼丹术……，数学则结合了一种更精致的错误类型。"[1]如果"大多数"科学一开始与（不管是否错误的）信仰相关的话（我相信这一点），那么为了说明"科学"

---

[1]　罗素：《西方哲学史》上卷，何兆武、李约瑟译，第61页。

的出现，就的确要借助"信仰形式"，或一种能吸引、激发和维持人的全部热情、想象力和才智的意义机制。这是真正的"出现"、创造，而不只是在一个既定范式中的"解决问题"。大科学家的"灵感"需要非现成的机缘，而这里就有"热情动人的沉思"的地位。看看（传说中的）伽利略的自由落体思想实验：将轻的、重的绑在一起，是落慢些，还是落快些？由此就可看出亚里士多德说法（重的落得快，轻的落得慢）之不成立。后人总看见"理性"、规律，但创造中的人却需要机缘，能粘上机缘者为天才。孙子有云："凡战者，以正合，以奇胜。故善出奇者，无穷如天地，不竭如江河。……战势不过奇正，奇正之变，不可胜穷也。"[①]

　　那发现了数学本身的意义世界之人，处在数字和纯形状关系构成的一个沸腾的意义机制之中，他的灵感、热情都随之而涨落。"他[毕达哥拉斯]曾经举行了一次百牛大祭，因为他发现了直角三角形斜边的平方等于其他二边的平方和。"[②] 在这一点上，他比伊奥尼亚派更强地突出了纯形式关系。斜边与其他二边表面上没有"合理的"（合乎数量比率的）关系，甚至在二等边的情况下无可公度关系，但一旦"自乘"（平方）就出现了等量关系，可见其中隐含着一种内在和谐。就像这样一个世界，表面上充满无常和无意义，但内里却潜伏着和谐和意义机制。

　　许多学者认为，毕达哥拉斯及其学派是古代希腊数学的奠

数学关系似乎是超时间的，所以后来的唯理论追求的概念逻辑化的真理也是超时间的。中国古代哲理的起源处有《周易》之象数，也可推演，但是是在另一个维度中，即朝向未来和回溯过去的"与时偕行"的维度中进行推算的，那里变（易）与不变（不易）在简易的卦象鼓荡中交织起来。难道它也像罗素讲的是一种"精致的错误类型"吗？要是那样，所有人类知识与真理的归宿就只能是西方的科学了。不过，库恩（T. Kuhn）向我们揭示，科学本身就要靠广义的哲理前提和某种"信仰形式"才能存在。

"所有这些数学的思辨（无限有限、奇偶、一多）都是从宗教的灵感中引申出来的；这是这种神秘灵感的深化，它使思辨的数学从实用的计算中决定性地脱离出来。"（罗斑：《希腊思想和科学精神的起源》，第83页）

———————————

① 《孙子·势篇》。

② 北京大学哲学系外国哲学史教研室编译：《古希腊罗马哲学》，第33页。

基人，虽然一开始他们是从埃及和东方学到数学的。[①]他们首次使用"数学"这个词，并将之分为两部分：不连续量（绝对不连续量——算术，相对不连续量——音乐），连续量（静止连续量——几何，运动连续量——天文学）。

其具体成就有：

证明三角形内角和等于二直角和，正立方体的作图法；

提出直角三角形的三元数组（毕达哥拉斯三元数组）；

研究了质数、递进数列，发现了算术的、几何的、音乐的第三种比例关系，探讨了可公度比、不可公度比（不可用公共度量单位约尽）；

用归谬法（间接证明法）证明正方形的对角线和正方形的任一边是不能公约的。证明的基本思路是：如斜边能与一（等边的）直角边公约，则同一个数将既是奇数又是偶数，这是自相矛盾的，所以不可能。

具体证明是：设斜边与一直角边的比为 $a:b$，已达到最小整数比，于是根据毕达哥拉斯定理得到 $a^2=2b^2$。这样 a^2 必为偶数，a 也就必是偶数，因奇数平方只能是奇数。但因 a 与 b 可公约，$a:b$ 是最小整数比，这样，当 a 为偶数时，b 只能为奇数。

可是，a 既为偶数，就可假设 $a=2c$，$a^2=4c^2=2b^2$，所以 $b^2=2c^2$。这样 b^2 为偶数，b 也就为偶数，与前面所言矛盾。所以 a 与 b 不可公约。证讫。

关于这个不可公约的定理，罗素给出了欧几里得第十编中

---

① 汪子嵩等：《希腊哲学史》第1卷，第270页。

记载的证明：

在等边直角三角形中，设边长为 1，那么弦的长度是多少？设弦长 m/n，那么 $m^2/n^2=2$。如果 m 和 n 有一个公约数，我们可以将它消去，于是只要 $m^2/n^2 \neq 1$，则 m 和 n 必有一个是奇数。现在 $m^2=2n^2$，所以 m^2 为偶，m 为偶，所以 n 为奇。

假设 m=2p，$4p^2=2n^2$，$n^2=2p^2$，所以 n 为偶，与假设相反，所以没有 m/n 的分数可以约尽弦。（以上证明，柏拉图或许知道）[①]

他（们）还发现了一些关于三角形、平行线、多边形、圆、球和正多面体的定理，并研究了面积应用等一类问题，等等。能运用这种推理的思维是独特的。当然，这种反证法只在数学结构中才可用。不管怎样，能通过这种间接又间接的推论达到确定不移的结论，会使人对形式推论产生极大的信心和爱好。这就是"哲学"的摇篮。

二、为什么说数是万物本原？

1. 毕达哥拉斯是位开创型的数学家，对于数本身的构意机制的无穷丰富性和可能性有深切体会。数字关系中有特性，有既可理喻（和谐、有解、可反证……）又不可穷尽（不可公度……）的可能。数对他是比现实世界更真实的一个活生生的合理世界。《亚里士多德残篇选》记道：

他们〔毕达哥拉斯学派〕认为数先于整个宇宙也先于

---

① 罗素：《西方哲学史》上卷，何兆武、李约瑟译，第62—63页。

一切自然事物(因为没有数,任何东西都既不能存在,也
不能被认知;而数即使离开别的事物也是能被认知的),因
此,他们认为数的元素和第一原则就是万物的第一原则。①

这段话相当重要,前人似乎未充分注意它。为什么"数即使离开别的事物也是能被认知的"呢？为什么"没有数,任何东西都既不能存在,也不能被认知"呢？如果你深思它而找到肯定的答案,你就领会了西方唯理论的精髓；如果你在这之后又明白它为何不成立,那么你就有可能以较严格的方式进入中国古代哲学,而不只是成为一个经验主义者。

2.按亚里士多德《形而上学》第1卷第5章:"[毕及其学派]
发现了数与存在的和生成的事物有较多相似之处,比在火、土、
水中能找到的更多。元素和万物由'体积'(三维)构成,某种
数是正义,另一种是灵魂和理性,再有一种是机会,几乎所有
一切别的东西无一不可以用数表述；还有,他们看到音律的特
性和比例也是可以用数来表现的；一切其他事物就其整个本性
来说都是以数为范型的,数在整个自然中看来是居于第一位的
东西,所以他们认为数的元素就是万物的元素,认为整个天就
是一个和音,也是数。……如果有什么地方出现了漏洞,他们
毫不犹豫地进行拼凑。"②

毕达哥拉斯将数学模型加到万事万物上,以获得结构的推演力和可理解性。

这种"摹仿"(在后人比如亚里士多德的笔下)有的显得粗陋,
有的却有微妙的自构和对称关系,发出"谐音",震荡共鸣了起
来。(后来莱布尼茨有先定和谐说。)

但后来巴门尼德、柏拉图、亚里士多德的概念化就不粗陋了吗？

他提出"比例",即事物构造和事物之间的谐和,认为万物
之中都有数量关系。毕达哥拉斯听到铁匠铺中传出声音中的谐
音,进而发现是不同重量的铁锤,导致不同音调的数的合比例
关系。又在琴弦上试验,找出八度、五度、四度音程之间的比
例关系:如甲弦负重12磅,乙负6磅,比率为2∶1时,便发

---

① 汪子嵩等:《希腊哲学史》第1卷,第281页。

② 同上书,第270—271页；苗力田主编:《古希腊哲学》,第70—71页。

出八音度的谐音，12∶8 或 3∶2 时，就是五音度谐音，12∶9 或 4∶3 时，便是四音度谐音。

还提出"对立"——有限与无限、奇与偶、一与多、直线与曲线……，认为现实的对立关系（左右、阴阳、静动、善恶……）也可用数学关系来说明。

他还运用了类比的方法。比如他认为，一是源头，二是不定，三是全体，四代表正义，十代表完满。

3. 数是构成事物的基本单元（本体）。一切事物的形状都有几何结构，几何结构则与算术数字相对应，1 为点、2 是线、3 是面、4 是体，从体产生出可感形体，产生水火气土四元素。亚里士多德批评它混淆了抽象的数字单元和有体积的物理质点。[①] 但毕达哥拉斯正是沿用数学获得意义的方式来忽视掉"不必要的物理性"的，而且这里涉及的是意义机制而不只是"形式"。对毕达哥拉斯而言，数本身超出了抽象形式与具体物质的区别。

> 对于毕达哥拉斯，数是意义发生的结构，有数就有存在和世界。

这里毕达哥拉斯"拙"得可爱（最清楚地坦露这种思想方式的特点）。后来的形而上学家们则以"概念"或"范畴"来代替数，靠"逻辑语法"获得内在的结构和推衍力，表面上较合理，实则更松散。毕达哥拉斯做不到的，概念形而上学也做不到。

所以数既是万物的形式因（范型），又是其质料因——那时还不分。[②]

> 莱布尼茨是某种意义上的近代毕达哥拉斯主义者，他讲的"单子"是"数性的"，它的被动态就是物质（当代物理学的"能-质或［场-有］转换"可支持这种看法）。

---

① 亚里士多德：《形而上学》1083b10。

② 汪子嵩等：《希腊哲学史》第 1 卷，第 313 页。

三、"数为本原"的举例说明：从一到十

"一切从'一'产生"使这见地中的"产生"不是原发的了，因为"一"顶多是"第一"、"唯一"，已经漏掉了源生，也就是让第一、第二……可能的妙谛。后来的概念化哲学也都更看重"一"。这个追求"一致"、"一统江湖"的"毕一"扇动的这"一下"翅膀，导致了今天的一体化（全球化、网络化、虚拟化、人机一体化）的风暴。

"一"（元一、中心火）：最基本，乃一切数的开端和计量单位。亚里士多德记道：毕达哥拉斯派认为一切数是从"一"中产生的。①《亚里士多德残篇》："他们〔毕达哥拉斯派〕认为数先于整个宇宙也先于一切自然事物……。他们说，数的原则就是偶数和奇数；他们认为，奇数是有限的，而偶数是无限的；而在所有数中，'一'是第一原则，它由偶数和奇数组成；所以，'一'同时是偶-奇数；他〔毕达哥拉斯〕证明'一'能够产生奇数和偶数，'一'加上一个偶数就成为奇数，加上一个奇数就成为偶数。"②

此"一"与老子讲的"天得一以清，地得一以宁……"中的"一"，貌合神离？老子之"道一"的内里全是阴阳，而这个"毕一"虽因"同时是偶-奇数"而有阴阳意趣，但毕竟有其更高的自身，这从它"证明"自己有阴阳的外在方式可见，即它通过自身相加而得到奇偶数，还可从下面讲到的对"二"的贬低看出。因此，此一中有数机而无道机。

可见此"一"不只是一个"一成不变"或"实心整体"，像爱利亚学派所主张的，它"由偶数（阴）和奇数（阳）组成"，而且同时是偶-奇数，像奥菲斯教神话中那既是阴性又是阳性的第一位（出自世界蛋的）神法涅斯一样。所以它既能产生奇又能产生偶，就像那吞噬了法涅斯（父亲）的宙斯能够产生一代代的神灵。这"一"乃是"数机"的象征或化身。

亚里士多德记道：他们还将这一和理性、灵魂、本体看成一个东西。③

戈尔曼的《毕达哥拉斯传》讲，毕达哥拉斯派认为，一是创造者，由一产生原始的运动或"二"，接着产生第一个数"三"，

---

① 亚里士多德：《形而上学》986a20。
② 汪子嵩等：《希腊哲学史》第 1 卷，第 281 页。
③ 同上书，第 281—282 页。

三就是宇宙;"一"是形式或雄性的本原,"二"是质料或雌性的本源。一是打在模子上的印证,也就是形式(这应是亚里士多德之后的学说);"一"是太阳神阿波罗、宙斯、至上本体;一是中心火、秩序和善的来源,二是恶的东西、不平等、不平衡的源泉。[①]

"二"(不定):第一个偶数,是宇宙中不足或过度的象征。

亚里士多德记曰:二对于这派相当于意见,因为它能朝两个方向移动,就像意见的游移,故二也叫"运动"或"相加"。[②]

所以这"二"后来也叫作"不定的二",意见不定,可大可小之不定,这"二"也因此是"多"[③],因为多的本质就是"不等"、"大和小"。所以"二"在这个意义上是无限,总不能定于一尊。

其实"二"的更深刻含义是"差异",或造成差异的最小单位。在注重"发生"胜于"确定性"的思想传统中,"二"(比如阴/阳)的地位不比"一"低。

亚里士多德《尼各马可伦理学》曰:"再说,失败可能有许多方式(正像毕达哥拉斯学派所猜想的,恶属于无限这一类,而善是属于有限的),而成功却只可能有一种方式(因为这理由:一个是容易的,另一个是困难的——丧失分寸是容易的,而要掌握它却是困难的);也因为这些理由,过分和不足是恶的特性,而居中则是善。"[④]

所以"一"和"二"是对立的,是宇宙中的基本对立的最明确的数理表达。无限和有限,奇数和偶数的含义来自它们,或与之交融。

因为毕达哥拉斯派使用的数字是十进制,所以"一"与"二"之间有高低之分,而不像在《易》象的"二进制"中那样相反相成。

---

① 汪子嵩等:《希腊哲学史》第 1 卷,第 282 页。

② 同上书,第 283 页。

③ 同上书,第 321 页。

④ 亚里士多德:《尼各马可伦理学》1106b29—34。

从这里看出思想方式和全部"世界观"（本性-自然观）的重大变化。伊奥尼亚学派虽然已受数学思路深刻影响，但以"水""无定""气"这些"惚恍"的混沌意象来回答终极（本原）问题，古风犹存，内含某种阴阳相交。毕达哥拉斯则力图直接以数学来思考终极存在的状态、等级和价值；有明确形式和数学性质的、原本的"一"被他认为是最本原的、雄性的、创造的、主动的、赋予形式的、善的；而"不定的二"被他贬为非本原的、质料的、雌性的、被动的、恶的，这也就是艾斯勒讲的"剑"的原则压倒了"圣杯"的原则。从此之后，这种雄性的形式在西方哲学中占有了最突出的地位，成为理性的正面体现。最关键的是，这"一"与"二"的区分实际上代表了方法论上的二元化，即按照某种形式、观念而劈分开一切存在，比如一与多、有限与无限、善与恶，后来则是理式与现象、形式与质料、神与人、主体与客体……。就是主张一元论的人，其思想方式也是二元分叉化的，是先暗分了再求合。比如唯心论、唯物论者皆如此。中西方思想都以"数"为起头，但对"数"的理解大有不同。中国是阴阳之数、象数、易数、气数、时数；西方是一多之数、奇偶之数、对错之数、计算之数、形式谐和之数。（中西都讲天人合一、谐和，但方式不同，效果不同。）

"二元化"与"二对生（或二反联）"的区别在于：前者中的两方面已无根本的相互需要，而且一边压倒或高于另一边。

当然，这里还不像亚里士多德之后的许多学说那么僵硬，其中还有对"和谐"的要求，毕竟数既是形式因又是质料因，尤其是其中体现了对数学关系中的意义机制的敏感。"意义机制"则从根本上不会完全受制于这种二元分叉，而要以游戏的形成和意义的产生与维持为要旨。而且，这之后也还有一些重要的、要回复原发的、古朴状态的努力，比如赫拉克利特、巴门尼德的某些方面，柏拉图的某些方面，亚里士多德的某些方面，新柏拉图主义等等。但毕竟，剑已出鞘，形式已出离质料，而且高于后者。

"三"（世界）：亚里士多德《论天》："正如毕达哥拉斯学派说的，世界以及其中的一切都是由数目'三'所决定的，因为开端、中间和终结就提供了'全'这个数，他们将这个数叫作'三'。……对于两件事情或两个人，我们只能说是'二者'，不能谈'全体'；只有'三'是第一个可以适合于'全体'的数。"[①] "三"还是长、宽、高，一切有形者有此三向度，由它而有了世界。所以"世界及其中的一切都是由数目'三'所决定的"。

三角形是几何学中第一个封闭的平面图形，毕达哥拉斯派认为各种多面体都是由三角形构成的，而水、火、土等元素以及由它们组成的各种事物又是由各种多面体构成的。所以"三"是组成万物的最基本元素。

"三"是德尔斐神殿祭祀阿波罗神的青铜三脚祭坛，并与咒语、巫术中的惯用语联系起来，赋有神秘意义。

近现代的"辩证法"复活了并张大了"三"的魔力。

《老子》讲："道生一，一生二，二生三，三生万物。万物负阴而抱阳，冲气以为和。"[②] 与之也是貌合神离，因为道之"三生万物"充满"复"、"归"的势态，"致虚极，守静笃。万物并作，

中国古人理解的"三"中一定有"生成"。儒家更会说：这"三"意味着一个家庭，即父、母和子女，或祖、身、子三代。

---

① 汪子嵩等：《希腊哲学史》第 1 卷，第 283—284 页。

② 《老子》第四十二章。

吾以观复。夫物芸芸，各复归其根。……复命曰常，知常曰明，不知常，妄作，凶。"①

"四"（正义）：仅次于"一"的重要的数，人们凭"四"起誓，"它是永恒流动的自然根源"。在构成神圣的"十"（1+2+3+4）这个数中，"四"比其他任何数具有更多象征价值。比如十是数的前4项相加，四又是其中最大者。

四是宇宙造物主的象征，又是造物主创造宇宙时的数化模型，因为物理对象由点、线、面、体这种"四"的流动过程产生。

《亚里士多德残篇选》根据亚里山大的《〈形而上学〉注释》这样记载："亚里士多德说，毕达哥拉斯学派相信在数和存在着的以及生成着的事物之间有相似性，他们认为相互义务和相等性是正义的特征，并发现这种特征存在于数中。因此，他们说正义是第一个平方数。……声称这个数就是'四'，因为'四'是第一个平方数，它可以被分成相等的，而且它自身就是相等的（它是二和二），别的人却声称这个数是'九'……。"②

$2 \times 2 = 2 + 2 = 4$

新柏拉图派的塞翁的著作《从数学方面帮助理解柏拉图》说：音乐上，古希腊全音阶中有四个主要的谐音，其比率是4∶3、3∶2、2∶1、4∶1；这些简单的比率是最悦耳的，它可以敲响灵魂中同类的谐音。（人、灵、神沟通的方式）

四种元素：水火土气，是"四"。

四季是"四"。

社会的人、村庄、城市、国家，亦是"四"。

中国古人脑子里最重要的"四"应该是与"四方"（东南西北）相配的"四季"或"四时"。印第安人也崇尚"四"。

————————

① 《老子》第六章。

② 汪子嵩等：《希腊哲学史》第1卷，第285页。

"五"（婚姻）：第一个奇（阳）数"三"和第一个偶（阴）数"二"相加后的第一个数，所以是婚姻之数，在"十"的中心。

柏拉图很可能在毕达哥拉斯派"五"的启发下，提出五种正多面体形成的元素：立方——土，四面体——火，八面体——气，十二面体——水，十七面体——以太。希帕索被从毕达哥拉斯派中逐出，由于他泄露了十二面体的秘密。[①]

中国的五行相生相克。

"六"（循环）：第一个完整的数"五"（第一个奇数与第一个偶数之和）和"一"相加的结果，即 1+2+3=6；又 2×3=6，所以"六"也是婚姻之数。

五和六都是循环数，自乘结果的最后一位数总是"五"和"六"，$5^2=25$，$5^3=125$。$6^2=36$，$6^3=216$。216 有神秘意义，代表在生物中转世轮回的间隔。菲罗劳斯的"六"代表生命本性的六个等级：精子（种子）→植物→动物→人→精灵→神。

中国古人认为"循环"是"成道"的必要条件。"六"是阴极之数，且"六六大顺"。在西方，线性发展观或进步观不来自古希腊，而来自基督教的末世论和社会理论化了的进化论。"Evolution"这个词不应翻译为"进化论"，而应译作（比如）"演化论"，因它里边没有"进步"的含义。达尔文的原意中也没有这个"进"义。

"七"（时机、命运）：独特之数，它是一到十的数中，既不是任何数的因子，又不是任何数的乘积的数；三与四之和，与"四"一起，处于一到十的算术级数的中项；1+3=4，4+3=7，7+3=10。

《亚里士多德残篇》讲："七"这个数是机会，因为自然事物在"七"这个数中获得出生和成熟的最好时机；人被怀胎七个月［希腊人的月份长？］出生，婴儿七个月为长牙，第二轮七（14 岁）达到青春期，第三轮七（21 岁）长胡子；太阳主季节，所以在十个天体中居第七；它是雅典娜，她没有母亲，自己永是处女。[②]

"时间"居然不生育，这在中国古人看来简直荒谬之极。

①　汪子嵩等：《希腊哲学史》第 1 卷，第 287 页。

②　同上书，第 288—289 页。

于是"七"意味着时间（与一星期、一礼拜七天是巧合？），它是那不可还原不可抗拒的"时机""命运"，所以是独特的。

"八"（和谐、爱情）：第一个立方数，$2^3=8$。"伟大的四"：前三个奇数和一之和即 $1+3+5+7=16$，加上前四个偶数之和即 $2+4+6+8=20$，其和为 $16+20=36$（即前 8 个数之总和），等于一、二、三这三个数的立方和即 $1^3+2^3+3^3=36$。（可见毕达哥拉斯派对于"谐和""转换相交"的痴迷追求）

奥菲斯教和埃及宗教都认为主要的神有八位，此点可能影响毕达哥拉斯派。

八是谐音，菲罗劳斯视之为友谊、爱情。

"九"（强大的限止和转折）：3 的立方，十前的最后一数，所以重要。

代表海洋神俄刻阿诺，因海洋围绕大地，就如同十个点组成的等边三角形，它外面的九个点围绕着中心点。

它是十以前数的限止，因为它强大，牵制其他数，一直到十；九是从一开始的系列中最大的数，是另行开始数的系列的转折点，也是正义。

"十"（完满）：最完满的数。为了凑足十个天体，毕达哥拉斯派编出"对地"。该派认为，十是完善的、神秘的数，因为谐音的 1、2、3、4 之和就是十。由十个点组成的等边三角形的图形"∴"被此派称为"τετρακτύς"或"tetraktys"（神圣的四元组，神圣的"四是十"），它是一个神秘的符号，后来成为毕达哥拉斯派崇拜毕达哥拉斯的象征。"这个 tetraktys 是他传给我们的，它就是永恒的自然的根源。"

第尔斯辑录的毕达哥拉斯派成员菲罗劳斯的残篇中，有一则："人们必须根据存在于'十'之中的能力研究'数'的活动和本质；因为它〔十〕是伟大的，完善的，全能的，它分享的……也是'十'的能力。如果缺少了这个，万物就是没有规定的、模糊的和难以辨认的。"①

所以"十"是完善的。

东、西方思想的起点处都与数有某种关系。但对数的感受很不同。印度人对"零"（"不有不无"的状态）最有感应；中国最看重象数（阴阳之数）、变通之数、气数和时数；古希腊人则着迷于"一"和"十"，即形式谐和之数、能依据自身就判定是对是错的数。

第三节　对立与和谐

一、对立

亚里士多德《形而上学》1卷5章讲了毕达哥拉斯派关于数的学说之后，又这样叙述：

> 这个学派中的另一些人说有十对本原，并且将它们排成两行：

有限	无限
奇	偶
一	多
右	左
雄	雌
静	动

---

① 汪子嵩等：《希腊哲学史》第1卷，第290页。DK44B11。

直　　曲

明　　暗

善　　恶

正方　长方

左项总是更高级、更有价值。

……从这两个学派（毕达哥拉斯派和克罗顿的阿尔克迈翁学派），我们可以看到：'相反'（enantia）是事物的本原；至于这些本原有多少，以及它们是什么，我们可以从其中一派知道。[1]

"相反是本原"乃极其深刻的哲学见地，惜乎此派未加深究，而此后两千年中、包括黑格尔的辩证法也未能得其真意。

直到现代结构主义，才有了转机。索绪尔认为语言的意义只来自"差别"，而差别的一个重要表现就是"对立"。（索绪尔：《普通语言学教程》，高名凯译，商务印书馆1980年版，第128页等）而对于雅各布森，语音的"区别性特征"只能通过对立来表现。

这里提出一重要命题：相反是事物的本原。阿那克西曼德主张冷热、干湿从阿派朗中分离出来，阿那克西美尼认为气的凝聚与稀散生成万物，但均未直接将"对立"或"相反"说成事物本原。

对立是事物本原意味着万物莫不建立在对立之上，或在根本处与对立相关。这里面隐含着"相交"、"中间尺度"（在"群"的结构中就是正负相交为一中性原点）的意思。它不只是一般的数，而（似乎）总有一个"边缘"，因"对立"乃是最不可避免的、最简单的边缘形势。有输赢的游戏就在于利用"对立"造势构意。而且，对立如能被提升至"两难"，则会逼向"探源"，求那超出二元化思想方式的自发自动的得意境界。但如果对立表现为一方压倒另一方、统辖另一方，则缺少真正的"深渊""黑夜"和以那为前提的"交"。"痛苦""荒谬""不可通约"，是真实

---

[1]　汪子嵩等：《希腊哲学史》第1卷，第324—325页。

的对立造成的。真痛苦不只在于被压迫，"达不到目的"，而在于无真切的目的、被压得生命变形、一团混乱、颓废。比如毫无理由地、惨不忍睹地、"卑鄙可耻"地、"没头没脑"地（如小孩子受难……）、引发"同情"、"恻隐"地……遭罪，所以真对立中才都有真的生成，被真质对立煎熬的精神和宗教永远有造意的潜能。

请读陀思妥耶夫斯基的书。

　　"对立本原说"逼人超出宇宙论（只探讨宇宙如何构成，由什么构成），而注意到更高级的也更简洁和边缘化的纯关系（对立关系）的构造功能。它与"人"（的生存方式、边缘化思想）更贴近。所以"对立本原"可引出关于"本原"的更尖锐或更抽象的讨论。它在历史上引出了对"火"（流变之中的逻各斯）和"存在"的探讨。

"对立"正是"点睛"；一个生成着的旋涡空心。

　　这种"对立本原"与"数本原"是什么关系？'从前面"一"到"十"的介绍中可见，本原的具体解释中已包含了对立本原说，比如"一"和"不定的二"，乃是一切对立的数字根源。不过，总的说来，对立本原说是隶属于数本原说的。

　　"对立"亦指，有限与无限、奇数与偶数。

　　阿那克西曼德的"无定"（阿派朗，apeiron）分离为热与冷、湿与干，已有"对立"的影子，但未将"无定"或无限与有限（有边界）正面对立起来，其本原处无对立。毕达哥拉斯则认"有限"为更高级、更有价值者，"数"就是给与界限者。到爱利亚的麦里梭才又抬高"无限"，到柏拉图又有变化。

　　奇为有限，偶为无限，为什么？

　　（1）当角尺围着"一"，或一加上奇数即 1+3，1+3+5，1+3+5+7……时，如果用点阵表示，就总产生相同的正方形、

边长的比值总是"一"。

平方数。

　　（2）当角尺围绕偶数二，或二加上其他偶数 2+4，

边长的比值是"不定的二"。

2+4+6……，总产生边长比例不同的长方形，以至无穷。

　　所以奇数是有限，偶数是无限。

　　另一种解释（德国人 Heidel 给出的）则更简单（也更少讲究）。[1]

　　总之，在毕达哥拉斯的对立表中，重心是左倾的，即左侧项无论从存在性上还是价值上，都永远压倒右侧项。"一""奇""有限"为主动的、原创的、雄性的、形式的，而"二""偶""无限"则为被动的和雌性的。这代表了西方哲学和文化的一条主线：形式突出，格局对立，争雄求胜，没完没了。

二、和谐

　　"和谐"的思想浸透了毕达哥拉斯派的数本原说。（前面已常有表现）

　　"和谐"（harmonia）指不同事物连接、调和在一起。在毕达哥拉斯派这里，事物是按数的比率发生（回旋的）关联。

海森堡（当代量子力学的创始人）说："我理解到近代的牛顿及其继承者们的成就是希腊数学家们或哲学家们的努力的直接后果，从此，我不再认为当代科学技术属于一个与毕达哥拉斯或欧几里得的哲学世界迥然不同的世界了。"（《物理学家的自然观》中文版，第 30 页）

　　毕达哥拉斯派据说首次发现了黄金分割法。按毕达哥拉斯派，美中有和谐，伦理价值（善、正义、爱情、友谊……）中有和谐（后来苏格拉底"美德即知识"的滥觞），而且，宇宙天体（被认为是完美的存在）是一个大的和谐。

　　所以亚里士多德讲，这一派认为整个天体是一个和谐的有秩序的宇宙——"科斯摩斯"（cosmos），其原意是"秩序"，但

────────────

　　①　汪子嵩等：《希腊哲学史》第 1 卷，第 332 页。

毕达哥拉斯派赋予这秩序以数的比例和谐的深意。

亚里士多德《论天》、亚历山大《〈形而上学〉注释》中都记载毕达哥拉斯派的这样一个观点：星体运动产生和谐，发出的声音是和谐（和音），它们那么大，那么快，定会发出极大声音。慢者声深厚，快者声高昂，由于这些音调及星体间的距离成比例（太阳与地球的距离是月亮和地球距离的两倍，金星是三倍，水星四倍，距离越大运动越快……）而形成和音，即"天籁"、"宇宙信息"、"听宇宙声"……。我们之所以听不见"天籁"，是由于从出生时就听惯了，正如铁匠习惯了打铁的声音而"听之不闻"一样。

该派观念中的天体系统图（艾修斯在《哲学家意见集成》中所记载的菲罗劳斯的学说）显示：中心火团不仅是数学的中心，也是重力的中心。此学说影响了古希腊著名数学家和天文学家、逍遥学派的萨摩斯人阿里司塔库（Aristarchos，西元前310—前230年），后者提出太阳中心假设——尽管亚氏的地球中心说（通过托勒密）统治天文学研究一千多年，最终被哥白尼的太阳中心说代替。哥白尼自称他是从阅读有关毕达哥拉斯学派的著作而得到启发的。[①]

该派认为，无限的嘘气是普纽玛，它被吸入宇宙，就是虚空，是划分自然物的区分者，"这首先表现在数里，因为虚空正是区分数的本性的。"[②]

---

① 汪子嵩等：《希腊哲学史》第 1 卷，第 355 页。

② 亚里士多德：《物理学》213b22—27。引自汪子嵩等《希腊哲学史》第 1 卷，第 360 页。

三、对立与和谐的关系

有的学者(基尔克、拉文、格思里等人)因"对立"说而认毕达哥拉斯为二元论者,有的(康福德)又因为他主张"一"身兼奇偶、且是根本本原而认之为一元论者。

对立与和谐的关系,该派少有讨论。对此,只有一条间接的记录,即柏拉图《斐多篇》中菲罗劳斯的学生西米亚斯(Simmias)反对苏格拉底的灵魂不朽说时所说的:"我们毕泰戈拉派有一种关于灵魂的理论,它大体是这样的:肉体是热和冷、湿和干等对立的元素按照某种张力结合起来的,而灵魂却是由于它们之间有比例的调和而成的和谐。"[①]

两个这么重要的原则应该有某种联系。从以上讨论"对立"(一与多、有限与无限、奇与偶)中已见其与数的关系,其中也有比例的影子(角尺围正方长方的数点)。所以可以推想,通过"数",对立与和谐可能在毕达哥拉斯派学说中有关系,但联系较弱。原因之一是十进制的数与几何图形的阻碍,此为毕达哥拉斯派的一大问题,也是西方传统哲学的一大问题。赫拉克利特只从思想方向上结合两者,但未提出相应的方法构架(即说清"逻各斯"的具体含义);柏拉图的辩证法还有一些有关此问题的意向;亚氏的逻辑则更远了一些,但他讲的"中道"的德性观又在找回它,惜乎未与形而上学打通;黑格尔做了卓越努力,但还缺

赫拉克利特:"自然也追求对立的东西,它是从对立的东西产生和谐,而不是从相同的东西产生和谐。例如自然便是将雌和雄配合起来,而不是将雌配雌,将雄配雄。……音乐混合不同音调的高音和低音、长音和短音,从而造成一今和谐的曲调。"(《残篇》10)

---

① 柏拉图:《斐多篇》,86B–C;引自汪子嵩等《希腊哲学史》第 1 卷,第276 页。

少充分的、(与对立)相互震荡的和谐；克尔凯郭尔以"致死的疾病"回应之，也就是否认这种联系可以被概念表达。

　　总而言之，毕达哥拉斯是塑造古希腊乃至西方哲学的"形式"(eidos，本质)的第一人；最鲜明地站在宗教、神话与数学、形式观念思维的交接之处；对数的构造关联与和谐结构的哲理有自觉意识。这是西方传统中最有力的方面，正代表了"科学"及"哲学"最有活力和社会参与力(民主、法制、算计化的功利主义)的形态。工业革命、原子弹、克隆技术、信息(数字化)革命、人工智能……表明毕达哥拉斯的数理精神一直是西方文明的内在动力。

毕达哥拉斯派灾难重重，却又辉煌不断，正见出它是西方文化的灵魂、象征与命脉。

第五章　赫拉克利特

第一节　做人为学之特点

赫拉克利特晚于毕达哥拉斯三十年。他的特异和动人之
处让追求绝对确定性的传统西方哲学主流受不了，而只有关注
辩证运动的黑格尔欣赏他。进入当代西方哲学之后，欣赏他的
哲学家越来越多，但像罗素这样的"静态思想者"还是不能理
解他。

黑格尔写道："回到赫拉克利特吧，他就是第一次说出了无
限性质的人，亦即第一次把自然了解为自身无限的，即把自然
的本质了解为过程的人。哲学的开端必须自他始——这开端便
是长存的理念，这个理念在所有哲学家中一直到今天还是同一
个理念，正如它过去是柏拉图和亚里士多德的理念一样。"[1] "没
有一个赫拉克特利的命题，我没有纳入我的逻辑学中。"[2]

但赫拉克利特的精神与尼采似乎更近，因而尼采赞颂和理

---

[1]　黑格尔：《哲学史讲演录》第 1 卷，贺麟、王太庆译，第 311 页。
[2]　同上书，第 295 页。

解他的角度与黑格尔很不同："赫拉克利特拥有非凡的直觉思维能力，这是他的至高禀赋。面对靠概念和逻辑推理完成的另一种思维，他显得冷漠、无动于衷甚至敌对。而当他在诸如'万物在自身中时刻包含着对立面'这类命题中凭直觉获得真理，并得以用这样的真理对抗那种思维时，他似乎感到十分惬意。难怪亚里士多德要把理性法庭上的最大罪名加于他身上，谴责他违背矛盾律了。"①

尼采称前柏拉图的希腊哲学"是用一块巨石凿出的群像。……他们都处在卓绝的孤独中，……都拥有古代人那种独具德性的力量"。②甚至尽量贬抑批评赫拉克利特的罗素，也讲"赫拉克利特的形而上学[这在罗素是贬词]的激动有力，足以使得最激动的近代人也会感到满足的。"③

赫拉克利特（Heraclitus，鼎盛年为西元前504—501年）。关于他的生平，我们知之不多，主要是他与其同乡们的恶劣关系，表现出他的高傲（高贵）与孤独，而这"孤独"，是有哲学深意的。

赫拉克利特是伊奥尼亚的以弗所（Ephesus）人，王室后裔，曾逊让"王位"于其弟。他似乎无直接的师承（尼采认为他继承了阿那克西曼德的一些思想）。他讲："我寻找过我自己。"寻找到了吗？不清楚，只知他说"自然[本性]喜欢躲起来"（《残篇》123[即《苏格拉底以前的哲学家残篇》中所录赫拉克利特言

---

① 尼采：《希腊悲剧时代的哲学》，周国平译，商务印书馆1996年版，第51页。

② 同上书，第10页。

③ 罗素：《西方哲学史》上卷，何兆武、李约瑟译，第72页。

论的第123条])。"他是一个傲慢的人,比任何人都要傲慢"。[1]
他说过,"博学并不能使人智慧,否则它就已经使赫西俄德、毕
达哥拉斯以及克塞诺芬尼和赫卡泰乌智慧了,"[2] "应该把荷马
从赛会中驱逐出去,并且加以鞭笞,"[3] "赫西俄德是多数人的老
师。人们相信他知道得最多,但是他却不知道日和夜其实是一
回事。"[4] 赫西俄德《神谱》云:"太初之始,混沌生成 / 随后是
胸脯宽广的地母 / 在她坚实的怀抱里 / 万物永远繁衍滋生 // 从
混沌和幽暗生出了黑色的夜 / 夜和幽暗因爱相融合和孕育 / 分
娩下以太和白昼。"[5] 赫拉克利特可能就是批评这种将黑夜与白
昼当作可区分对象的看法。

赫拉克利特说:"涅萨尔科的儿子毕达哥拉斯,在从事科
学的探讨上,是超过所有其他的人的;他从这些著作中作出摘
录,从而得出一种自己的智慧,实际上却只是博闻强记和剽窃
行为。"(DK22B129;即《残篇》129)值得注意的是他对毕达
哥拉斯的关注,尽管多为负面的。但正如尼采所攻击者(比如基
督、瓦格纳)正是他所重视者,赫拉克利特在这一点上与尼采有
相通之处。

他被一些人认为"蔑视人民群众",因为他说过,[6] "一个
如果是最优秀的人,在我看来就抵得上一万人,"(DK22B49)

---

① 北京大学哲学系外国哲学史教研室编译:《古希腊罗马哲学》,第14页。
② 同上。
③ 汪子嵩等:《希腊哲学史》第1卷,第406页。
④ 同上。
⑤ 苗力田主编:《古希腊哲学》,第4页。
⑥ 汪子嵩等:《希腊哲学史》第1卷,第405页。

"……多数人是坏的,只有少数人才是好的,"(DK22B104)"驴子宁要草料不要黄金,""如果将以弗所的成年人都吊死,把他们的城邦让给未成的少年人去管理,那就对了。因为他们放逐了赫谟多洛——他们中间最优秀者。"(DK22B121)为对抗吕底亚的影响,以弗所的母邦雅典曾派阿里司塔库来,在梭伦政制基础上恢复以弗所的法律,获得一定成果,后再由阿里司塔库的朋友赫谟多洛继续此事业。但据说以弗所城发生了一场"民主运动",将赫谟多洛驱逐,他后来到了罗马,参与立法。若说赫拉克利特"蔑视人民群众",可能与此事件有关。

赫拉克利特被称为是"哭[忧郁]的哲学家",与"笑的哲学家"德谟克利特对照。[①]赫拉克利特自古以来的名声是:"谜样的人"(西元前3世纪的蒂蒙这么讲)、"晦涩者"、"辱骂群众的人"。

赫拉克利特说:"狗咬它不认识的人。"(《残篇》97)

当同胞要求他为城邦立法时,他拒绝,因为他认为以弗所已在坏政体支配之下了。于是他避居到狩猎女神阿耳忒弥斯的神庙附近,和孩子们玩骰子。后来隐居山林,吃草根树皮,得了水肿病,用隐语问医生能否使洪水干涸,医生不懂。于是他藏到畜厩里,希望用牛粪的热力把身体里的水弄干,无效而死,卒年60岁。[②]

他说:"时间是一个玩骰子的儿童,儿童掌握着王权。"(《残篇》52)

"晦涩",指其语言,指其用隐语,"用感性语言来表达理性思想"[③]。但有人(拉尔修)又说他语言的"简洁有力是无与伦

---

① 汪子嵩等:《希腊哲学史》第1卷,第406页。

② 北京大学哲学系外国哲学史教研室编译:《古希腊罗马哲学》,第15页。

③ 汪子嵩:《希腊哲学史》第1卷,第408页。

比的"①。还有一些人认为他的文字是"优美的"。

"格思里说："他是诗人、先知和神秘宗教的传教师。他用象征的语言讲话，因而不能用世俗的方式去理解他。我们不能期待他这样一个人会具有米利都学派理性的世界观。"② 但格思里的这种看法不完整，赫拉克利特的确是严肃的思想家，且受米利都影响，只是更敏锐，更能在对立上跳舞。

普罗米修斯为人类盗来
天火，但引来了潘多拉
盒子里的灾难，他自己
也被掌握霹雳火的宙斯
锁吊在悬崖上受尽苦
楚。

第二节　对立、流变逼出"活火"

看来赫拉克利特受到过毕达哥拉斯的"相反是事物本原"思想的极深刻影响，但赫拉克利特将对立与毕达哥拉斯讲的（数的）"和谐"直接地、内在地相关联，指出只有通过对立才能造成和谐（这一点在早期毕达哥拉斯派中似不明显）。

而且，为了充分突出"对立"的本原性、直接性、尖锐性（让它们相互充分穿透，转化而出新），也就是不让对立蜕变成一方统摄、压倒另一方的架构，或弱化为区别（比如数字由奇、偶数组成，数字之间的比例和谐便建立在奇、偶区别之上），他提出"流变说"。这是一个极重大的突破，实际上是认为"对立"的更真实形态是"转化"，而"转化"（变易）就意味着在瞬间中也有对立，任何"同一"中也有对立。所以"流变"对于他绝不只是一种"现象观察"的结果，而是有着哲理内在需要的本原意识。"流变说"使得相反

---

① 汪子嵩等：《希腊哲学史》第 1 卷，第 409 页。
② 同上书，第 411—412 页。

无时不在、无处不在，逼得真实的一切都要生发于、维持于这对立之上。

柏拉图记道：

> 赫拉克利特在某处说，万物流变，无物常住。他把存在着的东西比作一条河流，声称人不能两次踏入同一条河流。[①]

"水"与"火"在此相反相成。
尼采讲："他关于这个火所说的，如泰利斯、阿那克西曼德关于水所说的如出一辙。"

这条让"万物流变，无物常住"的存在之流，将一切可思想者的实底抽掉了，导致正反两面的后果。其反面或否定面，如亚里士多德《物理学》所述，"[赫拉克利特]不是说存在的有些东西运动，有些不运动，而是一切事物都在永远运动，但是我们的感觉发现不了这一点。"[②] 其要点在于：

> 我们既踏进又不踏进同样的河流；我们既存在又不存在。[③]

也就是说，不管我们意识与否，愿意不愿意，我们时时处处都处于"既存在又不存在"、"踏进……又不踏进"的对立之中，流变乃对立之源，所以赫拉克利特着重强调的是"时间"，他说：

---

① 北京大学哲学系外国哲学史教研室编译：《古希腊罗马哲学》，第17页；苗力田主编：《古希腊哲学》，第40页。

② 苗力田主编：《古希腊哲学》，第40页。

③ 北京大学哲学系外国哲学史教研室编译：《古希腊罗马哲学》，第27页。

"时间是一个玩骰子的儿童。儿童掌握着王权。"(《残篇》52)

因此,这对立不是干巴巴的逻辑矛盾对立,其中有"水"的流溢蒸腾,含有一切现实世界的存在现象。它只是对于那些"以自己的智虑生活着"[①]的知性人们来说才是逻辑矛盾,才会导致过分的怀疑主义、诡辩。

泰利斯的"水"在这里奔流蒸腾了起来。

而这就涉及这条存在之流的思想后果的另一面,即肯定性的一面,作为"流"它也有超个体生灭的连续性、保存性和摄藏性的一面,由此而使它本身就蕴含着非实体之"一"或"逻各斯"。巴门尼德、柏拉图、特别是亚里士多德不能(充分)理解这里边的深意,所以要用"存在""理念""矛盾律"来克服之,而将实在者视为在对立之外、之上的同一者。其实这里恰恰是存在论意义上的现象学的起点和入手处,"万物都根据这个逻各斯生成。"(logos,源于"legein"[说],含有谈论、说明、思想、理性、公理等意。)请看赫拉克利特《残篇》1里的这一段:

尽管万物都根据这个逻各斯生成,而我又按其本性划分每一事物并说明它为什么是这样,但是,人们却像毫无经验一样,虽然他们对我们说的话和所行的事有所体察。另外的人则根本没有注意他们醒时所作的事,犹如忘却了他们的梦中所为一样。[②]

---

① 苗力田主编:《古希腊哲学》,第38页。
② 同上。

只有深刻意识到"万物皆流"中的"对立",以及这对立逼出来的超出逻辑矛盾(这是到亚里士多德起才被正式提出讨论的)的逻各斯,才能"注意他们醒时所作的事",即他们实际上、"自然地"已经、正在、将要超出这对立而成就事情和人生的意义。所以"思想[即逻各斯]是人人所共有的"[1]。"思想是最大的优点;智慧就在于说出真理,并且按照自然[本性]行事,听自然的话。"[2]"自然"或"本性"正是活在那对立冲突之中的意义机制之流,它使知性(常人想问题的方式)不可能而又使逻各斯意义上的"思想"可能。

所以,那真正的"本原",就是那总不可能被现成化为任何存在者和知性原则的那样一种正在发生的活存在、纯粹的"[当场生成着的]存在状态"。赫拉克利特感到用"火"来说(legein)它是最合适贴切的,所以他讲:

> 这个万物自同的宇宙既不是任何神,也不是任何人所创造的;它过去是、现在是、将来也是一团永远活生生的火(ever-living fire)[一般译作"一团永恒的活火",现据英译改],按照一定的分寸(metria)燃烧,按照一定的分寸熄灭。[3]

这是西方最动人的一句哲言,赫拉克利特通过它让自己的声音"响彻千年"。

火是一切"元素"中最充满改变力、转化力和升腾生发力的"不现成者"。它不同于被燃烧者,也不同于被燃烧生成者,而正

---

① 北京大学哲学系外国哲学史教研室编译:《古希腊罗马哲学》,第29页。
② 同上。
③ 《残篇》30。苗力田主编:《古希腊哲学》,第36—37页。

是那超出一切现成状态的纯构成，是那能在对立的剪刀锋口（为一切可执者带来死亡和黑夜）处欢舞的精灵，是酒神与逻各斯的合一，是"水"的蒸腾。"土死生水，水死生气，气死生火；反过来也是一样[即火生于土之死，气生于火之死，水生于气之死，土生于水之死。]"（DK22B76），[①] 它没有属于"自我"的私意，把该属于谁的就赋予谁，它是绝对地赤诚和大公。

"[他把火称为]不足和多余。[根据他的观点，世界的构成是不足，焚烧是多余。]"[②]"火在升腾中判决和处罚万物。"（DK22B66）"判决和处罚"那妄想逃离流变对立、执于一偏的现成性，让它们重入火海，在对立的刀口间被煎熬，"升腾"得失去自我之执，重获"尺度"。"焚烧是多余"，意味着这焚烧不会总这么烧下去，而一定要弯回，烧出个尺度和事物来。之所以有这"弯回"，是由于这水火不止于否定，也有保藏和连续，所以其中也有阿那克西曼德讲的"公正"与平衡。

它将"结构"中的"转换律"（结构的灵魂）表现到最鲜明、最活跃和自身维持化（尺度）的程度。这实际上突破了一般的意义结构，而成为一个能"自玩儿的"、能够不断生发的终极意义机制，因而有了涡眼，能自旋自持（龙卷风）。

我相信：这一节所展示者是领会赫拉克利特的"枢机"。如有所悟，则他的其余学说统统透彻可解，且重重叠叠，气象万千。

"火"的特性：（1）转化（燃烧），通过它实现正义，与阿那克西曼德的"补偿"说有相通处，但更富于纯转化的激荡。（2）转化的方式是逻各斯。是这转化自身的尺度与节奏：火中飞出的凤凰，火中升腾出的乐感和诗意。（3）转化的本性是对立自身的和谐："互相排斥的东西结合在一起，不同的音调造成最美的和谐，一切都是斗争所产生的。"（《残篇》8）但可惜的是，赫拉克利特没有充分厘清转化与逻各斯的关系，也就是无常、焚烧（火）与连续和保藏（一）的关系。换言之，他讲的火与水没有充分打通，以至于过于强调"斗争""战争"的地位，让出鞘之"剑"更锋利和致命，而达不到"水"在老子那里的深意。

① 北京大学哲学系外国哲学史教研室编译：《古希腊罗马哲学》，第26页。
② 苗力田主编：《古希腊哲学》，第37页。

第六章　爱利亚学派

此派因活动中心在南意大利的爱利亚（Elea）城邦而得名。它在哲学史上的重要性在于提出一种永恒不变的"存在"（涉及 εἰμί 或 eimi 这个联系动词（是）的各种形式）问题，从根本上区别了"存在"与"非存在"，并认为"存在不可能不存在；非存在不可能存在"，而人的"思想"只能认识存在，因而"能被思想和被说的与能够存在是同一的"。他们讲的"存在是一"，在毕达哥拉斯和柏拉图之间架起桥梁，反对了赫拉克利特，使毕达哥拉斯开创的数理本原论落实到"存在"这个范畴概念上，由此而确立了其后两千多年的西方形而上学的基本词语和研究领域。

此学派的主要人物有四位：克塞诺芬尼为先驱，他从神学上寻找不动的唯一神；巴门尼德是此学派的奠基人和领袖；芝诺和麦里梭则捍卫、修正和发展巴门尼德的理论。

"eimi"的不定式是"einai"（to be）；第三人称单数是"estin"（ἐστίν, it is）；中性分词为"eon"，加上冠词就是"to eon"（being）；它的阴性分词的名词化形态是"ousia"，亚里士多德视之为"存在"或"是"的本意，一般译作"实体"（substance），但海德格尔认为应理解为"在场"。

第一节　克塞诺芬尼——神的理性化

克塞诺芬尼（Xenophanes, 鼎盛年为西元前540年）生于伊奥尼亚的科罗丰城。他被逐出该城后曾多年（六十七年）在希腊漫游，居住在西西里的仓克勒（Zancle）。至于是否在爱利亚定居过，有争论。但他的思想肯定影响了巴门尼德。克塞诺芬尼生活于阿那克西美尼和毕达哥拉斯时代，而早于赫拉克利特，属于最早的希腊哲学家行列。作为一名游吟诗人，他在贵族们举行的宴会上吟诵荷马、赫西俄德的史诗和他自己创作的诗。他是"第一个留下有无可辩驳的、相当数量著作的哲学家"。[①] 他可能著有《论自然》。

西方哲学的大氛围使这种著作存留的机会多。

他的特点在于批判了神人同形同性论，以数理型的思想来重塑"神性"，与传统和神话中（有时空、数量、形态、脾性、爱好、人格……可言的）的神区分开来，主张只有一个（全知全能、不动无形、相当于整个宇宙的）神，由此而影响了巴门尼德对存在的思考。

一、批判神人同形同性论

克塞诺芬尼写道："凡人们幻想着神是诞生出来的，穿着衣服，并且有着与他们同样的声音和形貌。"[②]

"荷马和赫西俄德把人间视为是无耻丑行的一切都加在神灵身上；偷盗、奸淫、彼此欺诈。"[③] 仔细阅读赫西俄德的《神谱》和荷马史诗，可知此谴责绝不过分。

"埃塞俄比亚人说他们的神皮肤是黑的，鼻子是扁的；色雷斯人说他们的神是蓝眼睛、红头发的。"[④] 这也是常理。既然神是普适的，又有人的形象，那么就必随人而变形。

---

① 汪子嵩等：《希腊哲学史》第 1 卷，第 535 页。
② 北京大学哲学系外国哲学史教研室编译：《古希腊罗马哲学》，第 46 页。
③ 同上。
④ 同上。

"可是假如牛、〔马〕和狮子有手，并且能够像人一样用手作画和塑像的话，它们就会各自照着'自己的模样'，马画出和塑出马形的神像，狮子画出和塑出狮形的神像了。"①

观察得准确，讽刺得巧妙。但从古至今，西方宗教中的神，即所谓至上神，尽管没有明确的人的形象（犹太−基督教与伊斯兰教"反对拜偶像"），但有"人格"（位格）、意志（比如妒忌心、好恶）和奖善罚恶的超自然干预，并没有完全脱离神人同形同性论。东方人（印度、特别是中国）从来不认为有形象（不管是物像、人像还是观念之像）可言的神是最高的，湿婆（Siva）、毗湿奴（Vishnu）、黑天（Krishna）等尽管被认之为极高的神，受到信众热烈崇拜，但是他们或是并立的，或是另外一个神的化身，在他们后面才是至高无上的"梵−我"，无任何形象、名称和观念指向可言。中国历史上似乎没有出现过对于有名有象、有神迹记载的位格化至上神或唯一神的崇拜，比如玉皇大帝也只是主神之一，佛陀和太上老君并不低于他。民间则有对祖先神、历史人物转化之神和《山海经》中记载的那类"小神"的祭拜。自商代的甲骨文时代起，"至上神"就是"上帝"和"天"。"上帝"在卜辞中回答人们通过"巫"的询问，也能降灾赐福（福善祸淫），但仅此而已。上帝无形象可言，无出生或创造天地的经历，无绝大多数人的特性。所以很难说这是"人格神"，与古希腊的宙斯和犹太人的耶和华差距巨大，尽管它能"应答"、"施动干预"。到西周，"天"逐步代替"上帝"，它亦与人世、人的行为（善恶

对于人来讲，"人是万物的尺度"。

①　北京大学哲学系外国哲学史教研室编译：《古希腊罗马哲学》，第46页。

等）有呼应，但其最大特点即无形无象，于冥冥中以"时机化"
（"天时"）的方式显示其神验。所以："上天之载，无声无臭。"①
《论语·阳货》载："子曰：'予欲无言。'子贡曰：'子如不言，
则小子何述焉？'子曰：'天何言哉？四时行焉，百物生焉，天
何言哉？'"

　　但西方流行看法将中国的"敬天"视为"自然宗教"，"天"
为"自然之苍天"，此乃西方人习惯于人格至高神的思维习惯
使之然，没有他们那种神性就算没有神性，只有自然属性。有
的中国学者视"敬天"或"以德配天"为"伦理宗教"或"已经
具有'伦理宗教'的品格"②，未特别看到这种"宗教"与西方一
神教（被卡西尔视为"伦理宗教"的典型）的重大区别，即它无人格神
可言，但又有时机化的神性（天命、天时、天意……），所以与西
方宗教不属于一个排比序列。"天"有伦理含义，但比"善恶之
争"要深远和微妙（时机化）得多。"五十而知天命，六十而耳顺，
七十而从心所欲，不逾矩。"③西方的解释构架——宗教起源于
低级崇拜（魔术或巫术、拜物教、无人格的神），经过人与动物交叉的
形态（狮身人面……），多神教（多神崇拜、二元神教、轮换主神教、单一
主神教），最后发展出位格化的唯一神教——面对人类信仰的多
样性，总是"圆凿方枘"（方榫头和圆卯眼）而不切合。按这种解
释，西方的宗教，比如犹太教、基督教、伊斯兰教、甚至琐罗亚

---

　　①　《诗经·文王》；又《中庸》末章。
　　②　陈来：《古代宗教与伦理——儒家思想的根源》，生活·读书·新知三联
书店 1996 年版，第 168 页。
　　③　《论语·为政》。

斯德教（拜火教）就是最高的宗教形式，东方和其他民族的宗教和神则是比较"原始"、低级和蒙昧的。看来，克塞诺芬尼讲的"牛、马、狮子造神"的原则在这里同样有效。中国自西周以来讲的"天"，是自然宗教、伦理宗教的崇拜对象，还是比"理神论"更"无声无臭"、更无偶像崇拜痕迹而更神圣呢？

二、唯"一"的神和宇宙——克塞诺芬尼的理神论

克塞诺芬尼对拟人神性观的批判，使人对神的思考"普遍化""理想化"。因此，他的问题就是：神按"理"来说应该是什么样子的？这"理"就指"神"这个词和概念本身包含的意义和内在的道理、规定。他认为，这神如果是让人从理性上服膺的真神的话，就应该、就必须具备如下特性（"以人定神"，概念式的拟人神？）：

克塞诺芬尼是否想过：如果神服从对（希腊）人自明的"理"，那它还能是神吗？

"有一个唯一的神，是神灵和人类中间最伟大的；他无论在形体上或思想上都不像凡人。"[1]

"神是全视、全知、全听的。"[2]

"神毫不费力地以他的心灵的思想力左右一切。"[3]

"神永远保持在同一个地方，根本不动，一会儿在这里、一会儿在那里动来动去对他是不相宜的。"[4]

另有一条在亚里士多德的《修辞学》中记道："克塞诺芬尼

---

[1]　北京大学哲学系外国哲学史教研室编译：《古希腊罗马哲学》，第47页。

[2]　同上。

[3]　同上。

[4]　同上。

说:断定诸神是诞生的,就像说他们会死一样渎神;因为这两个陈述的结论是一样的,认为有一个时候,诸神是不存在的。"①

辛普里丘:"据克塞诺芬尼说,这个唯一的宇宙就是神。"②

由此可以总结克塞诺芬尼心目中的"神"的特点:

(1)神是唯一的;

(2)神无生无灭;

(3)神不动,但能以心灵的思想左右一切;(亚里士多德讲的"不[被推]动的推动者"之先驱)

(4)神与人从形体到思想上都不同;(由前三条可推出)

(5)神全能(全视、全知、全听);

(6)神就是唯一的宇宙,是单一的整体或全体。

他似乎没有讲"神是绝对公正的、至善的"。从他批评荷马众神的理由,可以猜想他的神起码不会那么拟人化地作恶。然而,他没有这么说其实有重大的理论优点,即避开了神要对世上的"恶事"(天灾人祸)负伦理责任的问题,而这一问题后来对基督教的至善至公全能的上帝形成了某种挑战。

克塞诺芬尼的神已被尽量数量化("一"化)、普遍化("全……"化)、整体化和宇宙(本原)化。表面上神没有了人的特点,几乎成了一种本原,但可以思想、知、视、听,因而还是具有抽象层次上的人性,与中国人讲的无声无臭之"天"不同。况且,说"神不动",也还是在给予它以一种时空规定。当然另

---

① 汪子嵩等:《希腊哲学史》第1卷,第575页。

② 北京大学哲学系外国哲学史教研室编译:《古希腊罗马哲学》,第42页。

有残篇说他"同样否定了运动和静止"①，因为这样才能与"不生不灭"协调起来（关于此点，下面将有讨论）。

说神是"唯一的"，表明他受到毕达哥拉斯或类似学说的影响。（毕达哥拉斯认"一"是太阳神、宙斯和至上本体、中心火……）但正因此，说它是"一"就不是"多"，就不是真正的全体。而毕达哥拉斯讲"一"是形式和雄性的本源，二（多）是质料或雌性的本源，也表现出"一"的局限。

三、开始论辩

克塞诺芬尼已经开始论证自己的主张，从道理上为神的唯一性和超越性做辩护。很明显，这是从数学证明得到的方法，后来也被这一派乃至整个唯理论传统加以继承光大。

上引亚里士多德《修辞学》记载的一条中包含这个论证，即："断定神诞生就意味着有个时候，神还不存在。"这是在证明神没有诞生可言。赫西俄德的《神谱》中记载了众神的诞生，但这无异于断言神在这之前不存在，那么这种神就不是唯一的全能的真神。而且，有诞生应有死灭，这神也就不会永恒存在。

《残篇》引辛普里丘《〈物理学〉注释》中的一长段，记述克塞诺芬尼的论证。(1)神的唯一性论证。"他［即克塞诺芬尼］指出它［即宇宙/神］是唯一的，因为它比任何东西都更加有力；因为他说，如果有若干个存在，那么力量就一定会为这些存在平均分有，然而神却比任何东西都更高超，它的力量是高于一

这种"唯一论"浸透了西方文化，从宗教、哲学、政治到科学和体育竞赛。"神""真理""存在本身""冠军""标准"……都只能是"一"。说"第二个神"是自相矛盾（由此可见古希腊哲学对自己民族信仰的背离，以及与犹太-基督教的暗通款曲）。为什么呢？为什么最好的最神圣的就一定是最高级的那一个？毕达哥拉斯说：因为我们总是从"一"开始的，从"一"生出了一切数。但印度人说："不然，我们总是从'零'或'空'开始的。"中国人则要说："实际上，我们总是从'零'和'一'，也就是阴和阳开始的；没有阴阳的差异与相交，什么也没有。"

因此，在古印度与中国，没有唯一神教和教会，没有西方那种数学和科学，也没有宗教战争和"世界"大战。

---

① 北京大学哲学系外国哲学史教研室编译：《古希腊罗马哲学》，第43页。

切的。"① 这个论证预设了不同的神所拥有的力量是相互分离的或相互排斥的，但这样就假定神没有更深邃的能力，即让其力量联合乃至互补的能力了。此乃典型的西方传统思维：在终极处，你有我就不能有，"A 或非 A"里只有一个选项可以成立。

(2)神的不生不灭性的论证。"它不是产生出来的，因为产生出来的东西应该或者从同类，或者从不同类的东西生出。可是照他说，同类的东西不能有产生同类的东西的作用，因为［它们既然是同类者，就］既有理由说这个产生那个，也有同样的理由说这个为那个所产生；而另一方面，如果存在［指神的存在，又泛指存在，因为存在对于克氏只能意味着神］是从不同类的东西产生的，那它就是从不存在的东西生出［那么也就说明没有这'生出'，因为从不存在的东西生不出存在的东西］；这样也就证明了它不是产生出来的，而是永恒的。"②

(3)神的"两非"（"非 A 并且非非 A"）性的论证。首先论证神的既非无限亦非有限的特性："'一'［即神］既不是无限的，也不是有限的，因为一方面，无限的既然［是无限，就］没有开始、中间和终结，也就是非存在；而另一方面，彼此相互限制的乃是多数的事物。"其次论证神的存在状态既非静止，也非运动："他也同样否定了运动和静止，因为不动的就是非存在，非存在不会变成别的东西，别的东西也不会变成非存在；相反地，运动则属于多，因为这样就有了一物转化为另一物。［而神是一，

---

① 北京大学哲学系外国哲学史教研室编译：《古希腊罗马哲学》，第42页。
② 同上。

所以不可能运动。]同样地，当他说存在保持同一状态不变时，也不可以把它了解为与运动相反的静止，而应当了解为既不运动又不静止的稳定状态。"[①] 这最后一个论证的结论迈出了二值逻辑，相当深刻，有东方哲理的意味。

这些论辩如果真是克塞诺芬尼所做的话，则相当清楚地预示了后来的论辩风格(用两难和悖论制服对手)，只是还不如巴门尼德、芝诺的论证从形式上讲那么严格和切身，比如对于唯一者"无生"的论辩根据"从同类者或异类者"的两择，对于不少人可能不那么可信，而巴门尼德用"或者存在生成存在，或者非存在生成存在"的两择，则更直接鲜明。

但是，巴门尼德和芝诺主张"存在是不动的一"，却没有达到克塞诺芬尼在以上所引的最后论证中所讲的"不动不静的稳定态"的思想境界。然而，按别的残篇，克塞诺芬尼也主张"神不动"。可能的解释是，这一条("不动不静")记录不准确。但它与克塞诺芬尼其他论辩的思路又相通。

克氏的理神论中的"按理说"之理(ratio，logos)，对后来西方哲学的唯理论产生巨大深刻的影响，它将毕达哥拉斯的数理("2+2"按理说而不是按经验观察就只能"等于4")转移到对"神的本性"的理解，使得数理与概念之理在这个问题上交织出现，直接引出了巴门尼德的"存在"概念。

---

① 北京大学哲学系外国哲学史教研室编译:《古希腊罗马哲学》，第42—43页。

第二节　巴门尼德——真理与意见的区分，
存在不能不存在

巴门尼德（Parmenides，鼎盛年为西元前500年），爱利亚学派的实际始创者和主要代表；是克塞诺芬尼的学生，又受毕达哥拉斯派的影响（自己就做过此学派成员）；曾为爱利亚立法，使之秩序井然，并用诗句写作。他深受毕达哥拉斯派数理概念论（特别是"一"与"二"（多）之说）的影响，但又如克塞诺芬尼那样要推理到一切存在的根底处，在变动不居、任意偶然（神可做恶、拟人……）之后找到那道理上应然的和（在他看来）必然的东西，他称之为"真理"（aletheia），用以和"意见"（doxa）相对。

一、真理与意见

从克塞诺芬尼顺过来，才可直观地理解巴门尼德的思路。拟人神论是"意见"的典型。人们崇拜神——那比他们几乎无限强大、威严、永恒的存在者，但又情不自禁地把人间的"故事"讲到了神里边。相比于崇拜动物、半动物半人者，这种崇拜相当"人道主义化"（所以荷马被认为是"humanism［人文／人道主义］"的创始人之一）。这似乎受克里特岛文明的艺术化、生活化的女神崇拜影响。（对于中国古人，荷马史诗描写的人化的神多半是不可思议的，起码是陌生的。）这种神性与人性杂拌的信仰，可以被聊得高兴、听得上瘾，但事后静心一想，就会感到这里边没有终极的正义、公正和道理，（这与"混沌发生世界"的起源神话不同）就如同我们周围发生的各个人生和历史一样，这就是"意见"，不终极的、只顾讲得热闹的构意方式。人的世界找不到至理还可含糊，神的世界本来就是"理想的世界"，如几何是理想的形状世界，哪能不辨出个最终的正道至理来？所以一定要找出个"理应之神性"，不然就不是真神！这就是"真理的世界"，"揭开'神'这个观念的本来应有之真相"的世界。

可见这"真理"不是我的单个判断与外面对应事实的符合，而是对一种思想（观念）、语言所含的本义或本性的揭示，就像"三角形内角和"一定包含"两直角"这个本义一样。有生有灭、跑来跑去、忌妒好色、欺骗诡诈、勾心斗角、插科打诨的"神"就不会是神。这里要的是必然性、不会错的互连锁的本意！

非欧几何的出现表明，连纯数学里也免不了"人气"，即人的观察角度或预设前提。

巴门尼德将这思路推到整个世界本身，他要追究：除了"跑来跑去"的偶然现象之外，这世界的真性、必然应有之性是什么。这也就是"正义"对于古希腊人的含义。它既有"伦理"的，更有存在论（"最终应该是什么样子？"）的含义。巴门尼德使这必然之理更直接、紧密地互扣，将对于这种必然之理的表达进一步切身（反身）化，达到了近乎数学式的一个概念命题，几乎就是同义反复但又似乎对整个世界说出了什么。不然就只有意见了！他在做纯意义形式的游戏，而不是在做那种靠拼凑各种偶然性来讲故事的游戏。

所以在巴门尼德这里，真理只服从理或意义的内在逻辑，只有理智这"一条道路"（《残篇》1）[1]才能深入其中（《残篇》

---

[1]　北京大学哲学系外国哲学史教研室编译：《古希腊罗马哲学》，第50页。

2），辨析切当；而意见则包含不确定性，即包含那些又可以这样又可以那样的、禁不住推敲辩难的变异可能，只与感觉（茫然的眼睛、轰鸣的耳朵以及舌头（《残篇》1））或感觉加上理智的东西有关；真理之路通向"正直"、"圆满"、"不可动摇的核心"，所以是"光明"之城，意见之路则"不真实可靠"，引到"黑夜"之处。

但巴门尼德不完全否定意见领域的认识价值，因那里不全是荒谬，而且只有通过全面彻底地研究它，才能摆脱虚幻，达到真理。（"意见虽然不含真理，你仍然要加以体验，因为必须通过全面的彻底研究，才能制服那种虚幻。"（《残篇》1））

二、存在不能不存在，非存在是不存在的

巴门尼德认为他这样就敲打到了一切真理与意见问题的核心，以最简洁和鞭辟入里的方式表达出了克塞诺芬尼想说又没有说到点子上的话。"意见"的本性就是认"非存在"也有某种"存在"，"存在"也有某种"非存在"。（"我们存在而又不存在；""对立造成和谐。"——赫拉克利特）而真理的本性则正相反，存在只能"是"（存在），非存在决不能"是"（存在）。于是有这段话（《残篇》4）：

"存在"（是）在此诞生并获得它的本性。海德格尔认为巴氏的"存在"与赫拉克利特的"流变"讲的是同一件事情（《形而上学导论》，熊伟、王庆节译，商务印书馆1996年版，第4章第1节），实在是出于他的"在场形而上学"的情结。"是可同，孰不可同？"

来吧，我告诉你（你要谛听我的话），只有哪些研究途径是可以设想的。第一条是：存在是存在的，它不可能不存在（that IT IS, and it is not possible for IT NOT TO BE）。这是确信的路径，因为它通向真理。另一条则是：存在是不存在的，而且它必然不存在（that IT IS NOT, and that IT is bound NOT TO BE）。这一条路，我告诉你，是什么都学不到的。因为你既不能认识不存在（这确乎是办不到的），也不能把它说出来。①

很明显，真理之路上有必然的互连锁：存在存在，不可能不存在，因为它真正揭示了"存在"这个语词和思想的本性（即它所说的意思，它的逻各斯）。"存在"就意味着存在，而不可能意味着不存在。而且，更巧妙的是，这"存在"在希腊文（和后来的西方大多数文字）中就是"是"这个下判断时用的联系动词。我们说："草是绿的"、"天鹅都是白的"、"巴门尼德的老师是克塞诺芬尼"、"高行健是 2000 年诺贝尔文学奖获奖人"等等，可真可假，但这"是"（存在）本身却不能不是（不存在），不然它就不是"是"（存在）了，不然我们就不可能做有意义的思想和言谈了。这是克塞诺芬尼学说的浓缩、语词化、自身化，是"唯一"的活例（"唯一的可能"）。但这个"一"生不出"二"（或"多"）。

这样一来，就不一定通过"神"来理解这"一"了。所以又有这段话：

> 我们不能不这样说和这样想：只有存在存在，而非存在是不存在的。这就是我教你牢记在心的。这就是我吩咐你避开的第一条研究途径［即要去说和想非存在］。然后你还

---

① 北京大学哲学系外国哲学史教研室编译：《古希腊罗马哲学》，第 51 页。依据英文版对译文有所改变。以下所引，如无特别说明，皆出自此书。

要避开另一条途径，在那条路上什么都不知道的凡人们两头彷徨。由于无计可施，因而摇摆不定的念头进入胸中，所以人们又瞎又聋，无所适从，为无判断力［logos］的群氓所推动。群氓［常人］认为存在与非存在同一又不相同，认为一切事物都在相反的方向中行动。（《残篇》6）

巴门尼德去掉了毕达哥拉斯的对立表中的右栏，只留下左栏。

说"存在存在，不能不存在"、"非存在乃是不存在的"近乎说"2+2=4"，"5是第一个偶数和第一个奇数之和"、"$a^2+b^2=c^2$"（直角三角形），但比后者更直接和自明。这是毕达哥拉斯（数理）与克塞诺芬尼（唯一）思路的合一，但被充分地希腊语化或系词（是-存在）游戏化了。

这是同义反复（重言式，tautology）吗？（其中能有"和谐"吗？）"A是A"是重言式，但AA（Aa）、BB（Bb）如果有意义，就不是了。"花花（了）"（Flower flowers）、"雨雨（了）"（Rain rains）、"善善恶恶"等等就不是逻辑上的无意义的重言式，而是有诗意和逻各斯的"重言"（如孔子讲的"能近取譬"）。所以说"是是"、"存在存在"不是简单无义的重言式，而是对一种最普遍抽象的状态的断定，此一状态即所思想言谈（逻各斯）者与存在者（是者）的同一。于是巴门尼德讲了这一句著名的话："思维与存在是同一的。"（《残篇》5）另一种表达是，"能够被说和被想的与能够存在［能够是］的是同一个东西。"其理由就在于能被思想和被说者都是"所是者"（用"是"来判断者）、"存在者"。巴氏说："在我看来存在是一个共同体，我就从这里开始，因为我将重回这里。"（《残篇》3）所以，现代西方哲学（以罗素等人为代表）对于

一切存在者都是一张纸（存在本身）折叠出来的，没有破损处和剪裁处（非存在）。

传统形而上学的批评也正从这里开始，即认为知识不一定发端于"存在"或"是"，或更具体地讲是由"S 是 P"这种"判断"组成，也可由"a＞b"、"f(a)"这样的关系联系组成。维特根斯坦后期更是主张语言(表达和思想)的本性不是判断(陈述)，而是"语言游戏"或"情境中的使用"。这样"能够被说和被想的与能够存在(是)的"就不一定"是同一个东西"了。

所以，"存在存在，非存在不可能存在"的确有所表达，排除了某种情况。它所说的就是：思想的内容和对象都只能是"存在(是)"这种确定的、客观的、不变的状况或"存在(是)"的各种表现形态，而不能是"非存在"(包括"关系""游戏")或与非存在相关(又存在又不存在)的东西。("说！是就是，非就是非，少啰嗦！")这就是西方"形而上学"或"存在论"(本体论)的基础，是用概念-判断化来达到数学的严格必然性(互锁性)的结果。然而，它没有数学中的"关系"的转换能力，只有一种互锁的确定性。所以《残篇》8 讲道：

> 　　但是，存在被局限在巨大的锁链里静止不动，它无始无终，因为生成和消灭已被真信念所逐，消失得无影无踪。它保持着自身同一，居留在同一个地方[如克塞诺芬尼之"神"]，被它所在的地方固定，强大的必然把它禁锢在这锁链中，这界限从四面八方包围着它，存在是不允许没有终极的；它完满自足无所需求，若不然它就会一无所有。①

思想与"非存在"没有根本的关联吗？柏拉图一开始也与巴氏一样，但到写《智者篇》时就"茫然"了，于是就想为"非存在"也找到某种"存在"的根据了。

————————————

① 苗力田主编：《古希腊哲学》，第 94—95 页。

他对必然性、自锁的确定性的感受，比后世完全观念化、逻辑化的理解要生动得多、具体得多。他充分意识到这种"存在"状态是一个有限的整体，在这界限之外"一无所有"。（后来维特根斯坦的天才就体现在对这根本的意义"界限"的敏锐感受中，罗素作为一个现代的聪明人就没有它。）他以此达到一个活生生的终极（而不是一个无限延伸的终极），而人们的幻觉就在于自以为可以跨越这终极，以致产生了对外在多样性及变化世界的感知。

不这样，就无严格的数理–概念游戏可言，就无"意义本身的锁链"使之成为永恒的。（"易"没有这种永恒，但它有其他意义上的永恒吗？）总之，他将数理加以语言概念化、普遍化、有限整体化，就得到了唯一的存在或"存在话语"，而存在被断定（系辞的使用）的必然性锁定于一处，纹丝不能动。（这就是西方形而上学的底蕴，后人，比如柏拉图、亚里士多德……力图松缓它，以"存在"的方式重获毕达哥拉斯的"多"（理念、实体），只有部分的表面成功。可以说，毕达哥拉斯是西方传统哲学的方法开创者，巴门尼德是奠基者（决定它的问题提法），柏拉图、亚里士多德是"范式"确立者。）

以这种方式，巴门尼德回答了赫拉克利特的挑战。在一切流变、无物常驻（存在又不存在）的现象后面，有"存在存在，非存在不存在"的自锁必然的真理界。其观点被认为已经"赶走了""产生与消灭"。

三、存在的特性

顺势就可得出：

（1）存在（"是"本身）不生不灭。（正如克塞诺芬尼认为神"不生

旁注：

此"有限真实观"似乎从毕达哥拉斯派而来。

因为一"松"，就失去了自锁的互扣必然，变得任意。所以柏拉图要找理式或理念的辩证法，亚里士多德要通过语法的逻辑化来论证"实体"。然而，巴门尼德和芝诺的"定身法术"直到黑格尔也未完全解开。

不灭"。)巴门尼德对这个命题的论辩充分利用词义做语言的首尾相衔的游戏。巴门尼德问："存在如何、自哪里生成〔生长出来〕?"只有两种可能(已排除了"混沌""非有非无"的可能):从存在或非存在生成,但两种都不可能。由存在生成存在,就已预设了存在,无"生成"可言。非存在(说得)正是非-存在或不-存在,它要能生成存在,任何说道(logos)就都无意义、无"正义"(正义之原义在 logos)了。所以存在不生(不是生成的)。

在这种"存在论"的思维视野中,可变的本原(如"水""火""气")就绝不可能是真本原。"刻舟"如何能"求剑"呢?

"不灭"的原因是"它既不是在过去,也不是在将来,而是整个在现在〔作为'单一和连续性'〕。"所以它不会离开自身进入过去或未来,这是从时间角度论证"存在"问题,正打在点子上,是对赫拉克利特挑战的应答。如果允许时间从根本上包含过去和未来,就一定有变化,"现在"也就在概念层次上被分割为过去和未来,不能有自身的固定身份,从而变为在两个边界之间无存在可言的幽灵、幻觉了。所以巴门尼德一定要打断过去和未来,只留下现在。于是这现在就吞噬了过去和未来,变得无始无终,也不动。这就是形而上学的时相特性。

赫拉克利特的"火"、"逻各斯"(内在尺度)则承认时间现象的真理,让过去未来侵蚀掉现成之现在(要当下踏进同一条河流不可能):正是在一切现成的死亡或消抹之后,让那当场构成和显现者出现,就让它靠那侵蚀和消抹而构成自己。

(2)连续性。存在是"一",重言化的断言不离自身,所以为一;现在不离自身,所以为一。连续意味着,"存在不可分,因为它是完全相同的存在;它不会或多或少,这将阻碍它的联结,它充满着全部的存在,因而是整个连续的;因为存在的东西只能与存在的东西相接。"(《残篇》8)这是与"流的连续"不同的"观念的连续"。注意这里面所体现的毕达哥拉斯与克塞诺芬尼的影响。

(3)不动。这从第一点关于"现在"的论证可看出；这与克塞诺芬尼的某一种说法(不静不动)不同。

(4)完整，形如球体。存在必有终极界限，又处处相同，所以只能通过概念思辨来把握，但存在本身又不是无时空可言的"质料实体"(元素)，因而有自己的完满形式，即球形。

巴门尼德的存在论是西方传统唯理哲学的结胎期。后来的发展都是在这"一"块大理石上雕刻出来的。

(5)这存在与思想(言说、逻各斯)同一，只有存在可被说被思，其关系可分解为说→判断→思→判断推理式的思维。

四、宇宙生成论(意见领域)

巴门尼德未完全否认"意见"的认识价值，所以在讲完关于存在真理之后，又讲生成变化的道理。亚里士多德认之为"被迫服从现象。他认为，在我们感觉看来是众多的，在理智上是一。所以，他提出了两种原因和两种本原"[1]。

这两个对立的本原是火和土(或热和冷、光明和黑暗)，或"以太之火"(在柔和、轻妙、自身各方面相等，与别的东西不相等)和"无光的黑暗"(又浓又重的形体)。[2] 两者的混合产生了气和水及宇宙。

巴氏的存在论和宇宙论的关系：有的学者(策勒、伯奈特、冈珀茨、欧文、龙格等)认为两者相互冲突，这些关于意见的宇宙生

---

① 苗力田主编：《古希腊哲学》，第98页。

② 汪子嵩等：《希腊哲学史》第1卷，第650—652页。

成说不代表巴氏自己的观点，而只是在叙述当时流行的自然哲学家们或凡人们的看法，用来与他自己的存在论作对比。另一些学者（基尔克、拉文、格思里）则主张这宇宙论也是他的思想，只是用来阐发关于现象界的意见，受他的存在论的制约。[①]

第三节　芝诺

巴门尼德的学生芝诺和麦里梭取消了真理与意见并存的状态，用真理取消意见，将存在原则用于可感事物，得出后者也是"不变的一"的结论。这样就清楚地表明：如果按照严格的必然的存在论（形而上学），会得到什么"荒唐"（与常识不同，与现象背离）的结果。由此，哲学思维被极大地锐利化了。

芝诺要做的事情是为巴门尼德所主张的"存在是不变的一"辩护。不少人认为巴门尼德的主张荒谬。亚里士多德说："虽然这些意见是用论辩讨论逻辑地得出来的，但若信以为真，以为事实真的如此，那简直是发疯了。事实上，除非是神经不正常的人，离开感觉太远，才会将火焰和冰块看作是'一'。"[②] 芝诺则反驳这类反对意见道：如果像你们那样承认存在是变化的多，那么也会得出事物不能运动、不能彼此区分的结论。这与对方的前提——存在是变化的多——矛盾，所以对方的立论更荒谬。因此柏拉图说芝诺用的是"以其人之道还治其人之

由此显明几乎所有古希腊人谈的道理或逻各斯，已经漏过了"运动"或"变化"本身这个小精灵。此理本不动，要靠"推动者"才"动"。这正是"存在是一"的意思。

---

① 汪子嵩等：《希腊哲学史》第 1 卷，第 658—660 页。

② 同上书，第 681—682 页。

身"的办法。[①]

芝诺，Zeno，鼎盛年约西元前 468 年，或前 500 年左右（据柏拉图的《巴门尼德篇》），爱利亚人，是巴门尼德的学生、"义子"、朋友，与恩培多克勒和阿那克萨戈拉属于同时代人。被公认为有智慧，有才华，也像赫拉克利特一样藐视别人和大人物，在与僭主的斗争中被惨杀。

一、反对运动的论证

为了理解这些论证的特性，让我们先观一点"·"；只要认它为定点（巴门尼德讲的"现在"），则芝诺胜。可实际上，点虽然可无限小下去，但都有一个过去、未来参与其中的跨度，内含构意机制。点是被构成着的，其中有无穷天地。任何一点都是一团永远活生生的火。让我们还是先看芝诺的论证：

1. 二分法论证（dichotomy）

亚里士多德《物理学》对芝诺的论证记载道："关于运动是不存在的第一个论证，其理由是：运动着的物体在达到目的地之前，必须要预先走完行程的一半。"[②] 意思是：为了达到一个目的地，这个运动者必须先到达自己与目的地之间的那一个中点，即达到行程的一半；而为了达到这个中点，他（或它）又必须达到自己与这中点之间的第二个中点；由此而无穷尽，所以

---

① 苗力田主编：《古希腊哲学》，第 100 页。
② 同上书，第 102 页。

运动不可能。（即：他总在完成一半的一半……的过程之中；因假定了
"多"的可能，就有无限个这样的一半，完成它们是不可能的；所以"人们不
可能越过运动场"，达到目的地。）这是一个要完成前一项就必完成
后一项的数列：1，1/2，1/4，1/8，……，$1/2^n$（n 趋于无限大），所
以总也完不成。

当一个人消沉时，任何一件重要的事对他来讲，都隔着这块"运动场"。

2. 阿基里斯追不上乌龟

阿基里斯（阿喀琉斯，Achilles，攻打特洛伊的希腊联军中的骁将，善跑）追前面向前爬的乌龟。待他追到乌龟出发点时，乌龟已向前爬了一段；再追，又爬了一段；如此无穷。他只能无限接近乌龟，但永远追不上。

所以，"动"是意见和感觉，"不动"才是理应如此的真相。
能够用公式去算出追上乌龟需要多少时间，也未切题；因为这计算法已经预设了运动的可能。

3. 飞矢不动

飞矢在一段时间中通过一段距离，这一段时间可被分成无数时刻；箭头总是在每一时刻的瞬间占据一个与自身等长的空间位置，也就是在那一瞬间不动。而一段时间由无数这样的瞬间组成，所以也就是由无数这样的空间位置（静止状态）组成。这样讲来，飞矢就不可能运动，因为无数不动（静止瞬间）加起来仍是不动。

于是芝诺说："运动的物体既不在它所在的地方运动，又不在它所不在的地方运动。"[1]"所在"意味着"在一个瞬间的确

---

[1]　苗力田主编：《古希腊哲学》，第 104 页；汪子嵩等：《希腊哲学史》第 1 卷，第 715 页。

定位置上"。

4. 一倍（的时间）等于一半（的时间）

有 A、B、C 三个系列如下：

A1 A2 A3 A4

B1 B2 B3 B4→

　　　←C1 C2 C3 C4

相对于 A 系列，B 系列向右移动，C 系列向左移动，当运动到下面的位置时，

$A_1 A_2 A_3 A_4$

$B_1 B_2 B_3 B_4$

$C_1 C_2 C_3 C_4$

B 和 C 系列所用时间相等速度相等，C 经过了 2 个 A 和 4 个 B，A 与 A 之间的距离等于 B 与 B 之间距离，所以也就是一半（距离和移动时间）等于一倍（距离和移动时间）。这是个错误推论，与前三个不一样。但我们又可把它理解为是在论证"任何运动都相对于某个坐标系，因而无真实可言"。（相对论也认为运动乃至用来测量运动的时间，都相对于某个坐标系才有意义，但不会因此否认认知其真理的可能。）

芝诺反驳的"运动"意味着什么呢？它意味着"经过'存

在〔连续、一〕化'的'非存在〔间断、多〕'的过程",即"经过连续着的不连续";里面内含矛盾,因而从形式上讲不通。如果运动要求一点点地经过由无穷多个定点组成的线段(或空间、或时间),那当然是"动"不起来的,所以运动不可能。所以这里的关键不是争论运动可能否,而是争论"运动是什么"、"时间-空间是什么"。以上所讲的是巴门尼德意义上而非赫拉克利特意义上的"逻各斯"。

第一个论证最清楚:运动要经过的距离(从"运动起点"到"目的地")是连续的,可以永远地对半分下去而不竭;即分到"最后"还是无数个定点(间断点),因而总可以取得新的半点(一半距离处的点)。它说的不只是"达不到目的地",而是"不可能动一点儿"。所以要反驳它,必须论证时空中的"一点"已经含"动"方可。"点"的真实形态不是被分割或抽象出来的点,而应是原点,即处于人的生存过程或生存领会之中的点。(由此可见海德格尔"人的实际生活体验为一切知识之源"的原则的效力和思想上的严格性。这不是"含糊",而是"不得不如此"的跃迁。)

这种原点只能是人活生生体验到的时间点,比如"现在'点'"。这现在点尽管可以无限地缩小下去,但永不会只是一个间断定点,而总包含过去与未来,总有一个现实的跨度和动势(时空比率),因而总已经在动着和能去动着,包含着无限多定点的显现可能于其中。这样,整个论证形势就与芝诺说的不同了。运动者和跑道、阿基里斯和乌龟都处于某种含有动势的时空比率之中,都不会被无限的定点"从四面八方锁住",因此会按这真正超出了两难(存在与不存在的对立、连续与间断的对立)

是静极而静,还是静极而动?此"一点"系思想与文化之命运。

的"动态比率"（逻各斯）而产生"达到""经过""超过"的关系了。

二、亚里士多德和黑格尔对芝诺论证的评论

关于"二分法"论证，亚里士多德说：

> 所以芝诺的论证是错误地认为不可能在有限时间内越过无限的〔点〕，或者分别同无限事物相接触。长度、时间，或一般说任何连续的东西被称为'无限'，有两种意义：或是无限地可分，或是无限地延长。因此，不能在有限的时间内同数量上无限的东西相接触，但却能同可分性意义上无限的东西相接触。因为在可分性意义上讲，时间本身也是无限可分的。[1]

汪子嵩等认为这也"并没有说明运动是可能的"[2]。如果这"也是无限可分的"时间是在物理化时间意义上理解的"一段时间"，则从分析逻辑上未回应芝诺的挑战，因为芝诺要求从"时间点"开始。但如果将这时间理解为亚里士多德讲的"关于前后的运动的数"[3]（"当我们感觉到'现在'有前和后时，我们就说有时间。因为时间正是这个——关于前后的运动的数"），并做海德格尔式

---

[1]　汪子嵩等:《希腊哲学史》第 1 卷，第 706 页。
[2]　同上。
[3]　亚里士多德:《物理学》219a31-219b1。

的解释("时间就是被数着的运动的数,而这运动是在前与后的视域中遭遇到的"[1])时,就有希望走出困境,因为它要说的是:任何时间点已含有"前与后的视域",也就是含有了可任意小的"一段"。但亚里士多德的说法和海德格尔对这种说法的解释中已有"运动"。故对此芝诺的问题须从更根本的生存时间势态上着手方可化解。

一般认为亚里士多德对芝诺的反驳,靠的是区别现实的分割和潜在的分割(数理上可能的分割):

> 所以对于这个问题:是否可能通过无限数的单位、时间或距离? 我们必须回答,在一种意义下是可能的,在另一种意义下则不可能。如果这些单位是现实的,它就不可能;如果是潜能的,就可能。[2]

可以这么理解这段话:如果对一段距离可以做出现实的无限分割,那么我们就(在有限时间内)不可能"通过无限数的单位";反之则可能,即:如果我们对此距离的无限分割只是潜在的,那么就可以在有限时间内通过包含无限数点的单位,因为那些无限数量的点只是潜在的,于是被我们忽略了。芝诺并没有做出现实的无限分割,而只是设想了数理上可能的分割,或"潜能的"分割,所以他的论证并不能阻碍我们在有限时间内通过

犬儒学派的创始人第欧根尼反驳芝诺的方式是:一言不发地在屋子里走来走去。后来绝大部分对芝诺的反驳,也不过是靠在思维想象中"走来走去"而已。

---

① 引自张祥龙:《海德格尔思想与中国天道》,141 页。

② 汪子嵩等:《希腊哲学史》第 1 卷,第 707—708 页。

无限数的距离。这被认为没能从逻辑上回答芝诺，只是从人的经验局限上应对此问题。由于我们不能现实地做出无限分割，就可以凭这种无能而运动起来吗？（那么，难道"神"或"大魔"因为能对一线段做无限的现实分割，就反倒"不能通过无限数的单位"了？）不过，如果将人的实际状态，不只做否定性的理解（"无能力做无限分割"），而是做充分彻底的现象学存在论的理解，表明人的终极经验就是"不做无限分割"（而做所需分割、所行分割，或构意式分割）的，则也是一条活的出路。亚氏在这个问题上依据的"人的经验"，总可做肤浅的和深刻的两种解释，所以上引的他的那段话也的确提供了一条有用的线索。"可分［也可不分，也可不做无限分］的无限"与"分出来了的无限"（于是造成了"无限延长"的局面），有重大不同。时间本身也是"可分可不分的无限"，但我们直接体验到它的方式的原本性，绝不输于逻辑上做无限区分的方式。

　　关键是任何一点都是正在实现着的潜能，这种潜能才是更原本的。应追究"潜能"的存在论真义，它意味着"存在又不存在"的"晕-流状态"（量子叠加态、纠缠态），所以具有实现之势态的"潜能"视野，必破除亚里士多德《形而上学》和《范畴篇》中的"存在的原本意思是实体"、"第一实体是独立个体"的存在论——你总需已有了灵感后再到他这里来寻宝。

　　亚里士多德批评芝诺割裂连续性时，用了"一点当作两点"的说法。亚氏说："在将连续的距离分为两半时，将一点当作两点了，使它成为一个起点和一个终点；那些计数的活动也产生同样的后果。如果以这种方法来分，无论是距离或是运动就

（左侧边注栏）

量子力学让这一点甚至得到了物理学的体现。当人的实际观测行为会影响测量结果时，也就是当行走者对距离的认知方式会影响到对距离的测量（或分割）方式和所得结果时，芝诺的论证逻辑就垮掉了。"测不准""量子纠缠"是不能被"统一场论"之类理论从"逻辑"上解释清的，或压扁为定域性的因果关系的。

"晕-流"是在"坍缩"前的状态，其中"薛定谔的猫"处于"既死又活"即"存在又不存在"的状态；"点-串"是"坍缩"后的状态，是那猫"或死或活"的"现成存在"的状态。芝诺悖论只在后者中可成立，而我们的实际经验的进行本身处于坍缩态。现象学追循的主要是坍缩前态。

都不是连续的了。"①这话似乎费解，但其意向多半是：任何一点在连续状态时就既是起点又是终点，这样就有了"前和后"的视野和牵挂(有了动势)。分开则成了"定点"，只是起点或只是终点了。

亚里士多德对第二个"追赶不上"的评论是："……认为在运动中领先的不能被赶上，这个论断是假的，因为在它领先的时间内是不能被赶上的，但是，如果芝诺允许它能越过所规定的有限距离的话，那么它也是可以被赶上的。"②黑格尔说，亚里士多德的"这个答复是不错的，包含了一切。就是说，在这种看法里承认了两个彼此分离的不同的时间点和两个彼此分离的不同的空间点，……。反之，当人们承认时间和空间是连续的，则这两个时间点或两个空间点便是连续的，互相联系的：它们同样是两个，也不是两个，而是同一个。……运动的意思是说：在这个地点又不在这个地点；这就是空间和时间的连续性，——并且这才是使得运动可能的条件"。③

黑格尔的评论，尤其是最后的话是国内学术界对芝诺问题的一般回答思路，即芝诺的贡献是"揭示了运动是连续性和非连续性[间断性]、不可分割性和无限可分性相结合的内在矛盾"。但"芝诺也同康德一样，虽然在客观上已经揭示了运动、时间、空间、多的内在矛盾；而在主观上，他却在矛盾面前退却

这可能是运动的骨架，但逻辑上的"在又不在这个地点"就保证能动了吗？那么"悖论"("我这句话是假的")就已经动起来了吗？

---

① 汪子嵩等:《希腊哲学史》第 1 卷，第 707 页。

② 同上书，第 711 页。

③ 同上。

了，得出了否定性的结论，否定了多和运动的真实性"。① 恩格斯说："运动本身就是矛盾；甚至简单的机械的位移之所以能够实现，也只是因为物体在同一瞬间既在一个地方又在另一个地方，既在同一个地方又不在同一个地方。这种矛盾的连续产生和同时解决正好就是运动。"②

芝诺是反驳毕达哥拉斯的"一"和"多"的数关系吗？很难说。他是在用毕达哥拉斯派和克塞诺芬尼及巴门尼德的数理语义方法来反证赫拉克利特的"流变"(运动、存在又不存在)说，视其为不可能。承认矛盾(A且非A)的真实性就能真切理解运动了吗？我看不行。对立面之间的斗争、扬弃或转化(连续产生和同时解决)已经预设了运动的可能。运动总已经被预设了。我以为，关键在于透彻理解这种预设的不可避免、确切含义及思想后果。

柏格森认为，芝诺悖论的要害在于用运动的轨迹代替了运动本身。(柏格森：《创化论》，张东荪译，商务印书馆1932年版)言外之意是，要理解运动的可能，只能靠进入运动着的思想状态，即势能状态，而不能靠进入不管哪一种逻辑。

三、反对"多"的论证

先假设有"多"或"数字之多"的事物，然后分析出其中矛盾(可数与不可数，有限与无限)，以反证存在事物的数目不可能为多。

如存在众多事物，则它们的数目或是不可数的(无限多)，或可数(有限的多)。

(1)假定其数目无限多，那么每一事物或有体积或无体积。

---

① 汪子嵩等：《希腊哲学史》第1卷，第727—728页。
② 同上书，第728—729页。

有体积则每个事物无限大,若无体积则无限小,而这是不可能的。

(2)假定其数有限,即可数,这些事物或连续或间隔。如连续,每两个之间必有第三个,所以无限多。如间隔,每一个事物可被分割为无数多的单元,还是无限多。所以都不可数。与前提矛盾。

亚里士多德《物理学》中记了芝诺的"谷粒声响"论证:一斗谷子掉在地上有响,一粒谷子则无响。如果组成它的每一粒谷子都无响,它何以有响?所以整体性质不是组成它的部分的性质,存在不是众多事物,或众多事物不存在。

爱利亚派做起终极游戏来了吗?

这一派定了更严苛得多的游戏规则(将荷马式神灵的和任何终极处的变换可能排除在外)。从正面只能走一步棋,从反面则精彩迭出,靠与常识对立而获得极高的哲理意义和游戏效应,这是西方形而上学的特点!不能直接做思想游戏,靠辩证(寻找逻辑矛盾)和解构出意。

第七章　元素论者和智者运动

西元前500年，米利都等城邦爆发反抗波斯帝国的起义，但惨遭镇压。各城邦焚为焦土，人民或遭屠杀，或被卖为奴；《米利都的陷落》在雅典上演，全场恸哭；于是伊奥尼亚学术文化一蹶不振，学术精英辗转流徙到正在崛起的雅典和希腊本土。由此，希波战争揭开序幕，演出西方最动人的一次"历史"①。西元前492年至前449年，波斯大流士一世和薛西斯两代大帝，几次大举入侵希腊本土。值此生死存亡的"终极"关头，希腊民族涌现出无数可歌可泣的英雄事迹。在马拉松、温泉关、萨拉米湾等战役中，希腊人以少胜多，重创强敌，经四十三年战争磨难，彻底击败波斯，雅典成为爱琴海霸主。

赫拉克利特说"战争是万物之父"，这话用于希波战争特别合适。它使得希腊民族、特别是雅典经历巨大深刻的阴与阳、生与死、火与水的相激相交，焕发出从未有过的熊熊创造力和自信，在英明人物的领导下走向了古希腊最辉煌的时代。雅典在伯里克利（Pericles）领导的三十余年（约西元前461—前429年）中达到极盛，成为全希腊政治、经济和文化的中心。从

西方人的一半"历史"绕着这个中心转；另一半朝向基督教讲的"千年王国"和"最后审判"（以及各种颜色的变种），做阿基里斯追乌龟之举。

---

① 见《希罗多德历史》。

此，哲学进入以雅典为中心的希腊本土发展阶段。

伯里克利的情妇阿丝帕希亚家中常有来自各地的学者名流，比如历史学家希罗多德、智者普罗泰戈拉、哲学家阿那克萨戈拉、雕塑家菲狄亚斯、城市设计家希波达弥亚，以及诗人、剧作家索福克勒斯、欧里庇得斯、阿里斯托芬等。民主制激发了智者派的活力，数学、自然科学也获发展，比如恩培多克勒和阿那克萨戈拉都用某种汲水器的作用证明空气的存在。

第一节　恩培多克勒和阿那克萨戈拉

元素（stoicheion；element）的原意为字母。亚里士多德用"类比"方式，规定它的哲学意义："'元素'〔要素〕的命意是（一）（子）事物内在的基本组成，于物类而论是不能再分析为别的物类的；如言语的元素是字母〔音注〕，字母组成为言语，言语分解为字母后就无可再分解了。"[1]

"元素"是后人用来描述这一大派的词，它的基本意思（按亚里士多德）是：（1）组成事物的单纯而不可分者；（2）具有某种（物理、化学）性质的最小单元。（后来化学的"元素"概念即从此而来。）

这里讲的"元素论"指的是以恩培多克勒等人为代表的学派或学说。"元素论"将世界本原看作是组成事物的不可再分割的物理单元。元素被不同的哲学家称为"根"、"种子"、"原子"等等。一般认为元素论克服了伊奥尼亚学派（主张一个本原

"存在"思想的物理表现。

---

① 亚里士多德：《形而上学》1014a28。引自亚里士多德：《形而上学》，吴寿彭译，商务印书馆1981年版，第86—87页。

本身可变)、爱利亚学派(一个不变的存在)和毕达哥拉斯派(由"一"
生"多")的局限,达到一个综合或折衷,即认为世界的终极实在
是"多个不变的本原"。

一、恩培多克勒

恩培多克勒(Empedocles,西元前495—前435年;鼎盛年西元前
455年)是阿克拉加(西西里岛南部)人,生平有毕达哥拉斯那样的
传奇色彩,也受过毕派的影响,但属于民主派,是著名的医师、
诗人、科学家、先知(宗教布道者)。罗素说他是"哲学家、预言者、
科学家和江湖术士的混合体"。[①] 德国诗人荷尔德林、英国诗人
阿诺德都写过关于他的诗剧;直到20世纪50年代,西方还有
以他为主角的多部戏剧问世。

1. 四根说

恩培多克勒在本原问题上持多元论,而不同于"转变说"、
"唯一不变说"和"数形本原说"。

提出四根说(根:riza;root):火、土、气、水。四根即是
四种微粒或元素。恩培多克勒认为,四根本身不生不灭。总数
量也不变,它们的聚合("一[这里指'根']生多")和分解("多生
一")造成可感事物的生成和毁灭,所以开始有了"物质结构"
(不同种类、数量的根通过不同孔道结构的组合)的思路。

---

① 汪子嵩等:《希腊哲学史》第1卷,第791页。

2. 爱与恨（争）——根元素结合和分离的原因

他认为元素的离合有外部原因，即爱和恨；爱导致结合，恨导致分离。其说法与阿那克西曼德讲的"分离与补偿"和阿那克西美尼讲的"冷热聚散"（气本身的转化）有一定关系，但很不相同。他的讲法有伦理含义。

但整个说来，其学说为"剖判朴玉，割裂混沌"之后的"再结合和分离"，是在爱利亚的"唯一不变之存在"之后不得不采取的变式。

所以元素与四根说与中国古人讲的阴阳五行说貌合神离。阴阳之间、五行之间的关系是自阴阳本身出来、五行本身出来的，哪里还要什么"结合与分离的原因"！

3. 同类相知和流射说

恩培多克勒认为万物都在不断地放射出极细微的粒子。人的感官之所以能够接受到这些粒子流，是因为构成相应感官的本原（水、火、土、气、爱、恨）与构成相关事物的本原相类相通，而且这些感官的孔道结构对于那种粒子既不过大又不过小，所以适合它们通过，这样人体感官就能接受到特定事物的粒子流，产生相应的感觉。[1] 比如眼睛结构精微，中间为火与水，周围是土和气，土和气如灯笼的纱质外罩，火和水的粒子流可通过。适合火粒子流通过的孔道让人看到明亮，适合水粒子流通过的孔道则让人看到黑暗。这里面潜藏着看到不同颜色的机理解释。由此也可知，他试图将感觉的性质归结为事物和感官的物理及生理性质，总之就是四根通过爱恨的结合方式。

他认为思想是清晰的感觉，而清晰是指流射的畅通无阻。

―――――――――――

[1]　苗力田主编:《古希腊哲学》，第132页。

二、阿那克萨戈拉

阿那克萨戈拉（Anaxagoras，前500—前428年，鼎盛年前460年）生于克拉左门尼，即希腊人在小亚细亚的一座殖民城邦；20岁时来到雅典，讲学30年，是第一个将哲学引入雅典的人。伯里克利是他的学生。后来伯里克利的政敌以"不敬神"指控他，迫其流亡，最终客死于米利都人的殖民地兰萨库斯城。

1. 种子

阿那克萨戈拉认为构成万物的细小微粒是"种子"（σπέρματα，spermata，seeds）。

他接受巴门尼德的"存在不能从非存在产生，也不能变成非存在"的原理，认为全部存在既不增多也不减少，始终如一。他说，产生为混合，消灭为分离（这种看法与巴门尼德的"存在不动"说不同），虚空不存在。所以，他认为：

（1）种子无限多样，起码与事物的性质一样多。毛由毛种子、肉由肉种子构成，亚里士多德称阿那克萨戈拉讲的某一类种子为"同质体"（homoiomereia，或"同类部分"、"同素体"）。阿那克萨戈拉认为，原初混沌时，所有种子混合在一切，包含所有可能，无性状显现。

（2）种子可被无限分割，所以数量上无限。他说，"大东西和小东西在数量上相等［都是无限多］，每个东西本身都是既大又小的。"[①]分得再小，仍是种子。所以他认为种子的大小不确定、

───────────────

① 《残篇》3。汪子嵩等：《希腊哲学史》第1卷，第886页。

无定形，但不会小到零，成为非存在。由此可感到，他在有意识地应对巴门尼德和芝诺的挑战，既有吸收，如否认"非存在"，也有反驳，比如他讲的"种子"不是数学上抽象的、不可再分割的"定点"（几何点），而是有无穷丰富的内结构的，只是这结构中没有内在的动势。其说法中是否有"微分"的思想可能？

（3）种子包含万物的成分。他认为任何微小的种子中都包含所有万物的成分，所以"一切包含一切"（无限个无限），但一物内部所包含最多者，即占"优势"的成分，决定其性质。

2. 努斯或心灵（nous.mind）

这是第一个用来表示独立的纯粹精神的概念，有存在论或本体论的意义，起着"动力因"（能动本原）的作用。泰利斯讲的灵魂（如磁石具有的灵魂）不一定在人身内，也不一定与物质形态对立，毕达哥拉斯讲的灵魂也有表示事物内部和谐状态的意思，所以都不同于这个阿那克萨戈拉的努斯。

其"心灵"的特性几乎都与物质性的种子和万物相对立：

（1）心灵是无形的，所以不是其他事物的部分，也没有任何部分，因而是最精细的。

（2）心灵是不与事物相混合的独立存在，因为无形者不能与有形者混合。

（3）心灵是能动的，由它引起宇宙的旋涡运动，它支配和安排万物，使之有秩序（美和善）。

（4）心灵是无限的，支配无限多的种子，它是无所不在、无边无涯的力量。

莱布尼茨讲的"单子"与这"种子"有关否？形相关而神分离。单子本身是单纯的，只是表象着复多的性质和关系；单子有知觉，有的有灵魂，而"种子"却毫无"心灵"可言。如果很粗糙地讲，莱氏的单子是阿氏的种子加上努斯。

这种子无实底，却也不互映，无变趣，因而远未到华严宗的境地。

此思路颇有克塞诺芬尼与巴门尼德的遗风。

（5）心灵有认知全部事物的本性并决定宇宙事物的能力。

（6）心灵高于、优于灵魂，灵魂受心灵支配。

此心灵似近乎印度古人讲的 Ātman（大我）和黑格尔讲的"绝对精神"，但没有它们的客观一面，所以更接近古印度数论派讲的"神我"（purusa）。

他的"宇宙演化"认为：原初的混沌在心灵作用下开始作旋转运动，使原先混合者分离开来，同类事物趋于结合，产生以太（火）和气，再产生水、土和日月星辰及万物（气中有生命种子，气雾变为雨水降落地上，生出植物、湿气中生出动物）；世界演化不是循环，不可逆；没有什么东西生成和毁灭，只有存在东西的组合和分离。（与《庄子·知北游》中一些说法类似，生死为气之聚散，但庄子"通天下一气"的学说与种子／努斯的二元论不同。）

第二节　德谟克利特的原子论

原子论的先驱是留基波（Leucippus，年代不详），他已提出"原子"和"虚空"。据说他受爱利亚学派影响，但又设法解开它完全割裂"一"与"多"、静与动、本质与现象的死结；于是认为不仅存在存在，非存在或虚空也存在，认为充实的不变的存在是原子（每个原子是单一），原子在虚空中运动，就成为多。

所以，此派被认为也受到伊奥尼亚派和恩培多克勒、阿那克萨戈拉的影响，达到了古希腊自然哲学的顶峰，标志古希腊哲学进入系统化时期，但"本原"和"数一"的"元气"已不复存。

据说他活了近一百岁。见过苏格拉底（西元前399年被处死）。柏拉图逝于西元前347年，已很感到德谟克利特思想的威胁，要将其书烧光。

德谟克利特（Democritus，鼎盛年约西元前435年或前420年）出生于色雷斯地区的阿布德拉，它处于希腊本土到小亚细亚的中间要冲地段，靠近亚里士多德的故乡，与雅典在学术文化上有密切关系。

此公好学，游历广泛，所到之处包括埃及、埃塞俄比亚、波斯、印度。他学识渊博，受毕达哥拉斯派、阿那克萨戈拉、爱利亚派等影响。处世达观开朗，性情平和善良，被西塞罗等称为"欢笑的哲人"，与赫拉克利特的"哭哲"形象迥异。

他是个百科全书式的思想者，写过大量著作，但几乎无保留者，故要了解其思想，主要靠二手的转述材料。

一、原子与虚空——本原的存在与非存在

德谟克利特（和留基波）认为世界的本原是原子和虚空。原子（ἄτομος, atomos, atom）指"不可分割"（的东西），即充实的、不可再分割的最小微粒。虚空（kenos，empty）则与原子相反，内部空无一物，完全空虚，它是原子运动的场所。

其"虚空是本原"说是在回答爱利亚派，认为爱利亚派的"存在是不动的一"违背常理。原子论派将这种存在的大部分属性归于原子（不生不灭，绝对充实），但又要承认和说明可感世界的众多和变动。（"向感知的事实做出让步"——亚里士多德）该派于是提出"虚空"也是本原，但又"向一元论者让步"，认为虚空尽管是本原且"是"，但它"不存在"或"非存在"。所以原子论者区分了"是"（einai, estin）与"存在"（to on）。这样"运动"和"多"就确如爱利亚派和赫拉克利特讲的是"存在与非存在之和"。所以该派认为，虚空必是本原，虚空不是存在的东西（to on），但是存在或是（estin，einai）。

以这种方式，原子论者既满足了本原的不生不灭要求，又在某个意义上说明了可感事物的生灭事实：原子本身和虚空是

可见此虚空并未带来真正的变化。仍然是"只有存在者存在，非存在者不存在"（"是是、非非"）的局面。

永恒的，原子的结合和运动构成了四元素和万事万物；它们有生有灭，这朽灭只是众原子结合形态的分离，再回归为原子。

二、原子的性质

该派认为，原子有以下一些性质：

(1)原子是内部绝对充实而不可分割的微粒。

原子在数目上无限，不可见(不可感知)，由它们构成可感物体。(巴门尼德"存在"的碎屑。)

(2)原子同质，只有形状、位置和排列的区别。

这就大大简化了本原的性质。他们用"字母"("元素"的原意)类比原子：A与N是不同形状；N与Z(或H与I)是不同位置①，AN与NA是不同次序。看来他们深受毕达哥拉斯的影响，因而认为原子的数学(尤其是几何)性质是决定性的。他们认为火原子细小、圆形、光滑，所以活泼、易动、明亮，土原子较大、粗糙(方形)，所以性质厚实、凝重、灰暗等等。但他们没有说原子重量的不同(这一点与伊壁鸠鲁不同)。

在讲原子"形状"、"形式"时，该派用了"ἰδέα"(idea,理式、相、原型、形式、观念、理念)这个词，这多半是从毕达哥拉斯派的"几何图形"来。

柏拉图讲的"ἰδέα"(原型、理式、型相)与它亦有关。都自毕老儿的"葵花宝典"来。

(3)原子永恒地在虚空中运动。

但该派未详解运动的原因。他们认为由于运动就发生相互

---

①　在这里，"位置不同"指一个字母所朝向的不同方位。比如将直立的N横放就成了Z，将H横放就成了I。用我们的字母印刷体表现这个意思有时不那么准确，比如将"I"看成是"H"的横放就较费力。

接触或碰击，于是由于其形状（有角的、带钩的、凸出的、凹陷的……）配合关系而相互结合或脱开，形成万事万物——其中有"机遇"和"偶然性"。

该派认为，一开始因为"必然性"而有旋涡运动，同类相聚，重的原子在中间形成大地，轻的甩出去，形成天体。

总之，他们认为，原子运动的原因不必到原子和虚空之外去找，比如像"爱恨"与"心灵"之类的外部原因。

但原子与虚空是分立的二元，虚空不是物质（原子）自身存在的形式，而是外在的场所或分隔物体的空隙，原子无内在动力因。所以该派被认为是西方机械唯物论的先导。其说法是对爱利亚问题的拙笨、机械却也有某种启发力的解决。

三、感觉和真理（认识论或知识论）

同时持感觉的"流射说"和"约定论"。所以感觉在他们看来既有真实根据，又不是完全真实的。

其流射说（恩培多克勒已提出）认为：感觉是可感对象中的影像（eidolon，image）流射在人的感官上造成的印象（emphasin，impression）。任何事物总在产生一种流射（影像），眼睛接近对象时，它们之间的空气被压缩，这对象的影像就进入湿润的眼中，"眼睛不允许稠密的部分而只让湿润的部分通过，"[①] 于是有了眼中和脑中的印象。所以影像既是印象的真实来源，又不等于印象，感官的特性（比如"湿润"）必改变影像。

---

① 汪子嵩等：《希腊哲学史》第 1 卷，第 1049 页。

这样该派就有了感知的约定（nomos）说：感觉与事物的真相不一致，它只是人与事物相互作用造成的"约定"或"妥协"的混合产物。德谟克利特主张："甜是从俗约定的，苦是从俗约定的，热……冷……颜色是从俗约定的；实际上只有原子和虚空。"[1]

这一派认为，这真理（只有原子和虚空存在）只能靠"真理性的认识"也就是理智来获得。德谟克利特说："有两种形式的认识：真理性的认识和暗昧的认识。属于后者的是视觉、听觉、嗅觉、味觉和触觉。但真理性的认识和这根本不同，……它具有一种更精致的工具。"[2] 只有真理性的认识才能达到对本原的认识，但此派同时还认为，真理也不能违反印象，因为它毕竟是有根据的。"真理和显现于感觉中的东西毫无区别。"[3] 可见德谟克利特的认识论在唯理论和怀疑论（及相对主义）之间徘徊。赵敦华认为该派思想"包含了后来被称作感觉论和怀疑论、相对主义和现象主义、经验主义和理性主义等各种不同知识论的萌芽，达到了早期认识论的最高水平。"[4] 不过，这种"最高水平"是以近代西方认识论的主客二分为模板来衡量出的。德谟克利特学说的特点是突出了主客二分的认识格局及其面临的问题，让相关的讨论更有形式感，但说到真能启发人去达到真理，他的思路并不比另外的一些哲学家——如阿那克西曼

巴门尼德的原子论版。感知只是意见和情感决定的。

---

[1]　北京大学哲学系外国哲学史教研室编译：《古希腊罗马哲学》，第 101 页。

[2]　同上书，第 106 页。

[3]　同上书，第 104 页。

[4]　赵敦华：《西方哲学通史——古代中世纪部分》第 1 卷，第 56 页。

德、赫拉克利特、毕达哥拉斯、智者、柏拉图、亚里士多德、皮罗、普诺提诺等——的学说更高明。

　　该派的"认识论"（知识论）主要是探讨主体能否、如何认识客体的理论，或关于人能否、如何获得客观知识的理论。此已是主客两分前提下的探讨，而更早期哲学家们则更多地关心"本原"，它与人的整体生存和那种原本意义上的"认知"相关。

第三节　智者运动

　　西元前 5 世纪到前 4 世纪 40 年代马其顿统一希腊之间的一百多年，为希腊文明的古典时代，区别于西元前 8 世纪至前 6 世纪末的上古时代。在这古典时代中，希腊城邦制从繁荣到衰落。一般认为，希腊哲学在这段时期内达到鼎盛。其讨论的中心问题是关于人和社会，"政治科学和有益于人类美德的问题。"①

　　西元前 492 至西元前 449 年之间为希波战争。前 480 年雅典海军萨拉米海战取胜，前 479 年雅典和斯巴达联军在普拉蒂亚取得决定性胜利，前 477 年成立提洛攻守同盟，雅典为盟主，逐渐成为"帝国"，"获得霸权"，"对待盟国十分专横。"②

　　西元前 431 至西元前 404 年为伯罗奔尼撒战争，双方（雅典盟邦和斯巴达盟邦）都受创伤。最后斯巴达虽胜，但不知如何有

那时希腊人的生活形态中，还没有近现代西方文明中的科技一门独大和日新月异，所以哲学关心的主要还是与人的直接现实生存相关的问题。那时哲学家讨论的美德，与个人、社团的生存还是相关的，政治乃至政治学与城邦的生存也是息息相关的。科技的发展还处在一个合适的节奏中，不会极度干预和粗暴改变人的实际生活结构。这是一个比较健全的状态，导致比较平衡的哲理思索。

---

　　①　汪子嵩等:《希腊哲学史》第 2 卷，第 1 页。

　　②　同上书，第 8—9 页。

效地统治希腊，自己的古制也被掠来财富所激发的私欲破坏。整个希腊再无盟主，直到西元前 4 世纪 40 年代，马其顿统一了各邦。

一、产生智者运动的原因

1. 城邦民主制及其得失

伯里克利领导的三十余年（西元前461—前429年）是雅典民主制和雅典文化的最盛期。城邦（而非小社团）民主制是每一根小枝（公民）都要享有整株树（城邦国家）那么多样的待遇，并发挥那么多样的功能的奢侈体制。这在某个时势中显出其美好的一面，即公正、平等、有参与认同感、开放、独立自主、宽容，即"逻各斯"的原义（言说中的发生和维持），但在不利的时势中则弊端横生：政治为蛊惑家（demurgogue，煽动家，原义为"平民领袖"、"群众领袖"）所左右；群众成为失去生活自主、靠城邦养活的"糊涂而又任性的老头子"（阿里斯托芬语）；[1] 法律失去其精神，为党争支配，一切以实利为转移；短视、动摇不定，容不下苏格拉底这种"高贵的马虻"。苏格拉底的一个学生阿尔基比亚德就是蛊惑家的一例。[2]

柏拉图说："一个人将他最好的时光花在法庭上，或是做原告或是做被告，却不知道真正的价值意义，而用这些装饰自己：以不正义的活动为时髦，卖弄聪明，使用遁辞逃避正义，尽

这个"时势"就是国力上升、经济繁荣、有人垫脚。

---

① 汪子嵩等：《希腊哲学史》第 2 卷，第 27 页。
② 同上书，第 30—31 页。

做些无聊的事情，因为他不知道如果摆脱了愚蠢的陪审官的安排，他的生活将会高尚得多，美好得多。"[1]

"想当演说家完全用不着懂得什么是真正的正义，他只要知道裁判的人民认为哪些是正义的事情就行了；他也不需要知道什么是善和高尚，认为要说服人只需靠群众的意见而不靠真理"。[2]

在公民投票决定大事的环境里，谁能左右选票，不管是选民的票还是陪审团的票，谁就有权力。所以那些能通过演说、辩论或谈判来说服"人民"者，赢得"意见"，就赢得了"正义"和胜利。这就是智者、苏格拉底等"人本主义思潮"出现的一个重大原因。

此乃当今世界的一个普遍现象。另一方面，完全超越人群社团的真理又何以为真？

2. 人对于自身的信心与兴趣

与之相应的是"人对自己的意识"空前觉醒，德尔斐神庙前镌刻的格言"认识你自己"获得了更细密、切身的含义。

索福克勒斯在《安提戈涅》剧中让合唱队在"第一合唱歌"中唱道：

> 奇异的事物虽然多，却没有一件比人更奇异；他要在狂暴的南风下渡过灰色的海，在汹涌的波浪间冒险航行；那不朽不倦的大地，最高的女神，他要去搅扰，用变种的

---

[1]　汪子嵩等：《希腊哲学史》第2卷，第32页。

[2]　同上。

马耕地，犁头年年来回的犁土。……他学会了怎样运用语言和像风一般快的思想，……对未来的事也样样有办法，……只是无法免于死亡。在技巧方面他有发明才能，想不到那样高明，这才能有时候使他走厄运，有时候使他走好运；……我不愿这个为非作歹的人在我家做客，不愿我的思想和他的相同。[①]

"人"的奇异有其光辉和"处于边缘"（达到终极）的一面，因为他有"语言和像风一般快的思想，……对未来的事也样样有办法"，也就是有深长的时间意识，因而可以有几乎是凭空构造意义和思想的语言，预想和策划未来。但他又可能像那过度生长的树，脱离他生存其间的"自然"土壤，在"约定"（nomos）人为中创造自己的新形象。他创造的技巧发明搅扰着神灵、自然和人类自身，"奇异"得比奇装异服更奇异，因而遭到忒拜城那些重乡土的保守居民的排斥，"不愿这个为非作歹的人在我家做客，不愿我的思想和他的相同。"

所以希腊文明尽管灿烂，却昙花一现。近代以来的西方文明如果没有基督教的维持和保守，也持续不了多久。

智者运动就是古代的人本主义、人道主义、启蒙主义思潮的典型代表，将"人的奇异"发挥到那个时代允许达到的极致。西方自文艺复兴之后的人道主义、启蒙运动、自由主义思潮与之有血脉关系，有"神似"之处。

汲取之方式则是"仁者乐山，智者乐水"了。

① 索福克勒斯：《悲剧二种》，罗念生译，人民文学出版社 1979 年版，第16—17 页。

3. 对于言语（逻各斯）力量的深切体会

第一点中已显露出言语在当时的重要性。从以前对赫拉克利特、毕达哥拉斯和爱利亚派的介绍中，已看到这种"说话的技巧"或"表达的艺术"与思想本身、真理本身的关系。"隐喻"、"双关"（"弓 [biós] 的名字是生 [bíos]，其作用是死"）中有对立双方的同时显现与和谐；"数"本身有几何解释和观念（伦理、宗教）含义，且可互相引申、映衬；利用语言本身的特点（"神"的含义、"判断"中的系辞现象）来"是其所是"、"非其所非"；用"二分后分头击破"的论辩方法；最后，对智者运动影响最大者，是芝诺运用的"归谬法"或"矛盾法"（antiologike），包括陷对手于自相矛盾境地的方法。它们，特别是矛盾法表现出语言逻辑的巨大辩论力量，能对抗千古常识而自立。这定会产生这样的印象，如果在当场辩论中巧妙运用这种方法，即不让它去对抗常识，而是利用常识，哄骗、引导常识，当会产生想象不到的威力。而这恰是希腊城邦民主制之下的"存在所在"。

古希腊人寻找让人生意义机制"轻巧化"、"形式化"的能力无与伦比，但有时轻巧得过分，就不能入生命主流，而只能随波逐流了。

二、智者的方法和思想特点

"智者"（Sophistes）是 sophos（形容词）、sophia（名词）的派生词。古希腊人认神为大知大能，最有智慧。凡人在某一方面特别聪明、灵巧、有才能，就是 sophistes（有智慧者、贤人、智者、哲人），比如在占卜、预言、造船、驭车、雕刻、艺术、医疗、治理城邦、学习和研究诸方面的能人。古希腊是个特别重视"技艺"（τέχνη, techne）的社会，它的宗教、伦理的关怀没有压过技艺，反倒要以技艺方式体现，有一种"节制"（尺度）感。这是科学与哲学出现的重要条件。到西元前 5 世纪下半期，出现了一批收费授徒而传授辩论、演说、诉讼、修辞以及治理城邦技艺（还包括几何学和天文学）的专职教师，成为后来意义上的也正是我们所讲的"智者"。（希腊之"原儒"？）他们往往以"人"或"人的语言"为中心来看待世界和各种哲学问题，持相对主义的真理观。

相对主义是形而上学的泻药。但智者用相对主义来谋利，而怀疑论者通过相对主义让心灵平静。

"进入言说"是成为一个智者所必需的能力。但大多数智者与诗人、剧作家的不同，在于他的"进入言说"具有说服人的直接实用目的，与后两者、特别是诗人沉浸于语言、只知含英咀华的态度大不同，所以"进入论辩言说"是智者一大特点。以这种方式，他们进入了一个超出现成状态的"形式的世界"。

此"进入"的能力，自克塞诺芬尼、巴门尼德，特别是芝诺时起，就已经有了。

就像毕达哥拉斯"进入数学"获得了新的思想和表达能力，这些"进入论辩言语者"（即数理与语言的某种结合）也获得了一种新的思与说的自由和可能性。这既不由他们始，也不终于他们（苏格拉底、柏拉图、亚里士多德等，都受其强烈影响，又以他们为主要论敌或主要论敌之一）。但他们的特点在于过于随意地运用这自由，以至暴露出这种"形式自由"中的相对主义、实利主义宿根。做得好的有极大的批判力，现代西方哲学的"语言转向"在很大程度上就是对这个传统的复兴；做得油滑的、做作的就成为"诡辩"、"狡辩"。（正如"游戏"的两种意义：引发意义和活的领会者；不认真者，"只不过在做游戏罢了"）

西方哲学往往这么"轮回"：数学的突破，新观念的出现，进入新的语言境域，沉浸于这语言，然后出现相对主义，虚无主义，导致绝望，引出宗教（或代用品）的盛行。然后再来一次文艺复兴，于是数学又出现在前沿。

所以，智者的方法就是"进入论辩（argument）言说"的方法。

1. 雄辩术或修辞学（rhetorike）

雄辩术在古希腊指如何使用语言的技艺，即在不同场合、针对不同对象发表演说和进行论辩的技艺。简言之，就是用语言的技巧来说服人。雄辩术常用于法庭中的辩护。亚里士多德记录叙拉古人考拉西（Corax，鼎盛年西元前467年）的辩护策略：如被告是一弱者，那么对他的辩护是：他大概没有做这事情的能力。（“我比他弱，能伤害他吗？”）如是强者，那么辩护是：他大概不会这样做，因为他很清楚人们都会明明白白地想到他有做这事情的能力。（“我会是这样一个傻瓜，去伤害一个弱者吗？”）[1]

“文科”的灵魂。“技艺”所在。

据拉尔修记载，普罗泰戈拉与学生约定，先付一半学费，出师后打赢第一场官司时再付另一半。“有一次他向他的学生优安塞隆征收学费。后者回答说：‘我还没有赢得一场官司。’普罗塔哥拉［即普罗泰戈拉］说：‘不然，如果我跟你打这场官司，我赢了，就必然可以得到钱；你赢了，你也得给我钱，因为你赢了。’”[2]（中国文化以前与异族入侵者也是这种“恒赢”的关系。19世纪以来西方文化成了“恒赢者”。）

游戏精神。

高尔吉亚留下两篇修辞学范文，即《为帕拉墨得辩护》和《海伦颂》[3]，可见其特点：(1)反传统，作翻案文章。(2)先设定各种可能（当然是可驳的，又要尽量像真的，才能打动人），然后用归谬法一一否定。他“认为可能性比真实更值得重视”[4]。(3)用辞华丽动人（euepeia，fine speaking），运用排比、对称和语调，利

---

① 汪子嵩等：《希腊哲学史》第2卷，第117—118页。

② 苗力田主编：《古希腊哲学》，第178页。

③ 汪子嵩等：《希腊哲学史》第2卷，第120—127页。

④ 同上书，第129页。

用动作、手势和装饰，富于表演才能。

2. 论辩术（Eristic）

普罗泰戈拉是论辩术的奠基人之一。他认为，任何命题都可以有两个相反的论断（logos），论辩的目的和主要技艺就是随时可以提出一种可能来反对另一种可能，并使弱的论证变为强有力的论证。

从"抽象可能性"看问题，当然任一命题、任一案件、事件都有几种可能，所谓知识就是感觉、看法、见解，也就是意见（doxa），各自都可以有理，一阵风可冷可暖；美德可传授，又可说成是不可传授；并立但并不是势不两立的"矛盾"，不违反亚里士多德后来制定的矛盾律（但违背了排中律）。两者都真，存在又不存在（都"是"），关键看谁有更强的说服力或征服力或更"好"（使"更美好"的东西成为现实）。因而智者是（毕达哥拉斯和赫拉克利特的）"本原对立观"的"意见化"、"论题化"和实用化。

智者（普罗泰戈拉和他人）举了一例：一种食品，正常人觉得可口，病人觉其无味，两者都真，或无真假可言。医生只能使病人的感觉恢复到常人状态，智者则是用语言（logos）医治人的灵魂，使其向正常方向转化，以处于良好状态①——类似弗洛伊德的精神分析法和治疗法。智者以"相对主义"启发人，使人"怀疑"，不执着教条。

这就极有论辩价值。"如果说某件事是非正义的，但只要

正表现出语言本身的"存在"和"是其所是"的能力，逻各斯决定真理的能力。语言中有"水""火"的蒸腾，有根本的构造力。

---

① 汪子嵩等：《希腊哲学史》第 2 卷，第 148 页。

举出一件更不正义的事情来，原来那件事情就显得并不那么非正义了。这样后来的弱论证就变成了强论证。"[1] 这正是芝诺捍卫"存在是不变的一"的策略。为此而用矛盾法（antiologike，antilogic，反证法）：从与己对立的命题中引申出与它自身矛盾的结论，或导出公认的荒谬结论，以支持自己的主张。此法直到现在还在数不清的法庭、议会、辩论竞赛和媒体宣传策略中被使用，因为人从根本上是一个"在比较中得尺度"的存在者。

所以论辩术（论争术、争辩术、Eristic、论辩法）与辩证法（διαλεκτικός，dialektikos，dia（通过）；lek 或 lego（说），"通过说话、谈话交流看法"）有关。亚里士多德认为辩证法是去认知相反的（如"同 / 异"、"相似 / 不相似"、"先于 / 后于"）、矛盾的东西，因为这样才能达到本质；或者反过来讲，正因为具有可看到本质性东西的能力，人才能同时认知相反的两面。[2] 因此，对于唯理论者们来说，辩证法被认为是能达到不移之本质和真理的方法，而论辩术则只是智力和口才竞赛，最好也就是为辩证法准备下技艺条件。

由此看来，就像他们的论辩方法，智者的思想倾向有两个方面："解放思想"和导致相对主义，甚至是怀疑主义。

相对主义（relativism）是这样一种看法，即真理依情况而变，或相对于某种背景——语言、文化、世界观——而成立。[3]

佛、道于此处看得透。但"太虚幻境"中自有悟道体玄的可能。

---

①　汪子嵩等：《希腊哲学史》第 2 卷，第 149 页。

②　同上书，第 425 页。

③　如用英文表达则是："Relativism is the thesis that Truth varies from context to context; truth is *relative* to a language, a culture, a way of looking at the

怀疑主义（skepticism, 怀疑论）是这样一种态度或立场，即人实际上无法确证每个正常人都知其然的事实，比如我们并不总在做梦（这是西方学院派哲学家对怀疑主义的贬低看法）。[①] 从哲学角度讲，"怀疑主义是这样一种哲学信念（或恐惧），即认为知识是不可能的，没有任何合理的论证可以成功地克服我们的怀疑。"[②]

"解放思想"的作用：从概念式、习惯的思想中解放，而不只是怀疑神的存在；利用语言起舞，让语言本身喝醉而"潇洒走一回"。芝诺论辩的真效果决不只是在为"不变的存在"做论辩，而更在于能揭示论辩语言本身可以造成自己的意义世界和真理，以至大开人的思想眼界，禁不住要"闻鸡起舞"一番，为任何命题都找到反命题，也就是让人知道"道可道，非常道"。

三、智者代表人物举例

1. 普罗泰戈拉（Protagoras，西元前 490—前 421 年），生于阿布德拉（德谟克利特同乡），在雅典当教师 40 年，因被指控亵渎神灵而遭驱逐。（雅典似乎总在驱逐"亵渎神灵者"，最后竟将苏格拉底处死。"民主制"之弱处、"多数人的尺度"往往不对、不合时机，但又同样专断，只

---

world."（Robert C. Solomon: *Introducing Philosophy*, San Diego, etc.: Harcourt Brace Jovanovich, 1989, p.177）

① 如用英文表达则是："[Skepticism means: philosophers who hold it find themselves] unable to justify what every sane person knows to be the case; for example, that we are not merely dreaming all of the time."（Robert C. Solomon: *Introducing Philosophy*, p.17）

② Robert C. Solomon: *Introducing Philosophy*, p.174.

是比"个人好恶"强。现代民主制从洛克的"宽容"、密尔的《论自由》中汲取了"保护个人自由"的维度,成为一种结构上相互制衡的、有相当多的言论自由的代议民主制。但它能从根本上解决"能说者操纵'意见'"的问题吗?)他公开承认自己是"智者"。拉尔修说他曾从学于德谟克利特,第一个区分了动词的时态,强调抓住时机的重要性,说他能迅速回答,耐心等待听取答案。[①] 他的主要思想如下:

(1)每件事物都有两种正相反对的说法。他主张以此去辩论(上面已介绍)。比如,他说:"在澡堂洗澡"对妇女(当时妇女只能在内室中洗澡)、男子含义不同;用化妆品对于男女的意思也不同;斯巴达人(不同于雅典人)不以不学音乐、文字为耻。

关于"真与假"。

正题:用词语表达的论断(逻各斯)本身无真假可言,只相对于事实(符合否)才有真假,所以真假本来一样。(由此可见"真假"对古希腊人的原意是逻各斯本身的状态)

反题:真假是不同的。谁主张真假同一,我们就问他:你的这个命题是真是假?设它为假,则等于承认真假不同;设它为真,则因为它主张"真假同一",这设定或回答就(起码可以)是假的。

因此,他认为,真可说成是假,假亦可是真。

关于"正义与非正义":撒谎(对敌人、对朋友)在于能欺骗。因而,他认为,撒谎在不同的情况下也可能是正义的。

(2)"人是万物(chremata)的尺度,是存在者存在的尺度,

---

① 苗力田主编:《古希腊哲学》,第 177 页。

唯理论封杀它两千多年，但它总"烧不尽""吹又生"。

也是不存在者不存在的尺度。"[1] 此句出自柏拉图《泰阿泰德篇》。又说："真理就是如同我们写的，我们中的每一个人都是存在和非存在的尺度。"[2] 可见，虽然普罗泰戈拉不一定完全区分了"一个人"与"人"（人类），但其"尺度"有可能指"个人"。

卡恩（C.H.Kaln）将其中的"esti"不解释为"to exist"（存在），而是"to be so"（是如此）或"to be the case"（是这种情况）、"to be true"（是真的），所以此句可译为"人是万物的尺度，既是'是如此'的事物之所以'是如此'的尺度，也是'非如此'的事物之所以'非如此'的尺度"。[3]

但"是如此"与"存在"在巴门尼德那里几乎不可分，而普罗泰戈拉的命题似乎与巴门尼德的命题（只有存在（者）存在，是者是）有相反的关系。西方形而上学（巴门尼德开创、亚里士多德大成）的特点就是将系词及其代表的判断型真理"混同"于存在，不然就没有可游戏于其间的本体论"机制"（几微）了。

柏拉图笔下的苏格拉底将这个命题解释为"事物就是对我呈现的样子"[4]。"同样的风在吹，有人感到冷，有人则不然……"，所以"呈现"或"显现"等于"感知"，"对每个感知者来说，事物就是他们感知的那个样子"[5]。

对它还可以做更为深刻的理解："人"不只是个人，而是"一

---

[1]　北京大学哲学系外国哲学史教研室编译：《西方哲学原著选读》，上卷，商务印书馆1981年版，第54页；汪子嵩等：《希腊哲学史》第2卷，第253页。

[2]　汪子嵩等：《希腊哲学史》第2卷，第247页。

[3]　同上书，第250页。

[4]　苗力田主编：《古希腊哲学》，第183页。

[5]　同上书，第184页。

个文化体"、"一个有根本利益联系的群体"、"一个时机化或境遇化的人"……。现代西方哲学的不少流派在这些意义上复活了它。

这句话反驳了克塞诺芬尼和巴门尼德及芝诺。要是按照普罗泰戈拉的观点,"狮、马造神原则"在名相层次也就无可避免,"唯一的不变的神或存在"从根子上就不可能。

(3)"'关于神,我既不知道他们存在,也不知道他们不存在。有许多东西阻碍我们的认识,如问题的晦涩,人生的短促等。'雅典人因此而驱逐了他,并下令把他的著作从抄录收藏的人那里收集起来,在广场上当众烧毁。"[①]

其实,说"不知道"神是否存在,并没有否认神可以存在,或者凭借信仰或某种非知性的方式而真实存在。

意大利学者翁特斯泰纳将这话译为"关于神,我不能体验(感受)到他们是这个样子存在,抑或不是这个样子存在,也不能体验到他们的外貌究竟代表什么意思。妨碍我们体验的困难很多:不仅是不可能有关于神的亲自感受,而且人生是短暂的。"[②]

我们一般从"感觉论"角度理解这段话,后一种译文尤其是这样。

但上面普罗泰戈拉的反驳对象不止一般的宗教学说,也有或主要是克塞诺芬尼的学说(认神为唯一的、不动的、全能的,在形体和思想上都不像凡人……)。其观点是对理神论的深刻批判。按照以上的两个原则,他的话也可理解为说神存在或不存在都可

---

① 苗力田主编:《古希腊哲学》,第176—177页。

② 汪子嵩等:《希腊哲学史》第2卷,第190页。

以。其"存在"虽不更真，却是"有益于"城邦的，起码他没有否定"神"的伦理价值。

2. 智者派的另一个代表人物高尔吉亚（Gorgias，西元前480—前370年）的三命题：（1）无物存在；（2）如果有某物存在，人也无法认识它；（3）即使可以认识它，也无法把它告诉别人。他说的"物"，应该理解为超感知的物本身。

3. 自然说和约定说之争。① 此论争涉及国家的起源和性质、个人和法律的关系等问题。

"自然"（physis）一开始指"依靠自己力量而成长的东西"、"自然而然的"、"天生的"，与"技艺"或"制造术"（techne）相对；后来有了"本性使之然"的意思，与"人为约定的"（nomos）相对；最后成了"自然界"，与"社会共同体"相对。

野花、盆花、绢花、画中花、电影中花。

自然说主张人应按自己本性决定自己的命运，不受外在法律（和习俗）的约束，比如安提戈涅不顾克瑞翁的禁令（成文法），埋葬其兄，遵守植根于人的本性的习惯法。

约定说强调人与动物、社会与自然物的区别，主张用社会力量约束和改善人的本性。但此二说无特定的政治归属，且分界限也不固定，比如安提戈涅遵行的习惯法（习俗）相对于成文法是自然的，相对于更个人化的自然本性则是约定的，尽管也有这习惯法是否符合人的自然本性的问题。

---

① 汪子嵩等：《希腊哲学史》第2卷，第202—245页。

在国家起源问题上，约定说主张它起源于人的集体约定，以便获得自然状态下得不到的好处，比如安全、秩序、正义……，所以法律因城邦而异，是相对的，不是出于人类共有的本性。

自然派不否认国家从外表看是出于约定，但强调这种约定应符合人的本性，不然无效。人制定法律是为了满足自己的本性（以获取更大利益），所以可以在两者冲突时以本性为理由自行其是，并由此形成新法律。

以普罗泰戈拉为首的一批智者赞同约定说，而以高尔吉亚为首的一批智者则反对它。

当代人的生活似乎越来越"智者化"了。通过"数学化"或"计算机化""手机化"，人们越来越深地"进入乃至陷入言语"、一种让虚拟与现实难分的言语之中。

第八章　苏格拉底

苏格拉底哲学是智者思潮的一种产物，即在它提供的新方法论（论辩术中的矛盾法）和新看法（以"人本身"为万物尺度）的视野中力求重获"不变的一"或起码是"不变的多"。苏格拉底哲学表现为"认识你自己"或"从对自然本原的研究转向对人的心灵的研究"的视野转向，和以"对话"（不预设结论，甚至自承无知，在反诘或"以子之矛攻子之盾"中揭除意见蔽障，诱导人达到自己本有的真理）方法来达到对于德性（ἀρετή, arete, 过好生活和做善事的艺术或技艺）的"普遍定义"。其哲学含有深刻的矛盾及张力，比如"对话"与"普遍定义"的冲突和紧张关系，因而对苏格拉底可做不同的理解。其后，柏拉图张大了"普遍定义"的一面，与亚里士多德一起建立起观念化（理型化、实体化）形而上学的范式。

第一节　苏格拉底其人

"苏格拉底"在西方知识界、在学习哲学的人们心目中代表着：以自认无知的态度去全心全意地求真知，通过问答对话而难倒自负者，以自己的全部生命殉其智德。总之，他代表的是活生生的理智（机智？）与德性的深刻结合，他的个人命运则是"普遍性的真理追求"的一大悲剧。

苏格拉底（Socrates，西元前 469—前 399 年）生于雅典，父亲是雕刻匠，母亲是助产婆。其家产中等，所以他可自备重装步兵的装备参加伯罗奔尼撒战争。后来他生活潦倒，旧氅赤足，出入社交，只以追求智慧和谈论、教诲智慧为乐。

孔子（西元前 551—前 479 年）。

他从小受过良好教育，如在音乐、几何、算术、天文等方面都有较好的学养。他还受到阿那克萨戈拉的弟子阿凯劳斯的影响，熟悉芝诺的"辩证法"（揭露对方论证中的矛盾），更与智者有相当多的来往。[①] 他生前已是知识界中著名人物，有不少追随者，其中不少人自外邦而来（也有毕达哥拉斯派人）。

其长相丑陋，面扁平、大狮鼻、厚唇、挺着大肚子，壮实，目光中却有精神美。[②]

他作战英勇，耐苦，危险时镇定自若（"高视阔步，环顾四周"），曾救助落难战友（阿尔基比亚德等）。据说他饮多少酒也不醉，酒后仍谈哲学。爱母邦、俭朴、刚健、正直、英勇、自甘贫贱，善待饶舌撒泼的妻子，曾自嘲待妻如驯烈马，如能说服她，则无人不能培训了。其下有三子，苏格拉底死时长子十七岁，对其母不满，苏格拉底还耐心教诲之。

他在党争中独立不倚，从神谕中自知不宜从政，但教育青年从政从军，物色"烈性而桀骜不驯的良种马，从小培养成为最有用的千里驹"[③]。影响日大，最后被控为"败坏青年"，加上

---

①　汪子嵩等：《希腊哲学史》第 2 卷，第 303 页。

②　同上书，第 313 页。

③　同上书，第 312—313 页。

"不信本邦之神而引入奇怪的新神"的指控，被判处死刑，成了民主制下的"思想犯"（近代西方民主制在这一点上有改进）。苏格拉底在法庭上为自己申辩，柏拉图在场，事后数年柏拉图写出《申辩篇》，成千古名篇。如果苏格拉底请求宽恕，可以被流放，但他认为这样就等于自认有错，因而不为老妻幼子而行之。投票结果，二百八十一票对二百二十票宣告他有罪。他再发言，但不求从轻判刑。最后法官判他死刑，他又发言，预言对方将受天谴。最后他讲：

妙语、真语、痛语。　　　　分手的时候到了，我去死，你们去活，谁的去路好，唯有神知道。

后来苏格拉底的弟子们，比如克力同等，策划让苏格拉底越狱逃走。苏格拉底拒绝，并说理由[①]，认为不能"以错对错、以恶对恶"。临死前，他与众弟子们在狱中讲论哲学：理式、灵魂（之不朽）与身体、对死亡恐惧之不智、回忆说等等，宛若天鹅之歌，由柏拉图写于《斐多篇》中。与老妻告别后，他又回来接着谈，日落时该执行死刑了，狱卒拿来毒酒，苏格拉底从容取过，请人指导如何做。别人告之喝下后要来回走，直到腿变沉，然后躺下，药力就会发作。他于是向神致意，从容饮下毒酒，弟子和谈话者忍不住饮泣失声，苏格拉底讲：他送走妻子，就是为了不出此麻烦，男子汉应平静赴死！人们忍住悲声，

————————————

① 见柏拉图的《克力同篇》。

苏格拉底按指导来回走动，……他的最后一句话是请克力同代他偿还阿斯克勒庇俄斯（Aesculapius，医药之神）一只公鸡，也就是向此神献上一只公鸡，以为祭品[1]。此对话由斐多（Phaedo）复述，结束语是："这就是终结，厄刻克拉底（Echecrates），我的朋友。关于他［苏格拉底］，我可以说，在他那个时代我们所知的所有人之中，他是最智慧、最正直和最好的（the wisest and justest and best）。"

关于其确切死因，有许多不同说法。黑格尔认为其死是客观自由（城邦的神圣法律和朴素习俗）和主观自由（自己的知识和理性之法）相互对抗的结果。

苏格拉底被认为是"哲学家"的典型：一心求真知，为此可以献出一切。但他明显有西方色彩，认为"未经省察的人生没有价值"[2]，这"省察"主要是指反思观念上的。他还结合了观念理性和宗教洞悟（"灵机"、"出神体验"、"神的命令"……）。中国的道家则认为"人生本身就是价值之源"，如果让它回到自己的天然形态的话，就像庄子的"大树喻"[3]所示者。不能使人"长生久视"的美德对道家是可疑的，因为美德本身乃"玄德"，有"因应变化，与时推移，以和为量"的特性，故这也不是在主

思想的烈士。
西方圣人殉道，中华圣人开道。
庄子更要说："往矣，吾将曳尾于涂中。"（《庄子·秋水》）

---

① 苏格拉底这最后一句话或请求的含义，不很清楚，可有各种解释。比如他饮下的毒药出自医药神赐予的知识，它带来的死亡让他不违心地走完了人生历程，在这个意义上反而是痊愈了，所以要感谢。又比如，医药神可用手中的神药，将死人灵魂从冥界带回阳间（苏格拉底会有此期望吗？）。再比如，此举表明苏格拉底是信神的，证明判决不公。等等。

② 柏拉图：《申辩篇》38A。

③ 《庄子·逍遥游》，《庄子·人间世》。

张"幸福即感性的快乐"。阿里斯托芬的《云》将苏格拉底歪曲化为智者。

关于苏格拉底的史料,较可靠的有:色诺芬的著述,主要是《回忆录》;柏拉图的对话;亚里士多德著作中所载者。其中以柏拉图的对话最重要。因而似乎是老师因弟子而显贵,但困难在于区分柏拉图对话中何为苏格拉底的东西,何为柏拉图自己的东西,即所谓"苏格拉底问题"。一般认为柏拉图早期和一部分中期对话较为真实地反映了苏格拉底的观点。按亚里士多德的说法,"有两件事可以公正地归于苏格拉底,即归纳的论证[或诱导论证]和普遍的定义,这二者都是知识的出发点;但是苏格拉底并没有将这个普遍的东西和定义看作是分离存在的东西,而他们[那些肯定'理式'的人]却将它们看作是分离存在的,这就是他们称为'理式'的那种东西。"[①] 所以一般说来,凡主要讨论伦理问题,少涉及本体论、宇宙论者,凡在"对话"中寻求伦理的普遍定义,而不努力标出"理式"者,即可大致归为苏格拉底的思想,加上后者的则为柏拉图自己的学说。

第二节 苏格拉底的方法
——通过对谈达到定义和灵魂助产术

"从自然转向心灵"、"认识你自己"这些转变在阿那克萨戈拉和智者那里已出现,但那时还未充分地深入或"本身化"、

---

① 汪子嵩等:《希腊哲学史》第2卷,第347—348页。为统一术语,将引文中的"相"改为"理式"。

"普遍化"。苏格拉底的特点在于用深化了的论辩法——对话方法或诱导法加上普遍定义法——去具体地追求德性的终极不变含义，以匡时济世。他之所以不满意"自然研究的知识"[①]，多半是因为对于世界整体，谁也没有确切的体验，因而关于其"原因"或"本原"总可以任意构造，莫衷一是，就如同既可以说"1+1"也可以说"将 1 分开"是"2"的原因一样；而对于"美德"（勇敢、正义、美、虔敬……）或善，人们有切身的感受，即便是相对主义者，也不能否定我们以某种方式体验到美德，可以有意义地谈论德性，所以这类讨论有现象学之"根"，即便达不到"普遍定义"，也在接近，在进行活的论辩。而且，在他看来，认识世界之前应先审视认识者（人）自身的心灵，找到其内在原则（认识论和方法论的根据）。这些当然可看作是对芝诺和智者们的一种回应。他心中的论敌常常是智者，因为他们给出了最有力、直接的挑战和激发。所以苏格拉底的"认识你自己"、"德性即知识"的说法之中充满了方法论上的自觉，并有新意。

至此他还与孔子和释迦牟尼近似。孔子讲："未知生，焉知死？"释迦关心的是如何拔出插在人身上的毒箭，而不是研究箭与身体的本原。

他是智者与巴门尼德、芝诺的某种结合。

　　这样，他的方法就不会离开语言活动和直接体验，故其方法同样特别表现于"对谈"（提问和回答）的技巧之中——"辩证法"（dialectic）的希腊文原意就是"通过谈话交流看法"（dialego）。这是希腊哲学探讨的几微或技艺之一（另外还有数学延伸和语法分析），是从毕达哥拉斯开始至巴门尼德、芝诺而精深化了的"让形式本身、语义和语法本身获得意义、表达出意义"的方法，到智者手中极大地口头语言化了，论辩化了。但雄辩

"辩证法"的要害就是"借力打力"："让论辩本身的折叠产生结果"。

---

　　① 柏拉图：《斐多篇》96A。

术和论辩学那时还未完全合一，口头语言与对反(矛盾)法还未贯通。至苏格拉底则力图在"对谈"(问/答相对、自己言论的前/后相对)中使之合一，让一个人自己的语言本身在对谈诱导中相对相激相斗，从而揭除蔽障，达到超对立的或更根本的"普遍定义"。所以苏格拉底将智者的"进入论辩言说"(其中"论辩"与"言语"未充分贯通)变成了"让言说本身产生论辩并导向普遍定义"。他不只是"进入论辩言说"，更是要"进入由论辩至定义(真相)的言说"。

这种追求定义的倾向与苏格拉底实行的"问题转向"有关。"美德本性"的问题与早期的"本原问题"不同。对于世界本原可以有不同说法，这似乎会否定掉"本原"这个问题本身的合法性。芝诺当然可以论证在"真理"意义上没有运动，因为那里有矛盾或悖论，但无人(起码无希腊人)可用类似的论辩或悖论来否认人"有某种美德"或"无某种美德"的区别，即对于美德的现实存在的某种认知。所以，即便对于"美德"或"某种美德是什么"达不成共识，甚或相互矛盾、自相矛盾，只说明当事人还处于"无知"状态，这个问题本身却总处于有意义、甚或有希望解决的状态。这就是"认识你自己"带来的转机。

因此，苏格拉底在对话中就如同一个智者一样，总让对方对于美德的定义处于不合适(不是过窄就是过宽)、甚至自相矛盾的境地。而且他还一再承认或假装承认自己对问题的正确答案(原因)无知(这是他独特的地方，有现象学见地——站在外边无法给出真定义)，让初学者感到困惑、受挫折，甚至受愚弄，但却不会导致平板的相对主义结论。在一些谈话中，他成功地让人感到了

"论辩过程"与"达到定义"之间有紧张关系。过于强调后者会使前者沦为单纯的摇旗呐喊、站脚助威。柏拉图中、后期对话中常有这个问题,那里苏格拉底的"对话"者只是一应声虫。于是有这样的习语:"苏格拉底,总是有理。"

一个活生生的意思（比如"勇敢"、"虔敬"的原意），此"意思"无法被观念分类捕住，但却越来越真切地被人体会到。即便得到了定义之后，比如"勇敢是对可怕或不可怕的事情有知识，能够做出正确的高尚的选择，即使面对艰险也能充满信心地去避恶从善，做光荣、善而快乐的事情。怯懦是由于无知，不能做高尚的事情"[1]，虽然有所获，但并不让人感到满足，也不让人认为这就是一切，无须那个引导过程。相反，那在对话中寻求的过程本身似乎更有意义，或更能显示意义。

这个定义本身似乎难于增进我们对"勇敢"的直接理解，啰唆又沉重，其中有那么多还在等待定义的大词，如"正确的""高尚的""善恶""光荣"等等。中国的孙子讲，"勇怯，势也"，"投之无所往，诸刿［专诸、曹刿］之勇也"（《孙子·势》、《孙子·九地》），理解起来何等简易明晓。

所以"对话"是最适合苏格拉底的方法。他在其中充分体会到谈话问答和言语本身提供的大量解释机会和构造机会，或者说是让对手自己与自己打架而被导向更深可能（更切当的定义）的机会；他则因声称自己"无知"而总处于发问的地位，实际上就总能用问题本身诱导对方，潜在地规定论辩方式，从而以并非完全抽象的方式或硬性的"逻各斯"方式（比如巴门尼德的方式）来趋向那"德性本身"和普遍定义，而且还能像个艺术家那样再从各面打量它、琢磨它。这里边有真的"说话的技艺"、"通过说话达到唯一合适者的技艺"或"逻各斯本身的技艺"。

当他在《申辩篇》中基本上失去了活泼的、诚恳的对话情境（已受控告，失去了"无知"的主动地位）时，尽管也做了某种努力去追问控告者，做得也不错，也有极重要的史料材料，但效果并不佳，且少回旋韵味。

苏格拉底称自己的"让言说本身产生论辩并导向普遍定

———————————

① 汪子嵩等：《希腊哲学史》第2卷，第474页。

义"的方法为"助产术"，他在《泰阿泰德篇》①中讨论了该方法。②

有智者之风，但又深化之，从相对立论到先不立论。

他说，"仍能怀孕生育的妇女不允许给人接生，只有过了生育期的才行。"③自己不生（不自生）却给别人"接生"，正是妙处所在。德尔斐神庙阿波罗神的代言人、祭司庇西亚（Puthia）说"没有什么人比苏格拉底更智慧"，这与苏格拉底自认"无知"或"不能生育"形成有趣的反题。他于是千思百想"神的意思是什么？"这样一个谜，因他自知没有智慧，但神按其本性又不会撒谎；于是出发去寻求其真意，遍访政治家、诗人（悲剧作家、酒神颂歌作家及其他诗人）、手艺工匠，但结果是："我发现最有名声的人几乎是最缺乏智慧的。"④最后他明白了，神的意思是："人们啊，像苏格拉底这样认识到自己的智慧真正说来是没有

"被动性"（passivity）对于原发的心灵体验来说是绝对必要的。但"自知无知"是一个很粘连的、猫追自己尾巴的游戏（无知者居然就能知道，他是无知的），朝向老子讲的"无为而无不为"，但能否达到还要看深度。

什么价值的人，才是最有智慧的。"⑤那些人虽无知却还自以为很有智慧，所以远不如苏格拉底。这近乎芝诺反驳巴门尼德论敌的逻辑：对手自己与自己矛盾，所以更不可取。

他说，助产婆"知道谁怀孕，谁没有"（加强符为引者所加），"她们运用药剂和咒语，引起孕妇的阵痛，也可随意缓解它们；她们可使难产的人生产，如果需要，也可流产，"⑥"最清楚什么样的男女结合可生出理想的孩子来。……其实，只有真正的助

---

①　柏拉图：《泰阿泰德篇》148D-151D。

②　苗力田主编：《古希腊哲学》，第211—214页。

③　同上书，第212页。

④　同上书，第205页。

⑤　同上书，第206页。

⑥　同上书，第210页。

产婆才是真正的媒人。"

但他又说，"不过，她们的能耐比起我来却未免稍逊一筹"，因妇女有时要生真孩子，有时则要生"很难同真实的孩子相区别的赝品"，而"辨别真假婴儿"是助产术中最高贵的最伟大的工作。

苏格拉底认为自己与助产婆的区别仅是："我照料他们分娩时的灵魂，而不是她们的身体。我这种艺术最伟大的地方在于它能够以各种方式考察年轻人的心灵所产生的是幻想错觉还是真知灼见。"他因而说："[这些人]都取得了令人吃惊的进步，……并不是因为从我这里学了什么东西，而是因为他们在自身中发现了许多美好的东西并把它们产生出来。可是他们却常归因于神，归因于我。"

他说："同我交往的人，在这方面正似即将分娩的妇女，他们终日痛苦、日夜不安，有时比产妇更厉害。我的艺术可引起这种痛苦，也可使其停止。……还有一些人，泰阿泰德啊，我看他们并不处于孕育状态，不需要我的艺术，我就诚心诚意地作联姻者。……介绍给……[别人]。"

他说："如果我要悄悄地摘除并抛弃你的胎儿，那是因为我考察它之后发现它只不过是幻觉而已。……请你不要像那些第一个婴儿被拿走的妇女那样大吵大闹。……有许多人因为我去掉了他们的愚蠢观念，总恨不得咬我一口。……不知道我也从不出于恶意做这类事情，只是决不可能允许幻觉毁坏真理。"[1]

孔子亦是思想的助产者，"不愤不启。不悱不发，举一隅不以三隅反，则不复也。"（《论语·述而》）

苏氏说自己"无知"，岂不过谦？知道哪个婴儿是幻觉、哪个是真知灼见，还说不知？有装疯卖傻之嫌。

---

[1]　苗力田主编：《古希腊哲学》，第211—212页。

苏格拉底之所以这么说(无知、助产),不只是比喻,其中也有深意。对他而言,置身那对谈问答过程本身而不是在此过程之外,才可能有效果,这个经历本身是不可代替的。

"思想助产术"举例:

《拉刻斯篇》①讨论"什么是勇敢?"

对话者拉刻斯(一位勇武的将军)回答:"一个能坚守岗位、与敌人拼搏而不逃跑的人,你就可以说他是勇敢的。"苏格拉底马上检讨说,"我把问题说得太含糊,使你答非所问",并举反例:勇敢的人也需要躲闪,比如荷马讲的某位驾马车的勇士。拉刻斯答曰:荷马说的是马车,我说的是重装重兵。但反例是:以勇敢著名的斯巴达人也有时撤退。于是苏格拉底重新提问:"我要你回答的……不仅仅是战争中的武士[的勇敢],也是在海上航行中的勇士以及所有在疾病、贫困以及公共事务中的勇敢者[的勇敢]",即"一般的勇敢和怯懦是什么?"②

于是拉刻斯回答:"勇敢是灵魂的忍耐。"

苏格拉底:不是每一类忍耐可被你认为是勇敢,因你将勇敢置于高贵品质之中。所以它与愚蠢结合就不是勇敢,而是邪恶和低劣的。

拉刻斯就同意苏格拉底的提示:智慧的忍耐才是勇敢。

苏格拉底:在花钱方面明智地忍耐,以挣得更多,并不勇敢,说不上勇敢的医生也会明智和坚忍地拒绝他的患肺炎的

① 苗力田主编:《古希腊哲学》,第212—218页。
② 同上书,第215页。

儿子的吃喝要求；一个推断出援军将到的坚守者，比那些孤身奋战、不考虑其他的坚守者更明智，但更少勇敢。拉刻斯也同意，于是与自己同意的"智慧的忍耐是勇敢"相矛盾。

几边下刀，非把现成式的理解斩掉不可。

可另一方面，苏格拉底说，一个不擅长潜水的人硬要去潜水，比有技术的人要去就不是更勇敢，而是"蠢得多"，但"我们现在却反过来说愚蠢的忍耐这种低劣的东西是勇敢"[1]，这又是自相矛盾。

这么反复辩难，让人活生生地感到越来越深地逼近"勇敢"的本义，但又难于抓住它，因为一旦形成"定义"，就总出现反例。但事情正在向深处进展。

拉刻斯："……虽然我不习惯于现在这种研究方式，但听了刚才的讨论，我却对论争产生了浓厚的兴趣。我为自己不能表达出自己的思想而深感苦恼。在思想中我确实明白了什么是勇敢。但不知怎么的，它马上就溜走了，以至我不能在语言中把握住它，说出它是什么。"[2]

讲得切！此乃思想的"愤""悱"之时。

苏格拉底：……我们在研究中也要坚定、忍耐，不至于因为我们在寻求勇敢的过程中未能勇敢而为它自身所嘲笑。也许最终我们会发现，这种忍耐正是勇敢。

话语自构、行为自构，此乃"论辩"的上乘境界。

可以感到，苏格拉底的"德性"中充满了悬空的"尺度感"、"和谐感"、"平衡感"，如毕达哥拉斯定律所显示的。

举出"勇"的例子：张飞、关羽谁勇？赵子龙在长坂坡更勇

---

[1]　苗力田主编：《古希腊哲学》，第218页。

[2]　同上。

敢还是诸葛亮唱空城计时更勇敢？苏轼的《留侯论》主张：大勇者必有大忍。"古之所谓豪杰之士，必有过人之节。人情有所不能忍者，匹夫见辱，拔剑而起，挺身而斗，此不足为勇也。天下有大勇者，猝然临之而不惊，无故加之而不怒，此其所挟持者甚大，而其志甚远也。"

"勇"成于势、显于势、参与构势。

第三节　德性（美德）就是知识

"德性就是知识"这是表达苏格拉底全部学说要点的一句话，含义丰富，引人思考和争论。在这一点上与普罗泰戈拉的"人是万物的尺度"的重要性类似。它主张美德的本性是知识，人的理智本性和道德本性是同一的。

德性（ἀρετή, arete, 美德）的原义很广泛，指任何事物的优点、长处和美好的本性，英文为"goodness, excellence of any kind"[1]，比如马的奔驰力、鸟的飞翔力，房子能住、船能行、椅子可坐的特性，这些都是它们各自的"arete"，失去了它这东西就缺失了自己的美好本性，就是"坏"（badness）和"恶"。后来这个词逐渐获得了伦理含义。一开始它指受大家赞赏的共同品性，但实际上它可随时代变化，比如荷马时代为维护共同体，勇敢作战是最需要的、最有价值的共同品性，"勇敢"就成为"arete"。当时还没有勇敢这个词，就用 arete 代替。到梭伦时代，"正义（dike, 公平）"——公平地待人接物——成为最高的

---

① 汪子嵩等：《希腊哲学史》第 2 卷，第 167 页。

德性。再后来，"节制"（经济活动、享乐的分寸）和"智慧"（理性灵魂、思虑、筹划……）突出。以上为古希腊公认的四大德性。赫拉克利特曰（《残篇》112）："深思熟虑（sophronein）是最大的德性。"[1] 英文等根据拉丁文译为"virtue"，中文再依此译为"美德"（或"善"）。

苏格拉底将人表现出来的优秀善良的品质，如正义、自制、智慧、勇敢、友爱、虔敬等称为人的德性，并认为众德性的共通本性是"知识能力"、"理性"或"智慧"，因为人的灵魂的本性是理性。[2] 这也就是阿那克萨戈拉语焉不详的"心灵"（努斯）。即是说，人的灵魂能实现自己的本性（physis），就有知识，也就有美德；反之，人如愚昧无知，不能认识美德，就必堕入恶行。换句话，人的（美好）本性（即"德性"）所在就是理性或知识能力；有了它，人才是一个健全、有用和美好的人，失去它人就失掉最根本的美德，表现出各种恶行。

据色诺芬《回忆录》记载："苏格拉底说，正义和其他一切美德都是智慧，因为正义的事和一切道德的行为都是美好的；凡认识这些的人决不会愿意选择别的事情；凡不认识这些的人也决不可能将它们付诸实践。所以智慧的人总是做美好的事情，愚昧的人则不可能做美好的事情，即使他们试着去做也是要失败的。"[3] 这与基督教（原罪说、信仰德性说）大相径庭，后来遭到克尔凯郭尔的批评。

儒家讲的美德：仁、义、礼、智、信，其境界是"诚"或"中"。道家："含德之厚，比于赤子"，"上德不德，是以有德；下德不失德，是以无德"，所以真正的德乃"玄德"。基督教推崇什么德？信！亚伯拉罕式的敬畏之信，"因信称义"。

注意苏格拉底的"知识"与克塞诺芬尼的"合理之神"和巴门尼德的"唯一存在"的联系。

---

① 汪子嵩等：《希腊哲学史》第 2 卷，第 169 页。

② 同上书，第 410 页以下。

③ 同上书，第 435 页。

所以"认识你自己"就意味着认识你的德性（美好本性）所在，即认识到你的理性（sophia, phronesis）本质。说明白了就是：认识到你的认识能力，或对你的知识能力有知识自觉，就是德性，也就是你做人的长处所在。这是毕达哥拉斯、巴门尼德、芝诺的"互锁游戏思路和表达方式"（形式首尾相交的游戏）的新体现。"爱智慧"（哲学）就是爱你的本性和德性，这是天然正确的、好的。后来柏拉图"哲学王"的说法即出于此旋涡结构。

所以这句名言，可总结为：

（1）德性本身就是知识。

普罗泰戈拉认为知识（真）是相对的，因人、因情境、因感觉而异，但"善"（健康状态）对于共同生活的人来讲则是共通的，而且有天然本性可言，比如健康人的味觉。苏格拉底则将两者合一，认为共通的、基于人本性的善或德性就是知识和真理。（这是"从自然转向人"的进一步深化，即主张对人的本性的认识就是对自然本性的认识）"互锁的游戏思路"在苏格拉底这里达到了新层次（自然与约定、本性与知识）。按照苏格拉底，人的各种德性（如以上讲到的勇敢）都是比较原初意义上的（有自知体验的）知识，而且是对于自身本性的认识。这样，德性既不是盲目的本性所致（"勇敢是天生的，"……），又不只是脱开本性的教育的结果，因为人的本性即理性！

既然德性的真身是人的本性中的知识能力，于是，真有德性就有了相应的真知，即对此德性的美好本性（德性之所以为德性处）的意识，所以"凡认识这些[美德]的人决不会愿意选择别的事情"。另一方面（下一要点所讲），德性不能只看外在表现，比

此乃古希腊的"知行合一"说？王阳明讲"知而不行，只是未知。"

如外表勇敢但内中无有"对可怕和不可怕的知识"的鲁莽行为只是愚"勇",而要看内中有无相应的知识。由此可得出:"邪恶(与美德相对的恶习、恶行)即无知",也就是无知于自己的智慧(能知)本性,因而是不自然的。

由于美德的共同本性是人本性中的知识,众美德就有了整体性,根本的同质性,可以举一反三、触类旁通的。

(2)知识是美德的必要和充分的条件。

无知识的德性相当于一"方的圆";反之,有了真知识就一定会有德性和美德。这是希腊文化繁盛时产生的对人的知识能力的巨大信心,也是文艺复兴后西方教育思想、德育思想的最重要源泉。中国自新文化运动以来"开发民智"、"提高全民族的知识和道德水平"的思路,也与此大有关系。这一思想与雅典和古希腊的古老信仰("神"是美德来源)并不直接冲突,所以才有"苏格拉底的申辩",但又确实有所不同,此种思想是居于智者与传统之间者,因而传播它的哲人最终为城邦所不容。

(3)真(知)善美在人的本性中统一,以"知(真)"或"知本性"为根据,以善为最高目的。善是有秩序的安排(与"快乐"有不同,为一切美德分享),与自由和自制相联。[1]苏格拉底的一生就是对这种道德和知识理想的追求和范例。

(4)德性的可教性。

德性的本性为知识,那这种知识可传授否?作为知识,应可传授,但作为本性之知识,内在之理性,又不能在"约定"的

右侧旁注:

《传习录》)与苏氏此论略同。只是两方对"知"的看法有异。

苏氏之知,乃反思审视之知,可"定义"之知;阳明之知,乃自发自识之良知,从"好好色,恶恶臭""知痛知寒"起头,在"见父自然知孝,见兄自然知弟,见孺子入井自然知恻隐"中舒展挺立,其要义不在反思,而在"无私意障碍"。

那么,我们能否说:自觉做坏事比不自觉地做坏事离美德更近呢?前者起码"知道"美德之所在。可人们为何从不这么看呢?

---

① 汪子嵩等:《希腊哲学史》第2卷,第444页。

意义上可教。所以德性是可教的，但不是在外在模仿的、直接的意义上可教。这也正是"助产术"之所以必要的关键原因。

苏格拉底在《普罗泰戈拉篇》①中谈这个问题，反复再三说，"勇敢是一种自然的事，是灵魂的恰当培育。"②他开始说美德不可教，经过对话论辩却证明所有的美德都同样是知识，这最好地证明了美德可教。普罗泰戈拉一开始认美德可教（因是约定的），到后来却认为美德是非知识的东西，因此完全不可教，苏格拉底表示惊讶。普罗泰戈拉则赞赏苏格拉底敏于论辩，说他是同代人中最令人佩服的，他将来成为哲学界领袖，并不会令人奇怪。

孔子与老子都讨厌"辩"。道-理并非总是"越辩越明"，尤其在关键处，会"越辩越冥"。但庄子与惠施之辩，既有意趣，亦有道-理现于其中。

关于"学习"或"寻找知识"本身的矛盾，苏格拉底在《曼诺篇》③中说："一个人既不能试着去发现他知道的东西，也不能试着去发现他不知道的东西。他不会去寻找他知道的东西，因为他既然知道，就没有必要再去探索；他也不会去寻找他不知道的东西，因为在这种情况下，他甚至不知道自己该寻找什么。"④这是芝诺悖论的"学习"版。可看出"学习"（知识）的"模糊"深意，总处于两极端之间。这也恰是"知识"、"智慧"的"尺度"、"节制"特性的另一种说明。人的灵魂本性中已有某种德性之知，所以并非完全无知，但又往往未被觉察，而是在应时响应中呈现。

可惜苏格拉底或柏拉图未能深究之，而以"学习"或"真知"在于"回忆"含糊过去。

────────────

① 柏拉图：《普罗泰戈拉篇》351A。

② 柏拉图：《柏拉图全集》，王晓朝译，人民出版社2003年版，第1卷，第476页。

③ 柏拉图：《曼诺篇》80E。

④ 柏拉图：《柏拉图全集》，王晓朝译，第506页。

第九章　柏拉图

第一节　柏拉图其人其文

柏拉图（Plato，西元前 427—前 347 年）原名阿里斯托克勒（Aristocles）。他的体育老师看到他体魄强健（一说是他有宽阔的前额）就让他改名柏拉图，意为"宽广的身体"。他生于雅典附近的埃吉那岛，父母都出身于雅典名门望族；早年丧父，母亲改嫁；受过极其完备的教育；年轻时爱好文学，写过悲剧和诗歌，并一心一意要参与政治生活；二十岁左右与苏格拉底交往，历时七八年，直到苏格拉底被判死刑。此交往最深刻地影响了他的思想发展。这段时间内发生几次重大事件，伯罗奔尼撒战争终以雅典失败告终；"三十僭主"（其中有一些是柏拉图的亲戚）颠覆民主制而夺权，但因施行暴政，只存在八个月就被群众推翻；雅典又恢复了民主制，却控告审判了苏格拉底，让柏拉图痛心疾首，对希腊当时的政治和社会情况极度失望。他说"城邦已不再按祖先制定的原则和制度来统治，……成文法和习惯皆被败坏，世风急转直下。……我不得不宣告，必须颂扬正确的哲学，通过它一个人可以认识到公众生活和私人生活中的各

柏拉图的哲学是苏格拉底思想的理式化、普遍化、数形化（同时也有某种艺术化）和宏伟化；对西方乃至现代的人类思想有巨大影响。

种正义的形式。因而，除非真正的哲学家获得政治权力，或者城邦中拥有权力的人，由于某种奇迹，变成了真正的哲学家，否则，人类中的罪恶将永不会停止。"[1]

苏格拉底饮鸩时，柏拉图因病未在场。苏格拉底曾劝在场的沮丧弟子们外出游历，去寻求智慧。[2] 之后，柏拉图结识了赫拉克利特学派的克拉底鲁和信奉巴门尼德哲学的赫谟根尼；然后他去麦加拉、伊奥尼亚、埃及、北非的居勒尼和南意大利。在南意大利的塔壬同，结识当地民主政治领袖和毕达哥拉斯派主要代表之一的阿尔基塔，成为好友，因而受到毕派数理哲学的重要影响。他的这段游历长达十二年。

基督被钉十字架后，其门徒的行为与此不同。孔子去世后，弟子们皆服"三年心丧"，"唯子贡庐于冢上凡六年，然后去"。(《史记·孔子世家》)

苏格拉底反对智者派的相对定义，为德性寻求普遍定义，但因其涉及价值问题而遭遇困难。所以早期对话几乎都未达到明确的肯定结论。柏拉图可能在这种情况下接触毕达哥拉斯派和爱利亚派，将数学几何和唯一存在的思路更鲜明地引入，建立理式论或理念论。在《曼诺篇》中他用几何证明回忆说和理式的存在，《国家篇》中他认数学为必经中间阶段，数学(尤其是几何)是他建立理式存在论的重要途径[3]。

西元前 387 年在南意大利时，在狄翁的推动下他被邀到叙拉古统治者狄奥尼修一世(西元前 430—前 367 年)的宫廷，想要说服狄奥尼修一世制定新政制，用最好的法律治理这个当时希腊世界西部最强大的城邦；但因言论触怒了狄奥尼修一世，被

① 苗力田主编:《古希腊哲学》，第 238 页。
② 汪子嵩等:《希腊哲学史》第 2 卷，第 603 页。
③ 同上书，第 614 页。

卖为奴,幸亏居勒尼人安尼凯里出资将他赎出,送回雅典。

回到雅典后,他在雅典城外西北角的阿卡德摩(Academus)建立学园。该学园成为欧洲历史上第一所综合性的传授知识、进行学术研究、提供政治咨询、培养学者和政治人才的学校,存在了九百年之久。柏拉图后半生的四十年基本在此度过,除了两次短期去西西里(都是不成功的政治事业)。在这些方面,他与孔子有些相似。学园中除哲学外,还讲授和研究数学(算术、平面几何、立体几何)、天文学、谐音学、动植物分类学,学术空气自由,吸引了希腊最优秀的人才,比如亚里士多德、泰阿泰德(重要几何学家)、欧多克索(当时最杰出的数学家和天文学家)等。后两人整理出可应对芝诺批驳的演绎系统,从而引出了欧几里得的《几何原本》(欧几里得的鼎盛年为西元前300年)。[1] 西元前347年,80岁的柏拉图在参加一次婚礼的宴会上无疾而逝,葬于学园。

柏拉图的著作几乎都是对话体。朱光潜写道:"在柏拉图手里,对话体运用得特别灵活,不从抽象概念而从具体事例出发,生动鲜明,以浅喻深,由近及远,去伪存真,层层深入,使人不但看到思想的最后成就或结论,而且看到活的思想的辩证发展过程。柏拉图设立了这种对话体的典范,后来许多思想家都采用过这种形式,但是至今还没有人能赶得上他。"[2] 这些对话亦是第一流的文学作品,富含比喻、场景构造、想象升华等文学手法和"苏格拉底式的幽默"。到亚里士多德,起码就其

---

[1]　汪子嵩等:《希腊哲学史》第2卷,第615页。

[2]　柏拉图:《柏拉图文艺对话集》,朱光潜译,人民文学出版社1980年版,"译后记",第334—335页。

一些研究者认为，确实
有"柏拉图的未成文学
说"，存在于柏拉图学
生们记录中残存的"内
部讲义"里。这里面以
亚里士多德书中保留的
材料为主。这个未成文
学说深受毕达哥拉斯学
派影响，以"一"和"不
定的二（大和小）"这
样的话语来表达柏拉图
自己最核心的思想。

流传下来的著作，已变成散文并抽象概念化了。他批评柏拉图
的"分有"是个"诗意的比喻"，但据说两人都有另一种文体的
作品；对话是写给外人看的，散文体则用于学园内的教学，历
史的偶然使他们各自只有一种风格的作品保留下来。尽管如
此，我们还是能从这两位大哲学家的生平和思想本身感受到风
格的不同，好像还不只是作品存留哪种的问题。

柏拉图是西方第一位其著作基本流传下来的哲学家，至今
还在发生影响。对它们的研究极多极细。

西元1世纪亚里山大里亚的塞拉绪罗说，柏拉图的著作有
五十六种，《国家篇》算成十种、《法篇》算成十二种，而实际
上只有三十六种。三十六种著作——三十五篇对话加十三封书
信——中六种被公认为假，有一、二篇对话及若干封信被疑为
伪作，有二十八种（包括书信）是可信的。[①]

关于其顺序，有不少争论。其著作顺序大致可分为早、中、
后期[②]三期或四期[③]。按四期分：（1）苏格拉底时期，表达苏格
拉底的观点，讨论德性定义，但多无结果。包括有《申辩篇》
《克力同篇》《拉刻斯篇》《普罗泰戈拉篇》《卡尔米德篇》等。
（2）过渡时期，柏拉图自己观念的酝酿期。包括有《高尔吉亚
篇》《曼诺篇》等。（3）成熟期，建立了理式论或理念论。包括
有《会饮篇》《斐多篇》《理想国篇》（《国家篇》）、《斐德罗
篇》。（4）晚期，发展了理式论和政治学说，对理式论有所反

---

① 汪子嵩等：《希腊哲学史》第2卷，第622—627页。

② 同上书，第641页。

③ 赵敦华：《西方哲学通史——古代中世纪部分》第1卷，第102—103页。

省和修正，但并未放弃。包括有《泰阿泰德篇》《巴门尼德篇》
《智者篇》《政治家篇》《蒂迈欧篇》《法律篇》等。

第二节　寻求定义就是寻求
"理式（理念、型、相）"

苏格拉底通过问答对话的辩难或这个意义上的"辩证法"
（日译词，蹩脚得很）来寻求德性的普遍定义，即德性（如"勇敢"、"虔
敬"、"公正"）本身的含义。任何行为只有具有了这个含义才是
有德性的。但我们已看到，这（因我们都已有对某个德性的体会和某
种理解）表面上不难的事真正做起来却很难，以致让沉浸在论辩
言语体验中的苏格拉底一再自认"无知"。这里正是西方哲学
的一个关键点，即从这极有语境、人生构成力、孕育力的"无知"
处，接生下一个什么样的胎儿？

第一种可能是：从寻找普遍定义企图的一再失败和美德
含义的真实情况，认识到德性或任何与人生内在相关的"存在
（者）"是不可能被完全定义的。在"定义"之途上只能达到智
者那种相对的（总可能有反例、反定义的）程度。但在这之后或之
下，还有更深的真理层次，即体验本身、境域（语境、生境）本身
具有的时机化真理。这种真理并非相对于一个什么现成东西而
真（它不可还原），也没有与它相反对的真命题的可能（因那个时机
"只"产生了它）；但它却不能被概念充分定义，而只能在境域中
显现，被时机化语言阐明。这是当代西方哲学努力复活的一种
可能。

第二种可能是：坚持普遍定义的方向，并为它的实现找到更坚实而客观的观念依据，比如在数理思路中找到定义伦理品性的依据，而这不可避免地会削弱乃至从根本上排除话语体验或人生境域体验本身的价值和生发功能。这样一来，"助产术"失去苏格拉底所说的那种有促发力的被动含义，而成为无根本引发力（physis 的原义！）的主动寻求，有观念依据和目标的寻求，即"思辨"这个词的不深刻一面的含义。

这就是观念化"形而上学"比不上数学与自然科学之处。它缺少一个真正接地气的意义发生机制。

总的说来，柏拉图因为老师和朋友的屈死而与雅典"分离"、寻找"正义的形式"以成为哲学王，受到毕达哥拉斯、巴门尼德派深刻影响（因此大大减弱了智者的影响），从而建立了西方哲学的正统形态。他选择了第二条道路，尽管还力争在这个前提下保留第一种可能所依据的"对话情境"及"迷狂"的直观作用。

这一动向显露于过渡期的《曼诺篇》，在成熟期的《斐多篇》和《国家篇》（即《理想国》）中则清楚地表达出来。

《曼诺篇》中与苏格拉底的对话者曼诺（或译作"美诺"）是一位出身富有的贵族青年，自负而傲慢，受过智者高尔吉亚和其他见解的影响。他首先问："告诉我，苏格拉底，德性是可传授的，还是通过实践获得的？或者如果它既不是通过实践获得的，也不是学来的，那它是自然为人们所拥有的还是另外有其他途径？"[①]

苏格拉底回答：如果我对"德性本身"是什么还不知道，

---

① 苗力田主编：《古希腊哲学》，第236页。

如何能知其是否可教呢？曼诺大为惊奇，问：你确实不知吗？这不可能。苏格拉底：不仅如此，我觉得迄今我还未遇到一个知道它的人。于是曼诺对自己和高尔吉亚的自负被激起："什么？高尔吉亚在这里的时候你没碰到他吗？"……苏格拉底：我记性太差，……请你提醒一下他说了什么，……最好用你自己的话讲，我想你必已通晓他的观点。于是曼诺挺身上前：回答你的问题并不困难，苏格拉底。首先，如果你想知道一个男子的德性，那么容易得很。男子的德性即在于他有能力治理城邦的事务。……女人的德性……是必须将家务料理得井井有条。……孩子的德性、老年人的德性、自由人、奴隶的德性……。

苏格拉底：曼诺啊，我真幸运之极，要一个德性，你却给了我像蝴蝶般的一群。但我要的是那个它们共同享有的。……德性也是同样，不论它们有多少种不同，但它们成为美德，总有一种共同的"理式"、"原型"或"理念"（eidos），要回答美德的人必须着眼于这一点。你懂得我的意思吗？①

这就是柏拉图的"理式论"（理念论、相论）的思路来源，与毕达哥拉斯、巴门尼德、芝诺，智者和苏格拉底都有关系。

由此看来，理式具有如下的特点：（1）理式从根本上超越了具体之物和经验过程。它们不能被感觉到，而只能由思想（理性）掌握，因为普遍定义的对象不等于德性在具体事物和行为中的"多"种表现。具体的事物和特性则相反，可以被我们感

---

① 苗力田主编：《古希腊哲学》，第239—241页。汪子嵩等：《希腊哲学史》第2卷，第673页。

觉到。而且，理式是永恒的、不朽的，具体事物和经验过程则是有生灭的、暂时的。(2)理式是各类德性和事物的唯一、纯粹的本性，是它使德性可能。理式是纯粹的("勇敢"中没有"怯懦"、"美"中无"丑"……)，具体事物则不纯粹。这理式就是使各种德性和各个德性行为成其为德性的东西，正如"2本身"是使一切成双的东西成为"双"、使"1+1=2"、"一分开成为二"的根据一样。(3)理式是具体事物的形式因和目的因，是知识的本质对象。(这是按照亚里士多德四因说的框架讲的。就其不具备动因看，与灵魂不同。)"理式"与相应的事物同名，比如"相等"之理式，"美"、"勇"之理式，"桌子"之理式，……。(4)可见，这种理式具有客观的确定(不变)性，不依我和你的兴趣爱好或意见而改变，反倒是衡量一切个人意见对错的准绳和模式。(5)理式与具体事物之间有联系，后者"分有"前者。关于"分有"的确切含义一直是个问题。简言之，理式(理念)就是"知识"(真理)的本性。"德性就是知识"，而"知识就是对于理式的认识"。

　　所以这"理式"乃是"形而上"的，是一种"内在的理想之原型"；它是巴门尼德的"存在"的意义化、种类化和这个意义上的"复多化"。与"元素"不同；它不是质料因，更近乎目的因和形式因(亚里士多德的四因说在这里有帮助)；它使苏格拉底的学说形而上学化、理式客观化和系统化。

　　"理式"或"理念"的希腊文是"εἶδος"或"eidos"、"ἰδέα"或"idea"，它们同出于动词idein(看，eideo)。eidos是中性(名词)，idea是阴性，意为"所见到者"，所以与外形(morphe)同义，但又不只意味着外形，也指内部的性质。所以陈康建议译

理式是一类事物所依靠的"唯一存在"。

只有好东西或中性的东西有理式，恶的、丑陋的东西就无理式。所以后来的新柏拉图主义和奥古斯丁神学，都认为恶从根本上不存在，只是"善的缺乏"。这种学说何其不自然(可激出"善恶二元论"，或相对主义)，何其滞板。不知"无"之妙义，也无机变的可能。

理式论是巴门尼德与毕达哥拉斯学说的混合体。

为"相"（"形"太偏几何形状，意思太板）①。吴寿彭则认为"eideo 本义为观看亦为认识，而柏拉图引用此词时实已脱离感官专重认识，故旧译［译'idea'为'意式［理念］'，译'eidos'为'观念'、'概念'、'理型'或'理念'。'理型'颇切原义］亦无大误"。② 吴寿彭在译《形而上学》时将"idea"译为"意式"，将"eidos"译为"通式"。汪子嵩等人的《希腊哲学史》（第 2 卷）则译 idea 为"相"，译 eidos 为"型"，统称"相论"，依的是陈康的思路和笔法。罗念生先生则主张译为"原型"、"模式"或"理式"，很不错，尤其是"原型"，颇有直感。此处追随罗先生译法，但为了不与流行的"理念"译法相距过远而多用"理式"。

第三节　灵魂不朽，学习就是回忆

理式或理念虽然与感觉如此不容，但人的认识、特别是对世界中众多事物（"美的人、美的画"、"勇敢的战士"、"公正的政治家"）的认识又都离不开感官，那么找到它们的理式的努力就不能同巴门尼德和芝诺的工作一样了，与毕达哥拉斯也不同。这里就有一个"从变动中找到不变者"、"从多找到一"的问题，也有一个"从不知到知"的"学习过程"。但学习悖论造成了困难，而且一般意义上的学习是以多求多，无有定准。于是便有"回忆说"（"学习就是回忆"），但这又必以"灵魂不朽和轮回说"

---

① 汪子嵩等：《希腊哲学史》第 2 卷，第 658 页。
② 同上书，第 658—659 页。

为前提。

《曼诺篇》中讲到的这个学说(灵魂不朽),是听男、女祭司和诗人们(例如品达)说的。《斐多篇》对它做了论辩(一切变化都是从对立的一方到另一方,再回来。只往不返,死而不生,这世界就死寂了)。[①] 有了它,柏拉图就设定这不朽的、已历多世的灵魂中已有一切知识(理式),只是在出生(转生)前或出生时忘掉了。学习就是去通过感官、理智的活动去回忆起这些已有的知识来。[②]

柏拉图说:"既然灵魂是不朽的,可以不断重生,它已经在这个世界以及别的世界中获得一切事物的知识,所以它能回想起先前已经知道的有关美德和别的事物的知识,这是不必惊奇的。整个自然是同类的,灵魂已学到一切事物,所以当人回想起某一件东西——通常便叫作学习——时,便没有理由怀疑他能发现所有别的东西,只要他有足够的勇气去寻求;因此寻求与学习并不是别的,不过就是回忆(anamnesis)。"[③]

一切肯定性的东西都已经以某种方式存在着了,不可能有"从无到有"的发生。因为,这一大派说明不了真正的变化与运动。

其实,主张认知的前提已经被人先天具有了,并不算荒谬,如果这种具有意味着非对象性地潜在拥有的话,比如只有人类婴儿可以学会有声语言,这种特别的认知或学习能力(而非掌握了具体的语言形态或先天语法)就是人先天拥有的。在这个意义上,人们可以称学习为"(非对象的)潜意识"转化

这表面上是神话,但亦有学理根据。有永恒的认识对象(理式),感官又不足以直接认识它们,就需要设定一个永恒的认识主体来承载这些认识可能性。由此开始,西方哲学的主干——唯理论(rationalism)——就经常带有"先验认识论"的特点,即认为认识的最重要的可能性和对象不在人的感觉和外部世界,而在人的心灵和一个更高级的精神世界之中。

说完这个,曼诺讲道:你能就这一点指教我(向我讲明白)

---

① 汪子嵩等:《希腊哲学史》第 2 卷,第 103—104 页。

② 同上书,第 678 页。苗力田主编:《古希腊哲学》,第 253—255 页。

③ 汪子嵩等:《希腊哲学史》第 2 卷,第 678 页。

吗？苏格拉底：你是一个无赖，我刚说没有教育而只有回忆，你就要我教你，岂不要陷我于自相矛盾之中？曼诺：我对宙斯发誓无此意，还是请你证明一下学习只是回忆吧。于是苏格拉底让曼诺叫一个能说希腊语的小奴隶过来。苏格拉底并不"教"，只通过发问而让这小孩子"回忆"出一个几何学知识。

为"（对象性的）显意识"的过程，亚氏则叫它"潜能变为现实"。但像柏拉图那样，认为人先天潜在拥有的是一个个明确的理式，就不对了。

苏格拉底先在沙地上画了一个正方形 ABCD，每边长 2 尺，将每边平分，形成 4 个边长为 1 尺的小正方形，所以小童可直观到整个正方形的面积为 4 平方尺。苏问童奴：比这个正方形面积大一倍的正方形的边长是多少？童奴不假思索地回答是 4 尺，苏格拉底照他的回答作了 AJKL，可是它是 16（平方尺），是四倍而不是二倍，可见所求正方形的边长应比 2 尺大比 4 尺小。童奴立刻想到是 3 尺，苏格拉底作 AOPQ，但它面积为 9（平方尺），而不是 8。童奴迷惑，说他实在不知道了。苏格拉底对曼诺说：我没教他什么，只向他提问，他已不断在回忆中取得进步，多大的进步！他过去觉得自己知道，信心十足地回答，而现在却感到困难重重，既不知道也不认为他知道。所以我们使他一筹莫展，像电鳗一样刺激他，对他不是有益吗！

发问难道就不包含提示与教导吗？发问与所问没有现成的直接联系，但不会没有引导性的间接联系，不然你为何问甲而非乙呢？而真正的学习与教育恰恰只能以引导为主。

所以海德格尔讲："发问正是思想的虔诚之处。"

苏格拉底再作图 AJKL，它是 ABCD 的四倍，现在要 2 倍的面积就相当于 AJKL 一半。如何得一半？一个正方形只要从对角线切开就得一半，如将 AJKL 中四个正方各切一半，又能得一个正方，它的面积就合乎要求。而它的边长，比如 BD 就是所要求的边长。这童奴最后终于知道 ABCD 的对角线乃所要的边长，尽管他不知这就是毕达哥拉斯定理。

于是苏格拉底说：这些答案不都出自他的头脑？可见他

的头脑中具有这些观念，不是吗？这种自发的回复不就是回忆吗？曼诺证明以前谁也未教过这个小家奴几何学知识。所以这些知识必定是在"他尚未投生为人的时候"获得的，而且，"如果在我们的灵魂中存在着万物的真理，那么灵魂必定是不朽的。所以你应当坚定信心，努力去研究和回忆你目前尚不知道的东西，换言之，即尚未记起的东西"。[①]

第四节　两个领域的区分与假的可能

一、区分的含义

由此就有了一系列的二元区别：灵魂与肉体、主体与客体、形式与质料、普遍与特殊……这是西方传统哲学方法论上的二相论（dichotomy）的最正式的一个表达，最鲜明地体现出与中国古代思想的不同，乃至中、西两大文明的不同。

由以上讨论可知，柏拉图认为在可感觉的具体事物的领域之外，有另一个只可被理智直接认知的更加真实的领域或世界，即理式（加上数理对象）的世界。与前者相应的人的思想状态是意见，而与后者相应者为知识。

这是两个相当不同的领域。尤其是断定有一个"理式的世界"或"知识对象的世界"，是不同寻常的，在这个意义上，理式的世界与具体事物世界是"分离"的。这种区分的大思路自巴门尼德而来，但到柏拉图这里有了改进，变得更为细致。在巴门尼德那里，真理之路通向光明领域，意见（doxa）之路通向灰暗领域，前者"圆满不动摇"，后者"不真实可靠"。柏拉图称意见的对面为"知识"而非"真理"，就暗含意见中也有真理，

---

① 苗力田主编：《古希腊哲学》，第257—258页。

只是那不是真正自觉的真知识，而只是"真意见"（真信念、真判断）。所以，对意见领域的探讨也是应该的，不能像巴门尼德的后继者们那样完全弃之不顾。

柏拉图对两个领域的论证多见于《国家篇》。其中一个讲："如果不同的能力天然有不同的对象，又，如我们主张的，意见与知识是不同的能力，那么，知识与意见的对象也当然是不同的了。"[①] 这是从心灵能力上来区别外部世界或对象世界，是对苏格拉底强调"心灵原则"的坚持和发展。一般的看法是：心灵的不同能力认识的是同一个对象。

知识的对象是理式和数学对象，它们必然"存在"或"是"，绝不会"不存在"或"不是"，完全无知的对象"不存在"或是"非存在"。意见则是这两个极端的中间状态，它是既知又不知、既真又不真的心灵状态，也就是存在和非存在并存的状态，其中既无存在的互锁，又无非存在的互斥，而是一种偶然的混合、并置、双关、两可，也就是"既是又不是"的状态。所以知识与意见领域的区别不是存在与非存在的区分。意见是一个"比知识黑暗而比无知明亮"的领域。[②]

二、知识不是真意见（真判断）

柏拉图在《泰阿泰德篇》中先否定了"知识就是感觉"，又否定了"知识是真意见［判断］"和"知识是理性相伴随的真

---

① 柏拉图：《理想国》，郭斌和、张竹明译，商务印书馆 1986 年版，第 222 页；苗力田主编：《古希腊哲学》，第 301 页。

② 苗力田主编：《古希腊哲学》，第 301 页。

判断"。

判断（doxazein）指关于个别事物的信念。柏拉图认为：人们通过日常经验获得的信念是共同的、确定的，符合实际情况，比如当见到苏格拉底时，根据回忆而认定他是苏格拉底，因而是真判断或真意见。但这种认识仍以感觉能力或经验回忆为基础，不管有无理性的参与，仍属于"意见"的范畴。

对比于上面说过的柏拉图的"学习是回忆"说，他在这里又提出一种"回忆"，它不是对于先天的理式知识的回忆，而是一种此生中由经验造成的回忆。为了有所区别，可以称对理式的回忆为"先天回忆"，称这里讲的回忆为"后天回忆"或"经验回忆"。后者不直接涉及先天的理式和永恒的灵魂。

所以，知识与意见是部分反对的关系：可同时为真，但不可同时为假。

"知识"不会错，不会是假的，"意见"则可真可假、可对可错。因此，为了说明什么是真意见（最后也未直接说明），尤其是"为何真意见或真判断不是知识"，柏拉图在此篇中首先详论为何"假意见"或"假判断"是可能的。

这正是重要的哲理之"眼"，由此能看出柏拉图学说的特色（与巴门尼德、芝诺不同，与赫拉克利特不同，但对两者都有所借鉴）和思维的深刻之处，并暴露出他自己学说中两个领域之间的关联和不相配合之处。

分别真假是法官和科学家的事情，看出"假"里边的"真"和"真"里边的"假"，是哲学家的事情。

按照巴门尼德和芝诺的思路，其实也就是按一切（排除了"时间—空间"的根本意义的）观念形而上学的思路，"假判断"不可能，就如同"学习"不可能。从根本上说来就是："又知又不知"、"存在又不存在"的中间状态或混合状态不可能，而从思想方式上讲，就是"运动"、"变化"的不可能。"假"的前提是有意义，因为能进入虚假者，毕竟"知道"了什么；但他所知者又不是他真要知道的。但这(知其非知)从观念逻辑上讲不通，是个自己与自己打架的观念陷坑。所以"假"必涉及两个层次的、但又属于同一个人的知，涉及的不只是一个人的知与外在对象的符合与否(因为"外在对象"必为他所知才能参加到"符合与否"的比较中来)。"第三者的判断"在这里无意义，因为这里讨论的是整个人类的意见(尤其是假意见)的可能。第三者的判断也可能是假判断。

"苏格拉底"从"知道那实际上不知道者"的角度分析，并得出假意见有四种可能：(1)将他所知的某个东西认为是他所知道的另一个东西。("泰阿泰德是苏格拉底")但这是不可能的，因为两个都是他知道的。(2)将一个他不知道的东西认为是另一个他不知道的东西，比如他既不知泰阿泰德，也不知苏格拉底，却将泰阿泰德认作苏格拉底。这显然也不可能。(3)将一个他所知道的东西认为是一个他所不知道的东西，或(4)将一个他不知者认之为所知者，这都不可能。[1](根据"知"、"不知"或"在"、"不在"的语义逻辑、阳性意义、"坚强[硬性]意义"而来，就只能这样。)

那么假(错)意见(判断)如何可能？柏拉图先提出"蜡板说"，后提出"鸟笼说"，都与"后天回忆"有关。

蜡板说大致如其所言："让我们想象心里有一块蜡，在这个人心中的和在那个人心中的蜡可能有大有小，有的纯粹些有

观念论、理式论是自闭型的，所以靠它本身说明不了"假"的可能。因而这是个让真诚的、不"自欺"的唯理主义者们想起来就"茫然"、就"恐惧"的问题。

"说假话""做假事"是让三体世界最为恐惧的能力(见《三体》小说第二册)，因为相比于"实事求是"，它是一种更高级的能力，邪门儿得不可思议。它要求思想同时在两个层次上运作，并使对立的两者纠缠起来。所以，不深入"意见"的"知识"只是"没错"而已，不能算"真理"。

---

① 汪子嵩等：《希腊哲学史》，第939—941页。

的不纯粹些，在有些人那里硬一点，另一些人那里软一点，有些人则软硬合适。"①

从来就没有完全"直接当下化"的感知。

　　由于有了"记忆"，尤其是有"粗糙的心"的记忆（与光滑适度的蜡板相对），就有了"错感知"的可能，于是就有了假判断的可能。原因在于，直接的当下化（逻辑化了）的感知不会错，而有了时间跨度（记忆时间）的感知就可能错。虽然柏拉图未深究，但我们结合对芝诺悖论的讨论可知，这里的关键不在"有了一段间隔"以使出错可能，因为如果每一刻（无过去和未来的"现在"）都只是无生动（存在）势态的瞬间死点，则"运动"不可能（"飞矢不动"），"出错"也就不可能。关键在于这时间是人体验（erleben, enlivenedly experience）到的活时间或生动时间，不管多么短暂，也是包含了过去、现在和未来的一种交融和动势（有动速或比率），所以从根子上是有生发可能的，也就是可（同时）发生出与自己当下之知不同的另一样知，由此造成"错"或"假"。

由此可见时间观与终极实在观、真假知识观有多么内在的联系。"假的可能"与"运动的可能"是一个同构的问题。

　　柏拉图看来是意识到了这里大致的思路，但未完全参透说清。他将认识对象分为四种：(1)知道的、认识的（现在记得的）；(2)完全不知道不认识的；(3)现在感知到的；(4)现在没有感知到的。它们的组合（"甲是乙"）产生三种不可能错、三种可能错的情况。不可能错的有：(1)如果两对象现在都未被感知到，我不能将一个认识的东西错当另一个认识的东西，也不能将它错当作一个不认识的东西，也不能将两个都不认识的东西混淆起

------

　　①　汪子嵩等：《希腊哲学史》，第 942 页。

来。(2)如果只有感知(当下知觉)，我不能将两个正看到的东西混淆，也不能将一个已看到的和另一个没有看到的东西混淆，也不能将两个都没有看到的东西混淆。(3)如果既包含认识(回忆中的知觉)又包含感知，不能将两个都看到又都有正确的记忆印象的东西混错……①

产生错误判断(假意见)的情况只能是以下三种：(1)将一个知道的东西当作是另一个既知道又现在感知到的东西。(2)将一个知道的东西当作是另一个不知道却现在感知到的东西。(3)将两个都知道又都感知到的东西混淆。

其中每种情况中都有"感知"和"知道"(回忆中的知觉)，都有"另"一个或"混"。柏拉图未说透这"当作"中出错的真正前提。所以似乎是已预设了"错"或"假"而再去说明其为何出现，导致"循环论证"。但结合柏拉图的"后天回忆说"，则可知里边"混"藏着答案。由此可知"错"、"假"不只与"感觉"(印象)有关，而是主要与"误置"、"错当作"有关。(从理论上未真正解决，只从心理上似乎靠近了解决。)

接着柏拉图用"鸟笼说"来解释"误置"、"错当作"为何会发生。关键应在于说明后天的"调出记忆"(与"存入记忆"相对)中必会有偶然性，不然会无穷后退。

人人心里有一个鸟笼。当人是孩子时，它是空的。后来得到了知识(鸟)，就将它们一片片地关在笼子里。到需要时，要将笼中的一片知识(鸟)取出，这是第二种意义上的"自内向外"

———————————————

① 　汪子嵩等：《希腊哲学史》，第942页。

的"取得"。这时就可能出错，因这种抓取中有随机性。（以下是我对这一说法的解释）在这个意义上，不只是感觉对象，就是算术对象也会出错，比如七加五是多少？"苏格拉底"说这"七"、"五"不是事物，而是蜡板上的数字本身。计算者心中对于"七加五"，已经有"是十二"这只"鸟"，但他却错取了"十一"。抓了只斑鸠当作鸽子，于是就给出了一个假意见。但如果他取出了"十二"，便给出了真意见。[①] 但"抓取"从根本上是可能出错的。

この解释，只是间接地触及了"随机出错"这么一个外在的时机形态，所以不足以真正说透"假"的来源。
从柏拉图追寻"假""错"的努力中，我们看到的是思想绝望中的尝试，是一次次向空气抛出的渔网。

所以柏拉图的最后结论是：那些实际上提出假意见的人也可以认为（相信）自己的意见是真的。所以即使是真意见（真知觉、判断和数学知识）也不是知识。

但是，如果你认识到"理式本身"，就回忆起了先天知识，就应该可以避免这种"随机"（运动，在又不在的状态）。

三、两个世界的四线段划分

柏拉图一直未说清为什么活在时空现象世界中的人，居然能够确定不移地获得真知识。这个问题要到笛卡尔才得到比较深入的思考，尽管有深度的答案仍付诸阙如。

"善的理式"是真理（aletheia）和知识（episteme）的原因，且在后二者之上，如太阳一样是二者源泉。太阳既能使对象被看到，又是事物产生、成长和营养的原因。同样，知识的对象不仅从善得到它们的可知性，还得到它们自己的真实存在。善是知识对象（理式）产生和成为真实存在的原因，即是所有存在（理式）能够存在的原因。[②]

---

① 汪子嵩等：《希腊哲学史》，第 947 页。
② 同上书，第 787 页。

因此,与后天回忆(或生动时间)相关的事物(不只是"可感的")处于"是"(存在)与"不是"(非存在)之间。意见的对象是具体事物,在美的事物中包含有丑,正义的事物中包含有非正义,大的事物中有小,对它们不可能有永恒不变的绝对知识,只能有意见。只知道这个领域和世界的还不是哲学家。[①]

这是同时从认识论和存在论上将两个领域进行的区分。一方面是真正的存在即理式的世界,是知识的对象领域,另一方面是介乎存在与不存在之间的现象世界,是意见对象的领域。这样的明确划分在希腊哲学史上还是第一次。[②]

柏拉图通过划分一条线段来说明两种认识、两个领域的区别。柏拉图说:"假定你面前有一根线,分割成两个不相等的部分,分别代表着可见的东西和可知的东西。然后再把每一个部分按同样比例分割成两段,表示明暗程度的不同。"[③]

"可见的东西"指"现象","可知的东西"指"理式"或"存在"。按巴门尼德和柏拉图的看法,现象处于存在(绝对清晰)和绝对不存在(绝对不清晰)之间,对现象的认识即意见处于知识和谬论之间,因此,如果代表存在或知识的线段长度为1,那么代表现象或意见的线段长度为1/2,因为它们只含有1/2的知

柏拉图认为,意见从根本上就是含糊的、双关的和处于有无之间的,这可以用"宴会上提出的双关的谜"来表示。谜面是这样的:一个男人又不是男人,看见又不看见,一只鸟又不是鸟,栖息在一根树枝又不是树枝上。用一块石头又不是石头。打它又没有打它。谜底是:阉人,朦胧地看见,蝙蝠,芦苇,浮石,打但没打着。(苗力田主编:《古希腊哲学》,第303页)恰恰在这个谜中,隐含着阴阳相对相生的深意,只不过是以"被阉割了的"方式表达出来罢了。

---

① 汪子嵩等:《希腊哲学史》,第 782 页。

② 同上。

③ 北京大学哲学系外国哲学史教研室编译:《西方哲学原著选读》,上卷,第 91 页(在此页的注释 3 中,给出了一个说明此四线段划分的图示。可惜的是,此图示中的线段划分比例,不符合柏拉图的原意)。苗力田主编:《古希腊哲学》,第 311 页。北京大学哲学系外国哲学史教研室编译:《古希腊罗马哲学》,第 199 页。

识光明度。

按照这个比例，柏拉图分割了那条线。甲部分代表意见（包含以下讲到的 A 和 B），占整条线段的 1/3；乙部分代表知识（包含 C 和 D），占整条线段的 2/3——这就意味着，甲的长度为乙的长度的 1/2。然后再在每个部分中再按此比例分割，于是得到了自下而上的四个线段，即 A、B、C、D，分别代表人类具有的四种认知能力及认知对象。简单说明如下：

A：想象或猜测（eikasia），相应的对象为影像。想象因心而异，想象出来的影像是模糊的，如水面上的映像。这就是诗和艺术所表达者，其中的人和事是诗人、艺人个人想象的产物，是"对摹仿（感知到的事物）的摹仿"。

B：相信或信念（pistis），相应的对象为感知到的事物。对于这些可见事物，人们可以凭借感知及后天回忆，形成共同知觉和真假判断，于是就相信它们的存在，就有了相关的信念。这种事物例如物体、动植物、人工制品等是个别的、可变的，处于存在与不存在之间。信念是对日常生活有用的经验，但无知识的确定性。

C：了解（dianoia），相应的是数学对象（数学理式）。数学（mathematika）已经是知识而非意见了，但是只是低级知识和推理，"介于意见与理解之间"，因为：（1）数、形虽然具有普遍、不变的性质和关系，但却往往要借助可感知的图形和事物来说明本身不可感知的数和形。（2）数学推理方法（包括反证法）是从前提到结论。前提为公理或定义，被认为是自明原则，但却含有假设的性质。"无理数"的存在证明了一些当时公理——比如"一切数可通约"、"一切数非奇即偶"——的假设性。

D：理解或理智（noesis），相应的对象是理式。理解是纯粹的知识能力，为哲学所依凭。哲学的方法是辩证法。辩证法与推理不同，不是从假设下降到结论，而是将假设作为开端，"当作梯子和跳板"，旨在登越它们，达到不要假设的领域，或万有的本原（第一原则，至善，善之理式），并且在达到这种第一原则以后，又回过头来把握以它为根据而引申出来的东西。"它一步一步往上爬，从一个理式到另一个理式，不用任何感性事物帮助，单凭理式本身，就可以达到结论。"这就是所谓"纯粹知识"的本事，一种"内交"、"自交"的本事，"它从理式出发，通过理式，最后归结为理式［善本身］。"[①]

所以只有辩证法能做到灵魂的转向（从朝向可见事物及其影像，转向知识），不仅超出影像和事物，也超出假设，让理智发挥出其自身潜能，最后达到无前提的至善理式，使以前学的各种知识从总体和相互联系上被把握。

柏拉图在《智者篇》（属柏拉图后期著作）中，对辩证法又有新解。他认为辩证法是"知道如何将'种'（genos）和'种'区分开来，知道它们在什么方式下能够结合，在什么方式下不能"[②]的学问或工作。这里讲的"种"与"理式"（idea，相）或"型"（eidos）没有重大区别，只是更普遍些，可以看作包括了

---

①　北京大学哲学系外国哲学史教研室编译：《西方哲学原著选读》，上卷，第 93 页。译名有改动，将"理念"改为"理式"。

②　汪子嵩等：《希腊哲学史》第 2 卷，第 973 页。

后两者，使它们得以被综合和划分的根据和原因。[1] 后来有的学者以"上升"来解释《斐德罗篇》讲的"综合或概括"，以"下降"来解释"划分或分类"。[2]

柏拉图和后来的黑格尔虽然对辩证法有不同的理解，但都想凭借它而使"理式""概念"获得数学那样的自身推演力、知识生成力和对真假的内在判断力。但惜乎哉，这不过是在捞取水中之月而已。

总之，这种"辩证法"成了从理式到理式的概念意义纯化和匹配化过程，与苏格拉底那里的"对话问答"和"发现矛盾"已没有实质关系。黑格尔的辩证法则力图结合"发现矛盾"和"概念发展"，有其古代（芝诺、苏格拉底和柏拉图）和近代（康德、费希特）的动机，成为了近代意义上的辩证法。

第五节　比喻举例
——太阳、洞穴、灵魂马车

柏拉图对话中到处是文学笔法，神话、比喻、诗、颂辞、演说、故事比比皆是。其中有的能说明思想，意象鲜明，两千年来成为柏拉图学说的一些重要象征，也深刻影响到西方人的哲学氛围和精神样式，亦包含一些不可用别的表达法代替的微妙功能。

一、太阳喻

辩证法引我们达到的善是终极的真实、知识和最高的理式，因此不能再用别的理式去加以说明，而只能以现象界中的

---

[1]　汪子嵩等：《希腊哲学史》第2卷，第973—974页。

[2]　同上书，第811页。

"至善光明"即太阳作为比喻来说它，于是有"善之太阳喻"。

　　我们要看到东西，一方面眼睛要有看的能力，另一方面眼里有被看到的对象，比如颜色，但如果没有第三种东西——光——则什么也看不到。正是光将视觉与对象联系起来。光从太阳来，有了阳光，我们的眼睛才能够看清，对象也才能被明见。所有感官中，视觉最像太阳，但眼与视觉都不是太阳，它们的能力是从太阳流射出来的。太阳是观视与对象的原因。

　　所以太阳与视觉、可见事物的关系就如同可知世界中善本身与理智和可知对象的关系。太阳是善在可见世界中的儿子。与"光"相应的是"真理和存在"。人的灵魂只有注视被真理和存在照亮的对象时，其中的理性才能知道它。如果它转而去看暗淡的变化世界，则只有意见。[①]

这就是西方传统哲学中的"光明中心论"、视觉中心论，比"语音中心论"还要重要和普遍得多。中国古代哲学则将光明与黑暗，也就是阳与阴，都看作是真知的要素。

　　善比真理和知识更高贵，因它是后者之源——除了照亮事物，太阳还能使事物产生、成长、得到营养。因此善不仅使对象可知，还给它们以存在。善既是认知又是存在的原因，也就是目的因或一切知识追求的最终目的，所以最为尊贵。

　　善理式离理性神（有创造性的心灵）只有一步。因此，柏拉图是"思辨神学的奠基人"。

　　善超出了"德性就是知识"的思路，它标志着一种源头。要爱善、爱美和爱智，不只靠知性，"神秘之爱"、"神秘感悟"在这里也是必要的，起码是有用的。

　　正是在终极之"善"处，柏拉图在一定意义上超出了"理

---

① 　汪子嵩等：《希腊哲学史》第2卷，第811页。

智"，或将理性与神秘之爱结合，为后来人心目中的"柏拉图主义"增加了极重要的一维。在这一点上，他与亚里士多德有风格的不同。

二、洞穴比喻（两个领域及哲学家的使命）

《国家篇》第七卷开始时讲：

有一个很深的洞穴，有些人从小就被捆绑在洞穴底部，双腿和脖子被锁住，身子和头部无法转动，眼睛直视洞壁。这些人背后有一堆火，火与这些囚徒之间有一道矮墙。墙后有人，举着用木头、石头制成的假人假物像演傀儡戏，火光将假人假物的影子照在洞壁上。囚徒只能看到这些影子，以为它们是真实的事物，以为矮墙后发出的声音是这些影子说的话。一旦解缚让其回头看火，则感到闪耀眩目，产生剧烈痛苦，所以他认为那些影子比实物更真实。经过适应后，他终能分清影像和雕像，于是不顾火光刺目，逼近它，走向洞口。有人将他从陡峭的洞口拉出洞外，当他第一次看到阳光下的真实事物时，再次眼花缭乱，甚于初见火光时所受痛苦，故只能慢慢适应，先看阴影，再看水中映像，进而看事物本身，抬头看夜里的月与星，最后直接看太阳，方知太阳乃四季和年月的原因，万物的主宰和终极原因。

太阳能被直接观看吗？这样看到的还是太阳吗？

洞内洞外大致比喻两个领域，影像、雕像相应于"四线段"中的影像和事物；锁囚之看为想象或幻想，自由囚的洞内看为信念，洞外的自由人之看是了解和理解，看到的是理式或理念。自由的观看是求知识，获得知识的渐进过程相当于借助"阴影"

和"映像"的数学推理和逐步上升的辩证法,最后认识到最高
原则和万物本原是善。至此讲的是囚徒解放过程。

回到洞穴则是一个动人的救世者的悲剧。他回想往事,庆
幸自己的解放,怜悯他的囚徒同胞,其中最有智慧者也不过是
敏于发现影像、善于记住它们出现的惯例、正确推测将出现的
影像的人。他本人宁愿在外作贫困的主人,也不愿回洞中当高
级囚徒,但还是义无反顾地回去解放同胞。不过他的失败不可
避免。从光明到黑暗经历第二次"迷盲",他已不能适应晃动
的影像。别人因此而嘲笑他,说他在外边弄坏了眼睛或认知现
象的理性(比如色雷斯女仆嘲笑泰利斯),没人相信他所讲的外面的
东西。他不得不在法庭和其他场合里,与洞中人争论幻觉和真
理、偶像与原型的区别,因而激起众怒,要将他处死。他虽最
终失败,但值得赞扬,因光明不能去适应黑暗。

最后这一段比喻的是苏格拉底的悲剧。哲学家的兴趣只在
求至善,但为了他人利益,尽义务而参政,当哲学王,因为只有
他才能终止政治中的影像交替(一个排斥另一个),立一善极。所
以他放弃思辨幸福而为公众谋幸福,途径是通过已受理式教育
的人来教育人类。所以柏拉图在《理想国》中精心设计由浅入
深的课程计划,在最高级的哲学课程中,实施逐步启迪心灵的
辩证法。总之,辩证法是除去假设,达到最高原则,为自身奠
定坚实基础的唯一途径,是科学或知识的试金石,至此才能完
成学习进程。[①] 可见他想在一定程度上、在概念综合划分的层

救世主,殉道士。基督
的先导。

---

① 苗力田主编:《古希腊哲学》,第 326—327 页。

次上保留"苏格拉底的辩证法"的教育启迪（"素质教育"）的功能，也就是在问答对谈中助产思想的功能。柏拉图的"理想国"是一种"古希腊式的共产主义社会"，起码在他设想的统治阶层中是这样。

三、"灵魂马车"喻

此比喻在《斐德罗篇》（成熟期著作）中给出。《会饮篇》中提到厄罗斯（爱）是神与人之间的"精灵"，《斐德罗篇》中认这神人之间的精灵为"灵魂"。

柏拉图（对话中的"苏格拉底"）将灵魂（不朽的自我运动）比喻作两匹飞马和一位御车人的组合。神的御者与马都是好的，但人类灵魂中的御车人（理性？）驾的两匹马则一匹高尚、驯良，有高贵的教育（激情？），一匹则顽劣（欲望），教育极差，"所以驾驭人类的马车是一件异常困难和艰巨的任务"[①]。

完美无缺、羽翼丰满的灵魂直上青云，周游诸天，亦可昂首艰难地观看"天外景象"（即终极实在的境界；它无色、无形、不可捉摸，只被理智观照），欣喜若狂、幸福无比。但如果那匹劣马占了上风，御车人技艺不高，则灵魂的羽翼受损，就跌落地上，附上一个尘世肉体。（宙斯赴盛会和酒宴，领着众神、次神和灵魂沿陡峭之路上升到天界绝顶。神的车马矫捷而上，纯洁的灵魂也可跟上，但有些灵魂的马顽劣，御术又不精，于是从天路堕到地上，只得附于肉体。[②]）由于其

所以身体注定了要低于灵魂。"生身父母"也一定低于精神上的父亲，不管他是执掌雷火的宙斯、天父、"伟大的导师"，还是"明星"。

---

① 苗力田主编：《古希腊哲学》，第281页。
② 柏拉图：《斐德罗篇》。

中灵魂的力量，这个肉体显得是自我运动的；但由于肉体无常，这个灵肉结合体或有生命之物是有朽的。相反，真、善、美的理式和分有理式者（如唤起爱情的美好容貌和性格）则滋养这灵魂的翅膀，"灵魂之所以对真理的草原表现出如此迫切的热情，是因为在那里生长着最适合于灵魂最高部分的草料；灵魂借以上升的翅膀也要靠它来营养。"[①]

四、爱的迷狂的比喻

真善美如何滋养灵魂的羽翼或翅膀？有一段"美和迷狂"的讨论和比喻极有柏拉图的特点，是他对"苏格拉底"的"出神体验"（灵机、自己的守护神）的更深美、更有普遍意义的展示。

有两种人，一种人完全忘掉了在天上所看到的，无力上升，只能像野兽一样放纵情欲而不顾羞耻；另一种人则接受过秘传，看到过（能回忆起）真实的存在。当他看到美的面容、形体时（希腊人看重形体美，柏拉图强调精神或理念美），便战栗了，将这种美的形式当作神来尊敬。从他爱人那里流射出的美的微粒，通过眼睛流射入他的灵魂（可见流射说的影响），使他全身出汗发热、坐立不安，进入一种迷狂（mania）状态。于是，灵魂的翅膀受到滋润，在长久闭塞之后又苏醒过来。这种放射体灌注进来，羽毛便从根处胀大起来布满灵魂。这时灵魂沸腾发烧，像小孩子长牙齿一样又痒又痛。只有看到这种美的人才享受到甜蜜和快乐。这就是"爱的迷狂"，"苏格拉底"说人们将它称作厄

这是柏拉图诗人气质的思想表现，对后世、特别是对神秘主义思潮有重大影响，部分地弥补了理式论的呆板之弊。亚里士多德的精神世界中没有这一维度。这里讲的"爱"，主要是精神之爱，即所谓"柏拉图式的爱（Platonic love）"。

---

① 苗力田主编：《古希腊哲学》，第283页。

罗斯。①

　　这种迷狂与欲望、丧失理智不同，它的功用比理智和技艺更高，"苏格拉底"认之为"神圣的能力"②。它像磁石一样吸引铁环，使之串成一条锁链(注意这"锁链"与巴门尼德"存在不能不存在"的关系)。诗神缪斯将灵感传给诗人，诗人只有有了它，如蜜蜂采到了蜜，失去平常的理智，才能创造出美的诗歌。③

　　有几种迷狂可降福于人：(1)德尔斐神庙女先知的迷狂，凭它做出预言。迷狂术(manike)加一个字母"t"，就成为预言术(mantike)。(2)宗教的迷狂，可以凭之找到禳除灾祸的秘诀。(3)诗神缪斯赐予的迷狂，使高贵纯洁的心灵进入神魂飞舞(出神入化)的境界，产生杰出的诗歌。(如"君不见黄河之水天上来，……与尔同销万古愁")由此可证：神要赐给人以最大幸福时才赐给他迷狂。④第(4)种则是哲学的迷狂，在那种迷狂中认识真善美本身，所以"哲学"意为"爱智慧"，这爱中有迷狂，完全放弃自我。

　　迷狂说涉及灵魂马车的说法。"苏格拉底"讲：当御车人看到他所爱者时，整个灵魂充满了感情和欲望。高贵驯良之马知道羞耻，不贸然行动，顽劣马却要带主人去追寻快乐。御车人来到爱人面前，回想起美的本性(善、知)，能够自制，拼命约束住劣马，让它丢掉野性俯首帖耳地听命，这时情人的灵魂才肃然起敬地而又更加热烈地去爱他所爱者。

这种爱并非与身体无关，而只意味着不被身体的惰性那一面控制，而实现出身心一体的妙处。

真爱中有迷狂，而迷狂是有身的，"像小孩子长牙齿一样又痒又痛。"

---

①　汪子嵩等：《希腊哲学史》第2卷，第831—832页。

②　同上书，第826页。

③　同上。

④　同上书，第827页。

这就是后人所讲的"柏拉图式的精神恋爱"的意义，也是后来新柏拉图主义、基督教的爱的神秘主义和中世纪骑士之爱的源头。

柏拉图灵魂学说总结[1]：

(1)灵魂与肉体二元划分：肉体是灵魂的坟墓，因为有形的肉体可朽，而无形的灵魂本身不朽。灵魂自己运动，而肉体要靠灵魂来推动，所以灵魂从本质上优于身体。当然两者之间有联系，迷狂即一种优异的联系，但在平日的生活里，身体是灵魂的拖累。

(2)灵魂是三部分的统一体。这三部分是智慧(理性)、激情和欲望。只有在智慧统治、激情协助和欲望服从的情况下，个人的灵魂才会得其所哉，也才是正义的。

(3)灵魂又是两面一体，就如一个御车人，驾驭着两匹马，一匹驯良，一匹顽劣，两者总有冲突。只有让良马或智慧战胜劣马或欲望，才能实现灵魂的潜能。

(4)因灵魂不朽，所以灵魂如要认知真相，就要超出感觉、推理及其对象，凭借自身的理性直观到理式。实际上，这是一种深邃的回忆，说到底就是认识其自身。

总之，灵魂是介于人与神之间的精灵，它的本性是不朽、自我运动、多重归一、追求神圣。

---

[1] 汪子嵩等：《希腊哲学史》第2卷，第852页。

第六节　社会、国家和法律

一、社会与国家

柏拉图认为，社会起源于经济需要，合作的目的是为了获得更多更好的生活必需品，于是有了城邦。

社会的首要原则是专业分工，按各自的自然禀赋从事一门职业，社会的技能和产品才会优于分工之前。最初的有农夫、织匠、鞋匠……；然后是奢侈生活所需职业：乐师、诗人、教师、护士、理发匠、糖果商……；最后是自卫、扩张、战争所需的保卫者，导致武士阶层或卫士阶层。

武士阶层除勇敢外，还要有智慧：知道什么是真敌人，什么是真善，不能让那些混淆善恶的神话传说和伤风败俗的诗歌文艺来引导。教育武士者来自武士阶层的精英，即被挑选的最智、最强、最关心城邦的优秀人才，经过长期磨炼考验的、富有治国经验的长者，即哲学王，他们才是完善的保卫者。哲学王及其武士助手（卫士），这两种人组成统治者。

在理想国家中，统治者除了国家利益没有任何个人的利益，共享财产和配偶（男女基本平等），无家庭。在指定时间里生育，以产生纯种后代，婴儿出生后交国家抚养，不属于父母。（可见其“理式论”的“阳盛阴衰”、“改造人类”的特点）

社会等级的区别出于自然，不能以任一等级利益凌驾于其他等级之上；保持“公正”；反对“强权即公理”，对统治阶层

（旁注一） 所以这个“社会”已是城邦中的社会了。老子与马克思都不认为，人的自然禀赋会让人只“从事一门职业”。

（旁注二） 西方哲学的核心部分从头就无家庭，无阴阳相交，在此“理想国”中被更自觉地“理想”出来，在统治阶层中甚至要消灭家庭。现代性中的“无家可归”，只是这一情况在现实中的一种变现罢了。

的生活做出严格规定,防止他们的自然优势变为压迫生产者的强权。

所以从表面上看,他持的是社会问题上的自然说,就像波普(K. R. Popper)说的,柏拉图的主张是"回到自然!……回到[祖先的原始国家]衰落之前的部族家长制"[1]。但其内里是极端的人为主义、乌托邦主义,尤其是对统治阶层的设想。他还认为,城邦不应设在海边,应是农业社会,生产而不进口。他说,"大海……使人们的灵魂不诚实,不确定,使国家对她的公民和其他人等既不忠实,也不友好",认为一个国家的公民人数应为 5040 人,分为 59 个部落。(小国寡民,但有阶级等级)

当然只是摩尔根、恩格斯理论中构造的"部族家长制"或"氏族社会"。20 世纪的人类学证明它仅仅是理论中的,所以柏拉图的理想国,也只是他的理想之国,并无历史依据。

希腊人的分寸感、社团感。按这个标准,北京大学要分成四五个国家才好。

二、法律

按照柏拉图的《政治家篇》,各种政治制度可分为依法治理的和不依法治理的两大类,每一类可由一个人、少数人或多数人来统治。依法治理的,按从优到劣的次序分为:(1)一人统治的王制;(2)少数人统治的贤人制;(3)多数人统治的民主制。不依法治理的,以上顺序则是由劣到优。[2] 当然,这时(1)叫僭主制,(2)叫寡头制。他说,"由多数人进行的统治在这两方面都是最弱的,与另外两种统治形式相比,它不能实施真正的善,也不会犯下任何严重的罪恶。"[3] 所以,"如果三种统治形式都

---

① 波普:《开放社会及其敌人》,杜汝楫、戴雅民译,山西高校联合出版社 1992 年版,第 90 页。

② 柏拉图:《柏拉图全集》第 3 卷,王晓朝译,第 142 页及以下。

③ 同上书,第 159 页。

依照法律进行统治，那么民主制是最糟的，但若三种统治形式都不依照法律进行统治，那么民主制是最好的。"[1]

按照它，污浊现实中的人们只配争取民主制。

用历史变化观说明由好变坏的过程，从智慧君主法制到僭主独裁制。

他不赞成人人平等，因自然禀赋不同，但他在《法篇》中赞成依法治国。要避免一个人、少数人统治蜕变为独裁和寡头制，需要（1）统治者知道国家利益所在，（2）严格依法治国，因为只有神才有应付千变万化政局的能力。所以城邦需要 37 位护法者，由选举产生，年龄在 50—70 岁之间；另外还要选出 60 人的执法当局，选举人为统治阶层的人（在服兵役的年龄，参加过战争者）；日常事务由若干名大臣负责，最重要的是教育大臣。

此与民主制不同在于（1）有选举人资格限制。柏拉图限制智者（政客、党人），不允许他们入选，驱逐诗人、剧作家，惩罚无神论者。（2）有严格的阶级或阶层的划分和固化。（3）有思想控制。除了教育上的控制之外，还限制公民出国。出国者要经过执法官批准，年纪要在五十岁或以上，因其对国家的认同已经比较坚固。他们在国外考察不超过十年，回国后要向议事会详细报告他们的考察结果，由议事会判断他们带回的东西是有益的还是低劣有害的，并给予当事人以奖赏或处罚，最严重者可判死刑。[2]波普（柏拉图的社会政治学说的最严厉批评者，对他的观点，也有争议）认为，这只能是一个极权主义的政体，完

---

[1]　柏拉图：《柏拉图全集》第 3 卷，王晓朝译，第 159—160 页。

[2]　同上书，第 713—716 页。

全按照柏拉图心目中的理性及其唯美主义来建构一个封闭的社会，压制一切与其不同的思想、言论和艺术。[①]

由此可见"理式"（理念）这种数理-范型化思想在处理人类共同的具体问题时的特点与深刻局限，但这种以人的观念化"理式"来治国、来制定政体的思想，却影响深远。西方民主制多与广义经验论（包括唯名论）有关，以承认人的根本意义上的经验局限（不一定是"人性恶"）为前提，认识到绝对（正面意义上的）正义的法律、政体不可能，它们只能是约定的和实用的。所以设计政体的最重要原则不是去直接实现最高的善，而是避免最大的恶。这是近代温和自由主义这个主流的基本思想动机，现代民主制（加上保护少数，保护言论自由……的新原则）只是它在西方的主要体现。但它可依据不同历史形势有不同表现，其基本目的是避免统治者专制谋私这个大恶，所以主张政治尽量少干预社会（如美国的共和党），但同时也追求一种有反馈的调控机制（如美国的民主党）。凡要直接追求至善目的的，不管是卢梭的民主制理想（法国大革命），还是阶级专政理论，都更近于柏拉图的具体方案。然而，即便是西方的近现代的民主制，在以某种理想形式（比如个体主义契约说）来设计国家形态这个基本思想方式上，也与柏拉图的方法相通。

中国的古代政治思想及现实，与它们皆不同。"国"以"家"为根，不是只靠理想来设计，法律来规范，而是靠"六艺"和科举制来调节升华。

柏拉图可说是西方政治学的奠基人。

---

① 波普：《开放社会及其敌人》，杜汝楫、戴雅民译，第 90—91、165、210 页。

第十章　亚里士多德

亚里士多德被认为是"完成希腊古典哲学的大师"[①]。但这不意味着他的哲学吸收了前面各种哲学的所有主要的合理之处，远不是这样。它对后世的西方哲学和神学倒常常起到一种概念体系范式或形而上学范式的作用，影响巨大。文艺复兴以来，其哲学受重创，但在哲学（尤其是现代伦理学）和神学圈子内仍有不可忽视的影响，因它里面确有活的东西，可被再解释而焕然一新。

这个重要哲学体系的基本特色是：力图保留巴门尼德、柏拉图取得的概念形而上学成果（"存在"的重要地位，对于语法的哲学意义的某些意识，理式的许多特点，意见领域的某种存在性，等等），但使其尽可能地经验化（进入意见或变动的领域）、语法化、逻辑化（范畴化）和科学（分科）化，且有某种程度上的"现象学化"，并以此新的或改进过的方法论来批评和解答巴门尼德、柏拉图的问题，从而发展出了亚里士多德本人的哲理特点：有语法讲究（辨析概念和语句的意义），有对于概念多样性的意识和多重分析，有居

总的说来，柏拉图是青春型、天才偏执型的哲学家，而亚里士多德则是成年型的、比较老到折衷和相当学院化、"科学体系"化的哲学家。但亚氏的伦理学、政治学和艺术思想不乏圆熟的深邃智慧。

---

① 姚介厚：《西方哲学史》（学术版）第二卷《古希腊与罗马哲学（下）》，凤凰出版社、江苏人民出版社 2005 年版，第 670 页。

中的分寸感和渐进的尝试(没有完整划一的结论，不同说法之间既有相互关联，又有不一致之处，从而引出后人的争论)。

第一节　生平和著作

亚里士多德(Aristotle，西元前 384/3—前 322 年，比孟子大 12 岁)出生于色雷斯地区的斯塔吉拉(Stagira)城，其父为马其顿国王的宫廷医生。他 17 岁时去雅典，入柏拉图的阿卡德摩(Academus)学园就学 20 年。开始是学生，后教学、研究，直至西元前 347 年柏拉图逝世。他的心智属于与柏拉图很不同的类型，倾向于对实在的感知和时机化的美德；柏拉图引他入超感知世界，是很可贵的造就，但偏离了他原来的自然发展，这使他的思想多维度、深刻，但又在多数情况下不一致，不完全贯通。他对其师充满崇敬，在悼念诗中写道：

> 他来到凯克洛比亚[雅典地区古称]神圣的土地，
>
> 怀着一颗虔诚的心筑起庄严的祭坛，
>
> 献给一个纯洁无瑕的人，
>
> 献给他那崇高的友谊。
>
> 在众人之中他是唯一的也是最初
>
> 在自己的生活中，
>
> 在自己的作品里，
>
> 清楚而又明显地指出，
>
> 唯有善良才是幸福。

这样的人呵，如今已无处寻觅。[1]

但是，他的格言是："吾爱吾师，吾更爱真理。"他后来批评柏拉图的理式论的分离与"分有"说，批评其不注重研究运动变化的倾向。柏拉图去世（亚里士多德37岁）之后，他离开雅典，去小亚细亚的阿塔尔纽斯的阿索斯开办学园分校。校区由他在雅典时的同学、当时任阿塔尔纽斯的统治者赫米亚斯所赠。后赫米亚斯被波斯人处死，亚里士多德等被迫离开。亚里士多德娶赫米亚斯的侄女为妻（皮西阿斯）。皮西阿斯死后，又娶故乡的赫皮利斯为妻。两妻共生有一女一子（子即尼各马可）。

西元前343年，马其顿王菲力浦邀他任王子亚历山大的教师。七年后，亚历山大即位，尊重亚里士多德，东征时还为亚里士多德收集植物标本，差上千名奴隶为他的经验研究服务。但亚里士多德不满于亚历山大的大希腊化政策以及对自己侄子的处决。西元前335年，他回到雅典，"建立"（据另一说，他只执教、主持学校工作）吕克昂学园，成为与柏拉图学园并立的另一个哲学中心。因他习惯于散步时与学生们讨论哲学问题（此习惯从柏拉图来），因此，后人称此学派为逍遥（漫步，Peripatetikos，peripatetic）学派。

西元前323年亚历山大死后，雅典人反马其顿情绪高涨，殃及亚里士多德，他的学说也被指控为"不敬神"。但亚里士多德不是苏格拉底，他的学说中有"变化"和"时间"的重要地

拉斐尔的画《雅典学园》中，柏拉图以手指天，亚里士多德伸手按向地面。

---

① 汪子嵩等：《希腊哲学史》第2卷，第618页。

位，所以他说，为了不让雅典人"再次犯下反哲学的罪行"，他宁愿离开。他被迫来到爱琴海一个岛屿（母亲的出生地，他在那里有房产）上，次年病终，据说死于胃病。

他死后，其学生在吕克昂建立真正的"逍遥学园"。但此学园与柏拉图学园相比是短命的，在主持人斯特拉通（西元前270年去世）离开后，就不复存在。后有人企图重建，不成功。

其"遗嘱"被认定为真。遗嘱中所做的安排极周详，可见其思考问题的风格。"这至今仍是他那克制着的然而真正的仁爱精神的一个明证。"[1]

但也有一些不利于他的记载和批评，比如伊壁鸠鲁、索福克勒斯、伽桑狄、卡尔·波普等所述。其中赫米普斯（Hermippus，死于西元前268/5年）写的传记博采众说，"良莠并存"，其中有一些对亚里士多德不利的记述。[2] 比如说他在柏拉图生前在学园中搞分裂；柏拉图死后建立自己学园，忘恩负义（亚里士多德起初在雅典穷困潦倒，当庸医也混不下去，投靠学园）；事事插嘴，嘲讽成性；甚至在学园行政主持不在时，向年事已高的柏拉图行衅；是个花花公子，由于阿谀亚历山大才得以接近马其顿宫廷；死后留下76把（又说300把）钥匙；性行为放纵；吝啬，睡觉时手里拿一金属球，球落下就被唤醒；长相是塌鼻小眼……[3]

其原因看来主要是亚里士多德生前太执着敏感、好辩、得

哲学与宗教的冲突和秘密联系，由来已久，实际上是人性中两种倾向的关系的反映。

---

① E.策勒尔：《古希腊哲学史纲》，翁绍军译，山东人民出版社1992年版，第169页。

② 靳希平：《亚里士多德传》，河北人民出版社1997年版，第15页及以下。

③ 同上书，第16—17页。

理不让人,所以有不少理论上、政治上的敌人,也或许是由于雅典人的"排外"使然。

其著作有两大类,第一类为公开"发表"者,已无存,只有残篇。(如果没有"窖藏秘笈",则亚里士多德为又一位德谟克利特。)另一类为其讲课和研究手稿,生前多半"未发表",由其弟子继承,由尼琉斯带回故乡藏于地窖,亚里士多德去世二百年后为雅典人阿佩利孔(Apellicon)买去。后被罗马征服者(苏拉)带回罗马。西元前 1 世纪由安德罗尼库斯(Andronikos)整理出版(手抄出售)。其后又再经极多的兴衰辗转,经阿拉伯人的传承,至中世纪,主要是 13—14 世纪之后,成为基督教正统神学的思想资源。15—16 世纪,启蒙运动、宗教改革和科学的新生力量对基督教神学化和教条化了的亚里士多德主义猛烈抨击……。

亚里士多德的著作可分为三时期:(1)学园时期(西元前 367—前 347 年)。(2)过渡期或漫游时期(西元前 347—前 335 年),以在小亚西亚的阿索斯城的教学活动为起点,"开始从柏拉图学说中挣脱出来,"[①] 有《形而上学》初稿等。(3)吕克昂时期(西元前 335—前 323 年),这 13 年中,他"惊人地组织了对自然和历史的详细研究"。

其著作可分为五组:

(1)逻辑学著作:《工具篇》(Organon),其中包括六篇论文。

(2)形而上学著作:《形而上学》。此书并非一完整著作,而是由不同时期的讲稿辑成,书名来自它在《亚里士多德全集》

―――――――――――

① E.策勒尔:《古希腊哲学史纲》,翁绍军译,第 171 页。

中的位置，即"处于物理学之后"（meta-physics，但现代文中又可解释为"元物理学"。所以这"后"亦可解为"更原本"、"基础"），中文译名依《易传》"形而上者谓之道，形而下者谓之器，化而裁之谓之变"得来。

（3）自然哲学著作：《物理学》《论灵魂》《论天》《论生灭》《气象学》《动物史》《论动物的部分》《论动物的行动》《论动物的繁殖》《自然短论》等。

（4）伦理学著作：《大伦理学》《尼各马可伦理学》《尤苔谟伦理学》《政治学》和1891年发现的《城邦政制总汇》。

（5）美学著作：《修辞学》和《诗学》。

这五类涉及除数学外的所有学科，是古希腊知识的一个最全面的总结。它的特色是要结合形式-概念理性与经验，既是它出色之处，亦是问题所在。出色处在于透露出了现象学的见地（尤其在其"实践科学"中），而问题在于：（1）概念理性与经验在形而上学中并未充分贯通（虽已有所突破）；（2）经验观察受推理的左右，因而产生不少并不科学的"科学结论"，成为近代科学——建立在严格的观察实验与新研究范式的结合之上——所批评攻讦的对象。

每一类著作都有建立一门或几门西方学术之功。确是西方文明的一位思想伟人。

第二节　逻辑学与相关的存在论

一、"逻辑"的哲学深意

受到数学（尤其是几何学）的激发，哲理的"形式"明显地实现于毕达哥拉斯派哲学和巴门尼德，"辩证"（论辩）化于芝诺，泛滥于智者，活在苏格拉底的对谈中，但又被约束于"定义"，确定化为柏拉图的"理式"和"从理式到理式的辩证法"。数理和语言本身的"样式"、"方式"、"形式"、"理式"的深刻思想功能，受到唯理主义哲学家们的极大关注。这一切为亚里士多德的"形式逻辑"的出现做了准备。

亚里士多德的逻辑志在"总结"这个蓬勃的"进入更有自身构意机制的思想竞技"运动，使人不仅获得某些规则，而且更贴切细致地进入这个"自身的构意机制"，让它有能力进入现象（意见）世界，包含变化的实践知识世界，从而发展出新的关于"本原"或"终极实在"的思想机理。所以，亚里士多德的逻辑学绝不仅仅是"防止诡辩（不犯逻辑错误）"的"推理形式"，就像后世所教授的"形式逻辑"，而更是他形而上学借以构造自己的机制。有了它，他的哲学观点就不会显得只是一种对终极的"看法"或"意见"，而是"有意根"的"科学"（概念/范畴/命题化的数学）。

亚里士多德以前的成功在于，他的学说很适合人的常识直觉，同时又不乏深刻之处。如果没有文艺复兴后的现代科学和当代数理逻辑，人们今天还会被这种逻辑套住，谁反对它就等于反对理性本身。

这既不由他开始，也不止于他，尽管这逻辑统治了二千多年的西方学术界。西方哲学发展的大突破都与"逻辑"（观念数学）上的突破有关。笛卡尔的"我思"本身无"逻辑形式"的含义，但它改变了"主词实体观"，引入了反省的主体自身的存在论思路，逐渐导出了康德的"先验逻辑"（主体观与形式逻辑的结合）和黑格尔的"辩证法逻辑"（辩证法成了逻辑！）。

至19世纪末20世纪初，"数理逻辑"或"数学的逻辑基础研究"出现，真正深刻地改进了亚里士多德以来的基本哲学方法。由于消除了判断句中主语及其实体指向的特殊地位，而代之以函项关系，此后，"关系"以各种深刻或肤浅的方式代替了"实体"。

　　这个进展将我们带到了用数理逻辑或更精巧的（比如"人工智能的"）逻辑来进行哲学思考的起跑线上，还是带到了依据"自然的逻各斯"（"逻辑"之母——说话语境、生活意境）来进行终极思考的新时代？相信前者的大多是"原教旨的"分析哲学家，相信后者的则是现象学者、结构主义者、解释学家、解构主义者和后期维特根斯坦（及日常语言学派）。这也就是海德格尔一定要到"前苏格拉底"哲学家们、当然也包括亚里士多德的"物理学"（自然哲学）、"实践科学"和"艺术"那里去寻找"先于逻辑"的"逻各斯"的用心。在他看来，只有这种逻各斯有希望说出"存在"的更原初的意思。柏拉图、亚里士多德这里，虽然逻各斯仍在涌言，但在其形而上学言论中已颇受拘束，并使后世的平板式的形而上学得以可能。

二、词的意义

　　从以前的讨论中已看到，表达式（数字表达式或语言表达式）或广义的"词项"的意义是"形式游戏"中的关键角色。"5+7=12"的真和"5+7=11"的假、直角三角形两边与斜边的和谐关系，都与其中词项（包括关系词项）的意义直接相关，而无须完全等待这意义系统外的感知经验的证实。（这是西方思想的巨力所在，精髓所在！）

　　巴门尼德、芝诺的学说和柏拉图的理式论与追究单个词

据贺麟先生回忆，罗素在哈佛大学讲："世间没有作为事物那样的事物。"（There is no such thing as a thing.）我们可以顺此话来说："世间没有作为实体般存在的实体。"（There is no such substance as being substance.）于是，关系成了主角。当然，对关系可作各种理解：两个现成者之间的关系、函数关系、结构关系、自维持甚至自身进化的关系、发生式的关系、内时间中三时相间的关系等等。

确有"活的亚里士多德"与"死的亚里士多德"之分。

（比如"存在"、"瞬间"、"位置"、"勇敢"、"大本身"、"善"）的意义大
有关系，这是其"必然性锁链"的环扣。所以，柏拉图在《克拉
底鲁篇》、《泰阿泰德篇》中特别强调语言是自然（physis）的产
物，语言的结构与世界结构一致，每一个词都有相应于事物的
形式，"狗"这个词恰是犬的本质反映；语词是事物的真实影
像，我们可以找到一个衡量各语词是否正确（"dog"、"Hund"、
"狗"是否是犬的正确叫法）的标准；只有经过专门训练的人（或神）
才能正确从事合理名称的创造。①

　　亚里士多德反对之，认为语言是约定的，他在《解释篇》中
写道：

　　　　口语是内心经验的符号，文字是口语的符号，正如所
　　有民族并没有共同的文字，所有的民族也没有相同的口
　　语。但是语言只是内心经验的符号，内心经验自身，对整
　　个人类来说都是相同的，而且由这种内心经验所表现的类
　　似的对象也是相同的。②

这就削弱了柏拉图的论据。但断言语词表达的内心经验和相
应对象是相同的，在很大程度上（合乎人的常识想象力）仍然保留
了语言型态（morphy）的自然说。它直接体现于亚里士多德对

这种认为"词有意义（此
意义等于或不等于其所
指）"的主张，直到维
特根斯坦才失去唯一的
权威性。

----

　　①　靳希平：《亚里士多德传》，第 153 页。汪子嵩等：《希腊哲学史》第 2 卷，
第 537 页及以下。

　　②　亚里士多德：《亚里士多德全集》第 1 卷，苗力田主编，中国人民大学出
版社 1990 年版，第 49 页。

"主-谓句结构和种类"的形而上学(终极)意义的追究中。亚里士多德的主张是：词的意义既不只是符号的约定，也不是观念发生的自然过程，而是词与观念、事物的对应。它表明词与词之间的语法规则有自然的意义根据，语言丝毫不会改变所言对象的意义。

更重要的是，亚里士多德紧接着讲："有时，我们心中的思想并无正确和错误可言，有时则必然正确或必然错误。"这便提出了更深一步的意义乃至语言意义要求——有正确(真)与错误(假)可言，即柏拉图讲的"意见"(假意见、真意见)之可能。他说："语言也是这样，通过结合和分离它才会产生正确[真]和错误[假]。名词和动词本身，正像没有结合和分离的思想一样，如'人'或'白'，如若不再增加什么，那它便既不是正确的[真]，也不是错误的[假]。我们可以用'羊-牡鹿'一词来说明这一点，这个词有所指，但若不加上'是'或'不是'，则无论它是一般的时态还是某种特殊的时态，都无所谓正确或错误。"[①]

"结合和分离"即产生"陈述"或"判断句"，比如"羊是[或不是]牡鹿"，"苏格拉底过去是健康的，""亚里士多德将是著名的。"这也就是说，词项的终极(形而上学的)含义要在它们的"结合与分离"的状态中，在有时间(时态)的状态中表现出来。

主词(或主词代表的事物)被谓词表述。不同种类的主词与谓词决定它们之间有不同的语法关系，但首先应考虑"谓词"或处于系词之后的词。亚里士多德在《论题篇》中将谓词表述的

注意这里表现出来的"是"或"存在"与"真假"的内在联系。这是亚氏的逻辑学、存在论与知识论的源头依据，曾令无数西方学人（尤其是中世纪的神学家）为之做思与词上的拆拼游戏。这种魔咒一般的学术炫惑力直到当代新逻辑、新数学、新科学出现后，才被松动或稀释。当然了，再代之以新的魔咒。

---

① 亚里士多德:《亚里士多德全集》第1卷，苗力田主编，第49页。

内容分为四类：本质、(种)属、特性和偶性。"把表现本质的那个部分称为定义，把剩下的部分按通常所用的术语叫作特性。……按现在的区分，共出现有四个要素，即特性、定义〔表达本质，在此指本质〕、属和偶性。"①

所谓"本质"，在他这里指一个存在者(首先是实体)的"是其所是"(to ti en einai；吴寿彭译为"怎是"②)，由"定义"表达。"定义乃是揭示事物本质的短语。"③亚里士多德在《形而上学》④中这样写道："定义就是是其所是的原理，是其所是要么只属于实体，要么最多地、原始地、单纯地属于实体。"⑤

它们之间的关系和含义是：本质由定义表示(注意！这是苏格拉底-柏拉图的传承)，定义等于种(genos)加属差(eidos, diaphoran)；特性是非本质的专有性质；偶性是非本质和非专有的性质。⑥

比如，对主词(hypokeimenon，主体，主项，主题，subject；底层，substratum)"人"，可由下列谓词表述："动物"是种，"有理性"是属差，"有理性的动物"是本质(注意这里苏格拉底、柏拉图的影响)；"能学习语法"是特性(除人没有它，但没有它仍可以是人)；"站着"是偶性(偶性是最与时-空相关的"区分与集合")。

由于本质与特性都专属于主词所指示的对象，所以表述它

追求"是其所是"的"定义"，是亚里士多德从苏格拉底-柏拉图那里接受下来的学术理想，而其根子是巴门尼德的"是(存在)只能是(存在)，不能不是(存在)"的"是论"或"存在论"。亚里士多德尽管有注重感知、自然和时机的倾向，在一定程度上松动了这"是论"，但说到形而上学的"实体"或"存在本义"处，还是"是其所是"型的，或"思想乃至语言与存在同一"型的。

但这样一种思想方式，与刘慈欣描述的三体世界中的高智力生物的思想与表达方式，非常接近。那种高智生物与地球人最大的不同，就是其思想的同时就是(通过电波的)表达和交流，所以他们不懂得直接的欺骗和造假。"思维怎么能够隐藏呢？你的想法太不可思议了。"(《三体》第二册序章)如果一种哲学的核心处、典范处乃彻底的"是其所是"，消除了一切"是其所不是，不是其所是"的可能，那么此哲学就是三体高等生物型的。"我的主，当你们面对面交流时，所交流的一切都是真实的，不可能欺骗，不可能撒谎，那你们就不可能进行复杂的战略思维。"(同上)

---

① 亚里士多德：《亚里士多德全集》第1卷，苗力田主编，第356页。

② 亚里士多德：《形而上学》，吴寿彭译，第352页。

③ 同上书，第357页。

④ 亚里士多德：《形而上学》1031A13-14。

⑤ 亚里士多德：《亚里士多德全集》第7卷，苗力田主编，第160页。

⑥ 同上书，第1卷，第357—359页。

们的谓词与主词的位置可以颠倒，比如可以说"有理性的动物是人"、"能学习语法者是人"，但表述非专属性质的谓词不可与主词位置颠倒，比如不能说"动物是人"，"有理性的是人"（"神"有理性）、"坐着的是人"。

可见，"可否有意义地、合乎希腊语习惯地表达"在亚里士多德逻辑和哲学中起重要作用。

三、主词与实体

有些谓词可由其他谓词表述，因此也可以当作主词。（但什么谓词不可由其他谓词表述？"存在"、"道"、"中庸"……？）例如"苏格拉底是人"中的谓词"人"，在"人是动物"中为主词。

亚里士多德发现，有一类词，在这种考虑中占据一个终极的位置，即它们只能当主词，不可当谓词，这就是个别事物的名称（专名）。它不表示事物的任何属性，因而不属于四谓词中的任何一个。"表述"（logos）在专名这里收缩到了一点，即：它不表述任何其他的词，而只能被其他的词（即可作谓词的词）表述，"为主而不为客。"

它的"表述"功能浓缩（干瘪？）化、直接化为"单纯指称"，指称一个独立的、与其他对象分离的对象，比如"苏格拉底"、"这匹马"。所以主词与（由"是"造成的）谓词的区别从逻辑上说，既是构造"意义"的地位的不同，也是词所代表的对象的存在方式的区别，比如个别事物与其属性的区别。

亚里士多德认这类主词所指示的对象为"所是的东西"（τò ὄν（to on，实是，有），或"存在者"（是者，being），也就是"实体"

因此，中西古代哲理的区别就如同古中文与古希腊文之间的区别一样大。巴门尼德认为"思想与存在是同一的"，可以改造为："语言与存在（或不存在）是同一的"。

"实体"(希腊文的系动词"εἰμί"(eimi)的阴性分词的名词化)又可译作"最是者""是本身",它总"是其所是",而"不能不是"。

ὀυσία(ousia),本体,实质,持续地在场——海德格尔;英文为 substance)。

实体的两个逻辑功能(在"存在/是"化了的希腊语表述中的位置):(1)作为主词所指示的对象和(2)谓词所表述的属性的属主(subject)。按这条思路,最终极、原初的实体是那样一种东西,它只能是主词所指示的对象,不能是谓词所表述的属性;即个别事物及其名称(因亚里士多德在作这种讨论时一般不区别主词和主词所指示的对象),被称之为"第一实体"。①

此"第一实体"似乎落入了现象界,但又不尽然,见下面阐释。

如果亚里士多德认为这第一实体之外再无实体可言,那么他就在"存在"(希腊自巴门尼德起的"终极实在")问题上与柏拉图正相反对。柏拉图认"理式"为"存在"(是本身),个别事物则既存在又不存在(既是又不是),属于"意见"或"现象"领域,而理式一定是普遍的,在判断中可处于谓词地位或被谓词表述,如"苏格拉底是美的"("丑"无相),"阿基里斯是跑得快的","苏格拉底"作为一个个人无个别理式可言。对于柏拉图,"是"意味着"分有",比如他在《智者篇》②中讲:"由于它们分有存在,因此可以说它们'是'存在,称它们为具有存在的事物。"③正表明被谓词表达的普遍者是更根本的。然而,亚里士多德毕竟是柏拉图的学生,在这里"留了一手",为理式的东山再起、甚至在实质上独掌大权留下了可能性。

如果"所是的东西"不仅仅是被指示和承受者(基座、质料),而毕竟"说(logos)出了""是其所是"或"所是的什么"(定义)

---

① 亚里士多德:《范畴篇》,引自《亚里士多德全集》第1卷,苗力田主编,第6页。

② 柏拉图:《智者篇》256E。

③ 亚里士多德:《亚里士多德全集》第1卷,苗力田主编,第64页。

的话，就不能只是个别事物和专名所指，而要在某种意义上包括种属，因为正是"种加属差"表达出了这个个体的"什么"。而且，如上所说，普遍性的"人"与"有理性的动物"可互换，"人"（作为属）也可以当"主词"。所以，属和种在《范畴篇》中对于亚里士多德也是实体，只是暂屈居于"第二实体"[①]。

这里正是亚里士多德体系的"裂隙"所在，具体与抽象、个别与一般相交但不相和之处。第一实体为个体，但不具有自身的形式或被表述可能，只能从"种属"这样的第二实体处借得这种可能。这个个别"点"已是具体事物，但未取得完全和彻底的生动时间形态，未从根子上"活动"起来，所以还不是"活点"（只能说是"第二活点"、"半活点"）。这个别事物还不是人在生活境域中体验着的，而是被"判断句"的主谓结构"格"出来、抽象出来的。

他说："实体，在最严格、最原始、最根本的意义上说，是既不述说一个主体，也不存在一个主体之中[即不依附于一个主体]，如'个别的人'、'个别的马'。而人们所说的第二实体，是指作为属而包含第一实体的东西，就像种包含属一样，如某个具体的人被包含在'人'这个属之中，而'人'这个属自身又被包含在'动物'这个种之中。所以，这些是第二实体，如'人'、'动物'。"[②]

按照亚里士多德，种属表述一个主体（就此而言它不是第一实

①　亚里士多德:《亚里士多德全集》第1卷，苗力田主编，第6—8页。

②　同上书，2A14-18，第6页。[第二个页码为上书中译本页码，下同。——编者注]

体），但不完全依存于一个主体；比如"人"，并非离开了被表述的个人之外就什么也不是，它也有自身意义和某种自主存在性（比如种类的存在性），所以它可作"第二实体"。可见"不去表述他者"不是实体的绝对必要条件。

从逻辑（语法）上讲，第一实体相当于能当主词的专名（及其所指称者），第二实体相当于既可当主词又可当谓词的通名（及其所指称者）。"白"、"高"这类属性为共相但不是种属，所以在这个意义上不是实体，只是偶性。

所有这些讨论都与"是"或"存在"（eimi）有"技艺"（语法、语意、逻辑、形式、方式）的关系，有勾连互锁的关系。但亚里士多德比巴门尼德高明处在于使这种勾连关系直接体现在"判断形式"（主词与谓词的结合）之中，存在于人的某一种活的（日常的）说话方式之中，因而使"存在"（是）不失其第"一"（是本身，实体）身份地获得了表述的"多"和进入现象界（有真假可言的意见领域）的能力，形成了一种有真实表述能力和推理能力的"逻辑"，起码从外表"形式"上具有了"科学"的或"科学的意义构架"的样子，成为统治西方哲学和"科学"两千年之久的"第一哲学"。

四、范畴与"是"的归属意义

"范畴"（kategoria, category）意味着"指谓"、"表述"、"分类"，在亚里士多德这里指最有表述内容概括力的谓词，或"是"的最高的表达和分类。[1] 他将四谓词或四述语（种属、本质、

---

[1]　汪子嵩等：《希腊哲学史》第 1 卷，第 151 页。

特性、偶性）进一步区分为十范畴（注意表述内容与"是"动词的关系）。
他在《论题篇》中写道："必须区分范畴的种类，以便从中发现
上述的四种述语〔谓词〕。它们的数目是十个，即本质〔及其所表
达的实体〕、数量、性质、关系、何地、何时、所处、所有、动作、
承受。事物的偶性、种、特性和定义总是这些范畴之一，因为
通过这些谓项所形成的任何命题都或者表示事物的本质，或者
表示它的性质、数量或其他某一个范畴。"①

　　如果表述内容乃被说者的"是其所是"，那么所表述的就
是它的本质；如果同时说出这被表达者的个体性（只"被是"〔被
以"是"为系辞的表述判断〕而不"去是"〔去判断〕），比如我眼前的"这
个人"，以及这个人的种属，如"人"，那么就说到了"实体"。
注意！这实体及其与范畴的关系之中，有毕达哥拉斯的"和谐"
（所说者内在相关、互成比例；在此表现为都是"是"的衍生体），尤其是
巴门尼德的"存在〔是〕不能不存在〔不是〕"，以及苏格拉底的"普

---

　　① 亚里士多德：《亚里士多德全集》第1卷，苗力田主编，103B20-27，第
362页。

　　在《范畴篇》中，有稍为不同的表述："一切非复合词包括：实体、数量、性质、
关系、何地、何时、所处、所有、动作、承受。举个例子来说，实体，如人和马；数量，
如'两肘长'、'三肘长'；性质，如'白色的'、'有教养的'；关系，如'一半'、'二
倍'、'大于'；何地，如'在吕克昂'、'在市场'；何时，如'昨天'、'去年'；所处，
如'躺着'、'坐着'；所有，如'穿鞋的'、'贯甲的'；动作，如'分割'、'点燃'；
承受，如'被分割'、'被点燃'。这些词自身并不能产生任何肯定或否定，只有把
这样的词结合起来时，才能产生肯定和否定。因为，所有的肯定命题和否定命题
必然被看作或者是真实的，或者是虚假的。"（同上书，1B25-2A6，第5页）

　　在这段引文中，十范畴的第一个不是"本质"，而是"实体"。有研究者认为《范
畴篇》代表亚氏早期的思想，而《论题篇》则代表他的"是"或"存在"观开始转变，
从肯定"个体为第一实体"向主张"形式为首要实体"转变，所以"本质"开始替
代"实体"。（参见汪子嵩等：《希腊哲学史》第3卷上册，第166页）。

遍定义"（德性本身）的传统和游戏规则。

表述内容被"是"归属于主词，于是按归属的不同内容和方式，或被当作本质，或被当作为本质或实体之外的九个范畴。这也就是对长期困扰哲学家们的"是"的不同意义所作的区别。

亚里士多德认为只有表述判断的命题（名词动词联结，亦非祈使句、感叹句）才有真假可言，而命题的最典型或最正宗的形态是由"是"联结的"主谓结构"，即"S是P"（或"S不是P"）这样的命题。[①]他还认为"S是P"相当于"P属于S"[②]，而不主要是：S是P中的一个。

亚里士多德将判断命题当作知识语言的基本形式，又将肯定判断当作判断的基本形式，因为这种判断回答"一个东西是什么"的问题，判断它有没有这样一个性质，实现十范畴体现的以实体为龙头的"是"逻辑。"是"的归属义之所以成为直言判断的构成要素，一是由于这种意义适合于回答"[存在的含义]是什么"的问题，二是由它延伸到三段论推理比较顺畅，三是由于它恰是巴门尼德"存在"（是）的语法体现，也正适合亚里士多德要不失"存在[是]游戏感"地进入可感觉的现象世界的哲学需要。

这种以"S是P"为核心的"是论"或"存在论"、"本体论"

---

① "《解释篇》一般采用现在时态的命题作为范例。这种一般命题，现在可用符号表示为'S是P''S不是P'，而《解释篇》和《前分析篇》的规范表述却是'P属于S''P不属于S'。"汪子嵩等：《希腊哲学史》第3卷上册，第274页。

② 《解释篇》17a25—26。"肯定命题是肯定某事物属于另一事物，否定命题否定某事物属于另一事物。"亚里士多德：《亚里士多德全集》第1卷，第53页。

的命题逻辑，就是后世两千多年间的形式逻辑（谓词逻辑。"命题

逻辑"由斯多亚学派开创）和先验逻辑（康德）、辩证逻辑的来源。"人

行走"等于"人是行走的"，"花红"等于"花是红的"。（中国的

现代白话文已相当西化，可以别别扭扭地表现这种"逻辑"。）

　　这种"是"的归属义适合于三段论式推理。AAA（第一格）

的"所有 B 是 A，所有 C 是 B，所以所有 C 是 A"，在此相当于"A

归属于 B，B 归属于 C，所以 A 归属于 C"①。

第三节　物理学（自然哲学）

　　亚里士多德阐发的物理学即自然哲学。对于他，"自然"

（φύσις，physis）就是事物因其本性而运动（或静止）的根源②。换

句话说，你不去干涉它，一个事物本来的存在倾向——比如火

向上运动、水向下运动——就是自然。

　　亚里士多德批评一些人比如伊奥尼亚学派的哲学家们在说

到自然时，只关注质料，比如认为一座铜像的自然是其铜料；

又批评另一些人比如毕达哥拉斯、柏拉图等，只关注自然的纯

形式（数、几何图形）方面，混淆了数学对象和物理对象。③ 他本

人主张，自然是自身具有运动来源的事物的形式。例如，喜欢

奔跑的马的形式就是马的自然所在，但人造的雕塑马形就不

是，因其没有自身的运动来源。所以他说："自然乃是自身内

有谁在关键处是按三段论进行思维推理的呢？学好了三段论或亚里士多德的逻辑，我们的脑筋是更清楚了还是更糊涂了？是更灵活了还是更呆板了？

莫绍揆在《数理逻辑初步》（第1章第1节）中，论证亚氏逻辑的三大缺点－限于主宾式语句结构（即"主谓结构"）、限于三段论和缺少对量词的深入考察，所以数理逻辑代替它是必然的。

---

① 《前分析篇》31a30-33。

② 亚里士多德：《物理学》，张竹明译，商务印书馆 2006 年版，192b23-24。

③ 同上书，193a10-35。

具有运动根源的事物的（除了在定义中，不能同事物本身分离的）形状或形式。"[1] 可见，他特别看重自然的原动力（动力因、目的因）特点，结合了以上这两派的思想，"自然物的定义既不能脱离质料［质料因］，也不能仅由质料组成"[2]，但最终还是更倾向于后一派（形式因）。

这是亚里士多德颇有独创性的学说，因其力图在"运动根源"中打通质料和形式，所以比较接近（但还未真正）解决"运动的可能性"、"假的可能性"、"时间的意义"等敏感问题。就是在这里，他特有的思想特点——在平衡中引发，但两极并未完全化入动态平衡之中——仍然起着决定性作用。

一、关于运动的三本原说

对于亚里士多德，运动只是实体（第一实体，存在着的东西）的变化，不涉及实体的生灭。运动有性质的（水变气）、数量的（生物生长）和位置的（天体运行，事物直线运动）的变化之分，最后一种又称之为"位移"（phora, fora）。

运动的本原既非"一"（爱利亚派及某些自然哲学家的主张，按照它，运动不可能）、亦非"无限多"（阿那克萨戈拉和原子论者），而是有限多，即被形式收敛的多。所以运动要涉及"三"个方面。他的理由与毕达哥拉斯的"三是第一个关于事物的'全'［开端、中间、终结］的数"不尽同，但有些关联，并特别与毕达哥拉斯的

---

① 亚里士多德：《物理学》，张竹明译，193b5-6。
② 同上书，194a14-15。

"对立为本原"说有关。

他认为，运动（变化）一定是对立面之间的变化，所以必有两个本原，分别统摄两个相反的方面。但只有两本原，它们之间就不能相互作用。（这个考虑看来吸取了毕达哥拉斯、巴门尼德、芝诺、智者派和柏拉图讨论的教训。两者之间不是完全相同就是完全相异，这就使任何"交和"比如"学习"、"运动"、"假意见"都不可能。）因而需要第三个本原，它既能承受变化或让"两者"相交，又能在变化中保持不变，而把变化传递到运动的过程之中。（注意，他总要把各种方面"搭摆在一起"，但并未让它们相互完全穿透、化开，"以一气相通"。）

这第三本原就是"基质"或"载体"（hypokeimenon，主体、主词；substratum，"躺在……之下"），这是运动的基础。一事物的运动就是实体在不变载体基础（也可理解为"质料"）上从一个状态向另一状态的变化。这两个状态就是"形式"（eidos，form）和"缺乏"（steresis，privation）。形式决定实体在运动过程中所处的状态，缺乏则决定实体在运动中所朝向的状态。所以缺乏也是一种形式，是实体将有但还没有的形式（注意它的时间活义），或潜在的和将实现、正在实现之中的形式。相对于形式，它是潜在，但相对于载体，它是现实或"实现"（活动）。

气的形式是热，缺乏冷，当它的形式变为冷时，气变化为水，而载体不变。反之亦然。

可见，"缺乏"是个十分微妙的说法，正处于"将要存在又还未存在"之间，是个体现出"前"、"后"之间的时间张力、拉力和趋势的"有潜能的形式"或"隐藏着的［黑暗中的、阴性的］形式［光明、阳性］"。这就有了可贵的"现象学的"毛边、边缘、围

运动要出现于二分叉（dichotomy）之间，又用"第三本原"来硬邦邦地体现这"之间"，让它"传递变化"；这都表明希腊人习惯的思想方式不足以应对变化的现象，但同时也显出亚氏哲理视野中确有比较真实的现象，并以希腊人可理解的方式来形象地表述。现代的量子力学则以超出确定形式的方式捕捉这第三本原。

注意：动中之不动、变中之不变者是"不变的载体"，这与《易》中讲的变易中的"不易"就不同了。后者也是"唯变所适"的。

绕带、晕圈和构造可能。实际上这不只是平面上的增多，而是

说得不错。但也不要忘了，亚氏将缺乏也看作一种形式。这里边就缺乏了"缺乏"的原意。

增加了思想中的另一维，即潜构着的、随时可能出现的一维。（弗洛伊德的"性本能"、"本我"则要将它定位赋形。而中国哲学中的"阴阳"、"有无"不只是"相反者"，更有这"居间者"的丰满含义，道从根本上是这"中道"，此乃中国古学的要点。）

二、运动的本质

亚里士多德认为，可变的形式（包括缺乏）和不变的载体是构成运动的本质。他引入了"现实"（energeia，或"活动"、"实现"）与"潜在"（dunamis，潜能，potency）两个概念来说明运动。

（1）形式是只在一种完成状态中存在的东西；（2）载体是作为潜在的东西而存在的东西；（3）缺乏则是作为潜在而又能在完成状态中存在的东西。形式和缺乏相对于载体都是现实，但缺乏相对于形式则是潜在。

亚氏对"运动"（kinesis，movement，动变，动作）的定义为："潜在［或潜能］的实现过程。"[1] 吴寿彭的译文是："在潜能与完

割圆术。把"运动"割分为三层，再拼接起来，"动"就"在其中"了吗？但"割"总比不割更能指向"圆"的"方"向。

全实现之间，别有一级事物，我称潜能的这种实现过程为动变。由下列事实可以见到我们所言为不误。当砖石正在被用于建筑时，亦即在建筑过程之中时，我们认为这些砖石是'可建筑物'，这些可建筑物正实现地为'可建筑物'。［'正实现地'在此意味着：单纯的砖石仅为物料。正被用于建房的砖石才是潜在房屋，处于'正实现为房屋'的过程中，所以是'可建筑物'。当砖石已被砌成墙壁，就不再是可建

---

① 亚里士多德：《物理学》，201a11；"潜能的事物（作为潜能者）的实现即是运动。"（张竹明译本，第69页）另：《形而上学》1065b16。

筑物了。(参见吴寿彭注)]正在学习，正在医疗，正在步行，正在跳跃，正在长大，正在成熟，皆相似。动变结束之时，亦即完全实现之时，不先不后。"[1] 砖石可以用来修建任何东西，如战壕、地窖、路面，与建筑物或房屋没有必然关联，所以砖石一开始自是砖石。但正被用于建房子的砖石则既是砖石又是房屋，即潜在房屋、实现之中的房屋，也就是朝向房屋而运动起来了的砖石。它们在完全实现了这个过程后，则成为房屋，那时砖石已被砌成墙壁或台阶，不再是砖石了。所以在砖石与建筑物之间，的确有一种"潜能的实现之中"的状态，此即运动的形象体现。

亚氏又讲："事实上也没有其他方法来界说动变。第一，这不能安排在其他级别中。这从人们的议论中可以见到。有些人称动变为'别异'，为'不等'，为'不实'；可是这些都不是必然会动变的，……人们把动变安排在这些级别[别异，不等，不实]中的缘故，是因为这些被当作为'未定'[无限]，而'未定'之成为诸对反两行列中的一列则因为它们全都不是'这个'，也不是'如此'，也不是其他任何范畴，而是阙失。"[2] 这清楚地表明运动的非现成性，甚至用"别异"、"不等"、"不实"也不够，因运动的"未定"性是如此地彻底，以至于任何概念和范畴都按不住它。亚氏自己提出来的"阙失"(steresis，张竹明译作"缺乏")，也无法直接透入运动，但毕竟是一个朝向运动的"形

---

① 亚里士多德：《形而上学》，1065b16—21；译文取自吴寿彭译本，第225—226页。

② 同上书，1066a7—16；第226—227页。

式指引"。

　　亚里士多德敏感地认识到自己提出的"阙失"中的阙失，甚至"潜能""实现"中的待实现，于是写道："动变可拟想为实现，但未完成；动变虽出于潜能之进行实现，却也不完全。所以这很难捉摸动变究竟是什么；我们必须把它归之于'阙失'，或'潜能'，或'实现'，可是明显地，均不适宜。所以剩下的唯一安排就得依照我们的意见，归入我们所叙述的实现活动——这是一级难于察见而可得存在的实现过程。"①

　　上面说及阙失的引文中，亚里士多德提到"对反两行列"。它指的是我们讲毕达哥拉斯时所涉及的那个对立列表。毕氏所说的两种对立着的本原是：

有限　奇　一　右　男　静　直　明　善　正
无限　偶　多　左　女　动　曲　暗　恶　斜

　　其中"动"属于"无限"的或"无定"的那一列。这样理解的运动就相当简单化和对象化了。而亚氏这里赋予"无限"（无定）或"未定"以更微妙得多的意思，即"不可被一切现成的观念手段确定"，所以他眼中的运动也就不止于静止的对立面，而是动静还交融着的生存状态，比如正在被用来建房的砖石、正在学习着的心灵。由此可见亚里士多德与毕达哥拉斯、巴门尼德等人思想方式、趋向之不同。

（旁注：有循环论证之嫌否？"实现过程"已经以"运动的实现"为前提？）

————————————

　　①　亚里士多德：《形而上学》，1066a19—25；译文取自吴寿彭译本，第227页。

将运动（动变）说成是"潜能的实现［过程］"，亚里士多德用了一个"阴性的"、有独特的边缘构造（造势）功能的概念：潜在（潜能）。它不是"不存在"、"非存在"，而是处于"还不存在但将要存在"的"中间"；是"载体"加上"缺乏"的更明白的表达；它里边含有活的时间的"潜在"可能。积蓄动势，但并未充分"实现出"这种时间和活势（"火"），因为这潜能还不就是在场的实现，潜在与实现之间还可以打入"对反"或"悖论"楔子。所以，事物占据自己的自然位置（topos）时，不发生移动，还需要"动因"、"第一推动者"来引起运动。

这种运动观充分回应了芝诺的挑战吗？

因此总的说来，运动与静止对于亚氏还是有根本的区别。

三、四因说

"因"指事物存在、生灭、变化的原因，也就是回答"为什么"的理由。亚氏说："我们在明白了每一事物的'为什么'（就是说把握了它们的基本原因）之前是不会认为自己已经认识了一个事物的，所以很明显，在生与灭的问题以及每一种自然变化的问题上去把握它们的基本原因，以便我们可以用它们来解决我们的每一个问题。"[1]

有四种"为什么"之类的问题，也就有四种"原因"：

（1）质料因。它要回答的问题是：事物是凭什么产生的，事物在变化中始终具有的是什么东西？这就是构成事物基质的质料。"例如塑像的铜，酒杯的银子，以及包括铜、银这些'种'的'类'都是。"[2]"质料"（hyle）与基质、基础是等同的。

---

① 亚里士多德：《形而上学》，194b19-23；译文取自吴寿彭译本，第49—50页。

② 同上书，194b25-26；第50页。

（2）形式因。它所回答的是：事物是以什么方式存在的，或事物的本质是什么？它以某种形式或原型来解答。这种形式因由"表述出本质的定义"来显示，也可以凭借数学的解释来构成，比如用数字比例来解释音程，就是诉诸事物的形式因。这方面是古希腊哲学的长处和独特处。

（3）动力因。它被用来回答：事物为什么会开始或停止运动？答案是它们受到了某种东西的发动、推动或作用，推动者或作用者即其动力因。比如出主意的人是采纳这主意而行为的原因，父亲是孩子的原因（亚里士多德这里隐含着对母亲在生育中作用——仅视之为质料因——的歧视）。①

（4）目的因。它回答：事物为什么要运动？因为它们都朝向各自的目的。比如"为了健康"是某人经常散步的目的，用它可以解释此人为什么要进行这项活动。对于亚里士多德而言，目的因是终极原因，它的最高体现就是"不［受］动的推动者"。

比如雕塑活动的质料因是大理石，形式因是雕像的形式（在雕塑者心中或草稿中），动力因是雕塑者，目的因是雕像的完成或对完满的追求。

这四因让我们理解了运动本身了吗？或起码加深了我们对运动本身的领会了吗？

形式因、动力因和目的因"常常可以合而为一，因为形式和目的是同一的，而运动变化的根源又和这两者是同种的"②。上面提及亚氏认为最根本的目的因是"不［受］动的推动者"，

---

① 亚里士多德：《形而上学》，194b31—32；译文取自吴寿彭译本，第50页。
② 同上书，198a25—26；第60页。

可看出目的因与动力因的统一；而这"不[受]动的推动者"又被他认作是纯形式，可见三者毕竟统一于"形式因"，所以运动最终可归为质料与形式的关系。三本质和潜在 / 现实说亦可如此，也就是：运动的本原、原因和本质都可以用"质料与形式"的关系说明。

"潜在 / 现实"和"形式 / 质料"也是亚氏"形而上学"的基本概念，对后世形而上学影响巨大。

亚里士多德用四因总结前人学说。它所言及的质料因即是泰利斯之水、阿那克西美尼之气、赫拉克利特之火、恩培多克勒之四根、阿那克萨戈拉之种子；动因即是恩培多克勒之爱憎、阿那克萨戈拉之心灵；形式因即是毕达哥拉斯、柏拉图想用来统摄质料因的数、理式；而所有人都忽视了目的因(其实柏拉图已提出"善"为目的因)。造物主为动力因，依托、基体为质料因，数学理式或理式为形式因，但亚里士多德特别强调的是目的因。

四、时间

在亚里士多德看来，我们由于感受到运动而感觉到时间，运动的连续性也是时间的性质；但时间不是运动，而是对运动的度量。运动有快有慢，还有静止，但时间是同一种衡量先后快慢的尺度(时间乃万物之尺度)。但这时间既非完全人化或文化的时间，亦非完全非人的物理时间，而是只与人的计数活动有关的物理时间，这一观点表现出亚里士多德在这个问题上的"居中"的立场，但毕竟还是偏向人的时间或形式化的时间。

度量是对两件东西的比较，时间是人的心灵对于变化或运动的感受与辨别。所以，亚里士多德说："如果我们没有辨别到任何变化，心灵显得还保持在'未被分解的一'这种状态下，我们就会发生以为时间不存在的现象；如果我们感觉辨别到了变化，我们就会说已经有时间过去了。可见时间是不能脱离运动和变化的。"①

请举例说明"我们没有辨别到任何变化"的状况。印度古哲人相信，即便在无梦的熟眠中，人还是能知觉到时间的流逝。所以他早上起来时说："我昨夜有了一个无梦之眠。"

运动和量相联，量连续，所以运动也连续。这就是时间连续性的基础。②但量有前后（首先是空间上的"前"和"后"），运动也因此必有前后，所以时间也有前后。当我们用确定前后两个界限来确定运动，或感受到了运动中的前与后时，我们也才知道了时间。这前后两端之间被感受为或被认为是现在。但如果我感觉到的现在没有前后两端，只"是一个"③，就没有时间被感受到，因为没有运动。所以"时间正是这个——关于前后的运动的数"。④

时间知觉要靠运动或变化着的物体的前后差异，但时间又反过来成为度量运动的数。这不是一种怪圈？

"因此，时间不是运动，而是使运动成为可以计数的东西。"⑤我们以数判断多少，以时间判断运动的多或少。因此，在亚氏看来，时间是一种数，⑥而且是"被数的数"，不是"用以数的数"。

这"现在"与过去（不再现在）和未来（还未现在）没有内在的勾通粘连。所以，这现在就是与"非存在"完全不同、完全无关的"纯在场"、"纯存在"。这样，西方形而上学的时间就是由"现在"组成的；现在不会不现在，所以它总是在，不能不在其在。

时间的重心或关键就在这种有前后边缘的"现在"之中。

① 亚里士多德：《形而上学》，218b30-219a1；译文取自吴寿彭译本，第124页。

② 同上书，219a13-15；第124页。

③ 亚里士多德：《物理学》，219a31；译文取自张竹明译本，第125页。

④ 同上书，219b1-2；第125页。

⑤ 同上书，219b3；第125页。

⑥ 同上书，219b5；第125页。

"显然,没有时间就没有'现在',没有'现在'也就没有时间。"①
这种现在就是"作为可数的前和后"②。这种现在既是同一的,
因为"现在"的本质(存在)是同一个,③又是不同一的。如果放
到一定的前后关系中看④,作为同一的运动中的现在,时间是连
续的;作为不同的、前后界限的现在,时间是可间断和可划分
的。"因此,时间也因'现在'而得以连续,也因'现在'而得
以划分。"⑤

所以,亚里士多德的时间观不只是认为时间是"现在的系
列",而是强调时间是"现在的连续系列"。一旦作为一个特定
的时间界限或时间死点,这现在就不再"是时间",而只是"属
于时间"。⑥现在本身作为计数者是正在被数着的数,不是界限。
"因为'限'只是属于被它们定限的事物,而数,例如'十',则
是这十匹马以及其他可数事物的数。"⑦时间之"数"使得运动
和事物可以被计算(被数),而不像芝诺悖论说的那样不可(尽)
数、不可按正常的数学方式计算。这种计算是连续性与间断性
的统一。

"因此可见,时间是关于前和后的运动的数,并且是连续
的(因为运动是连续的)。"⑧

---

① 亚里士多德:《物理学》,220a1;译文取自张竹明译本,第 126 页。
② 同上书,219b26;第 126 页。
③ 同上书,219b11;第 125 页。
④ 同上书,219b26-29;第 126 页。
⑤ 同上书,220a22;第 126 页。
⑥ 同上书,220a5;第 127 页。
⑦ 同上书,220a24;第 127 页。
⑧ 同上书,220a25-26;第 127 页。

亚里士多德在《物理学》中对时间的讨论针对的是巴门尼德和芝诺认为运动不可能的论点,但它没有充分讲清"连续"的方法论含义或在一"点"(比如他讲的"时间界限")上的体现,它似乎只在"潜无限"的意义上解释连续,意即"总可能还有":可以永远不断地在已取出的部分之外再取点什么出来的量[①],它"不可能……由不可分的事物合成"[②]。亚里士多德只满足于为日常测量和计算运动的方法找出根据,指出运动者和距离之间都是有限的连续量(即潜无限)的关系,但没有将潜无限的思路直接深入到"点"或"界限"中。

亚里士多德的一个重要看法是:"无限"不会是现实的、已完成的,或现成的、有确定形式的,而只能是潜在的。"只有潜能的由于减少[即按比率减少,如芝诺"二分法悖论"中的运动距离按二分之一的比率不断减少而无穷尽,所以实施者总也到达不了目的地]的无限,没有现实的无限……潜能的无限则像质料那样未成形式地存在着,不像一个本性已确定的事物那样。"[③]可见"无限"与"潜能"意思基本相通,都是一种"取势"之法。

芝诺的问题就在于将潜无限当作了现实的无限,即将无限当作由无限多个不可分割的现成部分——比如时刻点、位置点——所构成,然后利用这原本是潜在的无限可分割的势态来否认现实中的运动,因而认为要跨越任何一段距离就要按比率

---

① 亚里士多德:《物理学》,207a1,8-10;译文取自张竹明译本,第87页。
② 同上书,231a24;第162页。
③ 同上书,206b13-16;第86—87页。

来跨越无限多个瞬间点，于是不可能。然而，"时间不是由不可分的'现在'组成的，正如别的任何量也都不是由不可分的部分组合成的那样。"①

要反驳芝诺，关键在于彻底地否认"不可分割的定点"是运动或时间的最小单位。也就是说，不仅像亚里士多德和某些评论家所说的那样，我们在现实中达不到不可分割的点，而只能在思想中达到，而是要进一步看到，思想中的原点也不是这种定点或实点，而是含有动势的活点，定点只是它的抽象化而已。而活点不只是"质料"，没有自己的"形式"，而有着（潜在的）关联化的交缠形式。因此活点内部和点与点之间一定有动势的微结构和连续性，可表现为比值。这种"无实底"或"连续的"（其单位永远可再分而达不到死点）的长度或时间一定会呈现为某个有限量，而这量只能理解为一比率（空/时）——含有动势的量。

これ正是中国古代数学家的看法。在中国古代数学家眼中，没有"数本身"，只有与"算法"内在相关的数量关系和比率（势）。"'以率为纲'是《九章》固有的理论结构。"（李继闵：《〈九章算术〉导读与译注》，陕西科学技术出版社1998年版，第48页。）

五、第一推动者

亚里士多德未将"潜无限"的时-空观充分浸透到"点"和"现在"。他正确地看到线不由确定的不可分割的点组成，时间不由不可分割的现在瞬间构成，并以这种否定回应了芝诺，但他没有充分追究这"可分割的"点和"现在"的确切含义，也就是这种潜在点和现在在什么意义上、以什么方式实现着自身。（"缘起-性空"。）所以，他还是如肤浅常识那样认为有运动和静止的相互排斥，两者如A与非A一样不同。因而才会主张"静

---

① 亚里士多德：《物理学》，239b8-9；译文取自张竹明译本，第191页。

是和动对立的，因此静止应是有运动的事物的运动的缺失"①。于是，他认为所有运动者（运动着的有质料的事物）都是被某个力量推动而运动的。"凡运动着的事物必然都有推动者在推动着它运动。"②而这种"推动／被推动"的链条不可能无限地延伸，因为那样一来，"就会有一个无限的运动在一个有限的时间里了"③，这个推动过程就不能被现实地完成。但我们明明看到、感到有各种运动的完成，所以必存在一个最初的推动者。

　　由此他得出，一切运动，包括天界的圆周运动，都需要一个"第一推动者"④。而这第一推动者不能再被推动⑤，否则再要另外的推动者，无穷倒退。

　　在《形而上学》Λ卷中，这第一推动者被亚里士多德归为"纯现实"（不含质料或潜能）、"纯形式"、"永恒的本体"、"至善的神"、"终极的目的因"和"永恒的理性"。⑥它在人这里的现实化令我们幸福，最纯粹地体现在纯思活动即沉思中。⑦

　　亚里士多德似乎没有达到"自身运动"的理路。而像另一些人那样只设定"（物质或心灵的）永恒自身运动"也不行。亚里士多德的"潜无限"已向此"动的法理"推进了。

---

①　亚里士多德：《物理学》，226b15-16；译文取自张竹明译本，第146页。

②　同上书，241b24；第198页。

③　同上书，242b18-19；第200页。

④　同上书，242a22；第199页。

⑤　同上书，258b5；第241页。该书第8章第6节。

⑥　汪子嵩等：《希腊哲学史》第3卷，下册，第17章。

⑦　同上书，第874页。

第四节　形而上学

"形而上学"不限于由编辑亚氏全集产生的意义，即"后物理学"。亚里士多德本人称这门学问为"第一哲学"和"神学"。它与《物理学》有深刻的关联，但更专注于探讨"实体"（包括从逻辑学和物理学角度研究的实体）。它与逻辑学、物理学有交叉，但有自己的特点。其中的观点不很一致，被归为不同的写作时期的不同倾向，其实更是他本人思想中的"裂隙"使然，主要是个别与一般（形式）之间的裂隙使然。

一、对柏拉图理式（理念）论的批判

前面关于运动和时间的讨论表明了亚里士多德超出柏拉图之处，即对于芝诺悖论一类思想挑战的更正面、更纯粹、更深入的回应。柏拉图讨论"假意见之可能"时表示出对"回忆"（其中隐含、"潜在着"时间和运动问题）的地位有了关注，特别是他关于假意见在什么情况下不可能的讨论十分启发人！但亚里士多德直接抓住"运动如何可能"、"时间不由不可分割的现在瞬间构成（而由有前后视域的现在之数构成）"这些关键问题，做了天才的、精深的分析。由此可见，亚里士多德对于柏拉图早、中期的理式论（它基本未考虑运动和时间问题），尤其是理式与具体事物的关系，一定大为不满。《形而上学》对它做了集中批判。

亚里士多德主要批评理式与具体事物的"分离"。但从上可知，这种分离造成的后果是终极知识（理式）的现成化，以致无法进入更微妙的包含着运动、变化和时间的思想境界。克服这种分离就意味着引入"潜能"（"质料"是对"潜能"的苍白表达），让"形式"（eidos，理式）与潜质发生交接。

他的批评重点是：

（1）与个别事物相分离的理式是无用的设定，没有增加理解的维度。"这样做，就好像一个人要想清点东西，却认为东西少了数不清，企图把东西的数目扩大了再来数一样"。[①] 其批评够刻薄，柏拉图显得像个"二百五"。

理式本身不动，如何可解释事物的运动变化？理式与可感事物分离，如何解释其可感的性质？个体如何对理式依存？

（2）设立理式的理由不成立。善行有善理式，那么污秽之物为何不有污秽理式？"理式论"中已有偏颇的价值论，不普遍，所以说明不了全部认识和存在。

（3）"第三者"和"分有"。亚氏指出柏拉图所必须设定的第三者的困难：我们说两概念、两物（A、B）相似，理由何在？（两为何能是一？）回答是它们有一共同点（C）。你如何知道 A 有 C，B 也有 C？如果 A、B、C 都是不同的现成者，那么这问题就有效。于是你被迫又找 A 与 C、B 与 C 之间的相同处，于是又要找一共同点，终无止处。（"比较"的麻烦。"实证"的非最终确定性，总带有理论负荷。）

涉及理式论，亚里士多德讲：由于个别事物与理式有共同

旁注：很敏锐。靠"分层""夹心"都解决不了"原本发生"的问题。但是，亚里士多德本人解决它了吗？柏拉图后期已意识到这个问题，但提出的解决方案仍是理式论的，于事无大补。

---

① 北京大学哲学系外国哲学史教研室编译：《西方哲学原著选读》，上卷，第 125 页。

名称（"个别'人'"与"'人'之理式"），两者之间必有相似，于是就需要用一个概念来表示这种相似；但两者中任一个与这新概念之间又有相似的关系……以至无穷，"你怎么知道他是个真正的人而不是个人面禽兽？""因为……"。"但这些都可以是他假装出来的！"（智者："任何命题都可有反题"，"人是万物的尺度"在这里复活。）

但亚里士多德的解决方案——属存于个体，种存于属和个体，可用判断和三段论来建立普遍与特殊的关系（"凡人皆有朽"、"苏格拉底是人"，所以"苏格拉底有朽"）——是不行的，柏拉图也认为"A 分有 B"意味着"A 是 B"，所以用判断和推理来建立普遍与特殊的关系，也要面临柏拉图的困境。

不过是"建立"而已，并未真躲过"第三者"。

柏拉图认为个别事物"分有"和"摹仿"理式，亚里士多德斥之为"说空话，打诗意的比喻而已"。分属不同领域，怎么分有？一个人比 A 高，比 B 矮，岂不是既分有"大"又分有"小"。柏拉图自己后来也反思到：如果说一个大的事物分有"大"理式，这事物分有的是"大"的全部还是部分？不可能是全部，因为全部不可能同时分布在不同的事物中，所以只能分有一部分，于是每个大的事物分有了一个比"大"理式"小"的理式，但它仍具有大的性质，这就会导致矛盾。[①]（那里边的"小"是否也分有"小"的理式？）

此为逻辑思维，对于东方哲人不成立，后者讲"一念三千""法印万象""月印万川"之类。

———————————

① 柏拉图：《巴曼尼得斯篇》，陈康译注，商务印书馆 1982 年版，第 63 页（131D）。"如若你要将大自身分成部分，许多大的物件中的每一件将要由于大的一部分成为大的，但大的一部分却小于大自身：这岂非显然是荒谬的吗？"

二、"这一个"和"其所是"

亚里士多德在《形而上学》中主张，哲学是探讨最初本原或原因的学问①，而本原自巴门尼德起就被看作是"存在"或"是"。亚氏进一步将存在或是的首义认作是"实体"（ousia，此词乃"是"的阴性分词名词化，所以又可译作"实是"、"最是者"，有人主张译为"本体"）。如前边所示，这种观点与他在《范畴篇》中对希腊语中由"是"形成的判断句的语法分析相关，也就是与这种句子的主谓语所指称的东西有关。第一实体是那只能被主语而不能被谓语来表示的是者或存在者，所以它是"支撑着其他一切事物的载体"②。于是，亚氏在《形而上学》里说道："实体在一切意义上都是最初的，不论在原理上，在认识上，还是在时间上。"③ 这是说实体比众属性更接近"存在本身"或"是本身"，因为"存在"或"是"（eimi）的首要意思乃是"是什么"（ti esti），而这"是什么"就表示实体，它才是原初的所是、是本身、存在本身。"很显然其他一切都由于实体而存在[即其他一切都由于'是本身'而是]，作为最初的存在，不是某种存在而是笼统的[吴寿彭译作'单纯的']存在，是实体。"④

---

① 苗力田主编：《古希腊哲学》，第490页。《形而上学》第1卷第2节，982b11-12。

② 亚里士多德：《亚里士多德全集》第1卷，苗力田主编，第7页。

③ 苗力田主编：《古希腊哲学》，第507页。《形而上学》第7卷第1节，1028a32-34。

④ 苗力田主编：《古希腊哲学》，第507页。《形而上学》第7卷第1节，1028a30-31。

　　"是什么"的普遍性同时也是主谓判断的普遍性。从以上对亚里士多德关于语词意义逻辑的介绍可知，这"是本身"或"靠自身而存在（以支撑众多属性）"只能是由专名指称的个别事物，亚里士多德称之为"这一个"（todi ti, this），表示第一实体。

　　"S 是 Df"（定义句）所表示出的实体的本质，被亚里士多德称之为"是其所是"（to ti en einai），意思是所是东西的本来面目，"是它所是的那个是者"，也被意译为"本质"（与"偶性"相对）。

　　"所以本质就是那些，其原理就是所定义的事物的是其所是。"[①] 但"所定义的事物"的首要含义是实体，即"这一个"或第一实体。由此可以看出，亚里士多德在他讲的"定义"（S 是 Df）中有这么一个意向，即要将定义表达的本质（是其所是）等同于被定义的对象（在原本意义上，为"这一个"），也就是将"是不是"的问题等同于"是什么"的问题，将认识论的问题等同于存在论的问题。就亚氏的追求而言，"是其所是"所表述的不只是第二实体（定义所诉诸的种和属），而就是第一实体。说到底，"是什么"（ti esti, what a thing is）既是"这一个是者"（第一实体），又是"是其所是"（本质）。看来，实体不能只是个"承载者"，也需要是个"是其所是的定义[确定其意义]者"，甚至是"定义的承载者"。

　　一般意义上的"是什么"可以被理解为对"属性"的表述（"苏格拉底是智慧的"），也可以是对"本质"的表述，即定义（苏格

---

　　① 苗力田主编：《古希腊哲学》，第 511 页。

拉底是理性的动物或人)。但问题在于"本质"或"是其所是"是"种加属差",表述的是普遍的类本质理式,而非个体的本质。所以,我们不能将这种定义的主谓语换位,比如换成"有理性的动物是苏格拉底"。可见,亚里士多德在这里遇到了困难:他追求的是个别本质,即与"这一个"等同的本质、形式和表述可能性,但他的定义所能达到的只是一般(普遍)本质,还没有充分摆脱柏拉图主义的本质(理式)优先论。

这是后来海德格尔思想的突破口。

亚里士多德之所以追求"个别本质",除了要更深入地批判巴门尼德、柏拉图割裂个别与一般的学说之外,还有其他的动机,例如从存在论或本体论上说明运动的可能,驳倒芝诺悖论。如果事物运动的个别状态、比如阿基里斯达到的乌龟不久前离开的位置,是隔离于事物运动的本质即潜能的实现(表现为速率及它们的相互之比)的,那么这些尚未得其本质的位置点就是散漫的或各自分离的,于是我们就只看到阿基里斯跑步中的一个个位置点,而丧失了这跑步本身的"是其所是",也就是它的速率动态的实现过程,导致这希腊联军的第一勇将"无穷地"追着乌龟而无法超过的尴尬。

如我们已经说到的,巴门尼德和柏拉图的存在论受到毕达哥拉斯数本原说的影响,而这数本原说与之前的"质料"本原说的区别,就在于它只关注那脱开了具体事物的纯形式,认之为本原或终极实在。亚里士多德要真正克服从毕达哥拉斯开始的这个"以形式为实在"的大派别带来的问题,包括其中的芝诺运动悖论的问题,同时又要保留他们的"形式"成果(甚至认为"纯形式"才是最终的真实),所以才有这个使个别与普遍、基质与形式充分合一（"和谐"）的强烈意向。

正如他在"运动"（时间）上取得的进展和局限（达到了"永可再分的潜在"，却未将它本身以活点的方式"实现"出来），他在"第一实体"问题上也有进展和局限，并未能充分打通个别与一般，却总想尝试，以至于各种路径和说法之间出现断裂，造成了读解《形而上学》的千古艰难。靳希平《亚里士多德传》说："西方人为了理解亚里士多德到底在《形而上学》中讲了什么，已经苦心钻研了 2500 多年，仍然没有最终结果。……［它］不是一本供你获取现成知识的书，而是人类抽象思维的磨刀石，供人类的有闲之士去砥砺他的理智。"[1]

现代西方哲学的起点与对此问题的新看法有莫大干系。罗素的"摹状词"（description），就是用来表述个体的一种短语：比如"德国的现任总理"、"北大九七级哲学系学生中最高的人"。罗素认为只能说"德国的现任总理存在（或不存在）"，不能说"朔尔茨存在"[2]，以避免"金山不存在"的说法中蕴含的某种存在。但"摹状词"只是对专名对象的"特性"的表述，并非亚里士多德讲的"对个体的本质定义"。海德格尔和萨特未放弃对"个体本质"（"存在本身"的问题）的寻求，但否认本质可以先于"生存（有生命的活存在）"被定义，而认为人的本质倒首先与"无"相关，它是一种构成着自身的缘生者。海德格尔早期阐发的"形式显示"，是尝试解决此问题的新方法，有重要意义。

量子力学将"个体本质"的问题尖锐化。物质的原初状态或量子在坍缩前的叠加状态（它既在这里，又不在这里；它既在衰变，又不在衰变）表明，哪有什么单个的或定域化的个体或实体？就其为一个自然个体而言，它从本质上就是"测不准"的，有内在的叠加、纠缠或某种（我们还不确知的）发生结构的；是人对它的观测，使其坍缩为一个服从二值逻辑的现成个体。

---

①　靳希平：《亚里士多德传》，第 291 页。

②　参见罗素：《西方哲学史》上卷，何兆武、李约瑟译，第 392 页。

三、第一实体是形式和个体质型（hylemorphism）

《范畴篇》中认为个体（这一个）是第一实体，《形而上学》中既重复了这一观点，又主张形式是第一实体，并且不成功地寻求两者的贯通。

他提出"实体"的四条标准：（1）自身不再是谓词的主词；（2）不依附于其他东西，而为其他东西所依附的基体或支撑者；（3）个别存在（这一个）；（4）独立存在。

按此，则唯有个别事物为实体，而个别事物由质料（物质）和形式构成，比如这个铜球由铜的质料和圆球形式构成，但亚氏又（要）努力论证形式或本质（是其所是）也是第一实体，理由见上。同时他又否认共相（如"动物"、"人"）和质料为实体，因"质料"虽是基体，但不可作主词，无独立存在。可在《形而上学》第八卷（卷 H）中，他又讲"物质［hyle，质料］显然也是本体［ousia，实体］"[①]，起码视质料为"潜在实体"。可见其中困难重重，"方枘圆凿"，总不尽合适。

形式本身和质料都不生不灭，事物的运动是在不变的质料基础上形式（或位置）的变换，质料起着不变的基础的作用。所以按亚里士多德的一种说法，质料是实体个别化的原因。他说："我们由铜料与球形来制成'这个'；我们将形式赋予这个

---

① 亚里士多德：《形而上学》，吴寿彭译，第 161 页，1042b34。吴寿彭将"ousia"译作"本体"，现在通行的译法是"实体"；他将"hyle"译为"物质"，现在一般译作"质料"。

特殊物质，其结果为一个铜球。"① 个体 "因物质各别亦遂各成为一'这个'，但其形式却相同。"②

但与此相对，亚里士多德又认为 "形式是第一实体"，因为每一事物自身和无质料的形式往往是同一的。这从我们看待事物的方式以及对事物的称呼上，可以瞧出端倪，"铜[只被我们看作]是整个铜像的一部分，但不是那像的一部分。" 对于我们来说，"事物常凭其形式取名，而不凭其物质原料取名。"③ 比如我们称呼那个铜像为 "阿波罗神的塑像"，往往不再提到它的质料。这么看来，人们观察事物或称呼它们时，是形式规定着个别实体的全体，质料则被规定。规定为先在，被规定为后在。所以就个体而言，形式是先在，质料是后在。(可相比于宋明理学家的主张："理在事先。""理"是先天的，"事情"或"气质"是后天的。) 另一个抬高形式而贬低质料的原因，是亚氏认为动物和人的灵魂、思想是其形式和本质，它在动物及人这个质料(躯体)与形式的综合体中，占有一个优先地位。"躯体与其部分后于灵魂这主要本体[实体]；综合实体分解于物质的各个部分，这个本体[即灵魂]不分解为物质，在这意义上它是先于全体。"④

这样，"形式"或 "亚里士多德的理式" 又占了上风。按照亚里士多德，具体的变动是从潜在到实现(获得形式)的过程，但世界的整体运动过程必以实现着的形式而不是潜在为前提。

这里讲的，实际上是一个浓缩化的早期希腊哲学史，或关于 "本原" 学说的历史，当然是用亚里士多德的术语组织起来的。"质料" 是亚氏理解伊奥尼亚学派的主导词，而 "形式" 是毕达哥拉斯派、爱利亚学派和柏拉图主义的关键所在，至于 "灵魂" 或 "心灵"，则是阿那克萨戈拉和苏格拉底提出和强调的。亚里士多德的游移不定、前后矛盾，说明他的四因说和实体说并没有能完全消化或扬弃前人的各种学说，但也表示他还在寻求更有贯通力的概念和思路。

---

① 亚里士多德：《形而上学》，吴寿彭译，第139页；1033b10-11。

② 同上书，第140页；1034a7-8。

③ 同上书，第142—143页；1035a6-8。

④ 同上书，第144页；1035b19-22。

这就是第一推动者（神）的活动。它只能是没有质料的形式，是纯粹的现实，所以不需要被推动。它是纯粹的思想或精神（nous），永恒地、自足地思想着自身，因此是最完善的，只能是

到底是柏拉图的弟子。

一个，这就是"神"，个别的（"这一个"）而又普遍定义化的神圣实体。

　　由此可知，崇拜神的最恰当方式是纯思辨活动或沉思，它是智慧和幸福的顶点。研究这种神学是哲学的最高境界，无实用动机。这与柏拉图的"爱"和"迷狂"有风格上的不同，但同样具有了神学解释的功能。

第五节　实践科学

　　真正的"实践"（πρᾶξις, praxis, practice）就是以善（agathon, goodness）为目的的现实化活动，它分辨善恶、实现善而去除恶，就此而言，它以自身为目的，也就是以（引发）善为目的①。这种看法与实用化、效应化或检验工具化了的近代"实践观"不同。就"善"的探讨而言，研究个人之善的为伦理

"实践"不仅是"检验真理的唯一标准"，而首先是"真理发生的唯一摇篮"。

学，研究公众或国家之善的为政治学。个人只有在公众的政治生活中才能实现"至善"，而"以最高善为对象的科学就是政治学"②。（这一点似乎接近儒家，但儒家以家庭为一切公众政治的原点。）可见伦理学和政治学相互需要。从伦理学的角度看来，政治学是

----

　　① 亚里士多德：《尼各马科伦理学》，苗力田译，中国社会科学出版社1990年版，第120页；1140b5-6。

　　② 同上书，第2页；1094b13。

广义伦理学的一部分，"政治"不是"无道德可言"的代名词，而是求至善的行为。

一、伦理学

1. 幸福伦理观

在亚里士多德看来，幸福（eudaimonia, happiness）是生命的自然目的，最高的善，所以每个人都有追求幸福的自然倾向。幸福以自身为目的，是一切目的之目的。服安眠药的目的是睡觉，睡觉的目的是健康，健康的目的是快乐，快乐的目的是幸福。所以亚里士多德持的是"幸福主义"。

幸福的可能出自人的自然禀赋和本性，自然中的一切都是目的与能力相适应的。人的独特的（而非全部的）自然能力是理性，即分辨是非善恶和趋善避恶的能力。当理性这样指导人的行为时，便成为德性，所以幸福生活必有德性。"幸福就是灵魂的一种合于德性的现实活动。"① 但只有德性而不快乐（外在好处所给）者、特别倒霉者，也并不幸福。结合这两面，幸福的人就是"一个完全合乎德性而现实活动着、并拥有充分外在善的人，……或者还必须加上，他并不是短时间如此，而是注定终生如此"。②

所以实现德性的现实活动为幸福的主导原因，而不总倒霉的可塑机遇和贯通一生的可生存时间是其外在条件。

此看法在亚氏、甚至古希腊人、许多现代人看来是自明的，但其实很成问题。人的"自然倾向"中是否有一个"追求幸福的目的"？佛家讲人的自然倾向是"无明（执着现成物）"，而且是在意识到一个"目的"之前就已经这样了。有的人吸烟，是在追求幸福吗？如果回答是，他在追求他的幸福（这已不尽同于"追求幸福"的原意了）；那么，吸毒呢？

所以，关于人的自然倾向，可以有很不同的看法，比如"求生存的意愿（叔本华）""求力量的意愿（尼采）""沉沦"（甚至有思想家提出人的"死本能"）、"求自由""求意义"等等。

---

① 亚里士多德：《尼各马科伦理学》，苗力田译，第 16 页；1099b27。

② 同上书，第 19 页；1101a16–18。

亚氏的幸福观与苏格拉底-柏拉图以知识（智慧）为幸福、昔兰尼派认快乐为幸福都不尽同，不过更靠近前者，因为他也认为哲学家的沉思（神思）或思辨是至上幸福，但又承认这种福气与"外来好处"或"外在善"有关，比如它需要闲暇。当然，这种幸福限于少数人，他们在自己的人生中实现出了人的自然禀赋，而大多数人却止步于快乐追求。

此外，他的伦理学对于"实践"的时间-空间性、行为的实现契机性有深刻自觉，他说："我们当前所进行的工作，不像哲学的其他分支那样，以思辨、以理论为目的（我们探讨德性是什么，不是为着求知，而是为了成为善良的人，若不然这种辛劳就全无益处了）。……关于行为的全部理论，只能是粗略的，而非精确不变的。……在这里既说不上什么科学，也说不上什么职业传统，而只能对症下药，顺水推舟，看情况怎样合适就怎样做，正如医生和舵手那样。"①

> 因而久病亦可成良医，经磨难才能品尝到德性的至味。至于这种至味所延续的时间，就要看当事人的悟性了。因此，德性和幸福总与"情况怎样合适"相关，但也总与人的当机自觉和自励相关。

可见亚里士多德的伦理学是相当世间化和实际生活化的，它考虑到时间、空间和各种处境，以可变事物为研究对象，因而一定会考虑到"假意见"的可能，在伦理学上就留下"有意作恶"的可能和地位（所以艺术比如悲剧、诗也就有了某种根本的地位）。

> 但是，一个人如果经常忘了去看望和照料年老的母亲，他完全不该受责备吗？这种"无知"中难道没有"习惯"的造就吗？而"习惯的养成"难道只是"不知不觉"中进行，而不与人的意愿和欲望相关吗？

在亚里士多德看来，无知和被迫的行为乃无意行为（不受意志支配的行为），无道德属性，只有有意行为（受意志支配的行为）才值得受赞扬或责备；"自我节制"的美德虽以知识为基础，

---

①　亚里士多德：《尼各马科伦理学》，苗力田译，第27页；1103b27-1104a10。

但知识本身不能完全克服非理性的欲望，还需要自制力和好习惯；"无节制"的恶行是有意让非理性欲望驾驭理性的行为。

2. 实践智慧

德性的实现主要与实践智慧（φρόνησις, phronesis, practical wisdom）或"明智"（苗力田译法）有关，而不是与理论智慧（sophia, theoretical wisdom, 苗力田译作"智慧"）有关。按照亚里士多德，人的灵魂分为无理性的和有理性的两部分，其中有理性部分又一分为二，"一部分是考察那些具有不变本原的存在物，另一部分是考察那些具有可变本原的存在物。"① 理论智慧出自前者，也就是对不变者的考察；而实践智慧或明智则源自后者，即形成于人们对可变者的考察。前者的代表人物是典型的哲学理论家，比如泰利斯和阿那克萨戈拉，"他们所追求的不是对人有益的东西"②，比如他们论证宇宙的本原是水，是种子和灵魂（努斯），都与人的利益无直接关系；后者的代表人物是雅典的伟大政治家伯里克利，"他能明察什么事对他自己和人类都是善的。像这样的人才是善于治理家庭、治理城邦的人。"③

可见后者考虑的东西比前者狭隘，仅限于人，而且所及者是可变的、个别的事物，而不是必然的和对普遍者的知识。此外，它也不像前者那样是一种证明的知识，寻求定义，而是一

① 亚里士多德:《尼各马科伦理学》，苗力田译，第115页；1139a6-7。
② 同上书，第122页；1141b4-9。
③ 同上书，第120页；1140b10。

种出自历时经验的通晓和直觉。"明智以最终的个别事物为对象，这不是科学而是感觉，但不是某种感官所固有的感觉，而是在数学中，用来感觉终极形象三角形的那种感觉。"① 这种超出感官感觉的"那种感觉"，有点儿像康德讲的超对象的先验想象力，或由它造就的对于"纯象"的直觉。康德为了说明它，也举出了直观纯三角形的例子②。我们通过感官而感知到的是三角形的"形象"，或锐角、或直角、或钝角三角形，而非三角形的"纯象"或"三角形的几象（Schema，图型）"，后者只能凭借先验想象力在直觉中得到，以作为连结感知形象（这里指三角形的对象化形式）和知性概念（这里是指三角形的抽象概念）的更原初中介。③

"所谓明智，也就是善于考虑对自身的善以及有益之事，不是对于部分的有益，如对于健康、对于强壮有益，而是对于整个生活有益。"④ 所以，"一个明智的人就是一个善于考虑的人。"这里讲的"考虑"，特指能够乃至总会改变所考虑者的领会⑤，因此这明智"不是科学"，而是与根本性的可能性打交道的自身构造，总会浸入式地展开生命的时间，让它被当场实现出来，成为生活形势中的行动之眼，导致当事人的"选择"或

---

① 亚里士多德：《尼各马科伦理学》，苗力田译，第 125 页；1142a26-30。

② 康德：《纯粹理性批判》，A141，B180。

③ 如要进一步了解有关的思路，即"先验想象力"、"纯象"的含义，及它在康德批判哲学中的地位，它与现象学尤其是海德格尔哲学的关系，可参考海德格尔的《康德与形而上学问题》及拙著《海德格尔思想与中国天道》（第四章）。

④ 亚里士多德：《尼各马科伦理学》，苗力田译，第 120 页；1140a25-28。

⑤ 同上书，第 120 页；1140a30-31。

"决断"①。

总之，明智不是科学，因它的对象总可变（潜无限）；又不是技术，因它以自身（善）为目的。"良好的实践本身就是目的。"②而且，"理性品质是可被遗忘的，明智则不会被遗忘。"③"不会被遗忘"说明，明智或实践智慧有一种内在的时间冥会性或生命时间的保藏能力，不限于对象性的感知，又不是理性的普遍性把捉。

海德格尔极重视亚里士多德对"明智"或"实践智慧"的阐述。在写于 1922 年的《那托普手稿》中，他通过解释亚里士多德的著作、特别是《尼各马科伦理学》第 6 卷关于明智的论述，打开了通向他的主要著作《存在与时间》之门。所以，克兹尔称此手稿为"《存在与时间》这个特别计划的原点开端。"④

海德格尔从这《那托普手稿》讲的"voῦς"（nous，一般译作"心灵""努斯""奴斯"）谈起。海德格尔赋予它以前反思、全境域、原初感通（Vernehmen，孙译为"觉悟"）和"让某物得以出现"的特点⑤。这努斯有两种"保藏存在"（Seinsverwahrung，孙译为"存在保

"记忆法"往往推荐情境联想式的方法，可见相比于孤立的事实和对象，情境和意义经验更容易被记住。而能被更长久记住的，是与身体相关的活动，像操作活动如骑车，技巧活动如游泳，交流活动如爱抚，构意活动如用第一语言说话。明智在身心活动中产生和维持，当然"不会被遗忘"。

---

① 亚里士多德：《尼各马科伦理学》，苗力田译，第 48 页；1113a3-10。"考虑的对象也就是选择的对象，除非选择的对象是规定了的，因它已经是出于考虑，已经是被选择了的东西。……从考虑产生的决断和期求须合乎考虑。"

② 同上书，第 120 页；1140b5。

③ 同上书，第 120 页；1140b26-27。

④ Theodore Kisiel: *The Genesis of Heidegger's Being and Time*, Berkeley, Los Angeles, London: University of California Press, 1993, p.250.

⑤ 马丁·海德格尔：《形式显示的现象学：海德格尔早期弗莱堡文选》（简称《形式显示的现象学》），孙周兴编译，同济大学出版社 2004 年版，第 107—109 页。

真"）的实行方式，一是理论智慧（sophia），一为实践智慧或明智（phronesis）。前者是一种"纯粹观察的理解"，后者则是一种"照顾的环视"（fürsorgende Umsicht，还可译为"关怀备至的周到考虑"），与根本性的可能性即可开可蔽、可真可假性而非必然性打交道。"这种交道乃是 πρᾶξις〔行动、实践〕。"[1] 人凭借这种实践，获得那富于到时性或时机化（zeitigen）的德性，更关键的是，这种德性之源并没有自身的内容，而就是一种时间性的形式显示，也就是"尚未"与"已经"交织出或交道出的"瞬间"、"时机"（Augenblick）。

> 在环视［即明智］中，生命在一种交道之何所交［Womit］的具体如何（Wie）中在此存在（dasein）。[2]

"缘在"或"Da-sein"显示出，"存在"（Sein）这个西方哲学关键词的真正意义，不在从巴门尼德到亚里士多德讲的"sophia"里，而在那真正能"保藏存在"、"引发存在"的时机化明智（phronesis）的前提里，也就是在"Da"这个不会被真正遗忘的"缘境"里。

这里讲的"交道［Umgang］之何所交的具体如何"，是非内容的形式显示。它是一种"具体的如何"，即"尚未"与"已经"所交织出的"在此存在（dasein）"或"存在于缘分"、"因缘而是"（ist da）。这实际上就是《存在与时间》中的关键引线"Dasein"——我译为"缘在"，一般译为"此在"、"亲在"——的早期现身。

有人可能会有疑问：这种无内容的"具体如何"怎么会是"勇敢"、"节制"之类的德性呢？这是因为，亚氏认为所

---

① 马丁·海德格尔：《形式显示的现象学：海德格尔早期弗莱堡文选》（简称《形式显示的现象学》），孙周兴编译，第110页。

② 同上书，第112页。

有德性的根本在于中道（下面马上讨论），而这时机化的所交或
"具体如何之中"正是活的中道，是德性"保藏存在"的实行方
式。这样，伦理学与存在论就通过这种对交生成的样式而打
通了。"φρόνησις〔照顾的环视〔明智〕〕乃是一种交道之揭示
（Umgangserhellung），它使生命在其存在中共同到时。"[1] 此"共
同到时"（mitzeitigen）所指的是：过去与将来互补对交从而一
起托举出当下。而这就是生命的存在含义，不可被对象化为芸
芸众生。

　　以上所述表明，虽然从某个角度看，海德格尔所阐发的"努
斯"近乎《存在与时间》中的"缘在"，但他揭示的"明智"或"实
践智慧"之义，更鲜明地显示出缘在的深意，因为只有在这里，
而不在努斯的另一实行方式 sophia 那里，"生命在其存在中共
同到时"的当下时机性（Augenblick），通感环视中的可真可假、
可显可隐的原可能性，真俗交缠性，才得到了体现，而这些正
是缘在的特色。当然，明智具有较强的伦理学色彩，更偏向于
缘在的真态状态（Eigentlichkeit），也就是它充分展示自身的非
遮蔽的实行方式。因此海德格尔在后来的讲稿中，也称明智为
"良知"（Gewissen）乃至"良知的声音"，[2] 这在《存在与时间》
中就属于缘在的真态状态、也就是它赢得了自身的生存形态。
无论如何，良知是明智对自身的赢得，而这是没有保障的，因
为明智作为挂虑着的照顾环视，总处在与时间化世界打交道的

　　① 马丁·海德格尔：《形式显示的现象学：海德格尔早期弗莱堡文选》（简
称《形式显示的现象学》），孙周兴编译，第 110 页。

　　② Theodore Kisiel: *The Genesis of Heidegger's Being and Time*, p.306.

变化波涛之中，它是否能够把握到时机，是不确定的。

2. 中道美德

亚里士多德伦理学的最大特色和特别启发人之处在于这样一个主张，即德性的本性就是恰得其中，在过度与不及之中间。按照它，德性不是对某个"什么"（比如理式）的知识，也不是按"道德律"（康德）去行动，而是一种依生活形势而巧变的纯方式："德性就是中道，是对中间的命中。"[①]

这是对人的居中生存本性——居于神与动物之间、形式与质料之间、实现与潜在之间、前与后（过去与未来）之间、理性与欲望之间等等——的一个更趋纯粹生动的、充满可直觉领悟（平衡）感的表达。如果说人的自然本性就是处于中间的话，那么实现这种本性和幸福的德性就更直接、更集中、更明显地表现出这"活的中间"。

在恐惧（怯懦）与自信（鲁莽）之间是勇敢，放纵和冷漠之间是节制，挥霍与吝啬之间是慷慨（大度），好名（名誉）与矫情（不要名誉）之间是淡泊，暴躁和无血性之间是温和，爱奉承与怠慢之间是好客，谄媚与坏脾气之间是看重友谊，害羞过分与无耻之间是温良，夸大与自我贬抑之间是真实，等等。[②]

所以，中道是不可被普遍化和概念化的。这是亚里士多德哲学中的最精彩处。

"若是在应该的时间，据应该的情况，对应该的人，为应该的目的，以应该的方式来感受这些情感，那就是中道，是最好

---

① 亚里士多德:《尼各马科伦理学》，苗力田译，第 33 页；1106b26。

② 同上书，第 35—36 页；1107b-1108a。

的，它属于德性。"① 具有同样"质料"的情感，过度和不及就是恶的，而"恰到好处"的"尺度"就充分实现出了人的本性，造成了"和谐"。可见"形式"的因应变化和合乎尺度是最关键的。这里充满了体验本身的"时机"感，"命中"感，是一种非概念的和更真切的活知识。

这种活知识是非形而上学的。

这"中间"或"中道"不是数学上的，比如吃10斤与吃2斤食品分别为过多与不及，但6斤并不一定合适，"对于大力士麦隆来说就少了，对于初参加运动的人来说又多了。"② 这"中间"乃是"命中[zhòng]最佳"之意。

"所以德性就是中道，是对中间的命中。此外，过失是多种多样的（正如毕达哥拉斯派所猜想，恶属于无限，善属于有限）。正确只有一个（所以，失败容易，成功困难，打不中目标容易，打中目标困难）。由此可见，过度和不及都属于恶，中道才是德性：'美好是单纯的，丑恶是杂多的。'"③

托尔斯泰《安娜·卡列尼娜》的第一句话是："幸福的家庭都是相似的［因为打中的是同一个目标］；不幸的家庭各有各的不幸［因为打不中目标时，散射乱碰而各自不同］。"
尽管如此，这个"相似"不是一个可以被普遍化的东西，顶多是"家族相似"。知识的掌握或理论智慧的获得，并不能使家庭幸福。所以西方的哲人中，许多是单身汉，还有许多的家庭说不上幸福。

罪恶的行为和念想，比如谋杀、偷盗、通奸、恶意、歹毒、无耻等等，本身就是罪过，永不会正当，因而说它们是过度和不及都不合适，因过度/不及是冲着中道而言，其中还潜藏着成为中道的可能性。所以，在不公正、歹毒和说谎中，不存在什么过度、不及和中间。④

---

① 亚里士多德：《尼各马科伦理学》，苗力田译，第33页；1106b21-23。

② 同上书，第33页；1106b3-4。

③ 同上书，第33—34页；1106b26-31。

④ 同上书，第34页；1107a7-16，1107a20-25。

二、政治学

关于政体的分类，他的观点表面上接近柏拉图特别是其后期的学说，但因亚里士多德更关注现实中的政治形态，持有实践德性观和中道伦理学，所以开创出了与"理想国"非常不同的、有自家特色的政治理论，即中产阶层优越和民主立宪制合理的理论，影响深远。

他将政体分为两大类，一类是为了公民共同利益而统治的好政体，另一类是为了执政者私利服务的坏政体。每类三个属，依次而有价值的递增或递减：

好政体：一人统治，即君主制

少数人统治，即贵族制

多数人统治，即立宪制

（从上到下，其优越性递减）

坏政体：一人统治，即暴君制

少数人统治，即寡头制

多数人统治，即民主制

（从上到下，其合理性递增）

"好"与"坏"当然关乎人的品德，所以要达到好政体，统治者的德性和施政目的是最重要的。然而，现实中坏政体居多，即便如此，也可以坏中求好，或求不很坏，而这就需要对政体巧加设计，抑制人性中的恶，而为人性的善好、合作即政治的中道提供实现的机会。

亚里士多德区分最理想政体和现实中的最佳政体。最理想者是君主制,由一个各方面都最卓越的人来统治。这样的政体中,智慧的君主既是为公共利益或城邦的共同利益而统治,又最有效率和长远眼光。这其实就是柏拉图设想的由智慧的哲学家来统治的模式。但这样的时代(比如我们中国的黄帝、伏羲、尧舜时代)已过去,现实中贵族制比君主制可能更好,但也只能在少数城邦实行,对于大多数城邦仍只是个政治理想,因为很难保证那些少数执政的贵族不蜕变为寡头。其实,我们前面介绍亚氏关于实践智慧的学说时,已经提及他的这样一个看法,即掌握理论智慧(sophia)的哲学家如泰利斯、阿那克萨戈拉,并无实践经验,也就不能很好地治家治国;而像伯里克利这样有实践智慧(phronesis)的明智政治家,才能审时度势,依靠、说服和引导民众,将民主制调弄为立宪制。而这种转化的基础,就是中产阶层的培养。

　　现实中的最佳政体是民主立宪制,它稳定、持久,实际上是由中等阶层统治,它是寡头制(自私的少数人统治)和贫民民主制(盲目的多数人统治)的中道。

这可能是亚氏对西方政治学最有影响的主张,包含稳健聪敏的中道智慧,也隐含着超出柏拉图主义的哲理和形式显示的方法。

　　为什么中等阶层有利于国家呢?亚氏解释道:"在城邦中,他们是最稳定的公民,因为他们不会像穷人那样贪图邻里的财物,别人也不会垂涎他们的家产,就像穷人贪图富人的财产那样。他们既不会谋算别人,别人也不会谋算他们,他们平安地度过一生。"[1]中等阶层的人指拥有适度财产的自由民,既不太富("过"),又不太穷("不及"),也被称为"中产阶级"。如果这

---

[1]　苗力田主编:《古希腊哲学》,第583—584页。

个阶层的力量超过富人和贫民力量的总和，或至少超过其中之一，就会阻止坏的政体出现，避免派别斗争，防止社会动乱，让国家向法制与实践理性方面进展，因为"他们是最讲道理的"①。他们为什么会"最讲道理"呢？因为他们的中间地位，让他们没法儿像富贵者那样超越道理，也不像贫穷者那样够不着道理，而是能够通过讲道理来改善自己和城邦的境况，避免最坏的事情发生。所以他们不仅倾向于守法，而且会适时地修改旧法和创立新法，以获得安全和繁荣。这就是政治上的中道，源于伦理学上的中道。"大家都同意，适度和中道乃是至善。显然，拥有中等财产的乃是一切幸运人中最幸运的。"②

柏拉图设计的"理想国"出自《国家篇》，这是他最崇尚哲学王（拥有理论智慧者）、最不考虑希腊政治实际情况的作品。后来，柏拉图在《政治家篇》中区别了六种政治体制，按是不是"守法"分为两类。从当时希腊的实际情况看来，王制（君主制）、贤人制和守法的民主制都不存在，事实上只有不守法的制度，所以不守法的民主制倒是最可取的。以上亚里士多德关于政治体制分类与优劣的观点看来很受柏拉图的影响，但亚里士多德关于中等阶层的看法是独特的。

到了《法律篇》，柏拉图的观点又有变化（与他在叙拉古政治实验的失败或有关系），更加重视法律的作用，也更重视对国家法制变坏的原因的说明和相应对策的寻求。相比于伯罗奔尼撒半

---

① 苗力田主编：《古希腊哲学》，第 583 页。
② 同上书，第 591 页。

岛上的另两个城邦（阿戈斯和美赛尼亚，其王违背立法誓言，生活奢侈骄傲，让欲望排挤知识），斯巴达采取措施，限制王的权力：设立两个王，二十八长老，民选长官。因此，斯巴达才得以留存下来，没有因过分的权力集中而转化成暴政。①

虽然柏拉图依然看重统治者的知识，但认为不论怎样也不能给统治者过大的专断权力。所以，他在考虑政体时做出如下分析：现在城邦有两种基本的形式即君主制（monarchy）和民主制，以波斯和雅典为代表。前者在自由（居鲁士、大流士）和奴役（卡姆彼塞、薛西斯）之间徘徊，后来趋于专制，过多取消人民的自由；后者则有太多自由，缺少权威。古时人们自愿成为法律的奴隶。后来出现了不知正义和自命天才的诗人和智者，鼓吹快乐和过分自由。所以好的制度应在它们之间找到合适的比例，既不极端专制，也不极端自由。立法者的目的是使城邦自由、和谐统一又合乎理性。所以他反对的既非君主制也非民主制，而是反对将权威和自由推向极端。②

关键在于统治者（不论是多少人）是不是服从法律的奴仆。服从法律，则此城邦可救，神将降福于它。于是，"柏拉图完成了从主张人治到法治的转变"③，也就与后来的亚里士多德的政治主张有了相通之处，成了一种"中道观"。柏拉图后期在不少问题上出现这种转变。"这种［从现实的制度出发比较其优劣］方法比较接近后来亚里士多德经常用的方法。这里也可以说明从

---

① 汪子嵩等：《希腊哲学史》第 2 卷，第 1113 页。
② 同上书，第 2 卷，第 1115 页。
③ 同上书，第 2 卷，第 1116 页。

柏拉图向亚里士多德思想的过渡。"[①] 不过，柏拉图既没有亚里士多德的德性中道观，也没有后者的中等阶层优越论，所以他的政治中道观远没有后者微妙、生动和具体。

三、艺术哲学和悲剧净化说

亚氏所谓的艺术或技艺是各种创造性的工作，包括音乐、雕塑、演讲、诗文，手工艺、农业、医药、烹调……。

亚里士多德认为文艺是模仿现实世界的，这是古希腊的传统说法。柏拉图贬低艺术为"摹本的摹本"、"和真理隔着两层"。[②] 亚里士多德则认为模仿是再现和创造（注意其中的"回忆"和"时间"），是艺术家赋予材料以形式的活动。而且，通过创造合乎必然或或然（可然）的情节，表现出比被模仿者更真实、更本然（合乎本质）的东西。这种反柏拉图的观点之所以可能，是由于较充分地认识到"假"（回忆、时间）的可能、"创造"（编造）的可能、"语言"（logos）本身揭示真理的可能。

他的《诗学》第九章曰："诗人的职责不在于描述已发生的事，而在于描述可能发生的事，即按照可然律或必然律可能发生的事。历史家与诗人的差别不在于一用散文，一用'韵文'；希罗多德的著作可以改写为'韵文'，但仍是一种历史，有没有韵律都是一样；两者的差别在于一叙述已发生的事，一描述可能发生的事。因此，写诗这种活动比写历史更富于哲学意味，

整个一个现象学！从亚氏的"诗学"和"伦理学""政治学"，可以带有技艺感地理解他的"形而上学"或"物理学"，比如"运动是潜能的现实化"。

---

① 汪子嵩等：《希腊哲学史》第 2 卷，第 1120 页。

② 亚里士多德、贺拉斯：《诗学·诗艺》，罗念生、杨周翰译，人民文学出版社 1984 年版，第 122 页。

更被严肃的对待；因为诗所描述的事带有普遍性，历史则叙述个别的事。所谓'有普遍性的事'，指某一种人，按照可然律或必然律，[在某种场合]会说的话，会行的事。"① 他这里主张，诗人描述的"可能发生的事"，比如荷马描述的"阿基里斯的愤怒"一事，是"有普遍性的[个别之]事"，"富于哲学意味"。联系到他的形而上学，我们可以说：这种对"可能发生之事"的"描述"，可以被看作是一种揭示"个体的本质"的方式，或者看作是一种艺术化、人生化的本质直观。

这既非浪漫主义（理想主义），亦非现实主义，而是充满了对人生、语言、世间现象中的更本原的"可能性"（可能发生的事情）的自觉。这种艺术模仿中带有造假成分，或想象的成分。诗所描述的或然性或必然性只是可能的事件，而可能事件往往在事实上不可能。但是，亚里士多德说："一桩不可能发生而可能成为可信的事，比一桩可能发生而不能成为可信的事更可取。"② 因为前者合乎了人这个"中间存在者"的尺度，后者则没有，表面上"现实"，却无意义势态可依。

> 人活的就是一个"可信"。

亚氏说：

　　悲剧是对于一个严肃、[自身]完整、有一定长度的行动的摹仿；它的媒介是语言，具备各种悦耳之音，分别在剧的各部分使用；摹仿方式是借人物的动作[或表演]来表

---

① 亚里士多德、贺拉斯：《诗学·诗艺》，罗念生、杨周翰译，第28—29页。
② 同上书，第101页。

达，而不是采用叙述法；借引起怜悯与恐惧来使这种情感
得到陶冶［katharsis，或净化、宣泄］。①

这里讲的"怜悯"，是"一种痛苦的感觉，其原因是人看见
一种足以引起破坏或痛苦的灾祸落到不应遭受［偶然、非存在、运
动、时间］的人头上"。而所谓"恐惧"，即"一种痛苦的或恐慌
的感觉，其原因是人想象有某种足以引起破坏或痛苦的灾祸即
将发生［甚至达于己身］"。②

悲剧靠"情节"引发怜悯与恐惧，所以要避免那些引发不
了它们的情形：(1)好人（极好的人）由顺境转入逆境，所以只会
引起厌恶。(2)坏人由逆入顺，最违背悲剧精神，既不满足道德
感，又引不起怜与恐。(3)极恶人由顺入逆，虽满足道德感，但
"理应该"，无"反构"，引不出怜、恐。所以只能是介于好坏之
间者，也就是与我们相似者（与我们相距过远者，从我们这里引不出导
致恐惧的想象）。他是英雄，声名显赫，但与极好的人相比，还"不
十分善良和公正"，但"比我们今天的人好"③。他陷入厄运，不
是由于他为非作恶，而是因看事不明以致犯了错误，却受到了
"不应遭受的厄运"④，也就是卷入了深刻意义上的"假"，人生
本身包括他自身所陷入的遮蔽和巨大痛苦，于是引出怜悯。可
以说，这是处于"中间"的当事人，因会犯错误的"不及"而遭

又是中道观的表现。多
么贴切活泼！这种"还
不……""但比……
""不是……而是……"，
都在扒拉掉"本应该"
的呆板，而拨弄出一个
居中的、充满各种可能、
真假潜移换位的意义世
界来。这是一种发生型
的在场。其中的时机比
柏拉图"鸟笼说"中的
"随机"高明了多少倍。
在艺术观上，柏拉图要
甘拜下风。

---

① 亚里士多德、贺拉斯：《诗学·诗艺》，罗念生、杨周翰译，第19页。
② 同上书，第116页。
③ 同上书，第39页注释4。
④ 同上书，第13章；第38页。

到"过度"侵犯或厄运，所产生的让人怜悯和恐惧的悲剧。

悲剧的情节应是复杂的，包含着具有隐藏力的曲折，以便在观众心中构造出感受势态，摹仿足以引起恐、怜的事件。所以按照亚氏，情节应包含两个成分，即"发现"与"突转"，也就是情节势态中的时机构成。突转指按照情节结构必然地或或然地转向相反的方向，例如在《俄狄浦斯王》中，正当那前来报信的人报告其养父已死，以安慰俄狄浦斯，解除他害怕杀父娶母的恐惧心理的时候，却不经意地道破俄狄浦斯的身世，造成相反的震撼效果。大妙之极！"发现"有似海德格尔讲的"去蔽""凑巧"才能至真。（aletheia），即"从不知到知的转变，使那些处于顺境或逆境的人物发现他们和对方有亲属关系或仇敌关系"，当然，"'发现'如与'突转'同时出现〔例如《俄狄浦斯王》剧中的'发现'〕，为最好的'发现'。……因为那种'发现'与'突转'同时出现的时候〔'假'与'罪'的被发现〕，能引起怜悯或恐惧之情。按照我们的定义，悲剧所摹仿的正是能产生这种效果的行为，而人物的幸福与不幸也是由于这种行动。"[①] 这里讲到的充满时机感的"幸福与不幸"，可以生动地加深我们对前面阐发的亚氏幸福观的理解。除了怜悯与恐惧，情节中还应包含的第三个成分是"有形的"，即"苦难"。

西元前 322 年亚里士多德逝世，之后的八百多年为晚期希腊哲学，出现了四个新学派：伊壁鸠鲁派、斯多亚派、怀疑派和新柏拉图主义。其主要特色是关注伦理问题，主要目标不再是

---

① 亚里士多德、贺拉斯：《诗学·诗艺》，罗念生、杨周翰译，第34—35页。

求知识，而是求幸福；在纯思辨的形而上学、自然哲学和知识论方面，特别是它们与伦理学说的内在沟通方面，无重大突破。斯多亚派发现了"命题逻辑"。哲学的影响扩大，涉及各阶层和领域，但原创性和深刻丰富性有所减弱，希腊哲学由盛而衰。

对于再下面要讲的中世纪哲学而言，晚期希腊哲学中比较重要的有斯多亚派和新柏拉图主义，它们主要探索自然与人生耦合的意义和宗教神秘境界。

第十一章　斯多亚派、怀疑派和新柏拉图主义

第一节　晚期希腊哲学概述

西元前 334 年亚历山大东征至西元 529 年东罗马帝国皇帝查士丁尼下令关闭雅典的柏拉图学园，为基督教让出思想空间，此近八百多年为晚期希腊哲学时期。

晚期希腊哲学分为希腊化时期（Hellenistic period）与罗马时期，前者从亚历山大东征到西元前 31 年罗马征服埃及托勒密王朝（亚历山大死后其部下建立的希腊化国家），约三百年；后者自西元前 31 年到西元 529 年（西元 479 年西罗马灭亡），有五百多年。这两个时期哲学的发生地点，主要在雅典、亚历山大里亚（亚历山大东征时在埃及创建的城市）和罗马。按汪子嵩等学者的看法，希腊晚期哲学与"环地中海文化圈"有着内在关系，并为这个观点做了比较令人信服的论证。[①]

西元前 27 年，罗马由共和国变为帝国，在其后近二百年间

对照中、希时间：
西汉：西元前 206—西元 23 年；
东汉：西元 25—220 年；
三国：西元 220—265 年；
西晋：西元 265—316 年；
东晋：西元 317—420 年；
南北朝：西元 420—581 年。

---

① 汪子嵩等：《希腊哲学史》第 4 卷上册，绪论。

为强盛期，政权稳固、经济发展，扩张达到顶点，疆界远超以前的希腊世界和亚历山大帝国。中国史上称罗马帝国为"大秦"。

从 3 世纪起，罗马帝国走向衰落，奢侈腐化，两极分化，人口减少，经济萎缩（中国的丝绸换走了它的银币？），政局混乱；西元 395 年，分裂为西罗马（建都罗马）和东罗马（建都君士坦丁堡）。

亚里山大里亚时期的科学发展为更专门化的学科，产生了欧几里得（Euclid，西元前 330—前 260 年）的《几何原本》（《几何学原则》）和阿基米德（Archimedes，西元前 287—前 212 年）的力学等。

以前是原创性的想象，如花开，层层叠叠，愈翻愈奇，能想到、讲到那似乎意料不到处。这之后则总在一些既定框架中拼接、应用和弄出新花样。

此时的哲学被说成是"衰落"或"由盛转衰"。"哲学家们的注意力已经不再集中在解决自然和社会的根本问题，而集中在寻求个人的幸福，或摆脱痛苦的途径。"[1] 所以伦理学成了研究的重心，本体论、认识论和逻辑学被当作伦理学的准备（基础）或手段，而不是被其本身吸引的自由探索。但怀疑主义有思想本身的重要价值，新柏拉图主义中有新因素，影响了后世的神秘主义思潮；斯多亚派对传统的继承中有创新，受到主流意识形态的器重，产生了较大影响，在近当代西方哲学中也有余波。

汪子嵩等学者认为，由亚历山大东征发动的希腊化浪潮，却削弱乃至破坏了作为国家的城邦制，导致君主制、混合政体乃至罗马的行省体制盛行，东西方交融、战争、阴谋、颠覆不断，让人们丧失了由于归属于某个母邦而获得的明确身份、文化传统和适中的信仰和政治，而是被更广阔的地平线吸引、驱

---

① 　全增嘏主编：《西方哲学史》，上海人民出版社 1983 年版，第 224 页。

策着去进行着新异的乃至危险的活动，于是感到生活和心灵的不宁、焦虑和缺乏根本意义，于是开始视希腊古典哲学为飘浮在空中的形而上学虚构，而去找寻能够直接告诉人生活是"为了什么"[①]的伦理学、宗教哲学乃至宗教本身。那时科学——数学和实证科学——的重大进展，也与这种脱开形而上学束缚、重视实用经验的倾向有关。[②]

当时主要有四个新学派：伊壁鸠鲁派、斯多亚派、怀疑派和新柏拉图主义。其中大多从古典时期的非主流哲学，比如赫拉克利特学说、犬儒派、德谟克利特的原子论、智者派，获得思想资源。[③] 以下只简单介绍后三派，伊壁鸠鲁派则稍作提及如下：

伊壁鸠鲁（Epicurus，西元前 342—前 270 年）的观点主要有："偏斜"（偶然）的原子论（灵魂为精细原子构成）；认为感觉都是真的（没有区别感觉与虚假的标准）；快乐主义伦理学：幸福 ＝ 快乐 ≠ 享乐。

对于他，"快乐"当然包括身体感受到的愉悦，但首先是指痛苦的缺乏和灵魂的平静，[④] 其次是指能够持续的长久快乐。"当我们不痛苦时，就不感到需要快乐。因而我们认为快乐是幸福生活的始点和终点。我们认为它是最高的和天生的善。……如果忍受一时的痛苦将会使我们获得更大的快乐，我

---

① 汪子嵩等：《希腊哲学史》，第 4 卷上册，第 61 页及其上下文。
② 同上书，第 65 页。
③ 同上书，第 62 页。
④ 苗力田主编：《古希腊哲学》，第 640 页。

们还常常认为痛苦优于快乐。"① 总之，伊壁鸠鲁伦理学最关注的是人一生中快乐的总量。

伊壁鸠鲁主义在历史上被看作是"无神论"，虽然他承认神的存在，但这神的本性只是无忧无虑地快乐生活。

第二节　斯多亚学派

斯多亚派（Stoicism，又译作"斯多葛派"）延续时间长，跨越了希腊化、罗马共和国和罗马帝国三大时段，所以代表人物比较多。我们这里无法分开介绍，只能就其总体倾向面简略阐发。

此派的创始人是出生于塞浦路斯岛的芝诺（Zenon，西元前336—前264年）。我们注意到，这一派的几位初创者和重要代表人物几乎都出生于希腊本土之外，虽仍属于希腊文化盛行或颇有影响之处，但毕竟不同于雅典这样的中心，由此可见希腊化之风渐开。不过这位芝诺却与雅典有着深厚缘分。他青年时因仰慕苏格拉底到雅典求学，受各派影响，于西元前300年在雅典创立自己的学派。其讲学处是一个用绘画装饰起来的"stoa"（画廊），一侧为墙，一侧为柱列（有顶），学派因此而得名"画廊派"或"柱廊派"（Stoic School），与学园派（柏拉图派）和花园派（伊壁鸠鲁派）齐名。

他受到雅典人的推崇，甚至为此而通过一个法案。里边说他"是一位良善的人；他规劝那些前往他那里受教育的年轻人

---

① 苗力田主编：《古希腊哲学》，第639页。

追求德性和节制，鼓励他们朝向至善；他以自己的生活为人们树立了榜样。"[1] 又决定"依照法律授予他金冠，并用公款在克拉美科斯为他修建墓地[他死后也的确被安葬于此]。"[2] 这与雅典人对其他一些哲学家，比如苏格拉底、阿那克萨戈拉、亚里士多德的态度形成鲜明对照。

第二代掌门人为克里安雪斯。第三代为克吕西普（Chrisippus, 西元前282—前206年），他使此派学说系统化，以逻辑论证来形成哲学体系，因而被称为第二创始人。

斯多亚派存在了五百年，一直与统治阶层相处融洽，代表人物中还包括了罗马皇帝马可·奥勒留。这种状况与其学说的特点有关。斯多亚派论证世界和人生具有某种根本的秩序，人应该遵循之。比如它主张宇宙有其大法（自然法）或逻各斯，人的理性就在于遵从此逻各斯或这个意义上的自然，由此获得德性和至善。此派在当时和近现代都产生了重要的思想影响。

有点儿类似于宋明理学，"逻各斯"相应于"天理"。

一、逻辑学和认识论

斯多亚派的学说分为逻辑学、物理学（自然哲学）和伦理学三部分。此学派中的一些人认为，这三者里面物理学或自然哲学最为重要，就像身体中灵魂的地位。又做了"鸡蛋"的比喻："哲学像一个鸡蛋：蛋壳是逻辑学，蛋白是伦理学，中心的蛋黄则是物理学。"[3]

---

[1]　第欧根尼·拉尔修：《名哲言行录》，徐开来、溥林译，广西师范大学出版社2010年版，第311页，7.10。

[2]　同上书，第311页，7.11。

[3]　苗力田主编：《古希腊哲学》，第607页。

但我们从相关文献中可以看出，此学派的物理学基本上来自赫拉克利特学说及其他早期自然哲学家（下面将会看到，其中也有新思路），而它的伦理学，尽管也吸收了不少前人的观点，但与它的物理学和逻辑学结合得更具形式规整性，将自然法（自然万物的共同法律）的伦理含义表述得更为直白简单（或浅显呆板？），对当时和后世的影响也更大。所以学者们一般认为，这三者中伦理学才是重心①。此派在逻辑学上有重大贡献，它的推理形式不限于主谓关系造成的真值关系（比如亚里士多德逻辑），而是发现了以命题（有真值可言的语句）的真值关系为基础的逻辑，是现代"命题逻辑"的前身。②

这一派将逻辑学分为两部分，即修辞学和辩证法。"修辞学是把所阐述的道理讲得更加优美的科学（也涉及定义）；辩证法则是通过问答把道理讲得正确的科学，因此他们把它定义为是关于真实的、虚假的以及既不真实又不虚假的科学。"③

辩证法要能够区别真实与虚假，首先就需要"表象"（phantasia，展示、呈现；想象、意象；想象力；外观）。汪子嵩等学者将此关键词译作"印象"④。这表象或印象是既可以是但又不限于感觉的结果。"表象是打在灵魂上的印记。"⑤ 它既可以是外物

---

① 张志伟在《西方哲学史》（中国人民大学出版社 2002 年版，第 152 页）中写道："其［斯多亚派所讲的哲学三部分］中物理学是基础，逻辑学是工具或手段，伦理学则是中心和目的。"此判断比较准确。

② 第欧根尼·拉尔修：《名哲言行录》，徐开来，溥林译，第 331—338 页；7.63-7.79。

③ 苗力田主编：《古希腊哲学》，第 608 页。

④ 汪子嵩等：《希腊哲学史》第 4 卷上册，第 598 页。

⑤ 苗力田主编：《古希腊哲学》，第 609 页。

通过人的感官在灵魂中造成的印象，即感性印象，也可以是某种影响的直接后果，这影响者不经过感官而直接在心灵上造成印记，比如直觉、内心触动让人感到的，即被当代斯多亚派研究者朗格指出的"前概念"或"前把握概念"①。

表象分为"能理解的表象"和"不能理解的表象"，而唯有前者即"能理解的表象"（汪子嵩等译作"把握性印象"）才是"判别实在事物的标准，它产生于真实的对象并且与对象自身相符合，以印记的方式打在灵魂之上"。而后者既不清楚也不明白，与其对象也不相符合。②辩证法就凭借这种能被人直接理解的表象来区分"什么时候同意印象，什么时候不同意印象"③，由此而获得审慎、知识和明断。

"能理解的表象"是个有趣的思路，有某种现象学的含义，与胡塞尔静态现象学阶段讲的"相应感知"（adäquate Wahrnehmung）或"被完全充实的感知"有某种呼应。作为"印记"，这表象是"自身被给予"的，被动接受式的；但作为"能理解"或"把握性"的，它又有意向的主动性和构造性，当然是原发的或被激发出的主动性。因此，它被认为是完全符合于对象的，或用胡塞尔的话说，就是被完全"充实"的，即：其感知的意向意义与感知中呈现的感觉内容完全符合④。但胡塞尔清醒地意识到：这种相应感知只在意识的内感知（意识的现象学反

————————

① 汪子嵩等：《希腊哲学史》第 4 卷上册，第 604 页。

② 苗力田主编：《古希腊哲学》，第 609 页。

③ 同上。

④ 倪梁康：《胡塞尔现象学概念通释》，生活·读书·新知三联书店 1999 年版，"Erfüllung"（充实）条。

思）中才可能，一旦涉及对外物的感知，则不可能达到完全的明见性和相应性（Adäquation，又译作"相即性"），因为这种感知意向中有某些超出感觉内容的东西，所以其中总有哪怕是原初的虚构、想象和潜伏的理解（因此"本质直观"才可能）。其他的重要现象学家如海德格尔、梅洛-庞蒂、萨特，尤其是解构主义哲学家德里达，都不看重甚至直接批评这种寻求初始确定性的感知充实的特权地位（但关注胡塞尔揭示的这样一个事实，即感知乃至所有意向行为都包含了原虚构），因为一旦深入到意识的根基即内时间或生存时间化的层次，这种刻舟求剑式的确定性寻求就捉襟见肘了。

无论如何，斯多亚派既强调认知起源于感觉经验，其中当然有被动接受的一面，但又要强调人的主动性参与，以支持伦理学上的理性自主，所以他们主张人能够自发获得"把握性概念"（prolepseis），它的本义是"先前已经把握的概念"，所以又被汪子嵩等学者译作"前把握概念"①，同时也不放弃"把握性概念"的译法。从这种似乎矛盾的译名中，可以感觉到，这一派为了说明人的认知起点的确定性，实在是煞费了一番苦心。此起点既然是"认知"的，那么就必须可被理解，对于他们就是必须被概念化；而要获得绝对的确定性，就必须让这概念被表象化、印记化。但如何打通表象和概念，或个别与一般，一直是个挑战。斯多亚派之所以赋予表象以非感性的维度，如朗格指出的为"前把握概念"留下可能，就是由于想要贯通表

---

① 汪子嵩等：《希腊哲学史》第 4 卷上册，第 597 页。

象和概念，为认知找到一个不可动摇的起点和准则。

斯多亚派认为，这种前把握概念是人的早年经验或前反思经验自发构成的，所以被此派看作是一种"共同概念"，也就是所有人都有的概念，因而堪作真理的标准。[①] 比如，"我们中间有谁不认为好是有益的，是某种应该被选择的事物，是在每种情况下都应该寻求和追求的东西？我们中间有谁不认为正义是美且相宜的？"[②] 可这里依然有困难，人们早年经验构成的前把握概念，可能只是某个社群、族群或语言共同体的共同概念，不足以成为普遍的真理标准。比如上面斯多亚派举的那个前把握概念或简单命题的例子，即"好是有益的"，对于康德来讲就不成立，在康德看来，"好"或"善"不是因为它"有益"，而是因其动机，因其服从了道德律令。而要像柏拉图等唯理主义者们所主张的，认这种前把握的共同概念出自先天的理式或观念，那么就必须放弃斯多亚派坚持的经验论了。不管怎样，斯多亚派寻求经验本身的绝对确定性的努力，虽然是一场堂·吉诃德与风车战斗的无望之举，但这其中激发出来的哲理创新也颇有意趣。

> 如果"前把握概念"再向下扎其根，摆脱概念与印象、甚至显意识与潜意识的二元区分，则会有另一番哲理风景了。

辩证法还包括组织、阐发和论证表象经验的规则，注重语言尤其是概念名词和命题陈述的合适表达方式，由此发展出独特的命题化逻辑。概念是将表象加以理性化的结果[③]，而这理性化就意味着对表象的转换加工，比如(多次的)接触、对比、相

---

①　汪子嵩等：《希腊哲学史》第 4 卷上册，第 607 页。

②　同上书，第 602 页。

③　第欧根尼·拉尔修：《名哲言行录》，徐开来，溥林译，第 326 页；7.51。

似、合成、反对、过渡、类推等等造成的转换,其中就包括语言层次上的转换①。辩证法本来就与对话、相互辩驳这种语言方式有关,而斯多亚派的辩证法则在此前提下,追求语言的逻辑化或极端明确化,以至于将所有的知识性表达都还原为有真假可言的简单命题(如"现在是白天";复合命题由简单命题组成,例如"如果现在是白天,那就有光亮"),它适合于表述能理解的表象和前把握概念。尤其是,这一派在追求语言与实在关联的研究中,明确地区分了语言"谓述"的"意义"与被这谓述指称的"客体",也就是当代西方语言哲学家如弗雷格对意义与所指的区分。②可见此派在对语言的认识论功能的探讨方面,确有独到之处。

斯多亚派相信他们陈述的逻辑和认识论是确定有据的,可以清楚地区别真理与谬误,所以被怀疑主义者称为"独断论者",指责他们没有充分回应怀疑论和后期学园派的质疑。而此派讲的辩证法,与爱利亚学派的芝诺论证运动不真的辩证法、苏格拉底的对谈中开启真知的辩证法,智者派的证明正反主张皆成立的辩证法,乃至柏拉图讲的那种"从理式到理式"的追求至善理式的辩证法,都不一样。它更逻辑语言化、认识论化和线性化,对自身前提如"能理解的-把握性的表象"及其辩证运用如何可能,缺少深入的反省。但如前所示,斯多亚派的逻辑-认识论探讨中不乏思想的闪光点,如果我们通过近代西方哲学——比如洛克的经验主义和斯宾诺莎的《伦理学》——

---

①　汪子嵩等:《希腊哲学史》第4卷上册,第606页。

②　同上书,第593页。

和当代西方哲学——比如语言分析哲学、现象学、罗素的经验论加逻辑实在论、逻辑经验主义——的新视野来打量它的话。

罗马共和国末期的政治家和哲人西塞罗在他的《论学园》（第二卷）中，叙述了此派开创者芝诺的一个比喻，用以说明斯多亚派的逻辑学要旨。如果简略地表达是这样的：芝诺用手的形态来比喻他的学说。他说：伸开的手掌是"表象"或"印象"，喻指这一派学说的基础；稍稍弯曲收拢的手指表示"认可"，也就是需要对表象做出甄别和选择；继续收拢手指而握成一个拳头，指"能理解的-把握性的表象"，它既包括感知表象，也包括把握性概念，是被充分认可的真理标准；最后，他将自己左手放到自己的右手上，有力地握住它，表示所有真命题形成一个相互支持的系统，并且说"科学知识"就像这样，唯有贤哲才能具有。[①]

我们这个时代，是更接近斯多亚派及其时代而非古典时代的？也不尽然。20世纪哲学进展的前沿人物，有不少又激活了我们对古典哲学乃至非西方的古典哲学的记忆。

二、物理学

斯多亚派的物理学既与其逻辑学-认识论相呼应，又为其伦理学奠定基础。它首先区分出被动的质料和主动的理性，并说明它们的关系。"宇宙中有两种原则，主动原则和被动原则。被动原则是不具性质的实体，即质料。反之，主动原则则是内在于这种实体中的理性，即神灵。它[即理性化的神灵]永远存在，设计了各种事物。"[②]质料是无形的，是理性赋予它以形式和性

---

① 汪子嵩等：《希腊哲学史》第4卷上册，第596页。

② 苗力田主编：《古希腊哲学》，第623—624页。

质；但如没有质料，这世界也就没有了实体。毕竟，理性具有更高的地位，就像在亚里士多德那里形式因、动力因和目的因处于更高的位置。

这理性神按自己的意图给予质料以某种形式，造就了火、水、气、土四元素，再由它们创造出宇宙世界。四元素中，火的地位最高，也被称为以太，从中产生出恒星和行星。通过凝聚和吸引，整个世界得以形成。

因此，这个世界充满了理性化的神性。"理性渗透在世界的每个部分，正如灵魂渗透在我们身体中的每个部分一样。"① "首要的神作为一种结合的原则、作为一种有形物，贯穿在一切在气里面的事物之中、一切动物和植物中，也贯穿在土自身。"② 这样的一个世界就不再是冰冷和呆板的，而具有自己的生命、活力、感觉、机体和灵魂。"因此，整个世界是一个活生生的存在，拥有灵魂和理性，把以太作为其统治原则。"③

莱布尼茨讲的那个单子花园的全息有机世界，当代"盖娅假说"中的地球生态圈，电影《阿凡达》所想象的那样一个充满生命灵性的星球，与斯多亚派描述的世界有些相似。

三、伦理学

既然这是一个充满了理性和神性价值的和谐世界或自然，那么其中的人要获得尽性尽命的德性生活，就必须"合乎自然而生活"④。因为"我们每个人的本性都是整个宇宙的本性的一部分。因而[生活的]目的就可定义为顺从自然而生活；……在

---

① 苗力田主编：《古希腊哲学》，第 624 页。
② 同上书，第 625 页。
③ 同上。
④ 同上书，第 611 页。

这种生活中，我们禁绝一切为万物的共同法律所不允许的行为。"这里讲的"共同法律"，就是"自然法"，"即是贯穿万物的正确理性。"①

因此，德性就等于顺应自然。"有德性地生活等于根据自然的实际过程中的经验而生活。"②而幸福就在此德性之中，或者说是德性生活的后果。由于这种德性相当于遵守自然法，所以它是可以传授的。首要的德性是智慧、勇敢、正义和节制。 无中道意境？从属的德性是宽宏、自制、忍耐、精明和慎重。

"善"就是自然本身的理性，也就是"理性存在作为理性存在的自然完成"。③如此理性化的善，就可以让人明了它与恶的区别，就如同明了一根棍子或者是直的或者是弯的一样，所以善与恶之间不存在居间物，就像命题的真假之间没有居间状态 逻各斯变成了逻辑。一样。

善包括心灵之善和外在之善。前者指德性和分有德性的行为，后者指让人幸福的条件，比如居住在一个优秀的国家、有好的朋友等。④所以，斯多亚派虽然极其看重人的德性意志的自主性，认为德性是自足的、自制的，这一点与苏格拉底-犬儒派相似，但讲到善，也关注它带来的效益或它的外在方面。"善是可以产生某些效益的事物。"⑤"所有的善都是相宜的、必要

---

① 苗力田主编：《古希腊哲学》，第 611 页。
② 同上。
③ 同上书，第 613 页。
④ 同上。
⑤ 同上。

的、有益的、适用的，方便的、美丽的、有利的、必需的、公正的。"① 这种观点很可以理解，因为此派认为整个世界充满了理性灵魂，或这个意义上的德性，那么按德性行善从长远看就必会带来效益、适用、方便等让幸福可能的东西。德福一致，在康德那里要靠假设上帝的存在才可能实现，而在斯多亚派这里则没有问题，因为神已经浸透于自然和自然化的生活中了。也因此，善与美是互融的或可互换的。②

有智慧（德性之首）的人，也就是哲人，是自由的，也是社会的、政治的，堪做君主。③ 他（她）不会真正感到痛苦，与神相似，"因为在他们之中有着神圣的因素。"④ 这种人没有激情，无忧无虑，内心安宁，因为斯多亚派认为激情是不合理的、不自然的过分刺激。⑤ 这哲人为了正当的原因（如为了国家、朋友和得了不治之症的自己）可以放弃生命，包括自杀。⑥ 动物、包括人的最初生存动机是自保，而不像居勒尼派（Cyrenaics，又译作昔兰尼派）讲的是快乐。⑦

在家庭关系上，此派的主张游移不定。有时它主张哲人"可以结婚，生孩子，如芝诺在《国家篇》中所主张的"⑧。"有责

---

①　苗力田主编：《古希腊哲学》，第 614 页。
②　同上书，第 615 页。
③　同上书，第 620 页。
④　同上书，第 619 页。
⑤　同上书，第 617 页。
⑥　同上书，第 622 页。
⑦　同上。
⑧　同上书，第 620 页。

任的行为是理性指导我们去做的行为，如孝敬双亲、敬重兄弟、热爱国家、对朋友忠诚等。"[1] 但又认为"哲人之间应当公妻、自由选择配偶。……在这种环境里，我们对所有儿童都有同样的父爱"。[2] 而关于政体，斯多亚派认为"最好的政府形式是民主制、君主制及贵族制的混合"[3]。

英国那样的政体？

　　这一派开始强调伦理上的"责任"。据说，芝诺是第一个使用"责任"（Kathekon）这个概念的人，它是一种"其自身与自然的安排相一致的行为"[4]。而我们知道，康德对"责任"（Verbindlichkeit）或"义务"（Pflicht）的含义有独到的理解，认其为"道德律"而非"自然法"的人类体现。他讲的实践理性学说，可以说主要是一种责任伦理学。

　　斯多亚派的伦理学受到过犬儒派（cynicism）的重要影响，后者延续并大大加强了苏格拉底的"从自然返回人"的倾向。犬儒派主张人要按本性或自然生活，不顾忌社会习俗。比如第欧根尼（Diogenes，西元前404—前323年）主张：仿效（野）狗的生活方式；"不动心"——对遭受苦难泰然处之；"自立"——不承担任何社会责任；"漫谈"——不受拘束地大胆发表言论；"无耻"——毫无顾忌行为，抛弃任何荣誉感。所以第欧根尼虽出身富家，却过乞丐般生活，睡在一只废弃的木桶里，主张放纵自然的欲望，即个人能以最简单的方式满足的欲望，不需

叫这一派"犬"，一是因其创始人安提司泰尼在雅典郊外的讲学处，是一处名为"白狗之地"（Cynosarge）的体育场；二是因为"昔尼克学派"（Cynic School）这个名称，也隐含着要像猎犬般吠叫，以提醒人们节制和禁欲，实践简单粗鄙的"仿狗"生活方式的意思。此派与《庄子·天下》中提到的慎到之学有点儿相似："弃知去己而缘不能已""与物宛转"。又可参比于"告子之不动心"（《孟子·公孙丑上》）。

---

[1] 苗力田主编：《古希腊哲学》，第617页。

[2] 同上书，第623页。

[3] 同上。

[4] 同上书，第617页。

要依赖他人以及任何社会力量和文明手段。柏拉图说他是"变疯了的苏格拉底"。他白天打着灯笼寻找"真正的人"。

尽管两派都强调要按自然本性来生活，但由于斯多亚派的伦理学立足于它的物理学和逻辑学之上，所以它要比犬儒派的主张更加厚重、更"理性"，从总体上也更乐观，与主流意识形态相处得更好，换言之就是更能登上大雅之堂。而从犬儒派角度看，斯多亚派稀释乃至背叛了犬儒派反形而上学、抛弃自然哲学而专注于做人实践的精髓，拉扯和改造了一大堆以往理论哲学的东西，让伦理学变成了一个锋芒尽失的大杂拌。

从以上的阐述中可知，这种批评尽管有一定道理，但并不完全公允。斯多亚派对过去哲理的继承大都是有自家目的的，也就是让它们服务于自己的伦理学说，所以继承中有改造，还有不俗的创新，比如命题逻辑的发端、前把握概念说和有机自然论。这也就使得它的伦理学更有底气和思想空间，对后世的影响也就大得多，尽管其中也确有驳杂不纯者。

怀疑论是这个时代的哲学良知。

第三节　怀疑派（皮罗主义）

按塞克斯都·恩披里柯（Sextus Empiricus，西元 2 世纪人）在其《皮罗学说概略》和《反杂学》中的说法，希腊后期哲学贯穿着独断论（dogmatism）和怀疑论（skepticism）的争论。声称自己发现了并说出了最终真理的人是独断论者，比如伊壁鸠鲁和斯多亚派；怀疑主义则是这样一种哲学态度，它质疑哲学家和其他人声称的知识的可靠性。比较彻底的怀疑主义对一切超

出直接经验（及逻辑、数学）的知识表示怀疑，而有限的怀疑主义
在不同程度上质疑某种或某些种知识，比如神学、形而上学和
科学中超出了直接经验的知识。赫拉克利特的"流变说"（人不
可能两次或一次进入同一条河流），智者派的观点（人是万物尺度）和这
里讲的皮罗主义，乃至学园派怀疑主义，都被认为是这类观点
的肇端者或形成者。

怀疑是人的一个本性。
唯理论和牧师永远与它
战斗。

　　皮罗（Pyrrho，西元前361—前270年）出生于希腊城邦爱利斯
（Elis），先是画师，但在前334年（亚里士多德建立吕克昂（Lyceum）
学园后一年）作为宫廷哲学家，参加了亚历山大的东征。据说他
在东征中遇见了苦行主义者（ascetic），可能是耆那教（Jainism）
中的"天衣派"成员（sky-clad）或裸体求智者（Gymnosophisys）
和波斯僧（magi，magus，东方博士、魔术师）；又与同一宫廷中的德

异质文化相交处常有怀
疑论的裂谷。

谟克利特主义者阿那克萨尔科斯（Anaxarchus）相交，将后者
的学说延伸为一种对哲学的幸福功能（eudaemonistic function）
的强调。亚历山大死后，他回到故乡，在那里贫穷地度过一生，
与作产婆的姐姐一起生活，活了90岁。他宣讲自己的学说并
受到普遍尊重，但没有留下什么著作。他的学说经由他的学生
蒂蒙（Timon）才为人所知。（蒂蒙后住在雅典，前230年去世，也活了
90多岁，以"挪揄"的文风写作和讨论。）

　　作为一种生活方式的皮罗主义（Pyrrhonism）：

　　有关皮罗的记载残缺。他的贡献被认为主要是阐发了一
种生活方式。他主张要在法律和习惯的限度内达到幸福、平
静和独立的生活。但拉尔修对他的记载则戏剧化得多：据说
他的安宁或不动心是这样一种"英雄主义的不关心（heroic

indifference)"，即对于外物和现象如此地不动心(apathy)，以致他的健康和生命总处于危难之中，需朋友的帮助才能避开车辆、悬崖和恶狗的伤害。一次朋友阿那克萨尔科斯(Anaxarchus)掉入泥坑中，他"不动心"地走过而不救援。有人谴责他时，阿那克萨尔科斯却赞赏之。

据阿尼斯得蒙斯(Aenesidemus)等人的记载，他的这种不动心又是针对哲学家的学说教条以及不可避免的自然力量，以便维护自己的平静和健康。于是有那个著名的"海船遇险而猪不惊"的故事。他与同伴们乘海船遇到风暴，众人惊慌失措，他若无其事，指着船上一头还在吃食的小猪说：这就是哲人应该有的不动心状态。[1]

"块不失道"。(《庄子·天下》)

下面是蒂蒙传达的皮罗主义。

蒂蒙讲，按照皮罗，一个哲学家(爱智者)或一个要生活得幸福的人应问自己三个问题：(1)事物的本性是什么(由什么构成)？(2)我们应对周围的事物采取什么态度(即与之发生什么样的关系)？(3)这种态度或关系对我们有什么后果(益处)？

对第一个问题的回答是：我们无法知道事物的本性，所知者只是由感觉呈现的现象，它们如德谟克利特(约定论)讲的，是相互不一致的，同等的(isosthenia，没有哪个更真)，因而说不上真还是假。我们永远不能说"那是如此"，而只能说"在我(此时此地)看来，那是如此"。

---

[1]　苗力田主编：《古希腊哲学》，第652页。

所以，对第二个问题的回答是：悬置判断（ἐποχή，epoche）是对待事物的唯一正确的态度，既不接受也不拒绝这些事物（注意！这里似乎隐约有奥义书传统、佛教传统、耆那教传统的影响。《创生歌》的"那时，既没有有[sad]，也没有无[asad]"，后来的《中论》的"八不"。这是印度智慧中流行的"遮诠法"），并将这种"自认缺乏理解"的见地体现在"不动心（apatheia，aphasia）"的人生态度或状态之中。不相信任何事物有什么本身的好与坏，只将这些观念归于法律和传统。

现象学的创始人胡塞尔也要"悬置判断"。

这样，对第三个问题的回答就是：采取这种悬置和不动心的结果就是心灵的宁静（ataraxia），满足于现象的呈现，不做哲学论证和追求外物的妄行，其结果是智慧和幸福人生的获得。

有东方的非名相（form-less and name-less）智慧的些许味道。
所以，皮罗主义是清除形而上学的泻药。

第四节 普罗提诺的新柏拉图主义

新柏拉图主义流行于西元3—5世纪（即相当于三国、西晋和东晋时期），出现于埃及的亚历山大城，即亚历山大里亚。这座亚历山大城当时是希腊与东方世界交汇之处，也是希腊-犹太哲学、新毕达哥拉斯主义和复兴了的怀疑主义的发源地。据说这一派折衷、结合了柏拉图、亚里士多德和斯多亚派的学说，以及新毕达哥拉斯学派和中期柏拉图主义。但我觉得，它很可能也受到了怀疑主义和东方思想（印度的奥义书、佛教、波斯的某种印度教余脉……）的影响。

新柏拉图主义者像皮罗一样，深切意识到观念/概念/范畴化思辨的局限，从而发展出了一种所谓的"神秘主义

（mysticism，神秘体验论）"。当然这在柏拉图的"迷狂说"和"太阳至善喻"中已有，但柏拉图那里还没有如此清楚地反对一切"名相"、"认知的二元性"或对善的认知可能。从这个角度看，新柏拉图主义又似乎是柏拉图主义与皮罗主义的某种结合。

阿曼纽斯·萨卡（Ammonius Saccas）被认为是新柏拉图主义的某种意义上的创始人。他出身于基督教家庭，早年做过"散工"，后在亚历山大城教授柏拉图哲学而成名，死后未留下著作。普罗提诺是他的学生，被认为是此派的真正缔造者。

普罗提诺（Plotinus，西元204—270年）生于埃及，多年受业于阿曼纽斯。为了了解波斯人和印度人的智慧，他参加了罗马帝国高尔狄安（Gordianus）皇帝对波斯的远征。远征失败后，他前往罗马，在那里建立了一个学派，一直到死，受到皇室在内的普遍尊重。他的生活完全遵循其哲学原理：禁欲（睡、饮食限制到最低）、戒肉食、独身；拒绝坐下来让一位画家画"影子的影子"（自己的像）。据追随者波菲利（普罗提诺60岁时认识他）记述，六年间，他四次达到与神相遇的迷狂境地。他五十岁时开始写作。其著作由波菲利整理出版，共6卷，每卷9章，称《九章集》（Enneads）。

能做白日梦的人有福了。
可参见恩斯特·布洛赫（1885—1977）关于"梦想"与"希望"的学说。其著作有《乌托邦精神》和《希望的法则》。

他将"神"的合理的超越性推向极端，认"神"为本原（to proton）、太一（to en），或"无限制"（apeiron），先于一切派生者、复多和可限（可定义、可被说）者。它不仅无物质属性，也无精神属性（意识、意志、存在观念），是纯粹的自足的统一体，只可称之为"一"或"至善"。"在生成的原初活动中，为了使存在得以生成，源泉必定被认为不是存在而是存在的生成者，'一'不寻求什么，不拥有什么，不缺少什么，是极其完美的。"①

它不按任何计划、意愿来创造，而只是出于本性的绝对充实、丰满而"流溢"（ellampsis）。这丝毫无损于它，但由此而形成了或流溢出了其他的两重本体（hypostasis），即"理智"和"灵魂"。

它先流溢成"理智"或"心灵"（nous），这是最高的存在，可用最普遍、最高的范畴（区别、多）来说它，但仍不失其为"一"，所以它是多与一的统一，不同于太一的绝对之一。它没有过去和将来，只有永恒不变的现在。理智之所以不是真正的终极源泉，因为它作为思维要依靠其"对象"："理智的功能是思维。这意味着它要通过观看它所转向的理智对象而为其对象所完成。……'不定的二'正是理智。"②

从理智（心灵）中流出"灵魂"。因此，理智是灵魂的"父亲"，而灵魂是理智的不完满的"孩子"③。灵魂既是一，又是多，它本身就具有理念，并且本身就是数和理念。虽然它本身是超时间的、不可分的和非物质的，但其生命活动却倾向于可分的和具体的东西，它按其本性就关注这些东西，并把理智（心灵）传递给它们。这种边缘状态用两种灵魂表示：第一灵魂或世界灵魂外在于、不属于世界，有自我意识；由它发射出第二灵魂、个体灵魂或自性（physis，自然），它（逻各斯）与世界的躯体（质料）结合，产生了个体。个体灵魂即从世界灵魂中来，与肉体结合。"它[灵魂]通过观照它的源泉[理智]而获得完美，但通过采取另

---

① 苗力田主编：《古希腊哲学》，第 685 页。
② 同上书，第 689 页。
③ 同上书，第 676 页。

一种向下的运动产生出它的肖像。灵魂的肖像是感官和自然，是生殖的原则。"[1]

再往下，就是完全无形式或"无定"的质料。它不是虚无，而是非存在(me eon)，是一团漆黑的混沌。它与太一都无形式，但太一是满溢的力量和超存在，而原质料(而非相对质料)是绝对的无力和不存在。如果用现代物理学的术语来说，太一是绝对的反熵，而质料是最大的熵。这样的质料就是西方正统学派的"地狱"，是一切"反理性""黑暗""罪恶"之源，由此可见"唯物主义"被宗教和理智所厌恶的背景或来源。不过，由于质料与太一的表面上的相似性，可以想见，它们的关系可能更为复杂。

总之，有三重实体，即太一(或"一")、理智和灵魂。"第二实体可归结为'一'，第三实体可归结为第二实体。在万物之先，必定存在着一个单纯体。"[2]高一级的实体是低一级实体的"父亲"，低一级者则为"儿子"。可以看出，后来基督教神学的"三位一体"说及"圣父/圣子"说，与此有结构上的相关性。而普罗提诺对"一"的超存在、超观念、超意愿、超对象的强调，使得他成为基督教神秘体验论的一个重要来源。

第五节 古希腊哲学的特点

古希腊哲学的特点可以归为以下三点：

---

[1] 苗力田主编：《古希腊哲学》，第686页。

[2] 同上书，第687页。"实体"在此译文中为"实质"。

1. "形式"与"论证"的突出地位。

"神话"已具有（实质化的）形式化倾向，它将人们日用和经验的东西说成是有终极原因的和有具体的存在形式的。比如"火"如何由普罗米修斯带来，"灾祸"（疾病、坏运、战争……）如何由潘多拉的盒子带来（这就意味着可能有无灾祸的人生），那盒子中如何还留着"希望"。还有代表天地、时间、雷电的众神，以及黄金-白银-青铜-黑铁时代……。

"证明化"的数学，带来了更纯粹的、更有内在"理性"趋迫力（必然性）的"形式机制"，激发了概念-范畴化思维或哲学（巴门尼德），由此再引出有内在强制力的"论证"（芝诺）及"反论"（智者）。于是引出"对谈-辩证法"（苏格拉底），即尽量利用正反论证而获得哲学思想的推演力和纯形式（理式）。亚里士多德要使这种纯形式推演与我们的自然语言和现实经验世界直接挂钩，所以要从定义的判断句（"S 是 P"）发展出"逻辑"，以规范论证的使用。

2. （到亚里士多德为止的）对终极问题特点的某种敏感。

不断出现的新学说中含有对更深的思想终极的"可能"（为什么"能"这样）的探讨和论证，比如柏拉图后期对自己学说弱点的反思，亚里士多德学说内的富于深意的不一致，如对一般与个别、形式与质料这些对子中某一方的强调之间的不一致，等等。

这种敏感的部分丧失（比如斯多亚派）导致或标志着希腊哲学的衰落及其与基督教哲学的衔接。但也有新的学说的提出，特别是怀疑论和新柏拉图主义，可能受到过东方的影响，其思想锋芒也颇有可观之处。

3. 主流看法：终极实在无变化可言。

对于终极实在（ultimate reality）的看法在唯理论主流（克塞诺芬尼、巴门尼德、柏拉图……）中体现（实体化）为"确定性"、"逻辑性"、自锁式的不会错性，以及对这种确定性、逻辑性的反抗：相对主义的反抗较硬，怀疑主义的反抗较柔（悬置），但更彻底。

于是有一条主要的争论线索：逻各斯的独立、不变的形式，与动变原则或言说中的逻各斯发生冲突。

第十二章 中世纪基督教哲学（一）

第一节 概述

史学上的"中世纪"：西元 476 年西罗马帝国灭亡（后来西欧人心目中的"文明"作为大的政治单位的结束）至 15 世纪文艺复兴前，约一千年。

文化上、哲学上的中世纪（Medievel Period）意味着"基督教文化"或"基督教哲学"，它经历了罗马、中世纪和文艺复兴，即从 2 世纪到 16 世纪约一千五百年的时间。在这个时期中，基督教从传播、发展到取得统治地位，直至影响衰退，其哲学也经历了诞生、发展、分化和衰落，具体分为：

2—6 世纪教父哲学

6—9 世纪黑暗时代的哲学

11—14 世纪经院哲学

15—16 世纪 中世纪晚期哲学并向近代哲学过渡

人们常讲的近现代意义上的西方文明有两大来源：古希腊文化与犹太-基督教，又称之为"双希"（希腊与希伯来，Hellenic 和 Hebraic）。从哲学上讲，它们就是在中世纪相交相斗和相汇（confluence）的两种文化精神。

从一些方面看，这是非常不一样的两种文化传统：

1. 文化精神的不同（和某种相通）：一边是以哲学为突出特征，一边是宗教。两者的不同并不主要表现为基督教面对古希腊的多种宗教，那样要简单得多（原始基督教就面对这类挑战），因犹太–基督教是极端不妥协、不与其他宗教混融的宗教。

希腊的宗教有较多的艺术性和现世性（比如德尔斐神庙的预言术），也给哲学留下了很大的甚至是很自然的生存空间和解释空间，比如德尔斐神庙的铭文就很有哲学含义："认识你自己！"一些哲学家（毕达哥拉斯、恩培多克勒……）本人就被信徒视为神。保罗在雅典看到一座神坛上刻着"未识（未知）之神"①。这就颇有苏格拉底的哲思意味。

基督教要顶替掉一切异己之神，却可以而且在那个时代必需利用希腊哲学来为自己做"合理的铺垫"（见奥古斯丁的精神经历）和"合理的论证"。因为如上面总结的，希腊唯理论传统中有对终极者实施形式对象化、确定化和实体化的倾向。（有人总认为"论证"是理性或哲学的象征，如果他们仔细去看中世纪基督教哲学中几乎无与伦比的大量论证，或许会多反思一下这种说法的局限。）所以保罗要讲："你们崇拜但又不认识的，正是我现在要宣扬的。"②即让基督之神成为信仰的对象，而让希腊人的思想为说明他的奥

这正是希腊哲学想学数学而又学不太像之处。哲学碰上了自己的"无理数"，比如不可认识的信仰，就无计可施或只能含糊过去；而遭遇"无理数"的数学在起初的震颤之后，还能在本身中找到说明及至理解它的途径。

---

① 赵敦华：《西方哲学通史——古代中世纪部分》第 1 卷，第 349 页。
② 同上书，第 1 卷，第 349—350 页。

秘发挥作用。所以，在中世纪两个文化的"交合"（或征服对方）中，这是一个不对等的局面，一边是不可变的信仰，另一边是无定准的哲学。

2. 因此，整个中世纪特别是其早、晚期，充满了基督教信仰与希腊哲学理性的冲突或（在基督教哲学的繁荣期）信仰对理性的硬性统治，以及以某种方式达成的暂时的、残缺的统一。

希腊主流文化精神中不是没有信仰。除了奥林匹斯山神灵崇拜、酒神崇拜之外，你能说苏格拉底无虔诚信仰吗？但他的信仰是不直接、不外显而且不易被大众追随的。这种信仰与他那经常表现为"辩证对话"的否定形式的理性思考（思辨）相互需要，而最终要扎根于神秘的崇神、迷狂的体验，所以基本上是个人的、否定线性理性的，有时也是艺术体验式的。

而基督教的信仰则是群众社团的、直接肯定式的（"我是我所是"、"基督是上帝之子，是成了肉身的逻各斯［道］"）和意愿信念式的（完全超时空的普遍有效，表现为"你必须……"），要一下子征服大众、王国。雅典城邦的信仰也是社团式的，但远没有基督教会和神学理论那么严格和普遍主义化。

所以，这里讲的理性与信仰的冲突，实际上也有不同文化（或信仰）之间的冲突的向度，与希腊哲学与希腊信仰（比如雅典人的集体信仰就要杀死苏格拉底式的个人信仰，但却欣赏斯多亚派的哲学和信仰）之间的微妙关系也大有关联。

这样，基督教哲学就一定要去掉、顶替掉或吸收掉希腊哲学中的信仰核心（"信什么"），而且决不能容忍其中的怀疑精神，

《辞海》（1999 年版）这么定义"理性"："理性：一般指概念、判断、推理等思维活动或能力。"（63 页）这样的理性就总是派生的，只能对已现成了的观念对象进行概括、抽象、联结。其实理性最可贵之处在于：为本质上新鲜东西的开启和成长留下可能。

罗马人欣赏斯多亚主义和新柏拉图主义。

但却要利用希腊哲学的论证手段和构建出来的概念、语词及思路，来论证基督教中的那一系列问题，比如"三位一体"、"道成肉身"、"尸身复活"、"原罪"（恶的来源）以及"上帝的存在"等。除了最后一个命题，其他大多命题是基督教特有的，或起码是希腊哲学未处理过的。

所以，任何时候，当基督教理论家（神学家）们感到希腊哲学思辨中的怀疑力量对"上帝"和"基督"造成威胁时，就要完全排斥这种"哲学"或"理性"，以争得基督教义的独立身份和特色。比如早期教父德尔图良认为，哲学是异教徒的智慧，所以比其他的只知闷头信仰的异教徒更危险："异端是哲学教唆出来的"，应该用当年（罗马人）迫害基督徒的方法来对待哲学家。（看看这思路的正反同一性!）所以他采取极端的信仰主义立场：信仰不可理喻，不可探究。他说"上帝之子死了，这是完全可信的，因为这是荒谬的。他被埋葬又复活了，这一事实是确定的，因为它是不可能的。"[1] 于是他有此口号："唯其不可能，我才相信。"（西方式的"超言绝相"或"言语道断"!）这是在西方语境和历史中追求有人生（其中有大量不可比性）力度的终极的方式："荒谬"、"不可能"，但在现实中则表现为体制化的线性理性的要求和控制，认为一切"可能的"真理都在教会的解释之中。

这种信仰主义（"左"倾）实际上潜在地主宰了中世纪乃至后来的基督教神学的主流，只是有时以较温和的方式出现罢了。

> 这里面潜伏着某种深刻的东西，意识到了"无理数"维度。但这深刻者似乎要到克尔凯郭尔（1813—1855）才以真正深刻的方式被揭示出来。

---

[1] 赵敦华：《西方哲学通史——古代中世纪部分》第1卷，第361页。

后来，较有哲学(思辨)才气的基督教思想家就对"驯服哲学"有了更大的信心，于是哲学被认为是一条可驯为牧羊狗的狼，制其自由思辨之野性而用之，就成为基督教哲学中的"辩证法"。奥古斯丁提出"基督教就是真正的哲学"，实际上认定真实的基督信仰为哲学和理性之源。但既然这么说，这么"改革开放"，就有它的后果，即可以用哲学来论证信仰。

安瑟尔谟说："信仰了才理解。"很有一些道理。但这只对前对象化的原发信仰合适，就像孩子对父母亲、对母语的信仰。"惚兮恍兮，其中有信。"

达米安则讲"哲学是神学的婢女"。

托马斯·阿奎那认为哲学与神学分属两个学科，它们都阐明关于上帝的同一真理。所以一方面，哲学(自然神学)无权批判神学，它只能用来证明、解释和保护信仰；但另一方面，由于这种区分，哲学取得了某种独立于神学的身份，哲学家可以按照自然赋予的理性探索真理，尽管这真理一定属于上帝。

后来司各脱和奥康的唯名论更加强了哲学与神学的分离，在承认哲学的合理性(知识性)的前提下回到意志主义神学(似乎与德尔图良相近，实大不同)，但加入了"偶然"的角色："上帝以偶然的方式知道世上发生的一切。"[①] 所以个人在上帝面前有同等的实在地位。这就削弱了教会和教皇的权力合理性，使得经院神学(基督教哲学)这一在信仰基础上结合信仰与理性的企图破裂或衰退。

3. 一般与个别

一般与个别在基督教哲学中有不同的表现维度：首先，

---

① 赵敦华：《西方哲学通史——古代中世纪部分》第1卷，第572页。

如上所言，它们分别表现为教会、社团化了的基督教和个人化、体验化、意志主义化的基督信仰。公教会或天主教之名"katholikos（Catholic）"就意味着"普遍的"和"大一统的"。而个人化、体验化的基督教信仰则往往与神秘主义、抗罗宗（Protestantism）有关，被怀疑为有"异端"（heresy，heretical）倾向。

　　其次是论证基督教神学的基础教义"三位一体"时遇到的概念困境，导致一般与个别的关系受到重视。比如安瑟尔谟（St.Anselm，1033—1109）认为，三位一体说（the doctrine of Trinity）要求确认"一般"（the universal）为独立存在者，也就是持实在论（realism）的哲学立场。因为如果否认那总括个别的一般本身可以是第一实体，或否认一个自身同一的实体可以存在于多个不同的个体成员之中（圣父、圣子、圣灵），那么这"三位"（Trinity）就成了"三神论"（tritheism）了。①

　　这就是所谓的唯名论与唯实论或实在论之争，它贯穿了中世纪的经院哲学，这个争论与对待"上帝存在的证明"的态度也是有关的。一般说来，实在论倾向于基要主义（fundamentalism）或正统（orthodoxy），比如安瑟尔谟；而唯名论则时有被判为异端的危险（比如阿伯拉尔），但也不必然。

　　中世纪哲学中"正统"与"异端"之争极为激烈，类似"党内意识形态"之争。甚至托马斯的学说一开始也因触怒奥古斯

"经院哲学"（scholasticism）又译作"士林哲学"，其字面义为"学院中人的主张"。它的特点：（1）以"经院"为生存环境；（2）以"辩证法"（正反论辩推理）为操作原则。

---

　　① Samuel E. Stumpf: *Socrates to Sartre: A History of Philosophy*, New York: McGraw-Hill, 1993, p.163.

丁主义传统而受到迫害，后来才被教廷立为正统。

由此可见整个中世纪基督教哲学受制于基督教信仰，力图使古希腊哲学为其神学服务，因而它整个思想的素质和创新受到限制。但在这个大框架内，由于代代学人殚思竭虑的努力，在精细的概念辨析和推理方面有了不少进步，但也从一个侧面暴露出了概念化思维和推理的无根性、"婢女"性。

第二节　奥古斯丁哲学择述

奥里留·奥古斯丁（Aurelius Augustinus，354—430）生于北非，母亲是基督徒。他很早就经历到道德上的内心冲突，驱使他终生寻求达到幸福生活的真实智慧。18 岁时读西塞罗（Cicero）的著作，对哲学产生兴趣，开始怀疑他早期从母亲那里获得的基督教学说，尤其是其中包含的"道德之恶的根源"的说法。读他后来写成的《忏悔录》第二书可见其一斑：如果全善全能的上帝创造了这个世界，那么为什么可以说，比如，人的情欲和反叛欲是邪恶的呢？它们不都是上帝赋予的"自然本性"吗？于是他转而信"摩尼教主义者们"（Manichaeans）的观点，他们用光／暗（灵／肉）二元论来解释善与恶，两者同样永恒，永远争斗，而且他们不要求"在理性之前的信仰"（faith before reason）。但这种学说只能用于解释恶，却帮助不了奥古斯丁去真实地、内在地克服和超越恶。于是他转向怀疑主义，认为人从理智上根本达不到真理和上帝，但他同时还保留了对上帝的某种信仰。

摩尼教又译作"明教""牟尼教"等。3 世纪时由摩尼创立，以波斯的琐罗亚斯德教（又译作"拜火教""祆教"）的善恶二元论或光明与黑暗二元论为基础，吸收了基督教、佛教和诺斯替教的成分。武则天时（694 年）传入中国中原地区，后来成为秘密宗教和农民起义的依傍组织，被宋朝官方指为"吃菜事魔"或"魔教"。五代时称为"明教"。至清朝时已不见于文献记载。

　　后来他到米兰（Milan）教修辞学，结识了那里的基督教主教安布罗斯（Ambrose）。之后又读到普罗提诺的《九章集》，深受影响，从而相信：（1）确有一个精神的世界，有精神的心灵和灵魂的真实存在。（2）恶不是肯定性的实在，而只是善的缺乏（absence of good）或本原的缺少（privation），即不向"上"（真实的本源）而向"下"（缺少真实性的质料）的寻求，由此而避免了二元论。但这仍代替不了他精神上的最后转化，即完全认定精神、上帝是最真实者。通过艰苦的思想斗争，经历了"花园里的奇迹"，他写道："我读完这一节，顿觉有一道恬静的光射到心中，溃散了阴霾笼罩的疑阵。"[①]。于是他在387年受洗，坚信以这种灵魂转化为契机的信仰与柏拉图主义是相符合的，认为"基督教就是真正的哲学"。当然，他能接受的"真正的哲学"是柏拉图主义，特别是它的普罗提诺版，即一个超自然的、以理智和精神为更真实者的人框架，而绝对不会是赫拉克利特主义或伊奥尼亚学说。

　　就这样，精神探求引他达到了真正满意的安身立命之所。他后来回到家乡，任高级基督教职，写作、布道、反驳异端异教，直至汪达人入侵前逝世于家乡名城希波。

　　他的"信高于智，是真正的智"的学说为整个基督教哲学定下了基调，成为在古代基督教世界中影响最大的思想家或神学家。他还提出了光照说（The Doctrine of Illumination）。

---

　　① 奥古斯丁：《忏悔录》，周士良译，商务印书馆2009年版，第8卷第12节，第168页。

奥古斯丁认为人有两种认识能力：感性（sensation）与心灵（mind）；相应地有两种被认识的对象：感觉对象和永恒真理。比如看见一女子（感觉对象）而说她美（不变的精神对象），看见了 3 个男孩和 7 个男孩，而判断说一共有 10 个男孩。所以人类感知总涉及 4 个因素：（1）被感觉的对象；（2）感觉依据的身体感官；（3）形成对象形象（images）的心灵行为；（4）心灵用来对感觉对象做真判断的非物质对象，比如"美"和"数"。①

但问题在于，人的心灵如何能知道这些非物质对象，从而能形成关于永恒和必然的真理的判断？要知道，人的心灵本身是只一个受造物（creature），是有限的、不完满的。为了回答这类问题，柏拉图有回忆说，亚里士多德有抽象说（理智从个别事物抽象出永恒的普遍观念）。奥古斯丁在此问题上与两者都不同（奥古斯丁与柏拉图的一个明显区别是否认回忆说），他依据柏拉图的"太阳喻"（the analogy between the sun in the visible world and the Idea of God in the intelligible world）创立了光照说。按照此说，心灵之所以能形成感官对象的形象和"看见"永恒的对象，是由于这些对象沐浴在光照之中，正如我们的肉眼要靠物质之光（阳光等）才能看见对象一样。而这"灵光"就来自万物的创造者上帝。我们的理性依其本性就自然地趋向这光照，所以一切人都或多或少地拥有真理，但只有那些信仰上帝为最真实存在的人才拥有对这光的领会。他讲："谁认识真理，即认识这

一切相对的知识都需要一个绝对的标准或光源，这是西方唯理论的脊梁，来自巴门尼德和柏拉图。

_____

① Samuel E. Stumpf: *Socrates to Sartre: A History of Philosophy*, p.139.

光；谁认识这光，也就认识永恒。唯有爱能认识它。"[1]但要注意，这光照只提供认识永恒对象和真理的条件，而不是它们的内容或对象本身，所以叫"光照"。

奥古斯丁还有"恶的起源和性质说""意志自由说""时间学说"等，这里略去不讲。

---

①　奥古斯丁：《忏悔录》，周士良译，第134页。

第十三章 中世纪基督教哲学(二)

第一节 唯名论与实在论之争

一、共相(the universal)性质之争的来由

唯名论(nominalism)与实在论(realism,唯实论)之争的焦点就在共相的性质这个问题上。

共相问题在哲学中取得突出地位始自苏格拉底和柏拉图。认为一切具体的个别事物的本质或存在(是其所其)来自一个普遍的共相或理式(相),这就引起了理式与个别的关系的问题,以及理式与理式之间的关系问题。后来,由于亚里士多德的批判,以及柏拉图后期的再检讨,尤其是由于亚里士多德提出"第一实体为个体"的学说,并否认共相是实体,但又承认种属是第二实体,并最终视纯形式为最高实体,[①]从而使得普遍或共相的性质问题被突出出来。这是由西方传统哲学的柏拉图主义框架决定的,东方没有这个问题。

---

① 见以上第10章第2、4节对亚里士多德相关学说的讨论。

　　这个问题到了中世纪取得了更为重要的地位，从而与神学中至关重要的"原罪"（这罪是否实在地存于一切个别人那里）、"基督的神-人性"与"三位一体"等问题有关，又与圣餐中的"实质转化说"及教皇与国家（国王）之争有关。

　　此问题的一个更直接的发端来自新柏拉图主义者、普罗提诺的弟子波菲利（Porphyrius，233—305）。在他所著的《亚里士多德〈范畴篇〉引论》中，将亚里士多德与柏拉图的分歧归结为关于共相性质的三问题：（1）共相或种属是独存的实体，还是仅仅存在于人的思想之中？（2）如果它们是实体，那么究竟是有形体的（material）还是无形体的（immaterial）实体？（3）（如果它们是无形体的）它们是存在于感性事物之外，还是之内？[①] 他本人没有回答这些问题，后来波埃修（Boethius，480—525）重提这三个问题，并持比较接近亚里士多德的观点。唯名／实在论之争就集中在这些问题上。

接着问题（1），还可再问：即便说共相存在于人的思想之中，那么，这种共相有无独立于个体的客观性？

二、极端的唯名论与实在论

　　罗色林（Roscelinus，约 1050—1125）持极端的唯名论立场。他根据亚氏《范畴篇》，认为真正的实体只是个别事物，而共相不是实体，只不过是一个代用的名字或词的声响而已。按照他，一切词（voxe）都只是个别事物的名称（nomina），不能表示一个有客观实体性的共相。所以共相不是个别事物之外的实在存在，只是一个空洞的"名称"。实际上，词不表示什么事

---

　　① 赵敦华：《西方哲学通史——古代中世纪部分》第 1 卷，第 334 页。

物,它只是一个物理声音而已。在这个意义上,人们管这一派叫作"唯名论"(nominalism):认为共相无客观实在,或只是"(物理声音的)名字意义上的"存在而已。罗色林的观点("共相除了声音之外什么也不是")是极端的或激进的唯名论。后来温和唯名论也从"名字"上着手,但是将表示共相的名字看作有表意内涵的真实表达式。

罗色林的观点在解释"三位一体"时,其结论就会是:"圣父""圣子""圣灵"这三位,按其威力、意志和品格来说,是统一的,但按其本性来说,它们只能是三个个别的名称,不可能是一个共同实体,"一体"或"上帝"(God)只是个名字。当然罗色林自己不承认犯了这种"三神论"的"错误"。

与罗色林做了激烈论辩的安瑟尔谟(Anselmus,1033—1109)是一个极端的实在论者。他相信"普遍原则"和"抽象观念"的实在性,他认为三位一体要求实在论,因为如果没有一个同一的实体存在于数个成员之中,则三位(Trinity)就成了三神(Tritheism)。这在他论证上帝存在的本体论证明中充分地表现了出来,上帝的观念的含义就能证明他的绝对存在性。尽管"上帝"不是一个一般意义上的"共相",但上帝的含义("无与伦比者")却是由共相组成的。极端实在论的特点是认为种、属这些共相实实在在地存在(exist in reality),众个体分享它们,[①]但不一定断定共相与个体的完全分离(如柏拉图)。

---

① Samuel E. Stumpf: *Socrates to Sartre: A History of Philosophy*, p.162.

三、阿伯拉尔的温和唯名论

彼得·阿伯拉尔（Petrus Abailardus，1079—1142）出生于法国的南特附近，一生起伏、多难。他写有《我的苦难史》。此人寻访名师，包括罗色林、香浦的威廉（William of Champeaux，1070—1121）等，但对他们都不满意。其讲课受学生欢迎。后来他与海洛伊丝恋爱，遭仇人忌恨，惨遭阉割的私刑；海洛伊丝进了修女院，阿伯拉尔进了修道院。后来他又写一系列引起正统派攻击的论文，在桑斯主教会议上遭谴责，著作被烧，又被判为异端。1877 年，他的骸骨被移到巴黎与海洛伊丝的遗骨合葬。

阿伯拉尔的特色，是结合语词的使用或意义来回答共相问题。他认为，语词和使用它的某种方式使得共相存在。

一个"单一词"（或"专名"），比如"苏格拉底"，指示独立存在的个别者，两者一一对应，所以，"它们的表示方式与事物的状态很一致"[①]。但是，一个"普遍（一般）名词"却不是以这种一一对应的方式指称事物，因为并没有普遍事物的真实存在。但它又不只是罗色林讲的"语词声音"，它是以一个表面上的单个事物（即这个词本身）来间接地表示多，也就是众多同类的事物。阿伯拉尔写道："凡共通的词，它本身在本质上似乎是一个单个事物，但是通过命名却使它在多数事物的名称下成为共

---

① 　北京大学哲学系外国哲学史教研室编译：《西方哲学原著选读》，上卷，第 256 页。

有的;显然它是依据这种名称,而不是依据它的本质,表述多数东西。"[1] 总之,它以普遍名词的"命名"方式来行使共相的功能。因此,阿伯拉尔认为,普遍名词的意义不依靠众多的个别事物。比如,在那些被普遍名词以间接("一表示多")方式命名的个别事物(比如,这些玫瑰花)消失了以后,这名词(比如"玫瑰花")仍然有意义,"否则,就不会有'没有玫瑰花'这个命题了"[2]。这也就是说,这普遍名词本身是有意义的,有内涵的。

然而,它的意义不来自对一个客观的普遍本质的指称,而是由于我们可以通过观察理解一类事物的相似处(likeness)。这种理解依据的是我们心中形成的概念(conception,赵敦华译为"一般印象")。而这概念(共同印象)是来自我们对于个别事物之间的"状态"(status)的观察,比如"柏拉图""孔夫子"和"李逵"之间有"人"这样一个相似性状态。并且,这概念或一般印象是模糊的,不像关于个体的印象或观念那样是清晰的。理解一个共相就是"想象众多事物的一个共同的、模糊的印象"。[3] 这一般印象不表示实在论者讲的独存的"本质"或"实体";但也不像极端唯名论者讲的那样,是完全主观的,因为它们毕竟有"普遍语词的意义"这种"客观有效性"。

这种终极的"相似"值得玩味。唯理论者要问:这相似是凭什么才相似起来的?经验论者会说:它不凭一个更根本的"什么",而是依靠人心灵中的对众印象的联想能力就可造成相似,所以"相似"是个比较原初的心灵事态。当代结构主义则要说:语词的对立差异造成了意义联系,也就造成了相似。阿伯拉尔的主张,即通过"观察"可达到这种相似性,近乎经验主义;但他的共相源自普遍名词的命名功能的主张,与结构主义更相近些。

这就是所谓在共相性质问题上的"概念主义"(conceptualism),或温和的唯名论主张。它的特点是承认共相在"概念"

---

[1]　北京大学哲学系外国哲学史教研室编译:《西方哲学原著选读》,上卷,第 258 页。

[2]　同上书,第 252、255 页。

[3]　赵敦华:《西方哲学通史——古代中世纪部分》第 1 卷,第 444 页。

和"普遍名词"的本身意义程度内的客观性，但否认它具有像个体事物那样的实体性或实存（subsist）性。S.E.Stumpf 称之为"温和的实在论（moderate realism）"①，则是由于阿伯拉尔毕竟主张共相具有不同于个体的某种客观性。

托马斯·阿奎那接受了阿伯拉尔在这个问题上的大部分学说。奥康的"词项论"的思路②与之也有相似之处，只是更精巧。总之，到阿伯拉尔这里，唯名／实在之争才与真实的"名"或"语言"、"词项逻辑"搭上了界，从而变得微妙起来。当然，弄不好就只是往两种主张中间多插进一层（"概念"）而已。

四、托马斯的温和实在论

托马斯·阿奎那（Thomas Aquinas，1224/25—1274），生于意大利，后入多米尼克会，在意大利、德国和巴黎受神学教育，此后在各地教授哲学与神学，去世时才 49 岁，却成就斐然。他大力吸取亚里士多德的学说，创建了最系统最博大的天主教思想体系，著作有 1500 万字以上，代表了经院哲学的最丰硕的成果。（但很难讲是"最高成果"，比如司各脱、奥康似乎都有过他之处。）

在共相问题上，他一方面同意阿伯拉尔的观点，即对于人而言，共相只能在个别事物中（in re）被发现，在经验它们之后（post rem）人们将共相作为概念抽象出来；但是，另一方面，他

---

① Samuel E. Stumpf: *Socrates to Sartre: A History of Philosophy*, p.164.

② 赵敦华：《西方哲学通史——古代中世纪部分》第 1 卷，第 559 页以下。

又如同亚里士多德那样,给予了共相以某种实在身份,认为共相对应着事物中存在的普遍本质("隐蔽的质")。就此而言,他持温和的实在论,比阿伯拉尔的观点更靠近实在论,因为共相概念,对于他具有实在性,而不只是语言意义的客观性。但他还是认为个体是更"自然"意义上的实体。进一步,他在其实体学说中认为共相(从逻辑上讲)在个体之先(ante rem),已作为"理念"存在于上帝的心灵之中。"苏格拉底"与"张飞"的后天相似性("人"),来源于那在上帝心灵中的形而上学的实在性。[①]

阿奎那的哲理具有亚里士多德存在论的全部特点和问题。

阿奎那的实体说:

1.上帝是最高实体。阿奎那认为,作为存在的原因和自由,上帝是存在与存在者的统一,存在与本质的统一:"上帝的本质就是他的存在。"[②] 这实际上已是对上帝存在的先天肯定。而且他认为,(1)这最高存在不属于任何种和属;(2)这存在是纯行动和纯现实性,无惰性和潜在的质料(纯粹);(3)是完全无"被动"可言的单纯主动(单纯)。

按第(2)条和亚里士多德的"现实与潜在"说,"存在"就高于、优于和先于"本质"。有人说这是"存在主义"的古代形式,但它实在太思辨化和脱质料化了,没有被人的实际体验所激活。

2.精神实体。他认为,精神实体的存在活动是从上帝那里"接受"来的,所以不同于它们自身的本质;这本质是固有的潜能,是纯精神的,限制对现实状况的接受。

他认为,这种实体虽有存在与本质之分(现实与潜在之分的一种),但无形式与质料之分(现实与潜在之分的另一种)。

---

① Samuel E. Stumpf: *Socrates to Sartre: A History of Philosophy*, p.197.

② 赵敦华:《西方哲学通史——古代中世纪部分》第1卷,第486页。

3. 物质实体。在阿奎那看来，它们包含存在与本质、形式与质料这双重区分，因而更受限制（来自上面／下面的限制），完善性更小。

由此可见，最高的实在性是在上帝那里。这种形而上学观使得他的"概念主义"只能是实在论的。亚里士多德的形而上学（而不是其实践哲学）是对抗不了柏拉图主义的。

第二节　对上帝存在的证明及其问题

能够依据某些前提和（上帝）观念的意义推论出或证明上帝的存在，是西方哲／神／学（onto-theo-logy）的独家特点；获得像数学证明那样的结构性、严格性和推衍性一直是西方哲学乃至神学的渴望，此种渴求一有机会就要冒出。

到了中世纪，当哲学要论证的主要对象是单一人格神上帝时，这种"朝向数学结构的冲动"再次出现，因为"上帝"这个词的观念含义中都是"最"者或终极意义，"最"强烈集中地体现出了希腊哲学以来的求"一"、求"不变的逻各斯"的唯理论冲动，或概念理性的冲动。借助这个"最点"的支撑，似乎能严格地、数学证明式地达到某些结论，首先就是"存在"。其实在巴门尼德、柏拉图甚至亚里士多德那里，神（至善）与存在就已有了内在的关联。如果说"恶的存在"是对"神之最"的挑战或"报应"的话，那么"神的存在"似乎就是这"最"的"报酬"。

它还从一个比较鲜明的角度显示出观念形而上学追求必然论证的特性或"先天死板"的缺陷，这似乎自满自足的"证明"

不要忘了，正是克塞诺芬尼对"唯一神"的本性的探讨，导致了巴门尼德的"唯一的纯存在"。

中没有或很少有"突转"和"发现"（亚氏语），没有"际会"（相遇）之真活体验，也没有"爱"、"荒谬"等发意机制，因而成为当代西方哲学共同批评和由之反跳的靶子和跳板。

与芝诺的"运动不可能"的证明大不同。芝诺所讲的有戏剧性的思想引发效果。

就是德尔图良的"唯其不可能，我才相信"，也颇有精神与思想的英气和反激效应。而真爱、真信中必有至变（反激）。

一、安瑟尔谟对上帝存在的本体（存在）论证明

安瑟尔谟（St. Anselmus，1033—1109）生于意大利的彼得蒙特（Piedmont），年轻时到法国求学，入修道院当世俗学生，后加入本笃会（Benedictine Order），任教职，讲学三十多年，直至升为英国坎特伯雷大主教。他曾为维护教会自主权与英国国王有多次冲突。1494 年他被教皇追认为圣徒。

他深受奥古斯丁影响，相信信仰和理性可达到同样的结论。他还相信人的理性不依据其他任何权威就能创造一个自然神学或形而上学。但对于他，信仰毕竟在先："我并不是为了可以信仰而去追求理解，而是我信仰了以便我可以理解。"（"I do not seek to understand in order that I may believe, but I believe in order that I may understand"）[1]。所以他的方法或口号是："信仰寻求理解"（faith seeking understanding）。这倒也确是极为深刻的见地，只是它的真义在于信仰与理解的"半路相遇"，因此要求正反两面（还需加上"理解引发信仰"）的谐唱，不可只取一途，往而不返。

1. 本体论证明的先导——对上帝存在的"后天"证明

安瑟尔谟在《独白》（Monologion）中表达出这样一种"后

---

① Samuel E. Stumpf: *Socrates to Sartre: A History of Philosophy*, p.165.

天"证明，即从公认的经验事实出发推导出上帝必然存在，简言之就是：

(1) 人们寻求那些他们认为是"好的"(good) 东西。由于我们能够将这些好的东西相互比较，说这个比那个"更(more)好"或"不那么(less)好"，就表明必有一个被这些好东西共有或共享的"好的标准"。这好的标准之所以能成为不变的标准，是因为它是"依自身而好"(good-in-itself) 或"好本身"（至善）。这超出一切相对的好的"好本身"就是上帝。这一论证也适用于"伟大"(greatness)。

又是柏拉图。只要有区别，就一定是按照一个绝对标准做的区别。

(2) 每个存在的事物或者凭借其他事物或凭借自身而存在，它不能出自虚无。但实际上它不能出自自身，因为在它存在之先，还不存在，无法去造成自己的存在。而说一事物凭借另一事物而存在（由于这"另一事物"不能无限地延伸而无最后的引起者），就意味着它们互为原因，而这也是荒谬的。所以必有一个本质上更高级的"事物"，它凭借自身而存在，并引起了其他事物的存在，它就是上帝。

这类论证只就现成的存在者而做思辨。

(3) 存在的事物有完满性的层次(degrees, levels)，比如动物的存在层次比植物高级，人又比动物高级。（注意：典型的西方柏拉图主义。）那么，除非这个上升趋势是无限的（而这是不可能的，因为与(1)的论证相似，那将意味着没有一个"完满性"的标准来使我们区分开这些层次。但我们明明可以做这种公认的区分），否则就必达到一个最高的和最完满的存在者，它就是上帝。

这三方面的论证都预设了柏拉图主义的原则（比如"四线段说"等等），即一切事物都按一个绝对的标准被排成一个存在完满性逐渐降低（或升高）的等级系列（hierarchy），或一切具体事物都不同程度地分享一个绝对的普遍存在或普遍特性（"好""伟大""原因"）。这当然是断定"共相"无条件地客观存在的极端实在论。

但是，安瑟尔谟意识到他的这些证明还没有达到数学证明那样的清晰和力度（clarity or power）。他的修道院的学生们希望他能找出一个更纯粹的、更独立自足的关于上帝存在的证明。他经过长时间思索，最终相信自己获得了一个单独的、清晰的和毫无缺陷的证明（a single clear and virtually flawless argument）。

2. 关于上帝存在的本体论证明（Ontological Argument for the Existence of God）

这个证明的"先天性"（a priori）表现在它不从经验的证据开始，然后逻辑地推出上帝必存在的结论（阿奎那就是那样做的），而是遵循奥古斯丁路线，一起手就诉诸"上帝"这个概念或这个词的观念内涵。于是，安瑟尔谟在《宣讲》（Prologion）一开头就要求读者"进入你内心的深处"，独思"上帝和一切有助于你寻求上帝的东西"，实际上就是要揭示出"上帝"的概念。

接下来的论证步骤是：

因为，

（1）上帝（的观念）意味着"那不能设想比其更伟大者"（God is that than which nothing greater can be thought）。

（2）这"不能设想比其更伟大者"不能只存在于人心中而

这里用否定表达式（"那不能设想……"）有深意，不可以改写为肯定式："那能被设想的最伟大者"；因为人不能正面设想神的伟大，而且不同宗教乃至不同的基督徒设想的最伟大者会很不同。所以用否定式表达就似乎避免了这些问题，找到了一个形式上的共通点。

不存在于现实中（exist in reality）。因为要是那样的话，我们就"能设想比它更伟大者"了，即设想一个同时存在于人心中和现实中的伟大者，而这恰与上帝的这个概念——"不能设想比其更伟大者"——相矛盾。

所以，

（3）上帝必实在地存在（或：上帝必存在于现实之中）。

安瑟尔谟的具体论证是：关于（1），他引用《旧约·诗篇》14 篇 1 节的话："愚顽人（The fool）心里说：上帝不存在。"这里"愚顽人"意味着跟自己矛盾而不知的人，因为当这愚顽人听到"不能设想比其更伟大者"的话时，他能理解他所听到的，而这理解是在他心里的，但他又否认这"不能设想比其更伟大者"在现实中存在。

这似乎并不奇怪，因为在日常生活和事物中，在心中存在与在现实中存在确实不是一回事。比如绘画者在绘画前的心中存在之画，与后来他实际上完成的、能被人们看到的和理解的画是不同的。因此，这愚人似乎完全可以在否认上帝存在的情况下，在心中具有"不能设想比其更伟大者"的观念或理解。

于是，论证达到关键处。安瑟尔谟要强调的是：上帝的观念（本质）与其他事物的观念根本不同，否认它的存在会导致矛盾，因为那样的话，这"不能设想比其更伟大者"就成了"能设想比其更伟大者"了。（论证见前）

可见这个论证的前提不涉及具体的经验证据，只从上帝的某种观念和西方形而上学（柏拉图＋亚氏）的一些前提推出，是典型的"存在-神-论（学）"（Onto-theo-logy）。

也体现了巴门尼德的"思想与存在是同一的"主张。

相对于上面讲的安瑟尔谟的那些"后天的"证明，这个证明确实从形式上更"单纯、独立和自足"，好像更少依靠柏拉图主义的理论前提，尤其是"一个无限系列是不可能的"这样的前提，而更直接地依据概念本身的含义和逻辑，更有数学证明的特征。这也是这个论证之所以如此著名的原因，它使安瑟尔谟在西方神学史和哲学史上都占有一席之地。

但是，细加检查，如上所述，这个证明也有不少不自明的前提（下面还有更多讨论）。它只在某种概念框架中适用。

近现代西方哲学中对它的攻击主要集中在"存在"的含义上。康德讲，"'存在'不是一个真实谓词"，弗雷格讲，"'存在'只是个二阶谓词"，等等；而克尔凯郭尔、海德格尔和萨特等则对"存在"有新理解。

二、高尼罗（Gaunilon）的反驳

高尼罗是安瑟尔谟的同时代人，是法国某处本笃会的一个修士（a Benedictine monk），他写了《就安瑟尔谟［宣讲］的论辩为愚人辩》（简化为《为愚人辩》，Pro Insipiente），书中他用"愚人"的口气反驳安瑟尔谟。

他的理由主要可以归为两条：

（1）安瑟尔谟的前提要求，当愚人听到并理解"上帝意味着'不能设想比其更伟大者'"这句话时，他在心中形成一个相应的观念，或有这么一个观念真实地存在于他心中。高尼罗否认这一可能，因为愚人们或人们经历过的一切现实事物，照安瑟尔谟自己的（"无与伦比"的）说法，是与上帝不同的。他说，

"谈到后者（'上帝'或'一个不能设想比其更伟大者'），除了根据语言公式外，我就一点也不知道了"，[①]"我们并不真正知道这个对象，只在听到说的话后，拿在心中产生的感情来设想，并从而想象我们所听到的语言的意义"。[②]这在某些程度上是唯名论的主张，它否定语词的意义有真实的观念存在（即使可以承认它的交流意义上的客观性）。这与一位画家可以在画出一幅画之前先有的这幅画的观念是不同的，因为"画"的观念可以同现实的画区别，而上帝的观念照高尼罗的看法不能同它的真实存在区别。[③]由于这样一个观念并不真的存在于哪怕是人的心中，顶多是有关语词的理解和伴随的感悟，所以安瑟尔谟要依据它来推出上帝的现实存在是不可能的。

（2）即使我们可以理解，甚至想到一个"不能比它更伟大者"，也不能证明它的现实存在，因为我们经常可以想到一个事实上并不存在的"无与伦比者"，比如"一个不能设想比它更伟大的海岛"。按照安瑟尔谟的推理，它也必然存在，不然它就不是"无与伦比的伟大海岛"了。可是，事实上只有"大傻瓜"（真正的愚人）才会相信它的存在。

安瑟尔谟的回答。安瑟尔谟将高尼罗的反驳附于自己的证明之后，然后回答之。

（1）他实际上未直接应答高尼罗对"理解"和"设想到"（形

---

① 北京大学哲学系外国哲学史教研室编译：《西方哲学原著选读》，上卷，第247页。

② 同上。

③ 同上书，第246页。

成有关观念)的区别,而是论辩道,每个较不完满("好")的东西与更完满的东西一样都在一定程度上"是完满的"或都涉及"完满"这个标准。因此,每个理性的心灵都能通过不同程度的完满存在者之间的对比,而向上推进,一直到最大者或最高级,达到"那不能设想比其更伟大者"。因此,我们确实有能力在心中形成一个"无与伦比者"的观念。

(2)"无与伦比的海岛(那不能设想比它更伟大的海岛)"或"最伟大完满的海岛"与"那不能设想比其更伟大者"从根本上不同,因为否定后者的现实存在是自相矛盾的,而否定前者的现实存在从逻辑上讲并不矛盾。"最伟大完满(无与伦比)的海岛"不是必然存在,而只是可能的存在,与现实中的偶然存在者们一样。

安瑟尔谟的回答并不真的有力。第一个回答未切中最敏感的要点,即"理解语词意义"(及想象它,对它产生某种感悟)与"形成心中的真实观念"的区别,特别用到"无与伦比者"身上时,更是这样。再说,如果我们真形成了这个观念,那么由于它的观念就包括它的存在,那么上帝就同时存在于我心中了。这却不可设想——那岂不是说我与上帝合一了?在日常语言或思想的对比经验中,我们能想象或推测"那不能设想比其更伟大者",但它并不是真观念,而只是语词理解。

第二个回答也站不住脚。高尼罗讲的是"那不能设想比它更伟大的海岛",按安瑟尔谟的逻辑,那偶然存在的海岛就不会是"无与伦比的海岛",因为你还能设想比它更伟大的海岛,即必然存在的海岛。

此外，还有一个更尖锐的反驳可以被提出（如果安瑟尔谟觉得"海岛"只是时空中的存在者而忽视它的话）。这个反驳可以被表述为这样一个论证：

因为：

（1）魔鬼意味着"那不能设想比它更邪恶者"。

（2）仅在心中存在的魔鬼不如那既在心中又在现实中存在的魔鬼邪恶。

因此：

（3）"那不能设想比它更邪恶者"的观念不能不包含它（恶魔）的现实存在，若不然，它的含义就不是"那不能设想比它更邪恶者"了。因而导致矛盾。

所以：

（4）魔鬼必然在现实中存在。

这里，你不能用"恶只是存在的缺乏"来逃避，因为（2）符合"上帝存在的本体论证明"的"最"态逻辑："那不能设想比它更……"就要求着"在现实中存在"。而且，对于东方思路比如佛教的思路（"四圣谛"中的"苦谛"）来讲，"最邪恶者必然现实存在"比"最伟大者必然现实存在"更合理。再者，印度人对"存在"与"非存在"的价值有颇为不同的看法。

赵敦华讲安瑟尔谟省略了一个前提，即：被设想为仅在心中存在的东西，不如被设想为同时在心中与现实中存在的东西那样伟大。①

———————————

① 赵敦华：《西方哲学通史——古代中世纪部分》第 1 卷，第 425 页。

　　其实还须增加一个前提，即：存在比非存在更伟大。而这一点却是东方人，特别是印度人不会同意的。"涅槃"（nirvana）或"完全地非存在""超出存在与不存在"在佛教中要比"轮回"意义上的"存在"更"伟大"或更智慧、更完美。

对于东方人，作为"无与伦比者"的"上帝"，因其"有名""有可观念对象化之实体"，就不可能是最源本者。

　　这个证明及围绕它的各种争论，从一个角度非常鲜明地体现出西方概念化理性传统中所蕴含的东西、它的特性以及它的貌似严格和合理之下的"阿基里斯的脚踵"。

第十四章　近代西方哲学的起点

第一节　文艺复兴

开始于 15 世纪的文艺复兴（Renaissance）是西方文化史上的重大事件，标志着西方世界（欧洲）从中世纪向近代或现代的过渡。这个时期中涌出的新思想、新学科和新的文化氛围和政治倾向塑造了"现代西方"的新面貌，对全人类的历史和文化也有逐渐增大的（其现实动力主要来自殖民潮和工业革命）乃至决定性的影响。我们中国人今天的生存现实中就有相当大的一部分与这个新的文化方向有关。

"文艺复兴"，顾名思义，是指长期受基督教（天主教）会控制的社会与文化向古希腊、古罗马的文化寻求源泉性的东西，使之"复兴"于现代。当然，任何复兴都有超出古代的当代含义。反过来讲也对，任何有当代和未来含义的改革都与古代源头的重现有关。

激发文艺复兴的原因可能有不少，但这里特别要提及两个：一个是地理大发现（1492 年哥伦布），另一个是哥白尼的日心说。因而有人说，"文艺复兴是个发现和解放的时代"①。

但文艺复兴的几个方面——古代文化的复兴、人文主义、宗教改革和自然科学精神——都与冲破和批判基督教会统治下的保守文化形态、向"源头"（古希腊人文源头或科学源头）的诉求有关。

前两个方面密切相关。古希腊罗马文化的复兴表现在，当时比较敏感的知识分子们都向往和努力重新发现古希腊和古罗马的光辉文化。许多中世纪不知道的古代文献、思想流派的著作被大量地整理出来，比如斯多亚派、怀疑论（皮罗、恩披里柯）、毕达哥拉斯学派的著作以及拉尔修的《著名哲学家的生平与学说》等等。就是中世纪已了解了一部分的哲学家，比如柏拉图和亚里士多德的著作，也以更全面、更忠实原作（去掉经院哲学蒙在上面的"粗糙简陋的外表"——彼得拉克）的新面貌出现。而且，柏拉图和新柏拉图主义远比在中世纪经院哲学中享有至高无上地位的亚里士多德主义更受新思想家们的关注。当然，文学、历史、修辞等各方面的著作，乃至古代的艺术作品、建筑遗迹等，都受到了赞赏，不再被当作"异教"或"腐朽文化"。

人文主义（humanism，又译作"人道主义"）最初主要指人文学科（studia humanitatis），它在西塞罗（Cicero）和瓦罗（Varro）所处的罗马时代就是古罗马学校讲授的科目，包括（语法）修辞、诗学、历史与道德哲学（伦理学与政治学），其培养目标是增强个人的表达能力和人文修养以便成为完整意义上的、与其他

中国需要文艺复兴，而不是文化革命，也不是什么"新文化运动"。

中国这些年从地下出土了不少重要的古代文献和器物，证明疑古主义是建立在伪科学的方法论上的。

① Samuel E. Stumpf: *Socrates to Sartre: A History of Philosophy*, p.205.

动物不同的人(man as such)。希腊文称之为 paideia，即通过 liberal arts(大学文科、文科科目)的教育使人成为完整意义上的、有较高贵的人生境界的人。(学理工科、经济类、法律类的学生如不充分利用"university"的人文资源，就未受到这种人文教育，就其长远的人生而言，是很可惜的。)这就与中世纪修道院、大学的科目和培养目标很不一样了，而与儒家的六艺教育更接近些。这些人文学科最终在新开设的拉丁学校中讲授，后来在各国的中等学校中也普遍开设。

这就相当于周代贵族教育弟子们的六艺，目的在于使之成人和成仁(儒)。我们的"文艺复兴"或古典复兴的机缘何在？

所以受人文主义影响的人看重修辞学或语言本身的力量甚于传统的逻辑和辩证法，因为后者脱开了古典语言的语境丰富性和熏陶人的境界，只以搬弄死理和论辩为务。所以瓦拉(Lorenzo Valla，1407—1457)认为中世纪使用的拉丁文是被野蛮人败坏的粗野语言，哲学家和逻辑学家争论的问题很多只是语言上的纠缠，语法和修辞就可以解决这些困难。他认为人们更应该重视"名誉"和"优雅的表现"，而不只是"合理""得救""成善"。

这就是历史上千年一遇的"风云际会"，两善的相互叠加而不是相互消耗。

另一方面，人文主义的潮流大开文化人和艺术家的视野，让他们觉得回到人和自然的原发冲动中反而是更有人文风味的。于是出了米开朗基罗、达·芬奇(1452—1519)等一大批创造新艺术、新文化的巨人。只要有了大的新势态，"举手投足皆是道"，处处都冒出灵感。

当然，人文主义也确有"以人的价值为最高价值"、"以人的世间关怀和现实问题的解决为第一要务"的倾向，反对以神性及其附属机构来压制人性和世俗社会和国家的倾向。在这个意义上它是一种"人道主义"，以人为价值的所在而不是某个崇高目的的手段。"人是万物的尺度"，人有天生的价值和尊严，有解决自己一切问题的能力，不必如天主教和新教所说的那样依附于更高的原则——信仰上帝、基督教会、《圣经》、讲道——而得真理。所以人是"小宇宙"，其中具有一切要素，可朽与不朽、身体与灵魂、世俗与神圣。古希腊斯多亚派和伊壁鸠鲁的学说以及亚里士多德《伦理学》的幸福观的世间部分，被再次关注。于是，有了托马斯·莫尔（Thomas More，1478—1535）的《乌托邦》，主张按人的理性来治理的理想社会，以德性为原则，废除私有制。马基雅维利（Niccolo Machiavelli，1469—1517）则从人所处的现实形势来考虑政体与统治术，主张人的自由天性只有在古罗马共和国那样的共和制（利益与力量的相互制衡）下才能恢复；他又以"性恶论"为理由，在《君主论》中主张君主可以驭权谋之术（"知道什么时候当狐狸，什么时候当狮子"），以恶治恶，牺牲臣民和他国的自由来进行有效的统治。近乎韩非子。

　　总的说来，文艺复兴表面上是向古典文化的回归，但最大的效果是突出了人的地位，特别是有文化教养和自我意识的个人的地位。

可见"相对主义""怀疑主义"的深刻含义和正面效应。从哲学上讲，文艺复兴的批判矛头首先就对准以科学、逻辑面目出现的、在中世纪盛行的亚里士多德主义，而以毕达哥拉斯主义、某种意义上的柏拉图主义和相对主义、怀疑主义为自己的哲学资源。

第二节　宗教改革

　　与文艺复兴和人文主义相呼应，天主教内部也出现了人文主义的改革思潮，比如德西代·爱拉斯谟（Desiderius

Erasmus，1466—1536）编辑了希腊文与拉丁文对照的《新约》，订正了通俗拉丁文本的错误，写出了《愚人颂》等主张新的"基督的哲学"的著作，影响广泛。爱拉斯谟主张信仰"爱的宗教"，而不是"犹太人那样的畏的宗教"；认为在基督的哲学中，"心灵的意向比三段式推理更为真实，生活不仅仅是争论，激励比解说更加可取，转变比理智思索更为重要"。他认为这种心灵的、爱的智慧不是学问的、机构化的，它"一下子赋予愚人全部现世智慧"，看出那些被尊重的有智慧、道德、名誉的人也不缺少虚伪和愚蠢。其讽刺批判的锋芒指向僧侣、神学家、哲学家、主教乃至教皇。[①] 对于他来说，真正的宗教出自心灵（heart）而非头脑（head）。这个意思后来被帕斯卡表达为："心灵具有理性所不知的性理"（The heart has reasons which the reason does not know.）[②]。

米歇尔·蒙田（Michel de Montaigne，1533—1592）则代表了后期人文主义者对新教改革的狂热和教条所持的怀疑态度。他深受皮罗的怀疑论影响，开创了"随笔"（essai）这一文学形式。他批判人在自然中的优越地位，指出人类知识的缺陷；以怀疑主义和自然主义抵制教条主义和宗教迫害，从而触及了近代知识论的问题：我们如何知道？能知道什么？培根、笛卡尔、帕斯卡都读过他的随笔。

但是，宗教改革是不能以人文主义、自然主义和怀疑主义

我们需要新的《愚人颂》。破除对"科学"的迷信，对西方中心论的膜拜。

---

① 赵敦华：《西方哲学通史——古代中世纪部分》第 1 卷，第 612—613 页。

② Samuel E. Stumpf: *Socrates to Sartre: A History of Philosophy*, p.208.

方式进行的，而只能以更虔诚、更激进的"左"翼面目出现，同时也突出个人主体在信仰中的地位。这是由路德完成的。

马丁·路德（Martin Luther，1483—1546）深受奥康哲学或科学的影响。奥康（William of Ockham，1285—1349）拒绝托马斯·阿奎那的基于因果概念之上的自然神学（通过人的自然理性，从分析事物间的因果关系，推出需要一个"第一原因"，即上帝），而认为有"两种真理"：理性真理和信仰真理。理性真理或知识基于经验，不可能达到宗教要求的终极真理；所以宗教主要是信仰的事情，信仰的真理来自神对信仰者的恩赐（a gift of grace）。

路德还受到奥古斯丁的影响，并接受圣·保罗关于"原罪"的思想（人因有此原罪，无力只凭自身而获救），对保罗"因信称义"的学说做了"个人内在精神转变"的解释（其中亦有爱拉斯谟的《愚人颂》的影子）。他明显地赞同柏拉图哲学，讨厌亚里士多德哲学。

此外，他还受到德国的基督教的神秘主义传统（从艾克哈特到陶勒尔）的影响。神秘主义主张信仰的最中心处不是认知，也不只是善行和入教皈依的形式，而是个人与基督、与圣灵的直接"相遇"，与情人在"沸腾的爱"中相遇一样。路德1516年得到《日耳曼神学》一书，受到启发。此书是艾克哈特、陶勒尔神秘主义的一种表现。1517年10月31日，路德在维滕贝格教堂门上张贴《九十五条论纲》，揭开宗教改革序幕。

他关心的主要是人如何获救的问题。他认为：由于基督在十字架上的自我祭献和"宝血"，人神之间的阻隔已经被排除，

神秘主义或神秘体验（mysticism）是人类返回自己的精神源头，重获原创力的一种重要方式，不可仅以"迷信""荒谬"视之。

信基督者作为个人凭借这种信仰就可以直接同上帝沟通（"相遇"的较含糊的说法），邀得恩惠，而无须以教皇为首的教阶制度（主教、神父）做中保。这就是对"因信称义"的新的解释，体现了以上提及的三种影响（奥康、柏拉图主义和神秘主义），其重点是突出个人通过信仰而直接得救的可能。

对于路德，因信称义意味着内在的精神转变，即从有罪感转到确信获救的状态。但人如何能确定自己获救了，而不是在自我欺骗呢？需要神父、其他获救者们的考察和确认吗？有什么客观的依据吗？这就到了理性的边缘，也是信仰的边缘。这种终极问题和形势在禅宗的"得悟"、道家的"得道"那里都有。路德认为这里没有一般理性的主导地位，但又不直接违反理性，而是通过圣道的直接启示超越普遍理性，达到"童心"，卸下原罪的负担，对未来生活充满了信心。他说："我们的理解力确定并毫无疑问地宣称 3 加 7 等于 10，但不能提出任何理由说明为什么这是真的，为什么不能否认其为真，［看，数学的魔力一直延到宗教信仰的核心！］因为它被真理判断而不判断真理。［这是关键！］……即使在哲学家中间也没有人能规定那些判断其余一切的共同观念，同样，圣灵在我们心灵中间判断一切而不被任何人判断。"①

后来近代的唯理论就关注这在人心中的能够判断其余一切的原初观念或"先天的"（a priori）观念。这实际上是"本原"问题和柏拉图主义在近代主体观中的重现。

这是艾克哈特的基本思路，也是当代现象学的思路。人有直接体验到（而不主要是反思到、感觉到）真理的天真能力（"良知"）。

---

① 赵敦华：《西方哲学通史——古代中世纪部分》第 1 卷，第 615 页。

路德毕竟还要诉求于某种客观性，但他不再诉求任何间接的客观依据，而是诉求于《圣经》这本身就有神圣意义的语言。他认为《圣经》文字的意义清晰明白，它传播的圣道有直指人心的启示力量。这却只有在他的"因信称义"的信仰之光中才能成立。这就是靠大信念而巧妙地剥夺教廷系统对圣经解释的垄断、于似乎无声处鼓荡出惊雷的做法。如果在古代（基督教会和教皇体制的早期），路德不过是一种不长命的异端而已，但在16世纪那一个蕴藏着反教皇势态的时代，他的主张就可"星火燎原"或"掘一穴而溃千里之堤"。人文主义对修辞学的强调在这里有隐约的表露。

路德的改革与人文主义的共通之处在于：更严格地区分理性与信仰、知识与启示，反对想打通两者（这在基督教哲学时代曾可以当作"进步"的、"开明"的表现，与德尔图良等人的保守主义、信仰主义不同）的亚里士多德主义或托马斯主义，并突出了个人的地位，贬抑了教皇教阶系统。但两者的区别在于：人文主义者崇尚理性的自治和知识的力量，而路德则崇尚个人通过《圣经》的圣道启示而得的信仰。

路德并不只是回到早期的德尔图良式的信仰主义，而是突出了个人的体验、《圣经》语言的直接启示，因而是信仰主义的近代形态。除了在信仰这一点上，其主张可以同人的科学认识、经商致富乃至殖民扩张等世间活动并存无碍。而且，由于"自我确信获救"的悬空性，其主张在人的实际生活中需要"善功"的间接客观证据。人通过"诚实的工作"而获得世间的成功还可以被解释为是上帝所赐的恩惠的表现，是有神圣性的德

行的表现。这就是后来被加尔文和其他新教教派发挥了的"新
教伦理"。马克斯·韦伯在《新教伦理与资本主义精神》(1904)
中予以有力的讨论。路德抨击"修道士生活不仅毫无价值，不
能成为在上帝面前为自己辩护的理由，……与此相反，履行职
业的劳动在他看来是爱的外在表现"[1]。加尔文说："上帝帮助那
些自助的人。"[2] 而资本主义的伦理精神就是"个人有增加自己
的资本的责任，而增加资本本身就是目的"。[3]

基督教式的"涅槃就是世间，世间就是涅槃"。

　　由此可见，个人的自治、自立、自强是近代西方自文艺复
兴以来的基本倾向，此基本倾向有各种曲折的表现，在哲学上
最鲜明地表现在笛卡尔的主体主义哲学中。

第三节　笛卡尔哲学

一、生平

　　勒内·笛卡尔(Rene Descartes, 1596—1650)出生于法国
图兰(Touraine)的一个绅士家庭(父为省议员)，8 岁起在由亨利
四世建立、耶稣会主办的拉夫赖士(La Fleche)学院上学，一直
待了 8 年，受到了当时能得到的几乎是最好的教育。他学习富
于热情，极有天赋，除了数学之外，逐渐不满足于所学的东西，

---

　　① 马克斯·韦伯：《新教伦理与资本主义精神》，于晓学译，生活·读书·新
知三联书店 1987 年版，第 59 页。
　　② 同上书，第 88 页。
　　③ 同上书，第 35—36 页。

对哲学的状态（经院哲学）尤为不满，他说，"我眼见到它虽然经过千百年来最杰出的才智之士的研讨，其中还是找不出一件事不在争辩之中，因而没有一件事不是可疑的"。①

有见地。西方传统哲学从亚里士多德开始总是以科学标榜，但从头至尾，"其中找不出一件事不在争辩之中"。

他到"世界这本大书"中寻求对生活有用的知识，于是在1618年带一仆人自费参加了拿骚（Nassan）的莫里斯（Maurice）亲王的军队。此间他写了关于音乐等题目的论文。

1619年他离开了军队，游历一阵后又参加了巴伐利亚公爵的天主教军团。1619年11月10日，他连着做了三个梦，使他确信自己的使命是通过理性来追求真理。并因此而发了一个到意大利的洛瑞托的圣母神龛（the Shrine of Our Lady）去朝圣谢恩的誓言，于1623年实现。就在驻扎于新堡（Neuberg）时，他进入长久的孤独沉思，开始为他的哲学寻找基础。离开军队后，他在欧洲广泛地游行，结识了不少科学家。于1628年定居荷兰。那以后，写出了他的几乎所有重要著作。

所以有人说，他的思想亦有神秘体验的背景支持。

1628年出版了《指导心灵的规则》，1637年出版了《方法谈》，1641年出版了《第一哲学沉思录》，1644年出版了《哲学原理》，1649年出版了《论灵魂的激情》以献给伊丽莎白公主。1649年，由于当时二十多岁的瑞典女王克瑞斯蒂娜（Christina）三番五次的邀请，他于9月1日登舟前往。但由于瑞典冬天气候严酷，女王又有了早上五点在图书馆与他讨论哲学的习惯（笛卡尔习惯于长久地躺在床上沉思），他得了肺炎，于1650年2月11

---

① 北京大学哲学系外国哲学史教研室编译：《十六—十八世纪西欧各国哲学》，商务印书馆1975年版，第140页。

日去世，享年54岁，终生未婚。

二、方法

《方法谈》(或《谈谈方法》)先叙述笛卡尔自己的求学经历和思想形成的过程，直白明晰，如他的所有作品的风格。开篇第一句话就是："良知是世界上分配得最均匀的东西"。(此话含义颇深，它否认有绝对的天才，或者说，每个人都可能是天才)所以，方法极为重要。他说，"那些只是极慢前进的人，如果总是遵循着正确的道路，可以比那些奔跑着然而离开正确道路的人走在前面很多"①。其中表现出他对数学方法的推崇，以及要将它移植到哲学中的努力。这想必与他将几何与代数结合起来的数学成就有关，在那里，他"寻求另外一种包含这两个科学的好处而没有它们的缺点的方法"②，被他称之为"普遍数学"。

在《方法谈》中，他立下了这样四条方法论原则：

第一，决不把任何我没有明确地认识其为真的东西当作真的加以接受，……只把那些十分清楚明白地呈现在我的心智之前，使我根本无法怀疑的东西放进我的判断之中。

第二，把我所考察的每一个难题，都尽可能地分成细小的部分，直到可以而且适于加以圆满解决的程度为止。

第三，按照次序引导我的思想，以便从最简单、最容易认识的对象开始，一点一点逐步上升到对复杂的对象的认识，即

所以我们讲，西方哲学的起头处或重新起头处，总有数学的幽灵在徘徊。而中国学术的起头处，则往往有象数哲理的引发。

---

① 北京大学哲学系外国哲学史教研室编译：《十六—十八世纪西欧各国哲学》，第137页。

② 同上书，第144页。

使是那些彼此之间并没有自然的先后次序的对象,我也给它们设定一个次序。

第四,把一切情形尽可能全部列举出来,尽量普遍地加以审视,使我确信毫无遗漏。

可以这样来理解他的这四条原则:

第一条是要求出发点的绝对真实,其标准就是认识对象对于我的心灵绝对清楚明白,无法再加以怀疑。而这也就意味着经历了"怀疑一切"而仍能不被否定的东西。

第二条是"分析"的过程,即把复合的、一时还达不到第一条对真实认知所要求的东西分开,直到达到这要求为止。

第三条是"综合"过程,即从绝对真实的简单对象的认知开始,依可靠的步骤将其结合为复合对象——在大多数情况下也就是我们直接经验或面对的对象或问题。

这三条近乎几何学中寻找自明公理、将问题分解到可推导或可利用公理、定理的地步,以及从已有公理、定理出发推证出所需定理或解决某个问题的方法,又与化学的方法有所类似。第四条是力求全面,以形成系统。

这个方法纲要中包含着意义深远的存在观、知识观。是自古希腊以来传统西方哲学在方法上的自觉(在这一点上它是传统的延续)和改进,也就是西方"哲学"这个事业在"观念-概念"形态中的几乎是必然要达到的方法,即数学,特别是几何学方法的哲学化、主体化。它的含义可以简略地概括为:

(1)"真理"或"真实的存在者"相当于"十分清楚明白地呈现在我的心智之前"的确定无疑的东西。也就是说,真实意味着不会改变的东西或状态（对真理的不变论、"确定性"的寻求，这是自巴门尼德以来的唯理论原则），而且是对纯理性的（"清楚明白"的）自我来说永不会改变的呈现、在场。

（2）因此，真理的实在只与纯理性（直观加逻辑）的主体和被主体以无可怀疑的方式（后面会看到，这是一种自锁方式）充分把握的对象有关，而与主体或对象所处的境域（时空、机缘、形势等）无关。

（3）认识的对象可以被分析或抽象地拆卸开，直到认识上的最小单位，然后再用综合推演装配回去。这就是对于这种对象的真实透彻的认识。它并不考虑：这对象如果是个生命体，经得住这么分合卸装吗？解剖和生理、生化能代替对活生生的生命本身、健康本身的研究吗？即便表面上的非生命体，比如自然和技术，也有这个问题。

笛卡尔的方法对后来的哲学有极深影响。无论是近代唯理论还是经验论，莫不从中获得"理性还原论的"指导。一直要到黑格尔之后，才有从方法上对它的有力挑战。而受数学或数理逻辑影响的那部分分析哲学，依然沿此方法而行。毕达哥拉斯–巴门尼德–柏拉图还在后边微笑。

三、"我思故我在"

前面介绍笛卡尔生平时已提及他在军营暖房和游历中进行的西方近代式的"冥思玄想"。它与印度的瑜伽，中国的心斋坐忘、抱元守一，古希腊的迷狂（柏拉图）都不同，却与苏格拉底、巴门尼德的沉思与追求有些相似。这是一种以纯数学式的理智来求终极真实、反对怀疑论的独特沉思，因而使用的是"通过"怀疑一切来达到"无可怀疑者"的互锁或反锁途径。这就是《方法谈》第四部所讲：

> 由于我现在只要求专门研究真理，……我应当把凡是

我能想出其中稍有疑窦的意见都一律加以排斥，认为绝对虚假，以便看一看这样以后在我心里是不是还剩下一点东西完全无可怀疑。[①]

说明白一点就是：把凡是可能出错的(虚假的)都当作错的，以便找到那不可能错的。这种普遍怀疑法是他的方法原则的第一、二条的体现，也是西方近代理性的典型体现。(在牛顿物理学等一大批自然科学的新进展中表现出来，也表现在霍布斯对人类社会的看法中。)

于是笛卡尔设想有一个几乎万能的狡猾骗子("魔鬼"在理智上的化身)"用尽心机来欺骗我"("沉思第二")[②]。在《第一哲学沉思集》的第一个沉思"论可以引起怀疑的事物"中，他列举了他的怀疑，不仅感官知觉可错，常识可错(因为谁能保证不在梦中)，就是科学，甚至几何学、算学的事实也是靠不住的。"谁能向我保证这个上帝没有这样做过，即本来就没有地，没有天，没有带广延的物体，没有形状，没有大小，没有地点，而我却偏偏具有这一切东西的感觉，并且所有这些都无非是像我所看见的那个样子存在着的？还有，和我有时断定别的人们甚至在他们以为知道得最准确的事情上弄错一样，也可能是上帝有意让我每次在二加三上，或者在数一个正方形的边上，或者在判断什么更容易的东西(如果人们能够想出来比这更容易的东西的话)上弄

这个"骗子""魔鬼"就是"变易"。

---

① 北京大学哲学系外国哲学史教研室编译：《十六—十八世纪西欧各国哲学》，第147页。

② 同上书，第161页。

这似乎已超出了他的"清楚明白"的方法论要求。

错。"①（这种"每次在……上让我弄错"之所以可能，一定要假设一个存心想捉弄我的上帝或魔鬼，以保持一种"忽然变为另一个世界"的可能，在那个世界里，二加三不是五，而是六。东方哲人也不认为"2+3=5"是终极真理，这种知识也可能误导我入算计得失的幻象中，但不是这里所考虑的硬性"出错"，而是认为这种知识不够源本，不一定能给人带来长久幸福或悟真。）

经过这样在笛卡尔看来是彻底的怀疑之后，他发现有一件东西或事情他完全无法怀疑（"第二沉思"），这就是"我在思想"（cogito），因为怀疑、理解、肯定、否定、愿意、不愿意、想象、做梦、感觉……都属于我的思想或意识。② 你能怀疑"我在怀疑"吗？这就是获取数学式的确定性（尽管笛卡尔在反思中认为数学真理亦可怀疑）的"反锁"法，是巴门尼德的"存在必然存在，它不可

他战胜了"无常"或"缘起"？

能不存在"的主体化。于是，笛卡尔达到了他的"分析"法的终端。

当然，这里还有一个假设，就是我在怀疑、愿意、想象、感觉时必然以某种方式意识到、"思想"到我在干这些事，所以才能说它们"都属于我的思想或意识"。所以笛卡尔要讲："当我看的时候，或者当我想到我在看的时候（这两种情况我是不加分别的），这个思想的我就决不可能不是同一个东西。"③ 这就假定了

---

① 北京大学哲学系外国哲学史教研室编译：《十六—十八世纪西欧各国哲学》，第159页，不全；笛卡尔：《第一哲学沉思集》，庞景仁译，商务印书馆1996年版，第18页；北京大学哲学系外国哲学史教研室编译：《西方哲学原著选读》，第367—368页。

② 北京大学哲学系外国哲学史教研室编译：《十六—十八世纪西欧各国哲学》，第163页。

③ 北京大学哲学系外国哲学史教研室编译：《西方哲学原著选读》，上卷，第372页。

人的心灵活动的原本状态都是同时被反思着的或被清楚地、无误地意识到的。"虽然我想象出的那些东西有可能（像我以前假定的那样）不是真的，可是这种想象的能力仍然不失为真实存在于我之中，构成我的思想的一部分。"[①] 所以说"我在思想"而不是"我在思想一棵树"是决不可能出错的。后来的当代西方哲学中有不少思想家批评这个前提，弗洛伊德的学说更直接否定了它。

在笛卡尔看来，"我思"就意味着有一个思想的主体——"我"——的无可怀疑的真实存在，而这"无可怀疑的真实存在"也即指作为支撑其余一切属性的实体（substance），一个其本性为思想的实体。因此，他得出了其全部哲学的第一原理：

> 我思想，所以我存在（Cogito, ergo sum. I think, therefore I am）。[②]

没有父母、没有童年、没有身体。

哲学追求的赤地新立，是这种只有我的思想和存在的新立，还是赤子之心那样的新立？

他说："可是等我一旦注意到，当我愿意像这样想着一切都是假的的时候，这个在想这件事的'我'必然应当是某种东西，并且发觉到'我思想，所以我存在'这条真理是这样确实，这样可靠，连怀疑派的任何一种最狂妄的假定都不能使它发生动摇，于是我就立刻断定，我可以毫无疑虑地接受这条真理，把它当

---

① 北京大学哲学系外国哲学史教研室编译：《十六—十八世纪西欧各国哲学》，第163页。

② 同上书，第148页。

作我们研求的哲学的第一条原理。"[1]

这就从无可怀疑的"我思想"这样一个对我来讲绝对清楚明白的认识论事实，推导出了第一条存在论的公理：我作为一个思想着的实体是存在着的。它就是"综合"的起点。以此，笛卡尔就相信自己跨过了怀疑论者的"除了数学逻辑之外不可能有绝对确实的真理"的沼泽，踏上了第一个坚实的落脚点。以这个"阿基米德点"为支点，笛卡尔推衍出了上帝的存在和世界的存在，并断言思想着的心灵与物质是两个相互独立的实体。

所以，还需要上帝。

四、对上帝存在的证明

笛卡尔不能利用阿奎那那种宇宙论的证明，因为它的前提——事物的存在与运动，它们之间的等级等等——都还处于被怀疑之中。他这时只能通过分析人思想中的关于上帝的观念来证明其存在。事实上，他起码提供了有联系的两种上帝存在证明，即因果关系的证明和本体论的证明，都是基于上帝观念的。

1. 对上帝存在的因果关系证明：笛卡尔认为我们的观念有三种，即天赋的、自造的和外来的。比如外感知的观念（"红花""热火"……）是外来的，"因为，我们没有能力使自己经验一种知觉而不经验另一种知觉"。[2]上帝的观念也肯定不是我

----

① 北京大学哲学系外国哲学史教研室编译：《西方哲学原著选读》，上卷，第368—369页。

② 笛卡尔：《哲学原理》，关文运译，商务印书馆1958年版，第34页。

自造的,因为笛卡尔接受这样一条中世纪经院哲学的原理:原因的完满性不可能小于结果的完满性。而上帝的观念意味着一个无限的、独立的、全知全能的实体,我作为一个有限的、相对的理智存在者绝不可能是这种观念的原因,它只能从不亚于这个观念的完满性的存在者来。因此,这个原因只能是外在于人心的存在着的上帝。"我是不能够从我自己把这个[无限完满的]观念造出来的,因此只能说,是由一个真正比我更完满的本性把这个观念[在我出生或创造我时①]放进我心里来的,而且这个本性具有我所能想到的一切完满性,就是说,简单一句话,它就是上帝。"② _{好一个"清楚明白"!}

2. 本体论的证明:(它与安瑟尔谟的证明的同异何在?)笛卡尔在《方法谈》第四部中讲:"我很清楚地见到,如果假定了一个三角形,它的三只角就必须等于两直角,但是我并没有因此发现任何东西使我确知世界上有三角形;而另一方面,当我能回来考察我的关于一个完满的实体的观念时,我发现这个观念已经包含了存在,情形正如在一个三角形的观念中已经包含了它的三个角等于两直角,或者在一个球形的观念中已经包含了球面任何一点都与球心等距离一样,甚至于还要更明白一些。"③ 简

---

① 笛卡尔:《第一哲学沉思集》,庞景仁译,第53页。

② 北京大学哲学系外国哲学史教研室编译:《十六—十八世纪西欧各国哲学》,第149页;北京大学哲学系外国哲学史教研室编译:《西方哲学原著选读》,上卷,第374—377页。

③ 北京大学哲学系外国哲学史教研室编译:《十六—十八世纪西欧各国哲学》,第150—151页;北京大学哲学系外国哲学史教研室编译:《西方哲学原著选读》,第376页。

言之，就是完满的观念本身就必包含存在，不然就形成矛盾。伽桑狄反对这个看法，认为完满并不包含存在。实际上，认为完满者一定存在，或存在优于非存在，如我们以前提及并与印度人对比的，是西方人根深蒂固的看法。

五、物质的存在

其实，不只是西方传统哲学，就是科学，起码牛顿物理学，也有上帝的存在作担保。

证明了上帝的存在，就使笛卡尔走出了独立的"我"，从而获得了一个超越的原则或更强的推论前提，尽管这上帝证明的起点是在人心中的"上帝的观念"。

由于上帝的完满性，他不会有意欺骗我。因此，凭借上帝赋予的认识能力，"我们极清楚，极明白地设想到的东西都是真的"。[①]（"沉思第三"）

首先，如上所说，每一种外知觉都从外而来，因为我们无法选择知觉，而这使我们清楚明白地理解到或相信有某种具有长宽高三向的物质，它们引起了我们的知觉。[②]

其次，上帝给我们的认识物质的能力是"想象"。笛卡尔在"沉思第六"中说："我心中有一种想象的能力，我（凭着经验）知道。当我从事考察物质性的东西时，我是使用这种能力的；这种能力使我相信有物质性的东西存在；因为当我仔细地考察什么是想象时，我发现这只不过是认识能力对于形体的一种应

[①]　北京大学哲学系外国哲学史教研室编译：《十六—十八世纪西欧各国哲学》，第167页。

[②]　笛卡尔：《哲学原理》，关文运译，第34页。

用,形体是直接呈现于认识能力的,因此是存在的。"①而想象觉察到的就是外延或广袤。所以,"心灵在理会的时候以某种方式转向自身,考察它自身之内的某一个观念,而它在想象时则转向形体,考察形体中与观念相合的某个东西,这个观念是它自己造成的,或者是它凭借感官接受来的"②。比如我可以轻易地理会或理解一个千边形,就如同理解一个三角形,但却不能想象一个千边形的一千条边,如同想象一个三角形、四边形那样。而且,物质的基本属性或本质只是广延,不是那些只得自感官的性质。③

结论就是:上帝保证了我们对物质存在的想象是真实的,物质的本质只是广延。④

由于人心灵("我"这个主体)的本质只是思想,而物质的本质只是广延(因此物质是"永远可以分的")⑤,所以,"人的心灵或灵魂是与形体完全不同的",也就是:心与物(包括身体)是两种各自独立存在的实体,它们只是通过脑部的"松果腺"而相互发生作用。这就是他的"心物二元论"以及大成问题的"相互作用"学说。

可见,笛卡尔依据自己的尽量模仿数学的方法,通过怀疑

这几乎是最贫乏的一种物质观。与古希腊人、古印度人、古中国人、印第安人的富有生气的物质观很不同。笛卡尔的同国人巴什拉写过《水与梦——论物质的想象》《火的精神分析》等谈物质的书,其中"想象"不止于人的想象,所想象出的物质也不只是广延。至于当代理论物理学,也不认定物质只有三维的广延性,更高维的物质形态起码是可能的,比如在弦理论中。

① 北京大学哲学系外国哲学史教研室编译:《十六—十八世纪西欧各国哲学》,第176—177页。

② 同上书,第177页。

③ 同上书,第165页。

④ 比较精辟的叙述见笛卡尔:《哲学原理》,关文运译,第二章第1节,第34页。

⑤ 北京大学哲学系外国哲学史教研室编译:《十六—十八世纪西欧各国哲学》,第181页。

本质上是某种"算法"（algorithm）的人工智能，能够让造成计算机的硅物质获得心灵吗？还是说，笛卡尔是对的，无论是硅质的、还是碳质的（由它组成生命和大脑神经网），最多只是一部机器，不会产生自己的灵魂？

分解了他平日的信念和想法，一直达到了不可再怀疑的"我思想"这个基点。由此而推出了"我存在"、"上帝存在"和"物质存在"，起码从外表上表现出了一种理性的自主、简洁与和谐（系统）。这种主体性原则、天赋观念的原则、身心二元论，尤其是体现于其中的数学化、自然科学化、理性独立化的哲学方法，对后来的哲学产生了巨大的影响。

第十五章　唯理论的发展

直接受笛卡尔影响并发展了其唯理论(rationalism)的是荷兰的斯宾诺莎和德国(那时是普鲁士)的莱布尼茨。他们都有自己的独特贡献,甚至从各自的角度更鲜明地展示了唯理论的特点与活力。而且,这两人(尤其是莱布尼茨)与中国古代思想都可以有某种对比关联。

第一节　斯宾诺莎

如同苏格拉底、奥古斯丁等,要深入了解斯宾诺莎的思想,必须知道其人生。

一、生平与影响

贺麟先生 1943 年为他所译的斯氏《致知篇》(后改译《知性改进论》)写了"译者导言",题为"斯宾诺莎的生平及其学说大旨",其中这样讲述:"斯宾诺莎的生平,给我们的印象最深,而且最令我们感动。其崇高,其凄楚,其孤洁无瑕,其陶写吾人情感,有似一出古典的悲剧之处,就是他那三度放逐两重隔

斯宾诺莎的人生与思想是西方近代哲学家中的奇观:显得如此理性,却又如此动人,有类似宗教的升华力。

绝的身世。"① 两重隔绝指他在种族上属东方犹太人,被欧洲人
斥为化外的异族,而他本人在思想和信仰上,又被犹太人社团
强烈排斥。三度放逐指斯氏祖先等大批犹太人1492年被西班
牙驱逐到葡萄牙,后又于1593年由葡萄牙迁流至以信教自由、
容忍异族著称的荷兰的阿姆斯特丹城;后来斯氏本人因思想信
仰原因,于1656年被这个自身被两度放逐的社团再放逐而离
开阿姆斯特丹城。

贺麟同时引德国哲学史家文德尔班纪念斯宾诺莎诞辰二百
年时的演说辞:

> 为真理而死难,为真理而生更难(Zu sterben für die
> Wahrheit sei schwer, schwerer ist es, für sie zu leben)。

贺麟评述道:"斯宾诺莎就是随时都有像苏格拉底泰然饮
鸩、为真理而死的气概,而且又凡事皆斯须不苟地为真理而生。
他是为寻得一圆满的生活而追求真理,他是为追求圆满的真理
而认真生活。"②

巴鲁赫·斯宾诺莎(Baruch Spinoza, 1632—1677)出生于
荷兰阿姆斯特丹的一名商人家庭,自幼就在当地犹太人办的学
校中学习犹太教经典,极受老师赏识。青年时思想独立。1654
年父亲去世,其姐以他平日不信正教、不听父亲的话为由来争

---

① 贺麟:《哲学与哲学史论文集》,商务印书馆1990年版,第235页。
② 同上。

遗产，斯宾诺莎气愤不过，打赢了官司以求"理真"，但又念其姐生计艰难，于胜诉后又将全部遗产让给她，以求"情安"。但他与姐诉讼和不信正教的消息使犹太人集团中人对他侧目而视。

24 岁（1656 年）时，他离经叛道的观点（否认灵魂不朽、天使的存在，上帝的人格超越性："上帝即在自然之中，有外延的属性。"……）为好事者告发，受到教团领导人的威胁、利诱、审讯、短期放逐，无效后，于该年 7 月 27 日将斯宾诺莎永远放逐。除痛加斥责咒骂之外，教团还禁止任何人与他言谈往来，禁止他人帮助他或与他同屋居住，并规定人们勿得与他接近至 4 码（约 3.7 米），不许读他写的任何文字。

被逐后，他先迁往阿姆斯特丹城附近一小村，几个月后又回阿姆斯特丹城销声匿迹地住下，直到 1660 年迁往莱茵堡。精神上完全孤独，靠对真理的信仰支持自己，而生计上则靠磨镜片糊口。"要知道他这几年内经过内心的冲突，精神的苦闷，而达到追求真理的决心，并可看出他全部哲学的出发点，最好是参读他'致知篇'篇首的自白，因为此篇就是他新离开阿姆斯特丹之苦闷环境而迁到莱茵堡那两年内作的。"[1] 让我们试引几段：

> 当我们受到经验的教训之后，才深悟得日常生活中所现的一切东西，都是虚幻的、无谓的，并且我又确见到一

---

[1]　贺麟：《哲学与哲学史论文集》，第 239 页。

切令我恐惧的东西，除了我的心灵受它触动外，其本身既
无所谓善，亦无所谓恶，因此最后我就决意探究是否有一
个人人都可以分享的真正的善，它可以排除其他的东西，
单独地支配心灵。这就是说，我要探究究竟有没有一种东
西，一经发现和获得之后，我就可以永远享有连续的、无
上的快乐。……

意义的发生机制。

　　经过深长的思索，使我确切见到，如果我彻底下决
心，放弃迷乱人心的财富、荣誉、肉体快乐这三种东西，
则我所放弃的必定是真正的恶，而我所获得的必定是真
正的善。我深知，我实在到了生死存亡的关头，我不能不
强迫我自己用全力去寻求药方，尽管这药方是如何不确
定；……但是世俗一般人所追逐的名利肉欲等，不惟不足
以救济人和保持生命，且反而有害；凡占有它们的人——
如果可以叫作‘占有’的话——很少有幸免于沉沦的，而
为它们所占有的人则绝不能逃避毁灭。……

　　但是爱好永恒无限的东西，却可以培养我们的心灵，
使它经常欢欣愉快，不会受到苦恼的侵袭，因此，它最值
得我们用全力去追求，去探寻。[1]

他需要那"永恒无限"的，也就是依靠自身而为真为善的东西
（"真观念"），要不这样，他的人生苦难和追求就会是一场捕风
捉影，没有根本的意义。他的追求如此卓绝陡峭，所以，尽管

_____

[1]　斯宾诺莎：《知性改进论》，贺麟译，商务印书馆1986年版，第18—20页。

他要做到完全理性地去求得那确定不移的起点，如笛卡尔对起点的追求一样，但他的起点一定不只是纯观念理性的，而是具有熊熊如火的道德和信仰的直觉活力和热度亮度，以便温暖和照亮他的"风雨如晦"的黯淡人生。

1663 年，他从莱茵堡迁到乌尔堡（Voorburg），一直住到1670 年。其间他写出最重要的《伦理学》，但生前未能发表。1670 年匿名出版《神学政治论》，轰动一时，惹来无数批判和讨伐。1670 年再迁到海牙时，他已成为名人，与政府要人德伟特成为朋友。一些国家的亲王也要见他。德国王子卡尔·路德维希（Karl Ludwig）1673 年让海德堡（Heidelberg）大学请他担任哲学教授，但聘函中有这样的话："君将有极端自由以从事哲学，深信君将决不至于滥用此种自由以动摇公共信仰之宗教。"斯宾诺沙考虑再三，最后婉拒之。

莱布尼茨于 1671 年与斯宾诺莎通信，互赠书，又于 1676年秋路过海牙时访问斯宾诺沙，后者出示《伦理学》。有评论家言：莱布尼茨自读斯宾诺莎书后，思想为之根本改观。但他对他人从不承认自己同斯宾诺莎的关系，著作中或不提，或偶尔提到时也含蔑视。

斯宾诺莎一生磨镜，后来经济状况改善后仍操旧业，估计这对他健康有损，他又天生体弱，竟于 1677 年 2 月 21 日死于肺病，尚未及 45 岁。

其学说在他死后埋没了一百多年，至 1780 年前后经莱辛和雅可比的努力，又被重新发现。莱辛称："除斯宾诺莎的哲学之外，没有别的哲学。"自此，斯宾诺莎与康德成为支配德国

莱布尼茨会到斯宾诺莎处登门"问礼"，实在是件令人难以思议的事情。两人的性格与思路相距如此遥远！唯一的解释应该是斯氏的"隐居智者"之名和莱氏根深蒂固的理智好奇心使然。

哲学界的两大柱石。费希特、谢林、黑格尔、施莱尔马赫、费尔巴哈都受其影响。歌德一生数次研读他的书，英国的著名诗人雪莱和拜伦也向往之。1929 年，波士顿一大主教抨击爱因斯坦的相对论为无神论，一记者致电爱因斯坦，问他是否相信上帝，爱氏回电："我相信斯宾诺莎的上帝。"所以海涅（Heine）曾诙谐言道："我们所有的现代哲学家们，不管意识还是没有意识到，都通过斯宾诺莎所磨过的眼镜以观看世界。"①

贺麟先生留学美国期间（1926—1930）开始接触斯宾诺莎著作，并深为他的人品和学说吸引，可谓是一见倾心。后来到德国留学，贺先生与斯宾诺莎学会主席格布哈特来往，成为第一位中国籍会员。以后贺先生翻译了斯氏的《知性改进论》和《伦理学》。他多次对我说：虽然他下力最多的是黑格尔，但真正倾心喜爱的是斯宾诺莎。1939 年，他写了一首《斯宾诺莎像赞》，以抒发其景慕之忱：

> 宁静淡泊，持躬卑谦。道弥六合，气凌云汉。神游太虚，心究自然。辨析情意，如治点线。精察性理，揭示本源。知人而悯人，知天而爱天。贯神人而一物我，超时空而齐后先。与造物游，与天地参。先生之学，亦诗亦哲；先生之品，亦圣亦仙。世衰道微，我生也晚；高山仰止，忽后瞻前。

此《像赞》亦可垂诸不朽。

---

① 斯宾诺莎：《知性改进论》，贺麟译，第 240 页。

此诗写得情真意深，思与诗交汇并茂，是中西哲学对话交融的佳作。

二、真观念与直观法

斯氏《伦理学》以几何学方式（《几何原本》所体现者）写成，表明他相信"辨析情意［与终极实在］，如治点线［一般］"，由此体现出西方形而上学的典型意向和风格。又受到笛卡尔影响，认为作为"公理"或出发点的"定则"一定要是自明的（完全清楚明白的）。其实他在这一要点上还受到基督教神秘主义，比如波墨（Jacob Boenme，1575—1624）的影响。

《知性改进论》从第二部分开始，就直接讨论方法，全书可作为《伦理学》的导论来读。他方法论的核心是"真观念"，想要理解之，必须了解他对知识的划分：在《知性改进论》中分为四种；在《伦理学》中分为三种——将《知性改进论》中的第一、二种合为第一种。

依《知性改进论》（19节），其对知识的分类为：

第一种，由传闻或某种任意提出的名称得来的知识，比如我的家世。

第二种，由泛泛经验得来的知识，此种知识未被理智规定，是偶然的，但它还未被相反经验推翻，于是被看作不可动摇的知识，比如我由这泛泛经验知道我将来必死，油可以助火，水可以灭火。

第三种，从推论得来的知识，即由一事物推出另一事物的本质，这种推导不必然正确。它或者是由果以求因，或由总是由一特质相伴的现象推出的知识（视力的特质是近大远小，所以可推出太阳比我们眼睛看见的要大）。比如明白地意识到（见到），我们能感觉到自己的身体，于是由此明白地推知身体与心灵必定是结合的，而且这种结合就是我们感觉的原因。但这种感觉以及结合究竟怎样，不能由此知识而绝对地知道。（在《伦理学》中，斯氏否认身心可以相互直接作用。）

第四种，纯粹从认识到一件事物的本质或它的最切近的原因而得来的知识，《伦理学》称之为"直观知识"，也就是关于一事物的真观念。比如对比例关系 $1：2=3：6$ 的直观认知，就不是通过（比如）某种已知方法，例如用第 2 个数乘以第 3 个数再除以第一个数得到第 4 个数这种方法所得到的知识。

第一、二种知识没有确定性或必然性，只认识偶然的性质。第三种知识避免了错误，也可以达到真实的结论，但它未达到事物的本质，因而达不到完善。只有第四种或《伦理学》中的第三种知识，即直观自明（完全清楚明白）的知识才能让人认识到事物的本质，同时确认他知道的是真观念。这一特点将它与前两种知识内在地区别开来。直观的真观念不仅与它的对象相符合（这只是真假的"外在标志"[①]），而且它具有"存在性"（存在于神之内）或实在圆满性。这圆满性的一个体现就是"具有真观念的人，……决不能怀疑他所知道的东西的真理性"[②]。于是，斯宾诺莎说出了他的一句名言：

「"直观知识"或"真观念"之说有近乎胡塞尔（1859—1938）的"本质直观"之处。」

---

① 斯宾诺莎：《伦理学》，贺麟译，商务印书馆 1997 年版，命题 43，附释。

② 同上书，第 81 页（第 2 部分，命题 43）。

正如光明之显示其自身并显示黑暗，所以真理既是真理自身的标准，又是错误的标准。[1]

此为唯理论之"定海神针"，贺麟先生每次讲它时都两眼放光。

这也就是说：真观念或真理是自立的，不依靠它与其对象的符合而真（谁来判定这"符合"呢？），而是因为它是在神之中存在的真观念，它就必然会符合它的对象。[2]

所以真观念是一切真知识的起点（如笛卡尔的"我思故我在"，但不去设想一个骗人的神或魔鬼），它不再需要别的东西来辩护或推证其真。它是那能造出其他一切铁锤和产品的第一把铁锤。

总结一下真观念的特点：(1)它是简单的，或由简单的观念构成，因为它是在直观中自明的。(2)真观念能表示一物怎样和为什么存在或产生。如上所说，真观念具有自立的存在性和圆满性，所以它不只与其对象符合，而且可以把握住对象的本质，即"表示一物怎样和为什么存在或产生"。（好比对圆的定义，有的就抓不住它的真观念，例如说圆就是"一个由中心到周边所作的一切直线都是等长的图形"；有的则表达出了其本质，比如说"圆形是任何一根一端固定的另一端转动的直线所作成的图形"。）[3](3)真观念的客观效果在心灵中，与其对象的形式本身相符合，即前面讲的真观念是主动的，必然与其对象符合。由此亦可看出"真理是其自身标准"这个唯理论的精髓之处。[4](4)因此，真观念不是一个"抽

---

① 斯宾诺莎：《伦理学》，贺麟译，第 82 页（第 2 部分，命题 43 附释）。

② 同上书，第 4 页（第 1 部分，公则 6）。

③ 斯宾诺莎：《知性改进论》，贺麟译，第 53 页。

④ 同上书，第 50 页。

象的概念"。①

斯宾诺莎的悟性和贡献就在于对自巴门尼德、柏拉图以来的以数理为范本的唯理论原则的切要之处，做了认识论与本体论相结合的精当揭示，非常"自然"地、到位地、更直接深入数学方法地表明了真理不得不在直观中自立的道理，有较强的哲理穿透力。

他对"方法"的具体要求是：

（1）必须将真观念与其余的表象辨别清楚，使心灵不要为后者所占据。

（2）必须建立规则，以便拿真观念作为规范去认识未知的东西。

（3）必须确定适当的次序，以免枉耗精神于无用的东西。

当然，获得最完善的真观念是最重要的，因为，如上面对真观念的探讨所表明的，真观念本身就包含了某种"规范"（揭示对象的"怎样/为何"）和"次序"（必符合其对象）。这种方法当然最清楚地表现于《伦理学》，那里第一个、也是最重要的一个真观念就是"自因的实体"观念。

这种方法又可表示为"依界说而思想"。② 这也是贺麟先生反复强调的唯理论的自立自律的精神，在康德那里表现为"依原则而认知"和"为自然立法"。实际上是数学方法的哲学化。

贺麟曾将《知性改进论》译作《致知篇》，取意《大学》中"格

表面上是唯理论中的保守派，甚至有越过笛卡尔回到斯多亚派和中世纪之嫌，但其核心处是现象学的。通过现象学的视野重新解释《伦理学》，会展示一个"新的"斯宾诺莎。

---

① 斯宾诺莎：《知性改进论》，贺麟译，第52页。

② 同上。

物致知"，特别是王阳明的"致良知"，"不过一个［是］偏重道德的致良知［王阳明］，一个［是］偏重科学的致良知［斯宾诺莎］罢了"。①

因此，贺先生曾论证说，直觉或直观不只是一种经验，也是一种方法。"没有可以不用直觉方法而能作哲学思考的人。"（《宋儒的思想方法》，引自《哲学与哲学史论文集》，商务印书馆 1990 年版。）

三、神、实体、自然

《伦理学》第一部分为"论神"，表达了斯氏基本的哲学观、自由观和宗教观，其中"神"或"实体"是最重要的"真观念"。不少写哲学史的中国人只强调斯氏的"实体"，甚或实体的物质性，而看不到"神"在斯宾诺莎那里的不可替代的独特作用。于是只将这学说说成是"唯物主义"，不明了它独特的宗教和伦理含义的依据。当然，这"神"与奥古斯丁、托马斯甚至笛卡尔讲的上帝都有不同。

他先给出八条"界说"（几乎条条重要），以便"依界说而思想"。② 其中"实体"一条说道：

> 实体（substantia），我理解为在自身内并通过自身而被认识的东西。换言之，形成实体的概念，可以无须借助于他物的概念。

存在论与认识论的结合。巴门尼德、柏拉图、亚里士多德和普罗提诺在后边伴唱。

这就是第一个真观念，自立自明，含有（当时哲学语境中的）语意自锁：不能只通过自身而被认识的东西怎能叫作"实体"？

---

① 斯宾诺莎：《知性改进论》，贺麟译，第 15 页。

② 北京大学哲学系外国哲学史教研室编译：《十六—十八世纪西欧各国哲学》，第 243 页以下。

（对比这实体观与亚氏与笛卡尔实体观的异同。）

所以，实体乃是"自因"，即以自身为存在的原因，这就是界说的第一条："自因（causa sui），我理解为这样的东西，它的本质（essentia）即包含存在（existentia），或将它的本性只能设想为存在着。"这种"本质包含了存在"是西方理性主义或唯理论的一个主干思路，从毕达哥拉斯、巴门尼德开始就有了，但在斯宾诺莎这里具有了"自我性"，被明确说成是"自因"。

"神"是什么呢？第一部分第六条界说：

> 神（Deus），我理解为绝对无限的存在，亦即具有无限"多"属性的实体，其中每一属性各表示永恒无限的本质。

结合其他几条界说，就得出：（1）神是实体，是自因或通过自身得到理解的，它的本质就包含存在。（2）它是无限的存在，而且，它不仅是"自类无限"，即像柏拉图讲的"桌子的理念"那样，只在自己的属性范围内是无限的，而是"具有无限'多'属性"或"永恒无限的本质"。神是无限丰富的实体或自因存在。因此世界的无限多样性可以通过它，也只有通过它而得到理解。（3）根据界说七："凡是仅仅由自身本性的必然性而存在，其行为仅仅由它自身决定的东西叫作自由（libera）。反之，凡一物的存在及其行为均按一定的方式为他物所决定，便叫作必然（necessaria）或受制（coata）。"这就将神或实体与对人的行为的估价直接联系了起来。自由的行为就是那些通过"自身本性的必然性而存在"的行为，也就是通过实体或神来存在的行为。

可对比中国古人对"神"的看法："故神无方而易无体"，"阴阳不测之谓神"；（《易·系辞上》）"神也者，妙万物而为言者也"。（《易·说卦》）

它们好像是"为他们所决定"，因为神不同于行为的主体，因此斯宾诺莎在这里说到"必然性"。但人的最深本性或存在性又只能是实体或神（因为只有神是依自身的本质而存在的），所以他／她如依据神那里来的必然性来行动，就具有了真实的自由，尽管不是完全的、永恒的自由——那种最高的自由只有完全自因的神才有。这一点是《伦理学》的关键，即从它的存在论、认识论到伦理学的微妙过渡，达到一种内在的自由论和外在的决定论的融合。

　　至于"自然"，斯宾诺莎在有的地方用"神或自然"这个短语，所以不少学者认为"神"、"实体"与"自然"对于斯氏是等同的，可以互换的。其实还是有所分别，"自然（natura）"似乎还不完全等于自因的实体和神。所以他区别了"能动的自然"（natura naturans，naturing Nature）和"被动的自然"（natura naturata，natured Nature）。他在第一部分命题二十九的"附释"中讲：

> 　　"能动的自然"是指在自身内并通过自然而被认识的东西，或者指表现实体的永恒无限的本质的属性，换言之，（据命题十四绎理一与命题十七绎理二）就是指作为自由因的神而言。

这就几乎相当于神了，尽管"换言之"前面的话又让我们可以将主动的自然理解为神的一个永恒本质的属性，比如物质属性或思想的属性。

他的意思多半是：神就在自然之中。

但"被动的自然"则是指那样的事物，它们出于神或神的任何属性的必然性（为它物所决定），换言之，就是指神的属性的那种样式之全体，这些样式被看作在神之内，没有神就既不能存在，也不能被理解的东西。[①]

这"全部样式"，就相当于具体的存在物的总和。

这两段话既是理解神与自然关系的依据，也是理解神的属性与样式的重要线索。

四、属性与样式

第一部分界说四："属性（attributus），我理解为由知性（intellectus）看来是构成实体的本质的东西。"[②]

"由知性看来"表明是由人的理性眼光看来。人看不到神的无限多的属性，只能看到广延的（extensa）和思维的（cogitan）这两个属性。可见属性不等于实体，但毕竟是从人的角度看到的"构成实体的本质的东西"。笛卡尔从"思之我的存在"到"神的存在"，再到"广延的存在"；而斯宾诺莎则是从神的自因存在（实体）到思想与广延作为属性的存在。

第一部分界说五："样式（modus），我理解为实体的分殊（affectiones），亦即在他物内（inalio est）通过他物而被认知的东西。"

这就不仅有了"属性"的局限性，而且有了外在性，即"通过他物而被认知的东西"，比如具体的广延者或被思想者。所

---

① 斯宾诺莎：《伦理学》，贺麟译，第 28 页。

② 同上书，第 3 页。

以可以说，属性表示实体的对于人而言的内在规定性（主动的自然），样式则表示外在规定性（被动的自然）。属性是实体的内在本质，样式是这本质的外在形态（被动的自然）。每一属性都表现为无限多的样式，样式通过属性而存在于神之内，从而得到理解。如果没有实体，样式（据第一部分界说五）就既不能存在，也不能被认识。因此样式只能存在于神之内，只能借助于神而被理解。但是除实体和样式以外没有别的东西（据第一部分公则一）。

所以，没有超自因实体的人格神，因为"人格"也是某种属性和样式。

那么，属性与样式的关系呢？

首先，两者完全不同[①]，因而不能相互作用。样式只能在某一属性中相互影响。但是，由于两者同属一个实体，就必有内在的相互联系，（这一点比笛卡尔的"松果腺"的"身心相互作用"说更合理些）而不是相互作用。这就表现为两者——身与心，物与心——的平行对应关系。"观念的次序和联系与事物的次序和联系是相同的。"[②] 这就意味着："无论我们借广延这一属性，或者借思想这一属性，或者借别的属性来认识自然，我们总会发现同一的因果次序或同一的因果联系，换言之，我们在每一观点下，总是会发现同样的事物连续"。[③]

这一点也可以从"真观念必符合其对象"来理解。

这就使研究物质与研究心灵获得了同等地位，在当时是抬高了自然科学的地位，在今天则是抬高了人文科学的地位。不管你研究什么，只要能"精察性理，揭示本源"（贺麟语），就可

莱布尼茨的"前定和谐论"与此思想相关，但有其"单子"特色。

---

① 斯宾诺莎：《伦理学》，贺麟译，第一部分命题二。

② 同上书，第二部分命题七。

③ 同上书，第二部分命题七附释。

领会神的属性，从而逐步"知神（天）而爱神"（贺麟语）。这就是他的"心物／身心平行论"的进一步含义。

五、理性与自由（幸福）

以上谈到的第一部分"界说七"已说出了"自由"对于斯宾诺莎的含义："凡是仅仅由自身本性的必然性而存在、其行为仅仅由它自身决定的东西叫作自由（libera）。"因此，只有神或实体才是真正自由的，人要获得自由，就只有以某种方式接近神（即人的真正本性所在），摆脱"为他物所决定"的必然。这种必然可称为"被动的必然"，即总是局限在样式的因果关系之中，被它们或他物决定。而那由神来的"自身本性的必然性"则可理解为"变动的，导致自由的必然"。

由这个观点看，人的意志并不是自由的[1]。我似乎可以用意志来支配身体（这可以用"身心平行"来解释），因为人的意志并不是自因的，总有决定它的这种或那种原因（样式），不管这原因表现为观念还是身体，只是人往往没有意识到、没有认识到这些原因罢了。之所以没有这种认识，是由于人还有另一种知识，即"从泛泛经验得来的知识"[2]。得到了真观念，尤其是第三种知识，才能知道意志与情感的原因或必然之所在，"知人而悯人，知天而爱天"，因而产生对本源（神）的爱，由此而得自由。

人的不自由主要是由于心灵受不合理的、混淆的情感的奴

因为意志中并没有意义的源头。

---

[1] 斯宾诺莎：《伦理学》，贺麟译，第五部分序言。
[2] 同上书，第二部分命题四十附释二。

役，从而成为被动的。"情感"来自"身体的感触，这些感触使身体活动的力量增进或减退，顺畅或阻碍，而这些情感或感触的观念同时亦随增进或减退，顺畅或阻碍。"[①] 由于身心平行，这情感的观念的原因和效果可以是身体的，也可以是心灵的。[②]

心灵过渡到较大完满（时）的感情是快乐或欢乐，反之为痛苦或忧愁（后者与心灵更有关）。人及其（求快乐的）观念努力要保持自身，这种努力如单独与心灵相关，就是意志[③]，当它与心灵和身体同时相关时，便是冲动（嗜好），对冲动的自觉就是欲望。情绪就由痛苦、快乐和欲望组成[④]。

爱是伴随着一个外在原因的观念的快乐。

恨是伴随着一个外在原因的观念的痛苦。[⑤]

所以爱和恨可以是盲目的，不合乎真实的，因为这"伴随的外在原因"可以是偶然的[⑥]："我们会爱或恨某种东西，而不知其原因，仅出于所谓'同情'或'反感'。"[⑦]

斯宾诺莎在第三部分中对这些情感做了许多"如治点线"的分析，揭示了人生的一般爱恨之幻，也就是心灵因不具有正确观念而遭致的被动状态[⑧]，但又含有克服此盲目幻情之可能，

---

① 斯宾诺莎：《伦理学》，贺麟译，第三部分界说三。
② 同上书，第三部分命题三、命题十一。
③ 同上书，第三部分命题九附释。
④ 同上书，第三部分命题十五附释。
⑤ 同上书，第三部分命题十三附释。
⑥ 同上书，第三部分命题十五。
⑦ 同上书，第三部分命题十五附释。
⑧ 同上书，第三部分命题一。

即认识到这些情感的真正的内在原因，或具有正确的观念（真
观念）。他说："心灵具有不正确的观念愈多，则它便愈受情欲
支配，反之，心灵具有不正确的观念愈少，则它愈能自主。"①

这副药方（靠"心灵的知识去决定医治情感的药剂"）与传统的一
些哲学／宗教／伦理的药方都有不同。

首先，与苏格拉底不同，斯宾诺莎认为靠"善恶的真知识"
决不能无条件地克制情感，因为这知识"只是我们意识到的快
乐与痛苦的情感"②。只有当这知识情感比被动情感强大或强烈

可见斯氏学说中包含着
现象学的"构成"或"实
现"的思路。

时才能克制之③。而问题在于："由善恶的知识所引起的欲望，
特别是这种知识只是和将来［或偶然事物］相关联，［故］较容易
被对当前甜蜜的东西的欲望所压制或克制。"④ 所以只有追寻

那里生成着意义。

"最高的善"，即对神的知识才会产生最强烈的爱⑤，从而克服
被动的情感。

当然，"最高的善"已无恶与之相对，因而已不能说是一个
"善的观念"了。所以斯宾诺莎讲："假如人们生来就是自由的
（完全依照理性指导），只要他们是自由的，则他们将不会形成善与
恶的观念。"⑥ 这近乎王阳明讲的"无善无恶是心之体"，也接近
道家和禅宗的观点了。

其次，斯宾诺莎的观点与斯多亚派也有区别，后者认为我

---

① 斯宾诺莎：《伦理学》，贺麟译，第三部分命题一。
② 同上书，第四部分命题八。
③ 同上书，第四部分命题十四证明。
④ 同上书，第四部分命题十六。
⑤ 同上书，第四部分命题二十八。
⑥ 同上书，第四部分命题六十八。

们靠自由意志来驾驭感情的看法不成立，因为意志并不真正自由，它总要靠"训练和毅力"（形成更强的感情）来对付感情。笛卡尔也基本上持这种意志自由说。

人如何靠"心灵的知识去决定医治感情的药剂"呢？

首先，"一个被动的情感只要当我们对它形成清楚明晰的观念时，便立即停止其为一个被动的情感"。① 这也就是说："只要心灵理解一切事物都是必然的〔达到了真观念〕，那么它控制情感的力量便愈大，而感受情感的痛苦便愈少。"② 这是因为起于理性的情感必然与事物的共同特质有关，而事物的共同特质，我们永远认作即在面前，所以这种理性情感从长远来看，比由联想而生的对个体事物的情感要更强烈。而且，由于理性真知识关系到的对象比较多，能分散个别事物引起的被动执着情感的强度，所以，人有能力"依照理智的秩序以整理或联系身体的感触"③。

而"凡是清楚明晰地了解他自己和他的感情的人"，由于这种了解必然使心灵（相较于不了解的情况）达到一个更大的圆满，因而必感到愉快；而由于一切存在的东西，都存在于神之内，是实体的样式④，这种愉快就一定会伴随着神的观念。因此，（由于爱是伴随着一个外在原因的观念的快乐）感到这愉快的人就必定爱神。而且，他愈了解他自己和他的感情，也就是依据第

可见斯宾诺莎学说不像一些人想的那样是斯多亚主义的近代版。

---

① 斯宾诺莎:《伦理学》, 贺麟译, 第五部分命题三。

② 同上书, 第五部分命题六。

③ 同上书, 第五部分命题十。

④ 同上书, 第一部分命题十五。

三种知识来理解之[1]，那么他便愈爱神[2]。这种对神的爱是主动的，因为它出自人的本性（人的本性是实体及属性），而且这种爱会变得很强大，在心灵中占据无上的地位。这第三种知识产生心灵的最高满足和对神的强烈的理智之爱。"所以一个人获得这种知识愈多，便愈能知道自己，且愈能知神。换言之，他将愈益完善，愈益幸福。"[3] 这也就意味着，他将愈益主动和自由，不受被动情感的奴役。

这就是第五部分最后一个命题（命题四十二）所说的：

> 幸福不是德性的报酬，而是德性自身；并不是因为我们克制情欲，我们才享有幸福，反之，乃是因为我们享有幸福，所以我们能够克制情欲。

而如上所说，这幸福来自对神的爱，也就是来自第三种知识。

这只是理性主义的决定论的伦理观吗？不，它里边有第三种（直觉）知识唤起的对神的崇高、纯粹但又是炽热的爱。在其中，人的情感并没有被完全排除，而是被自因化了、纯粹化了，或用贺先生的话来讲，被"诗"化了。所以，这表面上如此数学化和概念化的哲学才能够打动那么多大诗人。

最后让我们再次重吟贺先生的那首《斯宾诺莎像赞》：

（旁注：道法自然。）

（旁注：艾克哈特说："我在什么地方不为我着想，神就在那个地方为我着想"（Wo Ich nichts für mich will, da will Gott für mich；我不为己用意处，神为我留意）。）

---

① 斯宾诺莎：《伦理学》，贺麟译，第五部分命题二十四。
② 同上书，第五部分命题十五。
③ 同上书，第五部分命题三十一附释。

宁静淡泊，持躬卑谦。道弥六合，气凌云汉。神游太虚，心究自然。辨析情意，如治点线。精察性理，揭示本源。知人而悯人，知天而爱天。贯神人而一物我，超时空而齐后先。与造物游，与天地参。先生之学，亦诗亦哲；先生之品，亦圣亦仙。世衰道微，我生也晚；高山仰止，忽后瞻前。

第二节　莱布尼茨

一、生平

莱布尼茨（G.W.Leibniz，1646—1716）的父亲是莱比锡（Leipzig）大学的一位道德哲学教授。他本人幼年早慧，13 岁时就能像读小说一样读苏阿瑞斯（Suárez，1548—1617）的著作。他 15 岁时进莱比锡大学学习哲学。除了了解现代哲学家（培根、霍布斯、笛卡尔……）之外，他对亚氏与经院哲学也有深入了解。这一能力在前康德的哲学家中独占鳌头。17 岁（1663年）进耶拿（Jena）大学，学数学，后转到纽伦堡的阿尔特多夫（Altdorf）大学，1667 年即他 21 岁时获法学博士。之后一直在德国贵族宫廷任职，在实际政治和社会事务方面及纯学术这两个领域中施展才华。

苏阿瑞斯是西班牙的经院哲学家和神学家，号称"卓异博士"。

莱布尼茨利用出访、任外交官的机会，结识了不少法国和英国的科学家以及像斯宾诺莎这样的荷兰哲学家。此君思维活跃机敏、富于创造力，1676 年在巴黎发现了微积分他于 1673 年访问了英国。

（infinitesimal calculus），并于 1684 年发表。牛顿的同样发现于三年后发表。两边关于谁先发现了这一重大数学成果，有不愉快的争论。估计这种有内在数理结构的"无穷小"可能有力地刺激了他提出不同于"原子"（实心的）的"单子"（monad）。

在社会活动方面，除了多年编撰汉诺威选帝侯（Elector）宫廷的布隆斯威克（Brunswick）家族史之外，他还曾策划新教（Protestantism）与天主教（Catholicism）的重新和解，以及所有基督教国家的联盟（几乎相当于"欧盟"）。此外，他还发起创建柏林科学学会，并出任它的第一任主席（1700 年），后来此学会变成普鲁士科学院（Prussian Academy），全名为柏林普鲁士皇家科学院。据说莱布尼茨在青年时（不晚于 23 岁）就已形成了"宇宙是一和谐系统"的思想，使他能提出并尝试实现这些"大一统"的主张，并阐发"单子论"（Monadology）。[①]

他关注耶稣会在远东的传教，在基督教著名的"礼仪之争"（the rites controversy）中支持耶稣会教士们（利玛窦等），并对耶稣会士转译过来的中国古代思想产生强烈兴趣，尤其是受到《易经》六十四卦象的方图排列[②] 的启发，读出其中的二进制原理，从而加强了他关于一种"普遍表意文字"（characteristica universalis，译为"universal language"不准确，应译作"universal characters"）的设想。他被认为是数理逻辑的基本思想和方案的创立者。因其思路的新异精微而受到罗素的高度评价。罗素

有关情况可参见《德国哲学家论中国》（泰家懿编著，生活·读书·新知三联书店 1993 年版，第 125 页以下）、"莱布尼茨的周易学"（《学艺》，14 卷 3 号，1935 年 4 月）和拙文《象、数与文字——〈周易·经〉、毕达哥拉斯学派及莱布尼茨对中西哲理思维方式的影响》（《哲学门》，第三卷，第一册，2002 年）。

---

① Frederick Copleston, S. J.: *A History of Philosophy*, New York, Doubleday, 1985, vol. IV, p.266.

② （《六十四卦方圆图》，《周易本义》[朱熹撰]）中有此图。

区别莱布尼茨的"通俗哲学"（popular philosophy）和"秘藏学说"（esoteric doctrine）。

关于他与斯宾诺莎的关系，上节已讲过了。他从斯宾诺莎那里得到了某种重要的东西（比如实体的自足性、身心平行论或简单的预定和谐说……）。但两者的区别从一开始就很大。他主张神的独立存在，阐述"神正论"（Theodicy）。这种主张是真诚的吗？对此有争论。尤其是对比于斯宾诺莎的贫穷与高洁，莱氏的富贵与（似乎有的对权贵的）阿谀，就让人易生怀疑。加上罗素的看法（按莱布尼茨的秘藏学说，他就会得出与教会极不和谐的结论），更让人不往好处想。对于此争论，我亦无很确定看法，但稍稍倾向于柯普赖斯通（F. Copleston）的看法，即莱布尼茨本人思想的丰富和深度使他能够同时真诚地容纳"通俗"与"秘藏"，他可能出于小心而没有努力去发表后者，但这两者之间并无根本冲突。

在他生命的最后几年，失宠于新的汉诺威选帝侯，即英国的乔治一世（Jeorge I）。估计这与他和牛顿的争论有关。1716年他在被人忽视的状态中去世，连他建立的柏林普鲁士皇家科学院也未发讣告。

他与英国人的另一个重要冲突是与洛克的争论。

其主要著作有：《论形而上学》（1686），《关于自然的和实体相互作用的新体系》（1695），《神正论》（*Essays in Theodicy*，1710），《单子论》（*Monadology*，1714），《人类理智新论》（1765，死后出版）。另外，他还留下大量手稿，20世纪初才逐渐出版，从而激发了罗素等人的新研究。1923年普鲁士皇家科学院开始出版他的全集，预计约40卷。

二、连续律——理解莱布尼茨的一个关键

莱布尼茨思想或天才的最突出特点就是一种"无微不至"的有机论，能在别人忽视的、认为是空白的或无结构和关系之处，看出内在的关系、结构和形成更生动准确的理解前提。比如，它比较明白地（但仍然是不完满地）表现于他提出的"连续律"中。在《神正论》中，他讲："我们的理性常常陷入两个著名的迷宫：一个是关于自由和必然的大问题，特别是关于恶的产生和起源的问题；另一个问题在于有关连续性和看来是它的要素的不可分的点的争论，而这问题牵涉到对于无限性的考虑。前一个问题烦扰着几乎整个人类，而后一个问题则只得到哲学家们的注意。"[1] 这两个问题其实内在相关。后一个问题即一般与个别、连续与断裂的问题，是自毕达哥拉斯、巴门尼德、芝诺、柏拉图始就困扰唯理论者的深刻问题。它又让人想到莱布尼茨发明的微积分对于"不可分的点"和"连续性"的全新的、动态的处理。这个连续律主张，"自然从来不飞跃"。[2] 它的更明白表达是：

> 我们永远要经过程度上和部分上的中间阶段，才能从
> 小到大，或从大到小。……所有这一切都使我们断定，那

---

① 莱布尼茨：《人类理智新论》，陈修斋译，商务印书馆 1982 年版，"译者序言"，第 19—20 页。

② 北京大学哲学系外国哲学史教研室编译：《十六—十八世纪西欧各国哲学》，第 509 页。

些令人注意的知觉是一步一步从那些太小而不令人注意的知觉来的。如果不是这样想，那就是不认识事物的无限精微性，这种精微性，是永远并且到处都包含着一种实际的无限的。[①]

这里边隐藏着他所有思想的秘密，尽管它显得十分简单和合乎人的常识直觉，但以前的哲学家似乎一直没有充分理解它的关键意义。这与斯宾诺莎讲的实体的自因，或只通过自身而得到理解的特性有某种隐约的关联，但更"境域"化、"精微"化和"微积分"化。它最重要的含义是：不能只把握某个或某几个原则（原因、结果、本质、主体、客体……），而一定要对整个局面的构成（过程、"四因"的统一处理）有所理解和有所交待。这里面颇有后来的现象学潮流中的一些思路和意向，但又更有数学的、思辨的和宇宙论的特性。

比如关于意向性的构成总处于边缘域之中、并总依凭这非对象之域而进行的学说。

它要反驳掉传统哲学的绝大多数命题，莱布尼茨只提到一部分这类命题，首先是洛克经验主义的心灵白板（tabula rasa）说：

由于那些感觉不到的变异，两个个体事物不会完全相像，并且应该永远不只是号数不同，这就摧毁了"心灵的空白板"，"没有思想的心灵"，"没有行动的实体"，"虚空的空间"，"原子"，甚至物质中实际上不可分割开的微

[①]　北京大学哲学系外国哲学史教研室编译：《十六—十八世纪西欧各国哲学》，第 509 页。

粒，"绝对的静止"，……以及其他数以千计的哲学家的幻想。这些幻想都是由他们的不完全的概念而来的，是事物的本性所不容许的，而由于我们的无知以及对感觉不到的事物的不注意，就让它们通过了。但我们决不能让它们得到容忍，除非我们把它们限制于心灵的抽象。[①]

按照这个原则，对一切事物的存在和现状都要有所交待（这就是"充足理由律"的来源），而且是"连续"意义上的和"完满"意义上的，不是凭空抽象出、观念化出的交待。要满足这个"连续说明"的原则，有两个（或更多的？）可能：(1)在意识到"（无限或有限）因果系列"加上"第一因"也还不能满足"连续"的内在要求（比如因与果之间又有断裂与飞跃）时，主张彻底的缘构成，即"因缘"说、"缘因"（而不等于"原因"）说。(2)虽然意识到传统"因果系列加第一因"说的问题，但受到柏拉图和亚氏的"先天观念（理式）"和"判断→实体"说的影响（但莱布尼茨将亚氏的判断理论改变成了"主词中已经包含了它所有的一切谓词"的新学说），仍然要寻求关于实体的某种因果解释，但要使"因果"或"理由"完全"充足"化和"精微"化，即无限与有限、一与多在这"实体"和"理由"里的尽可能的相互贯通。这就是莱布尼茨的思想取向，表现于他在前引的段落中讲的："认识事物的无限精微性，这种精微性，是永

莱布尼茨的"连续律"似乎与爱因斯坦的"定域性（locality）原则"（参见《爱因斯坦传》，W. 艾萨克森著，张卜天译，湖南科技出版社2012年版，第20章）类似，即万物的相互影响必须经过"点对点"的不超过光速的因果传播，不可能像玻尔等人讲的量子那般"跳跃"（量子纠缠、测不准等）。但是，由于莱氏连续律的精微性（单子性）和超对象性的那个思想向度，它很不同于爱氏定域性原则的特性，即对象化的因果连续性，因此也就不一定与量子力学冲突了。

①　北京大学哲学系外国哲学史教研室编译：《十六—十八世纪西欧各国哲学》，第510页。

远并到处都包含着一种实际的无限的。"[1]

三、单子论

这种"无限精微者"和"实际的无限者"就是他讲的"单子"（monad），通过它们来满足连续律的要求。所以，首先，这个单子的整体包含世界万事万物的所有多样性（预成论），而且每一个单子具有从一个独特的角度（差异律）表现其他一切事物的关系[2]，以使得所有要说明的东西都已经"连续地"和在这意义上"完满"地被包含在这个无限精微的原因（所以它具有有机性、自由与必然的共存）中了。其次，这单子不能有外延，不能通过一般意义上的因果方式与其他事物发生关系，而必须是单纯的、自足的、完全非线性的（被完全弯曲地包含在自身中），突然产生突然消失的，不然一切"因果关系"和"广延（必可）再分割"中必然包含的断裂（任意杜撰的可能）就会出现。（所以，单子本身除了通过自己的独特性或其他单子的差异性而存在之外，别无"存在"的方式。）这第二条似乎使单子处于孤立状态，因而导致不连续。但这是他取第（2）策略必须付出的代价，以表明他的连续律超出了对象化因果的连续关系，而他将用"先定和谐"来恢复在这种好像是孤立态中的连续性。

因此，莱布尼茨主张（在上帝或神之外）单子才是实体。从以上和以下介绍中可见，这种新奇的实体观与他之前哲学史上的

旁注：这是由"微积分"激发的。还是先有了这种思想倾向，然后顺势创造了微积分？

旁注：所以，他的单子与德谟克利特讲的受动原子不同，与当代物理学（如量子力学）倒还更接近些。

---

[1]　北京大学哲学系外国哲学史教研室编译：《十六—十八世纪西欧各国哲学》，第 509 页。

[2]　同上书，第 492 页。

所有实体观都不同，而且也很难被后来的西方哲学家们（比如康德、黑格尔、胡塞尔等）所透彻理解。

有了以上的讨论（关于连续律的讨论等），就可以有某种内在根据来理解单子的性质：

（1）单纯性

"单子（monad）就是一个意味着单一（unity）或单一体的希腊词。"①《单子论》的第一条就是："我们在这里所要讲的单子，不是别的东西，只是一种组成复合物的单纯实体，单纯，就是没有部分的意思。"②

它"没有部分"，对于莱布尼茨就意味着它没有广延（unextended），因为广延对于他就等于"多重"（multipicity）、"（因知觉不到差异而势必做的）重复"，也就是可分（可以不连续）。因此说"广延实体"或"广延（物质）的原子"就是自相矛盾的。所以单子不是德谟克利特等人讲的有微小质量的原子，而是无广延、无物质质量的点。但这既不是数学点（我们分析芝诺悖论时讲的"死点"、"数点"），当然也不是物质点，而是他所谓的"形而上学点"（与我曾讲的"活点"、"趋向点"、"变点"有一定程度的类似），大约可理解为他的微积分中的"微分"（无穷小）的哲理化。"单纯性"保证了单子是不可被（上帝之外的任何力量）毁灭的。

非现成化。

（2）实体性

这种单子尽管没有广延（部分）而绝对地单纯，却一定存在，

---

① Frederick Copleston, S. J.: *A History of Philosophy*, vol. IV, p.298.

② 北京大学哲学系外国哲学史教研室编译:《十六—十八世纪西欧各国哲学》, 第 483 页。

即它是实体。《单子论》第 2 条和第 3 条："单纯的实体是一定存在的，因为有复合物存在；因为复合物不是别的东西，只是一个单纯物的堆积和聚集（aggregate）。在没有部分的地方，是不可能有广袤、形状、可分性的。这些单子乃是自然的真正的原子，简言之，也就是事物的原素。"[1]

但是，有广延的物质、复合物如何能来自无广延的单子的聚集呢？柯普赖斯通认为莱布尼茨的回答"极其含糊"。[2]莱布尼茨的回答大致说来是这样的：第一物质（prime matter）意味着众单子的被动的方面，即单子的弥散的、混乱的、相互之间无法区别的性质（quality），因而也就是单子的"被重复"的或纯被动的方面，表现为阻抗力（resistance）和不可穿透性（impenetrability）。第二物质（secondary matter）则是单子的主动力（active force）与完全被动方面的结合，又被叫作"身体"、"物质（mass）"，它们也就是"单子的聚集"，这就是我们平日知觉到的"现象"。

（3）独特性或质的规定性

由于单子本身没有广延或数量存在，因此它存在的方式只能够靠质的规定性，即那使它与其他一切量子区别开的独特性质。这样，"单子的本性就是表象"，[3]也就是从一个独特角度对世界的表象。因此"每个单子必须与任何一个别的单子不同"[4]。

当代物理学发现，有的粒子比如光子、胶子质量为零，也就是没有质量；有的粒子在静态时质量为零，动态时则有质量，如夸克、轻子等。因此，莱氏的说法现在看来，并不是搪塞。尽管康德认为广延是分析概念（"物体"必然有广延），重量是综合概念（"物体"不必然有重量；重量是物体受到万有引力的量），但在粒子层次，广延与质量（物体惯性的大小）应该是相关的吧。没有质量的粒子会有长宽高吗？

信息（反熵）。

---

[1]　北京大学哲学系外国哲学史教研室编译：《十六—十八世纪西欧各国哲学》，第 483 页。

[2]　Frederick Copleston, S. J.: *A History of Philosophy*, vol. IV, p.300.

[3]　北京大学哲学系外国哲学史教研室编译：《十六—十八世纪西欧各国哲学》，第 493 页。

[4]　同上书，第 484 页。

这也导致"自然中决没有两个东西完全相似"①。这就是著名的"差异律"，它使得阿尔韦斯勒等人在汉诺威选帝侯的花园里寻找两片完全相似的树叶而不可得。②

因此，单子尽管单纯，但作为"形而上学的点"，它不像几何点那样是无内在特性和结构的。"因此在单纯的实体中必须有许多特殊状态和关系，虽然并没有任何部分。"③ 这就是"一"与"多"在单子那里的"交合"。这种革命性的、彻底有机的思路在西方只有从"微积分的创立者"那里才能被说出来。

华严宗？

这种"'多'的暂时状态"就是知觉（perception）。④ 而知觉有清晰程度的不同，按从低到高的顺序，可大致分为三类单子：a. 组成无生命物和植物的单子，它们同样有知觉和欲望（即那样一种内在活动，它使一个知觉变化、过渡到另一个知觉），只是其知觉很不清晰、很不细微。人在昏迷或酣睡中也有这类知觉感，它来自生命的实现冲动"隐德莱希"（entelechy）。b. 组成动物灵魂的单子，它有比较清楚的知觉，有了提供自身连续性的记忆。c. 组成人类灵魂的单子，它不仅有知觉和记忆，而且有了统觉（apperception），即具有了对知觉的内在状态的意识或反思知识，这也就是"理性"。莱布尼茨也称这种单子为"理性灵魂"、"心灵"或"精神"。这三类单子（心灵、灵魂、隐德莱希）之

---

① 北京大学哲学系外国哲学史教研室编译：《十六—十八世纪西欧各国哲学》，第 484 页。

② 莱布尼茨：《人类理智新论》，陈修斋译，附录，"莱布尼茨生平和著作年表"，第 709 页。

③ 北京大学哲学系外国哲学史教研室编译：《十六—十八世纪西欧各国哲学》，第 484 页。

④ 同上书，第 484—485 页。

间是连续的。主宰一个人类身体的就是一个刚讲过的 c 类的主导（dominant）单子，它是这个有机身体的"实体形式"。

在心灵之上还有更高级的心灵，比如"天使"，直到全知全能、其本质就包含存在的唯一的"必然实体"，即"上帝"。上帝在刹那间创造其他单子。

上边的 a 有深远的含义，它体现出人们常讲的"生机主义"，甚至"先天主义"（先天观念的潜伏存在），比较充分贯彻了"连续性原则"。但由于莱氏根深蒂固的柏拉图主义或"精神"、"理性"至上论，故而他将这种思想——它含有泛神论的可能——中的"众生平等"、"齐物"的苗头扼杀殆尽，以至于坚持三类单子和天使、上帝的层级论。当然，他的先定和谐论和潜在生机说还是有一些讲法上的影响，比如"物质的每个部分都可以设想成一座充满植物的花园，一个充满着鱼的池塘。……（动、植物的）每一滴体液，也是一个这样的花园或池塘"①。又比如他讲："因此宇宙中没有任何荒芜的、不毛的、死的东西，根本没有混沌，根本没有混乱，而只是看起来如此。这有点像远处池沼中所显示的情况……"②并又用油画帆布上的混乱（近看）与和谐（在合适的距离看）来比喻之。③

他能（哪怕是带有某种误解地）欣赏遥远古老的中国文化中的某些方面，看出"易"象中的一些"细微的名堂"，应与这种纯思维的生机论大有关系。

洛克主张心灵并不总在思想。莱氏则认为"由于这些微小知觉的结果［波涛声来自于每一个波浪的细微声音］，现在孕育着将来，并且满载着过去，一切都协同一致"（《人类理智新论》序）。这几乎就是胡塞尔讲的内时间意识的视域交融，是意向性构成所依托的生活（生命）世界。

———————————

① 北京大学哲学系外国哲学史教研室编译：《十六—十八世纪西欧各国哲学》，第 495 页。

② 同上。

③ Frederick Copleston, S. J.: *A History of Philosophy*, vol. IV，p.258.

（4）自动性

单子不同于还要外力推动的原子，它本身就有致动因，就是一种原发的行为和力量（Kraft，force，energy）。亚里士多德将那种吸引万物向上运动的"实体形式"（substantial forms）称为"最初的隐德莱希（entelechy）"，莱氏也将单子称为隐德莱希，并且更给予这隐德莱希以"力量"。所以他在《单子论》18条中讲："我们可以把一切单纯实体或创造出来的单子命名为'隐德莱希'，因为它们自身之内具有一定的完满性，有一种自足性，使它们成为它们的内在活动的源泉，也可以说，使它们成为无形体的自动机。"这也表示出动力因与形式及目的因之间的谐和。① 莱布尼茨在巴斯克的基础上造过第一台可做乘法的计算器，并且他又受到过机械论的影响，这里似乎可以看出些端倪。但他的主张是反机械论的生机论、自动论，他说："应该到单纯实体中而不是复合物或机器中去寻找知觉。"德国哲学似乎都受到这种生机自动论的影响，从康德到叔本华和尼采皆如此。"意愿"也是它的一种"力"的体现。

（5）"不相往来"与"先定和谐"

由于单子没有部分或广延，就无法设想其他单子或力量可以进入其内部来造成变化，所以"单子没有可供事物出入的窗子"②。由此莱布尼茨就避开了"因果关系"这后来困扰了唯理

《韦伯字典》这么说明"隐德莱希"：（1）形式的实现；（2）有机体内的动力，使之发展和具有趋向。

---

① 北京大学哲学系外国哲学史教研室编译:《十六—十八世纪西欧各国哲学》，第498—499页。

② 同上书，第483页。又见《西方哲学原著选读》（上卷）（此书收入了《单子论》全文），第477页。

主义、也曾困扰佛家因缘说的问题。

那么,这种"不相往来"的单子之间是否有断裂呢? 当然不能有! 莱布尼茨用"先定和谐说"来使整个单子世界充满了延续与和谐。马勒伯朗士(莱布尼茨在巴黎交的一位学术朋友,是笛卡尔学说的继承者之一)曾提出一种"偶因论"来解决笛卡尔的心物二元论造成的它们之间相互作用的问题,他认为是上帝在心灵有某种变化时使身体产生相应的运动或变化,反之亦然。直接原因都是上帝,一方的变化只是另一方的"偶因"。莱布尼茨认为这样的上帝就是一个"很糟糕的钟表匠",要总守在钟旁不断地在瞬间行奇迹,使身心两钟走得一致。他认为,上帝是万能的"钟表匠",他应该在造"钟"时就造得精准,调得和谐,使它们各走各的但又彼此一致。当然,他这种"前定和谐"(pre-established harmony)主要不是用于身心关系(因为他那里"身"已是单子的主动、被动方面的结合,服从"心"或主导单子的运动),而是用来阐释单子之间的关系的。每个单子只按上帝创造它时的预定程序或充足理由走,从而造成相互之间的最大和谐。由此也证明一个能使不相往来的单子获得和谐和充分理由的上帝的必然存在。

而且,前定和谐论还鼓励了或支持了莱氏"秘藏学说"中的演绎(先天)真理说,即认为"主词"中已包含了一切有关它的"谓词",一切真理从根子上讲都是分析的。在"通俗学说"中,他区分了推理真理(服从矛盾律)和事实真理(服从充足理由律),后者的反面也是可能的,因而为"上帝在无穷多个可能的世界中自由选择这一个最好的"留下了逻辑可能。

"不生亦不灭,不常亦不断;不一亦不异,不来亦不出。"(龙树:《中论·观因缘品》)

月印万川。

他说，"在精子中无疑地已经有某种预存的形构"。①

（6）（单子世界的）最大多样性和最好的品性

按照预定和谐说，单子由上帝依内在的、与万物和谐的方式创造，因此，单子与整个世界或每一事物都有内在的有机联系。《单子论》56 条："这种一切事物对每一事物的联系或适应，以及每一事物对一切事物的联系或适应，使每一个单纯实体具有表现其他一切事物的关系，并且使它因而成为宇宙的一面永恒的活的镜子。"这就是一与多的相互反射或联系，与华严宗的"镜室喻"有可相比拟之处。而且，"正如一座城市从不同的方面去看便显现出完全不同的样子，好像因观点的不同而成了许多城市。同样情形，由于单纯实体的数量无限多，也就好像有无限多的不同的宇宙，然而这些不同的宇宙乃是唯一宇宙依据每一个单子的各种不同观点而产生的种种景观"②。

按莱布尼茨的看法，这种单子世界就包含了最大的（几何级数相互放大的）多样性，而这种多样性也就意味着最大的有序和完满性或"善（好）"。我们在《单子论》58 条中读到："这就是获得最大可能的多样性和可能最大的秩序的方法；也就是说，这就是获得最大可能的完满性的方法。"这就是"普遍的和谐"，或完全饱满的和谐，它"恰当地表扬了上帝的伟大"③。为什么

此说可比于华严宗讲的"相即相入"的"事事无碍"的境界。华严第三祖法藏为武则天说《华严金狮子章》，其中有："一一毛中，皆有无边师（狮）子；又复一一毛，带此无边师子，还入一毛中。如是重重无尽，犹天帝网珠，名因陀罗网境界门。"

---

① 北京大学哲学系外国哲学史教研室编译：《十六—十八世纪西欧各国哲学》，第 496 页。又见《西方哲学原著选读》，第 490 页。

② 北京大学哲学系外国哲学史教研室编译：《十六—十八世纪西欧各国哲学》，第 492—493 页。

③ 同上书，第 493 页。

呢？因为它表明上帝在所有可能的世界中选择了一个最好的或最完满的世界，而且是出于自由的，也就是出于他求至善的意愿，而不是出于逻辑的和形而上学的必然。[①]

我们不可想象违反推理真理，因为那将导致矛盾，但我们起码可以设想对事实真理的违反，或一个与我们这个共可能的（co-possible）世界不同的另一个、多个甚至无限多个共可能的世界。但上帝为何单单选择了我们这样一个世界呢？莱布尼茨回答：因为这个世界中包含了最大的和谐，也就是最多的善。这也就是说："和谐"（丰富性与秩序性）对莱布尼茨是有伦理含义的。"这个上帝的城邦（一切精神的总和），这个真正普遍的王国，乃是自然世界中的一个道德世界，乃是上帝的作品中最崇高和最神圣的部分。"[②]这种真（实体）、美（和谐）、善的贯通是后来德国哲学（特别是后康德的理想主义或唯心主义）的一大特点，其中也有斯宾诺莎《伦理学》的影子，只不过后者中"美"这一维较弱。

我们能有一个只有善的事实而无恶的事实的世界吗？莱布尼茨的回答是：如果那毕竟可能的话，也决不是一个最好的世界，因为无恶的对衬则根本无善可言，所以只有一个善恶达到最丰富平衡、低音高音达到最大和谐的世界中才有最多的善和完满。这也就是他《神正论》的一个主要论据。

---

① Frederick Copleston, S. J.: *A History of Philosophy*, vol. Ⅳ, p.286.

② 北京大学哲学系外国哲学史教研室编译：《十六—十八世纪西欧各国哲学》，第498页。

第十六章　英国经验论

在某种程度上可以说，英国经验论是中世纪唯名论（特别是英国的罗吉尔·培根和激进唯名论者奥康）传统和16—17世纪英国的新哲学（弗兰西斯·培根，1561—1626；托马斯·霍布斯，1588—1679）的进一步发展。它在洛克、贝克莱和休谟三者身上获得了特别鲜明和具有震撼力的哲学特征，并对欧洲大陆唯理论乃至作为传统西方哲学主干的唯理论形成了强有力的挑战，在休谟那里，它甚至使古代的怀疑论取得了某种"温和的"现代形式。

"休谟的问题"不只将康德"从形而上学的迷梦中唤醒"，而且还以其深刻性延伸到当代分析哲学和科学哲学中。简言之，他之后的比较深刻和敏感的哲学家没有不严肃考虑他的问题的。

这是一场意义深远的、信息极为明确的"解构"运动，比我们现在面对的后现代中的解构运动更有力。可以说，不经过休谟消解剂的清洗（解毒、清污、清泄……），后来者的思想就很难出现原发的闪光。

由于篇幅的限制，以下将限于介绍英国经验论的最主要的存在论和认识论思路，对其他的方面，比如社会政治和道德理论则不予详说了。

第一节　洛　克

约翰·洛克（John Locke, 1632—1704）生于瑞通（Wrington）的一个信新教的乡村律师家庭，后在牛津大学学习文科。他讨厌亚里士多德主义的经院哲学，被笛卡尔的著作唤起了哲学兴趣。尽管他后来的观点大不同于笛卡尔，但却由笛卡尔那里得到了"哲学也可以成为清楚和有序的思想"的信心。[①] 还学习化学、物理和医学，有行医执照。从1665年，他投身"公共事务"（public affairs）或政治、外交等活动，随保护人和党——他的保护人是创建英国辉格党的沙夫茨伯里伯爵一世（1st Earl of Shaftesbury），即 Anthony Ashley Cooper（1621—1683）——的兴衰而升沉。詹姆士二世复辟期间，他于1683年随沙夫茨伯里伯爵到荷兰避难，直至1688年"光荣革命"后才回国。后来又任过一些职位。他于1704年去世，享年72岁。

他的主要著作是《人类理智论》（*Essay concerning Human Understanding*，1609），《政府论》（*Two Treatises of Civil Government*，1609）和《论宗教宽容的信》（*Letter On Toleration*，1689—1706）。

在某种程度上，洛克使认识论（the theory of knowledge）成为哲学的主角。他用日常英语写作，这使阅读他的书较容

认识论是对人类认识能力限度的考察。笛卡尔也还没有做这么详细的、甚至心理学化的认识论研究。

---

① Frederick Copleston, S. J.: *A History of Philosophy*, vol.V, p.67.

易。但是，由于他只能利用公务之余的时间来间断地写作，致使著作的结构安排不一定合理，有不少重复，且词语的意义有时也不一致，这又使得阅读《人类理智论》不那么容易。他在解释为什么不将《人类理智论》删改修订后再出版时，说："But to confess the truth, I am too lazy, or too busy to make it shorter"（"说真的，我没把它弄短些，只是因为太懒，或太忙"）。

一、简单观念和复杂观念

在《人类理智论》一开头，洛克批判"天赋观念"（innate ideas）论，与唯理论者展开论战，后来受到莱布尼茨的回应（《人类理智新论》）。此处不详述。

此"白板说"遭到了各种批评。除了上面介绍的莱布尼茨之外，还有当代心理学的一些流派，比如"意识流"、"格式塔"心理学，以及生命哲学、现象学、实用主义、结构主义等。

洛克主张心灵原是一块白板（tabula rasa），只是通过经验（experience），心灵中才有了观念（idea）和知识。他将经验分为两种：感觉（sensation）和反省（reflection），"这两者乃是知识的源泉"。[1]

感觉是"我们所具有的大部分观念的……巨大源泉"："我们的感官熟识了个别的、可感觉的对象，就按照那些对象影响感官的那些不同的方式，把对于事物的一些清晰的知觉传达到心灵里面。这样，我们就获得了我们对于黄、白、热、冷、软、硬、苦、甜以及一切我们称为可感性质者的观念。"[2]

---

① 北京大学哲学系外国哲学史教研室编译：《十六—十八世纪西欧各国哲学》，第 366 页。

② 同上书，第 367 页。

反省被洛克看作"内部感官"（internal sense），指心灵对它自己的各种活动，比如知觉、思维、怀疑、信仰、推理、意愿等，加以观察和注意，从而产生出一些清晰的关于这些活动的观念或意识。① 所以他讲："这两种东西，就是作为感觉对象的外界的、物质的东西，和作为反省对象的我们自己的心灵的内部活动，在我看来乃是产生我们全部观念的仅有的来源。"② 可以看出，感觉提供的观念是在先的，没有感觉经验，也就不会有对这些经验的反省。而且，如上所引段落中讲的，感觉提供给我们最大量的观念。感觉和反省都可以在心灵中产生简单观念。

观念分为简单（simple）观念和复杂（complex）观念。

1. 简单观念

就是那些由某一个感官单独接受的、纯粹齐一的观念。比如白色（通过眼）、香味（通过鼻）、冷或硬（通过身体）。我们平时经常在同一时间从同一对象取得联结着的简单观念，比如从一朵百合花那里感觉到香气和白色，或糖的甜味和白色，或在一块冰那里感到的冷和硬，在一匹马那里看到的颜色、形状与运动，我们可以在它们里面清楚明白地区分出不同的简单观念。

所以简单观念有这些特点：(1)单纯，不能再分成不同的观念。(2)被动性（贝克莱后来强调这一特性，认为所有观念都是被动的）：心灵既不能创造它们，也不能毁灭它们。你能想象出"一种未曾刺激过自己的味觉的滋味，或一种自己未曾闻过的气味"③

---

① 北京大学哲学系外国哲学史教研室编译：《十六—十八世纪西欧各国哲学》，第367页。

② 同上。

③ 同上书，第369页。

吗？如果能的话，那么按照洛克，"一个瞎子也有颜色的观念，一个聋子也有关于声音的真正的、清晰的概念"[1]。人只有五种感官，这是天然的局限或特征。(我们完全可以设想有四种感官或六种感官的人。)所以"这些简单观念，[就是]我们一切知识的材料，……理智一旦储备了这些简单观念，它就能够重复它们，把它们加以比较，甚至于可以用几乎无限多的花样联结它们，因而能够任意制造新的复杂观念"。[2]

还原论(reductionism)。

简单观念的分类：

（1）只通过一个感官进入心中的简单观念，比如颜色-眼，音-耳，味-鼻，热、冷、硬-手。

（2）通过不止一个感官的简单观念，比如空间或广延(extention)、形相、静止、运动(眼、手)。

（3）只由反省得来的简单观念，比如关于知觉的观念和关于意愿的观念，"每一个人只要高兴就能在自己心中觉察到它们"[3]。

（4）通过感觉与反省两种途径得来的简单观念，比如快感或愉快，以及它的反面，即痛苦或不快；还有力量，存在，统一。

简单观念又与能产生这些观念的物体的两种性质(qualities)有关。这一点下面再讲。

2. 复杂观念

复杂观念是心灵以简单观念为材料或基础所构成的观念，

---

① 北京大学哲学系外国哲学史教研室编译：《十六—十八世纪西欧各国哲学》，第 369—370 页。

② 同上书，第 369 页。

③ 同上书，第 372 页。

所以它们不是完全被动的，而是心灵的主动活动的产物。

洛克得出两种区别复杂观念的方式，一种是按构成的方式分，另一种按构成的对象分。

按构成的方式这样分：(1)结合：即由若干个简单观念结合成一个复合的(compound)观念，比如人、军队、感激、美、宇宙。(2)并列：把两个观念(不论简单还是复杂的)放在一起，同时考察它们，但并不将它们结合成一个观念，于是得到关系观念，比如因果关系。(注意：洛克认为人无法直接知觉到关系，这一点为后来的知觉主义者、生命哲学家、现象学家、实用主义者……所反对)(3)分开：把一些观念与其他的在事实上与其共存的观念分离开，又称为抽象，由之产生一般观念或抽象观念，比如一般的"红"、"硬"。

按构成的对象，可以说，复杂观念或者是样式，或者是实体，或者是关系。

(1)样式：不包含独立存在，而是被看成实体的附属物或属性的复杂观念，比如三角形、感激、谋害等等。

样式又分为简单样式(同一简单观念的变化或不同的组合，比如"一打"或"十二个")和混合样式(由若干种不同的简单观念复合而成，比如"美"、"盗窃")。

(2)实体(substance)：在代表独立存在的个别的特殊事物的复杂观念中，占首要地位、被假定是"基质"(substratum)或支持物(substantia)的东西或观念。这个复杂观念中的(其他的)简单观念被认为是寄托在这个基质上的。经常被人们当作"实体"或"个体"的东西，实际上是由一组经常结合在一起出现的简单观念组成的一个复杂观念，但由于人们习惯于用一个名

这是经验论的软肋。

靠什么去抽象？如果没有"红"，凭什么在许许多多种颜色中分离出红？

经验论的"解构"清茶，饮之醒人。

称称呼之,比如"苏格拉底"、"北大第三教学楼"、"我"、"上帝",于是便不经意地、疏忽地将它当作一个简单观念。①

我们不能认识实体,但能形成关于物质实体和精神实体的"清楚的概念"②,又需要它来保证知识的客观性,所以可以而且必须断定它们的存在。

(3)关系:将一个观念与其他观念并列,并加以考虑和互相比较而造成的。③

二、第一性的质与第二性的质

观念是心灵在自身中知觉到的东西或对象,而那在心灵中产生观念的能力就是产生者(比如物质主体)的性质(quality)。一个雪球就有在我们的心中产生白、冷、圆等观念的能力。"这种在我们心中产生这些观念的能力,作为雪球中的东西,我称之为性质;作为我们理智中的感觉或知觉,我就称之为观念。"④

这种性质有三种,其中头两种的区分极有认识论的意义,后来成为贝克莱批评洛克、将经验论加以深化的突破口。

1. 第一性的质(primary qualities,第一性质)

"第一种是这样一种性质,不论物体处于何种状态,它都绝对不能与物体分开。"比如取一粒麦子,把它分开,乃至继续分割,"一直分到各部分都看不出来的程度",每一部分仍然

---

① 北京大学哲学系外国哲学史教研室编译:《十六—十八世纪西欧各国哲学》,第 383 页。

② 同上书,第 385 页。

③ 同上书,第 383 页。

④ 同上书,第 373 页。

具有体积、广袤、形相、可动性等等。所以洛克认为第一性的质在我们心中产生这样一些简单观念：体积、广袤、形相、运动或静止、数目。第一性的质在人心中产生观念的方式是冲击（impluse），或直接地"压印"，所以它们产生的观念与它们本身是相像的（resemble）；或者说，第一性的质所产生的观念是物体的肖像（resemblances），这些观念的样型（patterns，"原型"）确实存在于物体之中。①

何如分辨和断定这个"确实存在"？

2. 第二性的质（secondary qualities，第二性质）

"是这样一种性质，事实上它并不是什么存在于对象本身中的东西，而是一种能力，可以借物体的第一种性质，亦即借物体的各个不可见的部分的大小、形相、组织、运动等，在我们心中产生各种不同的感觉，例如，颜色、声音、滋味等等。"② 所以，"第二性的质在我们心中产生的观念根本不与第二性的质相似。……观念中的甜、蓝或温暖，只不过是我们称为甜、蓝或温暖的物体本身里面的不可见部分的某种大小、形相和运动而已"③。这令我们想起德谟克利特关于感觉的"流射与约定"之说，他认为："[感觉]不是按照真理，而是按照意见显现的。事实的真理是：只有原子和虚空。甜是约定的，苦是约定的，热是约定的，冷是约定的，颜色是约定的。实际上只有原子和虚空。"④ 所以感觉是"私生的"，只有理智才是"嫡出的"。在

---

① 北京大学哲学系外国哲学史教研室编译：《十六—十八世纪西欧各国哲学》，第375页。

② 同上书，第373—374页。

③ 同上书，第375页。

④ 北京大学哲学系外国哲学史教研室编译：《西方哲学原著选读》，上卷，第51页。

洛克这里，"第一性的质"才是"嫡出的"。

3. 第三种性质

"第三种是一个物体里面那种借自己的第一性的质的特殊的构造而改变另一物体的大小、形相、组织和运动，使它以不同于以前的方式作用于我们感官的能力。例如，太阳有使蜡变白的能力，火有使铅熔化的能力。"[①] 这种能力与它产生的效果也不同。太阳的"光"和"热"与它在蜡块中产生的白色和柔软不同。当然，同样的"不相似"关系也存在于物体的第二种能力和它们产生的"感觉"或第二种观念之间。

洛克对第一性质与第二性质的区分几乎相当于"实在"（reality）与"显现"（appearance）的区分，在当时明确提出这个区分有重大的刺激作用，引出了贝克莱的批判，促进了经验主义的发展。据说他的这个区分得益于牛顿的书。牛顿认为感觉到"白色"只是结果，原因是某些东西的运动（motion）。

由于洛克要做这个区分，他就需要"（物质）实体"（substance）来使得第一种性质（外延，坚实不可入）有一个真实客观的依据或基础（substratum），不然就很难区分这两种性质了，但他又承认我们无法对实体本身形成简单观念，也就是无法直接认知它。所以，他相信我们可以合理地证明或断定它的存在：因为有运动（motion），就一定有运动的东西（something that moves）；因为有第一性质，就一定有将它们把持在一起的东西；

授人以柄。有的思想以圆融无碍而出色（如华严宗、天台宗、禅宗），有的则以授人以柄却又能不倒（因它也占着一半的理）而出色，比如柏拉图、经验论、康德、胡塞尔。后一类是好靶子，在学哲学时应充分利用。

①　北京大学哲学系外国哲学史教研室编译：《十六—十八世纪西欧各国哲学》，第378页。

因为有思想，就一定有思想的东西或实体。由此可看出唯理论之"理"（抽象的、推论的思路）对洛克的"常识感"依然有重大影响，虽然他否认先天观念。所以他被说成是"温和的唯名论"。

三、知识的明白程度与局限

对于洛克，"我们的全部知识就在于心灵对它自己的观念的知觉"[①]。更具体地说，"知识就在于对我们任何两个观念是否符合的知觉"[②]。

由于这种"对观念的知觉"有清晰程度的不同，所以知识就有三个等级：(1)直觉的知识：心灵直接从两个观念本身觉察到它们符合或不符合。比如觉察白不是黑，圆形不是三角形，三大于二等，这是人类脆弱的能力所能得到的最清楚可靠的、不可抗拒的、"像耀眼的阳光一样"的知识。(2)证明的知识：不能直接觉察 A 与 B 的符合与否，就靠"插入另一些观念（C、D……）"或证明（demonstration）来达到，证明的每一步都有直觉的明证性。(3)感觉的知识：尽管从外物获得的观念存在于心中这一点是确定无疑的，但这观念是否让我们能推断出外面有存在的东西与之相应是成问题的。当然，当场的感觉（太阳光、花香）与事后的回忆和想象确有明显的不同。[③]所以这里也有客观知识的可能，只是不如前两种那么明白确定。

由于知识在于对观念之间关系的知觉，而不只在于观念本

这种直觉（直观）知识与斯宾诺莎说的直观知识有何不同？

---

①　北京大学哲学系外国哲学史教研室编译：《十六—十八世纪西欧各国哲学》，第 421 页。

②　同上书，第 427—428 页。

③　同上书，第 426 页。

身的清楚与否，所以，知识的范围比观念的范围也要小得多。[①]

比如知道两个三角形处于两条平行线之间（高相等），它们的底边相等，但还不能直觉地知觉到它们相等，能证明两者相等的范围也有限。所以洛克说，"既然感性知识的范围不能超出实际呈现于我们感官的事物存在，所以比起前面两种知识来，它的范围就更狭窄了"[②]，"我们有物质和思维这两个观念，但是很可能永远不知道一个仅仅是物质的东西是否能思维"。（上帝给了它思维的能力还是联上一个思维的实体？）[③]

所以许多被以往哲学家们争论得天昏地暗的问题，实际上超出了我们人类知识的范围，尽管这知识已足够我们来维持我们的生活，并被不断丰富了。

意识到人类知识的限度，是智慧的开端。只是，洛克似乎稍稍过谦了一点。

笛福（Daniel Defoe，1660—1731）写的《鲁滨孙漂流记》（1719 年写成），就是这种英国的智慧（考虑、谋划和实现）和自知有限而感戴上帝的精神的体现。当然，其中有强烈的西方中心论或殖民主义精神。

第二节 贝克莱

乔治·贝克莱（George Berkeley，1685—1753）出生于爱尔兰的启肯尼（Kilkenny）附近，15 岁入都柏林（Dublin）的三一学院，毕业后担任英国圣公会（新教教会）的各级神职。他

---

① 北京大学哲学系外国哲学史教研室编译：《十六—十八世纪西欧各国哲学》，第 428—431 页。

② 同上书，第 429 页。

③ 同上。

对洛克和马勒布伯士的哲学很有兴趣。1734 年他成为克罗因(Cloyne)的主教(bishop)。他的几本主要的哲学著作发表于 18 世纪第一个十年前后:《视觉新论》(1709),《人类知识原理》(*A Treatise Concerning the Principles of Human Knowledge*, 1710),《希勒斯与菲洛诺斯的三篇对话》(1713)。1728 年,他携新婚妻子和一批同志到美国罗得岛的新港(Newport),试图创立一所教育英国种植者的后裔和当地印第安人的学院;经过三年努力,最后由于国家提供的经费短缺等原因失败而返回英国。1734 年他任主教后曾推行焦油水(tar-water)并视之为万应灵药(panacea)。1752 年退休后举家迁居到牛津并于 1753 年在那里去世。

一个喜欢尝试新途径的人。

一、区分两种性质的无效与物质实体的无意义

贝克莱的哲学兴趣和哲学问题在很大程度上是被洛克唤起的。但他很快看出了洛克学说中的一个矛盾,即他的经验主义原则(一切知识来自感觉观念)与关于两种性质之分(乃至物质实体)学说的不一致。

相比于第二性质,第一性质产生的观念据说是外物的忠实摹本或肖像。贝克莱发问:人如何能够知道这种"相似"呢?那岂不是必须将第一种观念与外物相比较才行吗?然而,观念怎么能够与物体本身比较呢?经验主义的原则说明"物体"只能通过(感觉)观念被认知①。这岂不是说,第一种观念最多只能

① 贝克莱:《人类知识原理》第 8 条。

与关于物体的第一种观念相比较？即"一个观念只能和观念相似，不能与别的东西相似"？[①] 由此证明，第一性质产生的观念绝不可能有与物体直接比较而"相似"的特权。它们与第二种观念并无根本的(实在／非实在的)不同，都是通过感官得到的心灵中的观念。

贝克莱的另一个反驳是：第一性质的观念与第二性质的观念根本不可分，也就是说，人们根本不能够"借思想的抽象作用来设想一个物体的广袤和运动而不涉及别的感性性质"[②]，比如颜色。再者，第一种观念也要对感觉的主体呈现，因此也是相对的。"大家都承认：大小、快慢是不能外于心而存在的，它们完全是相对的，并且依感官的构造或位置的变化而变化。因此，要说广袤是外于心而存在，则它既不能说是大，也不能说是小，运动也既不能说是快，亦不能说是慢；换言之，它们就根本不是任何东西了。"[③] 这样看来，两种性质并无一个代表绝对实在而另一个只表示相对实在的区别。

贝克莱顺势就推出：假定物质实体的存在是毫无意义的。因为：如果这种完全不可被感知的物质实体丝毫无助于区分两种性质和观念，那么说它存在就毫无用处或意义了。于是，可看出"物质实体"并不能帮助我们说明我们的观念是怎样产生的，为什么感觉观念具有生动性和秩序；因为物质实体与感觉

（左侧旁注：不但反驳（而非立论）得干净彻底，而且启发人思索。传统哲学中挟带了不少未经审思的"存在设定"，必须剔净方能接触到真正的终极问题。）

（左侧旁注：思想赘瘤。）

----

①　北京大学哲学系外国哲学史教研室编译：《十六—十八世纪西欧各国哲学》，第 542 页。

②　同上书，第 543 页。

③　同上。

观念之间没有任何合理的联系桥梁。

因此，像洛克那样说物质实体是支持第一种性质的基质，也就只是一种根深蒂固的习惯与妄见。"当我一考究物质的实体这几个字义的两部分以后，我就相信它们并没有明确的意义。但是，我们又何必多费精神来讨论这个所谓形相、运动以及其他可感性质的物质的基质或支柱呢？要讨论这个，那岂不是已经假设了它们在心外还有存在吗？这不是一个明显的矛盾和不可想象的吗？"[1] 这种反驳在经验主义的前提下是极有力的，可相比于芝诺的反运动悖论。你有那么强烈的"常识"、"直觉"和体验说明运动是存在的，就像洛克讲的"物质实体"，但在严格的分析和审查之后，这"运动"或"物体"却无踪影可寻了！西方的概念与逻辑分析经常会"清楚地"造成这种真实性的缺失。如加州 10 年前有一黑人金（King）被白人警察殴捕，但在法庭上，为警察辩护的律师就将那盘记录了殴捕现场的录像带逐段分解（当然是按有利于被告的方式），说明警察的绝大多数动作是合理的。金（King）总有逃跑或反抗的姿态，而警察只能做出那样的反应等。最后陪审团宣告警察无罪，大违人们一见此录像带的常识反应，于是引起一场黑人暴乱。

关于产生"物质实体"观念的原因，贝克莱认为一个最重要原因就是"抽象观念的学说"[2]。其实洛克已经用经验主义原则分析了抽象观念的起源，他在《人类理智论》23 章第 1 节中讲：

---

[1]　北京大学哲学系外国哲学史教研室编译：《十六—十八世纪西欧各国哲学》，第 546 页。

[2]　同上书，第 540 页。

　　心灵注意到一定数量的简单观念是经常在一起的；由于这些观念被设想成属于同一东西［比如"苹果"，见贝克莱的举例①］，由于语词要适宜于大家了解，要用来作迅速的思想传达，于是人们就用一个名称来称呼这些观念，这样也就把它们结合在一个主体中了；后来我们由于疏忽，往往把这个主体当作一个简单观念来讲，其实它是许多观念集合而成的，……我们由于不能想象这些简单观念如何能够独立存在，因而惯于假定一个基质，作为它们的寄托，作为它们产生的原因，我们也就因此称这个基质为实体。②

　　既然我们用实体这个一般性的名称来命名的那个观念只是一种假定的、并不认识的支撑物，支撑着那些我们发现存在着的性质，我们相信这些性质"如果没有支撑的东西"（sine re substante），就不能存在，——所以我们就称这个支撑物为"实体"（substantia），这个名词通常在英文中真正的意义就是支撑或支持。③

贝克莱完全同意这种关于"实体"起源的解释，特别是"语言"或"一般名称"所引起的抽象固定化的作用。④但他完全反对

----

①　北京大学哲学系外国哲学史教研室编译：《十六—十八世纪西欧各国哲学》，第 539 页。

②　同上书，第 384 页。

③　同上书，第 384—385 页。

④　同上书，第 560、539 页。

洛克认为假设这个由"一般性的名称"来命名的"支撑物"的必要性，也不认为错误只在于混淆了简单与复杂观念，在他看来，最重大的错误是认为抽象观念具有实在性，它不仅导致自相矛盾（说物质实体既不能被认知，又非要为了认知的需要而假定它），而且会产生无神论（觉得不需要上帝来理解这个世界的真实和秩序）、宿命论和怀疑论（因为假设实体"在心灵以外或不被感知而存在"，就无法建立感知与实体或真实的关系，就会以为"一切我们看到的、听到的和触到的，都只是些幻景和空想"）。所以贝克莱认为我们能认识的只是特殊的具体观念，抽象只能将那些能够分离开的性质分离开和结合起来，比如"将一个人的上部联结在一匹马的身上"（以造成神话中的"人马"形象），或单独关注鼻子、手、腿，①但不能离开感知观念设想一个纯抽象的观念，比如去"构成一个非快非慢、非曲线非直线的抽象的运动观念"②，或抽象的"人"、"动物"，以及"物质实体"。总之，贝克莱"否认我能依照上述的方法，离开特殊的事物来构成一个一般的概念"③。

所以他是一个在物质实体问题上的彻底的唯名论者。

二、"存在就是被感知"（To be is to be perceived；esse est percipi）

对待外物的彻底的唯名论加上经验主义原则，就得出了贝克莱的那个最广为人知的命题：存在就是被感知。

洛克的想法不合他自己的经验论哲理，但合常理；贝克莱的论辩合乎经验论的哲理但不合常理。

---

①　北京大学哲学系外国哲学史教研室编译：《十六—十八世纪西欧各国哲学》，第525页。

②　同上书，第526页。

③　同上。

从以上关于他的物质实体不存在的论证中已可见，不可被
感知的物质实体，无论假定它的存在多么合乎我们的常识，多
么合乎一般理性的需要，却在经验论中是自相矛盾的。"存在"
的意义因而完完全全地被"被感知"穷尽了。

> 只要一个人注意一下存在一词用于可以感觉的事物
> 时的意义，我想，凭直觉就可以知道这一点。我说我写字
> 用的桌子存在，这就是说我看见它，摸到它。假若我走出
> 书房以后还说它存在，这个意思就是说，假若我在书房中，
> 我就可以感知它，或者是说，有某个别的精神实际上在感
> 知它。有气味，就是说我嗅到过它；有声音，就是说我听
> 到过它；有颜色或形相，就是说我用视觉或触觉感知过
> 它。这就是我用这一类说法所能了解到的一切。因为所谓
> 不思想的事物完全与它的被感知无关而有绝对的存在，那
> 在我是完全不能了解的。它们的存在(esse)就是被感知
> (percipi)，它们不可能在心灵或感知它们的能思维的东西
> 以外有任何存在。[1]

经验论的原则（我们只
能感知到当下的一个个
的感觉观念，一切知识
都建于其上），使这种
别扭的解释不可避免。

以前的国内学者常讲贝克莱是一"主观唯心论者"，因为
他的学说被理解为"存在就是被我的心灵感知"。仔细审视此
段话，可知不尽然。对于他，物的存在意味着"我可以感知它，
或者是说，有某个别的精神实际上在感知它"，这就更近乎一

---

[1]　北京大学哲学系外国哲学史教研室编译：《十六—十八世纪西欧各国哲
学》，第 539—540 页。

种"主体间"的唯心论。而且,更重要的是,有"一个全知、全善和全能的'精神'的实体"[①]在知觉着和引起着这些观念或存在者。《希勒斯与菲洛诺斯的三篇对话》的第三部分有这样一段话:

> 当我否定可感事物有外在于心灵的存在,我并非只是指我的心灵,而是所有的心灵。很明白,这些事物具有外在于我的心灵的存在,因为我通过经验发现,它们是独立于我的心灵的。所以,在我不知觉这些事物的间隔时,就[总]有某个其他的心灵使它们能存在于其中。在我出生之前和死亡之后,它们也就以这种方式存在。其他一切有限的、被创造出来的精神者们的情况也是这样。因此,就必然存在着一个无处不在的永恒心灵,它知道并理解一切事物,并将这些事物按照他制定的规则来展示给我们。我们就称这些规则为自然律。[②]

到头来自己也违背了经验主义原则。你能感知到这个永恒心灵吗?要是这种"必然存在"的推论合理的话,洛克也可将它用到物质实体的存在证明上。

所以,贝克莱的"存在就是被感知"中的"被感知",应理解为被一切可能的心灵所感知,包括上帝的永恒心灵。这样,说他的学说是一种"客观唯心论"倒似乎更合适些,虽然也不尽妥。

以上这段话也就是他对上帝存在的一个证明。贝克莱需要被知觉到的现象是有秩序的、客观的或稳定的,如同常识和

---

① 北京大学哲学系外国哲学史教研室编译:《十六—十八世纪西欧各国哲学》,第562页。

② George Berkeley: *3 Dialogues between Hylas and Philonous*, Chicago: Open Court, 1969, p.64.

王阳明（1472—1528）也讲"心外无物，心外无理"，但这心比经验论之"心"要深邃和原发得多。所以王阳明不觉得有请上帝来担保的必要。一朋友指一崖中花树问他："此花树在深山中，自开自落，于我心亦何相关？"于是阳明先生云："尔未看此花时，此花与尔心同归于寂。尔来看此花时，则此花颜色，一时明白起来。便知此花，不在尔的心外。"王阳明并不感到"同归于寂"有何问题。因为在中国的儒、释、道传统之中，亦如前面莱布尼茨和后面现象学、实用主义、直觉主义所主张的，"寂"处、"空"处、"无"处自有阴阳大化（元气）、种识熏习、隐德来希的潜发生与维持的运作在。

科学家们所相信的那样；但他相信自己已经明确无误地反驳了将这种稳定的秩序的来源归为心灵之外的物质实体的做法。所以，我们只能在一个无处不在的永恒心灵那里得到客观和秩序的保障。

贝克莱的"存在就是被知觉"一说引起哲学界、思想界的震动、反对和长久的争论，激发了许多人的思想（比如休谟），也遭到许多嘲笑和误解。约翰森（Samuel Johnson）的做法代表了不少人的反应，他在散步时踢开一块石头，然后对同伴讲："我这样就驳倒了他。"贝克莱可以回答：你踢的还是你感知到的观念呀。这就如同那位在学生面前走来走去的老师以为自己以这种方式就驳倒了芝诺一样，并没有打在思想的点子上。

三、精神实体（心灵、上帝）的存在

上面已讲到贝克莱推证上帝存在的思路，也大致可用于他对精神实体必然存在的论证，但这里他加入了一个前提，即"观念的被动性和迟钝性（passiveness and inertness）"。

这种观念的被动性，是经验论看待获得观念的方式所决定的。观念是被感官一个个地递给心灵的内部对象，彼此间无根本的联系，光光溜溜地。
换句话说，观念不是从充满羊水（边缘域）的子宫中生出来的，而是被感官这台机器加工好的待组装零件。

在《人类知识原理》第一部第 26 条中，贝克莱主张："我们的一切观念、感觉、概念，或者我们所感知的东西，不论我们以什么名称来分别它们，它们显然都是被动的。"[1] 这是因为：既然观念和观念中间的每一部分都只能在心中存在，可见观念里面没有什么东西是不被感知到的。所以，不管是感官的观念还是反省的观念，里面都没有任何能力和动作，[2] 因而不可能成

---

① 北京大学哲学系外国哲学史教研室编译：《十六—十八世纪西欧各国哲学》，第 550 页。

② 同上。

为任何东西的真正原因。由此也就证明，广袤、形相和物质微粒的运动不可能像洛克等人讲的是我们感觉的原因。

于是就有下面这段话：

> 我们会感到一连串的观念，……那么，这些观念必有某种原因，为它们所依存[即一个"能感知[它们]的主动实体，就是……所谓的心灵、精神、灵魂或自我"。①]，并且产生和改变它们。……[由于这原因不能是观念，又不能是物质实体，所以]我们就只能说：观念的原因是一个无形体的、能动的实体或"精神"。②

与莱布尼茨不同，贝克莱还是要诉诸"原因"或因果关系以说明观念的产生。这作为原因的精神实体被说成是"一个单纯的、不可分的能动体"，就其感知观念而言，被称为"知性"（understanding），就其产生和作用于观念而言，则称为"意志"（will）。由于单纯的主动的实体与被动的观念差别很大，所以"我们不能对一个灵魂或精神构成任何观念"，而只能通过它产生的结果来间接地感知它。所以"所谓意志、知性、心、灵魂、精神这些名词，所代表的东西，与观念完全不同"③。这似乎预示了黑格尔之后的生命哲学的某种倾向。

---

① 贝克莱：《人类知识原理》第一部分第 2 条。
② 北京大学哲学系外国哲学史教研室编译：《十六—十八世纪西欧各国哲学》，第 550 页。
③ 同上书，第 551 页。

然而，他反对物质实体的大部分理由（完全不可感知，因而对人而言没有意义）似乎对这种精神实体也有效。只是，由于他否认对精神、意志形成观念的可能性，因而这里不易直接将其作为"抽象观念"来反对。

但还有一个问题：借助感官而感知到的观念，不依我的意愿而出现，且比"想象"的观念更强烈、活泼、清晰、稳定、有序和相互融合。所以，按照贝克莱，"一定会有别的'意志〔意愿〕'或'精神'来产生它们"①，这就是"造物主"或上帝。上帝依据一定的规则或确定的方法来引起感官观念，这些规则就是自然法则。所以"食物可以营养我们，睡眠可以休养身心，火可以使我们温暖，播种时播种就可以在收获时收获；一般说来，采用某种方法，就可以达到某种目的；——我们知道这些，并不是由于我们在我们的观念之间发现了任何必然的联系，而只是由于我们观察了自然的一定法则。"②这就可能引发休谟的问题。这里"自然的一定法则"的含义也不清楚，它如何与观察到的"观念之间的联系"从根本上区别开来呢？

20世纪70年代开始，对贝克莱的思想研究又出现国际性热潮。其中有不少新观点、新文献，对他的思想的影响的估计也有了一些新的和"现代化"的看法。③

在这种终极处还使用来路不明的因果律！挟带的东西过重了。

在英国画家约瑟夫·透纳（Joseph M. W. Turner，1775—1851）追求"光、风和速度"的风景画中，似乎可感到某种与贝克莱哲学的共鸣。对透纳的新兴趣，从20世纪60年代就开始了。

---

①　北京大学哲学系外国哲学史教研室编译：《十六—十八世纪西欧各国哲学》，第552页。

②　同上。

③　参见傅有德的1999年10月博士论文《巴克莱非物质主义批判》，引论，第2节。

第三节　休　谟

　　大卫·休谟（David Hume，1711—1776）将洛克、贝克莱的经验主义进一步彻底化，使它取得了经验论传统中最清楚和最严格的表述。他 1711 年出生于苏格兰的爱丁堡，违背父母希望他成为律师的愿望，依自己的兴趣学习文科。他上过爱丁堡大学，但没有毕业就辍学，靠自学成才。据说他"对除了哲学与普遍知识的追求之外的一切都反感至极"[①]。1734—1737 年，他在法国节衣缩食地撰写他的《人性论》（*A Treatise of Human Nature*）。此书 1739 年出版时，完全无人理睬。但他继续笔耕不辍，1741—1742 年发表了《道德与政治论》（*Essays Moral and Political*），立刻获得成功。于是他有了信心，于 1748 年将《人性论》的知识论部分改写成《人类理智研究》（*An Enquiry Concerning Human Understanding*）。后来又出版了《道德原则》（1751）、《自然宗教对话录》（1757）、《英国史》等。

　　休谟 1763 年当了英国驻法大使的秘书，结识了卢梭（Rousseau）在内的大陆名流。1767—1769 年他任国务副大臣（Under-Secretary of State），1769 年退休，在爱丁堡过着一种富足和受人尊崇的生活，逝于 1776 年。

罗素说休谟"是哲学家当中一个最重要的人物"。但又说"他代表着一条死胡同：沿着他的方向，不可能再往前进"（《西方哲学史》下卷，马元德译，商务印书馆 1976 年版，第 196 页）。对于东方人，特别是佛家和受《周易》影响的人，休谟却正是一个充满希望的开头。

[①]　Samuel E. Stumpf: *Socrates to Sartre: A History of Philosophy*, p.280.

一、人类观念（知识）的起源——印象与观念

休谟与前面的经验主义者一样，认为人的知识观念统统来源于感官经验，心灵的内容可还原为由这种经验提供的材料。他称这些经验提供的材料或对象为知觉（perception）。它与洛克讲的"观念"（idea）的范围大致相同，但具有较明显的"被动接受"的意味。

知觉分为两种，即印象（impressions）与观念（ideas）。两者的区别在于它们刺激我们心灵时的强烈程度和生动程度的不同。印象（注意这个词的"压印"的含义）是进入心灵时最强最猛的那些知觉，比如感觉（感觉印象）、情感和情绪（反省印象，由苦、乐观念产生的欲望、厌恶等新印象）。观念则是"我们的感觉、情感和情绪在思维和推理中的微弱的意象"，也就是对印象的忠实摹写或"复本"。所以可以说，印象与观念的区别是当下生动的知觉与事后、事先等非当下的知觉（比如生动知觉衰减后的复本、思维、想象、回忆）的区别。比如，我们直接看到的颜色和感到的疼痛是印象，而对它们的回忆和想象则导致相应的观念。休谟讲："印象可以分为两种，一种是感觉（sensation）印象，一种是反省（reflection）印象。第一种是由我们所不知的原因开始产生于心。第二种大部分是由我们的观念得来。它们的发生次序如下：一个印象最先刺激感官，使我们知觉种种冷、热、饥、渴、苦、乐。这个印象被心灵留下一个复本，印象停止以后，复本仍然存在，我们把这个复本称为观念。当苦、乐观念回复到心中时，它们就产生欲望和厌恶、希望和恐惧的新印象，这些印

这么看来，原本的印象与观念很难清楚地或逻辑地分开，就如同"当下"与"刚刚过去"无法清楚地分开一样。印象"在瞬间产生"后其强度马上就会衰减而变成复本，要靠原初记忆来保持它。因此我们知觉到的总不会是纯粹的印象，而是被保持着的印象复本，也就是原初观念。而且，由于这种观念总拖着"保持"的原初记忆的尾巴，它也就不再是经验论者所讲的那样是一个个分立的，而是凭借这些尾巴以潜在的方式联系着的了。于是，整个知觉的图像或结构就改变了。

象可以恰当地称为是反省印象，因为它们是由反省得来的。这些反省印象又被记忆和想象复现，成为观念，……"① 休谟讲："最生动活泼的思想也抵不上最迟钝的感觉"但又讲："在睡眠、发烧、疯狂或任何心情十分激动的状态中，我们的观念就可以接近我们的印象。"② 但这只是例外。

至于感觉印象的来源，休谟说他并不真正知道。

印象与观念又都有简单与复合的区分。"简单的知觉，亦即简单的印象和观念，不容许再行区别或分析。复合的知觉则与此相反，可以区别为许多部分。一种特殊的颜色、滋味和香味虽然都是结合于这个苹果的性质中，但我们很容易辨出它们是彼此并不相同的，至少是可以互相区别的。"③ 每个简单观念都有和它类似的简单印象，每个简单印象都有一个和它相应的观念。④ 比如我们在日光下得到的"红"的印象，与在黑暗中所形成的那个"红"的观念。另一方面，"我观察到，我们的许多复合观念从来不曾有过和它们相应的印象（比如想象没去过的耶路撒冷），而我们的复合印象也从来没有精确地反映在观念中（比如对已到过的"巴黎"的观念并不精确反映对它的复合印象）"⑤。但毕竟，任何观念的最终来源是印象。

---

① 休谟：《人性论》，关文运译，商务印书馆 1983 年版，第 19 页。
② 北京大学哲学系外国哲学史教研室编译：《十六—十八世纪西欧各国哲学》，第 578 页。
③ 同上。
④ 同上书，第 579 页。
⑤ 同上。

二、观念之间的联想关系

任何复合观念都可以被想象分离为简单观念，而任何一些简单观念也可以被想象随意地加以结合。所以，涉及时空的观念之间的结合"不应该被认为是一种不可分离的联系"[1]。但是，想象应该"受某些普遍原则所支配"[2]，不然的话，"这个官能的各种作用将成为最不可解释的了"[3]。这就是"联想"的原则，由联想造成的联系是"经常占优势的一种温和的力量"[4]。

产生联想、从而形成观念之间的结合的（观念的）性质有三种：类似性（resemblance）、时空接近（contiguity in time or space）和因果关联（cause and effect）。休谟讲："一幅画自然地将我们的思想导向原物［类似］；提及在一幢建筑物中的一套单元房很自然地引出对［该建筑物的］……其他部分的关注［接近］；如果我们想到一个伤口，就很难不想到由它引起的疼痛［因果］。"[5] 在休谟看来，因果关联在这三者中与我们的知识关系最大："在想象中产生较强的观念的联系，并使一个观念更迅速地唤起另一个观念，没有任何关系比得上因果关系了。"[6] 所以，因果原则是所有知识有效性所依据的基础，"一切关于事实的

（左侧边注）

只有考虑到"保持之尾"必参与知觉的构成，这里说的"类似""时空接近"的联想才可被理解，不然就只是一些心理学事实而已。

凭借"类似""接近"的一般联想被认为只有常识的价值，也是"迷信""幻觉"或"互渗"的来源。只有到了"因果关系"，才算与"科学认识"挂上了钩。休谟下面的论辩取消了因果关系在认识论上的特权，因而引起巨大震动。

---

① 北京大学哲学系外国哲学史教研室编译：《十六—十八世纪西欧各国哲学》，第 583 页。

② 同上书，第 582 页。

③ 同上。

④ 同上书，第 583 页。

⑤ Samuel E. Stumpf: *Socrates to Sartre: A History of Philosophy*, p.283.

⑥ 北京大学哲学系外国哲学史教研室编译：《十六—十八世纪西欧各国哲学》，第 583 页。

推理，似乎都建立在因果关系上面"①。

三、因果关系问题

休谟对传统因果关系观的批评以及他提出的新观点是他的学说中最有影响的、也最富于独创性的部分。洛克和贝克莱却没有直接挑战因果关系（causality）的基本原则，虽然贝克莱已经在某种程度上涉及它。在贝克莱看来，由于观念是完全被动的，所以一个观念绝不可能是另一个观念的原因；而由于存在就是被感知，也不可能有外物之间的或外物与观念之间的因果联系。但他承认最高的精神实体或神为观念之间的联系确定了"自然法则"。所以贝克莱讲："食物可以营养我们，睡眠可以休养身心，火可以使我们温暖，……我们知道这些，并不是由于我们在我们的观念之间发现了任何必然的联系，而只是由于我们观察了自然的一定法则。"②至于这自然法则的本性，它们是否能保证"必然的联系"，他似乎没有讨论。休谟则不承认有精神实体和这个意义上的上帝，所以他将经验主义的原则直接运用到因果关系和全部知识论基础的问题上。

休谟问道：是什么产生了因果关系的观念呢？按照他的看法，一切观念的来源是印象。那么，我们能够有关于因果关系的印象吗？他的回答是完全否定的。比如，我们看到一个弹

---

① 北京大学哲学系外国哲学史教研室编译：《西方哲学原著选读》，上卷，第520页。

② 北京大学哲学系外国哲学史教研室编译：《十六—十八世纪西欧各国哲学》，第552页。

子 A 循直线向另一个弹子 B 运动，碰到后者后，第二个弹子开始沿同一方向运动。于是我们说：A 的运动引起了（causes）B 的运动，前者是后者的原因。但是，我们能对这个"引起"（causing）或因果联系（causality）本身具有印象吗？不能。我们只有 A 运动，A 接触到 B，B 运动的印象和观念，但没有 A 运动引起 B 运动（A 把运动传给了 B）的印象。因此，因果性的观念是没有印象的直接支持的。

按照休谟，因果观念之所以出现于我们心中，是由于我们经验到了 A 与 B 之间的一些联想关系。首先，有 A（太阳出来）与 B（蜡块变软）的接近关系；其次，是 A 在时间上先于 B，所以我们说 A 为因，B 为果；第三，A 与 B 经常或总是联在一起出现的，也就是，我们总是看到 A 后边跟着 B。于是我们就得到了"A 引起了 B"或"A 是 B 的因，B 是 A 的果"的观念。这就是因果观念的真相。就如同"人格同一性"（我本身）、"实体"或任何"抽象观念"一样，因果关系本身并无真实的存在，它产生自具体的印象、观念和它们之间的联想，以及由于这些联想的重复而造成的习惯。然而，休谟说，"习惯到了最深的程度，不但掩盖了我们天生的无知，甚至隐蔽了习惯本身，好像没有习惯这回事似的，这只是因为习惯已经达到了最高的程度"。①

所以，绝大多数人、包括几乎所有的科学家和大多数哲学家，都把习惯当作了实在的、不可改变的真理，因而认为 A 之所以引起 B，是由于两者之间有一种实实在在的、而不只是联

说得痛切！我们谁也不能摆脱习惯。但的确应该明了自己生活于习惯之中这个事实及其发生结构，不然就只是"无明"。

---

① 北京大学哲学系外国哲学史教研室编译:《十六—十八世纪西欧各国哲学》，第 635 页。

想意义上的因果联系，由此而相信这种实在的因果关系是一种
必然的联系（necessary connexion）。科学寻求的就是这种因果
之间的必然联系。

休谟坚决反驳这种看法，他说：

> 结果与原因是完全不同的东西，所以我们决不能在原
> 因里面发现结果。第二个弹子的运动是一件与第一个弹子
> 的运动完全不一样的事物；在前者中间也没有任何东西指
> 点出后者的丝毫迹象。一块石头或一块金属抛到空中，如
> 果没有任何东西支持它，便立刻会落下来。可是，假如先
> 验地来考虑这件事，我们在这种情况下，是不是可以发现
> 一种东西能够使我们得到石头或金属降落的观念，而不是
> 上升或者别种运动的观念呢？①

休谟把多少代人从梦中唤醒。而释迦牟尼的"缘起性空"说则唤醒了更多得多的世代。

如果我们能够"在原因里面发现结果"，就意味着我们能够
通过理解或分析原因观念 A 而得出结果观念 B，这样 A 与 B
之间就有一种绝对理性的或理性可以理解的必然关系，就像
"2+2=4"一样。但是，如果情况不是这样，那么 A 与 B 之间就
没有这种必然的理性关系，只有事实之间的或然的或建立在联
想之上的关系，要靠实际的感觉经验来发现这种关系。所以他
讲："原因与结果的发现，是不能通过［概念的、理性必然的、巴门尼
德／柏拉图的］理性，只能通过经验的。"②

康德的"后天／先天综合"说从这里起头。

---

① 北京大学哲学系外国哲学史教研室编译：《十六—十八世纪西欧各国哲学》，第 636 页。

② 同上书，第 364 页。

　　这就涉及休谟对两种知识的分类。在《人类理智研究》第20节中，他提出，人类知识的对象有两种：观念的关系和事实。（1）所谓"观念的关系"就意味着，在这里，知识只涉及观念之间的关系，与感觉经验的事实（当然也是观念）没有根本性的关联。比如几何、代数、三角和算术的知识，就只涉及观念（"3×5"与"30除以2"）之间的关系（"等于"），否定它们就会造成矛盾或荒谬。（2）涉及事实的知识就不能被观念和它们之间的关系穷尽，比如无论你怎样分析"太阳"、"东方"、"升起"等的观念，也得不出"太阳明天将从东方升起"的结论。所以即使去主张这种事实与相应的知识的反面，比如"太阳明天将不从东方升起"，也不会造成矛盾，即便它被证实的可能性极小。

后来非欧几何的出现使这一条也要被松动。

　　因果关系或因果知识当然是第二种、也就是涉及事实的关系和知识，所以不可能具有必然性，其中总有偶然成分。如上所说，休谟认为我们只是因为这种"因果"现象（A与B接近，A先于B，A与B相联出现）的重复出现而形成了一种"倾向"或"习惯"，所以一见到A，就期待B的出现。"一切从经验而来的推论都是习惯的结果，而不是运用理性的结果。"[1]这是我们的"人性"（human nature）使然，也是使人能在一个只有或然性的世界中有效地生存下去的能力。所以他有这一句名言：

　　　　习惯是人生的伟大指南。[2]（"Custom [or Habit]，then，

<hr>

　　①　北京大学哲学系外国哲学史教研室编译：《十六—十八世纪西欧各国哲学》，第642页。
　　②　同上。

is the great guide of human life."①）

但这毕竟与理性主义者或尊崇科学知识者对"真理性"（这在人心中就往往意味着"不会出错"，"必然有效"）的要求相差甚远了。对于这些人而言，如果科学知识也会出错，也只是或然真理，而且其根源要归于"习惯"，那它与我们的常识就没有本质区别了。这岂不就是怀疑主义的复活？！②

所以，休谟对因果问题的研究在当时的西方哲学界产生了极大的震撼力，把不知多少人"从形而上学的迷梦中唤醒"。

> 其实还应包括"科学至上论的迷梦"。

四、能否证明因果关系的合理性？

如上所说，作为一切事实知识基础的因果关系并不（只）来自概念的或纯观念的理性活动，而一定要涉及"习惯"这种并无多少理性或真知识可言的心灵能力。这就从根子上威胁到理性主义的知识信念，即这个世界和人的思想的本性是合理的（可通约的，可理喻的）。于是，就有这样的企图来挽救理性和知识的

---

① *Hume Selections*, ed. Charles W. Hendel, Jr., New York: Charles Scribner's Sons, p.135.

② 撒穆尔·伊诺克·斯通普夫（Samuel E. Stumpf）在《西方哲学史：从苏格拉底到萨特》（*Socrates to Sartre: A History of Philosophy*）中，通过塞克斯都·恩披里克（Sextus Empiricus）对"怀疑主义的基本原则"及其非教条主义的后果，如此解说："The fundamental principle of Skepticism, says Sextus, is that to every proposition and equal proposition is opposed. It is in consequence of this principle, he says, that 'we end by ceasing to dogmatize'."（塞克斯都·恩披里克说：怀疑主义的基本原则是，每个命题都有与它同等效力的反命题。这个原则的后果是，他说，"我们就不再去制造教条了。"）

真理性，即设法论证因果关系、知识和规律的可靠性，以及相信这种知识的合理性。（这也就是后来的所谓"证明归纳法的合理性的问题"）

　　休谟表明这种论证或推理证明是不可能的。他这样来说明：一切论证或推理分为证明的推理（关于观念之间的关系的推理）和或然的推理（关于事实与实际存在的推理）两种，相应于他讲的"两种知识"。如上所说，因果关系是涉及事实的，所以它的合理性问题不可能通过证明推理来论证，而只能通过或然推理来论证。但问题正在于，一切或然推理或关于实际存在的论证"都是建立在因果关系上面"①的。这样，要依据或然推理来论证因果关系合理性的做法都只能是一种循环论证，即已预设了要论证的东西，再来论证这东西的合理性。

　　换个方式说就是：证明因果知识的合理性相当于去论证"未来将符合或相似于过去"②，从而证明我们依据过去的经验（太阳不断地每天从东方升起，桌椅的移动要由某个人实行）来期待未来经验（太阳明天将从东方升起，如果我不在时房间的桌椅被移动了，那么我可以合理地推断有人在此做了这事）是合理的。但是，我们只能依据事实关系或或然推理来论证之，而事实关系或者或然推理，就其是有效力或有支持力的而言，都是以"未来将符合或相似于过去"这一假设为前提的，也就是以因果关系的合理性为前提的。比如你可以说：我之所以从理性上相信因果关系，因为我

罗素讲："休谟的怀疑论完全以他否定归纳原理为根据。"（《西方哲学史》，第212页）这句话需要一个修正：休谟并没有"否定归纳原理（的有效性）"，他只否定这个原理相比于其他联想方式的根本优越性。

---

　　①　北京大学哲学系外国哲学史教研室编译：《十六—十八世纪西欧各国哲学》，第639页。

　　②　同上。

过去的经验告诉我，相信它能够获得好的或相当好的结果，所以我也应该相信它在现在和未来也能带来好结果。但问题是，这个论证本身，却恰恰是建立在"相信未来将符合或相似于过去"或因果关系有效性的前提之上的，而这却恰恰是你要去证明的。

所以，按照休谟，因果关系的合理性是不可能从理性上得到证明的，我们只能或必须满足于"习惯"的解释。换言之，因果关系中没有理性主义者们所要求的那种合理性。

因而休谟《人类理智研究》结尾的一段名言是：

> 如果我们相信这些基本原则，则我们巡行图书馆时，就必须对它起怎样大的破坏作用呢？我们如果拿起一本书，例如神学的或经院哲学的书，我们就可以问，其中包含着量或数方面的任何抽象论证么？其中包含着有关事实与存在的任何经验论证么？没有，那我们就可以将它投到烈火中去，因为它所包含的，没有别的东西，只有诡辩和幻想。①

此为来自经验主义的近代"焚书（坑'儒'）"论。它表明了那个时代神学与形而上学的衰落，也预示了我们这个时代"人文学科"的衰落。

敏锐！20世纪还有过不少人要证明归纳法的逻辑合理性，可见其情结之深、习气之重。这种自甘失明以保障观念理性的安全的倾向，几乎就是人类的宿命。所以，对科学因果律的崇拜在可见的未来是不会大退潮的。这不是因为它对，而是因为它还有力。只有到这种习惯力量闯下大祸，威胁到人类或民族的生存时，休谟、库恩、庄子、佛陀的话才会被再次记起。

休谟的否定（即否定科学规律的必然性）是对的，其肯定或正面主张（要烧书）则失之过简，因为他的"印象/观念说"中（如上面评论所言）漏掉了那个关键性的"尾巴"，导致他看不到那样一种知识——既非数学的亦非实证经验的却可启发人的知识，诗与思还没有分开的知识——的价值。

---

① 北京大学哲学系外国哲学史教研室编译：《十六—十八世纪西欧各国哲学》，第670页。

第十七章　康德

第一节　康德其人

伊曼努尔·康德（Immanuel Kant，1724—1804），出生于普鲁士的哥尼斯堡（Königsberg）（1946年后，该城成为苏联领土，叫加里宁格勒）。其父亲是造马具的皮匠，全家信奉路德新教的虔信宗（Pietism）。此宗派强调心灵的纯洁、工作的投入、充满爱的善意和合乎道德的行为，以此作为服侍上帝的方式。康德对他父母的道德品行终生感怀，这反过来影响了他的道德学说和他自己的为人。康德《实践理性批判》的结论中有这样一段名言："有两样东西，越是经常而持久地对它们进行反复思考，它们就越是使心灵充满常新而日益增长的惊赞和敬畏：我头上的星空和我心中的道德法则"[①]这"赞叹与敬畏"与亚氏讲的"好奇"不同。思想本身能引出这叹、畏，是由于它或它所发现者处于有无之间的奇妙状态所致。

其深义要到后面才知晓。

---

① 康德：《实践理性批判》，李秋零译，《康德著作全集》第5卷，《实践理性批判、判断力批判》，李秋零主编，中国人民大学出版社2007年版，第169页。

康德 8 岁起在本城的虔信派学校上学，但他对这样过分呆板的宗教教育深恶痛绝，因而，"很明显，他从这 8 年的学校生活中只得到了说、写出色的拉丁文的能力，以及对于假话和伪善的憎恶，还有就是对一切宗教的繁文缛礼的反感"[1]。16 岁（1740 年）入哥尼斯堡大学，1746 年（22 岁）毕业后做了 9 年的家庭教师，其间写了数篇论文，包括著名的《自然通史和天体理论：或者根据牛顿定理试论整个宇宙的结构及其力学起源》（*Universal Natural History and Theory of the Heavens*，1755 年匿名出版）。1755 年，他得到了硕士学位，开始在母校担任编外讲师（Privatdozent，私讲师），共 15 年，直至 1770 年。这种职位没有学校发的工资，靠选课的学生缴的听课费来取得收入。18 世纪 60 年代，他读到卢梭的《爱弥儿》（*Emile*），深受吸引，手不释卷，居然两天内中断了他几十年里准如钟表的下午散步——据说哥尼斯堡的家庭主妇们都以此散步来对表。康德由此而受到卢梭的极深影响，他认为卢梭在人类的种种表面行为之下发现了"深深隐藏的人的本性，以及这样的潜在法则，人们通过服从它们而明白天命（providence）之正当"[2]。在为他自己写的一则笔记中，康德这样讲：

> 我天生是一个探索者。我渴求知识，总是不安于现状，而要在知识中向前推进，并以取得的每一个进步为乐

---

① Immanuel Kant: *Selections*, edited by Lewis White Beck, New York: Macmillan, 1988, p.1.

② Ibid., p.3.

事。我曾经相信这就构成了人类的尊荣，而看不起那些无知的民众。卢梭在这个问题上纠正了我。这盲目的偏见消失了。我学会了尊重人，并且感到：除非我相信自己的这种探索者的态度能在建立人类权力方面给予所有人以价值，我就不比普通的劳动者更有用。①

当然，18世纪60年代中，他开始受到休谟等英国经验论者的影响，其认识论思想开始了转向。1770年，他终于被任命为教授，有了固定的薪水。他的教授职位就职演说（《感觉界和理智界的形式的原理》）标志着他转向了"批判的"（critical）时期。

在11年之久的蛰伏期之后，已经57岁的康德于1781年发表了他一生最重要的、应该说也是西方近代哲学中最重要的哲学著作（之一）的《纯粹理性批判》（*Critique of Pure Reason*，第2版发表于1787年）。在这之后的9年内，他的"批判思想"的原创力如潮而涌，写出了另外两个批判（《实践理性批判》，1788；《判断力批判》，1790）和另外的一些重要的著作，比如《未来形而上学导论》（1783，是《纯粹理性批判》的简要说明）和《道德形而上学基础》（1785）。他在每一方面做的研究，都是开创性的，留下了深深的思想印迹。他似乎有疑病症，怕活不到能写出最重要的思想的时候。所以总是说他自己的身体"从没病过，也从没好过"（never sick，though never well）。

从18世纪80年代后期开始，康德与普鲁士政府在信仰自

真正的聪明人和探索者更容易"学会尊重人"；傲慢几乎都是愚蠢的象征。

这种创造力不会只来自几条批判哲学原则的发现，而应该是在思想上进入到了一个微妙的发生状态的结果。

———————————

① Immanuel Kant: *Selections*, edited by Lewis White Beck, p.3.

由等问题上发生冲突。康德不顾压力，在 1793 年还设法出版了他的最不正统的书《只在理性范围内的宗教》。1794 年皇家内阁明令禁止他写作和公开谈及一切关于宗教的问题。康德反复思考之后，决定尽一个臣子之责，在这种情况下保持沉默。但 1797 年威廉二世死后，他感到这责任已不存在，就又发表了有关的著作。

他终生未婚，且基本上未离开过哥尼斯堡，但作为"一个天生的探索者"关注他所能知的世上发生的一切有趣的和有思想意义的东西。他爱在吃午饭时与人聊天，这后来成为他在家中的一种固定的社交方式。[①] 他 1797 年退休，1804 年逝世。

"终生未婚"是西方哲学中一个值得注意的"哲学人类学"现象。

康德对后世哲学的影响几乎超出了一切可用语言形容的程度。由于他总能在两种相对倾向中找到原生性的居中，他在其批判时期中处理过的每一个重大问题都不仅包含有来头的原创性，而且还具有了一种内在的丰富性或"耐解释性"，以致他犯的具体错误（比如逻辑实证主义者们所批评的）或个人的局限都绝不足以使他的思想黯淡，反而从另一个角度表明了它们的内在生机。

第二节　哲学中的"哥白尼革命"

康德在 1783 年出版的《任何一种能够作为科学出现的未来形而上学导论》的"导言"中坦言："休谟的提示在多年以前

---

① Immanuel Kant: *Selections*, p.4.

首先打破了我的教条主义［传统唯理论］的迷梦，并且在我对思
辨哲学的研究上给我指出来一个完全不同的方向。"①他的"天
生探索者"的敏感使他比较充分地体会到了休谟论点的分量，
于是开始从根本上怀疑传统西方哲学的主干——形而上学——
的有效性。

　　他在《纯粹理性批判》第一版序言中以文学笔法描述了形
而上学这位"曾经号称一切科学的女王"的命运："现在对它只
有无情的轻蔑；这位年迈的贵夫人备受谴责，惨遭遗弃。"②而
且更残酷的是，"这位自封的女王被追查出并非金枝玉叶，无
非是普通经验的庶孽"③。这就是传统形而上学的命运：它老是
被一些它所不能回避但又不能真正回答的问题困扰。④即，这
些问题要求超经验的原则，但人类用来思考形而上学问题的
"理性"却被（比如洛克、休谟等）查出"无非是普通经验的庶孽"
或德谟克利特讲的"私生子"，从根本上离不开感觉经验，所
以使得整个形而上学陷入需要自欺而现在又无法自欺的绝大
困境。

　　《纯粹理性批判》就是为了使理性及"未来形而上学"摆
脱这个困境而写。第一版序言因此向理性提出了一个要求，要
它承担起它的最艰巨的任务，即重新进行自我认识，并设立一

休谟是"'苏格兰'场
中最机敏的侦探。

---

　　①　康德：《未来形而上学导论》，庞景仁译，商务印书馆 1978 年版，第 9 页。
　　②　北京大学哲学系外国哲学史教研室编译：《西方哲学原著选读》，下卷，
第 238 页。
　　③　同上书，第 239 页。
　　④　同上书，第 237 页。

个法庭来保障它的合法要求；另一方面，对于一切毫无根据的僭越要求，则不凭强制的命令，而按照理性的永恒不变的规律予以批驳。这个法庭不是别的，就是对纯粹理性本身的批判。[①] 由此而"决定一般形而上学是可能的还是不可能的，要确定它的来源、范围和量限"[②]。实际上，他是想使形而上学像数学、物理学一样（见第二版序言），成为一门真正的"科学"，或"科学形而上学"。这当然是自古希腊、笛卡尔以来的西方哲学主干思想家们的理想，只是康德对这个"批判"所需要的彻底性、严格性和微妙性（非对象化性）有更多更深的体会。

不过，"科学"的含义在他那里也有了改变，不再是实在论的，也就是不再认为科学规律是对独立实体的关系的表达。这种知识是客观的，但这客观来自人的先天存在方式或形式。

形而上学是否能成为或如何能成为一门科学的关键，就在于它能否取得像数学、自然科学那样的运作机制。所以康德后来将这个批判的任务具体化为四个问题：(1)纯粹数学是如何（怎样）可能的？(2)纯粹自然科学是如何可能的？(3)一般形而上学是如何可能的？(4)作为科学的形而上学是如何可能的？[③] 他的"哥白尼革命"就体现于对这些问题尤其是头两个问题的回答中。

他对数学、自然科学的分析使他的回答颠倒了"真知识"的图景。他写道：

> 那第一个给等腰三角形作出证明的人（不管他叫泰利斯还是叫别的什么名字）心里闪出了一道光芒，因为他发

---

① 北京大学哲学系外国哲学史教研室编译：《西方哲学原著选读》，下卷，第239页。

② 同上书，第237页。

③ 同上书，第262—263页。

我们把什么"先天地设想"进了事物之中，而且能够从事物那里又辨认出它来？应该是一种原本的联系，使得"印象"或"感觉材料"能够呈现给我的原发想象、原发记忆与期待。康德称这联系为先天形式与范畴。胡塞尔则视之为在内时间意识中进行的"被动综合"。

现不能死死盯着自己在图形里看到的东西，也不能死死扣着这一图形的单纯概念，仿佛从其中认出它的特性，而只能用自己根据概念先天地设想进去并且表达出来（通过作图）的那种东西造出那些特性来；〔此是要害处！是一种"欲得而先予"的理性游戏〕要想先天地确切认识到点什么，就必须把一种东西归给事物；这种东西不是别的，就是从自己按照概念放进了事物的那个东西必然推出来的结论。①

这就是康德发动的哲学中的"哥白尼革命"的起源处，其基本见地是从数学证明的"闪出光芒"处而来。他认为确切的真理不可能从经验的归纳而来（"不能死死盯着……〔经验对象〕，仿佛从其中认出它的特性"，就此而言他与休谟完全一致）；但他不放弃对确切真理的追求，只是认为它们要从"先天地设想进去"的东西，也就是从理性自身的形式而来。当然，这先天的理性设想不能离开经验直观，这种看法使康德与传统的唯理论者也区别开来。他在这段话中提到"泰利斯"的方式是意味深长的。似乎是将他看作第一位数学家，可谁都知道，泰利斯更是第一位西方哲学家。由此可见数学与西方传统哲学的不解之缘。

康德又写道：

康德达到他的批判哲学，其中最关键一步恐怕就是在心中闪出了这道光芒。

当伽利略让一个他自己选定重量的球从斜面上往下滚的时候，……这几位自然科学家心里都闪出一道光芒。

---

① 北京大学哲学系外国哲学史教研室编译：《西方哲学原著选读》，下卷，第240页。

他们悟到理性只是洞察到它自己按照方案造出的东西［似乎是猫捉自己尾巴的无聊游戏］，悟到理性必须挟着它那些按照不变规律下判断的原则走在前面，强迫自然回答它所提的问题［以我为主］，决不能只是让自然牵着自己的鼻子走。①

以扎根于人类理智之"先天形式"的"原则"或"法则"来逼问自然，"强迫自然"吐露秘密。此乃"人为自然立法"的意义。

　　许多评论者将这种哲学中的哥白尼革命解释为"将知识的重心从客体转到主体"。但其实这里的关键是弄清楚，为什么科学的"以我为主"就行得通，总能够"强迫自然回答它所提的问题"，而传统形而上学的"以我为主"就做不到这一点。《纯粹理性批判》要探讨的实际上就是这个"（以我为主的认识策略）如何可能"的问题。其中的关键恐怕还是在数学上。现代自然科学的以我为主是数学式的，也就是以数学化的科学假说或规律的方式来提问的；而"形而上学是一种完全孤立的思辨理性知识，高高在上，完全不受经验教导，而且完全依靠单纯的概念（不像数学那样依靠应用于直观的概念）。所以……在形而上学里，人们不得不反来复去地走回头路"②。数学的妙处在于它既是不离直观的，又是纯形式和纯结构的，所以它既可以为主体所用，走在经验观察之前，又牵联着直观中的现象世界。因此，自然似乎只愿意回答以数学语言而非纯概念语言提出的问题。我们在这里又一次遇到毕达哥拉斯"数是万物的本原"这一思想的幽灵。

要害就在于此。这样，康德就同时感到两边（先入／后出，主／客，唯理／经验）的吸引与排斥，而在中间震荡起来。任何真正的终极处都有这种反串着的怪圈（如"太极图"），在听着自己说话时才能不断地说出可被他人听懂的话来。

这就是贫乏的"反串"了。进不到终极（的发生）之中而又追求终极，于是不得不"反来复去地"辩证发展了。

_____

①　北京大学哲学系外国哲学史教研室编译：《西方哲学原著选读》，下卷，第241页。

②　同上书，第241—242页。

这不是更强硬的唯理主义（观念化的"万物皆备于我"），因为"完全依靠单纯的概念"[①]与"有一种关于对象的先天知识"[②]是极为不同的。所以理解康德之革命，不仅要看出它与经验论的区别，更要看出它与传统唯理论的区别。

康德方案中有"交"，而不完全被所研究对象、包括理性的概念化对象（自我、世界、上帝）牵着走，他是从数学和数学化的自然科学那里看到了"闪光"之处。所以康德的"先天知识"或"先验逻辑"并不等于唯理论的那种有自己实在内容和对象的"先天观念"，它本身是非对象化的、只起到先天综合作用的"形式"或"范畴"，它从根子上就需要经验直观的成就，因此就其自身而言是虚的（函项式的）、有待在经验中完成的，也就是本性上交构着的。

因此康德的方案与笛卡尔方案也不等同。作为主体的自我统觉并不是"自我实体"，而是在认知经验中发挥范畴功能的先天发问者（"法官"[③]）。"自我实体"反倒没有"使科学客观可能"的构成能动性，而要依靠"上帝"（非主体）来达到物质。斯宾诺莎、莱布尼茨的"实体（自然、单子）"也未充分说清主体如

---

① 北京大学哲学系外国哲学史教研室编译：《西方哲学原著选读》，下卷，第242页。

② 同上书，第243页。

③ 同上书，第241页。康德这么写道："理性必须一只手拿着原则，拿着那些唯一能使符合一致的现象成为规律的原则〔后来库恩称它为'范式'〕，另一只手拿着自己按照那些原则设计的实验，走向自然，去向自然请教，但不是以小学生的身份，老师爱讲什么就听什么，而是以**法官的**身份，强迫证人回答他所提出的问题。所以，物理学上发生这场如此有利的思想方法革命，也只能归功于有人灵机一动，省悟到要以理性本身放到自然里去的东西为依据。"（引文中黑体为引者所加）

何"成就科学"。所以康德的方案("哥白尼革命")是一种根本上的"居中而交",处于经验主义／唯理主义、直观／概念、客观／主观、被动现象／思想主体之间。康德思想的一切创新之处,微妙之处,一直到现在还有魅力之处,其原因正在于此。

第三节　先天综合判断

康德的《纯粹理性批判》要回答的主要是"形而上学是否可能,如何可能?"的问题。如前所述,他认为形上学只有作为一门真正的科学,也就是像数学与物理学这样有客观的制约机制的科学才可能在未来存在。但休谟的批判危及的不只是形而上学,还有自然科学的客观性,而数学也只具有一种与世界无关的观念内部的确定性。所以,康德感到他无法直接让形上学模仿自然科学和数学,而一定要从根本上解决休谟问题,即认为任何涉及世界的客观和普遍的知识完全不可能的问题。这也就是康德一定要发动一场哲学上的哥白尼革命的原因,以便从根底处重新理解一切人能得到的知识的本性。如果能表明人的知识不只是休谟讲的那两种,而是有"从纯粹理性得来的[客观有效的]知识"[①],那么整个局面就为之改观,不仅数学、自然科学具有客观性的知识,而且形而上学就也有希望找到使自己成为科学的路子。

如我们所引述的那段第二版序言的话,哲学中哥白尼革命

数学是这个世界的魔乐,人与物在其中共舞。量子力学创始人海森堡(1901—1976)写道:"现代物理学采取了明确地反对德谟克利特的唯物主义而支持柏拉图和毕达哥拉斯的立场。基本粒子的确不是永恒的、不可毁灭的物质单位,它们实际上能够相互转化。……在现代量子论中,无疑地,基本粒子最后也还是数学形式,但具有更为复杂的性质。"(《物理学和哲学》中文版,第34—35页)因此,康德揭示的世界,不管是科学活动于其中的现象界,还是道德世界、美感世界,甚至信仰世界,都虚而不幻、真而不实。

---

① 康德:《未来形而上学导论》,庞景仁译,第5节。

的实质就是："有一种关于对象的先天知识，在对象向我们呈现之前，就确立了关于对象的东西。"[①] 那么，这种"先天知识"的具体含义是什么？康德的回答是：这种知识就是"先天综合判断（及命题）"所表达的知识，它们来自人所具有的一些先天综合的能力。

"形而上学是否可能"的问题就这样被归结为"先天综合知识是否可能"的问题。然而，康德没有直接去回答它，却采取了一个反推（分析）策略，即先认定"纯粹数学和纯粹自然科学"是严格意义上的客观科学，即"无可争辩的先天综合知识"[②]，然后询问它们"是怎样可能的，以便从既定知识的可能性原理中也能够得出其余一切知识的可能"[③]。也就是再将这里"哥白尼变革"的发现迁移到对形而上学问题的讨论上去。于是就有了这样几个问题：(1)纯粹数学是怎样（如何）可能的？(2)纯粹自然科学是怎样可能的？(3)一般形上学是怎样可能的？(4)作为科学的形而上学是怎样可能的？[④] 这种"如何（怎样）可能"的问题就是康德所谓的"先验的"（transzendental，transcendental，"超越论的"）的问题。"先验"的意义就是"可

那么，有没有这样的可能：人有先天综合能力，但没有对象化的先天综合知识；或者，即便人可以有某种先天综合知识，却不可能建立概念形而上学？

---

① 北京大学哲学系外国哲学史教研室编译：《西方哲学原著选读》，下卷，第243页。

② 同上书，第258页；康德：《未来形而上学导论》，庞景仁译，商务印书馆，1978年，第4节。

③ 北京大学哲学系外国哲学史教研室编译：《西方哲学原著选读》，下卷，第258页。

④ 同上书，第262—263页；康德：《未来形而上学导论》，庞景仁译，第5节。

能性的条件",而与"先天的"(a priori,普遍必然的)和"超验的"
(transzendent,超出一切直观经验,直接用到物自体上)不同。有人曾
批评康德这个"如何可能"的策略偷换了"是否可能"的问题。
(就此而言,将这种康德问题译为"何以[为什么]可能"(蓝公武,赵敦华),
是不合适的。)但是,我觉得康德在先验感性论中探讨"数学如何
可能"时,确实也在回答"到底有没有先天综合知识"的问题。

　　什么是"先天综合知识"或"先天综合判断"呢?康德将这
个源自休谟的问题这样表达:

　　首先,区别分析判断与综合判断的标准是看该判断的内
容:分析判断"仅仅是解释性的,对知识的内容毫无增加";而
综合判断的内容"是扩展性的,对已有的知识有所增加"。① 比
如"一切物体都是有广延的"(或"黄金是黄色的金属")是一分析
判断,因为"广延"概念按当时西方学界流行的看法(笛卡尔明
确主张它),已被"物体"概念所包含。但"某些物体是有重量
的"则是综合判断,因为"物体"概念并不内在地包含"重量",
重量是由于万有引力才存在的,所以这个判断扩大了我们关
于"物体"的知识。分析判断的原则是矛盾律,综合判断则除
矛盾律之外还要加上别的原则(比如经验观察、纯直观认定、先验演
绎……)。分析判断是不会出错的,而综合判断如果是经验的,
则可能出错。

　　这两种判断相应于休谟讲的两种知识(推理的和事实的知识),

以上(在评论莱布尼茨的"单子论"时)曾提及,当代物理学发现有无广延的物质存在形式(如光子),因此"一切物体都是有广延的"并非分析判断,但这似乎没有从根本上颠覆康德这里的论证,因为毕竟,说"黄金是黄色的"、"孤儿是失去父母的儿童"(在汉语表述中)是分析判断还是成立的。

---

① 北京大学哲学系外国哲学史教研室编译:《西方哲学原著选读》,下卷,第250页;康德:《未来形而上学导论》,庞景仁译,第2节。

但休谟认为人类只有这两种各自分别的知识，康德却认为还有第三种，即既有分析判断的不会错的特性（在这个意义上称之为"先天的"，意为"普遍必然的"）又有综合性（即能扩展我们的知识）的知识，他称之为"先天综合知识"或"先天综合判断"（synthetische Urteile a priori，synthetical judgments a priori）。"先天"在这里主要不指时间上在先，而是"逻辑在先"，即独立于经验、不依靠经验而真，而这种特性在康德看来只能来自理性本身。

经验论者当然不承认有这种知识，而传统唯理论者尽管在构造形而上学时实际上主张有这种知识，但并不了解它的特性，所以不可避免地犯了一些根本性的错误，将这种判断或知识用到了超出其有效性的领域中去，因而造成极大混乱和形而上学的衰败。

康德有可能也"超出"了，但他发现的这块新领域，却是当代西方哲学为之魂牵梦绕之处。

康德诉诸纯粹数学和自然科学的有效性以及对人的相应的认识能力的分析，来论证确有这种先天综合知识，并同时揭示它们的特性。他认为数学命题也是综合判断，"7+5=12"是综合命题，因为"'十二'这一概念是决不能仅仅由于我想到'七'与'五'之和而能想出来的，……而且随着我们采取的数字越大就越明显"①。自然科学和真正的形而上学命题（比如"事物中的一切实体是常住不变的"，它不同于"实体仅仅是作为主体而存在的东西"，后者是分析的，只探讨"实体"概念的意义）因而都是综合的。而这三类知识中，只有数学知识的先天（普遍必然）性到康德那时还是不受怀疑的。所以探讨"纯粹数学如何可能"的"先验感性

---

①　北京大学哲学系外国哲学史教研室编译：《西方哲学原著选读》，下卷，第252页。

论"实际就成为康德的理性批判工作的基础,具有极深的哲学含义。

第四节　先验感性论
——纯粹数学如何可能

一、感性的纯形式

按照康德,数学不只涉及"观念或概念之间的关系",而更首要地涉及直观(Anschauung, intuition)。"[数学知识]必须首先在直观里提供它的概念。"[1] "数学必须根据纯粹直观,在纯直观里它才能具体地、然而却是先天地把它的一切概念提供出来,或者像人们所说的那样,把这些概念构造出来。"[2] 所以,"如果我们能发现这种纯直观及其可能性,我们就会很容易解释先天综合命题在纯粹数学里是怎样可能的"[3]。先验感性(Ästhetik, aesthetic)论就为此而设。

直观是使知识与其对象处于直接关系、并为思想提供原料的认知方式[4]。感性(Sinnlichkeit, sensibility)是"通过我们被

---

① 北京大学哲学系外国哲学史教研室编译:《西方哲学原著选读》,下卷,第 263 页;康德:《未来形而上学导论》,庞景仁译,第 7 节。

② 北京大学哲学系外国哲学史教研室编译:《西方哲学原著选读》,下卷,第 264 页。

③ 同上。

④ 北京大学哲学系外国哲学史教研室编译:《十八世纪末—十九世纪初德国哲学》,商务印书馆 1975 年版,第 43—44 页。

这一点后人多有突破，比如胡塞尔讲"范畴直观"和"本质直观"。舍勒讲"道德洞见"或"价值直观"（Wert-Erschauung）。其中的道理是：既然人与对象的最直接根本的联系是先天形式（它在意识体验中表现出自明性），那么任何可以发现它的地方就有直观。

对象所刺激的方式来接受观念的能力（接受力）"①。按照康德，"只有感性才给我们直观"②。

感性直观活动产生的结果叫作感觉（Empfindung，Gefühl；sensation，feeling）。在现象中与感觉相应的东西是现象的质料；而规定现象中的杂多、使其能被安排在一定关系里面的则是现象的形式。③ 按照康德，这种现象的形式一定先天地存在于意识中，不然感觉或现象的质料不会对我呈现，"因此我们能够离开一切感觉单独地来考察形式"。这种不掺杂感觉的形式是感性的纯形式。"感性的这种纯形式本身也可以叫作纯直观"④。比如，康德讲，如果我们去掉物体观念中的知性思维的产物，比如实体、力、可分性等，再去掉属于感觉（内容）的东西，比如不可入性、硬、色等，那么就会剩下属于感性纯直观的东西：广延和形状。即使感官没有任何对象，或没有感觉，纯直观也作为感性的单纯形式先天地存在于意识里。⑤

所以，康德关于感性的总体看法是：外物刺激感官，引起意识的接受反应，而这反应只能通过已先在于意识中的感性形式来进行接受。这居间的形式一定不仅具有经验主义者们讲的接受能力，而且也一定与意识的统觉有关，因而不会（完全被动而）不提供只属于人的意识的综合功能。正是这可以独立于感

①　北京大学哲学系外国哲学史教研室编译：《十八世纪末—十九世纪初德国哲学》，第44页。

②　同上。

③　同上。

④　同上。

⑤　同上。

觉内容的纯形式或纯直观使数学的先天综合判断可能。当然，也正是这纯形式的先天综合的不可超越性使得所知觉者不可能是物自体（Ding on sich；thing in itself）。所以，康德讲：

> 如果我们的直观在表象物的时候是按照物本身那样来表象的话，那么就绝对没有先天的直观，直观就永远是经验的。……我的直观只有按照一种方式能够先行于对象的实在并且成为先天知识，那就是它只包含感性的形式，这种感性的形式在我的主观里先行于我被对象所感染的一切实在印象。[①]

正是对休谟"印象"学说的回应。但是，将那使印象被统握起来的东西叫作感性形式，而且说它"先行"，都还嫌僵硬和疏离。实际上，它只是那样一种东西，没有它，被表象的对象就不会出现。康德在《纯粹理性批判》第一版中将它间接地称作"先验的想象力"，大受后来现象学家的赞赏。但他在第二版中退缩了，更明确地将这种先天综合力归为统觉、知性范畴和感性形式。

感性的纯形式是空间与时间，对应于外感官与内感官。

二、空间与时间

为了说明空、时确实使数学（几何、算术）可能，康德要证明：（1）空-时是先天的或可独立于具体感觉经验的形式；（2）它们是直观而不是概念推演出的东西。我们以空间为例看康德如何论述的（结合他所谓"形而上学的说明"或"空间是先天被给予的"的说明，及"先验的说明"或"空间为数学的先天综合知识提供了可能性"的说明）：

（1）空间使具体的空间表象（Vorstellung，representation）——比如互相外在、互相靠近（而不只是彼此不同）的表象——

---

① 北京大学哲学系外国哲学史教研室编译：《西方哲学原著选读》，下卷，第265页；康德：《未来形而上学导论》，庞景仁译，第9节，第41页。

可能，而不是相反，即从外部现象的关系中得到纯空间感受。

（2）我们永不能表象出无空间的外在对象，但却可设想无对象的空间。

以上两点表明空间的先天性或空间是先天的观念。

（3）空间不是关于一般事物的关系的推演概念，或一般概念，而是一个纯直观。因为我们只能表象一个唯一的空间，一切所谓不同的空间都只是它的部分。概念总有质的规定性，达不到这样的"唯一性"。因此，必有一先天的、而非经验的直观作为一切空间概念的基础。所以，几何学命题，比如三角形的两边之和大于第三边，不能从线与三角形的一般概念引申出来，而只能从直观中引申或构造出来。由于这种直观实际上是先天的，所以这种引申或构造具有必然性和普遍性。

（4）与上一点（"部分只能通过整体才是可能的"①）密切相关，空间被表象为一个无限的所予量，将无限多的不同空间观念包含于自身中，而概念由于其特定内涵，不可能将无限多观念包含于自身中。

以上两点证明，"原本的空间观念是一个先天的直观，不是概念"②。

在《未来形而上学导论》中康德还给出了关于空间的直观性的著名例子。比如现实的手与它在镜中的手从概念规定上和

这两点也可以看作是对空间自明性的解说。正因为有了空间的原发综合，我们才能体验到具体的空间表象。
所以空间是"性空"，"生成性的空"，而不只是"原子外的虚空"或"存在者的缺乏"。

---

① 北京大学哲学系外国哲学史教研室编译：《西方哲学原著选读》，下卷，第 269 页；康德：《未来形而上学导论》，庞景仁译，第 13 节。

② 北京大学哲学系外国哲学史教研室编译：《十八世纪末—十九世纪初德国哲学》，第 47 页。

特性概述上都是相等的，它们的差别只有通过空间的外在关系才能表示出来，即"我不能把镜子里所看到的这只手放在原来的手的位置上去"[①]，如同左手的手套不能合适地戴到右手上，无论这两只手相似到什么程度。

妙喻。

　　所以，几何学之所以是一种先天综合知识，就是凭借空间这种先天的纯直观形式而可能。"纯"意味着先天，直观则提供综合的知识，就如同经验直观能提供(后天)综合知识一样。我们确实能凭借我们的意识和感官所具有的先天的"看"，来获得综合性的知识，让一切感觉对象都必然服从之，因为它们恰是由于这感性的纯形式而成为可能。这也就是先验感性论中体现出来的"哥白尼革命"：我们之所以能科学地了解对象，是由于在对象向我们呈现之前，就确定了关于对象的某种东西，[②] 这里即是指感性的纯形式之一。而正是这在经验之先就起作用的东西，使得关于对象的普遍必然(先天)的知识(这里是几何学)可能。也正因为如此，"空间并不表象事物自身[物本身]的任何性质，也不表象事物的互相关系"[③]。也就是说：这种由人的先天设立者而成就的先天综合知识不是关于终极实在(物自身)的知识，而只是关于事物向我们所呈现的"现象"（Erscheinung,

那当然，否则空间哪有自己的生成综合力，哪里会有几何学这种表现空间结构的学问，尽管几何学并不像康德想的那样，只能有一种表现形式？罗素认为数学都可以还原为逻辑，因此并不一定与直观相关；这里他自己犯了漏列前提的错误，许多行家都指出了这一点。数学并不能充分地还原为逻辑。

---

　　① 北京大学哲学系外国哲学史教研室编译：《西方哲学原著选读》，下卷，第269页；康德：《未来形而上学导论》，庞景仁译，第13节。

　　② 北京大学哲学系外国哲学史教研室编译：《西方哲学原著选读》，下卷，第243页。

　　③ 北京大学哲学系外国哲学史教研室编译：《十八世纪末—十九世纪初德国哲学》，第48页。

Phänomena; appearance, phenomena)的知识,尽管这种现象知识具有科学所需的普遍必然性(客观性)。因此,康德的"哥白尼革命"的成果被极深刻而且合理地局限在现象界。对经验论的胜利是以传统唯理论的失败为后果的,这一点对于回答"形而上学如何可能"的问题有至关重要的意义。所以康德讲他的时空观是先验实在论(牛顿、莱布尼茨)与经验唯心论(贝克莱)的综合,是居于其中者。时空是人类共有的、使先天综合知识可能的内置有色眼镜。

　　康德关于时间的说明与空间说明大致类似,只是时间是内感官的纯形式,且"只有一个向量,不同的时间不是同时而是继续的(正如不同的空间不是继续的而是同时的)。这些原则不能从经验得来"①。

第五节　先验知性论
——纯粹自然科学如何可能?

一、先验逻辑与范畴表

　　康德讲:"如果没有感性,对象不会被给予我们,如果没有知性,就不能思维对象。思维无内容是空的,直观无概念是盲的。"②感性是意识接受观念的能力,知性(Verstand,

---

① 北京大学哲学系外国哲学史教研室编译:《十八世纪末—十九世纪初德国哲学》,第51页。
② 同上书,第58页。

understanding，理智，悟性）则是"意识从其自身产生观念〔或概念〕的能力"，所以是"认识的自发性"。^①只有当这两者联合起来才会产生知识。两者（感性与知性、直观与概念）也都有经验的（包含感觉或对象的实际出现）和纯粹的（不与感觉混杂）之分。纯概念只包含着一个对象的一般的思维形式。这种纯思维形式是人的意识里先天具有的，它既非来自经验，也并非来自感性，靠了它（们），对象之间才有了先天的相互联结，而且不是时空意义上的联结，而是概念的、范畴的联结，并由此而使得我们发现对象之间的普遍必然的概念关系是可能的，因此它（们）是使纯粹的自然科学可能的前提。

这里的关键是：要能够将你对先天感性形式的"先天综合能力"的感受，转移到知性概念上来。不然，这"上半截"的精微生发之处就无由呈现。

正是由于这种先天的思维形式的存在，才使得康德所谓的"先验逻辑"可能。一般的形式逻辑（比如三段论）不管知识的一切内容，即知识对于对象的关系，只管抽象的逻辑推理形式。而先验逻辑则要涉及乃至构成与对象的关系或知识内容，因为正是由于先验思维形式的存在，那些普遍必然的对象才有可能。我们正是凭借先验逻辑这门科学来先天地思考对象。

这种知性或思想的纯形式就是范畴（Kategorie，category），也就是最一般的概念。但如何找出所有知性范畴呢？康德认为思想的功能是形式判断（Urteil，judgment），所以传统的亚氏逻辑或形式逻辑的判断方式提供了寻找范畴的线索。由此，他得到了一张包含4组12种判断方式的"逻辑判断表"：

方式陈旧。

---

　①　北京大学哲学系外国哲学史教研室编译：《十八世纪末—十九世纪初德国哲学》，第58页。

一、量的判断	二、质的判断
全称的	肯定的
特称的	否定的
单称的	不定的
三、关系的判断	四、模态的判断
直言	或然的
假言	实然的
选言	必然的

由此他得出对应的"范畴表"或"先验知性概念表"：

一、量的范畴	二、质的范畴
单一性（度）	实在性
复多性（量）	否定性
总体性（度）	限定性
三、关系的范畴	四、模态的范畴
实体性（个体与偶性）	可能性或不可能性
因果性（原因与结果）	存在性或不存在性
共存性（主动与受动	必然性或偶然性
之间的相互作用）	

康德觉得他利用了亚氏的逻辑中对判断的分类来得出范畴，就要比亚氏仅靠简单枚举十个范畴（实体、数量、性质、关系、位置、时间、姿势、所有、主动、受动）要有根据，因此他认为自己的

做法既分清了感性(地点、时间……)与知性、纯粹与经验(活动或运动)的差别，又有系统，没有遗漏。

每一组中有三个范畴，第三个常由第二范畴与第一范畴的联结而生。比如第一组中，总体性可看作单一的复多性；第二组中，限定性可被看作是与否定性联结的实在性；第三组中，共存性(主动与受动的交互性)可被看作是交互规定的实体的因果性；第四组中，必然性可被看作是由可能性自身给予的存在性。这种说法对后来黑格尔的辩证概念逻辑有影响。

二、对于范畴(知性纯概念)的先验演绎

人心中的这些知性纯概念为何能先天地规定经验对象，或有效地使客观的现象关系成为可能？这实际上也就是上面提到的"哲学中的哥白尼革命的问题"的更技术化的表达。康德的回答就体现在《纯粹理性批判》中至关重要但对于他又是"所从事过的形而上学事业中最难的"[①]"演绎"(Deduktion, deduction)部分里。"演绎"指知性范畴对于经验对象的先天有效性的证明。

康德在《纯粹理性批判》第二版(B版)重写了演绎部分。两版之间的差异被说成是"主观演绎"与"客观演绎"之别。第一版演绎分析人的意识如何凭借直观、想象(Einbildungskraft, imagination)和纯概念来先天综合感官提交的杂多材料，构成能被意识统觉或统摄的"先验对象"("X")[②]。这个从杂多到统

---

① 康德:《未来形而上学导论》，庞景仁译，导言。

② 康德:《纯粹理性批判》，蓝公武译，商务印书馆 1960 年版，第 127 页。

觉的过程分为三步:(1)直观中感知的综合,即感性论讲的通过时空的先天形式而进行的综合,其中时间尤其不可避免。"一切表象皆为心之变状而属于内感。故吾人之一切知识终必从属时间（即内感之方式的条件）。"[1] 若没有这种综合,"杂多决不能表现为杂多,更不能表现为包含在单一的表象中者"[2]。(2)想象力中再生的综合。想象力是使表象的杂多产生综合,从而能使一个不在眼前的东西被"再生"出来的能力[3]。而一切经验都以"现象的再现性为前提"[4]。因此,感知直观的综合与这个想象的再生综合内在相关。[5](3)概念中认知的综合,通过这种综合,则我们意识到杂多的统一,并构成先验对象"X",达到对现象的客观的(objektiv, objective; 即对象——Gegenstand, Object——化的)认知。这是一个从杂多到统一或统觉的由低到高的过程。

经验主义者们没有看到这一点。

第二种演绎则是从统觉开始,以它为一切综合的源头,"向下"规范、统摄感性杂多,使它们依次经直观、概念而被提交给意识:"一切感性的直观都从属于范畴,只有从属于这种条件,感性直观的多样的东西才能全部进入一个意识之中。"[6] 由于这种统觉的先天统一是自发的、必然的,所以它不同于我

---

[1] 康德:《纯粹理性批判》,蓝公武译,第 122 页。

[2] 同上。

[3] 同上书,第 123、133 页。

[4] 同上书,第 123 页。

[5] 同上书,第 124 页。

[6] 北京大学哲学系外国哲学史教研室编译:《十八世纪末—十九世纪初德国哲学》,第 73 页。

们平日的经验的主观意识的统一，而是由意识相伴的客观的统一。比如我看到眼前的这朵花，而这朵花只能通过统觉要求的诸阶段而被提交给我的自我意识，从而客观地呈现出来，而并不以我的个人意志和感受方式为转移。这一演绎不注重对人的认知(心理?)能力的分析，而依据先天的道理来推证，故名"客观演绎"。

> 比第一种演绎僵硬，缺少"居间发生"的味道。

一般说来，其演绎的基本思路是：(1)杂多的表象要与人的意识有关，必须以合乎人的认知能力的方式被层层综合，最后成为统觉能直接把握的统一对象。(2)所以，必然要使用知性层次上的范畴以综合感性直观提交的东西，这样范畴就从根本上参与了对象意识的构成，并一定要以感性直观为前提。(3)因此，由范畴造成的规律和联系就不只是主观的，而一定像直观纯形式那样对一切相关现象都有客观的效力。(4)由此亦可明见，范畴的客观有效性只可用于感性直观所供给的表象，而不可能对物自身有效。康德说："范畴在知识中除了对经验对象以外，没有其他的应用。"①

康德在《未来形而上学导论》23节中这样总结：

> 因此，可能经验的原则，同时也是自然界的普遍法则，这些法则是能够先天认识的。这样一来，我们所提出的第二个问题——"纯粹自然科学是怎样可能的？"就解决了。因为一种科学在形式上所要求的体系，在这里就完全具备了。②

> "可能经验的原则"就是"使经验可能的原则"。这里已不止于在讲认识论，而更是一种新鲜的存在观。
> 这"可能经验"与贝克莱讲的"被知觉"的区别何在？后者是纯被动的，前者却含有一个居于主动与被动之间的发生机制。

---

① 北京大学哲学系外国哲学史教研室编译：《十八世纪末—十九世纪初德国哲学》，第75页。

② 康德：《未来形而上学导论》，庞景仁译，第73页。

这也就是康德的"人为自然立法"的含义或"哥白尼革命"的含义。"理智的(先天)法则不是理智从自然界得来的,而是理智给自然界规定的。"① 当然,这种说法的确切意思还是要从"演绎"中得到。

休谟因果关系问题在康德这里获得解决。康德在《未来形而上学导论》中讲:知觉的主观命题(比如我们说:"[我们看到并摸到]一物如被太阳晒了足够长的时间,它就热了"),一旦它被置于科学经验(它达到了对以上引文所说的"可能经验"的自觉)中,就不只是休谟讲的思想习惯式的命题了,而要被视为表达出了一种必然、普遍的经验关系。这时我们就进而下判断说:"太阳通过光而是[石头]热的原因。"②"因此,我把因果性概念理解为必然属于经验的单纯形式的概念,而把它的可能性理解为知觉在一般意识中的一种综合的结合。"③ 就此而言,它虽然不是关于物体本身的条件,但却是经验的条件,④ 由此而使某些经验到的关系获得必然和普遍的性质。

当然,有的哲学家,比如胡塞尔和海德格尔更看重第一版的演绎,认为在那里康德被自己思路和问题的彻底所推动,达到了现象学的境界。其主要特征是"想象力"在那里取得了一个甚至比统觉还要原本的"原发综合"或"先验综合"的地位。

---

① 北京大学哲学系外国哲学史教研室编译:《西方哲学原著选读》,下卷,第287页。

② 康德:《未来形而上学导论》,庞景仁译,第82页。

③ 同上书,第82—83页。

④ 同上书,第83页。

当然这不只是指上面讲到的"再生的"想象力，而首先是"纯粹先天的想象力"（reine Einbildungskraft a priori），[①] 它具有"产生性的"综合能力。康德这么讲：

> 此种综合的统一乃以综合为前提，或包括综合，故若综合的统一为先天的必然，则综合自必亦为先天的。于是统觉之先验的统一乃与想象力之纯粹综合相关，此为一切杂多联结在一知识中所以可能之先天的条件。但仅想象力之产生的［*produktiv*］综合，始能先天的发生；其再生的综合则唯经验的条件是赖。故想象力之纯粹（产生的）综合（先于统觉者）之必然的统一原理，为一切知识所以可能之根据，尤为经验所以可能之根据。[②]

这里的康德是纯现象学的。

这种先验的、产生的想象力更不依靠对象或实在心像，而可以自由、自发地构成"纯象"（reine Bilden），比如"纯三角形"、"大数"，从而提供了使知性与感性联结的"图型"（Schema）。这种图型或纯象的最重要者就是时间，但这里讲的时间已取得了比"直观形式之一者"更原本的含义。海德格尔的《康德书》探讨了这纯象的"存在论的"意义以及它与他的《存在与时间》的关系。[③] 实际上，此处才是"哲学哥白尼革命"或"演绎"的

这种时间——后来胡塞尔称之为"现象学的内时间"。海德格尔视之为"缘在"（人）的本性、领会存在意义的视域——是联结感性与知性、使得一切现象可能的"产生性的综合"。

---

① 康德：《纯粹理性批判》，A142。邓晓芒译本（人民出版社 2004 年版）第 140 页；蓝公武译本，第 144 页。

② 康德：《纯粹理性批判》，蓝公武译，第 131—132 页。《纯粹理性批判》，A118。

③ 参见拙著《海德格尔传》，商务印书馆 2007 年版，第 11 章。

真正谜底所在。

由此可见康德的"原发居中"达到何等深刻微妙的程度。在他自己最感困难处并被他放弃了的地方，依然透露出动人的思想光彩。

以下内容仅简略概括。

第六节　先验辩证论
——理性的越界运用

人有构造形上学问题之答案的天然冲动。但如上所言，如果理性将概念运用到感性直观达不到的领域比如"理念"上去（传统西方哲学的主流一直就是这么做的），则越出了它们的有效范围。不意识到这种危险而以为每个似乎有意义的概念或理念都有相应的对象，就会陷入怀疑论、智者派所指出的"悖谬"和"二律背反"。"二律背反"是指一对正相反的命题都能成立、合乎逻辑。

"理念"（Idee）是"'自知性概念所成而超越经验［即"超验"（transzendent），与"先验"（transzendental）之义大不同］可能性'之概念"[1]，又被称为"理性概念"。

康德从判断得到范畴，于是继续信任亚氏逻辑，以推理的方式得到三个大理念：灵魂、世界和上帝。当我们将理念的所

因此，在康德那里，人的认识能力与相应的认识对象分三层：
直观：杂多的表象；
知性：经验的对象；
理性：理念。

―――――――――――――

① 康德:《纯粹理性批判》，蓝公武译，第257页。《纯粹理性批判》，A320/B377。

指当作形而上学、神学认知的对象，并将知性范畴运用于它们时，就犯了超验这个大忌，而必然导致"先验幻相"即追求根本追求不到的东西（伪知识）的错误。这也就是传统形上学注定失败的原因。

因为它们不再是居间的、引发相关经验的原初综合，而成了被孤立使用的规定者和教条。

相应于这三个理念，形而上学有三个分支：理性心理学以灵魂为对象，理性宇宙学以世界为对象，理性神学以上帝为对象。康德对它们的批判，尤以指出先验理念必陷入的四个二律背反（世界在时空上的有限／无限；事物由单一／复合东西构成；世界上有／没有出于自由的原因，因果系列以／不以一个必然存在者为第一因）和解构对上帝存在的存在论（本体论）证明为著名。

第七节　形而上学如何可能

关于这个问题，康德在不同时间、针对不同问题有几种回答。在《纯粹理性批判》和《未来形而上学导论》中，他的回答是：理性有"超验的（transzendent）使用"与"导向的〔边缘的〕使用"之别，前者不知理性的（认知）界限，将概念使用到超直观经验的本体界，企图获得关于物自身的知识，因而必陷于二律背反的困境，得不到任何确切的知识。这是一种独断论的态度。"导向的〔边缘的〕使用"态度则认为理性的理念不能直接用来认知比经验更高的对象，但却可作为我们的知识的边界起作用，即让我们一方面认识到我们的认识能力的局限，另一方面则指向（而不是表明）一个更深、更高的理性维度，即道德的（信仰）乃至美感的维度。这就是他所说的"限制思辨知识的范围，

以便给道德观念或信仰留下地盘"的含义 ①,其中有非常积极的
东西。所谓"给道德观念留地盘",其实应更多地理解为"给新
的哲学方法(比如现象学方法)留出空间、打开空间"。

《未来形而上学导论》讲:"这样一来,我们前面所说过的
命题(全部'批判'的结果)仍然成立:'理性通过自己的一切先天
原则所告诉我们的仅限于可能经验的对象,而在这些对象里,
仅限于在经验里能够被认识的东西'。但是这个限制并不妨碍
理性把我们引导到经验的客观界限上去,也就是引导到[与]某
种东西的关系上去,这种东西本身不是经验的对象,然而却是
一切经验的最高根据。虽然如此,理性并不告诉我们这种东西
的自在情况,它只告诉我们有关它自己在可能经验的领域以内
的完全的、指向最高目的的使用。然而这就是目前我们所能合
理希望的一切,并且我们由此有理由感到满足。"② 所谓让理性
将我们引导到"经验的界限"上去,意味着让我们达到经验的
边缘,一方面不从理念上超越经验,另一方面则不被经验的内
容局限,而通过"指向最高目的"的"形式指引",向我们呈现
出与终极者("一切经验的最高根据")的关系。此乃康德思想那深
刻的居中性的又一表现。

"然而,由一个对经验来说是未知的什么东西给经验领域
加以限制,这也仍然是一种认识,这种认识即使在这种情况下

总有悬空感,总不被落
实。这就是虚的形而上
学,意在引发面非实体
化。

---

① 康德:《未来形而上学导论》,庞景仁译,第157页。那里的原文是:"这
样一来,这些先验的理念尽管不能正面地给我们增加知识,却至少有助于使我们
铲除胆大妄为的、缩小理性范围的唯物主义、自然主义和宿命论等论断,并且从
而在思辨的领域之外给道德观念提供了地盘。"(黑体为引者所加)

② 同上书,第154页。

也还是属于理性的，因此理性既不局限于感性世界之内，也不迷惘于感性世界之外，而是适于**当作一个界限上的认识**，把它自己仅仅限制在存在于界限以外的东西同包含在界限以内的东西的关系上。"① 绝妙的一段！充满了"势如夻弩"② 的张力。

真切的哲学思想所带给人的，总应该是那种"界限上的认识"。

这就是"未来形而上学"的真意，与他晚年企图建立的先验的自然形而上学体系大不同。

简言之，按照康德，形而上学只作为消极的和积极的界限或边缘才是可能的。

第八节　康德的道德学说（实践哲学）思路概说

一、善良意愿（意志）

道德使人知道什么是好（善），什么是不好（恶）。那么，善恶的终极标准是什么呢？希腊人提出"理式"、"幸福"、"中道"、"自然律"等来给予回答，当然还有怀疑论者的回答。康德的回答却很独特："除**善良意志**［*guter Wille*，善良的意愿，好意］之外，没有什么东西有可以无限制地被认为好的可能。"③ 理智、机警、判断力、勇敢、坚忍……，从许多方面看是好的，但如果

---

① 康德：《未来形而上学导论》，庞景仁译，第 153 页。黑体为引者所加。

② 《孙子兵法·势篇》。

③ 北京大学哲学系外国哲学史教研室编译：《十八世纪末—十九世纪初德国哲学》，第 100 页；《西方哲学原著选读》，下卷，第 309 页。

只有与"物自身"直接有关者才可以是"无限制"的。

运用它们的意愿不好，则"这些天赋材性也会变成极恶毒极害人的东西"①。

所以"善"只能归为"善的动机"、"善良意愿"或"好意"，当然是力求知行合一的动机。康德写道："善良意志〔从上下文看，这'意志'（Wille）在此还是译作'意愿'为妥〕所以好，并不是因为它的工作或成就，不是因为它易于达到某个预期的目的，乃是只因为立志作用〔动机，目的〕，那就是说，善良意志本身就是善良的〔好的，善的〕，只讲它本身，就比一切它可以为任何爱好，其实，就是为所有的爱好而取得的东西，都要更应被看重得多。纵然因为命运特别不利，……完全缺乏达到它愿望的能力。……这个善良意志（当然不单是一个发愿，而是尽心力而为之的企图）……也还是像宝珠似的，会自己放光，还是个自身具有全部价值的东西。它的有用或是无结果〔依感性与知性的条件而言〕，对于这个价值既不能增加分毫，也不能减少分毫。"②

真动人处。也真惊人处。立于理想中的偏激。

这就合法地超出了现象界中的因果关系和算计，而达到了有物自身含义的实践形态：自身就是好的、善的东西，即善良意愿。因此康德的伦理学是一种动机主义。

二、道德律或绝对命令

这个善良意愿的立志作用所依据的原则是形式的，它

---

①　北京大学哲学系外国哲学史教研室编译：《十八世纪末—十九世纪初德国哲学》，第 101 页；《西方哲学原著选读》，下卷，第 309 页。

②　北京大学哲学系外国哲学史教研室编译：《十八世纪末—十九世纪初德国哲学》，第 101 页；《西方哲学原著选读》，下卷，第 310 页。

就是：

> 我一定要这样行为，使得我能够立定意志[，]要[求]
> 我行为的格准[Maxim]成[为一]个普遍规律。①

注意这里的"要"字，它表明这个普遍规律不是自然律，已经对
世界有效，而是对我的灵魂和意愿而言的道德律，它"应该"对
所有人的行为有效。

所以这道德律不以假言的形式表达（假言律令即"hypothe-
tischer Imperativ"或"hypothetical imperative"，表达这样一种必然，人以之
为好的手段，去达到某个其他目的），而以直言方式表达。直言律令
即"kategorischer Imperativ"或"categorical imperative"，又
被译作"绝对命令"、"定言命令"、"无上命令"，它表明那出
自它的行为本身就是好的，所以它本身就（应该）是客观必然的。
（注意这里主观与客观在"应然"层次上的悬空的、非对象性的相交。）

还是悬空着的，还是两
股力量的交叉。

这道德律表现为"责任"（Verbindlichkeit，obligation）或
"出于义务"（aus Pflicht，from duty）。康德说："行为要出于
纯然对行为规律的尊重，而这种必要就是义务。"②

比如：在危难时候，我可不可以作个许诺，而同时存心不
要实践它呢？……，要晓得：由义务心而重然诺，和由恐怕坏

---

① 北京大学哲学系外国哲学史教研室编译：《十八世纪末—十九世纪初德
国哲学》，第109页。

② 同上书，第110页。

结果而这样［做］是完全不同的两件事。[①]"绝对命令"之所以"绝对"，就是因为它完全不考虑具体的情况和人心的倾向，而只要求人服从上面引文中的那个完全形式化的"普遍规律"。也就是说，它要以这样一个标准来衡量人们的行为，即这行为所依据的原则或"格准"是否能够被普遍化（即成为了一个人人都仿效的"普遍规律"）而仍旧可畅行无阻。例如，"说谎"、"谋杀"这样的行为就不能被普遍化而仍旧畅行：都去说谎则无人信其说，都去谋杀则人将灭亡。反之，"帮助危难中的人"、"相互关爱"则可以被普遍化而依然畅行。因其不顾情感、欲望而只关注可不可以被普遍化这样的形式要求，康德的伦理学或道德学说被学界看作是一种"形式主义"，当然是深刻意义上的而非止于"走走形式而已"。

> 舍勒的名著《伦理学中的形式主义与质料的价值伦理学》，就是在批判康德伦理学的"形式主义"的基础上，阐发他自己的"质料的"也就是以"好恶情感"为根的价值伦理学。

　　人出于道德责任感而去尽自己的义务，就是对这种普遍规律的尊重。于是我们就读到康德这样一段热烈颂扬"义务"（Pflicht）的话：

> 没有它，一个社团、社会和民族就没有内劲，就或者为一盘散沙（如经验论讲的"印象"的联想集合），或者一统于集权（如唯理论讲的"终极标准"）。

　　　　义务！你这崇高的、伟大的名字！你在自身中不包容任何带有谄媚的讨好之物，而是要求服从，……只是树立一条法则［即上述的'普遍规律'或'道德律'］，这法则自动地在心灵中找到入口，但却甚至违背［好恶］意志而为自己赢得崇敬……你的可敬的起源是什么呢？人们在哪里找到你那高傲地拒绝了与偏好的一切亲缘关系的高贵出身的根

呢？从哪条根生长出来，才是人们唯一能够自己给予自己的那种价值的不可缺少的条件呢？ [①]

三、意愿（意志）的自由与自律

由此可见人的意愿是自由的，因它可以不顾一切利害的因果考虑，不顾一切有条件的、个人的好恶，而选择去做那合乎道德理性或道德律的事。这样，"自由这个概念［就］是解释意志自律之关键" [②]。

也正由于这个原因，这意愿之自由并非可以为所欲为，而正在于意愿之能够自律，或选择按道德律去行动。因而康德说："除了自律以外，即除了意志能作自己的规律之特性以外，意志自由还有什么意义呢？……所以，自由意志与合乎道德律的意志只是一件事。" [③] 正是由于人的自由意愿或意志是终极性的，所以"人，总之一切理性动物，是作为目的本身而存在的，并不是仅仅作为手段给某个意志任意使用的，我们必须……永远把他当作目的看待" [④]。

这就是康德以非对象、非理论知识的方式进入本体界或物自身的方式，或者，就是他解决《纯粹理性批判》"先验辩证论"

"自由呵，多少罪恶假汝而行！"但出自善良意愿的自由在污泥中也闪闪放光。

---

① 康德：《实践理性批判》，李秋零译，《康德著作全集》第 5 卷，第 92—93 页。

② 北京大学哲学系外国哲学史教研室编译：《十八世纪末—十九世纪初德国哲学》，第 112 页。

③ 同上书，第 113 页。

④ 北京大学哲学系外国哲学史教研室编译：《西方哲学原著选读》，下卷，第 317 页。

中的第三个二律背反（有没有自由的因果性，是否一切都服从自然律）的"实践"方式。

至此，"哥白尼革命"的又一层重要含义显露出来，即为科学知识划出界限，突现更加主体化、同时又更加"本体化"的善良意愿、自由意愿，为哲学思维开出一个新鲜的境界，由此而显露出康德思想所具有的"人文的"甚至某种"后现代"的内在价值，或许其意义还要更深刻些。

第十八章　黑格尔

康德的批判哲学或"哥白尼革命"，从精深的哲理上发出了"人为自然或知识立法"的强音。当然，其革命一方面被限于现象界，另一方面又以非理论知识的方式，或"我应该"（求善的自由意愿）的方式显露出某种肯定的建构性。这就表明，人的理性与一种根本的建构力量内在相关。而在随后出现的德国唯心论者们看来，这种建构力就隐藏在康德讲的那源自人的纯粹统觉的先验逻辑中。在他们看来，诚如康德所言，在感性与知性层次上有效的意识形式一旦运用到"物自身"或"理性"的层次，就会产生二律背反的矛盾，但他们都相信这种情况不足以阻挡理性或主体去获得终极的真理，不管是通过主体辩证的方式（费希特），还是主客绝对"同一"的方式（谢林）。这样，他们自认为破除了康德的先验逻辑的主观性，以及由之而生的"物自体不可知论"，达到了思想与存在的同一（巴门尼德命题，西方唯理论的理想）。

这个被称之为"德国唯心论"的哲学潮流，受到当时德国的启蒙运动和狂飙运动（浪漫主义运动）、卢梭的天赋自由学说和法国大革命浪潮的激发和推动，对人的理性的"魔力"（出于自身的创造力，可比于歌德《浮士德》中魔鬼与浮士德追求真灵魂的共串）充满自信;它通过费希特、谢林,到黑格尔那里,达到了一个前所未有的、由理性自身的辩证运动而建构出的巨大哲学体系,从而上演了一出规模宏大、震动西方文化的哲学《浮士德》,为西方传统的概念化哲学奏出了最高潮的《欢乐颂》,当然,同时也是这个两千多年哲学传统达到终结的"天鹅之歌"。

那是一个出英雄、出"英雄交响乐"和英雄哲学体系的时代。

所以一位评论家曾讲:"你一旦理解了康德,就不会停留在那里。"康德思想中有引发人去创新的"裂隙"和错动勃发的思想势态,此可谓"善出奇者"。("故善出奇者,无穷如天地,不绝如江河。"[1])

(康德是可以这样被超越的吗?)

第一节 黑格尔的生平与著作

格奥尔格·威廉·弗里德里希·黑格尔(Georg Wilhelm Friedrich Hegel, 1770—1831)生于德国符腾堡州斯图加特城的一个高级官吏家庭。少年时即热求各种知识,很早就开始注意世界上的矛盾现象,在日记中常记载些"矛盾趣谈",比如"年轻之时,想吃不得吃;年老之时,有吃不想吃";"晚间应各自回去睡觉,白天再来观看星辰"[2]。

他热衷于学习希腊文和古代史,在上图宾根大学时,与好友(后来的著名诗人)荷尔德林一起热情向往古希腊城邦的合政治、宗教(伦理)和艺术于一体的社会生活:人民与国家打成一

---

① 《孙子·势篇》。

② 贺麟:《黑格尔哲学讲演集》,上海人民出版社 1986 年版,第 653 页。

片,共同庆祝节日,参加歌舞狂欢,共同观赏悲剧和喜剧,聆听合唱,对悲剧英雄洒同情之泪,对政府当权人物的缺点、错误,加以夸大的写照和讽刺,以引起观众轻快的笑声。[①] 所以卢卡奇讲,有一个"青年黑格尔的共和国时期"。(并不一定准确)

青年黑格尔还受到启蒙运动的影响,并批判天主教的教义,认为它分裂了自然与神圣、现世与天国而鼓吹虚伪的天国平等,但又通过教会建立等级,教人们服从教条、忍受专制,践踏人类文化的每一朵鲜花,因而是基于外在权威性的奴役人的宗教。与之相对,希腊和罗马的原始宗教是自由人民的宗教,没有奴役性。当然,黑格尔在其成熟期认为这种原始的自由只是"潜在的自由",如卢梭(黑格尔青年时深受其影响)所讲:"人生来就是自由的,但处处都在枷锁之中。"因而人类不可避免地要丧失这种自由,被异己的实体性的、权威性的宗教否定或代替;然后,作为否定之否定,通过启蒙运动,在更高层次上获得包含自由与实体原则的宗教,即路德新教。

他深受歌德、席勒创作的影响。《浮士德》中魔鬼的自白:"[我是]那样的一种力量,它总意在作恶,但却总是创造了善。"席勒的《强盗》中卡尔的内心矛盾,《艺术家》、《大钟歌》中显示的艺术境界与人生境界等,都是他欣赏的。他们两人(歌德、席勒)都要求内容与形式、自由与法则、理性与感性的矛盾统一,对黑格尔颇有启发。黑格尔于 1825 年 4 月 24 日写信给歌德:"我返观我全部思想进展的历程,到处都和您的观点有着密切

请读荷尔德林那些斟满了灵感酒浆的灿烂诗篇,尤其是《故乡集》和《祖国集》。"自然呵,你又像当年似地使人深远,/ 到处呈现在你的儿女面前,如高山流水 / 美好的祝愿注入百姓萌动的心田。/ 然后,然后,呵,你们,雅典的乐土!你们,斯巴达的桂冠!/ 全希腊万紫千红的春天!。"(《荷尔德林诗选》,顾正祥译注,北京大学出版社1994年版,"阿尔希沛拉古斯",译文稍有改动)

天使会不会说,"我总意在行善,但却造就了恶"?

---

① 贺麟:《黑格尔哲学讲演集》,第 30 页。

的联系。……我内心中反对抽象的倾向，因受您的教导而愈趋坚强，并且在您光辉的形象照耀下，渐导入正轨。"① 但歌德比较受斯宾诺莎泛神论影响，而后期黑格尔的宗教负担较重。

黑格尔上大学期间，正值法国大革命的高潮，他与荷尔德林热情拥护之，并一起到公园种植"自由之树"，写下"自由万岁"、"卢梭万岁"、"打倒暴君"的口号。虽然他后来对雅各宾派的暴力专政反感，但直到晚年还是站在"历史哲学"的高度歌颂法国革命：

> 这里讲的"头脑"和"思想"，明显受到康德的"人为自然、为自己立法"的影响，但"依照思想建筑现实"却超出了康德，丧失了康德批判哲学的"悬空引发"的特征。

> 自从太阳站在天空，星辰围绕着它，大家从来没有看见，人类把自己放在他的头脑、放在他的"思想"上面，而且依照思想，建筑现实。阿那克萨戈拉第一个说，voũs（"理性"）统治世界；但是直到现在，人类才进而认识到这个原则，知道"思想"应该统治精神的现实。所以这是一个光辉灿烂的黎明。一切有思想的存在，都分享到了这个新纪元的欢欣。一种性质崇高的情绪激动着当时的人心；一种精神的热忱震撼着整个的世界，仿佛"神圣的东西"和"世界"的调和现在首次完成了。②

从这里可以见到黑格尔一生所受到的启蒙运动（理性至上）、浪漫主义（"我"与"世界"在辩证精神的旋风中合一）的影响。

---

① 贺麟：《黑格尔哲学讲演集》，第25页。
② 黑格尔：《历史哲学》，王造时译，商务印书馆1963年版，第493页。原译文中的"亚拿萨哥拉斯"改译为"阿那克萨戈拉"。

1793 年，黑格尔从图宾根大学神学院毕业，但他拒绝从事神职工作，而在瑞士的伯尔尼（1793—1797）和德国的法兰克福（1797—1801）做家庭教师。在此期间他写了一系列关于宗教与政治思想的著作。

1801 年他到当时思想文化中心耶拿大学任教，与已在那里当讲师的谢林同住。黑格尔这时受谢林影响，写文为他辩护。1803 年谢林离开耶拿，两人的思想就此分道扬镳。1805 年，黑格尔升为副教授，开始撰写《精神现象学》，并在 1806 年 10 月拿破仑军队占领耶拿前夕匆匆完稿，于 1807 年 3 月出版。它标志黑格尔自己的独立思想和哲学体系的初步形成。黑格尔研究者中不少人看重此书，认为它是黑格尔体系的"秘密所在"（马克思）。

黑格尔的第一本书叫"现象学"。耐人寻味；但这种讲人类精神现象的准概念发展的学说与后来胡塞尔创立的当代现象学差别很大。

黑格尔热烈崇拜拿破仑，在普法战争中居然站在历史高度希望法军取胜，而当时德国或普鲁士的国土沦丧，山河破碎，黑格尔自己的个人财物也被洗劫。但这位怀揣《精神现象学》手稿的黑格尔①却为看见了拿破仑这位"骑在马背上的世界精神"而惊喜。在给友人信中他写道："我见到皇帝——这位世界精神——骑着马出来在全城巡察。看到这样一个个体，他掌握着世界，主宰着世界，却在眼前集中于一点，踞于马上，令人有一种奇异的感觉。……从星期四到星期一，只有这个使人不能不五体投地的杰出的人物，才能够采取这样一些出乎意料的步骤。"②这真是一

① 见贺麟《德国三大哲人处国难时之态度》。

② 苗力田译编：《黑格尔通信百封》，上海人民出版社 1981 年版，第 204—205 页。

塔尔列《拿破仑传》："如果从战争开始的那一天（10月8日）起算到马德堡投降那一天（11月8日）止，那么他在一个月之内就消灭了他一直要加以考虑的当时欧洲四大国之一。他这一次的胜利，是从未有过的绝对优势的全胜。"（中译本，第159页）

个风云际会、（浪漫主义者心目中）英雄辈出的时代。后来拿破仑的失败使他痛惜，却还是站在历史辩证法的角度认为，拿破仑只是"世界精神"为了达到自己的目的所使用的工具，一旦目的达到，这类英雄"便凋谢零落，就像脱却果实的空壳一样"。[1]

耶拿大学因战乱停课，黑格尔于1808年到纽伦堡，任文科中学校长八年。写完了《大逻辑》（1812—1816），表明他的辩证法和哲学体系的逻辑中坚已成熟。1816年他谋得海德堡大学教授职位。在就职讲演中公开承认普鲁士国家的合理性，受到政府赏识。1817年他的主要著作《哲学全书》出版，其中包括他的体系的三大部分：逻辑学、自然哲学和精神哲学。

1818年他赴柏林，任柏林大学教授，从此声名远扬。1821年他发表《法哲学原理》，表现了他后期比较保守的社会政治和伦理观。1829年他任柏林大学校长。1831年11月14日因霍乱病逝。

他去世后，由学生整理出版的著作有：《哲学史讲演录》（1833—1836）、《历史哲学讲演录》（1837）、《美学讲演录》（1836—1838）、《宗教哲学讲演录》（1832）。20世纪又整理出版了他的一些著作。

在这个意义上。黑格尔确实做到了"依照思想来建构现实"。

黑格尔哲学产生了巨大而深远的影响：黑格尔主义左翼中人才迭出；其哲学也直接孕育了马克思的思想。19世纪后半期还有新黑格尔主义的哲学运动。解释学（伽达默尔）和当今法国哲学中的一些思想家也颇重视黑格尔。但他最大的影响体现

---

① 黑格尔：《历史哲学》，王造时译，第70页。

于：他之后的重要思想流派，几乎都要从批判、甚至痛斥黑格尔的绝对主义开始。

所以，国内一些哲学史书或教科书一般选黑格尔为近代或传统西方哲学的终点。本书也依此例。

第二节　从康德到黑格尔

这是一个久被谈论的话题。有的评论者认为这是个合理深化过程，有的则认为这是个退化到批判哲学之前的形而上学的失落过程。但毫无疑问，康德的先验哲学或先验逻辑，尤其是黑格尔对康德思想的吸收和批判，是黑格尔哲学的起始，是理解黑格尔的辩证法的关键。

首先，黑格尔热烈地、如在康德看来则应该是过分热烈地赞成并主张康德的哥白尼革命，即人这个主体为世界立法，以使知识和道德可能。《逻辑学》（《大逻辑》）绪论讲："'理性批判'的最深刻、最正确的发现之一就是认识到构成'概念'的本质的统一就是'统觉的原始的、综合的统一'，就是'我思'的统一或自我意识的统一。……康德认为这种统一不同于意识的主观统一，即不同于表象的统一。……'概念'的统一就是使某物不只是感觉规定、直观或单纯表象，而竟成为'对象'的一种凭借，而这种客观统一就是'我'与我自身的统一。"[1]

确实取自康德的思路，但过分抬高概念，贬低直观，就填死了康德批判哲学中的一个极重要的活眼。

---

[1] 北京大学哲学系外国哲学史教研室编译：《十八世纪末—十九世纪初德国哲学》，第 339—340 页。

　　黑格尔还更进一步，将这个革命的居中性或被国内学界认为是"割裂思维与存在、现象与物自体的二元论"[①]取消掉，使这个形式主体的批判原则被"实体化"或"绝对化"。他在《精神现象学》序言第 2 节中讲："实体在本质上即是主体"[②]，"需要将绝对想象为主体"[③]。而且，这个主体在黑格尔手中不只是提供客观或实在的形式条件，而且是一个具有自身内容的发展（运动）过程。这如何可能？按黑格尔，原因在于这个精神的主体（体现为"具体概念［共相］"）是活的，具有"自己变成他物，或变成它自己的对象和扬弃这个他物的运动"[④]的能力。所谓"扬弃"（aufheben，sublate，put aside），就是在否定一个形态或对象的同时保留其合理性。在黑格尔的术语中，"否定"（Negation, negation）往往就在"扬弃"的意义上使用。所以他在《精神现象学》序中讲："实体作为主体是纯粹的简单的否定性，唯其如此，它是单一的东西的分裂为二的过程或树立对立面的双重化过程，而这过程又是这种漠不相干的区别及其对立的否定。"[⑤]

这种"一分为二"与康德的"参两而张弓"方式很不同。

　　举个例子讲就是：一开始主体（思维）与实体居于原始的直接的统一中（谢林认为这是最高的境界，黑格尔反对之），如婴儿的意

---

　　① 全增嘏主编：《西方哲学史》下卷，第 192 页。

　　② 北京大学哲学系外国哲学史教研室编译：《十八世纪末—十九世纪初德国哲学》，第 257 页。

　　③ 同上书，第 256 页。

　　④ 同上书，第 266 页。

　　⑤ 同上书，第 253 页。

识；但只要这意识是"活的实体"[1]，它就要通过自身的转化否定掉这还是空洞、抽象的同一性，发展出主客对立的意识（"分离为二"，"树立对立面"），如青年（或一般人）的意识；但是，这主体不会安于这种冷漠的对立或区别，因为从根本上讲是主体自身建立起了它的对象（康德先天综合原则或先验逻辑的完全对象化、实体化），所以，主体又要通过穷尽对象的合理性——这说到头也就是主体"事先"（逻辑之"先"）放到对象之中的——而认识到对象与我本是统一的，于是又否定掉了第一次否定造成的主客对立（否定之否定），达到两者在更高层次上的具有更丰富规定性的和解或"对立中的统一"。此可用成人或老人的智慧比喻之，又可用"艺术-科学-哲学"或一切类似的"正、反、合"比喻之。这也就是精神、思想、概念（活的、具体的概念）的"自在而自为的存在"[2]。所谓"自为存在"（Fürsichsein, being for itself）就是说：我就是一个能思想的思维，凡在我的意识中的，即是为我而存在的。所以，我是一个可以接受任何事物的"空虚的收容器"[3]，即一种抽掉了一切个别事物的普遍者。所以，对于任何在我意识中的特殊东西，都有一种否定的或扬弃的倾向，"但同时一切事物又潜伏于其中"[4]。而且，作为否定之否定，这自为存在又成为肯定的。所谓"自在存在"（Ansichsein,

黑格尔还写道："我乃是一纯粹的'自为存在'，在其中任何特殊的东西都是被否定或扬弃了的。"（黑格尔：《小逻辑》，贺麟译，第24节，附释）这样的自我从根本上讲来是骄傲的，征服性的，与康德讲的自我——无论是仅为现象世界"立法"的自我，还是在尽责中表现自由意愿之自我——又有不同了。

<hr>

[1]　北京大学哲学系外国哲学史教研室编译：《十八世纪末—十九世纪初德国哲学》，第253页。

[2]　同上书，第257页。

[3]　黑格尔：《小逻辑》，贺麟译，商务印书馆1980年版，第2版，第81页。

[4]　同上书，第82页。

being in itself)指"离开了〔主观主体的〕规定性而坚持自身的存在"①,比如外物("定在",Dasein)或"异己"之存在者。而所谓"自在而自为的存在"(比如绝对精神),是指"在它的他在性(Aussersichsein)中仍然停留于其自身的东西"②,也就是主客观的辩证同一状态,也就是黑格尔心目中的真实的东西,即能以自己的否定为内容,"在否定中把握肯定"③的辩证的东西。

为什么会发生这种辩证的(dialektisch, dialectic)过程呢?自我或意识(乃至一切事物)为何要或如何能够否定自身的直接性,造出自己的对立面,然后再加以否定而转回自身呢?在这个最关键的问题上,黑格尔的真正根据只来自康德。他这样讲④:

> 康德给予了辩证法以较高的地位——这是他的功绩中最伟大的方面——因为按照通常的想法,辩证法是有随意性的,康德从辩证法身上把这种随意性的假象拿掉了,并把辩证法表述为理性的一种必然行为。……康德在纯理性的二律背反中所作的辩证法的表述……所奠定并加以论证的一个一般看法,就是假象的客观性和矛盾的必然性,而

---

① 黑格尔:《小逻辑》,贺麟译,第92节,第204页。

② 北京大学哲学系外国哲学史教研室编译:《十八世纪末—十九世纪初德国哲学》,第257页。

③ 北京大学哲学系外国哲学史教研室编译:《十八世纪末—十九世纪初德国哲学》,第333页;黑格尔:《逻辑学》,杨一之译,商务印书馆1976年版,绪言。

④ 黑格尔:《逻辑学》,杨一之译,绪论。

矛盾乃是属于思维规定之本性的：固然康德暂时只看到这一步，就是：这些规定被理性应用于物自身［时就会必然引起矛盾的假象］；但是这些规定在理性中以及在有关自在之物时的一切情况正是它们的本性。这个结果，从肯定方面看来，不是别的，只是这些思维规定的内在否定性、它们的自我运动灵魂、一切自然的与精神的生动性（Lebendigkeit［生命性］）的原理。①

这也就是说，康德在"先验辩证论"中揭示出的当理性脱离直观而自构对象（灵魂、世界、上帝），并将知性范畴用到它们身上时必然产生的假象和二律背反的做法，在黑格尔看来不仅是完全合理的（由此黑格尔自认他吸收了"批判的合理性"），而且有极大的积极意义，即正是通过这种必然产生的矛盾，理性获得了自身运动的内在动力或机制（"自我运动的灵魂"），由此而能合理地超出知性及直观，向康德认为是不可知的物自身的维度"发展"。

简直太浪漫了！却是一种缺少灵气的、在概念辩证中爬行的浪漫主义，背后还有柏拉图辩证法设想的幽灵。

当然，黑格尔首先承认康德的道理，即理性在这里获得的是否定性的东西："这个结果，从肯定方面看来，不是别的，只是这些思维规定的内在否定性"。但他与康德的不同——极关键的不同——在于：他认为思维本身的规定，无论初看上去，或从知性角度看去是多么否定性的，却最终一定会被再次否

_____

① 北京大学哲学系外国哲学史教研室编译：《十八世纪末—十九世纪初德国哲学》，第333页。

谁能保证"不是否决"？无数人的悲惨肯定会否定出历史的进步？人类的前途如此光明？

定，成为思想的内容或对象，并返回自身，从而发展出、产生出肯定性的结果。因而这种否定是扬弃，而不是否决。

这里，黑格尔应该是这样想的：如果康德讲的"人为自然立法"是有道理的话，那么这法则本身为什么只能是空洞的形式或概念，而不能通过否定自己一开始的抽象空洞形态而获得自身的内容呢？何况，康德在《实践理性批判》中已经表明，人的理性可以在不顾或否定掉一切感性与知性的考虑之后，仍然以"成为普遍法则"的方式坚持自己的自为权力。这些都似乎隐含着：人的理性有在否定面前坚持自己的肯定性的权力和能力。此外，黑格尔的《精神现象学》分析人意识到自我的生存价值的各种方式，更精彩地揭示出"自我意识"或"精神"的发展历程：从婴孩式的感性确定性，到知觉、知性，到欲望（用毁灭外物存在的方式来满足自身的缺乏，创造新的存在，但要求占有外物的"权力"的设立又使人不得不要求被他人承认，同时自己承认他人的独立，这样他才具有自我意识），主奴关系（主滑向奴，奴通过劳动成为某种意义上的主），自由意识（奴隶意识或斯多亚主义，认为自由观念就是存在，不考虑现实客观的一面，于是导致怀疑派和分裂的苦恼意识），理性、精神。这种阐释具有某种历史哲学的启发力，比逻辑概念的辩证分析更合理地表明辩证发展的某种合理性，因而为人重视，现在也仍有影响。比如在福柯、哈贝马斯那里，它就以很不同的方式继续发挥影响。但现在几乎无人还认为人的意识有一个统一的、连续的辩证发展路线。

黑格尔之前的费希特和谢林都以自己的方式突破了康德的紧箍咒，使理性获得了某种肯定自身的权力。黑格尔则更加坚持这"否定规定性"的客观性、严格性和辩证发展（肯定）性，由此而得到了他的"辩证法"（Dialektik, dialectics）。而这辩证法的根子，如上所示，就在于康德讲的人的理性在进入"自在自为"阶段后必然发生的"二律背反"式的摆荡，加上"坚决相信思想与事情［存在］是符合的"论点。[①]

巴门尼德又来了。

当然，康德绝不会首肯黑格尔的"发展"，因为它使康德苦心经营和维持的"居中"的微妙几乎完全丧失。实践理性的自为权力大不同于黑格尔的"自在自为"的绝对理性，前者是表现人的"不顾一切其他"的"应该"式的自由意愿，充满了在必然性、实然性面前"一飞冲天"的奇变气势，因而是非客观知识的；而后者则志在将主体的自由与必然"辩证地"糅合起来，将自为与自在、（先验）逻辑与存在论、理性与历史（发展过程）辩证地统一起来，达到一种"绝对知识"或"精神科学"，实际上也就是以辩证的方式复活传统的形而上学。

黑格尔哲学波澜壮阔，但无"奇变"。

如何理解"从康德到黑格尔的合理性"，决定了后来不少哲学家的基本哲学走向。（我本人年轻时受贺麟先生影响而相信这一过程的合理性，尽管读到康德后两个《批判》时总模糊地感到有某种在黑格尔体制中找不到的极犀利、纯真和活泼的东西。后来学了现象学和分析哲学，逐渐感到它的问题。要真正从道理本身而不只是常识上从黑格尔哲学中反叛出来，也并不容易。）

―――――――――

[①] 黑格尔：《小逻辑》，贺麟译，第 77 页。参见贺麟阐释的黑格尔对康德的批判，见贺麟：《黑格尔哲学讲演集》，第 262 页以下。

第三节　黑格尔的辩证法
——具体概念的否定之否定的发展

一、辩证法首先是理性思维的运作方式——自身的对立与统一

黑格尔讲，"思维［理性］自身的本性即是辩证法。"[①] 此话可视为对上节所言的总结，也是理解黑格尔辩证法的起点。它的意思是，"思维作为理智必陷于［实际中的］矛盾，必自己否定其自身"。[②] 而哲学或形而上学的思维"以思维为它的对象"[③]，所以不但"回到它的自己本身"，而且必陷入矛盾，必自己否定其自身，老是被它的反面所束缚，以致每每会引起一种"对理性的恨"（Misologie）。于是，人的精神就往往试图借助别的方式或形态，比如信仰、情感、想象等来另觅途径，达到某种满足。黑格尔则相信思维乃精神的"最高内在性"，所以为达到精神和哲学的最高满足，必须坚持理性思维的方向不放松。黑格尔说："在这种意识到的丧失了它的独立自在的过程中，仍然继续忠于它自身，力求征服它的对方，即在思维自身中完成解决它自身矛盾的工作。"[④]

完全的概念理性主义，或理性征服主义。端详一下流行世间的那张黑格尔晚年画像，你就可以体会到这种主义的风格和趋向了。

---

① 黑格尔：《小逻辑》，贺麟译，第51页。
② 同上。
③ 同上。
④ 同上。

这就是辩证法的第一层含义：它是理性思维自身的运作方式，即必陷入矛盾，乃至自相矛盾。而且，按照黑格尔，理性陷入的矛盾并不像康德讲的那样只有四个，而是普遍的。[①] 但思维如果不完全受限于知性的、抽象的、线性的思维方式，则对此种矛盾现象不致陷入完全的绝望，而能够征服与它（主体思维）矛盾的对立方，从而达到高于知性科学（自然科学）的哲学和精神的真理，也就是包含了对立的统一形态。所以又可以说：辩证法是克服理智型理性的抽象性而寻求精神真理或终极真理的方法。

这一点很吸引人。但真入其中，则有"怎么总是这般'一二三'？"的疑问乃至绝望，类似克尔凯郭尔在《致死的疾病》中阐述的"绝望"。

二、具体的概念或共相（相对于抽象概念）

接下来的问题就是：理性思维如何能够克服自身必然陷入的矛盾而达到更高的真理？这就是相对于传统的"形式逻辑"乃至康德的"先验逻辑"，"辩证逻辑"如何可能的问题。此问题集中体现于黑格尔对"概念"这个最基本的逻辑单元的看法上。对于黑格尔，真正的概念是"具体的概念"或"具体的共相"，而不是形式逻辑的"抽象概念"。

抽象概念是从具体的对象中去掉不同的特性，抽取共同之处而形成的概念，例如颜色、动植物的概念，因而它"只是一种抽象的概括"，是脱离特殊性的一种抽象的共同性，所以是"其本身没有内容的形式"[②]，是空疏的，不包含对立面和矛盾于

---

① 黑格尔：《小逻辑》，贺麟译，第132页。
② 同上书，160节，附释。

其中，因此也就无所谓发展（所以静止）、过渡和转化（所以孤立），只是"彼"与"此"的区别和划界（服从 A=A，A≠非 A）。

具体概念则是"贯穿于一切特殊性之内，并包括一切特殊性于其中"的"普遍性"。[①] 所以它是具有充实内容的形式，并同时超出这些充实的内容，由此而"是彻底具体的"。[②] 这里的"具体"并不是"指感觉中的具体事物或一般当下知觉而言"，而是就（对立的）多样性的有机统一和内容之充实和丰富而言。[③] 所以它包含有对立的成分与矛盾，它"在它的对方里仍明晰不混地保持它自己本身。"[④] 所以具体概念不坚持绝对的界限，不是静止的、孤立的，而是能矛盾地发展、互相转化、彼此过渡的，也就是有自身生命的。所以，黑格尔说："概念本身并不像知性所假想的那样自身固执不动，没有发展过程，它毋宁是无限的形式，绝对健动，好像是一切生命的源泉（Punctum saliens），因而自己分化其自身。"[⑤]

这种"自己分化自身"，把自己区别为它的各环节（Moment），就是判断。

黑格尔的辩证逻辑将判断看作概念之展开、规定化和特殊化，所以它是一种必然的发展过程；形式逻辑则将判断看作两个固定概念（主词与谓词）的外在联结，其中没有必然联系，更

> 这种概念的生命主义是自莱布尼茨以来德国哲学的一个特征，后来在叔本华、尼采那里脱掉了"概念"铠甲，直接呈现为"意愿"（Wille）。

---

① 黑格尔：《小逻辑》，贺麟译，175 节，附释。
② 同上书，160 节，附释。
③ 贺麟：《黑格尔哲学讲演集》，第 448 页。
④ 黑格尔：《小逻辑》，贺麟译，163 节，附释。
⑤ 同上书，166 节，附释。

说不上发展，这当然说不上是形式逻辑的"错误"，但毕竟是其局限。

概念的特殊化或展开（即判断）就是获得内在的规定性的过程，也就是获得自身内容的过程。黑格尔说："主词必先通过谓词的规定才具有其明确的规定性和内容，因而孤立的主词本身只是单纯的表象或空洞的名词。"[1]概念的这种"自我分化"展现为判断，它是对主词概念的空洞抽象性的否定，而且，这种否定及随之而跟进的否定之否定，也有一个从较抽象到较具体、从简单外在到复杂有机的过程。"譬如，对于一个常常喜欢提出'这墙是绿色的'，'这火炉是热的'一类判断的人，我们决不迟疑地说他的判断力异常薄弱。反之，一个人所下的判断多涉及某一艺术品是否美，某一行为是否善等等问题，则我们就会说他真正地知道如何去下判断。对于刚才所提到的第一种判断[如'这墙是绿色的']，其内容只形成一种抽象的质，要决定它是否有这质，只须有直接的知觉即可足用。反之，要说出一件艺术品是否美，一个行为是否善，就须把所说的对象和它们应该是什么样的情况相比较，换言之，即须和它们的概念相比较。"[2]

于是黑格尔就按这种发展方向、结合概念所涉及的具体内容来对判断加以分类：

"有（存在）"论阶段：质的判断（肯定判断；否定判断；无限（不定）判断）。

在黑格尔看来，判断与命题不同。命题对主词的规定是外在的，比如"恺撒某年某日生于罗马"；而下判断（urteilen）则是对概念的原始统一性（ur-）加以分割（teilen），以形成区别或特殊性，但同时又把它们表述为同一的。

中国古人却认为，善言者能够言不尽意而又牵连出更深的意思，所以"时然后言"。

---

① 黑格尔：《小逻辑》，贺麟译，169 节，说明。

② 同上书，171 节，附释。

"本质"论阶段：反思的判断（单一判断；特殊判断；普遍判断）；必然的判断（直言判断；假言判断；选言判断）。

"概念"论阶段：概念的判断（确然判断；或然判断；自明判断）。

注意！此判断分类相应于《小逻辑》的三大阶段：存在、本质和概念，同样体现出由抽象、肤浅到具体、深刻的发展过程。这就是黑格尔辩证逻辑的"判断的分类系统之内在根据"，与康德所列的"判断表"相比，黑格尔的判断分类中有一个继承、否定其抽象性和做出辩证理解的关系。

第一种判断（"玫瑰花是红的"）是最低级的。因为从内容上讲，这个判断的宾词（"红的"）只说到了主词的"一个抽象的质"，"一个直接的，因而是感觉的质"，或直接的、抽象的、感官的"有（存在）"的性质，而没有具体地、深刻地陈述其内容，所以称作"质的判断"。只能做这类判断的人的判断力"异常薄弱"。

第二种判断"玫瑰花是有用的"，为"反思的判断"。它们的宾词所陈述者是某种关系规定，"主词透过宾词被表明为与另一事物（比如能利用玫瑰花的人）相关联"[1]，但它仍未揭示出主词的概念。

第三种判断"玫瑰花是植物"，为"必然的判断"。宾词陈述出主词的实体规定性，虽仍属"本质"阶段，但比反思判断更有客观必然性。比如"黄金是昂贵的"和"黄金是金属"，前者只涉及黄金与我们的嗜好和需要的外在关系，后者却构成黄

---

[1] 黑格尔：《小逻辑》，贺麟译，174节，附释。

金之所以是黄金的实体性。但最深刻和具体表明主词内容的判断是：

第四种判断——概念的判断。（注意：这是一个从抽象概念经判断的否定（对原始的抽象性的否定）和发展过程，而达到具体的概念的过程。）比如"这朵玫瑰花是美的"、"这所房子是好的"这种判断，将所说的对象（主词所表示者）和它们应该是什么样的情况相比较，即和它们的概念相比较。这就比"这朵玫瑰花是红的"一类判断（中包含的规定性、否定之否定的发展性或真正意义上的思想性）丰富多了，在这个意义上也就具体多了。因为具体的东西都包含或涉及许多规定、关系和通过否定之否定达到的平衡。在这个意义上，这种概念判断也就真实得多，深刻得多。

在判断的进展中，主词与谓词的关系从外在、抽象变得越来越相互关联（内在）、丰富和具体。黑格尔说："设定主词与谓词的同一性的联系字，最初也只是用一个抽象的'是'字去表述。依这种同一性看来，主词也须设定具有谓词的特性，从而谓词也获得了主词的特性，而联系字'是'也就充分发挥其效能了。这就是判断通过内容充实的联系字而进展到推论的过程。判断的进展最初只是对那抽象的感性的普遍性加以全、类、种等等规定，更进而发展到概念式的普遍性。……真正讲来，不同的判断须看成是一个跟随一个必然进展而来，并看成是对概念自身的一种连续规定。因为判断不是别的，即是特定的或规定了的概念。"①

于是形成辩证逻辑。按照它，思想与人类都注定要从简单到复杂、从低级到高级，就像现在的电脑升级一样。这是个把低级形态的合理性都收走，因而包袱越来越大（当然也可以变现为易携的货币或黄金）的过程呢，还是个狗熊掰棒子，随得随丢的过程呢？

———————————

① 黑格尔：《小逻辑》，贺麟译，171 节，说明。

从"概念"与"判断"的关系可以非常清楚地看出黑格尔所讲的"从抽象到具体、从贫乏到丰富、从孤立到联系"，或"从低级到高级"到底意味着什么："具体"不指感性的、直观的具体，而是指关系的有机、丰富地统一，尤其指经过了否定之否定的发展的辩证的具体或"阅历智慧的具体"。所以，对于黑格尔，"老人"比孩子和青年更智慧，而哲学的智慧如同猫头鹰，要经历过了重重关系后"才起飞"。

三、辩证法特点总结

黑格尔辩证法的特点，可以概括为四种特性，即概念的生命性、否定之否定（矛盾冲突）的发展性（过程性、客观性、历史性）、对立同一性（以主体为起点，在客体中保持自身；心在理中，理在心中）和系统性（全体、体系）。以下逐一解释。

（1）概念的生命性（具体性）。概念有自身的内容，与单纯抽象的形式逻辑概念不同。概念有这样一种生机，它凭借内容对抽象形式的突破而分化自己，在对象中不完全失去自身，穷尽对象的合理性后再返回自己，它"绝对健动，好像一切生命的源泉，因而自己分化其自身"，如同一粒种子。这种生命正是事物的灵魂或本性，"因此把握一个对象，即是意识着这对象的概念"[1]。

（2）自身矛盾着的发展性。这是辩证法最独特明显的特点，也是理性思维（主体）或具体概念的生命性的展现。理性概

---

[1] 黑格尔：《小逻辑》，贺麟译，166 节，附释。

念或主体一定会走向（分化为）自己的反面，把自身的抽象和固执否定掉；而且，对于新的规定性的片面、抽象或自以为是，又要再度进行否定；如此而不断地"正、反、合"式地发展。之所以认之为"发展"，就是相信或认为这种否定运动中有绝对的肯定意义，即在否定或扬弃掉低级环节时，保留了其中合理的因素，因而使得"否定之否定"的运动不是原地打转儿，更不是衰落，而是成为"对立中建立更高统一"的发展或螺旋形的上升，逐渐接近更丰富、全面和深刻的实在和真理。

因此，通过辩证法达到的真理是一个从逻辑上就包含中介的过程，而不只是一些抽象的公式、观察和结论，比如"2+2=4"，"我看见一只乌鸦"，等等。这种真理还是主体征服客体（自然、他人、精神客体）并同时为客体化（异化）所丰富的真理，它既有灵魂又是客观实在，而且主客贯通，达到了思想与存在的同一。于是，这种辩证真理必与历史有内在关联。历史不再被视为偶然的或经验事实的搜奇、堆积和无内在联系的时间排序和因果梳理，而是获得真理的必然过程。通过它，人类的自由获得越来越丰富的内涵和客观实在性。简言之，真理本身就有历史性，历史本身就是追求真理（合理性）的过程。这"历史"不只指现实的人类史，还指哲学史、自然史乃至绝对精神发展史。所以对于黑格尔，辩证法与历史、认识论和逻辑学是统一的，或者说，辩证法意味着逻辑与历史的统一、存在与认识的统一。

（3）对立（矛盾）同一性。其义已隐含于以上命题之中。按照辩证法，世上一切真实的东西莫不由能经受住对立（矛盾、否定）而达到的同一所构成。但一切对立同一的根子在于主、客

凭自身矛盾而发展，而获得有生命的真理，这里边回响着两千年的西方哲学史中的对立，比如赫拉克利特与巴门尼德的对立、怀疑论与唯理论的对立、芝诺与亚里士多德的对立、唯名论与唯实论的对立，以及黑格尔的"渔翁得利"。

马克思对这种发展前景的看法是："在共产主义社会高级阶段上，……在随着个人的全面发展生产力也增长起来，而集体财富的一切源泉都充分涌流之后，……社会才能在自己的旗帜上写上：各尽所能，按需分配。"（《哥达纲领批判》）

或思维与存在的对立同一。这一点以上已反复讲了。

(4)系统(体系)性。由以上所说可见,真理不是抽象的主、客符合,而是一个主体征服客体的发展过程,以及由这过程产生的包括各个中间环节的整个体系。所以黑格尔说:"关于理念或绝对的科学,本质上应是一个体系,因为真理作为具体的,它必定是在自身中展开其自身,而且必定是联系在一起和保持在一起的统一体,换言之,真理就是全体。……哲学的内容,只有作为全体中的有机环节,才能得到正确的证明,否则就只能是无根据的假设或个人主观的确信而已。"①

第四节　黑格尔哲学的体系

以上(4)表明,"成体系"对于黑格尔是辩证真理本身所要求的,因为根本没有独立于"体系"(到现代西方哲学已变成了"语境")的孤立真理。像斯宾诺莎讲的"在自身内并通过自身而被认识的东西"或"实体",只在一个(主客)发展的体系中才能成立。所以,如何看待黑格尔哲学的体系,也还是一桩不可小觑的事情。

贺麟先生于 1944 年写成的《黑格尔理则学[逻辑学]简述》中谈到这个问题,说明了两种看待黑格尔体系的方式,并表示赞同第二种。他这个看法对中国的黑格尔研究界影响很大。

第一种方式是以黑格尔《哲学全书》为根据,将他的体系

---

① 黑格尔:《小逻辑》,贺麟译,导言 14 节。

分为三大部门：(1) 逻辑学（理则学）；(2) 自然哲学；(3) 精神哲学。但它的困难是：不能包含《哲学全书》之外的重要著作，如精神现象学、历史哲学、法哲学、宗教哲学等；此外，《哲学全书》中自然哲学部分"不惟篇幅太少（据拉松（Lassen）本仅 124 页），且内容或因科学的进步，至今已显得陈旧过时，或因用辩证法以解释自然，失之牵强附会"①。其中精神哲学部分的篇幅也嫌太少。所以，这体系容易被人摧毁，如鼎立三足去一足则站立不住。

第二种方式就不限于《哲学全书》了。它以"精神现象学"为全系统导言，"逻辑学（大、小逻辑）"为中坚，以"精神哲学"为全系统的发挥。在"精神哲学"之下，包纳自然哲学（精神之外化）、道德哲学、政治哲学、法律哲学、历史哲学、艺术哲学、宗教哲学、哲学史等。"照这样看来，则'精神现象学'的特点是活泼创新，代表黑格尔早年自由创进的精神。'逻辑学'的长处是精深谨严，代表他中期的专门艰深的纯哲学系统。'精神哲学'的长处是博大兼备，代表他晚年系统的全体大用，枝叶扶疏。"②

---

① 贺麟：《黑格尔哲学讲演集》，第 150 页。
② 同上。

参 考 文 献

艾斯勒, 理安:《圣杯与剑——我们的历史, 我们的未来》, 程志民译, 社会科学
　　文献出版社, 1993 年。

奥古斯丁:《忏悔录》, 周士良译, 商务印书馆, 2009 年。

柏拉图:《巴曼尼得斯篇》, 陈康译注, 商务印书馆, 1982 年。

柏拉图:《柏拉图全集》, 第 1 卷, 王晓朝译, 人民出版社, 2003 年。

柏拉图:《柏拉图全集》, 第 3 卷, 王晓朝译, 人民出版社, 2003 年。

柏拉图:《理想国》, 郭斌和、张竹明译, 商务印书馆, 1986 年。

北京大学哲学系外国哲学史教研室编译:《古希腊罗马哲学》, 商务印书馆,
　　1961 年。

北京大学哲学系外国哲学史教研室编译:《十八世纪末—十九世纪初德国哲
　　学》, 商务印书馆, 1975 年。

北京大学哲学系外国哲学史教研室编译:《十六—十八世纪西欧各国哲学》, 商
　　务印书馆, 1975 年。

北京大学哲学系外国哲学史教研室编译:《西方哲学原著选读》, 商务印书馆,
　　1981 年。

策勒尔, E.:《古希腊哲学史纲》, 翁绍军译, 山东人民出版社, 1992 年。

笛卡尔:《第一哲学沉思集》, 庞景仁译, 商务印书馆, 1996 年。

笛卡尔:《哲学原理》, 关文运译, 商务印书馆, 1958 年。

海德格尔, 马丁:《形式显示的现象学:海德格尔早期弗莱堡文选》, 孙周兴编译,
　　同济大学出版社, 2004 年。

贺麟:《黑格尔哲学讲演集》, 上海人民出版社, 1986 年。

贺麟:《哲学与哲学史论文集》, 商务印书馆, 1990 年。

赫西俄德:《工作与时日·神谱》,张竹明、蒋平译,商务印书馆,1991年。

黑格尔:《历史哲学》,王造时译,商务印书馆,1963年。

黑格尔:《逻辑学》,杨一之译,商务印书馆,1976年。

黑格尔:《小逻辑》,贺麟译,商务印书馆,1980年。

黑格尔:《哲学史讲演录》第1卷,贺麟、王太庆译,商务印书馆,1996年。

靳希平:《亚里士多德传》,河北人民出版社,1997年。

康德:《纯粹理性批判》,邓晓芒译,人民出版社,2004年。

康德:《纯粹理性批判》,蓝公武译,商务印书馆,1960年。

康德:《未来形而上学导论》,庞景仁译,商务印书馆,1978年。

拉尔修,第欧根尼:《名哲言行录》,徐开来、溥林译,广西师范大学出版社,
　　2010年。

莱布尼茨:《人类理智新论》,陈修斋译,商务印书馆,1982年。

李秋零主编:《实践理性批判、判断力批判》,《康德著作全集(注释本)》第5卷,
　　中国人民大学出版社,2007年。

罗素:《西方哲学史》上卷,何兆武、李约瑟译,商务印书馆,1965年。

苗力田主编:《古希腊哲学》,中国人民大学出版社,1989年。

尼采:《希腊悲剧时代的哲学》,周国平译,商务印书馆,1996年。

倪梁康:《胡塞尔现象学概念通释》,生活·读书·新知三联书店,1999年。

全增嘏主编:《西方哲学史》,上海人民出版社,1983年。

斯宾诺莎:《伦理学》,贺麟译,商务印书馆,1997年。

斯宾诺莎:《知性改进论》,贺麟译,商务印书馆,1986年。

斯威布:《希腊的神话和传说》,楚图南译,人民文学出版社,1984年。

索福克勒斯:《悲剧二种》,罗念生译,人民文学出版社,1979年。

汪子嵩、范明生、陈村富、姚介厚:《希腊哲学史》,人民出版社,1988年。

韦伯,马克斯:《新教伦理与资本主义精神》,于晓学译,生活·读书·新知三
　　联书店,1987年。

《五十奥义书》,徐梵澄译,中国社会科学出版社,1984年。

希罗多德:《希罗多德历史》,上册,王以铸译,商务印书馆,1997年。

休谟:《人性论》,关文运译,商务印书馆,1983年。

亚里士多德、贺拉斯:《诗学·诗艺》,罗念生、杨周翰译,人民文学出版社,

1984 年。

亚里士多德:《尼各马科伦理学》,苗力田译,中国社会科学出版社,1990 年。

亚里士多德:《物理学》,张竹明译,商务印书馆,2006 年。

亚里士多德:《形而上学》,吴寿彭译,商务印书馆,1981 年。

亚里士多德:《亚里士多德全集》第 1 卷,苗力田主编,中国人民大学出版社,
1990 年。

亚里士多德:《亚里士多德全集》第 7 卷,苗力田主编,中国人民大学出版社,
1990 年。

姚介厚:《西方哲学史》(学术版)第二卷《古希腊与罗马哲学(下)》,凤凰出版
社、江苏人民出版社,2005 年。

叶秀山:《前苏格拉底哲学研究》,生活·读书·新知三联书店,1982 年。

张祥龙:《海德格尔传》,商务印书馆,2007 年。

张祥龙:《海德格尔思想与中国天道》,生活·读书·新知三联书店,1996 年。

赵敦华:《西方哲学通史——古代中世纪部分》第 1 卷,北京大学出版社,
1996 年。

Copleston, S. J. Frederick: *A History of Philosophy*, vol.IV, New York: Double-
day, 1985.

Copleston, S. J. Frederick: *A History of Philosophy*, vol.V, New York: Double-
day, 1985.

Kant, Immanuel: *Selections,* edited by Lewis White Beck, New York: Macmi-
llan, 1988.

Kisiel, Theodore : *The Genesis of Heidegger's Being and Time*, Berkeley, Los
Angeles, London: University of California Press, 1993.

Solomon, Robert C. : *Introducing Philosophy*, San Diego, etc.: Harcourt Brace
Jovanovich, 1989.

Stumpf, Samuel E.: *Socrates to Sartre: A History of Philosophy*, New York:
McGraw-Hill, 1993.

Thilly, F.: *A History of Philosophy,* New York: H. Holt & Company, 1914.

张祥龙文集
第 6 卷

西方哲学史讲演录

（下卷）

商务印书馆
创于1897　The Commercial Press

西方哲学史讲演录（下卷）

目　　录

第一章　引言

——当代西方哲学的特点

第一节　特　点

现代或当代西方哲学的特点何在？它与传统的西方哲学的区别何在？国内讲这方面的书和文章往往以区分当代西方哲学的两大思潮，即"科学主义或实证主义思潮"与"人本主义或非理性主义思潮"，来表现当代哲思的特点，间接地回答这些问题，却未得要领。西方哲学从起源时起就尊崇"科学"（亚里士多德），尤其是演绎科学。当然，做这种区分者强调科学主义思潮注重的是实证自然科学[①]、反形而上学，哲学不应超出经验事实。说到人本主义，就强调这一派认为哲学不能离开对人的关心，与传统哲学的区别在于它的非理性主义，因为它"转向了对个人的独特个性、生命、本能的强调"，而不再是对人类共同本性及普遍的自由、平等、博爱的颂扬。[②]

此书原名为《当代西方哲学》，而不像一般的同类书，叫《现代西方哲学》，是因为"现代"（modern）与"近代"在英文里是同一个词。而近代西方哲学则意味着从笛卡尔到黑格尔，还属于这里讲的"传统西方哲学"的范围。"当代的"用英文表达是"contemporary"。意味着哲学上的后黑格尔时代，一直到今天。但是，为了与其他人的用法相互沟通，下面也用"现代西方哲学"的表达方式，其含义等于这里讲的"当代西方哲学"。此书由讲义而来，在课上和整理时，常有即兴之思，便放在括号里。希望读者可以原谅或习惯这种"横插一笔"的风格。

[①]　刘放桐等编著：《现代西方哲学》，人民出版社 1990 年第二版，第 6—7 页。

[②]　同上书，第 6 页。

这种刻划的缺点在于：第一，未能指出"现代西方哲学"的共同特色。（即便其特色恰在于"多元""无共同性"，也应指出。）

第二，分类不合适。从以下讨论可见，这两个思潮有许多相交之处，比如实用主义、结构主义、日常语言学派绝不只是科学主义，更不是实证主义。[①] 与所说的"人本主义、'非'理性主义思潮"的距离不比与前一思潮远。

第三，强调"科学主义"的观点未看到"实证自然科学"远不能尽现自然科学的特点。比如自然科学与演绎科学的内在联系，这在 20 世纪的自然科学（相对论、量子力学）中及 20 世纪的科学哲学甚至是分析哲学的发展中，表现得越来越明显。"科学"的概念正在发生深刻的变化。"科学主义思潮"的说法基本上未反省这些新动态。

第四，"人本主义"就是改成了"个人人本主义"也不成立，笛卡尔、康德、休谟心目中的"人"都是"个人"，而后期海德格尔、伽达默尔的解释学、后期维特根斯坦、杜威的政治哲学等都不是个人人本主义。讲"个性、生命、本能"倒确实沾边儿，但一来局限性很大，未列举出足够多的特性（比如对胡塞尔和海德格尔就不适用），二来缺少方法上的含义，"反理性主义"则对大多数不适用。

总之，科学与人本、理性与反理性这些范畴基本上属于传统西方哲学的时代，用来说明现代西方哲学的特征过于陈旧而

---

① 刘放桐等编著：《现代西方哲学》，第二版，第17页。

不合适。而且，更重要的是，整个现代西方哲学的主流（除了一些"孑遗物种"，比如新托马斯主义）有着一种独特的风格，与传统西方哲学差异很大。它的吸引人之处和令熟悉传统西方哲学者困惑之处，也正在于此。

在我看来，现代西方哲学或思潮的最大特点和大趋向，在于对于一个唯一的现象世界的可能性或可直接理解性的关注。这当然是对传统形而上学（唯理论的存在论和宇宙论）的反叛，但也并不就是传统的经验主义，尽管有些人，比如逻辑经验主义者一开始误认之为某种新形式的经验主义；因为这"现象"不是与"本质"（本体、实体）相对而言的被动的、分立的、片面的现象，而是构成了一个"世界"（Welt，world），是一个"唯一的"，即能够产生和维持认知意义、人生意义的自足世界。这不完全等于相对主义、现象主义意义上的"反本质主义"，（"本质主义"——认为现象之后有不变的本质，从存在论和认识论上讲，"本质［理念化的存在］"先于现象的"存在"；哲学和科学的任务在于去把握本质。）因为不少现代哲学否认的不只是本质，而是现象与本质的逻辑区分。

这种对于一个唯一现象世界的可能性的关注，体现在追寻那最活跃、也最本源的"直接可理解（或可操作）状态"，它与人参与的"游戏"或构造方式内在相关，不再完全信任任何依据某些概念原则和规则推衍出的东西。从另一个角度看，这也是出于无奈，因任何依据某些可表达的现成观念前提的推衍，都由于科学、数学、逻辑、技术的进步而变成了"科学"（心理学、物理学、生物学……）、"知识"、"技术"（比如虚拟技术、人工智能），

"理性"（rationality）这个词可作狭义和广义两种理解。其狭义指"与感性相对的认识能力"，如抽象、判断、推理；其广义是指"合适地运用人的心智"，或"能意识到自己行为的理由与后果，并加以调控"。我是在广义上使用这个词，因为这样才能比较准确地说明我们面对的哲学形势。不少人在狭义上使用这个词，却在广义上估量它的后果。比如，当他们说一个哲学家或其学说"反理性"时，是在狭义上用的（其义本是说这个学说反对割裂理性与感性），但往往隐含着这样的贬义：这个哲学家只知表达他的主观感受和情绪，而不给出严肃的理由和论述，所以从哲学上讲是没有什么分量的。

就是在这个意义上，1949年末到20世纪70年代末的中国的著述中，将几乎所有当代欧陆哲学家都说成是"反理性的"。就是现在，也时常见到一些持概念理性观或实证科学理性观的人用这个词来责备不符合其思想框架的哲学学说，比如柏格森的、海德格尔的、萨特的等等。因此，我主张在使用"反理性的"这类词时，要加上限定词。比如"反概念理性的""反观念化理性的""反实证科学理性的"，等等。如果确实是要说这个哲学家是在不合适地运用人的心智，那就说他是"反广义理性的"。

而非哲学或纯思想——那永远处于边界上的窥测、"虚"构和提示（所以哲学总是在"潮汐"或"消息"中被感受到的）。哲学根本不能靠划出一片特定"领域"（对象域）来成为"严格科学"。作为纯领会的哲学无领域可言，只能去考察意义构成的方式。

如果与传统形而上学相比，这种特性恐怕更易了解。

传统哲学家认定哲学是一门关于终极原因和原理的知识[①]，而且相信它寻求的是具有确定性的、关于现象背后的不变本质、理式或实体（存在之所以存在）的知识，因而被视为一种最高的科学。这一哲学观直到前期胡塞尔还被奉为圭臬，因此，这种终极思维[②]中的游戏性不被辨认和强调，这样也就不关注终极领会的"境域"或语境，更谈不上关注这游戏语境的"边缘"或体验中的终极。

其实，数学和近代物理学的"明确性"要求不只是追求、甚或主要不是去追求抽象的"不变"，数学也不能完全还原为逻辑；而是追求更多样的"转化"、"双关"的可能性，也就是"可游戏性"，比如阿拉伯数学中的"10"，就与"1"、"0"、"11、12、……1n"、"x+y=10"……相关，比文字表达有了更多维的相关和映射的可能，以造成更多样有趣的"际遇"或新关联。

康德是个界于旧的和新的、传统的和现代的西方哲学之间的人物。他的批判哲学预示了黑格尔之后的哲学发展的一些重要特点，但又未脱尽传统哲学的框架和气息。在前一个意义

康德思想的妙处就是总有断崖和间隙，绝不让人一览无余。

---

① 亚里士多德：《形而上学》，981b32-982a1。

② 亚里士多德本人已经常使用"终极"这样的词，《形而上学》982b5-11。

上，他是个超时代的思想者，超出了他之后的德国唯心论（费希特、谢林、黑格尔），当然也超出了他之前的经验论和唯理论，所以新康德主义还能在现代西方哲学中占一席之地。

康德比较鲜明地体现出"对一个唯一的（可直接理解的）现象世界的可能性的关注"的当代特点，尽管是以他的还有旧套子的方式（主体与物自体的二元模式、亚里士多德的逻辑、欧几里得几何学、牛顿力学）。他论证道：人的全部知识能力，包括数学的和自然科学的，所能达到的只是现象界，而不是物自身。而且，这现象界的内容结构并不像传统的唯理论和经验论所共认的那样只与感官知觉有关，而必涉及知性和统觉，因而本身就包含主客两边或两种特性，居于纯主体（主观任意性）与纯客体（与人无关的物质对象）之间，有自身的条理、范畴和直观形式。

他追究了概念与直观的结合可能（此为最关键处），提出了"纯粹先天的想象力"——海德格尔称之为"先验的想象力"——构成"纯象"（时间图几）的新思路。哲学所做的不是去获得这种现象知识，而是探求其可能的条件。而且，人虽不能以知识方式（将其当作对象）认识物自身，却可以通过非认知的方式——道德的、艺术体验的——与之有某种关联。这其实也是我们所讲的"直接可领会的现象界"（除了可直接领会，比如"信则灵"、"感受到美"之外，什么也没有）的相关表现。他严厉批评传统形而上学，其实是一切实质化概念哲学的基本方法，预示了未来西方哲学发展的方向。而且，他还痛切意识到数学对哲学的重大影响，尤其是两者的重大不同。哲学无法模仿数学方法的原因是："哲学的知识乃由理性自概念所得之知识；数学的知识乃

我将 Schema 译作"图几"，取《易经·系辞》中"几微"之意。

由理性自构成概念所得之知识。所谓构成概念，乃指先天的展示‘与概念相应的直观’而言。故构成一概念，吾人需要‘非经验的直观’。"①

正因为如此。当代西方哲学才与传统西方哲学有了重大不同。不过，康德在传统西方哲学家中确实是相当特异的。有不少超时代的前见。

然而，康德还有不少受制于传统学术和哲学之处。比如：那使得现象可能的直观形式和概念范畴被认为是"先天的"（a priori），而不由经验本身构成。它们最终出自主体的"我思"或"统觉"。因此，表现这现象界的知识被认为先天地要服从和唯一地表现这直观形式和范畴，而这就被康德认作为欧几里得几何学（表现空间的直观纯形式）、牛顿力学（因果律）及亚里士多德的判断逻辑，但后来的学术发展推翻了它们的先天性或唯一性。非欧几何、相对论、量子论和数理逻辑的出现极大地深化了、转化了人们对这个现象世界本身的构成性（"先验的想象力"）的认识，也成为逻辑实证主义者们攻击康德的有力武器。然而，康德的伟大之一正在于，他在 20 世纪还能让人条分缕析地挑出错来，而他思想的活力和卓见又超出了这些实证主义者。逻辑实证主义的迅速衰败和后来分析哲学的进程（后期维特根斯坦、蒯因等）表明了这一点。

正是由于对于现象世界的唯一性（自身的丰富性和结构性）和直接可理解性的越来越深入的了解，处于前沿的哲学家、思想家们逐渐放弃了各种形式的还原论（实在论、观念论……），就现象本身来追究其可领会的方式和条件。于是，真理变得"境域化"或"地方化"了（这在下节看得更清楚：总可有反例，但这新发现

---

① 康德：《纯粹理性批判》，蓝公武译，商务印书馆 1982 年版，第 498 页。

也不可线性地普遍化），现代西方哲学的主张越来越显得"破碎"、
"有意避免总体化、主题化"，只是通过"构境本身"（语境、意境）
的形式或方式来寻求理解。这就如（后）现代派的绘画、雕塑、
建筑、经济、金融、国际关系、流行歌曲……一样。整个人类生
存变得更富于语境、时境本身的引发力、不可测性和随机创造
性，但又不是没有这境域本身的样式、道理。1989 年的东欧和
苏联的剧变超出了以前政治家、历史学家们的想象力，而满身
都是丑闻的克林顿居然臭遍天下而不倒，反倒在民意测试中自
得其乐，也反映出当代人的某种生存方式和思想方式。现在似
乎是不带些破碎之声、粗俗之缘、投机之瘾者，就无现实的召
唤力可言了。我们将要涉及的各种"主义"或流派，都以各自
的不同方式或残缺、或较鲜明地体现出现代西方哲学的特点和
风格。

> 当代人及未来人们的机会与危险。

第二节　方　法

　　如果没有方法上的突破，尤其是科学方法上的突破，新学
说在西方思想界顶多只会表达出对传统形而上学的不满，不会
形成浩荡的潮流。这样，（在演绎和实证科学的方法大突破之前出现
的）孔德的实证主义、叔本华和尼采的生命哲学（唯意愿主义）等，
就都还缺少正面方法上的重大革新，在某种程度上是一种新意
向的表达，而且往往是不恰当的、"过头"的表达，比如实证主
义的还原论和唯意愿主义的（被人指责的）"反理性主义"面貌。
而到了罗素、逻辑实证主义和现象学，就有了更鲜明的当代方

> 此断言过重，唯意愿主义起码隐含着哲学方法上的重大革新。

罗素哲学中亦有传统哲学的一面，像他的"逻辑原子论"，就很有还原主义的倾向。但他主张"关系是更真实的"，却是当代西方哲学的特点。

法的色彩，原因就是非欧几何、数理逻辑（特别是哥德尔的不完全性定理和塔斯基语义学）、相对论和量子论、格式塔心理学、意识流、弗洛伊德心理学等新思路的出现，在敏感的知识分子（首先是哲学家）中造成了极深刻的思想震荡和对创新的追求。

这些新突破在哲学中起作用的方式是：

一、对理念上的、概念上的唯一终极实在的否定

传统的牛顿力学、欧氏几何，都在鼓励这样一种看法，就是一定有一个唯一实在的物质世界，客观的、不受人类活动（运动状态）影响的绝对时间和空间，以及一种由直观所发现的自明的几何学公理（人与"绝对空间"的交接点）。然而相对论表明，如果对"同时性"的意义作深入追究，即在大尺度中或距离之远使光的传导所费时间成为不可忽略的因素时，就可知从"逻辑上"或"原则上"，就没有理想的（由上帝确定的，或由一个"客观时间"决定的）"同时"。有的只是与具体的测量方式、测量者与被测量者之间的空间关系和排序关系相关的"同时"（"相对"而言的）。此外，没有必要设定有一种"以太"，来充作宇宙的基底和传导介质，并作为任何运动的绝对参照系。更干净简易的方法是认为：电磁波（光）的运动本身并不参照这样一个"以太"背景，也不会被光源的运动加速或减速："光速不变"。这样算起来和看待这个宇宙，反而更真切清晰。

这似乎在鼓励实证主义，其实它和量子力学所隐含的东西（比如"关系决定一切"）超出了实证主义的哲学前提。

量子力学则表明，如果我们将"物质"追究到"亚原子'粒子'"状态，在它发生（因观察导致的）"坍缩"之前，就会出现一些奇特现象。比如会出现原子论者想象不到的波粒二象性。并

不存在"哪个更真实"的答案，一切要以人的观察方式来决定。而"测不准原理"更清楚地表明，客观的物质存在与人的观察行为之间不可避免地相交互构，而且"概率"必会渗入这种观察之中。"量子纠缠""量子叠加"等现象则表明，量子态粒子的行为违背了传统科学观的理性底线。

　　这种理性底线被爱因斯坦表述为"定域性（locality）原则"，其大意是：万物既可分得开，也需连得上。"可分得开"是讲两个在空间中分离的系统是独立存在的，所以我们可以分别认识它们，不会像量子纠缠那般，一个粒子的变化可以瞬间连带出另一个（可以相距很遥远的）粒子的变化，以至于无法分开对它们的认识。"需连得上"是指：一个系统要影响另一个相距遥远的系统，必须凭借某种可对象化的"点对点"的接触，比如通过在它们之间传递某种波、信号或信息，而这种传递的速度不会超过光速。爱因斯坦指责玻尔等人的量子学说无保留地肯定了非定域的现象，比如量子纠缠，而这就等于承认了一种"幽灵般的超距作用"。[①] 到了 60 年代，约翰·贝尔提出了检测非定域性是否存在的实验方法（"贝尔不定式"），而从 70 年代至今完成的大量实验表明，在这个问题上，伟大的爱因斯坦错了，我们的这个世界的根底的确是非定域的（nonlocal）。[②] 我们所

---

　　① 乔治·马瑟：《幽灵般的超距作用：重新思考空间和时间》，梁焰译，人民邮电出版社 2017 年版（英文原版 2015 年）。此书以生动的方式阐发非定域性的真实性和理论意义，为此当然要介绍爱因斯坦的定域性学说及其失败原因。

　　② 尼古拉·吉桑：《跨越时空的骰子：量子通信、量子密码背后的原理》（以下简称为《跨越时空的骰子》），周荣庭译，上海科学技术出版社 2016 年版。

这个"最惊人的发现"向我们传递出了什么样的哲学信息？即，什么样的哲理将遭到其"幽灵"的破坏，什么样的哲理又会从它展示的"纠缠""叠加"的量子原态中得到启发和某种支持？

熟悉的世界，已经是坍缩后的世界，于是才有定域性因果关系的盛行。可以想见，这个发现会带来何其深刻的思想震荡！一位卓越的物理学家蒂姆·莫德林（Tim Maudlin）为此写道："非定域性的发现和证明是二十世纪物理学的一个最惊人的发现。"①

　　非欧几何的发现，尤其是它后来在相对论中的应用使人明白，并没有唯一真实的空间描述系统。"过直线外一点只能作一条平行线"只是一种特例。并没有建立在直观内容（对象）之上的绝对自明，有的只是公理化系统的不矛盾关系（相容性）和结构原则。非欧几何与欧氏几何很不同，但它的真理性可以建立在欧氏几何之上，即如果欧氏几何成立，它也成立。这给人们以极大的新刺激，原来真理不在于与直观对象的符合，而在于系统内的一致性和系统际之间的相容性，也就是"纯形式的关系"。（这"纯形式"其实也有"说"的可能，见下。）

西方哲学的产生与发展与数学有着深刻联系。数学思想方法的重大变化往往会引起哲学中的地震与火山喷发。

　　于是，性急的、少"道"性的人们以直线方式来延伸这种新思路的含义，认定数学的真理性可以还原为逻辑关系（重言式）或纯形式的语法关系，完全无意义可言。甚至认为抛弃了直观意义就等于抛弃了任何"意义"或"语意"，再不与这些含混的、似乎总涉及某类对象的概念打交道。于是，就有了"希尔伯特方案"，即要将数学公理系统的相对相容性（一致性）的证明（比如证明非欧几何相对于欧氏几何、欧氏几何相对于实数论、实数论相对于自然数论的相容性）变为绝对或直接相容性的证明。因而此证明中

---

① 乔治·马瑟：《幽灵般的超距作用：重新思考空间和时间》，梁焰译，第11页。

数学或逻辑公理系统的基本"概念",不能再利用任何还需要解释的推演工具,而只能是无意义或无概念内涵可言的符号,公理是这些符号的机械组合,无所谓真假,数字相容性的证明变为不需要内容的纯形式符号的推导,可以按一个机械的模式在有穷步骤内进行和完成。

希尔伯特方案透露出西方学术思想乃至整个文化的一个重要倾向,即对于形式推演的痴迷和对于包含不确定性和含糊性的"意义"的疑惧。

这相合于前语意学的逻辑实证论者们(石里克、卡尔纳普早期、洪谦等)的主张:数学是纯分析的、重言式的、无任何意义的,也就是不会对人们对经验世界的认识有任何影响,数学命题不是"先天综合命题"(康德)。按照这个思路,逻辑实证主义者们相信由逻辑的数学和普遍概念组织起来的理论命题本身是无意义可言的,其意义都来自可能的实证活动和表述它们的实证语句(它们都基于这类"记录语句":"张三于某时某刻在某研究所的某实验室的某个表盘上看到了某个读数")。这样,认识和科学的实在性就被唯一地归约为科学实证活动和由此产生的原子语句。这种还原论离常识实在论只有一步之遥了。爱因斯坦、海森堡、玻尔、罗巴切夫斯基的那些激动人心的伟大发现,被"归约"成了这么一种呆板乏味的实证与常识实在!但这的的确确是不对的。

哥德尔的工作表明,一个数学的或推演的表达系统,只要丰富到了"初等数论"(即自然数系统)的程度,就不可能不具有本身所构成的"意义",即总不能对本系统的整体性质(比如一致性)做出完全的形式化(语法)断定,不然它就是不一致的。也就是说,这个系统一定带有自己的说话能力和"偏见",因而是"不完全"的。哥德尔利用自己创造的配数法,就能在初等数论

的形式系统 P 中自行地构造出一个自指的命题 A，用普通语言
表示就是：

$$A : A 在 P 中不可证。$$

它和它的否定在 P 中都不可证，不然就成了悖论，从而使 P 不
一致。但正因为如此，它是真的，它"所说的正是其肯定，不是
其否定"（*亚里士多德在《形而上学》中的"真理定义"*）。而且，这个
命题的可证性与初等数论的一致性证明是联在一起的，因此，
初等数论不可能从形式上"证明"自身的一致性。

以其人（希尔伯特）之
道，还制其人之说。

　　它的含义是：分析命题绝不只是重言式或句法命题，整个
较丰富的演绎系统也必有所"说"，它所说的可以不涉及经验
的直观对象，但必涉及这系统本身构成的"事态"或"语境"。
命题 A 说出了某种事态，不是重言式，但它所说的正是自身的
特性，不可被完全句法形式化（*无意义化*）。而这个"说出"本身
就确保了它的不可反驳性或真理性。其后或几乎同时，有塔斯
基对于"真"的语义学定义，后被戴维森运用。这些新成就使
得维也纳学派被迫做出实质性让步，承认理论命题不可还原为
观察命题，而只有某种相关性。此牌一倒，多米诺效应便冲破
了"经验论的两个教条"。

　　由于此"逻辑"和"数学"上的重大突破，使得"表达系统
本身所构成的意义（*或"理论"*）负荷"的问题突现，现象本身的
可领会性越来越受到关注，而一个"统一所有科学"的还原方
案，不管它是物理意义的、形式主义的还是形而上学的，就都

是落伍的思想了。"反唯一实在观与真理观"的深刻性和彻底性远远超出了实证主义者们的视野。

对于这种反形而上学、反唯一真实观的倾向，可以用"黄巢反诗"的方式戏称为：
实体已死，境思当立；岁在玄冥（时机），天下大吉。

二、"语言的转向（转向语言）"：对于表达式系统本身的构成含义（"整体性""转换性"）的关注

非欧几何认为既然可以有不同的但各自有效的表达系统，那么"真理"就绝不只限于与某种对象（经验的或理念的）的相符合，而必与系统的构成方式有关。

这一点为后期分析哲学、实用主义和欧陆哲学中的现象学所共尊。

传统的亚里士多德逻辑不成"系统"，只是一些对现成内容的形式的提炼，没有自己内部的推演结构，但数理逻辑却有了自己的"演算"结构，靠近了数学，成为一种人工的"语言"。（莱布尼茨当年的"普遍语言"的构想的部分实现。）

这就是所谓现代西哲中"语言的转向"或"转向语言"的方法来源之一。语言不再只被看作传输既定观念的符号串，而是一个有自己的结构生命、思想生命和表达生命的"生活形式""生活世界"。

三、结构多样性（质的多元性）：奇变永远可能是必要的

非欧几何、相对论、量子论——仍是科学，更是科学，但却那么"怪诞"（违反理论常识）。可见"科学"、"思想"中有极大的未开发空间和自由创造的余地。（霍金说，一切基本原理和基础理论已有了。上个世纪末，迈克尔逊持类似意见。）

新方法的影响途径是曲折的，充满了偏见干扰的，主要是

实证的、形式的（语法的）、"科学的"偏见，因而看不到这些新思路中真正革命性的东西（现象本身的构造论–结构论）。这些思路同时包含一种对于西方学术中心论的冲击和否定。这种中心论总想以某种方式把持住一种独特的、普遍适用的规则或标志，以表明西方哲学、科学甚至整个西方文化在绝对的进化意义上是先进的，注定了要来领导全世界人的思维和行为。这一倾向直到今天，仍在中文学术界颇有影响。除了其他原因之外，从学术上或智力上讲的最重要的一个原因就是领会不到或不能充分领会这些新思路的真切的方法含义，总在最初的激动之后又将它们含糊回"西方概念哲学的传统"之中去了。在这些半吊子解释中，海德格尔、维特根斯坦、舍勒、库恩等要不就是传统哲学的顺沿，要不就是不值得严肃看待的"反理性主义"。看不到他们的主张与最严格的科学方法突破的内在呼应。

学习当代西方哲学的最大益处，可能就是从一种深层次的西方学术教条（比如传统的实在观、真理观、科学观、进步观、人性观……）中解脱出来，从而能以一种比较健全的眼光来看待自己的文化与知识遗产。

第二章　实证主义

"实证主义"（positivism）的基本特点是：认为依重实证的自然科学是知识的典范，唯有实证的知识是真的知识。所谓"实证知识"，在孔德看来就是指被观察的事实或现象以及对这些现象进行协调（coordinating）和描述的规律（laws）；任何超出它们的所谓"本质"、内在原因（形而上学的思辨对象）都不是知识的对象。"实证哲学"就是指这种看法或见解。[①]它体现出了近代自然科学，尤其是天文学和物理学的巨大成功对知识分子思维方式的强有力的影响。我们已讲过，数学在古希腊的成功激发了古典形而上学（毕达哥拉斯、巴门尼德、柏拉图），而近代自然科学的成功则有力地推动了近代哲学的思考。然而，近代自然科学是数学（及理论假说）与观察实验的结合，所以为唯理论（笛卡尔、斯宾诺莎、莱布尼茨）和经验论（英伦三杰——洛克、贝克莱、休谟）都留下了进行思辨和推理的空间。到康德，这两方面在某种程度上有机地结合起来，以"缺少先天的和经验的直观"为理由来推翻纯概念形而上学的方法论，而以"无视先天综合形式参

注意它与唯名论、经验论和康德哲学的区别。

---

①　Frederick Copleston, S. J.: *A History of Philosophy*, vol.IX, New York: Doubleday, 1985, p.77.

与的理论构架的作用"来批评经验主义的盲目性。实证主义则要更激进地吸收经验主义，使之脱开形而上学的论证框架或论证方式，更直接地依重自然科学的操作方式（却忽视了其思想的另一面）。比如，它不再像经验主义（贝克莱、休谟）那样说：因为一切来自个别的感觉经验，所以"存在就是被感知"，"没有绝对客观有效的因果律"；而是讲，由于科学只承认被观察现象和关于它们的描述性规律，所以一切"客观规律"就只是这种规律，一切实在就是这种可实证的现象，根本不存在在这之上、之后的"存在问题"。说"存在就是被感知"完全不必要，还是囿于传统哲学的"存在论框架"，似乎总必须为"存在"找答案似的。

第一节　孔　德

一、人生

法国人奥古斯都·孔德（Auguste Comte，1798—1857）往往被人们认作是实证主义的创始人；但他并不是首次发现实证主义思维方式的人，因为按约翰·斯图尔特·穆勒（John Stuart Mill，或译为"密尔"）所说，实证主义乃是"这个时代的普遍性质"。[①] 所以 F. Copleston 称他为"经典实证主义的最突出的

---

① S. E. Stumpf: *Socrates to Sartre: A History of Philosophy*, New York: McGraw-Hill, 1993, p.77.

阐述者和代表"。① 他 1798 年生于法国蒙彼利埃（Montpellier）
一个天主教和保皇党的家庭，父亲是税务官。但他在 14 岁时
宣布自己不再是一名天主教徒，而成为共和主义者。1814—
1816 年读于巴黎综合技术学校（École Polytecknique），受到
一些著名科学家的影响，开始形成他的要由科学精英来组织和
领导社会的思想。1816 年，学校被保皇分子重新控制，孔德被
开除，但仍留在巴黎学习。1817 年（19 岁）夏天他成为圣西门
（Saint-Simon）的秘书，做了 7 年。最后由于孔德欠西门的钱
过多，特别是因为孔德在受西门影响之后，发展出了自己的思
路，两人关系出现裂痕。他不像西门那样用一种科学方法来考
虑一切问题，而是注意到方法的多样，不同科学的等级层次（从
数学到社会学；但社会学是最后、最高的科学，因为它与人性（humanity）的
关系最密切，最能在这个意义上对各门科学进行"主观的"综合）。他否认
"客观的"综合的可能。② 最后，孔德怀疑西门不合理地占有他　似乎不够"实证"。
的研究成果，两人决裂。以后，孔德就开始独立的讲学和著述，
事业中多有曲折。一直未被大学正式聘任，婚姻不幸，曾企图
自杀。1830 年开始发表主要著作《实证哲学教程》（*Course of
Positive Philosophy*，1830—1842）。1844 年，他爱上 Clothilde
de Vaux 太太，她的丈夫因逃避一起贪污起诉而隐身他处。一
些评论家认为这种"爱"影响了他后期提出的"以爱为原则"的
"人道教"（religion of humanity）。他几乎一直靠信奉者们的

---

① Frederick Copleston, S. J.: *A History of Philosophy*, p.74.

② Ibid., pp.87–88.

赞助金过活。

二、对"实证主义"的看法

除了此章一开头讲的那些之外，他还认为实证哲学与自古（亚里士多德）而来的"人类概念的普遍系统"^① 不同。这"实证的"（positive）主要意味着一种对理论的看法，即认为理论的目的在于"对被观察事实的协调（coordination）"。^② 他写道："任何命题，如果它不能容许最终被还原为对（普遍的或特殊的）事实的直接阐明的话，就不能具有真实的或可理喻的含义。"^③ 穆勒对此观点做了进一步阐发："我们只对现象有知识，而我们关于现象的知识是相对的，而非绝对的。我们不知道关于［现象的］产生和关于任何事实的本质和实在（real）样式，只知道一个事实与其他事实的关系，不管是就次序而言还是相似性而言。这些关系是稳定的，也就是说，在同样的环境中总是同样的，把现象联结在一起的稳定的相似性，把它们作为先行者和跟随者统一起来的稳定次序，这些就是所谓关于它们的规律（laws）。

关于各种现象，我们只能知道这样的规律。关于它们的本质、终极的原因，不管是充分的还是最终性的，对我们来讲是不可知的和不可理解的。"^④ 它要少设定东西，但不知科学假说几乎都超出了现有的现象范围，具有"先行的"能力。而且，

旁注：
"事实"是自明的吗？什么现象是事实，什么现象不是事实呢？

孔德举牛顿万有引力的规律为例，说明此种实证科学规律的性质："至于确定这种引力和这种重力本身是什么，这些问题我们一律认为无法解决，……［应］交付

---

① Frederick Copleston, S. J.: *A History of Philosophy*, pp.76–77.

② Ibid., p.77.

③ S. E. Stumpf：*Socrates to Sartre: A History of Philosophy*, p.353.

④ Ibid., p.357.

实证哲学也有自己的"形而上学"设定，这种实证哲学立场已预设了自然中有规律，人可以通过协调观察事实而发现这类规律。照孔德所说就是：人脑能被转变为"对外在秩序的完美镜子"。[①]这是罗蒂后来在《哲学与自然之镜》中所批评的本质主义的"反映论"表现。这些都说明，孔德的实证主义在反本质主义方面还很不彻底。他眼中的现象知识仍是唯一的，"钉在"观察事实之上的，缺少根本意义上的结构多样性的见识。

给形而上学们去做烦琐的论证"。（洪谦主编：《西方现代资产阶级哲学论著选辑》，商务印书馆 1964 年版，第31 页）

但是，后来爱因斯坦对"引力本身"说出了比孔德预期的要多得多的东西。而且，只靠"协调观察事实"，是发现不了相对论原则的。某种超出了实证范围的"想象力"是必要的。

三、知识发展的三阶段规律

孔德的"实证主义"还是一种"实证哲学"，不像 20 世纪的逻辑实证主义者们那么仅将哲学的功能限于对科学命题的逻辑结构的说明，而是要去直接用实证方法研究人、历史、社会，得出肯定性的规律。这方面最著名的一个规律就是知识发展的三阶段规律。

"这条规律就是：我们的每一种主要观点，每一个知识部门，都先后经过三个不同的理论阶段：神学阶段，又名虚构阶段；形而上学阶段，又名抽象阶段；科学阶段，又名实证阶段。换句话说，人类的精神受本性的支配，在它的每一项探讨中，都相继地使用了三种性质基本上不同、甚至根本相反的哲学方法：首先是神学方法，其次是形而上学方法，最后是实证方法。由此便产生了彼此互相排斥的三类哲学，或三类说明一切现象的总的思想体系。第一种是人类智力的必然出发点；第三种是

---

① S. E. Stumpf : *Socrates to Sartre: A History of Philosophy*, p.357.

它的最后阶段；第二种只是为过渡而设的"。[1]

神学阶段主要通过超自然的主体来探讨万物的内在本性（本质）和最终原因。

而形而上学阶段只不过是上一阶段的改头换面而已。将超自然主体换成了一些抽象的力量、实体（人格化的抽象物）；认为要说明现象，只消为它们分别指定一个相应的实体。

"脱魅"的阶段。　　到了实证阶段，人类精神承认不可能得到绝对的概念，于是不再探索宇宙的起源和目的，不再寻求各种现象的内在原因，而只是把推理和观察密切结合起来，从而发现现象的实际规律，也就是发现它们的不变的先后关系和相似关系。

个人智力发展也有或重复类似的三阶段。我们不都是"在童年时期是神学家，在青年时期是形而上学家，在壮年时期是物理学家吗？今天任何一个跟得上时代水平的人都是不难证实这一点的。"[2]

前两个阶段的"必然性"、必要性和合理性在于："人类精神在初生时左右为难，既必须从事观察，以便建立一些切实的理论；又迫切需要创造出某些理论，以便进行连续的观察，因而陷入一种恶性的循环，老是兜圈子，无法打破僵局。幸亏神学观点的自发发展打开了一条自然的出路，为人类精神的各个方面设法提供了一个结集点，为它的活动提供了养料。"[3] "如果

---

① 洪谦主编：《西方现代资产阶级哲学论著选辑》，商务印书馆 1964 年版，第 25—26 页。

② 同上书，第 27 页。

③ 同上书，第 28 页。

在一开始的时候人们对自己的力量没有做出偏高的估计，这些力量是决不能得到它们可以得到的发展的。……实证哲学一发生影响，就把它们（虚幻的希望，夸大人的重要性）永远彻底消灭了；然而在原始的时代，这些东西都是一种不可缺少的动力，没有这种动力的刺激，是根本不能设想人类精神在原始的时候为什么下定决心去从事种种艰巨的工作的。""比如，要是没有占星术的那些诱惑人心的妄想，没有炼金术的那些言之凿凿的欺骗，试问我们会从何处获得必要的恒心和毅力，去收集大量的观察和经验，作为后来为这两类现象建立初步实证理论的基础呢？"[①]

当代的科学哲学家（比如波普、库恩）发现，科学家们总需要这样的"结集点"，不然不会有创造性的工作或科学的进步。

此三阶段理论的困难之处：（1）这条规律不完全符合观察现象。正经意义上的神学（而不是"宗教"）只有在先有了形而上学（存在哲学）的理论框架之后才可能。数理科学在形而上学和神学之前已出现于古希腊，激发了形而上学。说那只是抽象的科学，最复杂的最重要的科学是社会学（同时又讲数学是科学的典范），让人感到牵强。

如何看待中医？

印度人对人生阶段的看法，认为智慧的老年是形而上学与神学结合、与瑜伽"实证"结合的阶段。中国人更不认为先有一个"神学"的阶段，而是一个"天真""赤子"的阶段……

（2）它的得来违反了实证主义的原则，主要从概念要求而非观察事实出发。这本无可厚非，但"自相矛盾"一条让人触目惊心。

———————
① 洪谦主编：《西方现代资产阶级哲学论著选辑》，第29页。

四、人道教（Religion of Humanity）

相信"社会科学"的思想家们，往往会按这种科学来规划人类社会和人类的生存方式，比如柏拉图、马克思等等。如果这个规划是按概念原则组织和实行的，大多会成为"开放社会的敌人"，因为它们从根子上仍是本质主义的，没有为深刻意义上的人类自由和非现成的意义机制留下地位。孔德也是这样。在这一点上他与后来的实证主义者、功利主义者和经验主义者穆勒有较大冲突。后者更重视"自由"，着重寻求国家权力运用的界限。

孔德不满意于更早的关于个人自然权利的学说（后来的功利主义者边沁也不满意），而相信社会应由掌握了实证知识的管理者阶级来领导，接受科学家和实证哲学家这些精英提出的原则。他们控制教育，形成舆论，参与政务，具有类似于中世纪时的教皇和主教的地位。真正实在的是人类或人性，而不是个人。人作为个人是一种抽象（但人类亦是一种抽象），应当强调的不是个人权利，而是对社会的责任。人的道德生活的最高形态就是对人性和人类的爱和为人类服务。大写的人类性或人道——Humanity——是最高的存在者（grand Etre），具有上帝的地位（虽然并不创造而只服从客观规律），应受到崇敬和服从。实证时代的人要像中世纪的基督徒崇拜上帝一样，崇拜人道性，并遵循这种人道教的教阶制（圣徒、各级僧侣）、洗礼、礼拜、祈祷、圣餐等仪制，使政治完全服从于道德。后来的各种极权制或准极权制（纳粹、苏联……）无不从大思路上合乎这种人道教设想。但孔

可见神学与形而上学在孔德那里依然存在。

德想将精神的和世俗的力量合理地结合的意向确有它不容忽视
的分量，不是自由主义的讥诮可抹去的。

第二节　功利主义的主张和
穆勒的《论自由》

功利主义（utilitarianism）的基本主张是：每个人所向往的
是快乐（happiness），所厌恨的是痛苦（pain）。所谓"好的"、
"善的"（good）就是那能使人快乐，避免痛苦的东西；即让快
乐的总和（aggregate）大于痛苦的总和的东西。所以功利主
义主张"快乐原则"，即"最大数量的最大善果"（the greatest
good of the greatest number）、即最多数人的最大快乐，是人生
和社会的目标，也就是善。

以前的伦理学理论将"善"说成是德性知识、最高理式、理
性的指导、人类本性的实现、上帝的命令（戒律）、服从绝对命
令（尽义务）等。功利主义者则认为所有这些说法，如果有道理
的话，只不过是所说者增进了人类的快乐，减少了痛苦。"趋乐
避苦"就等于"扬善避恶"，不然就超出了人类能理解的范围。
功利主义与英国经验主义和实证主义有某种亲缘关系。比如休
谟认为伦理道德的基础不是先天的东西，而是经验性的"同情"
（sympathy），即当我们想到别人的苦乐时所感到的苦乐。所以
我们的道德情感就赞同那些能产生快乐而减少痛苦的行为。边
沁（Jeremy Bentham，1748—1832）和穆勒之所以是最著名的
功利主义者（后者也被称为实证主义者），乃是因为他们突出了功

功利主义是现代社会中
最易流行的伦理学。为
什么？如果你看到森林
被砍伐，开荒造田，水
土流失又使这田地撂
荒，上面只长那几样优
势草木，你就接近这个
问题的答案了。
不深入了解功利主义。
特别是它的缺陷，就无
法理解我们这个时代。

利主义原则，并将它们与他们所处时代的问题结合，促进了社会与政治的改革。其中，穆勒对西方民主制的新阐发特别值得注意。

由于严复对"穆勒名学（逻辑学）"的介绍，他的归纳主义逻辑观早已为清末民初的中国学人所知晓。穆勒持经验主义、实证主义的哲学立场，认为寻求经验之外的世界本质和基础是不可能、不必要的，而他最有影响的学说，一是归纳主义，一是《论自由》。

他认为普遍命题（"凡人皆有死"）没有独立的、先天的身份，它们只是由特殊命题（苏格拉底有死、柏拉图有死……）归纳而来，三段论实际上是"由特殊到特殊"的类比推理。而类比是归纳的一种形式。所以，演绎法是从属于经验归纳法的，是对归纳命题作出正确解释的规则。而数学的演绎系统的公理、公设最终都来自经验，比如"两点之间以直线为最短"。（强调经验不错，但将经验理解为"特殊到普遍"，则说服不了理性主义。）这与康德的数学观不同。康德也认为数学来自直观，但是是先天的纯形式直观。到逻辑实证主义，受前期维特根斯坦的影响，认为数学命题不来自经验，与"先天直观"也没关系，它们是纯分析命题（重言式）。但他们在科学系统的"理论命题"问题上与穆勒一致，认之为由观察（记录）命题归纳而来。因此一些逻辑实证主义者（莱辛巴哈、卡尔纳普等）用尽一切方法要论证归纳法的逻辑合理性。波普以"反归纳主义"起家，自认为这样就把逻辑实证主义送进了历史博物馆，洪谦对此说法颇为愤怒。

穆勒对边沁的"量的功利主义"和传统的"少数服从多数的民主制"都提出了异议。边沁式的功利主义者相信快乐和痛

理性主义者会发问：你靠什么去进行归纳？你如何能看出万千特殊现象之间的共同点？"找到共同点"的前提不就是找到了普遍标准了吗？可见"普遍"不会只跟在"特殊"的后边。

苦可以被客观地计量,他讲:"应该有道德的温度计。"并提出七个衡量道德与否的指标,即强度、持续度、确定性、方便性、丰富性、纯粹性、广度①。但这明显有问题:不同的快乐与痛苦(吃大蒜的快乐与让人反感的痛苦,追求股市暴利的快乐与"被套住"的痛苦,发展科技得来的快乐与用科技大规模杀人、污染环境的痛苦……)如何计量? 如果按某种标准而不是自明地去选择,那么这标准就肯定不只是功利的。

> "杀一无辜而得天下,不忍为也",功利主义算得清其中的得失利害吗?

穆勒认为他"宁肯做个不被满足的苏格拉底而不是一头被满足的猪",或"做个不被满足的人比做头被满足的猪要好"。这就相当于说,理智的快乐或道德情感的快乐要高于单纯的感官快乐。为什么呢? 不管怎么回答,都要超出功利主义的快乐原则。但穆勒只愿承认,他是在用"质的快乐"来制衡"量的快乐"。斯塔姆福(S. E. Stumpf)的《从苏格拉底到萨特》中的大段介绍都可以这么去看、去发问。

穆勒的《论自由》在英语世界影响很大。他敏锐地看出量的民主制的危险,即多数人对少数人的暴政,或"意见的暴政"(the tyranny of opinion),因而他要为任何干预别人自由的行为、集体力量、政权力量寻求一个站得住的理由,也就是为这种干预划一条界限。

> 古希腊民主制常有的问题。

他认为,这种干预(不管出自个人还是集团)的唯一正当理由是自我保护(self-protection);即任何公民的行为只有会对他人造成伤害时,才应被制止。比如在电影院等人群密集处,突

---

① 边沁:《道德与立法原理导论》。

然大喊"着火了"（"Fire!"），因为可能对他人造成损害，如引起惊慌、导致踩踏，故应被禁止。除此之外，概不能干涉。因此，多数人也不能凭"投票的压倒多数"来干涉不符合这条标准的行为。这也就意味着，民主制要服从某种更高的原则，也就是从那些对人的本性、自由的价值等哲学和伦理学问题的看法中产生的原则。这是对孔德的实证主义人道教的反驳，也是对许多功利主义学说的反驳。它是对"好"的非实体性、相对于人的相对性的认识，"自由"（"让他们自做自受"）不同于积极的"绝对真理"，这里"不受干涉"的"消极自由"天然占上风。

它实际上主张：个人的自由有本身的价值，如果没有"会伤害他人"的硬性理由就不应被限制。所以他提问题的角度是"预设无罪"型的。个人无须为不受政府和他人干涉而辩护，政府或他人要干涉个人的自由倒是必须有充足的理由，也就是上面那条"不如此便会天下大乱"的理由。所以，穆勒认为，任何政府不得干涉其公民的自由，只要：（1）这种行为能由私人更好地完成；（2）虽然政府能比个人更好地干这件事，但为了个人的发展和教育起见，由个人做更值得；（3）当有过分增长政府权力的危险时。也就是说，即便政府更能符合一般功利主义原则地来做一事，也必须考虑它是否会妨碍个人自由和潜能的发展。政府也不能以"对他本人好"来强迫"他"去做违反他自由的事，比如强迫打预防针、强迫教育、强迫抢救、强迫致富、强迫发展，等等。美国、英国和现代西方为这条个人主义（individualism）原则的理解和评判，不知费了多少精力和运动。不了解它，就不可能理解20世纪美国的社会观点、问题、争论和走向。民主党与共和党，以及在选举权、黑人人权、女权、堕胎权、独特教育权、安乐死、基因工程、环境保护、同性恋……一系列问题上的争论中，都有这个"个人的权利"原则的声音。对它的理解也可以是深刻的（比如对阿米什(Amish)人的自由选择——不输血、不用国家电网、不使用绝大多数的高科技、不接受国家统一教育——的尊重，还有对印第安人传统生活方式的尊重等)，也可以是肤浅的和纯个人癖好的。深刻化就将冲破"普遍主义""本质主义"在社会、政治和文化上的统治，从"质"上容忍"多元"。

穆勒学说的弱点也是明显的：(1)"不损害他人"在很多情况下又涉及解释，不是自明的。因此又涉及对"善恶标准"的厘定。不少行为，比如做(即便带上了警告标志的)吸烟广告、散布黄色及暴力电影、吸食大麻，从某个角度看没有损害他人，但从另一个角度、尺度和形势上看则损害了。所以这条"硬性"原则并不硬。(2)问题也许就不应该从"个人自由天然不受干涉，除非……"的角度提出，那样是首先就设定了个人(主体)的实体性、本质性、中心性，而应该从"个人的自由与义务(责任)不可分割地相连"，或"个人天然地属于某种圈子(家庭、社区、种族、文化……)，所以'自由'与'损害'从来就不只涉及个人，也涉及'圈子'"等角度提出。

这里的讨论过于简略。实际上，这是当代社会政治哲学中的一个争论焦点。"个体主义"与"社团主义"围绕它"捉对厮杀"。

不管怎样，在我们这样一个日益全球化、技术化的时代，完全不影响他人的个人行为是越来越罕见了；但另一方面，如果个人的天地或不如说是社会的质的多样性得不到有效与合理的保护，这样的板结社团又如何能不引起反感和丧失真实的活力？

穆勒的《论自由》有不少现代西方哲学思想的特点，即以"主体的独特性"来不恰当地表达一种新倾向，也就是主体和客体各自都没有实体性的倾向。穆勒本人的局限则表现在他自己与自己原则之间的冲突，比如他就曾拥护强迫教育。[1]

还有克尔凯郭尔、尼采。

---

[1] S. E. Stumpf: *Socrates to Sartre: A History of Philosophy*, p. 379.

第三章　意愿主义（一）
——叔本华

"意愿主义"（Voluntarism，或译作"唯意愿主义"）是指这样的学说，它们将（个人的、世界的、原本生命就有的）"意愿"（Wille，will，一般译作"意志"）当作世界和存在的本性或本相。所以，它们对世界和存在的理解主要不再是静态的、主客对峙的、认知型的，而是动态的、主客都发自意愿冲动的、与人生的各种体验方式息息相关的。它的开创者是德国的叔本华，最著名的发挥者则是尼采。哈特曼、居约、克尔凯郭尔、詹姆士等据说都有意愿主义的倾向。它对于生命哲学（狄尔泰、柏格森……）、生存现象学、生存主义、解释学、结构主义、弗洛伊德心理学、现代文学、当代艺术，甚至政治思想、历史思想等都有重大影响；意愿主义有时与"生命哲学"混用，因"意愿"与"生命（力）"、"生存意愿"大有关系。意愿主义一般都攻击传统认知型的（以"科学"为哲学理想形态的）形而上学，但本身的论说方式和语言还有一些思辨味道，尼采后期较少这种味道。但它们都具有传统形而上学所没有的一些敏感，比如对存在与人生的非概念理性（独特性）的感受、对于艺术境界的纯思想（哲学）性的发掘，与东方思想的某种共鸣，等等。这样的学说以及生命哲学在东方，

相比于以前的观念化哲学，意愿主义的一个最明显的思想效应是：将人们对于终极实在的理解纳入某种直接可领会的动态体验之中，也就是让它几乎完全进入人的现象世界。

比如清末民国初的中国及"文革"后的中国,就很容易产生影响(王国维、鲁迅等)。

第一节 生 平

阿图尔·叔本华(Arthur Schopenhauer, 1788—1860)于 1788 年 2 月 22 日生于但泽(Danzig, 今波兰的格但斯克),父亲是大银行家,母亲是作家(小说家)。祖上曾是荷兰人,但久已定居于但泽并安享尊荣富贵。叔本华童年时曾去法国上了两年学。他父亲希望他经商,让他去英、法和其他国家留学(1803—1804 年),望其成为一个出色的商人。但他在父亲死后改变了主意。1809 年在哥廷根大学学医,后转向哲学,研读并喜爱柏拉图和康德;1811 年去柏林,听过费希特(Fichte)和施莱尔马赫(Schleiermacher)的课,对二人不满意;1813 年以《充足理由律的四重根》论文获得耶拿大学博士学位;之后在母亲的文学沙龙里结识歌德,共同探讨过颜色理论。1813 年,他在魏玛遇见德国的东方学者 F. 迈耶尔(Mayer),由此得以研读印度文献,特别是《奥义书》,与之产生共鸣或受其影响。(一些哲学史家认为只是"共鸣",但我相信,如果没有这种经历,他的主要思想的形成不会是这样。)1814 至 1818 年,他住在德累斯顿(Dresden),写出他的主要著作《作为意愿和表象的世界》(*Die Welt als Wille und Vorstellung; The World as Will and Idea*)。此书和《充足理由律的四重根》及颜色理论的书一样,无多少人理睬(有几位哲学家注意到它)。但叔本华本人自视甚高,相信他的书已超出了以

叔本华是近代以来,西方第一位受到东方思想的不可忽视的正面影响的一流哲学家。

前的所有哲学："我已将那盖住真理的面纱揭到了比任何前人都更高的地步。"①

叔本华与黑格尔之争有象征意义。它是一个还弱小的新思想与一个如日中天但已显颓象的哲学巨人之战。未来属于前者。

从 1820 年开始，他到柏林大学讲授自己的思想。作为编外教师，他居然要向黑格尔挑战，将他的开课时间定得与黑格尔一样，结果是完全失败，一个学期后就放弃了讲课。1831 年为了躲避使黑格尔也殒命的瘟疫而离开柏林，1833 年起定居于法兰克福，写书撰文来阐发自己三十岁时的思想高论。1848 年的革命之后，他的思想开始有重大影响，大学讲坛上也开始讲授，这使晚年中的他颇感慰藉。由于他的孤僻个性，性格上可能有的一些缺点（不过由他人的攻击话语看，并非什么太过分的，他的为人按一般标准比卢梭要强得多，也不比黑格尔等人更糟糕。只要去追究，许多人的私生活都会伤痕累累），特别是由于他的不合基督教主旨的"悲观主义"、与东方思想的亲近，使他一直受到西方主流知识界的敌视。对他的评论大多刻薄不公平（维特根斯坦却对其极其欣赏）。比如津津乐道于他殴打一女邻居，老妇死后他写"老妇死，重负释"之事，并引罗素的话攻击之。叔本华文笔清新生动、准确有力，有很强的表现力和说服力，因此才能使如此新异和"悲观"的思想在他有生之年获得那样的成功。

叔本华使印度思想侵入了西方哲学的机体，从此，"无常"就一直纠缠着这个要追求绝对确定性的传统。

第二节　学说引导：充足理由律和表象世界

叔本华思想的独特在于其"意愿"学说。但它是包裹在传

---

① S. E. Stumpf: *Socrates to Sartre: A History of Philosophy*, p. 342.

统西方哲学思路之中的，或由那些思路引导到这"意愿"的。这些引导者或脚手架中最显著的是"充足理由律"和"世界之为我的表象"。我不像一般书上那样，按叔本华发表著作的顺序先讲充足理由律，而是按思想的"逻辑"先讲"世界是表象"。

《作为意愿和表象的世界》（1819）的一开头就是这样清新有力的句子（如卢梭的《论人类不平等的起源》的开头）：

> "世界是我的表象"，这是一个真理，是对于任何一个生活着和认识着的生物都有效的真理；不过只有人能够将它纳入反省的、抽象的意识罢了。并且，要是人真的这样做了，那么，在他那儿就出现了哲学的思考。于是，他就会清楚而确切地明白，他不认识什么太阳，什么地球，而永远只是看见太阳的眼睛，感触着地球的手；就会明白围绕着他的这世界只是作为表象而存在着的：也就是说这世界的存在完全只是就它对一个其他事物的，一个进行"表象者"的关系来说的。这个进行"表象者"就是人自己。①

这似乎是一个近代唯心论（idealism）的看法，特别是笛卡尔的怀疑立场、贝克莱的"存在就是被感知"的观点；康德也有些这样的意思，但还在这现象世界之外设定了一个可作为物质实体理解的"物自体"。后来的实在论（realism）者们全力反对这一

---

① 叔本华：《作为意志［愿］和表象的世界》，石冲白译，商务印书馆 1982 年版，第 25 页。

唯心论倾向，以维持常识与自然科学的自信和"客观实在性"。其实，唯心论的命题在认识论上确不是唯一真理，这一点已被现代西方哲学中多位思想家（摩尔、后期维特根斯坦、海德格尔、萨特等等）辨析过，它的意义在于松活实在论的形而上学预设（胡塞尔所谓的"自然主义立场"），为人的生存本身和这世界本身注入意义，也就是使得人的信念、理解、行为这些能影响"表象世界"者具有原发的（经由"主观的"一条道路）而非仅仅反映的意义构成功能。反对唯心论者，若不持对象化的实在论，也可能为"根本的意义构成"留出回旋余地（Spielraum）。而持唯心论者，若不能于表象中发现构意的根本机制，如贝克莱、马赫，这唯心论也就失去终极含义，只是与实在论作认识论名称之争。（你称为实在事物者，我称之为"观念"和"表象"。）

叔本华的唯表象论是为了更深的学说做准备，他要寻求一个解释人生与世界含义（"怎么回事"；不是正面找到"世界与人生有什么目的和意义"）的根本机制。因此，这"表象"并不是世界的真正含义，而只是其在时空界中、服从充足理由律的必然体现。

这个表象的世界"有着本质的、必然的、不可分的两个半面。一个半面是客体，它的形式是空间和时间，杂多性就是通过这些而来的。另一个半面是主体，这却不在空间和时间中，因为主体在任何一个进行表象的生物中都是完整的，未分裂的。"① "客体的起处便是主体的止处"。②

---

① 叔本华：《作为意志[愿]和表象的世界》，石冲白译，第29页。
② 同上。

唯心论与实在论之争，非到一个更深刻的生成维度中不得了断。当代西方哲学中的佼佼者都在这个问题上有所突破。

所有的客体都服从主体先天意识到的理由律或根据律，或是由不同的充足理由律所控制着、规范着的表象。他讲："根据律就是我们先天意识着的、客体所具一切形式的共同表达。……任何一个可能的客体都服从这一定律，也就是都处在同其他客体的必然关系中，一面是被规定的，一面又是起规定作用的。这种互为规定的范围是如此广泛，以致一切客体［的］全部存在，只要是客体，就都是表象而不是别的，就整个儿都要还原到它们相互之间的必然关系，就只在这种关系中存在，因而完全是相对的。"①

莱布尼茨、沃尔夫的"充足理由律"所说的是：没有任何东西不具备理由（Grund，根据、基础理由）而存在。叔本华接受康德观点，认为这理由来自主体的先天规定性，使得这些存在者们只是表象。又有吠檀多（Vedanta）的摩耶和轮回（maya，samsara-cakra）学说的味道，特别强调"都处在同其他客体的必然关系中，……相互之间的必然关系。"

既然有四种充足理由，因而也有服从于它们的四类对象或表象：

（1）物质对象，或我们的直观经验的、完全的（包括质料和形式）表象和对象。这些对象在时空间中发生因果关系。而时空关联及因果关联皆来自人的精神行为，用来组织规范现象的材料。因此，他在此紧跟康德，但将时空的范畴归为一个"理由律"，即关于一切现象、表象或物质对象的知识都由"生成的充

---

① 叔本华：《作为意志［愿］和表象的世界》，石冲白译，第29—30页。

足理由律原则"（the principle of sufficient reason of becoming）支配。

（2）抽象概念。它们在判断中相互关联，而一个判断的真又涉及它所从出的东西或根据。这根据可以是另一个判断，于是支配它们关系的是逻辑的推理。抽象概念的综合（判断）由"认知（knowing）的充足理由律原理"支配。

（3）数学对象，或对时空形式做先天直观所产生的表象。时、空的本性就是每一部分都与另一部分相关。所以决定它们的是"存在（essendi，being）的充足理由律原则"或"定律"（laws）。处理时间表象的是算术，空间表象的是几何。

（4）自我（self），或被当作认知对象的意愿主体（the subject of willing）。支配我们关于这个自我与其行为之间关系的知识的是"行为（acting）的充足理由律"或"动机（motivation）律"（伦理理由）。动机取决于人的个性（character）。

这些理由律支配着全体现象界，对人的个性无法再解释了，所以叔本华被认为对现象界持一种决定论和由此导致的宿命悲观主义。

第三节 学说核心：
世界的本性是意愿（Wille）

上面所介绍者不过是康德、贝克莱、莱布尼茨的杂拌，没有多少新意。所以，叔本华的《充足理由律的四重根》乃至《作为意愿和表象的世界》不被人注意，就丝毫不难理解了。人们误认之为老生常谈。直到《意愿》的第二篇（全书第18节）才提出"意愿"。从这里，原发性的思想才逐渐涌出，而它包含的新意确实与印度思想有关。

叔本华不满足只限于一个认知的主客世界（人只是一个认知主体，世界只是表象）或这种意义上的"作为表象的世界"，因为这样就无法追寻到"这个世界和这个主体的意义"。[①]他提出了更深入地理解（verstehen）、而不只是当作对象认知这个现象世界的要求。这也是传统的形而上学者们、唯理主义者们的要求。比如康德之后的唯心主义者们提出"能动主体"和"绝对精神"来作为"这世界和人的意义"的可理解的依凭；康德则否认这更深的意义之源是任何一种意义上的"什么"，可作为"概念所得之知识"。他认为人只能以非理论概念的方式，即"道律实践"的意愿（"我要……"）和"善福合一的理想"设定的方式与这种有特别含义的"物自体"发生一种边缘上的呼应关系；这种关系是由人的意愿向一个不可知却信其可能的公正、至善的源头投射出的，因而不是因果式的、决定论的，而是由人的自由意愿、行为和生存信念所"凭空构成"的。

叔本华当然愿意追随康德，但又想说出一种非概念化的"什么"来，以作为这种纯主体的意愿投射的落脚处、挂搭处。很合乎情理地，他提出"意愿"本身作为更深入地理解世界与人生的依凭。所以，他实际上处于康德与黑格尔等人之间。比康德有更多的形而上学性，比黑格尔等则少概念实体性，而多

这里对叔本华的评价有偏差。从下面的分析中可以看出，叔本华讲的"意愿"不是任何现成的"什么"，而是一个总在沸腾的需求过程或生成过程。它可以被看作是康德的"自由意愿"与人的"身体"的结合及相互激活。

---

① 叔本华：《作为意志［愿］和表象的世界》，石冲白译，第150页。

一些当下的可理解性。

他之所以能看出这新的可能，与他阅读《奥义书》和佛教文献有关。印度人的"摩耶"（maya）说和轮回业报说有超出经验主义的表象论之处。虽然这世界和人生被视为无明的摩耶幻力所幻化出的幻象，因而全都是相对而存在，没有完全的真实可言（注意！这种"真实"观假定超出"A"或"¬A"（非A）的无对状态为真为实），但"幻象"之说已暗含一种"非幻象的实相"的可能，或起码这"幻"字表明了对现象界的一种总体的意义理解。提出"意愿"来发挥整体说明的功能，就既能增进对世界人生的理解，又不一定使之（完全）实体化、形而上学化。"意愿"是一种主体的欲求冲动，是人当下可理解的。在这一点上它对于西方人是更可理解的，且与康德的道德意愿呼应。所以，"意愿"可看做摩耶与康德的道德意愿的结合。吠檀多在摩耶之后还断定了完全非名相的"梵-我"，佛教则只有"缘起性空"之说。叔本华的最后一步近于佛家而非吠檀多。

叔本华提出"意愿"的具体论证是：所有客体表象源出于主体及其先天的表象原则（理由律），但这作为个体出现的主体的认识"是以一个身体为媒介获得的"，如果只以认知对象来看待这身体，则它的行为的意义或原因（动机本质）与其他对象并无二致（可以当作心理学等的研究对象），都服从因果律等，顶多将那原因称之为一种力，一种属性或性质，无法进一步增进我们对这主体以及其身体活动关系的直接理解。但如果换一个角度，不将这种关系或意义当成认识的对象，而是当作对主体直接明了的可知状态，则会加深我们对主体和世界的理解。叔

在当代西方哲学的开端处，出现了两千多年的西方传统哲学中久违了的"身体"，是意味深长的和特别值得关注的！这里，身体并不是或并不只是与"思想"相对的"物质"性的东西。也绝不止于经验论者们讲的（与思想单线联系的）"感官"，而是充满了意愿和整体意识的活的身体。

叔本华讲的作为艺术最高形式的音乐，也可以看作是语言的身体。叔本华认为它是能"说出

本华认为这种可直接了解的主体状态只能是"意愿"。叔本华写道：

> 可是实际上，这一切［把主体与动机的关系当作认知对象的看法］都是不对的，而应该说这里的谜底已是作为个体而出现的认识的主体所知道的了；这个谜底叫作意愿。……同时还有一种完全不同［于客体规律］的方式，即是每人直接认识到的，意愿这个词之所指〔的那东西〕[2]。他的意愿的每一真正的活动都立即而不可避免地也是他身体的动作。……［它们］不在因和果的关系中，却是二而一，是同一事物。……身体的活动不是别的，只是客体化了的，亦即进入了直观的意愿活动。[3]

对于叔本华，我们在这个特殊的参省角度里，已不可再问"身体的活动（或苦乐状态）如何引起意愿的改变"，如功利主义者那样，也不能问"意愿的状态如何引起身体状态的改变"，如唯心主义者那样；因为它们已是不可再从本质上分开而形成主客相对的关系了。而且这种主客合一或同一是直接可理解和显明的：

> 唯有在反省思维中，欲求和行为才是不同的〔两事〕，

意愿的激动"的"普遍语言"。20 世纪的维特根斯坦讲："理解语言中的一个语句比人们所设想的更类似于理解音乐中的主题"。(《哲学研究》[1] §527)

---

① 维特根斯坦：《哲学研究》，李步楼译，商务印书馆 2002 年版。

② 此类斜方括号是译者所加。圆括号乃原著中本有。方括号为作者所加。

③ 叔本华：《作为意志［愿］和表象的世界》，石冲白译，第 151 页。原译文中的"意志"都改为"意愿"。下同。

在现实中二者只是一〔事〕。每一真正的、无伪的、直接的
意愿活动都立即而且直接的也就是身体的外现活动。在另
一方面与此相应的是对于身体的每一作用也立即而直接
的就是对于意愿的作用。这种作用，如果和意愿相违，就
叫作痛苦；如果相契合，则叫作适意，快感。双方的程度、
分量都是极不相同的。所以，如果人们将苦乐称为表象，
那是完全不对头的。苦乐决不是表象，而是意愿的直接感
受，在意愿的显现中，在身体中。[①]

叔本华的意愿近乎王阳明的"良知"，是知行合一的，其灵明处便是知，其笃实处便是行。

因此，苦乐是不能当成对象来计量的，像功利主义认为的那样。
这样，意愿与身体的同一性就是超出了理由律、不依任何别的
对象和条件而可知的了。

这种同一性，由于其本性，是决不能加以证明的，也
就是不能作为从另一个直接认识引申出来的间接认识；这
又正是因为这个同一性本身就是最直接的认识。[②]

意愿就是身心不分处。

所以，叔本华认为这不属于表象而又是理解表象的源头（主体
的根据）的意愿本身，就是最根本的实在："意愿就是真正的自
在之物。"[③] 而意愿与身体的同一关系就是这物自体与表象世界
的接触点，它是"身体对一个根本不是表象，与表象在种类上

---

① 叔本华：《作为意志〔愿〕和表象的世界》，石冲白译，第 152 页。
② 同上书，第 154 页。
③ 同上书，第 233、329 页。

不同的东西，即意愿的关系。因此我想使这种真理突出于一切其他真理之上，把它叫作最高意义上的哲学真理"。[1]

除了与身体的同一及直接可理解之外，意愿的另一个特点是："意愿自身在本质上是没有一切目的、一切止境的，它是一个无尽的追求（endless striving）"。[2] 也就是说，它是一种自身无须、也不可能再用什么（目的）解释的努力和追求，究其实也就是要生存、要存在、要表现这种奋发力的意愿追求。所以，叔本华的意愿学说也被说成是"要生存的意愿"（the Will to live，生命意愿）[3]。关于这个，叔本华有一段比别人讲得更清楚明白的话：

> 每人也经常有目的和动机，他按目的和动机指导他的行为；无论什么时候，他都能为自己的个别行动提出理由。但是如果人们问他何以根本要欲求或何以根本要存在，那么，他就答不上来了，他反而会觉得这问题文不对题。这里面就真正地说出了他意识着自己便是意愿[不是"意志"]，而不是别的。意愿的欲求根本是自明的，只有意愿的个别活动在每一瞬点上才需要由动机来作较详尽的规定。[4]

由此可见，将"Wille"译为"意愿"比"意志"要合适得多，

维特根斯坦后期著作（《哲学研究》第二部分第11节）中回响着这个思路的方法论特征。比如他在此书第二部分写道："这里我们有一种巨大的危险，就是想要作出精细的区别。——当人们企图以'真正被看到的东西'来解释物质对象的概念时，情况就是这样。——我们应该做的倒是接受日常的语言游戏并指出对事物的错误解释是错误的。教儿童学的原始的语言游戏并不需要什么辩护；欲辩护它的企图必须放弃。"

---

① 叔本华：《作为意志[愿]和表象的世界》，石冲白译，第155页。

② 同上书，第235页。

③ F. Copleston, S.J.: *A History of Philosophy*, vol. VII, p. 273.

④ 叔本华：《作为意志[愿]和表象的世界》，石冲白译，第234—235页。

因为这里和许多其他地方①(比如讲"欲求和行为为一"、"意愿和身体活动同一")明确地将它与人的"欲求"、"想要"而不是"下了决心的、追求某个目的的心理状态"(意志)联系起来。而且,"意愿"(渴望)可以是弄不清真正对象的、"盲目的",而"意志"则很难说是"盲目的"了。叔本华又将它说成是"人类的追求的愿望"②,更明确地表明这"欲求"不一定和决心、决断相关,而是与"意愿"或"愿望"直接相关。

这意愿本身是唯一的、无所谓"彼此"区别的,但它无所不在地表现在世界中,成为各种表象。所谓表象,就是客体化、对象化了的意愿。这种表象化有多层固定的级别(从无机界到人),以越来越"明晰和完备的程度"来表现着意愿。当这种表现以个体的、杂多的方式出现时,就服从各种充足理由律。但如果以统贯的、恰如其分的方式出现时,就是柏拉图式的理念或理式。

> 个别的、按理由律而显现事物就只是自在之物(那就是意愿)的一种间接的客体化,在事物和自在之物中间还有理念在。……唯有理念是意愿或自在之物尽可能的恰如其分的客体;甚至可说就是整个自在之物,不过只是在表象的形式之下罢了。③

可见,理念或理式对于叔本华来讲大不同于概念,后者是用来把握那些服从理由律的事物的。

他想这样结合柏拉图和康德,但不可能完全成功。他相信,通

---

① 叔本华:《作为意志[愿]和表象的世界》,石冲白译,第151—152页。
② 同上书,第236页。
③ 同上书,第245页。

过纯艺术直接认知这客体是一个难得的、更高的境界。

意愿是世界与人生的真相的学说，有深远的人生含义或"伦理"含义（一般意义上的"伦理"在这里已不合用了！）。而这正是叔本华最打动人、最精彩、也最有东方味道之处，与尼采的具体说法大不同。它主要涉及意愿导致人生痛苦的问题。

第四节　意愿是人生的痛苦之源

由于意愿本质上是一种需求、一种由于缺乏自身满足而生出的渴望或欲求；所以，一旦它获得了满足，就不再是它"自身"或"意愿"了。而如果意愿竟是这世界与人生的本性或"物自身（自在之物）"，那么所谓的"满足"都不可能是根本意义上的，"饮了我的水就永远不渴"（《新约》，耶稣语），在任何"世界"中，不管是在这个世界还是"那个"（超越的）世界中都是不可能的。如果将满足（获得了某种填充欲壑的"什么"东西）当成幸福的话，那么人生就没有真正的、持久的幸福，而只有真正的、持久的痛苦，因为"根本的满足"本身就与"意愿"（根本地"索要着"）相违。前面我们已引了叔本华的话："如果和意愿相违，就叫作痛苦；如果相契合，则叫作适意、快感。"[1] 但"意愿"本身的含义就是在"欲求"，它（又与身体不可分）似乎不可能不欲求个"什么"。所以，是近乎悖论的"痛苦的游戏"，产生意义（幻象）和煎熬人生的自身缠绕。（尼采的"对力量的意愿"就脱开了一般的"什

> 海德格尔讲的"Dasein"（缘在）与此"意愿"很有些相似之处，它们都遭受一种根本性的"困苦"（Beküm-mernis）。

> 这"欲求"在海德格尔那里被深化为"牵挂"（Sorge）。

---

[1]　叔本华：《作为意志［愿］和表象的世界》，石冲白译，第 152 页。

么"，接近于意愿本身，但还未真正返回它（缺少"直接可理解"）。海德格尔的 Dasein 在"朝死的先行决断"之中摆脱开对"什么"的欲求模式，力求达到一种凭空的与自身相遇相构。）所以，在叔本华看来，人生从根本上就是痛苦或不被满足，所谓幸福只是痛苦一时的减少或这痛苦状态的暂时被遮蔽。叔本华写道：

> 一切满足或人们一般所谓幸福，在原有意义上和本质上都只是消极的，无论如何决不是积极的。这种幸福并不是本来由于它自身就要降临到我们身上来的福泽［这是基督教的理想］，而永远必然是一个愿望的满足。因为愿望，亦即缺陷，原是任何享受的先行条件。但是随着满足的出现，愿望就完了，因而享受也就完了。……回到这个痛苦、这个愿望未起之前的状态……直接让我们知道的永远只有缺陷［缺乏］，缺陷即痛苦。满足和享受则是我们只能间接认识的、由于回忆到事前的、随享受的出现而结束的痛苦和窘困然后才间接认识的。①

又：

> 人生在整个根性上便已不可能有真正的幸福，人生在本质上就是一个形态繁多的痛苦，是一个一贯不幸的状况。②

这是叔本华惹恼或解构西方主流意识形态的一个触点。

释迦牟尼就是被这种"本质的痛苦"唤醒，出家求开悟。尼采被它激活，以"力量意愿"和"超人"超脱之。深受叔本华影响的王国维写道："人生过处唯存悔，知识增时只益疑。"（《六月二十七日宿硖石》）

---

① 叔本华：《作为意志［愿］和表象的世界》，石冲白译，第437—438页，§58。

② 同上书，第443页，§59。

它更与佛家的"苦谛"相近。(据传)佛说：我看到多少世代的眼泪，如大海一般，无穷无尽。这种无边苦痛的根在"无明"，即对人生世界的根本状况(它不是中性的!)缺少理解。这是印度思想的大特点：对于人生总体状态有感受，找出那使人生总不和谐的根本机制。这也是东方思想的特点(中国古人讲"天命靡常"，其本身含有"以德配天"的要求，阴阳五行、乾坤氤氲而"弥纶天地")，西方的形而上学(更不用说"科学")与伦理学、得救说是分立的，以外在方式(伦理学、宗教哲学)搭配在一起的。

　　佛家讲四谛——苦、集(无明)、灭、道。"集"(缘起)是苦的(一个)原因(另一个是"无明"，也就是没有认识到这缘起的根本性)；这个讲法与"意愿"(人生痛苦的根源)的相似之处在于都是"虚性的"、非实体的、"缺乏需求"式的，不是像"原罪说"那样对象化的受苦解释；而且两边都认为，"集"或"缘起"之所以会引起苦难，是由于人们坚持自我的真实性，或"意愿"的自明性。开悟了的印度人一般并不认为"要存在、要满足"是自明的，而认为它恰是"无明"的来源，尽管在实际生活中人是按此行动的。叔本华基本上同意这种见地，认识到意愿虽然对于人而言是终极真实(这一点与佛教的特别是大乘的"无我"说还是有某种区别)，但它恰是引起人生痛苦的根源。欧陆哲学后来一直以各种方式表达这种"当下意识(含潜意识)的自明性"，它超出了因果世界而又不同于形而上学和反思意识达到的领域。

　　"意愿，它是自由的，全能的。"[1]但一旦到现象界中，就只

此思路与苏格拉底的"德性就是知识"(反过来就是：作恶是因为无知)的说法，有表面上的相似。但释迦牟尼和苏格拉底各自对"真知"或"明见"的看法是不同的，可以概括为"了空"(明了缘起性空)和"定义"(获得有关德性的确定理解和表述)的区别。

对于这些思路的发挥，乃至对叔本华和尼采的更简捷讨论，可参见拙作《叔本华、尼采和音乐》(《在北大听讲座(第九辑)：思想的精髓》，新世界出版社2000年版，第19—37页)。

① 叔本华：《作为意志[愿]和表象的世界》，石冲白译，第482页，§63。

表现为服从充足理由律的现象了。人往往只能看到它在世界
中、体现在个体中的表象，去认识它们，去欲求、区别、躲避它们。
他看不到这一切都出自"唯一的一个生命意愿"[1]，而在"摩耶之
幕"的幻化中，只看到特殊的、分立的、数不尽的、极不相同的，
甚至相反的存在者。于是，他将欢乐与痛苦从根本上区分开来，
将善恶区分开来。"紧紧抓住生活中那些狂欢和享受不放，却不
知道他正是由于他意愿的这一活动［同时也］在抓住着、紧紧拥
抱着在生活上他见而生畏的一切痛苦和折磨。"[2] 于是，他就处
在一个逃避不开的受苦世界中。"正好像一个水手，在一望无涯
的怒海上驾着一只小船，山一般的波涛在起伏咆哮，他却信赖
这微小的一叶扁舟；……无边的世界到处充满痛苦，在过去无
尽，在将来无穷，那是他体会不到的，在他看来［这世界］甚至只
是一个童话。而他那渺小的'厥躬'，他那没有幅度的现在，瞬
息的快适，在他看来却是唯一具有真实性的。"[3] 其实，这里如虚
拟世界一般，哪有什么真实性。"人生是一场大梦。"[4]

　　"只要一个人是强大的生命意愿，也就是他如果以一切力
量肯定生命，那么，世界里的一切痛苦也就是他的痛苦，甚至
一切只是可能的痛苦在他却要看做现实的痛苦。"[5] "他将体会
到制造痛苦的人和不得不随这痛苦的人两者间的区别只是现

这是典型的东方见地。
又可能是未来高科技带
来的生存感受。

----

① 叔本华：《作为意志［愿］和表象的世界》，石冲白译，第483页。

② 同上。

③ 同上书，第483—484页。

④ 同上书，第46页，§5。

⑤ 同上书，第485页。

象而不触及自在之物［即意愿］。……如果他俩的眼睛都擦亮
了，那么……就会体会到世界上现在或过去造成的一切恶都是
从那同时也是构成他的本质，在他身上显现的意愿中流出来
的；……他一天是这意愿，就理应忍受这痛苦——从这一认识
出发，充满冥悟的诗人迦尔德隆在《人生一梦》中说：'因为一
个人最大的罪过／就是：他已经诞生了。'在永恒的规律之下，
'生'的结局既然就是死，怎么能教'生'不是一种罪过呢？"[1]
因此，叔本华对于"擦亮"了他的眼睛的古印度智慧充满了敬
意和赞叹："《吠陀》是人类最高的认识和智慧的成果，经义的
核心是在《邬波尼煞昙》［即《奥义书》］中作为本世纪最大的礼
物终于传到了我们的［手上］。"[2]

基督教认为对基督耶稣
的信仰能使个体的人
"永生"。佛教则否认这
种永生的可能或终极价
值，认为彻悟成佛才能
超脱出这生命本身的痛
苦。

第五节　如何从痛苦的意愿世界中解脱

　　既然"人生在本质上就是一个形态繁多的痛苦"[3]，而这痛
苦之源在于"意愿"的不可最终被满足的本性。那么，解脱痛
苦的唯一途径（"正道"）就是摆脱意愿。这在叔本华看来只有
两种方式，一种是艺术的、暂时的[4]，一种是认识和行动的（慧与
定、知与行）、朝向否定意志的最终目标的[5]。

---

① 叔本华：《作为意志［愿］和表象的世界》，石冲白译，第486页。

② 同上书，第487页。

③ 同上书，第443页。

④ 同上书，第三篇。

⑤ 同上书，第四篇。

一、艺术的解脱——直观到理念并达到无意愿的主体意识

叔本华受柏拉图的理念（理式，相）论，特别是"美是对于理念的迷狂式的观照"之思路的影响，也就是那自新柏拉图主义以来激动着西方神秘体验传统的影响。因此，他认为理念是自在之物、即意愿的直接且恰如其分的客体化。[①] 意愿本身或物自身不是任何意义上的客体或对象，但理念却是客体，在这一点上它与意愿不同；但它与"概念"、个体这些落入根据律主宰的领域的"次要形式"不同；它是意愿的直接的客体化，而不像次要形式那样是"间接的客体化"。叔本华讲："理念作为意志的唯一直接的客体性，除了表象的根本形式，亦即对于主体是客体形式以外，再没有认识作为认识时所有的其他形式。因此也惟有理念是意愿或自在之物尽可能的恰如其分的客体；甚至可以说就是整个自在之物，不过只是在表象的形式之下罢了。"[②]

既然是表象，理念就容许被观认。观认的途径当然是非充足根据律的、非概念的（叔本华严格区分"概念"与"理念"）。[③] 他写道：

> 在考察理念，考察自在之物，也就是意愿的直接而恰如其分的客体性时，又是哪一种知识或认识方式呢？这就

---

① 叔本华：《作为意志［愿］和表象的世界》，石冲白译，第244页，§32。
② 同上书，第245页。
③ 同上书，第326页。

是艺术，就是天才的任务。艺术复制着由纯粹观审而掌握的永恒理念，复制着世界一切现象中本质的和常住的东西；而各按用以复制的材料〔是什么〕，可以是造型艺术，是文艺或音乐。艺术的唯一源泉就是对理念的认识，它的唯一目标就是传达这一认识。……〔科学没有可以止住的目标，不可能获完全满足，与此相反〕艺术在任何地方都到了〔它的〕目的地。这是因为艺术已把它观审的对象从世界历程的洪流中拔出来了，这对象孤立在它面前了。……艺术使时间的齿轮停顿了。……我们可以把艺术直称为独立于根据律之外观察事物的方式。①

还是以变化（缺乏）为苦、为恶，以永恒不变和寂灭为乐、为善。

这是美感观审中的第一个成分：对柏拉图式的理念的认识。另一个成分是"把认识着的主体不当作个体而是当作认识的纯粹而无意愿的主体之自意识。"② 审美引起的愉悦就是从这两种成分中产生的"。纯粹观审：是在直观中沉浸，个体性的自失，一切个体性的忘怀，认识方式的取消。③

这是尼采讲的"个体化原则的崩溃"的发端，也可以视为当代西方哲学克服近代（现代性）哲学的主体主义倾向（"个人死了！"）的一个发端。

在艺术的观审中，"〔由于〕欲求〔而产生〕的一切痛苦都立即在一种奇妙的方式之下平息下去了。原来我们在那一瞬间已摆脱了欲求而委心于纯粹无意愿的认识，我们就好像进入了另一世界。"这里讲的"无意愿的认识"，如何可能？理念既然

---

① 叔本华：《作为意志〔愿〕和表象的世界》，石冲白译，第258—259页。
② 同上书，第273页，§38。
③ 同上书，第274页。

是意愿的恰如其分的客体化,其中怎能没有意愿?尼采在这种地方就与叔本华不同,对于他,一切都是"要力量的意愿"的表现。"认识这样获得自由,正和睡眠与梦一样。能完全把我们从上述一切解放出来,幸与不幸都消逝了。……个体的人已被遗忘了。我们只作为那一世界眼而存在。"[①] 这也就是说,艺术观审使人进入消泯物我二分的"睡眠与梦",于是我们就只作为不带有个人意愿的纯粹"世界眼"而存在,即"以物观物"的境界。但是,"只要这纯粹被观赏的对象作为我们意愿的对象,作为我们与他人的任何一种关系又进入我们的意识,这魔术就完了。我们又回到了根据律所支配的认识,我们就不再认识理念,而是认识个别事物。"[②] 观赏中我与对象融为一体,因此,一旦这对象又带有了意愿及其人际关系,那么这个艺术造就的"魔术"就完结了,公主又变回了灰姑娘。

但叔本华的一些表述,让我们看到了艺术具有如意愿那般的"动态的"、摩耶幻化的和构成意义的能力,一种"意义机制"。叔本华这样讲:

> 概念只含有刚从直观抽象得来的形式,好比含有从事物上剥下来的外壳似的,所以完全是真正的抽象;而音乐则相反,音乐拿出来的是最内在的、先于一切形态的内核或事物的核心。这种关系如果用经院哲学的语言来表示

"意义机制"指能不断地产生意义的结构。比如围棋的结构能不断地引发游戏的意义。"意愿"则表示一种更原本自发的意义机制,虽然它产生的意义是苦多于乐。按照叔本华和尼采,艺术,尤其是音乐也是相当原发的意义机制,而且可以看作是意愿的"反向"运作,即从制造痛苦的机制反转为凭空产生动人的崇高意义的机制,"远离实际所有的痛苦。"

---

① 叔本华:《作为意志[愿]和表象的世界》,石冲白译,第276页。
② 同上。

倒很恰当。人们说概念是"后于事物的普遍性"，音乐却提供"前于事物的普遍性"，而现实则提供"事物中的普遍性"。……

"概念"通过事后的反思和抽象达到，所以其普遍性"后于事物"；"音乐"本身是非对象化的和非概念化的，却不是混乱，也不止于情绪，而是事物的最内在的核心，因此其普遍性是"前于事物"的。用康德的话讲就是，它具有先天综合的能力（凭借的主要是内在时间的先验想象的结构）。而现实提供的"事物中"的普遍性，则可理解为操作行为比如使用工具中达到的实用普遍性。

叔本华如此解释音乐之所以能"先于事物"的原因：

> ［如果］作曲家懂得〔如何〕以音乐的普遍语言说出意愿的激动，亦即构成任何一件事的那一内核，那么歌词的曲谱，歌剧的音乐就会富于表现力。不过由作曲家在上述两者［乐谱与直观表出］之间所发现的类似性必须是由于直接认识到世界的本质而来的，必须是他理性所不意识的，且不得是意识着的有意的，通过概念的间接摹仿；否则音乐所表出的就不是内在的本质，不是意愿自身，而只是不充分地摹仿着意志的现象而已［例如海顿的《四季》……］。

叔本华的音乐观突破了他的一般艺术观中的柏拉图主义，因为音乐不同于一般艺术（建筑、绘画等），它不靠观认理念而间接地与意愿打交道，而是跳过了理念，是意愿的直接倾诉。所以音乐才能将人感动得无以复加。这是一个全新的思路，对尼采影响至深。

这里未介绍叔本华对一般艺术类别的具体看法，是个缺憾。

音乐是一种"普遍语言"，这种看法与莱布尼茨设想的"普遍语言"①不同，后者是一种形式对象化的"思想组合术"，而叔本华讲的音乐语言则突破了对象性，并非显意识的有意产物，而是"直接"追随生命本身的（时间）节奏和韵律，所以才能"说出意愿的激动"。总之，

> 使音乐这么容易充分领会，而又这么难以解释，都是由于音乐把我们最内在的本质所有的一切动态都反映出来了，然而又完全不着实际而远离实际所有的痛苦。②

叔本华还注意到音乐与形而上学、数学的关系及与毕达哥拉斯和《易经》的关系。他如此写道：

> ［莱布尼茨讲：］"音乐是人们在形而上学中不自觉的练习，在练习中本人不知道自己是在搞哲学。"……音乐，丢开它美感的或内在的意义而只从外表，完全从经验方面来看，就不是别的而是直接地、在具体中掌握较大数量及复杂的数量关系的手段，否则我们就只能间接地，以概念中的理解来认识这些数量和数量关系。既然如此，那么，我们现在就能够由于综合［上述］关于音乐的两种极不相同却又都正确的意见［音乐是用普遍语言对意愿（事物核心）的直接表现；是"在具体中掌握数量"］，而想到一种数理哲学的可能性。毕达哥

乐与数、音乐与数学的关联令人深思。数学同样能打动人，只不过隐藏在直观合理和逻辑的形式中罢了。通过科学与现代技术，数学或数字产生出了一个没有它就会完全不同的意义世界。它疯魔了世界，而且似乎还要再疯魔下去。

---

① 参见本书上卷（《西方哲学史讲演录》上卷）第十五章第二节。

② 叔本华：《作为意志［愿］和表象的世界》（以上三段引文），石冲白译，第364—366页。

拉斯和中国人在《易经》中的数理哲学就是这样的。于是我们就可按这一意义来解释毕达哥拉斯派的那句名言，……"一切事物都可以和数相配"。……单纯的道德哲学而没有对大自然的说明——如苏格拉底所倡导的——完全可以比拟于有乐调而没有谐音。[①]

这一段可被视为是对广义的毕达哥拉斯派的源流的一种理解，同时与中国的《易经》进行对比。毕派讲"数是万物的本原"（即引文中的"一切事物都可以和数相配"），原本是带有音乐性的，也启发了古希腊的形而上学。而音乐与这种毕达哥拉斯之数有关系，所以莱布尼茨（可被视为某种类型的新毕达哥拉斯主义者）称，音乐隐含有形而上学或纯哲学的意义。音乐后来常被人当作数学关系如和声中的数字比率关系来看待，也就有它的道理。莱布尼茨关注过《易经》卦象中的"二进制"，认为它是一种人类的原初语言，与他设想的普遍语言及其哲理有某种关系，看来叔本华了解这一看法，所以也称《易经》中有"数理哲学"。而苏格拉底倡导的道德哲学，不再关注毕达哥拉斯之"数"对于大自然的说明，只关注德性的追求，于是"可以比拟于有乐调而没有谐音"的哲学。不过，柏拉图特别是其晚期的《蒂迈欧篇》又恢复了毕派的传统。

叔本华对艺术特别是音乐的这些观点，对后人的影响，较之叔本华关于下一种解脱方式的学说要更大。因为它潜涵着这

---

① 叔本华：《作为意志［愿］和表象的世界》，石冲白译，第366—367页。

样一个意思：有不完全受制于"根据律"的表象，有让人得到那超出了个体对象带来的快乐/痛苦的更深幸福的可能，或一种独特的、更动人、更完满的生存方式(艺术境界)的可能。尼采、王国维、维特根斯坦(这都是极有个性的人)都各自有所取。

比如王国维，贺麟先生在《五十年来的中国哲学》(1945)中这样写道："王静安先生曾抱'接受欧人深邃伟大之思想'的雄心，而他的学力和才智也确可以胜任。他曾有一两年的期间皆'与叔本华之书为伴侣'。从他的《静安文集》看来，他的确对叔本华哲学有了直接亲切的了解，且能本叔氏思想以批评红楼梦，由叔本华以下至尼采，上通康德。然而他忽然发现哲学中'可爱者[指康德、叔本华等唯心哲学]不可信，可信者[指实证主义、自然主义哲学家]不可爱'，作了一首诗赞咏康德，此后便永远与哲学告别了。这并不全由于他缺乏哲学的根器，也是由于中国当时的思想界尚没有成熟到可以接受康德的学说。"①

王国维能在《人间词话》中提出"境界"，深可理解；这与叔本华的"艺术是对意愿的幻构本性的表现"之说有相通处。而能标出"境界"，是东方人、中国人的特色，叔本华和尼采还未及此。"词以境界为最上。有境界则自成高格，自有名句。五代北宋之词所以独绝者在此。"②"太白纯以气象胜。'西风残照，汉家陵阙'。寥寥八字，遂关千古登临之口。"③④"气象"、

王国维曰："《红楼梦》者，悲剧中之悲剧也。"因为它能"示人生最大之不幸，非例外之事，而人生之所固有故也"。又认为"此书中壮美之部分，较多于优美之部分"，而"最壮美者之一例，即宝玉与黛玉最后之相见一节(第九十六回)"。(引自《静安文集·红楼梦评论》)

① 贺麟：《五十年来的中国哲学》，辽宁教育出版社1989年版，第26—27页。
② 王国维：《人间词话》，第一节。
③ 同上书，第十节。
④ 李白《忆秦娥》："箫声咽，秦娥梦断秦楼月。秦楼月，年年柳色，灞陵伤别。/乐游原上清秋节，咸阳古道音尘绝。音尘绝，西风残照，汉家陵阙。"

"境界"皆不可对象化，皆有音乐之内在和谐与动人。

"词至李后主而眼界始大，感慨遂深，遂变泛泛之词而为士大夫之词。周介存置诸温、韦之下，可谓颠倒黑白矣。'自是人生长恨水长东'，'流水落花春去也，天上人间'。'金荃''浣花'，能有此气象耶？"①②

又言："尼采谓：'一切文学，余爱以血书者。'后主之词，真所谓以血书者也。宋道君皇帝《燕山亭》词安略似之。然道君不过自道身世之戚，后主则俨有释迦基督担荷人类罪恶之意，其大小固不同矣。"③ 王国维这里展示诗歌——文字之音乐——的生命哲学乃至宗教意味，正是叔本华学说的得力发挥。

> "自是人生长恨水长东"，此一句如描摹叔本华的思想气质，可以传神；"流水落花春去也，天上人间"，写生命时间流与精神空间网相交融，令人痴绝。

> 李后主之词。何等幻美、壮美。却是"以血书者"！此说得叔本华之精髓。

二、认清自我与世界之本性，以行动来不断否定意愿，直至最终寂灭至乐

这是《作为意愿和表象的世界》一书第四篇的主题。论述人类的种种宗教、德性的根本目的，都是在力求直接地而不只是概念地看清意愿的摩耶手法④，从而以行为弃绝之。很自然，叔本华在此要关注印度的宗教精神，同时也看重基督教中的神秘主义或神秘体验论的潮流，并将它们对比，找到深邃的共通

---

① 王国维：《人间词话》，第十五节。

② 李煜《乌夜啼》："林花谢了春红，太匆匆，无奈朝来寒雨晚来风。/胭脂泪，相留醉，几时重？自是人生长恨水长东。"李煜《浪淘沙》："帘外雨潺潺，春意阑珊。罗衾不耐五更寒。梦里不知身是客，一晌贪欢。/独自莫凭阑，无限江山，别时容易见时难。流水落花春去也，天上人间。"

③ 王国维：《人间词话》，第十八节。

④ 叔本华：《作为意志［愿］和表象的世界》，石冲白译，第507页。

之处。

他认为，基督教的神秘主义与印度的宗教，即印度教和佛教，虽分属东西方，外表极不同，但"双方的追求和内在生活却完全相同。双方的训诫也是相同的，例如陶勒（Tauler）谈到彻底的贫苦时说：人们应该自求贫苦，而办法就是完全散尽一切可从中获得任何安慰或获得人世间任何满足的东西。显然，这是因为这一切东西总是给意愿提供新的营养，而这里的目的原是要这意愿完全寂灭。在印度方面，我们在佛的戒律里看到与此相对应的说法，……基督教的神秘主义者和吠檀多哲学的布道人还有一点是相同的，他们都认为一切外在的善行和宗教作业对于一个业已功德圆满的人都是多余的。——时代这样不同，民族这样不同，而有这么多的互相一致之处，这就在事实上证明这里所表明的，并不是像乐观的庸俗格外喜欢坚持的那样，只是神智上的一种什么怪癖或疯癫，而是人类天性本质的，由于其卓越故常见的一个方面。"[1] 因此，叔本华认为，只有在基督教神秘主义的著作中，才能看到"禁欲的萌芽发展成为茂盛的花朵"[2]，也就是将外在的宗教戒条及其实践转化为有内在的真实体验的精神之花。他甚至主张："真诚基督教神秘主义者的说教比之《新约全书》，就好比酒精对酒的关系一样。"[3] 神秘体验所得到的是精华，而经文表达的，还只是有待进一步提炼的初酿所得的酒液。前者是"大神秘"，后者是"小神秘"。

---

① 叔本华：《作为意志［愿］和表象的世界》，石冲白译，第533页。
② 同上书，第530页。
③ 同上书，第531页。

叔本华还认为，上古梵文著述中对生命意愿之否定的说法和生动描写，为基督教和西方世界所不能及。① 但这种对生命意愿的否定，完全不同于肉体上的自杀。② 自杀实际上"是强烈肯定意愿的一种现象"。③ "自杀者所否定者只是那个个体而不是物种"。"自杀者要生命，他只是对那些轮到他头上的〔生活〕条件不满而已。所以他并没有放弃生命意愿，而只是在他毁灭个别现象时放弃了生命。"④ "那个个体的意愿在痛苦尚未摧毁意愿之前，先自以一次意愿活动来取消这身体，……而意愿在这里正是以取消它的现象来肯定自己"。⑤

王国维投湖而死。

暴力杀不死意愿。"意愿只有在光明〔智慧〕中才能得到解脱。"⑥ 但他对"由最高度的禁欲自愿选择的绝食而死"⑦ 表示赞成，因他"已完完全全中断了欲求，〔然后〕才中断了生命"。⑧

最后，"随着意愿的取消，意愿的整个现象也取消了；末了，这些现象的普遍形式时间和空间，最后的基本形式或主体和客体也都取消了。没有意愿，没有表象，没有世界。"⑨

此为宝玉出家与金钏投井、尤三姐自刭之不同所在。

但这并不是单纯的死寂，还有另一面：

---

① 叔本华：《作为意志〔愿〕和表象的世界》，石冲白译，第531页。

② 同上书，§69。

③ 同上书，第546页。

④ 同上。

⑤ 同上书，第547—548页。

⑥ 同上书，第549页。

⑦ 同上。

⑧ 同上书，第550页。

⑨ 同上书，第562页。

这些瞬间，由于我们这时已摆脱了狠心的意愿冲动，好比是已从沉重的烟雾中冒出来了似的，是我们所能知道的一切幸福的瞬间中最幸福的〔一瞬〕。由此我们就可以想象，要是一个人的意志不只是在一些瞬间，如美感的享受，而是永远平静下来了，甚至完全寂灭，只剩下最后一点闪烁的微光维持着这躯壳并且还要和这躯壳同归于尽，这个人的一生必然是如何的幸福。[①]

或许这就是高僧活佛的境界？似乎更近乎小乘佛教的境界。

叔本华在西方哲学史上第一次将存在论（"终极实在""存在本身""事物本身"）与人生的价值论（宗教、伦理、艺术……）直接打通，让意愿与人生的基本生存状况（痛苦……）与艺术的本性直接相关。其原因在于这"事情本身"成了一种生成性的生命意识（与"力"不同）。凭借这些，他开启了哲学的新路、新的可能，即直接具有人生含义和艺术品性的哲理表述的可能。

但他的"表象论"还是唯心论，"理念论"尚存在对生成的粗暴干涉，将生成主要视为负面的（痛苦的、应摆脱的）东西，这些都是为尼采所不齿的"颓废"倾向。

---

① 叔本华：《作为意志［愿］和表象的世界》，石冲白译，第535页。

第四章 意愿主义（二）——尼采

尼采是叔本华"意愿"思想、特别是其中的创新方面（生成的、盲目汹涌的、努力表现的、令人痛苦的方面）的继承者，但做了重大调整，使之减少（而不是完全消除）了东方味道，而与古希腊的艺术、宗教和人生体验接通，提出了一系列令人耳目一新、甚至目瞪口呆的全新口号和反传统思想，极其深刻地影响了20世纪哲学的发展，特别是欧陆哲学的发展。对于分析哲学，它亦有间接的影响（比如对维特根斯坦、维也纳学派中的一些成员等）。粗略地或稍有些夸大地说，欧陆哲学的总方向和总情调是尼采的。他对于宗教神学、艺术（音乐、诗、文学）、政治思想（斯宾格勒……、法西斯……）、心理学（弗洛伊德、荣格等）、社会流行话语（如"超人"）和新思潮等都有"过电"般的影响，提示出新方向、新思路和各种"异端邪说"。前牵叔本华，后拉海德格尔、荣格、德里达等，他在东西方思想对话中也应占一重要地位，可惜的是这方面还少有研究。鲁迅崇拜尼采，正如王国维激赏叔本华。

第一节 生平与主要著作

尼采一生有这样一些大事（如果不太严格地说，皆带个"5"）：5

岁丧父，25岁当教授，35岁患病（辞职），45岁发疯，55岁（未到56岁生日）去世。

弗里德里希·威廉·尼采（Friedrich Wilhelm Nietzsche，1844—1900）的父亲是普鲁士萨克森州的乡村牧师。虔信新教，与普鲁士的"王公大人"（贵族）有过来往，比如任其千金的教师等。1844年10月15日尼采出生于Röken。因这一天也正是普鲁士国王弗里德里希·威廉的生日，故兴奋异常的父亲以之命名。但慈父在尼采五岁时因脑病去世，一年后尼采的弟弟又去世，给全家（包括童年的尼采）以重大精神创伤。这之后，他就生活于一个由女性支配的环境中。其祖母给他讲祖上的"波兰贵族"（世袭伯爵）传说，全家转成新教后如何受迫害和逃亡的遭遇。这，以及父亲的命名，都使尼采终生深信自己是一个血统上、教养上和思想上的贵族，即"高贵者"。这一"相信的意愿"实实在在地影响了他的做人与思想。上小学时，放学下大雨，别的孩子疯跑。最后，小弗里茨出现了，他慢条斯理，用他的帽子和小手帕包着他的书写石板。他的母亲请他快些跑回家，他说："但是，妈妈，学校的规则中这样写道：'离校以后，学生们不能在街上奔跑，必须步履沉着地回家。'"因此他被称为"小牧师"（"老夫子"）。他常对妹妹说："只有当一个人成为自己的主人时，他才是整个世界的主人。"但他后来却那么热情地歌颂狂放不羁的狄奥尼索斯冲动。

所以，斯塔姆福说："他的生活充满了尖锐的反差对比。"[①]作为世代牧师的后人，他却宣告"上帝死了"；用徐梵澄的话

沧海月明珠有泪。

[①] Samuel E. Stumpf: *Socrates to Sartre: A History of Philosophy*, New York: McGraw-Hill, fifth edition, 1993, p.419.

讲："由其所说的看去，尼采几乎是一个绿林大盗［超出道德之善恶］，然考其生死行事，立身处世待人接物，皆极为温和，有礼，替他人设想——如在其结婚问题上，反复思考是不是对她有好处？"[①] 他自小生活于女性环境，但却主张最男性化的超人哲学；他的写作风格流畅华美，26 岁就当上语文学（古希腊文、拉丁文文学）教授，但最后以发疯了此一生，等等。（此外，他将最令人痛苦的"意愿"，讲成让人最奋发、乐观、甚至幸福的东西；认为无穷尽的、没头没脑的"对力量的意愿"会造成"永恒的再现［轮回］"。）

尼采早早显示出作曲、语言、作诗的才能，14 岁被推荐到 宿缘，因缘。著名的普福塔学校做寄宿生。通过大量阅读，打下了希腊和罗马古典文学方面的基础，并进而开始疏远基督教，在别人之前赞赏荷尔德林，认为他的诗"是我们诗歌艺术的纯洁所在，是珍贵的明珠"。[②] 他与荷尔德林的人生亦多有相似处。

尼采以优异成绩毕业后，1864 年 10 月入波恩大学，主修神学与哲学。此学校以古典文学方面的成就而闻名，尼采受著名语文学家弗·里奇尔（Friedrich Wilhelm Ritschl）影响，后随他转到莱比锡（Leipzig）大学。活跃于"里奇尔学术圈"中，以《泰奥格尼诗篇的最后版本》一文获里奇尔赞扬，认为此文方法卓越，风格严谨精确，论证丝丝入扣，给他人深刻印象。以前他从未发现毕业的学生能有如此之高的学术水准。[③] 后此文发

---

① 尼采：《苏鲁支语录》，徐梵澄译，"缀言"，商务印书馆 2009 年版，第 20 页。

② 杜丽燕：《尼采传》，河北人民出版社 1997 年版，第 43 页。

③ 同上书，第 47—48 页。

表，确立了他在语文学界地位。

在莱比锡大学期间，尼采读到了叔本华的《作为意愿和表象的世界》，与他性格的内在倾向一拍即合，引起巨大、深沉的共鸣，"完全陶醉于叔本华哲学之中"，并影响周围人，包括其妹伊丽莎白。1867 年尼采服兵役，当他感到不快时，就藏在马肚子下面悄悄地喊："叔本华助我！"。后摔伤，提前回大学。1868 年，尼采见到著名音乐家瓦格纳（Wagner），后者也欣赏叔本华，使尼采欣喜异常，遂成莫逆。还未得博士学位，他就被里奇尔推荐到巴塞尔大学任语文学教授，被任命后，莱比锡大学不经考核就给予他学位，这是 1869 年。

一般认为，从 1869 到 1876 年为他思想的第一阶段，发表了《悲剧的诞生》（1872）和《不合时宜的思想》（1873—1876）。崇尚（但不是完全同意）叔本华和瓦格纳，发现了希腊艺术和人生经验中的狄奥尼索斯（Dionysus）的深层动源，及其与阿波罗（Apollo）之间的制衡关系，批判"苏格拉底"代表的"无酒神"的干枯知识状态、艺术状态及人生状态。

1876—1882 年为第二阶段，尼采怀疑以往自己相信的"一切"观念预设和价值，重新分析，逐渐否定叔本华的悲观主义，主张音乐从宗教影响下解放，因而与瓦格纳分手。之后他又批判整个基督教文化、德国文化、道德……。作品有《人(性)的，太人(性)的》（1878—1880）、《朝霞》（1881）和《快乐的科学》（1882）。

第三阶段自 1883 年至 1889 年发疯，是尼采最成熟、最具独创性和硕果累累的六年，发表了《查拉图斯特拉如是说》

叔本华哲学为天才而作，为狂人而作，为病人而作。

（*Also Sprach Zarathustra*，*Thus Spake Zarathustra*；1883—1885）。他自信这是"给予人类的前所未有的最伟大馈赠"，"［它］发出的声音将响彻千年"（这是西欧精神的一个最强音，正如陀思妥耶夫斯基和托尔斯泰是俄罗斯的最强音；《诗》《骚》、李白、杜甫、苏轼、《红楼梦》是中华的最强音）。现转录几段，供诸君品味：

《查拉图斯特拉如是说》"夜歌"：

> 这是夜：现在一切喷泉高声吟唱。我的心灵也是一股喷泉。/ 这是夜：现在一切爱者的歌声荡漾，我的心灵便是一位爱者的歌。/ 心中有一种不宁静、不能平静的情绪，它要高声呼喊。一种对爱的渴求，在我心中诉说着爱的话语。/ 我是光明，啊，但愿我是黑夜！但这是我的寂寞，我为光明所环绕。/ 啊，假如我是黑暗，我是夜！我是怎样想吮吸光明的乳汁啊！/……我不知道受施者的幸福，而时常梦想偷窃肯定比受施者更快乐。/ 由于我从不停止赠予，所以我贫穷；因为我看着期待的眼睛和渴求灿烂星空的夜，所以我嫉妒。/……这是夜：啊，我必须是光明！渴望暗夜者，渴望寂寞！/ 这是夜：我的渴望泻如清泉——我要说。/［重复开始的两节］/①

"查拉图斯特拉"（Zara-thustra）是古波斯祆教或拜火教的创始人，生活于西元前七至六世纪。他的名字的希腊文拼法是"Zoroaster"，音译为"琐罗亚斯德"（徐梵澄先生译作"苏鲁支"），所以祆教又叫作琐罗亚斯德教。尼采这里是借这样一个有异教色彩的名字来表达他自己的叛逆思想。

---

① 参考：F. Nietzsche: *Thus Spake Zarathustra*, trans, Thomas Common, Beijing: China Social Sciences Publishing House, Second Part, Section 31, pp.117-118. 尼采：《苏鲁支语录》，徐梵澄译，商务印书馆 2009 年版，第 102—104 页。此段诗文的中文译者不详。

再看此书第二篇的第 28 节，表达他凭借高飞而摆脱了"文痞流氓"的欢乐：

> 我必须飞到极顶，以再现快活之泉！——/ 啊，我的兄弟们呀！极顶之上为我喷涌着快活之泉！那里有一个生命，在他身边没有流氓痞子与之同泉共饮！/ 快活之泉，你几乎是过于猛烈地为我喷涌！因为你想斟满酒杯，所以你一再倾杯。/ 而我要学会更谦虚地接近你，因为我的心为你何等沸腾；——我的心，燃烧着我的夏天的心哟！这短暂的、炎热的、郁闷的、欣喜若狂的夏天哟！我这颗盛夏般的心是多么渴望你的清凉。/……极顶上的夏天，有冷泉和悦心的静谧陪伴。啊，来吧！朋友们！快把你们清澈的目光投向我的快活之泉吧！/……用未来之时建筑我们的窠穴 / 叫雄鹰用它们的喙为我们这些孤独的人衔来食物！/……我们要像疾风一般掠空而过，与雄鹰为邻，与白云作伴，与太阳为友。疾风就这样地劲吹。[①]

尼采的诗风豪放、奇异、清新、严酷。

在此书的"前言"中，他明示出"超人"，而人的伟大只在于他是"过渡"：

[①] 参考：F. Nietzsche: *Thus Spake Zarathustra*, trans, Thomas Common, Beijing: China Social Sciences Publishing House, Second Part, Section 28, pp.110–111. 尼采：《苏鲁支语录》，徐梵澄译，商务印书馆 2009 年版，第 94—95 页。此段诗文的中文译者不详。

　　人之伟大,在于其为桥梁,而不是目的;人之可爱,在于其为过渡与下落。/……我爱,如大雨点降自停于人类之上的黑云,他们预告雷电将来,亦如预告者而毁灭。/看哪,我便是雷电的预告者,浓云中的一大雨滴,这闪电便叫超人。①

　　尼采在这一阶段的作品还有《超出善与恶》(1886),并撰写了死后由其妹整理发表的《对力量的意愿——重估一切价值的尝试》(*Der Wille zur Macht: Versuch einer Umwertung aller Werte*; *The Will to Power: An Essay towards the Transvaluation of all Values*;常被译作《权力意志》,写于1885—1889年,1906年出全本,1956年施莱希塔出改正本《80年代遗稿选编》)。其学说的肯定性主旨是"对力量的意愿"、"同一物的永恒轮回[再现]"和"超人","重新估价以往一切价值"当然也还在进行。

　　下面再给一些关于尼采作品的信息。1871年,他的第一本重要的书《悲剧的诞生》出版,此书植根于叔本华(艺术,特别是音乐与"意愿"的关系),取灵感于与瓦格纳的交往,在普法战争(1870—1871年)的炮火激励下诞生。他自己又称它为《悲剧从音乐精神中诞生》。他参与此战的经历从开始的安全静观到奋不顾身,参加战地医疗队,在护送伤员中染病,由此感到只有在战争中,在炮火、鲜血、尸体、焦土的战神氛围中,才可能走向勇敢与崇高,转而认为古希腊人的创造力来自战争(赫拉克

---

① 尼采:《苏鲁支语录》,徐梵澄译,前言,第4、8—10页。

利特）。西元前十二世纪的特洛伊战争持续十年，而七雄攻忒拜衍生出俄狄浦斯和安提戈涅的悲剧（索福克勒斯）。躺在病床上的尼采高诵："悲剧的希腊人征服了波斯人"。[①] 但此书不为人理解，使他在语文学界受到孤立，遭小人中伤。它是尼采自己的学说的起点，包含其后三大主题的种子和基本思想方式。

1878 年，尼采发表《人的，太人的——为自由思想家写的一本书》，反对瓦格纳向基督教投诚，与瓦格纳决裂。"我为独立激动"，也就是摆脱了叔本华、瓦格纳的"思想控制"而"独立"。

1879 年，因身体恶化（头痛、眼痛和呕吐）他向巴塞尔大学辞职。在《看哪，这人！——自述》（*Ecce Homo*, 1888）中写道："在 36 岁［父亲死时的岁数］那一年，我的生命力降到了最低点。……［那是］我生命中最暗淡无光的日子。那是我生命的低潮。……下一个冬天，也就是我住在热那亚的第一个冬天，伴随着极度虚弱而来的愉快和灵性几乎促成了《朝霞》［*Morgenröte*］的问世。这本书反映出的精神上的完全开朗和明快乃至兴旺，不仅与我身上极度的心理衰弱合拍，而且甚至与极度的痛楚一致。"[②]

<small>正是叔本华的"意愿／痛苦／艺术"说的体现。</small>

其后十年几乎平均一年一本书。他喜欢陀思妥耶夫斯基的《罪与罚》以及司汤达的作品。对于后者，他这样说："他

---

① 尼采：《苏鲁支语录》，徐梵澄译，第 64 页。

② 尼采：《权力意志》，张念东、凌素心译，商务印书馆 1994 年版，第 9 页，《看哪，这人！——自述》："我为什么这样智慧"。

先声夺人，讲了一句无神论的绝妙俏皮话，这本该由我来说才是：'上帝唯一可原谅之处，就是他并不存在'。"① 在意大利疗养期间，在一高山上，产生"同一事物的永恒轮回"的思想。1883—1885 年间他写成了灵感最充沛、最有独特表现力的作品《查拉图斯特拉如是说》。尼采曰："每当我徜徉在我的查拉图斯特拉中，我都能够在房间里踱步很长时间，无法抑制我的啜泣。"其妹讲："查拉图斯特拉这个人物是诗的最高创造，是永恒的美的典型，是世界的神圣的理想化——它就是超人本身。"② 但它当时也未获成功。

尼采在欧洲漫游、不停地创作……，但越来越易怒，与最亲近的人关系紧张。创作时的"超人"状态和低迷状态交呈，后来迷乱症状越来越频繁，出现精神分裂征兆。1889 年 1 月 3 日，他刚离开住所，看见一名马夫在虐待他的马，尼采流泪扑上去，抱住马脖子昏过去，彻底崩溃。从此之后，就再未清醒过。他生病十年间，先由母亲照顾，母亲去世（1897）后，由妹妹接替。于 1900 年 8 月 25 日去世，葬于父亲墓边（勒肯村墓地）。他终生未婚，有过一次结婚企图，但少爱情冲动。与俄国女子露·莎洛美有过一段有争议的恋情，很快结束。但他在临疯前还是说："我生活的幸福和它举世无双的特性也许是命中注定的。"③

维特根斯坦临终前说过类似的话。

---

① 尼采：《看哪，这人！——自述》，引自《权力意志》，张念东、凌素心译，第 29 页。

② 杜丽燕：《尼采传》，河北人民出版社 1997 年版，第 150 页。

③ 尼采：《看哪，这人！——自述》，引自《权力意志》，张念东、凌素心译，第 9 页。

第二节　悲剧从音乐精神中诞生
——狄奥尼索斯（醉）交遇阿波罗（梦）

尼采在《看哪，这人！ ——自述》中自评《悲剧的诞生》（1872）："这本书有两项带根本性的革新，一、对希腊人的狄奥尼索斯现象的认识——这是对这一现象的首次心理学分析，这本书把这一现象看成整个希腊艺术的根据之一。二、对苏格拉底主义的认识：首次认识到苏格拉底是希腊消亡的工具，是典型的颓废派。用'理性'对抗本能。坚决主张'理性'就是埋葬生命的危险的暴力！ ——全书对基督教表示深沉的、敌意的缄默"。[①]

很明显，没有叔本华的《作为意愿和表象的世界》，不会有它；但尼采不只利用了"意愿（物自体）在艺术（特别是音乐）中表现为理念"的思路，并加以改造，大大弱化了"物自体"和"理念"的形而上学的非时间（非现象）性，更突出了音乐与意愿（无形的浑然一体的创生和欲求的痛苦）的关系；更重要的是，将论述的方式引到古希腊悲剧的产生与灭亡这样一个场景（在场之处），这样一个会聚着时代、文化、人生感触、原发的哲理、深沉回荡的音乐与语言及人物、光束和阴影交织的场景上，并以最强的音符、音色提出了"狄奥尼索斯"（酒神之醉）这样一个主题旋律，使叔本华的否定性的"意愿"取得了八面来风的肯定性的历史人生形态，或浸透着史诗、神话、民歌、抒情诗和悲剧因素的形态。

---

① 尼采：《权力意志》，张念东、凌素心译，第51页。

"在我之前,没有人把狄奥尼索斯的激情转化为哲学的激情,因缺乏悲剧的智慧所致。……在这个人[赫拉克利特]的近旁,我感到比别的什么地方都更加温暖和舒适。[不同于叔本华的悲观主义,此书]肯定消逝和毁灭,这对狄奥尼索斯哲学来说是决定性的。肯定对立和战争,肯定生成,甚至坚决否定'存在'——无论如何,我在这里应该承认,他和我的思想十分接近。"① 这样就使"意愿通过艺术表达自身"的思路从外观上充分地西方化、历史现象化、艺术化,获得了(起码对西方人)极大的可理解空间。它(狄奥尼索斯现象)以及提出它的方式(艺术与宗教、历史、人生不分的、共结构的方式)最大地影响了 20 世纪的西方。

尼采是赫拉克利特的当代版、诗人版和音乐版。情况似乎是:两千多年前的赫氏箴言中已跳动着尼采的诗思之魂。"万物皆流,无物常驻"。"火是赋有思想的,并且是整个世界的原因"。"战争是万物之父,也是万物之王"。"时间是个玩跳棋的儿童,王权执掌在儿童手中"。

一、希腊的酒神与日神

尼采要直接回答的问题是:为什么会产生"悲剧"这种以极度的人生痛苦和壮丽非凡的艺术境界来吸引观众的艺术形式? 它的独特之处何在? 它为何消亡了,或被后人遗忘了? (海德格尔提出"存在"问题有类似的揭秘动机。)

他认为,用现有的美学理论(质料/形式;主观/客观;移情……)都无法痛切地理解它。悲剧的升华、净化人生的深沉力量,只能比拟于或溯源于叔本华讲的原本的"音乐",就像叔本华所说,"音乐的普遍语言说出意愿的激动,亦即构成任何一件事的那一内核"。② 但要理解这种音乐精神,或"意愿的激动",

---

① 尼采:《权力意志》,张念东、凌素心译,第 53 页。
② 叔本华:《作为意志[愿]和表象的世界》,石冲白译,第 365 页。

就应历史地、同时也是结构化地诉诸于"狄奥尼索斯现象"，以及它与阿波罗的对峙和交荡。

狄奥尼索斯（Dionysus）是希腊神话中的酒神。他是大神宙斯与凡人女子塞墨勒之子。宙斯之妻赫拉出于嫉妒，挑唆塞墨勒让宙斯显示自己的本相。……宙斯最终无奈，只好将幼子狄奥尼索斯缝在自己的大腿之中，然后显象，塞墨勒被雷霆击死。狄奥尼索斯长大后才从父亲的大腿中再次诞生。他是阿波罗的同父异母兄弟（有凡人的血缘）。狄奥尼索斯司丰产与植物，与酒和狂欢联在一起。对于酒神的崇拜和庆典仪式（体现在他秋冬的肢解死亡和春天的复活）在希腊和小亚西亚地区流传，奥菲斯教与之密切相关。

酒神：季节（时间）、死而又生、苦而又醉。

阿波罗（Apollo）是光明之神，司艺术，有预言功能（德尔斐神庙供奉阿波罗）。尼采因而认他与"梦"和"尺度（造型）"密切相关。"壮丽的神的形象首先是在梦中向人类的心灵显现。……如汉斯·萨克斯在《名歌手》中那样教导说：'……人的最真实的幻想 / 是在梦中向他显相的 / 一切诗学和诗艺 / 全在于替梦释义。'每个人在创造梦境［原本的语音与语言］方面都是完全的艺术家，而梦境的美丽外观是一切造型艺术的前提，……也是一大部分诗歌的前提。……叔本华直截了当地提出：一个人间或把人们和万物当作纯粹幻影和梦象这种禀赋是哲学才能的标志。……日神作为一切造型力量之神，同时是预言之神。按照其语源，他是'发光者'，是光明之神，也支配着内心幻想世界的美丽外观。这更高的真理，与难以把握的日常现实相对立的这些状态的完美性，以及对在睡梦中起恢复和帮助作用的自然

美国登月飞船叫"阿波罗"，不会叫"狄奥尼索斯"。

的深刻领悟,都既是预言能力的,一般而言又是艺术的象征性的相似物,靠了它们,人生才成为可能并值得一过。"[1] 所以阿波罗不同于干巴巴的理智,而是那使人生"值得一过",使它梦幻化为宜人的、可人的"尺度"或"适度",也就是维持人生的技艺形式的那一面(与一般哲学中讲的"形式"尚有区别)。

与之相对,酒神本性是"醉"。首先,它表现为"个体化原则的崩溃"。[2] 即一种因充足理由律的失效而引发的"惊骇"和"个体化原理崩溃之时从人的最内在基础即天性中升起的充满幸福的狂喜"。[3] 尼采写道:

> 把它比拟为醉乃是最贴切的。或者由于所有原始人群和民族的颂诗里都说到的那种麻醉饮料的威力,或者在春日熠熠照临、万物欣欣向荣的季节,酒神的激情就苏醒了,随着这激情的高涨,主观逐渐化入浑然忘我之境。……[于是有]酒神歌队的炽热生活。[4]

在酒神的魔力之下,不但人与人重新团结了,而且疏远、敌对、被奴役的大自然也重新庆祝她同她的浪子人类和解的节日。大地自动地奉献它的贡品,……猛兽也驯良

也可视为"一切现成化原则的崩溃"。叔本华讲的人生无常之理令成年人惊骇,却可能引出少年人的"狂喜"——"造反有理"。

---

[1] 尼采:《悲剧的诞生——尼采美学文选》,周国平译,生活·读书·新知三联书店1986年版,第3—4页。

[2] 同上书,第5页。

[3] 同上。

[4] 同上。

地前来，……酒神的车辇，虎豹驾它前行。一个人若把贝
多芬的《欢乐颂》化作一幅图画，并让想象力继续凝想数
百万人战栗着倒在灰尘里的情景，他就差不多能体会到酒
神状态了。此刻，奴隶也是自由人。此刻，贫困、专断或
"无耻的时尚"在人与人之间树立的僵硬敌对的藩篱土崩
瓦解了。……[1]

其次，尼采认为"在酒神的希腊人同酒神的野蛮人之间隔
着一条鸿沟"。[2]在古代的各个地区，"从罗马到巴比伦"，酒
神节日的核心"都是一种性放纵，……乃至肉欲与暴行令人憎
恶地相混合，我始终视之为真正的'妖女的淫药'。"[3]

抵抗酒神是不可能了。于是古希腊人就让阿波罗神参与进
来，与酒神"缔结和解"，去除掉酒神在外邦人那里沾染的妖淫
之气，但保留其醉意，也就是让个体化原则崩溃的惊骇与狂喜。
"鸿沟并未彻底消除。但我们如果看到，酒神的权力在这媾和
的压力下如何显现，我们就会知道，与巴比伦的萨克亚节及其
人向虎猿退化的陋习相比，希腊人的酒神宴乐会有一种救世节
和神化日的意义。"[4]

因此，尼采抒发道：

只有在希腊人那里，大自然才达到它的艺术欢呼，个

---

[1] 尼采：《悲剧的诞生——尼采美学文选》，周国平译，第6页。
[2] 同上书，第7页。
[3] 同上书，第8页。
[4] 同上。

体化原理的崩溃才成为一种艺术现象。……好像药物使人想起致命的毒药一样。其表现是：痛极生乐，发自肺腑的欢喊夺走哀音；乐极而惶恐惊呼，为悠悠千古之恨悲鸣。在那些希腊节日里，大自然简直像是呼出了一口伤感之气，仿佛在为它分解的个体而喟叹。①

再次，酒神是艺术（及人生）的原动力，日神是调整它的形式，或遮住其狂野部分的一层面纱。酒神是音乐和悲剧的主导或深层因素（动机）。"日神音乐是音调的多立克式建筑术，但只是某些特定的音调，例如竖琴的音调。正是那种非日神的因素，决定着酒神音乐乃至一般音乐的特性，如音调的震撼人心的力量，歌韵的急流直泻，和声的绝妙境界，[在日神音乐中]却被小心翼翼地排除了。在酒神颂歌里，人受到鼓舞，最高度地调动自己的一切象征能力，某些前所未有的感受，如摩耶面纱的揭除，族类创造力乃至大自然创造力的合为一体，急于得到表达。……为了充分调动全部象征能力，人必须已达那种自弃境界，……所以，唱着颂歌的酒神信徒只被同道中人理解！……甚至他[日神式的希腊人]的日神信仰也不过是用来遮隔面前这酒神世界的一层面纱罢了。"②

二、悲剧诞生的具体方式

1.抒情诗与音乐。抒情诗与音乐密切相关，因而不是主观

尼采的文字太有力、太动人。所以，我准备这部分讲稿时，不忍用自己的话代替它们，以致可能过多地选录了原作译文。不过，在讲课时，几乎从未将它们全部念出。它们在背后唤起我临场发挥的激情。

酒神就是时间，只有它才能将一切更新，造成那独一无二的"震撼人心"。离开了酒神，日神就会越来越像教条化的社论。

---

① 尼采：《悲剧的诞生——尼采美学文选》，周国平译，第8—9页。

② 同上书，第9页。

的。席勒说："第一次音乐情绪过了，随后我头脑中才有音乐形象。"对于尼采而言，悲剧乃至一切艺术和哲学，皆以音乐、当然首先是酒神音乐为灵魂。唯有这样，才能得到那突破一切个体化原则和理由律的元气和灵感，让自然呼出久郁的伤感之气，高歌出它的《欢乐颂》。

2. 萨提儿歌队。尼采写道："古代传统斩钉截铁地告诉我们，悲剧从悲剧歌队中产生，一开始仅仅是歌队，除了歌队什么也不是。"① 这个思路的源头当然是叔本华的"音乐表达出意愿本身的激动"的开创性学说。剧情、对白这些在时空中的事件和语言的根子是在音乐的纯意愿表现（时间的艺术）里，不然就没有真正的艺术，尤其是悲剧和抒情诗可言。但尼采用希腊神话和宗教这些更有当场表现力的方式来表达这个意思，以回答悲剧这似乎是语言和情节的艺术的起源问题。

歌队被称为"萨提儿歌队"，是因为这歌队是酒神的代言者，而"萨提儿"（Satyr）在希腊神话中就是酒神狄奥尼索斯的随从，又是林怪。在古希腊瓶画中它往往被描绘成裸体的、面目狰狞、行为放荡的半人半羊的精怪，兼醉汉和色鬼于一身。② 在尼采看来，"希腊人在萨提儿身上所看到的，是知识尚未制作、文化之门尚未开启的自然。……它与猿人不可相提并论。……而是人的本真形象，人的最高最强冲动的表达，是因为靠近神灵而兴高采烈的醉心者，是与神灵共患难的难友，是

① 尼采：《悲剧的诞生——尼采美学文选》，周国平译，第25页。
② 尼采：《权力意志》，张念东、凌素心译，第4页注。

宣告自然至深胸怀中的智慧的先知，是自然界中性的万能力量的象征。"①

弗洛伊德学说的先声？

萨提儿歌队"体现为自然生灵的歌队。这些自然生灵简直是不可消灭地生活在一切文明的背后"。②但它既然已是"歌队"，它所代表的自然或现实就已不（只）是日常生活那粗硬无韵、分立隔膜的现实，而是希腊酒神化了的现实和自然，"其经常活动的境界……是一个'理想的'境界"③，"虚构"的境界，但却"是一个真实可信的世界"，一个更原本的、也更可惊异、更靠近涌动"意愿"的世界，也因此反而是使人能有生存意趣的世界。这就涉及尼采叙述的"西勒诺斯的回答"。他写道：

> 弥达斯国王在树林里久久地寻猎酒神的伴护，聪明的西勒诺斯[Selenus，精灵，酒神的养育者和教师]，却没有寻到。当他终于落到国王手中时，国王问道：对人来说，什么是最好最妙的东西？这精灵木然呆立，一声不吭。直到最后，在国王强逼下，他突然发出刺耳的笑声，说道："可怜的浮生呵，无常与苦难之子，你为什么逼我说出你最好不要听到的话呢？那最好的东西是你根本得不到的，这就是不要降生，不要存在，成为虚无。不过对于你还有次好的东西——立刻就死。"④

这里没有现成者，一切要从死中得活。

---

① 尼采：《悲剧的诞生——尼采美学文选》，周国平译，第29页。
② 同上书，第28页。
③ 同上书，第27页。
④ 同上书，第11页。

这就类似叔本华对于人生和生命的看法了。它是尼采的出发点，但他由此又前进了一步，即艺术（特别是音乐和悲剧）可使人暂且摆脱痛苦，之后，将古希腊的悲剧艺术看做人用来抵御无常的对象化现实、从而走向对生命的肯定的桥梁，即"崇高"，在"悲观主义"的苦海之中或之上找到了某种"乐观主义"的孤舟。尼采如此写道：

> 现在奥林匹斯魔山似乎向我们开放了，为我们显示了它的根源。希腊人知道并且感觉到生存的恐怖和可怕，为了能活下去，他们必须在它前面安排奥林匹斯众神的光辉梦境之诞生。……［泰坦诸神的恐怖秩序→日神的美的冲动→奥林匹斯诸神的快乐秩序。］这就像玫瑰从有刺的灌木丛里生长绽放一样。①［所以尼采讲"素朴艺术家荷马。"②"素朴"意味着发自痛苦的生存需要。］
>
> 在日神式的希腊人看来，酒神冲动的作用也是"泰坦"和"蛮夷的"；同时他又不能不承认，他自己同那些被推翻了的泰坦诸神和英雄毕竟有着内在的血亲关系。他甚至还感觉到他的整个生存及其全部美和适度，都建立在某种隐蔽的痛苦和知识根基上，酒神冲动向他揭露了这种根基。看吧！日神不能离开酒神而生存！……③
>
> ……根据两个敌对原则的斗争，把古希腊历史分为四

---

① 尼采：《悲剧的诞生——尼采美学文选》，周国平译，第11页。
② 同上。
③ 同上书，第15页。

大艺术时期。……于是，我们眼前出现了阿提卡悲剧和戏剧酒神颂歌的高尚而珍贵的艺术作品，它们是两种冲动的共同目标。[①]

歌队的作用是"抵御汹涌现实的一堵活城墙"[②]，从而引发"魔变"（metamorphosis，变形、变质；魔术引起的变形；变态）。

> "魔变"是入魅中的祛魅，祛魅里的入魅。

　　它（萨提儿歌队）比通常自视为唯一现实的文明人更诚挚、更真实、更完整地摹拟生存。诗的境界并非像诗人头脑中想象出的空中楼阁那样［被一般人认为］存在于世界之外，恰好相反，它想要成为真理的不加掩饰的表现，因而必须抛弃文明人虚假现实的矫饰。……近代人牧歌里的那位牧人，不过是他们所妄称作自然的全部虚假教养的一幅肖像。酒神气质的希腊人却要求最有力的真实和自然——他们看到自己魔变为萨提儿。[③]

古希腊人看歌剧，常坐在依山坡而建的露天剧场中。舞台在下边谷底，所以观众的视野极佳，仿佛是独自面对舞台，"每个人都忽视自己周围的整个文明世界，在饱和的凝视中觉得自己就是歌队的一员。"[④] 歌队置于舞台边上，将它与个体化的外界隔

---

① 尼采：《悲剧的诞生——尼采美学文选》，周国平译，第16页。

② 同上书，第30页。

③ 同上。

④ 同上。

离，于是它的歌声导致魔变，让舞台成为酒神降临的地方。

酒神颂根本不同于其他各种合唱。手持月桂板的少女们向日神大庙庄严移动，一边唱着进行曲，她们依然如故保持着自己的公民姓名；而酒神颂歌队却是变态者的歌队，他们的公民经历和社会地位均被忘却，他们变成了自己的神灵的超越时间、超越一切社会领域的仆人。……

……魔变是一切戏剧艺术的前提。在这魔变状态中，酒神的醉心者把自己看成萨提儿，而作为萨提儿他又看见了神，也就是说，他在他的变化中看到一个身外的新幻象，它是他的状况的日神式的完成。戏剧随着这一幻象而产生了。

根据这一认识，我们必须把希腊悲剧理解为不断重新向一个日神的形象世界进发的酒神歌队。因此，用来衔接悲剧的合唱部分，在一定程度上是孕育全部所谓对白的母腹，也就是孕育全部舞台世界和本来意义上的戏剧的母腹。在接二连三的进发中，悲剧的这个根源放射出戏剧的幻象。这种幻象绝对是梦境现象，因而具有史诗的本性；但另一方面，作为一种酒神状态的客观化，它不是在外观中的日神性质的解脱，相反是个人的解体及其同太初存在的合为一体。所以，戏剧是酒神认识和酒神作用的日神式的感性化，因而毕竟与史诗之间隔着一条鸿沟。[1]

阴阳相交、八卦相荡之处。

---

[1] 尼采：《悲剧的诞生——尼采美学文选》，周国平译，第32—33页。

这里很重要的一点是要看出，酒神藐视一切分割的原发冲动与日神的梦境赋形都不同于充满了分立的存在形态的现实世界。酒神消隐以后，人们只看到现实与梦境这样两个人生维度，不能在艺术那边再找到一个更深、更真的源头，那使音乐和悲剧真正可能，而不被稀释、浅薄化的源头。

三、悲剧的灭亡

这当然意味着酒神冲动和音乐旋律（酒神音乐）的内在驱动不再主宰、托浮悲剧创作者的日神梦境，就如同《庄子·逍遥游》中巨鲲离洪波，大鹏失长风一样。"置杯则胶焉"，"泉涸，鱼相与处于陆……"。尼采写道：

> 随着希腊悲剧的［因无解的冲突而自杀］死去，出现了一个到处都深深感觉到的巨大空白；就像提伯留斯时代的希腊舟子们曾在一座孤岛旁听到凄楚的呼叫："大神潘［山林之神］死了！"现在一声悲叹也回响在希腊世界："悲剧死了！诗随着悲剧一去不复返了！……"[①]

现在什么样的呼叫回响在中文世界："……死了！"？

其死因在最后一位著名悲剧大师欧里庇得斯身上。"欧里庇得斯把观众带上了舞台。"[②] 这也就意味着现实性（主体性和客观性分立的表象界）占据了酒神与日神相交接的魔变场景。用"存

---

① 尼采：《悲剧的诞生——尼采美学文选》，周国平译，第44页。
② 同上书，第45页。

在者"挤开对"存在本身"的关注。尼采讲：

> 靠欧里庇得斯，世俗的人从观众厅挤上舞台，从前只
> 表现伟大勇敢面容的镜子，现在却显示一丝不苟的忠实，
> 甚至故意再现自然的败笔。……现在，观众在欧里庇得斯
> 的舞台上看到听到的其实是自己的化身，而且为这化身如
> 此能说会道而沾沾自喜。[①]

原因不在于欧里庇得斯看重一般意义上的"观众"，而是两
个"理想的更高明的观众"，即作为思想家的他本人和更高明
者的苏格拉底及其理性精神。于是导致一种"审美苏格拉底
主义"[②]，其最高原则"理解然后美"与苏格拉底的"知识即美
德"相呼应。"欧里庇得斯手持这一教规，衡量戏剧的每种成
分——语言，性格，戏剧结构，歌队音乐；又按照这个原则来
订正它们。在同索福克勒斯的悲剧作比较时，欧里庇得斯身上
通常被我们看做诗的缺陷和退步的东西，多半是那种深入批判
过程和大胆的理解的产物。我们可以举出欧里庇得斯的开场
白，当作这种理性主义方法的后果的显例。……埃斯库罗斯和
索福克勒斯的悲剧运用最巧妙的艺术手段，在头几场里就把剧
情的全部必要线索，好像无意中交到观众手上。这是显示了大
手笔的笔触，仿佛遮掩了必然的形式，而使之作为偶然的东西

苏格拉底"接生"的婴
儿似乎都像苏格拉底。

---

① 尼采：《悲剧的诞生——尼采美学文选》，周国平译，第45页。
② 同上书，第52页。

流露出来。……欧里庇得斯仍然相信，他发现在头几场里，观众格外焦虑地要寻求剧情前史的端倪，以致忽略了诗的美和正文的激情。所以，他在正文前安排了开场白，并且借一个可以信赖的人物之口说出来。常常是一位神灵出场，他好像必须向观众担保剧中的情节，消除对神话真实性的种种怀疑。这正像笛卡尔只有诉诸神的诚实无欺，才能证明经验世界的真实性一样。……收场上，再次使用这种神的诚实。"[1]

悲剧在德国的当代再生，就要求放弃苏格拉底主义，直接接通"幻觉、意愿、痛苦"[2]，并因而产生"悲剧文化"和一代"屠龙之士"[3]。尼采指出：

康德和叔本华的非凡勇气和智慧取得了最艰难的胜利，战胜了隐藏在逻辑本质中，作为现代文化之根基的乐观主义。……康德揭示了这些范畴的功用如何仅仅在于把纯粹的现象，即摩耶的作品，提高为唯一的和最高的实在，以取代事物至深的真正本质，而对于这种本质的真正认识是不可能借此达到的；也就是说，按叔本华的表述，只是使梦者更加沉睡罢了。[4]一种文化随着这种认识应运而生，我斗胆称之为悲剧文化。这种文化最重要的标志是，智慧取代科学成为最高目的，它不受科学的引诱干扰，以坚定

---

① 尼采：《悲剧的诞生——尼采美学文选》，周国平译，第52—53页。
② 同上书，第89页。
③ 同上书，第79页。
④ 叔本华：《作为意志［愿］和表象的世界》，石冲白译，第一卷。

的目光凝视世界的完整图景，以亲切的爱意努力把世界的永恒痛苦当作自己的痛苦来把握。我们想象一下，这成长着的一代，具有如此大无畏的目光，怀抱如此雄心壮志；我们想象一下，这些屠龙之士，迈着坚定的步伐，洋溢着豪迈的冒险精神，鄙弃那种乐观主义的全部虚弱教条，但求在整体和完满中"勇敢地生活"，——那么，这种文化的悲剧人物，当他进行自我教育以变得严肃和畏惧之时，岂非必定渴望一种新的艺术，形而上慰藉的艺术，渴望悲剧，如同渴望属于他的海伦一样吗？他岂非必定要和浮士德一同喊道：

> 我岂不要凭着眷恋的痴情，
>
> 带给人生那唯一的艳影？ ①

实际上，从思想研究的角度看，《悲剧的诞生》是尼采作品中最重要的作品之一。它一方面清楚表明自己的思想来源（叔本华及那个视野中的康德），又明白展示出他如何加入了新的东西，如何放弃了叔本华的印度式的寂静主义，改造和发展其艺术本性的学说，达到对于醉-梦交融的悲剧境域（场景）的阐明；并由此而提出一种生机勃勃、"洋溢着豪迈的冒险精神"的悲剧文化或生存方式，以及体现这种生存方式的"屠龙［重估一切价值］之士"。

所以，他后来在一系列著作中阐发的东西——（1）对力量

---

① 尼采：《悲剧的诞生——尼采美学文选》，周国平译，第78—79页。

（侧注） "悲剧文化"是一种非现成化的、从不可测的恐惧之处发生的创造性文化。所以"科学"要让位于真正的"智慧"。这是对亚里士多德到黑格尔的标榜科学的话语方式的摒弃，意义深远。

的意愿，(2)重估一切价值(宗教："上帝死了！"；道德：主人道德与奴隶道德；知识(真理)：智慧相对于苏格拉底的逻辑知性；身心关系：……)，(3)超人和(4)永恒的轮回或再现——基本上已经"诞生"于"悲剧"场景之中。只有"永恒的再现"，还看不太清(据说是 1882 年在意大利一座高山上产生的灵感)。它与酒神的死而复生的轮回或印度的轮回说肯定不等同，但似乎又不是完全无缘。

第三节　对力量的意愿和
永恒轮回(再现)

《悲剧的诞生》表明狄奥尼索斯的醉态——消弭一切人为区别(浑然忘我)，世界的永恒痛苦转为汹涌直泻的激情——是更根本的。这一源头被认为与叔本华讲的"意愿和痛苦"[1] 息息相通。实际上，只有认为世界的本性是意愿，是(人的)生命本身的意愿，酒神比日神(及苏格拉底)更原本的说法才有了一个存在论的根据。

但尼采与叔本华的不同之处在于：此意愿主要不被理解为"求生存"的意愿，而是"求力量的意愿"或"对力量的意愿"(Der Wille zur Macht, the will to power)。也就是要获得("真理的标准在于力量感的提高"[2])、表现(去创造)、释放力量的意愿，也就是那能提高、增长、丰富和表现自己生命力的意愿。尼采

进一步剔除现成者(个体生存)，让意愿的纯构意势能进一步舒展。但"力量"也是一种"什么"，一种海德格尔从中看到让现代技术逞其能的无处不在的"什么"。

---

① 尼采：《悲剧的诞生——尼采美学文选》，周国平译，第 89 页。

② 尼采：《权力意志》，张念东、凌素心译，第 534 节，第 702 页。译文中的"权力"被改为"力量"。以下同。

将"力"纳入了"意愿",使之成为一种可被直接意愿和表现的生命力。对于它可以如此理解:

第一,人及一切生物从根本上是被这种"对力量的意愿"而非什么认知的好奇心或求生存、求快乐①的本能驱动着去生活和奋斗,人的本性是酒神的,天真蛮痴的,不算计的;这意愿鼓动着一切,表现在一切人的和生物的生命方式中。他在《对力量的意愿——重估一切价值的尝试》中写道:

(1)各种有机功能都可以归为一种根本意愿,即对力量的意愿,那些功能都是从其中分出来的。

(2)对力量的意愿分化为追求食物的意愿,追求财产的意愿,追求工具的意愿,追求使用奴仆和做主子的意愿:这是以肉体为例。——强大的意愿指挥软弱的意愿。除了从意愿到意愿之外,根本没有别的因果联系。这是不能用机械论来说明的。

(3)一切生物都有思想、感情、意愿。快乐无非就是:阻碍对于力量感所造成的一种刺激(有节奏的阻碍和障碍造成的刺激更大)——使权力感因而高涨。因此所有的快乐都包含痛苦。——如果要使快乐变得很大,那就必定要使痛苦变得很长,生活的折磨变得很凶。

(4)精神的功能就是陶铸的意愿,同化的意愿等等。②

第二,正因为这是"求力量的意愿"而不只是求生存、求快

---

① 尼采:《权力意志》,张念东、凌素心译,第504页,第688节。

② 同上书,第286节。洪谦主编:《西方现代资产阶级哲学论著选辑》,第17页。

乐的意愿。尼采写道：

> 我认为有个重要的启蒙，也就是设定力量以取代个人
> 的"幸福"，（任何生物都要追求力量）："生物要追求力量，
> 追求更多的力量"；——快乐乃是取得力量感的象征，是
> 意识的差别。——（——生物不追求快乐；一旦它攫取到
> 所追求的力量时，快乐也就随之而来；快乐是生命的伴侣，
> 而无碍于生命——）①

突破了西方自古而来、影响深远的"快乐伦理学"，但又不同于康德的义务伦理学。而可视之为一种超苦乐区分的"涌力伦理学"。金圣叹评鲁智深、李逵、阮小七等草莽豪杰，靠的就是这一番"气力"。

这意愿的本性是超苦乐的，纯冲动和现创的，不完全受制于"满足"，因而超出了"悲观主义"和"总是亏账"的计算，表现为生生不已、健行不息的奋发有为。尼采本人的人生表现就是这样的，并因而在西方赢得了这个范围之内的高度尊敬。

第三，对力量的意愿不是现象背后的物自体，而就是生命和世界本身的内在真实。没有任何意义上的"彼岸世界"。正因为如此，它尽管没有外在的目的，不可被对象化，但却以现象界本身的"永恒轮回"来构成自身的巨大节奏和样式，做出"天地盈虚，与时消息"的伟大游戏。《对力量的意愿——重估一切价值的尝试》1067 节（新版1072 节）这么讲：

> 世界就是：一种巨大无匹的力量，无始无终；一种常
> 住不变的力量，永不变大变小，永不消耗，只是流转易形，

---

① 尼采：《权力意志》，张念东、凌素心译，第504页，第688节。

由这一段就可知，将尼采讲的"Der Wille zur Macht"中的"Macht"译作"权力"是不妥的。他讲的并非只是人间的"权力"，而是广义的"力量"。

可对观邵庸《皇极经世》中所讲的阴阳消长之"康节神数（元、会、运、世）"。

而总量不变；一份家当，没有支出和亏损，也没有增益和收入［去掉对情节的"焦虑"和"算计之心"，只欣赏它的纯表演］，为"虚无"所包围，以此为自己的界限；……［它是］一种无所不在的力量，或各种力量浪潮的嬉戏［会演］，亦多亦一，此起彼伏；一个奔腾泛滥的力量海洋，永远在流转易形，永远的复归，以千万年为期的轮回；其形有潮有汐，由最简单到最复杂，由静止不动、僵死一团、冷漠异常，一变而为炽热灼人、野性难驯、自相矛盾；然而又从充盈状态返回简单状态，从矛盾嬉戏回归到和谐的快乐，在其轨道和年月的吻合中自我肯定、自我祝福；作为必然永恒回归的东西，作为变易，它不知更替、不知厌烦、不知疲倦——这就是我所说的永恒的自我创造、自我毁灭的狄奥尼索斯的世界，这个双料淫欲［双重销魂］的神秘世界，它就是我的"善与恶的彼岸"。它没有目的，假如在循环的欢乐中没有目的，没有［特殊的］意愿，假如一个圆圈没有对自身的善良意愿的话——你们想给这个世界起个名字吗？你们想为它的一切谜团寻找答案吗？这不也是对你们这些最隐秘的、最强壮的、无所畏惧的子夜游魂投射的一束灵光吗？——这就是对力量的意愿的世界——岂有他哉！［此外一切皆无！］你们自身也是对力量的意愿——岂有他哉！［此外一切皆无！］①

《易·系辞下》8章："《易》之为书也，不可远，为道也屡迁。变动不居，周流六虚，上下无常，刚柔相易，不可为典要，唯变所适。其出入以度，外内使知惧。"

---

① 洪谦主编：《西方现代资产阶级哲学论著选辑》，第23—24页；《权力意志》，第700—701页。此段译文取自这两家，前一半多来自洪书，后一半多来自《权》，还有词语上的调整。

尼采自认，"这一学说归根结底就是赫拉克利特所教诲的东西。"① 我们在赫拉克利特那里读到这样的话：

> 这个万物自同的宇宙既不是任何神，也不是任何人所创造的，它过去是、现在是、将来也是一团永恒的活生生的火，按照一定的分寸燃烧，按照一定的分寸熄灭。（KRS 217·残篇 30）

> 万物都等换为火，火又等换为万物，犹如货物换成黄金，黄金又换成货物一样。（残篇 90）

永恒轮回的特点是：（1）它是力量意愿的表现方式；（2）这力量意愿在全体上恒一，但又表现为质的方面的永变和回流，自己破坏、创造，再破坏、再创造；（3）力量意愿借此轮回（变中的不变）而肯定自己，由此说明没有彼岸世界。一切价值全在现实的变易世界之中。

第四节　超人和重估一切（以往的）价值

尼采的超人说不是从"进化论"推出的，而是上面两节所说的一个延伸，就如同《庄子》中的"神人"、"圣人"等是"道"和"气"之说的人类生存体现一样。那能充分地、希腊式地体

---

① 《前柏拉图哲学讲演》，引自杜丽燕《尼采传》，第259页。

现酒神精神者，那种充满真正的悲剧艺术境界的人生形态，那些具有"豪迈的冒险精神"的"屠龙之士"，那些能充分展示"对力量的意愿"、相信"永恒的轮回"者，就是超人！超人是不受"个体化原理"、"苏格拉底逻辑"、苦乐算计和"基督教道德"等控制的原本意义上的人，他"超出"的是"末人"，即受各种框框限定的人（"理性的动物"之类）。超人的特点是：原发性（孩子般的单纯和新鲜）、创新性（总是在过渡，"超出现成"，不确定）和肯定性（健行）。

　　他的象征是"大地的意愿"（《查拉图斯特拉如是说》）、"大海"（力量意愿的自洁能力）、"闪电、疯狂"（冲决一切罗网）。他要否定"人类"孱弱的一切，或那受制于现成者的一切！"颓废"对于尼采就意味着达不到"力量意愿"的那种创造性的边缘，缺少凭空构成和维持的勇气和能力。

　　超人的产生经过"精神的三种变形"：骆驼（背负着谦恭的负担，以承担重负为乐；灵肉区别、禁欲），向沙漠走去，在孤寂中变形为狮子，从服从"你应该……"这样的主人的命令和自己内心命令的驯者，变为"我要……"式的寻找自己生存和自由的雄狮，对以往的一切说"No！"无家园，越来越暴虐，留在过去。如要属于未来，就要忘却过去的一切，如茫茫大地一样干净，于是变成小孩。"小孩是天真和遗忘，一个新的开始，一个游戏，一个自己转的轮，一个原始的动作，一个神圣的肯定。"他赤地新立，自建家园，以自己的游戏为乐（永恒轮回的自身体现！自己的艺术化），无等级身份割裂。超人就是力量意愿强烈和直率表现之人。

尼采本人似乎停在狮子的阶段。

超人代表的酒神境界和永恒轮回着的力量意愿境界，从根本上超出了苏格拉底、基督教和世间道德规范的衰败和割裂不通的形态——知识、信仰和道德等形态。尼采要求"重估一切以往的价值"，站在超人立场上对以往一切价值判断彻底怀疑，发出"上帝死了！"[①]的有力呼声。要求达到"超出善与恶的彼岸"，并抨击唯智主义。

他认为"价值"来自生命力量的增大和发挥，是对生命苦难和恐惧（力量的缺乏）的克服，即对生命的肯定，对现象世界的肯定，对力量的肯定。它从根本上属于人的生命意愿自身，不受任何教规、道德区分及科学概念的规范。而一切退化的价值观都试图以某种反酒神的框架来规定何为价值，因而是窒息生命、制造"颓废者"，有利于"怯弱者"而压抑"有力者"、"强者"的设置，必须摧毁或"解构"（后人语）不可！尼采称自己为"炸药"。

尼采的"重估"产生巨大影响，其批判方面令人耳目一新，开拓人的思想，打破数千年的西方思维定势。比如对基督教的独特批判方式（视其产生于"怨恨"），以及对"道德""真理"这些被视为天经地义的东西的真实地位的再估价，都不同于前人。它们的表达方式有偏激之处，尤其是"主人道德和奴隶道德"之别，如果不限于思维方式、行为方式上的"主""奴"之分，而稍作实体化，就会产生令人反感的新框架，比"颓废的""虚伪的"还糟得多！"超人"说也是这样。他的文学笔法为各种解

尼采重新估价"科学"（确定性的寻求）和"真理"，认为追求"绝对不变的真理"，把它强加给变化的力量意愿的世界是错误的，出于人的怯懦和贪婪。实际上，真理是服从力量意愿的，为达到某个目的而服务的。

---

① 尼采：《权力意志》，孙周兴译，商务印书馆 2007 年版，第 141、151、153 页。《快乐的科学》，第 126 节。

释留下了可能。因此各种人，从希特勒到鲁迅（旧道德"吃人"），都可以从中找到自己的东西。但很明显，他的学说是"炸药"，是炸开西方传统哲学、宗教、道德框架的突暴巨力，但本身带不来使人和社会幸福的东西。其关键问题在于他的表达和思路，尤其是后期，太线性化，缺少周易、老庄的曲折反复和深邃境界，比如"超人"就被视为处处、时时的"强者"，具有"主人"的道德。早期讲"悲剧诞生"时的那种"阴阳交合"（即醉与梦相交）的微妙艺术境域很少在新论点（比如永恒轮回、超人）中出现了，只流露于《查拉图斯特拉如是说》的诗意表达中。

所以，对于东方人（应该也包括某些西方人），后期的尼采很"强"，但不动人，不能从灵魂深处感发人。"人"太多太盛，"天"太少太弱，尽管他追求"超出人"。这方面他不如叔本华。叔本华讲的解脱之道除了艺术之外，就是对自我生存意愿的否弃。但尼采在艺术之后，则是自我意愿的极度膨胀，并非道家式的（与自然融交为一的动人境界），而是鼓励人为所欲为。它对于还不是俗世"超人"（有权势、地位、名声者）的年轻人极度危险，很可能是他早期所讲非希腊酒神节时说的"淫药""毒药"，如《罪与罚》中的男主人公（尼采在1884年读到此书，深受感动）身上的"超人"思想，导致他"有理有据"地杀人越货。

尼采是不可直接学的，而只可倾听。如不保持解释学的距离，会被灼伤。他后期是悲剧人物：反西方的思路都以最西方的方式表达。

下面简括叔本华和尼采（特别是后者）对欧陆哲学的影响：

旁注：

"线性化"对于尼采这样的天才来讲，多半是他趋向疯狂的征兆。

他讲的"超人"既有天性盎然的一面，又有冷酷无味的一面。如《水浒传》第三十九回写李逵劫法场，"一个虎形黑大汉……两只手握两把板斧……手起斧落，早砍翻了两个行刑的刽子。……火杂杂地抡着大斧，只顾砍人。……晁盖便挺朴刀叫道：'不干百姓事，休只管伤人！'那汉哪里来听叫唤，一斧一个，排头儿砍将去"（金圣叹评本）。

（1）思想方式从"Being in proper"（不变的存在）转到"Be-coming"（生成），终极实在（the ultimate reality）被认为是处于缺乏／渴望／求满足又不被完全满足／力量感膨胀和抽缩之中的意愿冲动、生命冲动里。整个世界是这种意愿的生动体现。以后的现象学、存在主义、生命哲学、结构主义、实用主义等，无一不处于对生成的认可之中。

（2）现象世界本身有自己的构意机制，源于意愿，实现为艺术、"永恒轮回"、酒神与日神的进退潮汐。

在实在论与唯心论后面又发展了一个更深更暗但又更真实的维度（泰坦、大地、物……）。

（3）原本的状态是纯生成的、不能被概念割裂的、纯展现和当场维持的；而次级的、退化的、衍生的状态才是概念可把捉的（存在本身与存在者之区分），在传统理性与反理性之间有一个"酒神／日神"共构的意义世界。

（4）原时间地位的抬升。意愿本质上是时间性的，音乐则是时间的艺术；"悲剧"产生于音乐、歌队和当场的魔变呈现，这些都因时机而发生。

（5）艺术本身具有揭示更真实存在状态的思想能力。艺术形式，比如诗、神话，可作为或势必作为表述前概念思想的语言。这一点影响到欧陆传统中的"语言转向"，与实用主义不同。

（6）哲学与对人生的理解直接相关。

（7）身体与心灵还未分的状态是更真实的。"意愿"从此状态而来。

第五章　实用主义

"实用主义"（pragmatism）于19世纪出现于美国。创始者是皮尔士，起于七十年代哈佛大学以他为首的"形而上学俱乐部"；使实用主义广泛传布者是詹姆士，以心理学的意识流思想来理解行为、真理和信仰；而使它"自然主义化"并直接影响美国的各种体制（特别是教育、政治）的人，是杜威。

第一节　实用主义的特点

实用主义的最显著特点就是强调所做事情的意义与其产生的实际效应的联系，或所思所行与其人生后果之间的相互关系。皮尔士造此词时，认为"实用"或"pragma"来自希腊语，意为"行为"、"行动"（这与"实证"、"感觉经验"不同）。也就是说，一个思想、信念、主张、概念或语词的含义，就在于它在人生经验中产生的效果，它如何影响到人的后续行为。当然，关于这"效应"可以有不同解释，实用主义者之间也有很不同的关注，但这个强调意义在于效应的总倾向是共通的。此外，实用主义者往往深受科学实践模式的影响，尤以皮尔士和杜威最明显。因此，以前国内学界总认为实用主义的要义就只是这种关于"意义"和"真理"的"实用"看法，一种"大胆假设，小心求证"的工具主义方法论，认为它是与分析哲学、实证哲学相近的"科学主义思潮"中的流派，很少看到它里面关于"经验""意识"的更深邃有趣的新见解，看不到这些新见解如何为解决传统哲学问题提供了新的可能。要知道，这三位实用主义大师都以各自的方式超出了干巴巴的科学主义。比如，皮尔士曾经历过一次神秘体验（见后文），并深刻波及他后来的学术思想。詹姆士受到柏格森影响，或与之呼应，他的"意识流"深刻影响了胡塞尔的先验现象学，他的宗教观也极大促进了当代对神秘主义的研究。而杜威关于社会问题的思想也是相当"后现代的"。

美国的桑德拉·罗森塔尔（曾任皮尔士学会主席，现任推进美国哲学学会主席）反对这种狭隘的、但颇为流行的"实用主义观"。她认为"在对待西方传统哲学中不同哲学立场方面，实用主义最接近现象学。"[1] 又认为："实用主义与欧洲存在论现象学——特别是海德格尔和梅洛·庞蒂的学说——之间的亲缘关系要远甚于它和分析哲学传统的关系。"[2] 罗森塔尔列举的实用主义的十二个特点是：(1)反近代哲学的（主客）二元化；(2)充分丰富的"经验"观；(3)时间性主义（排斥永恒实体的形而上学）；(4)关注历史性；(5)逻辑建立在人的历时结构之上（这一点与现象学一致）；(6)自然主义（前科学的、人生境域的自然）；(7)认识论上的非旁观态度；(8)反对认识论中的砖砌论，主张整体观；(9)反对

---

[1]　桑·罗森塔尔：《从现代背景看美国古典实用主义》，陈维纲译，开明出版社1992年版，第11页。

[2]　同上书，第9页。

形形色色的语言分析，意义生于人的目的性活动；(10)反基础主义；(11)多元主义，"社团"（community）占有中心地位，分析哲学和现象学都未看到这一点；(12)所有经验性的信念都可谬，拒绝任何绝对的确定性和教条。从她列举的古典实用主义的十二个特点看，说实用主义与现象学更靠近确有道理，或起码有这么深化解释的可能。

一般认为实用主义在三十年代之后就衰落了，但罗森塔尔认为"实用主义是一种富有活力的当代哲学"。有一些"新实用主义者"出现，比如蒯因（罗森塔尔认为他最终还是持一种"旁观者认识论"或实在论）和罗蒂（罗森塔尔认为他的彻底反形而上学、"哲学只是对话"的观点是非实用主义的）。

实用主义接近人的日常生活（这一点与分析哲学大为不同），特别是美国式的、进行各种尝试（冒险）的、以成败（而不是现成的地位、出身……）论英雄的生活。所以，这种哲理或思潮在今天商业化的世界中确有极大的现实影响力。它之所以会在美国这（白人）"自由"、"开拓"的"文化融锅"里出现，也绝非偶然。实用主义经胡适等人的片面化推广，在中国亦颇有影响。它的某些思路如深入发掘，确与中国古今智慧有可相通之处，就如同现象学那样。"实践是检验真理的唯一标准"、"黑猫白猫论"等与它难以完全分开；而"不知生，焉知死"、"万物负阴而抱阳，冲气以为和"、"腐朽化为神奇"、"知行合一"等思想则在更深的意义上与之依稀呼应。

由于对"成败""效果"可以有很不同的解释，所以对"实用主义"的理解可以差距极大。总的说来，把行为的效果越解释得靠近意义发生的源头（比如詹姆士讲的"意识流"），这实用主义就越原本和有机；相反，如果将这效果仅仅看作主客分离局面中主体行为的后果和目标，就丧失了实用主义者们追求的那种思想元气或生机，最后沦为以对我是否有利来划分真假的唯我主义了。对实用主义的误解就往往来自实用主义者们本人在这方面的不当言论。在这个意义上，我们可以说实用主义可以分为"发生型"的和"私欲型"的这样两个极端，其间有一个连续过渡的谱系。

第二节　皮尔士的意义原则

一、皮尔士的人生经历

查尔斯·桑德斯·皮尔士（Charles Sanders Peirce，1839—1914）是哈佛大学的数学家和天文学家本杰明·皮尔士（Benjamin Peirce）的儿子。他本人 1863 年在哈佛大学获得化学学位。从 1861 年到 1891 年，他是美国海岸地形测量部的职员。1869 年至 1872 年，他任哈佛大学天文台台长的助理。1864—1865 年和 1869—1870 年，他在哈佛大学讲授当代科学的早期历史；1870—1871 讲授逻辑；1879—1884 年，在约翰·霍普金斯大学讲逻辑，但一直未得到正式教职，并可能由于他于 1883 年的离婚、再婚及其他一些原因（他有时脾气不好，发一些道德上的愤慨议论，又在某些问题上缺少一致性），他在霍普金斯大学也失去了教席。从 1887 年开始，他和第二位妻子定居于宾州，以写作为生，生活窘迫。1892 年 4 月 24 日，他在纽约一所教堂里有了一次重要的神秘体验，"此前我从来不曾经历神秘，但如今我经历了。"[1] 由此改变了他其后的学术轨迹。[2]1914 年死于癌症。詹姆士尽力帮助他，对他的学问极为尊重，杜威也同样声称自己从皮尔士那里获得了重要的东西。皮尔士死之后，他的名声才逐渐

---

① 约瑟夫·布伦特：《皮尔士传（增订版）》，邵强进译，上海人民出版社 2008 年版，第 285 页。

② 同上书，第 285—293、327、419、473 页等。

增大，三十年代出了他的六卷本选集，五十年代又增加了两本。

从以上简介中可以看出，皮尔士学术生涯乃至整个人生的遭遇，都不顺利，与他本人的才华与成就很不相称。这既有外部的原因，比如当时的学术体制的僵硬，也有他个人的原因。用他传记作者的话来讲，皮尔士生活在"智力的强大与道德的孱弱之间的这种张力下"，以至于就像法国诗人 C. 波德莱尔一样，成为了"社会的弃儿"。[①] 尽管如此，他在哲学、逻辑学和符号学上的重大贡献，还是使他立于世界学术伟人之列。

二、意义原则

皮尔士对实用主义的最显著影响，是他的"如何使我们的观念清楚明白"的"皮尔士意义原则"。它的总精神是：一个概念（即一个词或别的表达式的理性含义）的意义不能由先天定义或按某种分类系统原则来确定，而只能在它所可能产生的实际（感性、实验、生活行为）后果或效果那里发现。简言之，一个"东西"的意义就等于它可能产生的实际效果。

皮尔士在《实用主义要义》[②]中讲述了他得到这样一个实用主义原则的个人经历上的原因。"从六岁起直到成年后很久我差不多一直居住在实验室中。……由于我自己的生活大部分同实验科学家联系在一起，我对于理解他们并为他们所理解抱有

---

① 约瑟夫·布伦特：《皮尔士传（增订版）》，邵强进译，第 28—29 页。

② 陈启伟主编：《现代西方哲学论著选读》，北京大学出版社 1992 年版，第 122—142 页。

充分的自信。"① 而他观察到："实验科学家［注意："不是理论科学家"！］总是以实验室中的思维方式来思考一切问题，也就是将一切问题作为实验问题来思考。……不管你作出何种论断，他都会这样来理解它：'如果你这样或那样进行实验，就会产生这种或那种经验'；否则，他就认为你所说的全无意义。"②

　　比如，一位学者认为物理学的目标在于寻找比"那些联结可能的经验对象的规律"更为隐蔽的"物理实在"，皮尔士就认为："实验科学家的心灵对此类本体论的意义是色盲的"。③

　　依从这样一种"实验室思维方式的思想倾向"，皮尔士得出了他的实用主义意义原则；对这个原则有数种表达，最为人知的一种是：

　　　　为了弄清一个理智概念的意义，人应该考虑的是：这个概念的真理性必然会导致什么样的可以设想的实际后果［practical consequences，实践效果］；这些后果的总和，就将构成这个概念的意义。④

比如，你若还不了解"硬的"（hard）这个概念或属性的意义，

几乎所有当代西方哲学中的革命性思潮（意愿主义、直觉主义、现象学、日常语言学派、过程哲学等）都分享这个"［对于概念化］本体论的色盲"。后期维特根斯坦对它的不可避免性和健全性，有过不少精彩的论辩。

---

① 　陈启伟主编：《现代西方哲学论著选读》，第 123 页。

② 　同上书，第 122—123 页。

③ 　同上。

④ 　C. S. Peirce: *Collected Papers of Charles Sanders Peirce*（《查尔斯·桑德斯·皮尔士选集》），vol. I-VI, ed. C. Hartshorne and P. Weiss, Cambridge, Massachusetts: Harvard University Press, 1931—1935, 5.9；译引自 Frederick Copleston, S. J.: *A History of Philosophy*, New York: Doubleday, 1985, vol.VIII, p.311。

那么就可以通过这样的（合乎这个原则的）方式来弄清：如果一个人以不太强的力量压它，它不会像黄油一样被压扁；或者，如果某人坐在它上面，此人不会陷下去；等等。如果不用这类"实际后果"来说明，一个局外人不可能区别开"硬"和"软"。

注意，这个原理中的一个重要词是"可以设想的"（conceivable）。这是为了避免一种狭隘的实效主义，而当时许多批评实用主义的人都是这么看的。这种强调有点类似穆勒的"质的"功利主义，因为"可设想的"会使许多表面上看来没有直接的实际后果的理论命题，比如纯数学命题、尚不可马上检验的预测、道德命题，甚至某些"形而上学"命题或宗教命题，等等，都具有"可设想的"后果和意义。这也就是实用主义与实证主义的一大区别。它认为有意义的概念不只限于"观察事实和整理这些事实关系的规律"，而是包括一切可能产生实际效果的理智观念。皮尔士一方面认为"本体论形而上学的全部命题"是十足的废话，因为它们没有任何可设想的实际效果，但又讲："实用主义者不像其他近实证主义那样仅以冗长的废话来讥笑形而上学，而是从其中提炼出能给予宇宙学和物理学以生机和光明的思想精髓。同时，这种学说在道德领域的运用也是积极的、有力的。……"① 由此，实用主义为自己留下了一个有巨大解释空间的"后院"，其中可以容下许多东西，从"科学实验"到"各种人类的意义活动"（包括宗教、艺术……）所包含的有活力和可变通的思想。（变色龙！科学主义、现象学都可附会上。）

---

① 陈启伟主编：《现代西方哲学论著选读》，第132页。

三、实用主义及其思想特点（确立信念，排除怀疑）

由这个意义标准，皮尔士得出了他心目中的"实用主义"。他写道：

> 正像实验科学家［皮尔士心目中纯粹的、典型的实用主义者］自然会着力去做的，……我坚持这样一种理论：一个概念，亦即一个词或别的表达式的理性意义，完全在于它与生活行为的可设想的联系；这样，由于任何产生于实验的东西都明显地与行为有着直接的联系，当我们能够精确地定义一个概念的肯定和否定所包含的所有可设想的实验现象，则我们也就得到了该概念的完整定义，这个概念中也就再没有其他意义。我把这种学说命名为"实用主义"（pragmatism）。……"实践"［praktisch，康德意义上的］适用于这样的思想领域，在那里实验科学家的思想根本无法为自己建立坚实的基础，而"实用"［pragmatisch］则表达了与人类的特定目的的联系。这种崭新的理论的最为引人注目的特征正是在于它对于理论认识与理性目的之间不可分割的联系的确认。正是这种考虑决定了我对于"实用主义"这个名称的偏爱。①

> 孔子就是以这种"实用的"态度来肯定管仲之仁。《论语·宪问》："子路曰：'桓公杀公子纠，召忽死之，管仲不死。'曰：'未仁乎？'子曰：'桓公九合诸侯不以兵车，管仲之力也。如其仁！如其仁！'"

当然，由于别人对这个词的"恣意歪曲"，英国人又对它"尽挖

---

① 陈启伟主编：《现代西方哲学论著选读》，第123—124页。

苦之能事"（直到罗素，也还有），皮尔士说他不得不与自己生出的"孩子"吻别，并且重造一词："请允许我宣布一个新的名称'实效主义'（pragmaticism）的诞生，它丑陋得足以使自己免遭绑票（which is ugly enough to be safe from kidnappers）"①

由于实用主义与实证主义的内在区别（表面相似），使它具有所谓"科学主义"所不具备的许多特点，其中重要的一个就是"认识论上的非旁观观点"（罗森塔尔讲的第7点）；换一种方式讲，就是"反基础主义"（罗森塔尔讲的第10点，并与其他各点有家族亲缘力）。不认识到它就不算真正了解了实用主义，以为它只是一种重事实和实效的变相"基础主义"。

这种"非旁观的观点"在皮尔士已很明显，并因此而反对笛卡尔的"怀疑一切"的方法，那是由于相信自己理性的绝对的内在真实性而提出的。他讲：

> 有的哲学家提议哲学应起始于怀疑一切，世上只有一样东西你不可能怀疑。在这些人眼中，怀疑"就像撒谎那般容易"。另有人主张我们应该从"观察最初的感觉印象"开始，这种人忘了知觉本身正是复杂的认知过程的结果。[现象学思路！]事实上，你只可能从一种思想状态"出发"[用引号表明这"出发"并非纯净的"基础"]，这就是当你"出发"时你所拥有的那种思想状态，在这一状态中你早已拥有了一

---

① 陈启伟主编：《现代西方哲学论著选读》，第126页（译文据英文本有改变）。*Philosophical Writings of Peirce*, selected and edited by J. Buchler, New York: Dover Publications, Inc. 1955, p.255.

大堆既成的知识，一大堆你根本不能摆脱［不能怀疑］的知识。当你摆脱了一切既定知识后，你也就丧失了获得任何知识的可能性。[1]

由此，皮尔士看出一切知识与当事人的具体人生经历的联系：

> 其实，真正与你打交道的只有你的生活经历，你的怀疑和信念，而生活经历又不断把新的信念强加给你，并使你得以对旧的信念产生怀疑。[2]

这就从根本上改换了人的"科学"认知的场景。理性主义者（笛卡尔、莱布尼茨等）、（合理）经验主义者、实证主义者们似乎都相信最真实的认知是有一个"理想（基础）条件"的，是在一种尽量远离生活"习惯"干扰的、更纯粹的、更透明的主客关系和状态中进行的。而皮尔士一上来就讲的"实验室思维方式"似乎也给人以同样印象。但是，情况"其实"恰恰相反或起码不是这样。皮尔士真正要采取的是一种不离日常人生的"习惯"（信念），而只是使之"更实验室化"的认知方法或生活方式。如果没有作为思想习惯的信念（往往是某种偏见），任何认知就不可能开始。但如果你完全顺从这习惯，不对"将来"的怀疑开放，那

此段话言浅意深。正表现实用主义与唯理主义的区别。
按照它，我们可以说：硬性地反传统是愚蠢之举。正所谓："竹帛烟销帝业虚，关河空锁祖龙居。坑灰未冷山东乱，刘项原来不读书。"（唐·章碣《焚书坑》）胡适却讲："宁可疑而过［错］，不可信而过"。就此而言，胡适岂是实用主义者！

① 陈启伟主编：《现代西方哲学论著选读》，第 128 页。
② 同上书，第 128—129 页。

也不是实用主义态度。（"每个命题的理性意义存在于将来。"[1]——此句话含义极深，颇有现象学、特别是海德格尔的味道。）

"信念"是什么？"怀疑"又对皮尔士意味着什么？他认为：

这与解释学思路可相沟通。

> 信念并非意识的某种瞬时样态，它实质上是一种具有持久性的思想习惯。至少可以肯定，通常它是无意识的。如其他习惯那样（在它遇上使其解体的变故之前），它是完全自足的。怀疑则与之相反，它不是习惯，而是习惯的阙如［可见怀疑只是一种否定，不可能独自存在］。而习惯的阙如之为习惯的阙如，恰好是因为它是一种反常状态，因此，它必须被一种新的习惯所取代。[2]

"思想习惯"中"思想"的含义为："对其未来行为施加一定程度的自我控制"[3]，也就是对行为的后果进行反省、自责，再在下一次行为中加以调整。在这个"反省、自责"的意义上，皮尔士说"思维即是人的伦理的自我控制（ethical self-control）的完美镜子。"[4] 所以，我们绝不能在狭隘的意义上来理解思想，绝不能再把它看作是消极的、沉默不语的东西。相反，应该说，思想贯穿于一切理性生活中，而人的实验性的行为正是思想的一种操作活动。[5] 这样看，思想就绝不只是单纯的符号加工，

---

① 陈启伟主编：《现代西方哲学论著选读》，第134页。
② 同上书，第129页。
③ 同上。
④ 同上书，第130页。
⑤ 同上。

即对现成观念的处理、重组等等，而是一个从根本上带有"已经"有的信念或成见，在"当前"应对正在不断来到的"将来"的生动的操作过程，与"实验性的行为"相当。因此，思想的"真"与"假"就不是指与一个外在的绝对客观的事实的"符合"与否，而是与"信念"（即还能操作和行动自如的思想习惯）和"怀疑"（缺少了这种"完全自足"，信念的"解体"状态）直接相关的。（言外之意，真与假不是截然两分和完全对立的，而是可以并经常相互转化的。能够"行得通"就意味"真"，"行不通"就意味"假"。）皮尔士写道：

推到至极处，此见解就是至理。由尼采吼将出来，就令人惊骇。

> 我们可以用怀疑、信念和经验过程来定义"真"和"假"［例如，当你定义一个信念的"真"时，真即是指信念无限趋近于绝对的确定性］，……反之，倘若你所说的真和假是不能用怀疑和信念来定义的，那么你就是在谈论某些虚玄的实体，……如果你不是说你想认识"真理"（truth）而仅仅是想达到一种不被任何怀疑所动摇的信念，那么你的问题便可以大大地简化了。[①]

这引文后一半说得极有力度，极为深刻！（与老庄、孔孟、海德格尔、后期维特根斯坦都有相通处。）他并未"事先"就从逻辑上、理路上断言（也不可能断言）真理是相对的，人总可以、总要、并且在某个意义上也似乎总能获得"一种不被任何怀疑所动摇的信念"，但他强调：真与假永远与人的信念和怀疑这种人生状态（牵挂）

[①]　陈启伟主编：《现代西方哲学论著选读》，第 129 页。

内在相关。你的思想可以"无限临近上述那种确定性质"，但它从根子上还是"信念"，不是干巴巴的、"逻辑上就不可能出错"的真理。"求真"是一个动态的、趋向性的、具有时态三相交织的过程，也就是一个需要开创和不断维持的操作过程和实验过程（当然，如形成了坚固的习惯，这过程可以在下意识中进行）。"真"不是一个与某种"不变的参照物"、"终极实体"发生关系的问题，而只是与人的生存能力、问题的问法与解决相关的过程。任何真理永是"可错的"，可错论（fallibilism）是无法避免的。这一见地深深浸入皮尔士的所有学说中。

因此，皮尔士对于"个人"和"社会圈子"有了不同于传统的个人主义（个体主义）和集体主义（黑格尔主义、柏拉图主义）二分法的看法。他讲道：

> 确信并铭记这两点是至关重要的：其一，一个人绝非一个单纯的个体，他的思想就是他"与自己的对话"，也就是说，是与生活过程中所出现的另一个自我的对话。一个人的思考过程，其实就是他极力批驳另一个自我的责难批评以便说服他的过程。……其次要记取的是，人的社会圈子〔无论在这个短语的广义还是狭义上理解〕类似一个松散的集合人（loosely compacted person），在某些方面，它是高于作为个体有机体的人的。这二者使你可能……将绝对真理与你所不加怀疑的东西区分开来。①

对于罗蒂，"人的社会圈子"就是这些人的"真理之圈"。

---

① 陈启伟主编：《现代西方哲学论著选读》，第131页。

由此可见，皮尔士确实是在相当"真实"的"意义"上，开创了"实用主义"的运动，尽管他本人的思想中有一些不一致之处。

对于皮尔士的学说，可以有这样的批评：假如你能懂"如果用力压，……它不会被压扁"这一类实际后果，你也就已经知道"硬的"这类词的含义了。而对你确实不知者，以这种理智的关于实际后果的术语解释（"翻译"），是否可能导致理解呢？孩子学语言是这么学的吗？"可设想的"（"质的"）边界何在？詹姆士可能要更宽（可容纳宗教），杜威可能要更窄（自然主义）。能设想一个"不可设想有实际效果"的命题吗？

第三节　詹姆士

威廉·詹姆士（William James，1842—1910）出生于纽约，为家中长子。其父亨利·詹姆士（1811—1888）是神学家，受其父影响，威廉也有强烈的宗教情绪。他在美国纽约、法国、德国都受过教育，娴于法、德语，曾想当画家。又在欧洲熟悉了法国哲学家雷诺维耶（Renouvier）的学说。1869 年（27 岁）获哈佛医学院博士，然后生病三年。他精神上一直有冲突，主要是在科学的机械世界观和宗教关怀及对人的自由本性的关注之间的冲突。这种冲突后来使他对哲学感兴趣。1872 年起担任哈佛大学的生理学讲师。1876 年（34 岁）任生理学副教授（此类固定教职皮尔士终生未得）。1878 年与 Alice N. Gibbens 结婚。这时皮尔士在《通俗科学月刊》上提出"实用主义"。1879 年詹姆士开始在哈佛大学讲授哲学，1885 年成为哲学教授，1889

为什么有些大才（如皮尔士）终生不为学界圈子所容？有些人尽管更加怪异（如维特根斯坦），却被当时的学界奉若神明？一切"真理"也要随命运而行。

年成为心理学教授，1890 年发表影响深远的《心理学原理》，1897 年发表《信仰的意愿和其他有关通俗哲学的论文》，著名的《宗教经验种种》于 1902 年出版。《实用主义》出版于 1907年，1910 年夫妇同赴欧洲，回来后詹姆士于 8 月 26 日去世，遗三男一女。他是位在生前已名满天下的学者，以意识流心理学、彻底经验主义（关系实在论）等学说丰富和深化了皮尔士提出的实用主义，并以他的生花妙笔使之风行天下。

一、意识流学说

詹姆士以他的开创性的心理学研究为突破口，进入哲学，这是因为他的极有新意甚至"灵性"的心理学学说本身就有比当时流行的学说更深的思想方法的含义，或哲学的含义。这个学说有力地影响过现象学的开创者胡塞尔。而"现象学"从一开始就常与心理学有渊源，布伦塔诺为心理学家，胡塞尔要通过与"心理主义"划清界限才创立了现象学。格式塔心理学的影响，康德的《纯粹理性批判》第一版的"演绎"部分被胡塞尔、海德格尔认为"已在现象学道路上"，却被康德本人和许多评论者认为有心理主义倾向。

詹姆士反对心理联想主义传统（它受洛克、休谟影响），以及那时流行的类似的心理学理论，比如"构造主义心理学"。这一大派的特点是认为人的感性知觉是完全被动的和分立的，它通过感官给人提供的是一个个几乎没有理智联系的感觉"观念"或"印象"。心灵（思想）的作用则是对这些已经接受进来的观念或印象按"联想律"进行构合。一切心理现象最终都可

这种思想的"仔细想想"实为"马后炮"，当时的人正好想不到这里，何谈"仔细"？灵感的火花点燃了灯，他人才能为灯下之物争执不休。

还原为观念和印象。仔细想想，可知这种似乎把经验主义和唯理主义区分开来，但又为两者共同认可的感觉观(或感觉与思想的二元论)中有许多破绽，有一些未经切身的审视就被视为想当然之教条的前提。比如：为什么感官接受的印象是分立的，或一个印象一个印象的？为什么感官只是被动地而不是糅入了某种动态的、主动的(有所选择的)方式来接受印象？为什么感知和意识(起码从认识逻辑上)要分成两步走，感觉完了再加工联结？等等。

詹姆士的"彻底经验论"的见地就在于，根本不事先就承认这一大堆想当然的认知模型的构件，而是诉诸对人的(首先是自己的)心理现象的直接观察。这也正是实用主义精神：一切要以生活经验的实际发生和产生效果的方式为准。他看出感觉经验与思想其实在一开始就是不可分的，它们既生动又单纯，无微不至，无处不"照顾"(牵引)到，不然就不会有东西呈现。他写道：

> 没有任何人曾经有过一个孤立的简单感觉。意识，由我们出生的日子起，就饱含许许多多的对象和关系；我们所谓的简单感觉，其实是辨别的注意的产品[后来杜威突出了这一点]。……感觉是思想的元素之一。[①]

而这个包含着感觉的意识(或思想)，依据各种心理现象看来，

---

① 威廉·詹姆士：《心理学原理(选译)》，唐钺译，商务印书馆1965年版，第71页。

从根本上讲是连续的。(这是他讲的"意识"或"思想"的五个特性中最重要的一个,变化性也极重要。)詹姆士写道:

在每一个人的意识之内,思想觉得是连续的,这个命题有两个意义:一、就是有个时间上的断缺,断缺后的意识觉得与断缺前的意识是连成一气的,觉得是同一自我的别一部分。二、意识的性质在各刹那间的变化,永远不是绝对突然的。[①]

可与莱布尼茨的"连续律"(《单子论》11：13）对比。只要看到现实中的连续过程,形而上学就会瓦解。

他说明(一)的例子是:"在羊痫疯和昏倒时候的无意识状态,意识生活的两断头可以碰合起来,把那缺口盖住;〔如眼中盲点不造成视觉断裂〕……无论旁观的心理学家看法如何,在这意识看来,是完全不断的。……要意识觉得对于它客观的中断是断缺,好像要眼睛因为听不见觉得静寂是断缺或是耳朵因为看不见觉得黑暗是中断一样。"[②]（读这种话,让人为人的不可避免的自迷、生命本身的自迷悲哀,甚至伤感欲绝。）这其实就在暗示,"思想"或"意识"从本性上就是粘连的,要交融为一的,充满原发的综合和理解样式的,不然它就不再是活的思想和意识。这与实用主义的意义观(注重实际后果)、真理观(不离习惯、信念/怀疑)有关系,甚至就是其前提:任何知觉与思想已有趋向或动态结构了,所以意义只能看效果,真理离不开信念和习惯。但后两者(意义观

---

①　威廉·詹姆士:《心理学原理(选译)》,唐钺译,第85页。
②　同上书,第86页。

和真理观）中的"目的"朝向,不如这里讲的生存境况或"思想流"本身的趋向或综合那么微妙。

另一例是"觉出来的断缺",比如睡眠。但人睡醒后的意识与以前的意识"是内部贯穿和打成一片的"[1],因为有一种原本意义上的"记忆"（"想象力"）。"［彼得］记得(remembers)他自己的心理状态,但他只能设想(conceives)保罗的心理状态。记忆就像直接觉得一样;记忆的对象渍透了一种温热和亲密(warmth and intimacy);［与内在时间的性质有关！］仅仅设想的对象决不会有这种温热和亲密。"[2] 所以,这个在物理时间中觉到时间上断缺的思想或意识还是觉得是连成一气的,属于一个公共的整体——我自己(myself, I, me)。[3] 这已接触到了现象学的最深问题之一,即现象学时间与自我意识的关系问题。于是就有这一段标明了"意识流"的影响巨大的话:

　　　　所以,意识,在它自己看,并不像切成碎片那样。像"锁链"(chain),或是"贯穿"(train［列车］)这些名词,在意识才呈现的当儿,并不能够形容得适当。因为意识并不是衔接的东西,它是流的。形容意识的最自然的比喻是"河"(river)或是"流"(stream)。此后我们说到意识的时候,让我们把它叫作思想流(the stream of thought),或是

古印度的《唵声奥义书》说:"那种没有任何欲望、不见任何梦境的睡眠即是熟眠。熟眠位是成为一体〔的状态〕,是认识之积聚,是由喜所造,享用〔体验〕喜,以心思为口。"我们能够知道自己昨夜有了一个无梦的熟眠。靠的是什么?

相比于"锁链"说,意识"流"说的最大长处在于表明关系或"意义"就属于这最原初的意识状态,或主客、能所还未裂分的状态,根本就不需要再从其他地方（比如知性、先验主体性）获得这些意义联系。胡塞尔后期讲的"发生现象学",尤其是海德格尔讲的"人的实际生活"本身所具有的"形式指引"的学说,可以视为是詹姆士意识流学说的进一步哲理化,取得了更自觉的方法论形态。

---

① 威廉·詹姆士:《心理学原理（选译）》,唐钺译,第86页。
② 同上。
③ 同上。

意识流，或是主观生活之流。①

　　他自然也意识到这种说法与赫拉克利特说法的某种关系。②这样也就完全改换了对于感觉和各种意识活动的模式(结构)的看法。这也就是(二)所说的。"意识在各刹那间的变化，永远不是绝对突然的"。而这就意味着，平常让我们明显注意到的这个印象和另一个印象之间，一定有连续的过渡带或"关系"。"过渡"和"关系"对于意识来讲是真实的，绝不比"印象"、"观念"缺少真实。

　　比如突然打雷，与刚才的静寂之间似乎有断裂，把我吓得有些昏乱。"但这个昏乱也是个心理状态，把我们由静寂过渡到响声的一个状态。……这种过渡是意识的一部分，就像竹节是竹的一部分一样。……以前的静寂之觉暗暗钻进雷声之觉里头，而且在雷声之觉内继续下去；因为在雷响的时候，我们听见的不是纯粹雷声，而是打破静寂而与静寂对衬的雷响。"③像这种精彩的、有"美感"的话在他的文章中不断进现。

　　当心理作用和现象的推移"速度慢的时候，我们在比较安闲并稳定的情境之下觉到我们思想的对象。在速度快的时候，我们觉到一种过程，一种关系，一种由这个对象出发的过渡，或它与另一个对象中间的过渡。……好像一只鸟的生活，似乎只是飞翔与栖止的更迭。"于是詹姆士写道：

---

① 威廉·詹姆士：《心理学原理（选译）》，唐钺译，第 87 页。
② 同上书，第 81 页。
③ 同上书，第 88—89 页。

让我们把思想流的静止的地方叫作"实体部分"（substantive parts），它的飞翔地方叫作"过渡部分"（transitive parts）。[1]

这"过渡部分"也就是趋向的、关系的、"虚的"部分。以前的思想家（心理学家、哲学家）大都忽视了它们的真实性和重要性。"一切学派容易犯的大错，一定是没有看到思想流的过渡部分而把它的实体部分过分重视了。"[2]造成这种状况的一个原因是"内省这些过渡部分"是极其困难的。于是有这样一段生动的阐释：

> 思想的冲进那么急猛，所以我们差不多总是在还没有捉住过渡部分的时候已经到了终结了["无明"的原因]。承在热手上的雪花并不是雪花了，只是一滴水；同样，我们要捉住那正要飞到它的终结的关系之感的时候，我们并没有捉住它，所捉到的只是一个实体部分，通常只是我们正说的最后一个字，硬板板的，它的功用、趋势和在句内的特别意义通通烟消火灭了。在这些地方，要想做内省分析，事实上等于要凭借捏住正在旋转的陀螺，来捉到它的运动，或是等于想快快开亮煤气灯，看黑暗的样子。怀疑 妙！的心理学家一定会向任何主张有这些过渡的心理状态的人

---

[1]　威廉·詹姆士：《心理学原理（选译）》，唐钺译，第91页。

[2]　同上书，第92页。

可对比柏格森对同一问题的类似论述（柏格森："变易的知觉"，载陈启伟主编：《现代西方哲学论著选读》，第50页以下）。

挑战，请他"呈出"（produce）这些状态来。但这种挑战，同芝诺对付主张有动的人的法子一样不合理。芝诺请主张有"动"者指出箭矢动的时候是在什么地方，因为他们不能直接答复这个怪诞的诘问，芝诺就根据这个，说他们的主张是错误的。[①]

根据这个新的发现，即发现了过渡关系是经验的内在成分，詹姆士看出感觉主义（比如休谟否认关系的感知真实性）和唯理主义者们（否认"关系之感"，即感觉体验中关系的真实性，而认之为由感觉之外的更高的思想和理性提供的）都不对。"在自然事物中确有物与物间的关系，我们也确切地，并且更确切地看出，有认识这些关系的觉态。在人类语言里，没有一个接续词或前置词[介词]，并且差不多没有一个副词性短语，或句法，或语言的变化不是表示这一色样或那一色样的关系。"[②] 这是同发现关系几乎一样重要的发现，即我们的语言是有办法来以非实体的、"飞翔着"的方式来表达那些过渡部分的。他写道：

> 我们应该说"并且"（and）之感，"假如"（if）之感，"然而"（but）之感，以及"被"[如被人欺]（by）之感，也像我们说蓝色之感，寒冷之感那么顺嘴容易说。可是，我们并不这样。经验主义者老说起语言有种力量，使我们

① 威廉·詹姆士：《心理学原理（选译）》，唐钺译，第92页。
② 同上书，第93页。

设想"有一个独立的名字，就有一个与它相当的独立的东西"；那一大堆抽象的对象、原理、势力，除了有个名字以外毫无其他根据。经验主义否认有这一堆东西，是对的。可是，他们对于与这个相对的谬误，丝毫没有提到；这个谬误就是设想没有这个名字，就没有这个东西。因为这个谬误，一切"哑巴的"，无名字的心理状态都被冷酷地取消了；或者，万一承认这些状态，也是按它所到达的知觉把它叫作"关于"（about）这个对象或"关于"那个对象的思想。"关于"这个笨语的单调声音，把这些状态的一切微妙的特色都埋没了。实体部分不断地越来越注重，越来越孤立，就是这样来的。[①]

由此可见，詹姆士的思想，起码在表达"思想流"时，已经与传统经验主义很不一样了！但他似乎在后来说明实用主义方法时，未充分吸取这种非实体的经验观的含义。所以，关系实在论尽管突破了传统思维模式，但还未达到境域（语境、时境等）的实在论。他发现的这些"并且"、"然而"的趋势还未自成一片，还未具有本身的构意机制。

他在"趋势之觉"这一节中给了许多意识到过渡趋势、关系的例子，极生动，可视为现象学阐述的典范。他这样讲：

设想三个人先后对我们说"等！""听！""看！"。虽然

---

① 威廉·詹姆士：《心理学原理（选译）》，唐钺译，第 94 页。

在听见三者之中任何一个的时候，我们心上并没有一定对
象，我们的意识却发生三种完全不同的期望态度。[①]

这种"期望态度"，就是构造出非对象化意义的意向姿态、"形
式指引"，后来海德格尔的方法也就源于这种见地。

> 设想我们追忆一个忘了的姓。我们意识的状况是
> 很特别的。我们意识里有个缺口：但却不只是缺口。这
> 缺口是个极端活动的缺口。这缺口里好像有个姓的魂魄
> ［wraith，鬼魂、幽灵］，指挥［becken，召唤］我们朝某方向去，
> 使［tingle with，刺激得］我们在有些瞬间觉得快要记起，而
> 所要记的姓结果又没来，使我们沮丧［sink back］。假如
> 想起来的姓是错的，这个非常特别的缺口就立刻排斥它；
> 因为这些姓与这个缺口的模型不相配。……空的意识不可
> 胜数，其中没有一个本身有名字，而却个个彼此不同。……
> 一个忘掉的字的节奏会挂在心上，虽则没有包含这个节奏
> 的声音；或是，对于似乎是一个字的字头的元音或辅音的
> 模糊感觉会往来飘忽地捉弄我们，而始终不变成更分明。
> 有时候，有一句诗忘记了，只剩下空的音节，这些音节在
> 心上跳来跳去，想找字补上；这种空音节会撩乱心思，一
> 定是人人都知道的。[②]

妙笔生花之处。
其哲理含义，乃至宗教
含义，也如下面讲的"空
音节"，在人的"心上
跳来跳去"。

活的空，妙的无。如果
用海德格尔的话讲就
是："存在本身"是最
大的缺口或空无，它在
一切存在者之前已被非
对象化地感受到了，并
且（如这里所讲的）使
得后来对存在者们的
"记起"可能。

---

① 威廉·詹姆士：《心理学原理（选译）》，唐钺译，第98页。
② 同上书，第98—99页。

这一段简直就是老庄的心理学版。"道"既是充满提示力的"缺口"（无，冲，虚），又是"过渡"（水道，惚恍）。"为无为，事无事，味无味。"[①]"御六气之辩[变]，以游无穷。"[②]而这"气变"之"游"，就是"逻辑的动向"、"翱翔的影子"：

> 这些仅是逻辑的动向的影子，是心理的过渡，好像总在翱翔，除在它飞的时候，是不能瞥见的。这些影子的功用在于从这一组意象领到另一组意象。在这些"影子"来临的时候，我们觉得那些渐长的和渐消的意象。这种"觉得"是很特别的，与这些意象整个在心上的时候完全不同。假如我们想要抓着这个方向之觉，结果意象整个来了，而方向之觉反而消灭了。[③]

"已而不知其然，谓之道。"（《庄子·齐物论》）

这"方向之觉"，就是"道"，它给我们悬空的"立意"。

> 要说一件事的立意……，[一开始]几乎没有任何意象。稍迟一会，语言和事物都到心上来了；那预期的立意，那先兆就没有了。然而，取而代之的语言来到的时候，假如与这个立意相合，它就陆续欢迎这些语言，认为它们是对的；假如不合，它就摒弃这些语言，认为它们是错的。所以这个立意作用有极坚确的特性。[④]

海德格尔讲的"时间"，也就是那被"朝向死亡的存在"和"先行的决断"开启的、由"将来"引领的时间，在詹姆士的描述中也能舒卷自如、得其所哉。

---

① 《老子》第六十三章。
② 《庄子·逍遥游》。
③ 威廉·詹姆士：《心理学原理（选译）》，唐钺译，第100页。
④ 同上书，第101页。

他又把这种过渡称为"'心灵的泛音,灌液,或说边缘'(psychic overtone, suffusion, fringe)。"①

这个正像音乐中的泛音(overtones)。不同的乐器发出同一个乐音,但色彩各不同,因为每个乐器除了那个乐音之外还发出它的许多不同的上列倍音(upper harmonics)——这些泛音是随乐器而不同的。耳朵并不各别地听见它们;它们与基音(fundamental)混合起来,灌注它,改变它。②

胡塞尔怎能不受这些描述的影响?

于是,他写了这样一段概括性的话:

可是,我所坚持的,并且屡屡举例以证明的,乃是:"趋势"不只是从外面看来的描写,趋势也是思想流中的对象——思想流由内面觉到这些现象,并且思想流一定要被认为大部分是趋势之觉所构成(这些觉态往往很模糊,弄到我们几乎不能命名)。……[所以他讥评]休谟和贝克莱的可笑的主张,以为我们除了性质完全确定的意象以外,不能有任何意象。③

这里一切都说得极好,只有"趋势也是思想流中的对象"一句,

---

① 威廉·詹姆士:《心理学原理(选译)》,唐钺译,第106页。
② 同上书,第105页。
③ 同上书,第102页。

反映了詹姆士的局限，即认为一切可认知者都必是某种意义上的"对象"，尽管可以很模糊，而不可能是与人共飞翔的纯意义、纯趋向的虚义。"它"并不一定作为一个认知主体的对象而被觉知，而只是一种"有了(*存在着*)"、"来了"、"去了"……的纯意向领会。

二、彻底经验主义

这个彻底经验主义的生动雏形就是"意识流"。我们看詹姆士的表达：

> 一种经验主义，为了要彻底，就必须既不要把任何不是直接所经验的元素接受到它的各结构里去，也不要把任何所直接经验的元素从它的各结构里排除出去。对于像这样的一种哲学来说，连结各经验的关系本身也必须是所经验的关系。而任何种类的所经验的关系都必须被算做是"实在的"[，]和该体系里的其他任何东西一样。[①]

这正是胡塞尔提出的"一切原则之原则"的先声。胡塞尔的表述是："每一种原初给与的直观都是认识的合法源泉，在直观中原初地（可说是在其机体的现实中）给与我们的东西，只应按如其被给与的那样，而且也只在它在此被给与的限度之内被理解"（《纯粹现象学通论》第24节，李幼蒸译，商务印书馆1992年版。）

可见"彻底经验主义"的"彻底"二字就意味着那比传统经验主义"多"出来的"关系"，即看到"关系"也是直接可经验的。其实这就已经极大地改变了整个经验观。罗森塔尔正确地看出这种实用主义离现象学比离经验主义更近。但詹姆士本人在当

---

① 威廉·詹姆士：《彻底经验主义》，庞景仁译，上海人民出版社2006年版，第29页。英文版第42页。

时不自觉，不然他会更伟大得多，更"后现代"得多。

他将"纯粹经验"（pure experience）称为直接的生活之流。他这样讲：

> 我把直接的生活之流［the immediate flux of life］叫作"纯粹经验"，这种直接的生活之流供给我们后来的反思与其概念性的范畴以物质材料［material］。只有新生的婴儿，或者由于从睡梦中猛然醒来，吃了药，得了病，或者挨了打而处于半昏迷状态中的人，才可以被假定为具有一个十足意义的对于这的"纯经验"，这个这还没有成为任何确定的什么，虽然它已准备成为一切种类的什么；它既充满着一，同时也充满着多，但是各方面都并不显露出来；它彻头彻尾在变化之中，然而却是十分模糊不清，以致它的各方面相互渗透，并且无论是区别点或是同一点都抓不住。①

如果这种纯经验被区分、重组、抽象，再给以名字，就成为理智能把握的东西的概念、命题、主张等等。所以，传统哲学的不同主张的对立就是因为未看到双方由之出发的共根，而只执着于一种已被抽象化、孤立化的东西。他写道：

> 思维和事物，就它们的质料来说，绝对是同质的，它

---

① 威廉·詹姆士：《彻底经验主义》，庞景仁译，第 65 页。

们的对立仅仅是关系上和功能上的对立。我曾说过，没有
什么与事物素质不同的思维素质；不过同一的一段"纯粹
经验"（这是我给任何事物的原材料所起的名称）既可以
代表一个"意识事实"，又可以代表一个物理实在，就看它
是在哪一个结构里。①

> 称之为"原材料"并不
> 合适，好像它本身缺少
> 自己的关系结构似的。

而"认识"也因此不再被认作是两个"绝对不连续的实体[比
如主体与客体]"②之间的关系，而是"属于同一个主体的两件现
实经验"，在它们之间有着连续性的过渡经验的确定或可能的
地带。比如有一个"纪念堂"的认识，不是仅指我心中有它的
观念，而是指(比如)"我能领你到纪念堂那儿"③，"我的观念通
过一系列对于[与我预感的]相同和得到了应验的意向的连接性
经验而过渡到了那上面。没有一个地方发生了什么意外的不调
和现象，而是每一个较后的环节都连续了和不断证了较前的
一个环节。""无论什么地方，只要这样的一些过渡被感觉到，
那么第一个经验[这初始经验往往是一个'空的立意'，但已有辨认功能，
却不完全现成]就认知最末一个经验。什么地方它们[即这样的连
续过渡]不介入进来，或者什么地方它们甚至不能作为可能的东
西介入进来，什么地方就说不上有什么认知"。④

> 这种认识观尽管蛮有活
> 力，如惠特曼的《草叶
> 集》所表现的，但相比
> 于上面介绍的意识流或
> 趋势之觉的学说，就略
> 显粗糙和外在了一些。

---

① 威廉·詹姆士:《彻底经验主义》，庞景仁译，第96—97页，英文，第
137—138页。

② 同上书，第36页，英文，第52页。

③ 同上书，第38页，英文，第56页。

④ 同上书，第38—39页。

三、作为方法的实用主义和真理

詹姆士认为实用主义不是一种本体论的主张，而是一种方法(和一种真理发生论)。所以他讲的"彻底经验主义"尽管与他讲的实用主义有内在关联，但却不等同。

他讲："实用主义本来是一个解决形而上学争论的方法，没有这个方法，那些争论可能永远没完了。世界是一还是多？是注定的还是自由的？是物质的还是精神的？这些见解对于这个世界来说可以都对，也可以都不对；对这些见解进行的争论永无止境。在这样的情况下，实用主义的方法就在于试图找出每一种见解的实际后果来说明这种见解。要是这种见解真而那种不真，对一个人来说实际上会发生什么差别？要是看不出任何实际差别，这两种见解实际上就是一回事，全部争论都是废话。只要一项争论是严肃认真的，我们总应当能够指出，这一方对或那一方对必定会引起某种实际上的差别。"①

在另一处他写道："实用主义的方法，不是什么特别的结果，只不过是一种确定方向的态度。这个态度不是去看最先的事物、原则、'范畴'和假定是必需的东西，而是先看最后的事物、收获、效果和事实。"②

结合皮尔士所讲，这个方法的意思是较易理解的。一些哲

> 关键是如何理解这"实际"的意义。

①　威廉·詹姆士：《实用主义》，陈羽纶、孙瑞禾译，商务印书馆 1983 年版，第 31 页。

②　洪谦主编：《西方现代资产阶级哲学论著选辑》，第 150 页。出自《实用主义》。

学史家讲皮尔士强调概念的可设想的实际效果是看重某种"普
遍观念"，詹姆士则强调效果的特殊性，或对个人的作用；皮尔
士重"意义"问题，詹姆士则直接讲"真理"。我迄今却还看不
出这些方面有什么重大区别。皮尔士一样强调具体的行为中的
感性效果，也讲"一个概念如果真，那么意味着……"。他们之
间在这些问题上是否有重大区别，有多大的区别，这是一个值
得再思考的问题。

詹姆士举了"这人是不是绕着松鼠跑？"的争论，然后"根
据你们实际上以哪种方式（在松鼠的东西南北，还是在它的前
后左右）理解'绕着'这个动词作出结论"。[①] 他赞同意大利实
用主义者帕比尼的比喻："实用主义在我们的各种理论中就像
旅馆里的一条走廊，许多房间的门都和它通着……"。"我说实
用主义是一个中间人，一个和事佬。……在宗教范围内……它
既胜过实证经验主义及其反神学的倾向，也胜过宗教理性主义
及其专门追求遥远、高尚、单纯、抽象的概念的狭隘兴趣。……
实用主义愿意采纳任何东西，既遵从感觉，又重视最卑微、最
个别的经验。要是神秘经验有实际上的效果，它也愿意重视神
秘经验。"[②]

从这里就引出他的真理观。他写道：

它［实用主义］检验或然真理［不是逻辑、数学的"必然真理"］

---

①　洪谦主编：《西方现代资产阶级哲学论著选辑》，第150页。出自《实用
主义》。

②　同上书，第154页。

的唯一标准，就是看哪个能给予我们最有效的指引，哪个最能适应生活的各部分，把它与经验的各种要求全部结合起来，毫无遗漏。要是上帝的概念确实可以做到这一点，实用主义又怎么能否认上帝存在呢？①

可见，他表面上不反对传统的"真理符合论"，但将传统的那种"惰性的、静态的"符合关系②改变为"符合人的具体实际"。而这却是一件动态的、与人的生活行为方式和经验内在相关的事。

所以他反对理性主义的真理观，那种真理观认为真观念一旦得到，就永恒不变了，这件事就算办完了，结了案了。詹姆士相信：

真观念就是我们能够消化、受用、确认、证实的那些观念。假观念就是我们不能这样做的那些观念。[这是渗透美国人意识的、有绝大影响力的信念。它使美国人不默守成规，但又不只按理想而冒进、革命；思想观念、信仰与实际人生相交相造。既生动，又多机会，充满经济、社会改革、教育改革……的活力，且很少有发自"古怪的"宗教传统、文化传统的大意趣、大悲剧，比如俄国、德国、法国的民族气质。]这就是我们由于拥有真观念而产生的实际

> 如果这"我们"不同时被"那些［正在生成着的］观念"所构成着，而只是在"消化、受用、确认、证实"它们，那么这真观念之说就还不够"流"化、纯"趋势"化，也就易为人诟病。

---

① 洪谦主编：《西方现代资产阶级哲学论著选辑》，第154页。
② 同上书，第156页。

差别，因而也就是真理的意义所在，因为我所体会到的真理无非就是如此。[即真理是有"兑现价值"的支票；谬误或非真理是兑现不了的空头支票。"真理大都是靠一种信托制度过日子。"①]

所以他认为：

> 一个观念的真理性并不是它自身固有的一种静止的特性。真理性是一个观念所遭遇到的。观念是变成真的，是事件使它真的。它的真理性实际上是一个事件，一个过程，亦即它对自己进行证实的过程，它的证实活动。②

在这观点看来，那"满坑满谷，死无对证之理"（贺麟等批驳冯友兰《新理学》新实在论之理的话），就根本不是真理。"观念是变成真的，是事件使它真的"，说得极有新意和历史感、人的生存感，不活在境遇中的观念（不管是神还是理想）或"理"（不管是天理还是法理）根本不算什么真理。

所以，占有真理本身不是目的，没有那让精神贵族收藏起来只做鉴赏的、夸耀于人的真理，真理只是求得生活上使人满足的、带有时效的和对人有用的手段。他举一个在森林中迷路之人，发现了一点似乎是牛踩出来的痕迹或路，他的猜想……

---

① 洪谦主编：《西方现代资产阶级哲学论著选辑》，第160页。
② 同上书，第157页。

最后导致得救,[①] 那么这观念就是有用的,而这种有用也就是真观念。当然,"储备一批额外的真理,一批在可能发生的情况下会变成真的观念,显然是有好处的"。[②] 人平日也大都要靠间接真理,即信托型的真理过活,但这些过程或链条有终端,即能对人生的追求起作用。"那时[储备的观念从冷藏库里跑出来发生作用]你就既可以说'它因为真所以有用',也可以说'它因为有用所以真'。这两句话说的恰恰是一回事,就是:这里有一个观念得到实现了,能够证实了。"[③] 平日人们讲实用主义是"因为有用所以真",看来有些偏,因它也讲"因为真所以有用"。但它明显地不同于传统的观念符合型的真理观,与"实践检验真理"说也不一定相同,因后者还可以认为"真理本身"是自在真的,实践只是"检验",让它显露出来,让它被认可。

问题是:要"额外"到什么程度?如果还局限于当前的目的论视野,那么就没有什么真正的"额外"可言;但如果超出了这个视野,那这"额外"会发散到哪里去?还有什么界限能把它与其他的"主义"区别开来吗?

"真是善的一种"。[④] 因为这种真观念使人生快乐,产生实效;所以,我们"应当相信它"。"任何观念,只要能够证明自己从信仰上说是好的,而且从一些确定的、明显的理由说也是好的,那就被称为真的。"[⑤] 这里,认识论与伦理学被打通了。

从"意识流"到"彻底经验论"或"关系真实论",再到"实用主义方法和真理观",詹姆士的思想的原创和微妙程度(这微妙表现在"趋势与过渡皆真实"、"当场的虚构"等学说中)递次下降,但

---

① 洪谦主编:《西方现代资产阶级哲学论著选辑》,第 158 页。

② 同上。

③ 同上。

④ 同上书,第 153 页。

⑤ 同上。

未完全失去。讲后果（最后者）、效果、有用，似乎就只是专注于意识流中"实体的部分"了，未充分开展"意识流"中那面向"可能"、"不现成的记忆缺口"、"一开始要说话的意愿"的那种"凭空而行"的思路。面向将来，面对人的意识行为中的"飞翔的""非实体的"之部分，就可能有更微妙的主张。实用主义的困难在于："实效"或"有用"在面对将来时不自明，所以"将来有用"时常出人意表，你知道该"储备"哪种观念？这时就不能只靠清点"后果"来行事了。更要利用"记忆的缺口"那种隐含的方向感，那些不露面的提示。而这也并非等于（尽管不隔绝于）"神秘主义"和"相信的意愿"，其中还有思想本身的维度，有非概念理性探讨的可能。

第四节　杜　威

约翰·杜威（John Dewey，1859—1952）出生于佛蒙特州（Vermont）的伯灵顿（Burlington）。在佛蒙特大学毕业后，成为一位高中教师。但他对哲学的兴趣和初次撰文的成功鼓励他于1882年进霍普金斯大学，在那里他上了皮尔士的逻辑课，但受到的主要影响来自 G. S. Morris 的唯心主义（新黑格尔主义）。

从 1884 到 1894 年，他在密歇根（Michgan）大学执教，中间在明尼苏达大学教书一年，主要执一种接近新黑格尔主义的观点，但受到詹姆士《心理学原理》的强烈影响。1887 年他发表了《心理学》，逐渐成为一名实用主义者，主张用心理学来研究教育，应将教育实验当作哲学在实际生活中运用的重要内容。

1894 年杜威去芝加哥大学任教，待了十年。这十年是他学术生活中的重要时期，创办实验学校，重视实际技能的训练，与米德（George Herbert Mead, 1863—1931）等一起形成"芝加哥学派"。1904 年成为哥伦比亚大学的哲学教授（胡适自 1915 年起是他的学生），1929 年退休并任荣誉教授。

1919 年杜威到国外讲学，先到日本，于"五四"前夕到中国，在北京、上海、南京作一系列有关实用主义的讲演，经胡适的解释和宣扬，对中国思想界有较大影响，但惜乎未及其微妙处。

杜威一生出版了 30 种著作，近千篇论文。涉及哲学、伦理、社会政治、心理、教育、艺术等方面。主要著作有：《我们怎样思维》（1910）、《实验逻辑论文集》（1910）、《哲学的改造》（1920）、《经验与自然》（1925）、《确定性的寻求》（1929）、《公众及其问题》（1927）等。

他在国外以"工具主义"（instrumentalism）型的实用主义著称，比詹姆士更偏向"科学实验的方法"，不喜欢神秘主义和一般意义的宗教，自称是"经验自然主义"（empirical naturalism）。

一、经验的自然主义

对"经验"的看法是他哲学的出发点。这方面受皮尔士、特别是詹姆士"意识流"及其对感觉 / 思想经验的理解的巨大影响。基本见地几乎都是詹姆士的，但他加上了"生物进化论的"（有机体与环境之间的"相互作用"）的讨论模式。这也就是他讲的"自然主义"的含义:思想没有任何非自然的、高于自然的"先天"来源,完全是有机体与环境之间相互作用的进化产物。这与詹姆士的"关系、过渡也真正属于意识流经验本身"的思路或思想方式是一致的。

按皮尔士和詹姆士的"意义"和"真理"理论,人与环境的关系首先不是现成主体与客体的二分局面,而是一个追求自己的某些特殊目的的行动者与其"环境"原本就搅在了一起的关系。而且,在杜威这里,这形势被充分"生物学化",看成任何有生命者的生存与它已生存于其中而且还要继续生存其中的环境的关系。杜威写道:

> 生物学发展的结果,曾经使这个局面[传统的"感觉观"支配哲学的局面]转变了。凡是有生命的地方就有行为、有活动。为了使生命得以维持,这种活动应当是连续不断的,同时也应当与环境相适应。而且,这种适应环境的调节作用并不是完全被动的,并非仅仅是有机体受环境的塑造。连一个蛤蜊也对环境有所作为,在某种程度上把它加以改变。……为了维持生命,就要改变周围环境中的某些因素。生命的形式愈高,对环境的主动改造也就愈重要。[①]

可见,生物体与环境之间没有根本的断裂,是"连续不断"地相

让关系实在论"降落"到或深入到生物界,是对詹姆士学说的有益扩展,但杜威的解释方式似乎还未穷极意识流学说的"生发"之妙。

---

① 洪谦主编:《西方现代资产阶级哲学论著选辑》,第164页。

互作用的"流"，而非"锁链"式的关系。

这一道原本的、比表面上的生物体和外环境都更深入和生动的"环流"，就是杜威心目中的"经验"。他这么主张：

> 生物受着自己的行为后果的影响。行动和遭遇之间这种密切联系，就形成了我们所谓经验。没有联系的动作和没有联系的遭遇都不成其为经验。假定一个人睡着时被火烧了。火烧掉了他身体的一部分。这焚烧并不是从他所做的事情产生出来的一清二楚的结果。这里头并没有什么东西可以称为经验。……再假定一个不住地乱动的婴儿把手指放在火里；这动作是随便的，并没有目的，也没有意图和考虑，但是结果发生了事情。这孩子尝到了烫的滋味，感到了痛苦。这个动作和遭遇，亦即伸手和被烧，联系了起来。于是这一件事就暗示着、意味着另一件事。这样就有了一项意义重大的生动经验。[①]

注意：这"经验"从根子上就充溢着"联系"（发生了事情，动作和遭遇）；正体现出"意识流"和"彻底经验论"的精神。但是，这种"联系"还不是在对于"过渡"、"趋势"那些还不成"实体对象"的体验之中揭示的原发意义构成，在一切有形的区别之先；而是已分成了"有机体"与"外境"的形势下的相互遭遇和相互影响（相互有后果、有实效）。这就既在一个动态的、生存的形势

---

① 洪谦主编：《西方现代资产阶级哲学论著选辑》，第165页；选自杜威：《哲学的改造》。

中更为双向地体现出实用主义的意义观（能产生可设想的实际后果者才有意义），又未使之发生于无形而有（迹）象的纯流变之中。

真正彻底地贯彻这种经验观，并认为一切认知都以这种经验为来源，那么整个"认识论"的格式就都改变了。认识（经验）从一开始就充满了趋势（后果、预期、调整……）和相互作用，根本没有纯被动的与外界相接的感觉和主动的但只与感觉材料相接的心灵之分。任何感觉已经处在了这样一个相互作用的充满（哪怕是无意识的）"问答"或"刺激／反激"的意义发生机制中，所以绝不只是接受被动的、孤立的信息，而是总与那带有总体含义和超出本身"内容"的后果相关联。"对于一个动物来说，眼睛或耳朵的感受并不是一件消极的情报，告诉它有某件事情在外界无关痛痒地进行着。它是一种邀请，一种诱导，指引它采取必要的方式去行动。它是行为的线索，是指点生活适应环境的指南针。它在性质上是催通的作用，而不是辨认的作用。经验主义与理性主义对于感觉的认识价值的争论，全部化为过时的古董。对感觉的讨论是属于直接的刺激反应项下的，并不属于［依据'消极的情报'的］认识的项下"。[①]

杜威举了一个例子，以说明感觉是"行动转变方向的信号"：

　　一个记笔记的人，当铅笔好使的时候，并不感觉到铅笔对纸或手的压力。铅笔发挥的作用只是激起灵活有效

杜威的这一看法与胡塞尔对经验和现象的看法的不同在于：并不是像胡塞尔讲的那样，先有辨认与获得式的"感知"表象，再对这感知表象形成"态度"（肯定、否定、喜欢、讨厌……），而是一开始就是辨认不离态度、态度也不离辨认的趋势。当然，他们都不同于传统的经验论与唯理论的经验观，不割裂现象与现象之间的非主观联系。在这方面，杜威更靠近海德格尔。读者可参阅海德格尔在《时间概念史导论》（《海德格尔全集》德文版20卷）的"预备性部分"中对胡塞尔思想的释评，特别是其中举的"知觉一把椅子"的例子（第26—27页）。

———————
① 洪谦主编：《西方现代资产阶级哲学论著选辑》，第166页。

的调度。感觉活动自动地、不自觉地引起适当的运动反应。……如果铅笔头断了或秃了，写字的习惯不能顺利地发挥，那就发生了一种意识冲击：感觉到出了事情，有点不对头。这个情绪上的变化所发挥的作用是激起活动中的一种必要的改变。这人看看铅笔，把它削尖，或者从口袋里取出另外一支铅笔。这个感觉乃是重新调节行为的关键。它标志着原先的写字常规发生中断，另外的某种活动方式正在开始。……感觉并不是任何认识的一部分。……感觉激起了、惹起了、挑起了一种研究活动，这种活动最后必将导到认识。①

参阅海德格尔相关讨论，比如对于"［使用工具的］称手状态"的分析（见《存在与时间》德文版第 15 节）。

这样，就不会将洛克、休谟讲的"观念"、"印象"当作真正属于经验的东西，也就不再需要康德式的先天概念和范畴来综合所谓经验材料了。杜威讲：

真正的经验"材料"被认为是行动的适应过程，习惯，活动机能，行为与遭遇的联系，感觉与活动的互相协调。经验本身就包含着联系与组织的原则。［这与詹姆士同义，但是已在"行动"、"适应"这些生物体／环境的层次上。］这些原则并不因为属于生活和实践、不属于认识论而降低价值。即便是最低级的生命，也必须有某种程度的组织。连一个变形虫也一定要有一段连续的时间去活动，一定要对它的空间

好！

———————————

① 洪谦主编：《西方现代资产阶级哲学论著选辑》，第 167 页。

环境有所适应。它的生活和经验决不可能寄托在刹那生灭的、原子式的、孤立的感觉上。它的活动与它的环境、与过去未来的事件是关联着的。生命所固有的这种组织，使超自然的或超经验的综合成为不必要的赘物。它［即生命本有的组织］是经验的一个组成因素，为心灵的积极进化提供了基础和材料。①

但是，如果像古希腊的巴门尼德所讲，"存在"是一个不动的整球，那么它表现于变化运动着的现象界时，就只能首先呈现在一个无跨度的——"原子式的、孤立的"——切点上。

精彩的发生现象学！当然是实用主义品牌的。

这就是所谓"经验的自然主义"，即（1）生命体总已处于自然之中。（2）这种"总已处于自然之中"具有根本的认识论意义，因为它必须对所处环境有所适应，也必使环境对自己有所适应，所以它的经验不可能是"原子式的，孤立的"，如巴门尼德、芝诺讲的理想点，或洛克与休谟的经验观所主张的，而是"与过去未来的事件是关联着的"。绝没有一个"活着的（有活气的）"绝对旁观者的立场的可能。（传统的认识论在这里的"理想化""主客体逻辑化""非生命化"是一切哲学困惑的起源。）（3）生命体与环境的这种根本的、不可在最原本处忽视的关联，使"经验本身就包含着联系与组织的原则"，"使超自然的或经验的综合成为不必要的赘物"。这是更深刻意义上的"自然"，即一种融进了生命体经验（联系与组织）的自然，也是广义的自然本身中涌现的具有联系和组织的经验。

所以，杜威讲："自然和经验并不［像传统自德谟克利特到休谟的经验观认为的那样］是仇敌或外人。经验并不是把人和自然界

---

① 洪谦主编：《西方现代资产阶级哲学论著选辑》，第168页。

隔绝开来的帐幕［比如'契约化'的经验观认为经验势必扭曲自然，结论就是自然本身不可知］；它是继续不断地深入自然的心脏的一条途径。在人类经验的特性中，没有一个指向不可知论的结论的指针，而相反地，自然本身都是在不断地揭露它自己。"[1] 因此，"经验就决不是［如传统哲学所认为的那样］涂在自然上面的一层极薄的油漆或色彩，而是深入自然，达到自然底蕴的，并且它所掌握的范围是可以扩大的；它向四面八方挖掘，把原来深藏着的东西拿到表面上来。"[2] 简言之，"经验的自然主义"就意味着一种对于有机体的经验与其所处自然的关系的非二元的、非旁观的、相互作用的看法。

二、工具主义

"工具主义"是他的经验自然主义的一个更具体的方法论表述，其基本含义是："所有概念、学说［包括逻辑的、数学的、科学的、哲学的学说］、系统，不管它们怎样精致，怎样坚实，必须视为假设。……它们是工具，和一切工具同样，它们的价值不在于它们本身，而在于它们所能造就的结果中显现出来的功效"。[3] 这是他在国际上影响最大的也最受非议的一个口号或主张。

它与杜威对"经验"的另一个看法，即人的两种经验——原始经验和精炼过的经验——的区分有关：原始经验是"最低

（页边注）
说到底，原本的、主客分裂之前的经验与自然是无法彼此分开的。海德格尔和作为彻底经验主义者的詹姆士都这样认为。

这种表达未臻淳境。工具与使用工具者之间已有裂痕。

比如罗素讥其为"对宇宙的不恭［宇宙式的不虔诚］"。罗素的批评（见他的《西方哲学史》下卷，商务印书馆，第388页）虽不乏洞见，但少公正，因他马上标榜自己追求客观的不变的真理的态度为尊重宇宙。可实际上，那种实证主义加上柏拉图主义的混和体离宇宙自然最远，是西方一切不虔诚的根子。

杜威通过揭示有机体与自然的相互关系，已从思想方式上向自然靠近了。这种"经验"要比柏拉图主义和实证主义

---

[1] 杜威：《经验与自然》，傅统先译，商务印书馆1964年版，原序，第4页。

[2] 洪谦主编：《西方现代资产阶级哲学论著选辑》，第186页。

[3] 杜威：《哲学的改造》，许崇清译，商务印书馆1997年版，第78页。

限度的偶然思考;它提供'粗糙的、大块的原料'";[1] 精致经验 指"连续不断的、有规则的思考研究",它获得的是"推演出来 的,经过提炼的产物",[2] 使得任何对象的性质获得"整个体系 中的那种意义"[3],比如科学知识、哲学知识等。(这里杜威没有充 分依从他自己的经验自然主义原则,将"原始经验"仅视为"偶然的",所提 供者仅视为"粗糙的、大块的原料",而未虑及原始经验本身就包含原本的 联系和样式,而后起的精致经验倒有可能——在绝大多数情况下也正是这 样——粗糙地破坏和干预它,以一些概念框架来保持"连续不断和有规则" 以及"体系中的意义"。虽然这个结合了理论的经验要返回原始经验(如下 所及),但这返回是"逼供"式的还是"让其倾心而谈式的"?更多的是前者。)

离自然近得多,只是其 工具主义和对原始经验 的某种轻视(也是来自 柏拉图主义和实证主义 的影响)使其未入更微 妙的佳境。

杜威认为,精致经验的产物必回到原始经验中,传统哲学 的毛病就在于没有实现这一步。("实用主义"本身如何实现这一步?) 工具主义则主张这些抽象出、精炼出的概念-学说-体系一定要 受原始经验的制约,以"产生令人满意的效果"的方式表现出 来。而所谓"产生效果",当然是指有助于达到某个具体的目 的,起到有效工具的作用,而不只是本身的"确定不移"。

这就又涉及了实用主义的真理观,杜威写道:

如果观念、意义、概念、学说和体系,对于一定环境 的主动的改造,或对于某种特殊的困苦和纷扰的排除确是 一种工具般的东西,它们的效能和价值就全系于这个工作

---

[1]　洪谦主编:《西方现代资产阶级哲学论著选辑》,第187—188页。

[2]　同上书,第188页。

[3]　同上书,第189页。

的成功与否。如果它们成功了，它们就是可靠、健全、有效、好的、真的。如果它们不能排除纷乱，免脱谬误，而它们作用所及反致增加混乱、疑惑和祸患，那末它们便是虚妄。①

所以他认为"真理"的原本意义应当用副词"truly"而不是形容词"true"和名词"truth"来表达："当那要求、主张或计划得到施行的时候，它真正地或错误地指导我们，即它指引我们向着我们的目标或离开它。"② 这种真理观最遭人反对的地方（被杜威认之为"误会"）是：它似乎与人们脑子中的"真理"正相反对；世界上乱哄哄地"你方唱罢我登场"，今天得志（即"其观念真正有效地指导他达到了目标"）者明日又失败，他前后似乎在信仰同一种概念和"学说"。所以西方古人要求那超出这一切纷扰变化的现象世界，达到永恒不变、在任何情况下都"有效"者，与人的目标无根本干系者。

杜威通过区分私人目的（及相应的满足效应）和公众目的（及其相应的公众效应）来避免这种指责。"道路的用处不以便利山贼劫掠的程度来测定。它的用处决定于它是否尽了道路的功能，是否做了公众运输和交通的便利而有效的手段。观念或假设的效用所以成为那观念或假说所含真理的尺度也是如此。"③ 这种"公众的工具真理观"确能挡开一些批评，但仍有问题。与他对经

---

① 杜威：《哲学的改造》，许崇清译，第84页。
② 同上。
③ 同上书，第85页。

验的"原始/精致"区分的问题相关。真观念作为工具就不是完全中性的，它有利于达到某些目的，而不利于达到另一些目的；而且，它可能在某种情况下有利于达到某些目的，在另一种情况下又不利于达到它。（这些杜威都可以接受，而正是在这个意义上观念是人类有机体应付自然、生活于自然的工具。）而更重要的是，所谓真的（起效果的）概念及其体系必有自己的"脾气、口味、尺度"，它们作为"精炼的"，注定了要比原始经验更关注稳定（连续）、抽象（一种方便）、高效（相对于"更长远"或"更抽象"的目标，比如"赚大钱"而不是"生存"），因此，它们的运作必然打破、扯断、重构原始（本）经验的原发联系，即詹姆士讲的"意识流"中的那些微妙的、充满势态的联系境域。以自己的目的统领自己的效果，以自己的力求增长的效率（"对力量的意愿"——尼采）来实现自己的目的，使得"回返原始经验"成为一个虽然必要的，但却是完全被"逼问"化了的、"问卷化了的"、"选票化了的"狭隘实证。这个体系本身的调整与那个"泰坦的"（酒神的）原本经验世界的自身表达和实现几乎没有关联。这就使得原始经验本身化生出来的那一整个与自然更亲密联系的世界消隐不见了，或被逼得潜入地下、贫民窟、反理性主义、吸毒体验……。这就是"现代病"的根源。"公众的"目的和真理如果离开了原本的生存经验（小社团经验、家庭经验），一样不是最原本的；这就不只是在批判形而上学、逻辑的永恒真理（公众真理原比那些观念套环更原本），而且是在违背原初经验自身的生存目的和真理。这后者是真正原发的，不可再还原约简的，而且在"现代化的真理体系"去砍伐之前，是有某种"人文生态"意义上的自足性的。

这是杜威加给实用主义的"骈拇枝指"。而实用主义不同于实证主义之处本来就应该在于：它更看重原始的、流动着的境域中的经验，而不只是实验室里的或体系目标化了的经验。

杜威看到了古代的"存在分为两大界"的形而上学真理观的毛病，本应该按这个思路和詹姆士提示出来的"流-域"方向进一步挖掘原本经验本身的联系，（他已提出了有机体与自然关系这个极有希望的题目。惜乎囿于进化论，即某种目的论，致失其真）并以此来批判"现代化的整个形态"对人类的原发生存世界（无论是精神的还是生态的）的威胁。但他只将詹姆士的那一面看成神秘的、出于宗教情绪的（詹本人的表达也有一定问题），故此还要"纠偏"，完全相信"实验室的"精致经验，失去了领导时代潮流的一个难得机会。所以，后来欧陆思想批判现代社会非人性和违反自然的新潮流（存在主义、法兰克福学派、解构主义……），就只能从现象学、特别是生存化的缘发境域化的现象学得到方法上的主要资源了。实用主义在美国一度大失影响，现在也在艰难地重整之中，与杜威和皮尔士对"实验经验"的盲目推崇及詹姆士以"重后果"来倡和的作法有内在关系。在这种"精致"方面，以现代逻辑武装起来的分析哲学加实证主义当然更有发言权，所以也就毫不客气地把这种"还粗糙"的实验逻辑挤到一边去了。

三、社会政治学说

1.公众（社团）为国家之根基

杜威的社会政治学说与他的经验自然主义在思想方法上是相通的。传统哲学在社会政治理论上的反映就是一种不从人的实际生活经验，而是从理论抽象和普遍化出发的社会观和政治观。主张个人（个体、主体）为社会的实体因素或更基本方面

的理论为个体主义（individualism）；主张社会和国家为更基本
的实体因素的理论为权威主义（authoritarianism）或国家主义
（nationalism）。相当于哲学本体论上的个别与一般。

强调一般者认为国家相比于个人而言有更高的"本性"，
个人必须通过成为国家的一部分才是现实的个人，国家则是一
个自在自为的实体和大主体。管理国家者是那些掌握了事物普
遍理念本性的、能体现国家的根本精神或意愿的人，或者是哲
学家，或者是绝对精神的体现者，或者是治国专家，或者是代
表了先进阶级的政党。

主张个体主义的理论家之基本倾向是"统治最少的政府是
最好的"（The government is best that governs least），除了无
政府主义之外，影响更大的主张是社会和国家的契约论，即个
人为了获得保护或福利而与其他人结成契约关系，委托一些人
暂管大家的事情，这也就是社会机构和国家的起源。因此，国
家不具有更高的实在性，只是契约的临时产物，它必须对签约
者或个人们负责。在这个意义上，国家和社会是"开放的"，因
为它不自足，不能封闭起来，不能完全控制个人的生活，而必
须接受来自个人们的监督（通过官员普选或议员选举等）。这种"民
主制"的观点实际上是一种个人与社会的交互影响论，通过契
约式的手段（选举制、代议制、新闻自由等）来实现这种交互联系。

杜威批评所有这些倾向，认为它们还以抽象的"本质"来
规划现实的社会生活，[①] 因而都没能看到社会生活中的最原

> 纯粹的个人主义应该主张鲁滨逊式的单子无政府状态。

> 这类民主制的思想中已有境域论的萌芽，因而相比于极权主义更有生命力；但这种个人与社会的相互影响在此学说中还过于线性化和现成化，因而只是相互制约，而未达到相互生成和相互依存。

---

① 杜威：《哲学的改造》，许崇清译，第8章。

本的一种关系：个人与国家（state）之间的根本的相互建构
（mutually constructing）的关系或这两者的一个更本原的共振。
这种原初关联不等同于外在的契约关系。

　　他相信（在《公众及其问题》一书中讨论），个人与国家（或社会）
从"逻辑上"就无法断然分开，就如同人的经验与自然无法断
然分开一样。所以，个人和国家各自都不能作为社会政治哲学
的出发点，它们都是一个更基本过程的产物。这个过程就是
人的行为和行为后果的相互关联着的动态过程。任何有机体
（organism）为了生存，都要有"结合和相关的行为"（conjoint
and associated action）和对于这些行为的后果（consequences）
的感知，并根据这些反馈来调整和控制下一步的行为，以便获
得某些后果，而避免另一些后果。

　　现在他做了如下区别：如果行为的后果主要限于行为者个
人，则此行为是私人性的（private）；如果它们超出了直接相关
的个人们，而有更广泛的影响，则这种行为是公众的（public，
公共的）。所以，寻找社会／国家本性的关键不在于个人与社会
的个别／一般的静态区分，而在于人类的经验行为后果范围上
的动态区别。

　　如果一群人认识到公众行为的间接的（indirect）、广泛的
影响后果，并对它们产生反应，就导致了"公众"（public）的"诞
生"。所以，在任何有相互影响的（人类）有机体环境中，就有
公众这样一个纯功能的、纯关系的和纯经验的存在形态。它就
是一切"社团或社会"（community，society）的源头。如果这
小"国"寡民。些间接后果的影响范围不够大，比如限于原始的部落或村庄之

中，那么就没有对于一个国家的需要。许多公众行为，比如宗教的、经济的和娱乐的行为，并不能导致国家。只有后果的影响范围大到需要将公众组织（调控）起来，通过那些管理公众的特殊利益的机构和官员而变得更有效时，公众就成为了一个国家。国家通过代表公众特殊利益的各种官员来表达自己，并被更有效地运用。所以，杜威讲："没有政府就没有国家，但没有公众也不会有国家"。[①]因此国家的基础是公众而不是洛克等人讲的"契约"。

国家"基于［调节联合行为的间接后果的］功能的发挥，而不基于任何内在的本质或结构本性"。[②]而能够充分发挥这种公众功能的国家，即公众能充分决定国家的方向以及对间接后果进行充分调节的国家只能是民主国家（democratic state）。王朝制、贵族制（aristocratic）、集权制（totalitarian）和军政制等等都不能让公众充分实现于国家之中。专家治国似乎能更有效地调节行为的间接后果，但杜威相信不受限制的权力定会腐败，因而最终违背公众国家本来的功能。这也就是说，组织起来的公众的功能不能只作技术上的理解，而更要作为人类生活的价值所在或"共善"（common good）来理解。个人生活的意义只存在于参与社会生活（community life）的经验之中；（类似于说"单个经验的意义只存在于意识流的生存行为的连续相互作用中"。）而社会或社团的意义只存在于对于这种公益或共善的促进之中。（由此看来，

马克思的国家观建立在经济关系上，而没有建立在有机的公众社团的共同体之上。所以，"Kommunismus"（英文为communism）被译为"共产主义"而非"共同体主义"。因此按照马克思主义，共产主义高级阶段的特点是"集体财富的一切源泉都充分涌流""各尽所能，按需分配"（马克思：《哥达纲领批判》）；或者表述为："国家政权对社会关系的干预将先后在各个领域中成为多余的事情而自行停止下来。那时，对人的统治将由对物的管理和对生产过程的领导所代替。"（恩格斯：《反杜林论》）

---

① J. Dewey: *The Public and Its Problem*, Chicago: Gateway Books, 1946, p.67.

② Ibid., p.77.

社团或公众国家确不只是个人的契约集合（就如同经验主义者在认识论上讲的"由联想联结起来的观念串"），而是有着它自身的经验"流"或"域"的特质；但这国家本身的价值又绝不能被实体化、制度化、阶层化，而只能作"更有效的更大的公众"这样的共同经验体来理解。问题也恰在于："这更有效组织的和更大的公众体"是否还能保持"原发公众体"的直接合理性。)

可见，公众主义或社团主义与权威主义、国家主义不同，因为"社团""公众"不同于国家权威。

因此，杜威写道："民主不是相对于联合生活的其他原则的又一个可供选择的原则。它就是社团生活本身的观念所在。……对于社团生活的各种含义的清楚意识就会构成民主的观念。"① 对于杜威，民主是一种人格生活的方式，"实现民主是一个道德的理想，而就其成为事实而言，就是道德的事实。"②

2. 大社团的现代民主理想

依上所说，杜威将"民主"分为"狭义［浅层］的"和"广义［深层］的"。"狭义民主"即建立在个人主义社会观的契约论国家观基础上的民主制。而"广义民主"则指是充分实现公众或社团本性的民主。使得国家成了一个"大社团"（Great Community）。"社团"意味着一个体现出"共善"（对每个个人都是好的）的有机整体。杜威讲：

什么地方有这样的联合行为，其后果被参与其中的一

---

① J. Dewey: *The Public and Its Problem*, pp.148-149.

② J. Dewey: *Creative Democracy—The Task Before US*, *Classic American Philosophers*, ed. M. H. Fisch, New York: Appleton Century Crofts, 1951, p.393.

切个人视为好的（good），什么地方对于这好或善的实现唤起了一种（去维持它的存在的）欲望和努力，因而它的好处被所有参与者分享，那么，什么地方就有了社团。①

这是"原发公众"或"原发社团"的特点，类似于"原发的经验"。用我的话来讲就是：这是些受到自然环境和敌对的社会环境压迫而只能共同生存的社团，例如美国的早期移民，"五月花"号上的英国清教徒团体，"少数民族"团体，"地下教会"团体，爱斯基摩人团体，……即任何直接地，以其生存的全部的"陡峭"势态（艰难与希望交织的势态）和成员们的全身心去拥抱着的人类集合体。绝大部分动人的、伟大的事业出自这样的原发的社团体验。中国的"尧舜禹"时代、"旧约"时代、"吠陀时代"、"荷马时代"、"爱琴海文明时代"、"圣杯时代"……；即文明依稀出现，但还未硬化为压迫人的国家政权时代。

这就是孙子讲的"求之于势，不责于人"的生存状态和结构。

杜威认为，工业化（现代技术和大量生产方式）以及普选制等现代机构部分摧毁了以前时代的小社团（比如美国早期移民的村镇社团），却并未创造出一个大社团意义上的民主。在这样一个生产效率极高的时代，人被过多的间接后果淹没了，接触到的东西很多，但反而不能真正地理解它们、感知它们。他写道：

我们有以前不可能有的有形的交流工具，但适合于它们的思想和渴望却得不到交流，并因此而不是公共的。②

比如，北大有过多的课程、讲座、集会、演出……，学生们面临被它们淹没而失去边缘感和内在指向的危险。

---

① J. Dewey: *The Public and Its Problem*, p.149.

② Ibid., p.142.

所以，公众无法在大量的商业广告、无聊娱乐、竞选炒作等"信息"中辨别出真正关切到自身的后果，以至这公众成为"隐形的"、无自我身份的。这样，"大社团"就根本不可能存在。选举人与被选举者之间没有过去小社团中的那些直接的理解，仅依靠外在的沟通渠道（比如新闻媒介），就为"假冒伪劣"的包装留下了众多可能。

杜威认为要实现大社团的民主理想，就要靠"完善意义的交流手段和方式，使得相互依存行为的后果所包含的真实利益被那些怀抱渴望和在进行努力的当事人们所知晓，并因此而指导其行为"。① 这也就是说，使公众得到必要的、有关其各种切身利益的真实信息，从而产生对真实处境的理解（比如两位总统候选人的真实情况），做出有效的反应。杜威提倡民间的自由调查、连续的调查，并将其结果向公众传播，② 最好是以生动的、让公众易于理解整个形势的方式来传播，而小社团的性质不能被从根子上丢掉。他这样说：

> 在它最深的和最丰富的意义上，一个社团必须总是保持面对面的交流（face-to-face intercourse）。③

> 民主必须从家庭开始，它的家庭就是邻里社团。④

古人的"诗"（"上以风化下。下以风刺上"），现代人的政治笑话和小道消息等等，都是"社团话语"。

在这个意义上，杜威的思想有抑制技术化或低级工具主义的倾向。

但我们常要面对的，是要"小国寡民（原始社团）""耕读传家"还是要现代化国家的两难局面。
还需注意，胡适完全漠视杜威在这些方面的学说。

---

① J. Dewey: *The Public and Its Problem*, p.155.
② Ibid., p.178.
③ Ibid., p.211.
④ Ibid., p.213.

这些都是极出色的看法,体现出实用主义对"经验"的连续性(团粒、流)、内在(直接感知)关系性和相互的有机作用性的看法,比那些依傍传统哲学的社会政治理论要原本得多,也生动和合理得多。

杜威关于如何达到大社团的民主制的建议(除了家庭式邻里式的面对面交流论)中,最主要的是去完善交流手段。他讲:"一旦人们具有了社会机构如何运作以及它们如何产生出后果的观念,就会立即努力去维护那些合乎意愿的后果,而避免那些不合意愿的后果。"① 又讲:"民主地组织公众的问题,首先和本质上是一个理智的问题。"②

这里,杜威批评个人主义民主方案的思路也可用来批评他。他认为,按个体主义,个人似乎在任何情况下都能清楚地知道什么对他好,什么对他不好,对此他批评道:"人是按照粗粗地理智化的感情和习惯,而不是按照理性考虑来行动的"。③ 这更适合于公众。公众在一些情况下,既便得到了足够的信息,但这些信息提供的选择往往是多样的,而公众做出的选择在许多情况下是按其价值感悟、习惯、传统和对过去的回忆(发生了些什么,越战、格林纳达、伊拉克占领科威特……)和对未来的期望做出选择的。所以,如果没有对这些价值的、形势的、习惯的、传统的方面做较充分的、较经常和连续的交流和达成对"共善"的共识,则如潮而来、如洪水泛滥的信息并不能召唤出社团的

---

① J. Dewey: *The Public and Its Problem*, p.196.

② Ibid., p.126.

③ Ibid., p.158.

理解和社团的行为，造就不出一个大社团。

中国现在的社会和国家生活中特别缺少社团的运作：政党的、政府的、西方的、有点自由主义倾向的新闻媒介的、个人的等等社会力量盛行，相互间缺少有机的、自发的联系，更没有扎根于家庭和地方小社团，所以基本上是虚浮而无根的结构。

下面还有必要提一下胡适阐释实用主义造成的几大弊端：

（1）不真正理解实用主义"经验"观的动态的、晕流的和反还原论的含义。反而以"求证"和"怀疑"预设了一个可以不在生存境况中的理性和实证的标准。

（2）缺少实用主义指示的历史感。将实用主义对传统形而上学的批判硬转到对传统文化价值的否定性怀疑和批判。其实，形而上学是"反传统"的真正方法论根据，实用主义对形而上学的批判恰表明不可能怀疑一切，传统是任何社团行为的"习惯"前提，真理探索的前提，并暗示一种多元文化观。

（3）"大胆假设"是空头要求，所谓假设或猜想，要依据学统、道统、传统的滋养（方向的引导和提示），也就是要在一个有来头的"研究范式"（库恩语）中进行，在占有大量有关材料后自然生出。这里有天才的作用，但无"大胆"的余地。此口号带有反传统的味道，为"杜威实验主义方法五步说"所无。杜威只说"假定种种解决疑难的方法"。"小心求证"则往往已在"大胆假设"的笼罩之下。近代中国文坛的"疑古风"之盛行和虚伪不实（当代的考古发现已在不少处证明其谬），与此"伪汉学（伪乾嘉学派）"的"方法"大有关系。

（4）胡适本人并无一个有自家生命和特点的"原本方法"，有的只是对一些方法（杜威、汉学、赫胥黎的怀疑、"圣经学"）浅薄化后的杂烩，被反传统和自由主义的时代风气或偏见推着走，并反推之。

（5）因此，胡适对别人讲"少谈些主义"，而他自己的所谓"研究问题"却是以反传统情绪为"主义"和"方法"推着走的，绝说不上客观。他以"求证"，掩饰其崇西（过时之西方）的教条。

第六章 分析哲学(一)

第一节 分析哲学的特点和"语言的转向"

"分析哲学"(analytical philosophy)的主要特点是:通过对语言的分析来解决哲学问题。这里讲的"分析"首先是指对语言的表意方式和确证方式进行逻辑分析,具体的分析技巧主要来自新出现的数理逻辑。后来出现的日常语言学派虽然表面上不直接用数理逻辑的表达式,主要靠对语言例子的分析,但也往往受到对语言的逻辑分析方法的某种启发。开创此学派的重逻辑分析的重要人物几乎都是著名的逻辑学家。此学派也往往以此为一种理智上的特权来标榜(可见于洪谦讥熊伟——实为存在主义的治学方式——之逸事),似乎它拥有了一种解决或"横扫"二千多年来的哲学问题的秘密尖端武器。

这很符合西方唯理主义(概念理性主义)哲学尊崇数学的传统(尽管罗素表面上反对这个传统),每一次数学或数学基础的革命性进展都会让这样的主流哲学打颤。罗素充分利用了这种"畏惧"与崇拜数学与逻辑的"哲学的精神衰弱病"(恐数症、恐逻辑症），以他的有时真严格（因确有新突破）、有时则是随意吹嘘的话语（比如"澄清了……两千年来关于'存在'的思想"），吓唬住了英美世界的多数哲学心灵，也挑起了有逻辑技巧者们的分析热情，直接引发了（而不是"奠基了"）这场英语世界中的声势浩大的运动。

此派的基本倾向是否定传统的形而上学，然而，由于它一开始带有的强烈数理特质，使它无法真正摆脱形而上学的方法。看来，从上个世纪中期开始，"哲学"或"传统形而上学"就成了一只待宰的老羊，不知多少新思想者宣布是自己杀了他！（尼采语），但这只老羊注定要被宰一个世纪或更长的时间，现在福柯、德里达等人还在宣布"最终地"宰掉它。

此早期分析哲学方法的特点是：基础主义（还原论）、客观主义（旁观者态度）和某种程度的关系实在论。其中还有一股力图以经验主义为认识论前提的倾向（罗素、逻辑经验论等），更是牛头不对马嘴。理论命题原则上就不可还原为纯观察命题，意义的证实标准和归纳法被证明行不通。所以，逻辑分析派的主张有着内在的矛盾，使得这一派的一大特点就是多变，恰与它追求的逻辑确定性相左。罗素一生的哲学观变过好几次，逻辑实证论从石里克的意义证实论，早期卡尔纳普的感觉主义，变到中期卡尔纳普、纽拉特的物理主义，再变到后期卡尔纳普的语义学阶段（宽容原则），最后很快被波普和蒯因送了终。维特根斯坦早期是逻辑分析派，但由于他思想较深彻，故与受他影响的罗素和逻辑经验主义者们都不同；后期更是转向了深刻意义上的经验主义，成为日常语言分析运动的引发者。后期的他

就其尊崇数理模式而言，分析哲学实际上是西方唯理主义传统的现代体现；但就其重视关系的真实性而言，它又含有新因素，引出了后边的新思路。

具有逻辑分析对于"关系"、"语境本身"敏感的特质，而摒弃以逻辑语言(人工语言)来规范自然语言的逻辑基础主义，使经验从"原子"状态化入了"生活形式"和"语言游戏"之中。但那些一开头就持某种(不很彻底的)反基础主义倾向的分析家，比如波普、蒯因、奥斯汀等，一生的思路变化就不那么戏剧性。

当年的唯名论和英国经验论都关心过语言表达方式对哲学学说的影响，比如通名(普遍名词，比如"马""人")的使用与主张概念的实体性的关系之问题。

分析哲学家们津津乐道的"语言转向"(linguistic turn)，实为"转向语言"(turning to language)或"通过转向语言分析而使哲学发生的根本转向"，用以确立自己在哲学史上的地位，甚至是"屠哲士"的地位。按照徐友渔的《"哥白尼式"的革命》①，对它的"经典表述[出自达米特]"是：迄今西方哲学史上出现了两次根本性变革(西方哲学因而被分成三个阶段)，第一次变革是笛卡尔将古希腊人关心的本体论转到了认识论，使之成为近代哲学的基础关注点。(达米特认为哲学的各领域形成一个层次系统，在任何时候有的哲学门类比其他部门更基本。比如自然哲学、政治哲学和科学哲学在古代都是离基础较远的应用哲学。对于经院哲学家，认识论也不过是支流。)第二次变革则由弗雷格开始，由维特根斯坦结束，使哲学转向语言逻辑的基础，"在他们之后，哲学家们不再为知识的权利辩护，而是探究表达知识的语句的意义。"②

阿基米德讲："给我一个[超越的]支点，我就可以撬动地球。"巴门尼德、柏拉图、笛卡尔追求哲学上的超越支点。

牛津哲学家、维特根斯坦专家培尔士(D. Pears)也有这么一个"三阶段两转向"之论，但认为第一个转向由康德造成，将古人的"超越的支点"的哲学理想打破，使之转向对理性界限和其他非理性精神活动的必要性的认识。第二次转向由维特根

---

① 参见上海三联书店 1994 年版。

② 徐友渔：《"哥白尼式"的革命》，上海三联书店 1994 年版，第 4 页。

斯坦实现,与康德"发现界限"的倾向类似,只是在康德那里,被考察和批判的对象是思想(语言哲学家认为这还带有心理主义的色彩),而在维特根斯坦那里则是语言。

徐友渔只谈到这两种说法的相似之处,即都认为有两次变革,一次是认识论转向,一次是语言转向。但这两说之间实有深刻的不同或"视角"的不同:达米特的讲法还是基础主义的,以语言和逻辑的探讨为"基础部分"。转向只意味着从这个基础转向另一个;而培尔士的分法则包含一个深刻的反基础主义倾向,康德和维特根斯坦(包括早期维特根斯坦)都被视为找到了人类理智活动的根本界限(所以无最终基础可言)的思想者。

第二节 弗雷格——逻辑分析方法的开创者

弗雷格的最大贡献就是从技术上创立了数理逻辑,并用此逻辑带来的新方法分析语言,以解决哲学问题。但关于这种逻辑的思想却是来自莱布尼茨(G. W. Leibniz,1646—1716)。从中国方面讲,莱氏大约生活于清朝的康熙(1662—1723 在位)时代。而且这个(有关可演算的表意语言的)思想及其基本符号种类的选择,与《易经》六十四卦象("六十四卦方圆图")有一些关系。[①]

[①] 有关情况可参见拙文《象、数与文字——〈周易·经〉、毕达哥拉斯学派及莱布尼茨对中西哲理思维方式的影响》,《哲学门》,第三卷,第一册,2002 年;转载于拙著《思想避难:全球化中的中国古代哲理》,北京大学出版社 2007 年版,第九章。[《思想避难:全球化中的中国古代哲理》,现收入《张祥龙文集》第 11 卷。——编者]

一、莱布尼茨的思维演算化设想及传统逻辑的弊病

莱氏为著名的唯理主义者，承接自柏拉图以来的形而上学主流，而且特别自觉地突出了数学和逻辑的哲学含义。他本人为著名的数学家，发明了微积分和计算器，深为数学本身的符号活力机制所触动，所以渴望创立一种能将数学、逻辑和（哲学）思想结合在一起的"普遍的符号语言（characteristics universalis）"或"通用代数"，以便最充分地实现西方自毕达哥拉斯、巴门尼德、柏拉图、亚里士多德以来的理性理想。他曾在给一位友人的信中写道：

> 要是我少受搅扰，或者要是我更年轻些，或有一些年轻人来帮助我，我将作出一种"通用代数"（*Spécieuse genérale*）；其中，一切推理的正确性将化归于计算。它同时又将是通用语言，但却和目前现有的一切语言完全不同；其中的字母和字将由理性来确定；除却事实的错误之外，所有的错误将只由于计算失误而来。要创作或发明这种语言或字母将是困难的，但要学习它，即使不用字典，也是很容易的。①

> 理性主义的狂想（不考虑意义的原发生机制）！却正是源自毕达哥拉斯的西方学术理想的很有技巧的表达，对分析哲学的前一半发展影响极大。至今追求"人工智能"的努力也还是大致走在这条道路上。

他认为这种语言的符号应该是表意的而不是拼音的，就像中文或数学的符号那样，每一个符号有形式上的可辨认特点，

---

① 莫绍揆：《数理逻辑初步》，上海人民出版社 1980 年版，第 9 页。

表示一个概念或意思。所以，可以用这种语言来进行"思维的演算"（calculus ratiocinator）。也就是说，如有思想上的争论，双方可以把笔拿在手中说："让我们来算一下"，就可以把问题解决。"表意符号"和"逻辑的形式演算"就是现代数理逻辑的最重要特征；再加上他在这些方面已做了一些工作，所以被人（比如意大利的皮亚诺、罗素等）认为是数理逻辑的创始人。莱氏对中国古代思想（比如《易》）和文化的尊敬（尽管不影响他自己的基督教信仰和唯理论思想），是尽人皆知的。罗素认为他是由于过于尊崇亚里士多德的主谓型逻辑而未能深化自己的思想。

这是最直接的"转向语言"。

这提供了一个进行中西哲学方法比较的良机：易象与普遍符号语言的可计算化，似乎都与莱布尼茨发现的二进制数字表达法有某种关系。

传统逻辑，也就是亚里士多德创立的以"是（存在）"为中心的逻辑的弊病和不足在于：

（1）限于主谓（或主宾）结构的语句。比如"3 大于 2"这样的关系句也要硬被搬弄成"3 是大于 2 的"。"3"是主词，"大于 2 的"是谓词，由"是"（存在）联结。这无异于画蛇添足。其实这个"2"照样可以当主词，"2 是小于 3 的"。（但"苏格拉底是丑的"就不可颠倒。）

按质（肯定、否定）按量（全称、特称）将主谓句分为四种：A（凡 S 均是 P）、E（凡 S 均不是 P）、I（有的 S 为 P）、O（有的 S 非 P）。

这样，就无法有效地处理关系推理，因而不能有效地用于数学思维。数学中充斥着"a 大于 b"，"点 C 介于点 B 与 D 之间"的关系。

注意："关系"——即詹姆士讲的"过渡部分"的一种表现——问题，可以以这种方式出现。

（2）限于三段论（和假言、选言推理），笨拙颟顸，只知"从通例到特例"。无公理化演绎系统可言。

（3）缺少对量词（"凡"、"所有"、"任何"；"有"、"有些"）的研究，虽然按"量"区分全称、特称，但主谓结构使量词的作用受到极大限制，抓不到量词的实质（无法从形式本身判定一个推理的有效或无效）。

　　古代数学（初等数学）中还很少使用含量词的语句，但在近代的高等数学中，到处充满含有量词的语句。比如对极限的定义，便是三个量词相重叠的语句：

> 如果对于预先任意给定的正数 ε，不管 ε 多么小，总存在一个正数 X，使得适合不等式 x>X 的一切 x，不等式 $|f(x)-A| < \varepsilon$ 恒成立；则称 A 为函数 f(x)（当 $x \to +\infty$ 时）的极限。记作 $\lim f(x)=A$ 或 $f(x) \to A(x \to +\infty)$。[①]

此极限定义与静态的初等数学的不同处，主要在于其中包含着"趋势"或"过渡部分"，表现于"当 $x \to +\infty$ 时"或"x 趋向于无穷大时"，f(x) 向 A 的无限趋近（$f(x) \to A$）。有的极限定义，如注释中给出的那个，过于简略，就没有显露出这种趋势。但这趋势关联必然包含于真极限的含义之中。极限（依趋势的极微取值）的要害，就在于认趋势或过渡性关系为更真实者。

　　传统逻辑产生于古希腊数学和哲学的时代，尽管它本身是"确定的"，是"演绎科学"；但它对于生存活动而言并不一定起到詹姆士和杜威讲的那种"真理"的功能，反而在近代越来越阻碍人的思维的活泼展现。在这个意义（即是增强还是削弱人的思想能力）上，它绝不是中性的。

　　这种逻辑鼓励甚至产生出这样一些思维倾向：

　　（1）以"是"或"存在"为终极实在，因为一切真理和知识是通过带有"是"的主谓句表达的。（2）实体（ousia，"是"的阴性分词的名词化）为存在的本义；这种"主谓结构"导致"实体加上

---

　　①　它的另一种表达：所谓 $x_n \to x$（x_n 以 x 为极限），就是指："如果对任何 $\varepsilon>0$，总存在自然数 N，使得当 n>N 时，不等式 $|x_n-x|<\varepsilon$ 恒成立。"

属性"的认知框架。(3)忽视"过渡性的"关系，认为关系不过是实体的属性，或只是一种过渡或转变，不是本原的存在。因而语境、史境从逻辑上讲是不重要的，甚至是造成虚假幻象的来源；只有本质和实体是确定性真理之所在。(4)表达手段是透明的，不具备由表达系统本身而来的特性和局限。

现代数理逻辑及分析哲学的出现有助于（但不必然）改变这种状态。但它一开始却并未真正深刻地体会到"关系"（非实体的过渡）的非实体性、非对象性和纯语境特性，一心一意要搞出按逻辑语法构造的"理想语言""科学语言"。所以它根本无法领会"意义"的奥秘，解决那些与人的生存相关的更微妙、更充满原关系的认识论和存在论问题，动不动就宣布异己的探讨方式是无意义的。

二、弗雷格创立的数理逻辑

弗雷格(F. L. G. Frege, 1848—1925)生于德国的维斯玛(Wismar)，1874 年起在耶拿大学教学，直至 1918 年退休。1879 年弗雷格出版了只有 88 页的小册子《概念［表意］文字：一种模仿算术的用来表达纯思想的形式语言》(*Begriffsschrift, eine der arithmetischen nachgebildete Formelsprache des reinen Denkens*)；从书名可看出莱布尼茨的思想和理想。1884 年，发表了《算术基础》，用一一对应关系和概念的外延等手段定义了数和自然数序列。1893 至 1903 年，他发表了两卷本的《算术的基本规律》。他常被分析哲学家称引的是《论意义和意谓［所指］》一文(1892)。他的工作的主要目的是用改造过的逻

这种试图用逻辑手段来定义数或者将数学还原为逻辑的做法（包括后来罗素和怀特海的工作），有这样一个致命伤，即未认识到从逻辑推导出数学必须借助两个超逻辑的公理：选择公理与无穷公理。由此亦可见逻辑学家们在涉足哲学问题时面临的危险，即已加入了某种非逻辑的前提而不自知，仍然相信自己是在做绝对无前提的、唯一可能的推导。

辑来定义数，也就是将数学建立在逻辑基础上，使之"从逻辑上"（而不是认识的具体过程上）彻底脱离感性经验和心理活动（心理主义）。这后来也曾是胡塞尔思想的出发点。弗雷格在大学中曾郁郁不得志，同事们（大多为新康德主义者）不理解他。

罗素 1901 年才读到弗雷格的著作，在 1902 年 6 月给弗雷格的信中说："就我所知，你的著作是我们时代中最好的。"[1] 但罗素发现了一个集合论方面的悖论，即"所有不是自身元素的集合的集合的悖论"，告诉了弗雷格。弗雷格大受震动，回信（6月22日）说："你发现的悖论引起我极大的震惊，因为它动摇了我关于算术基础的努力"。当时他的《算术的基本规律》第二卷已完稿。他于 1902 年 10 月的后记中写道："在工作结束之后而发现那大厦的基础已经动摇，对于一个科学工作者来说，没有比这更为不幸的了。"[2] 他也提出了如何补救，但未进一步探讨。罗素后来通过分层次的类型论来避免语句对自己的断定，以逃脱这类悖论。（但人生的重要处往往与对自己的关系有关。"想不开"处就往往是"自己对自己想不开"。）由于罗素、维特根斯坦、卡尔纳普等人的推崇，弗雷格后来受到学界重视。

弗雷格对于数理逻辑的关键贡献是将数学的函数概念引入逻辑演算，从而建立了量词理论。由此而构成了一个初步自足的逻辑演算：一阶谓词演算；它是历史上第一个严格的关于逻辑规律的公理化系统。用三个基本观念（蕴涵、否定和全称量词）、

---

① 王宪钧：《数理逻辑引论》，北京大学出版社 1982 年版，第 293 页。

② 同上书，第 298 页。

九个公理和两个变形规则构造出该系统。

他认为主谓结构只是函项 f(x) 或 G(x，y) 的一种特例，函项是性质(实体与属性)和关系的概括，比它们更根本。"f(x)"以"x"为目式(变项)，比如"f"代表"是奇数"，那么 f(x) 就是说：x 是奇数。"G"指"……大于……"，则 G(x，y) 就是说 x 大于 y。这样的函项本身还不是句子，只是句子的"形式"，将其中变项赋值后就得到或真或假的句子。比如给 f(x) 中的 x 赋值为"2"，则成为一个假句子"2 是奇数"。但是，逻辑的要害在于纯形式层次上的演算或"转换"，而得不到纯形式的真句子，就无法进行有真假依据(逻辑真假)的形式语句之间的系统推演，只能进行"三段论"那样的空壳式的形式推演。弗雷格通过在函项上加量词((x) 或 (∃x))，就造成了获得纯形式的逻辑上有效的句子的可能。

"(x)"表示"对任一 x 而言"；"(∃x)"表示"至少有一 x"。这时，变项就被约束了。于是有了带变项的可满足句：(x)f(x) 或 (∃x)f(x)。如果我们知道了"(x)f(x)"中的"f"和"x"的具体含义，就可知其真假，比如"f"表示"(是)奇数"，那么此命题在 x 取自然数值的情况下为假，而 (∃x)f(x) 为真。但逻辑演算追求的是对主谓词(个体、谓词)变项和命题变项都不赋值或任意赋值，也能得到形式真或普遍有效的句子(串)。在这个意义上 (∃x)f(x) 只是可满足，不普遍有效。但 (x)F(x)→F(y) 则是一个逻辑真或普遍有效的句子。它说：如果一切个体都是 F，那么某一特定个体也是 F。"F(y)→(∃x)F(x)"也是这样。它说：如果某一特定的个体 y 是 F，则至少存在一个个体 x 是 F。

由于使用了代数化的、变项化的或形式化的量词，句子在这个层次上获得了完整的形式表现，因而使得这个层次（谓词）上的演算成为可能。三段论的有效推理可全部归入此演算的真语句中，但此演算能推出者远远超过三段论，也包含了关系推理，比如 $(x)(\exists y)R(x, y) \to (\exists v)R(u, v)$（"R"可意味着"～小于～"）。

数理逻辑是分析哲学得以建立的最重要的逻辑技术手段。罗素、维特根斯坦、卡尔纳普等从中得出不少哲学见解。在我看来最重要的是削弱了亚里士多德以来的"存在"或"是"为根基的实体观，突出了"关系"的独立性。

三、反心理主义

弗雷格在《算术的基础》（1884）一书的导言中说，他对于哲学逻辑的研究将遵循以下三条原则：（1）始终把心理的东西和逻辑的东西，主观的东西和客观的东西严格区别开来；（2）决不孤立地寻问一个词的意义，而只在命题的语境中寻问它的意义；（3）决不忘记概念和对象的区别。它们对分析哲学有重大影响，前两条是他的反心理主义思想的表现。

广义的"心理主义"指这样一种倾向：认识（知识）论的问题首先与人的主体内在状态有关，或与人的心灵活动有关。如果这样，那么近代自笛卡尔以来的哲学都有心理主义倾向，也就是通过反省自我的内部意识过程和状态来讲知识获得的来源和方式。比如笛卡尔的"我思"；洛克、贝克莱等的"观念"，或主张语词的意义就在于它在听话人心中引起的意象或观念；康德讲的"统觉"；等等。狭义的心理主义主要指将逻辑（乃至数学）的概念和推理规则视为心灵的内在活动的结果，比如穆勒就把逻辑学视为心理学的一个分支。

现象学就是想在心理主义和实在论之间寻找更原本的第三条道路。

　　弗雷格在很大程度上接受传统唯理论特别是柏拉图主义（观念实在论）的主张，认为真理是客观的、不以人为转移的。思想是指思想行为的内容，而不是思维活动或思维过程，或意识心理过程。思想是可由不同的人共同分享的"客观的"东西，绝不等同于仅仅个人的、私有的表现过程。逻辑和数学定理的真理性涉及语言表达式的形式关系，因而具有任何心理活动所不具有的普遍性和有效性。所以，他首先主张一定要将心理的（主观的）和逻辑的（客观的）东西严格区分开来。（胡塞尔也反心理主义，也做这种严格区别，但力求寻求心理的意向行为如何构成客观的意向内容或意向对象。）其次主张要从语言表达式的形式关系特征中寻问语词的意义。按传统的经验主义和心理主义，语词的意义在于它们在听话人心中引起的观念，可以独立于语句获得，就如同我们直接从感官获得关于某物的观念、印象一样。弗雷格要切断这种心理主义渠道，所以主张语词的意义只能从有形式结构的句子中获得，这意义就是它在句子中扮演的角色。达米特把弗雷格的反心理主义与他在《算术的基础》一书中关于"数"的一个主张联系起来。弗雷格在那里提出一个问题："如果我们对于数没有任何观念或直观，我们是如何得到数的？"弗雷格的回答就是：由于把握了包含有关于数的语词的语句的意义而获得对数的理解。达米特把这称为语言转向的第一个明确的事例，因为弗雷格这里是依靠语言来理解一个具有本体论性质的问题（"数是什么？"）或认识论的问题（"我们是怎么知道数的？"）的。

现象学和实用主义都不会同意这种完全割裂思想活动（体验）与思想内容（被体验者）的做法。

弗雷格反心理主义依据的是语言的意义，而这意义（"思想"）来自确定语句指称（真、假）的方式。获得概念就是获得使用语句的能力。不通过语言而把握纯思想是不可能的。

语言的意义既然如此重要，那么，按照弗雷格的唯理论思路，理想的语言应该表达和提供唯一的、准确无误的客观意义，即"每个表达式必当有一确定的意义与之相应"[①]；自然语言不符合这样的条件，所以他又发明了人工语言的确定和准确的典范——数理逻辑的演算语言。他力主创立"一种完善的符号总体"或逻辑上完备的演算语言（"概念文字"），使莱布尼茨的理想在某种程度上得以实现。

四、意义与所指（Sinn und Bedeutung）

既然逻辑与数学来自语句的意义而非心理活动，那么弄清"意义"的独特身份便是关键。将语言表达式的意义与其所指及谈话者心中的观念区分开来是弗雷格对（早期）分析哲学的重要贡献，极大地影响了或引发了后来分析哲学关于意义的探讨。（"有意义"是"有语言"和"有逻辑"的前提，形不成语言的逻辑就只是三段论那样的残断推演形式，无法说明数学基础。）

第一条原则隐含着这样的意思：意义一定与所指（客观的方面）有关；第二条原则则意味着：意义一定不等于所指（不然这意义就可以独立于语境了）。

此区分阐述于1892年发表的《论意义和所指》一文中。它与弗雷格的反心理主义存在关联，与其《算术的基础》中确立的三条原则中的第三条更是直接相关。简言之，如果将第一原则（严格区别心理的与逻辑的、主观的和客观的）叠加到第二原则（只

---

① 陈启伟主编：《现代西方哲学论著选读》，第298页。

在命题的语境中寻问一个词的意义）上，就几乎引到了"意义与所指"的区分问题上。这也就是说，在命题语境中发现的词的意义不可能只是心理的和主观的，而必是有客观性的，并且基于这种客观的意义，才能进行逻辑的探求（胡塞尔：逻辑是关于诸意义的科学）。但一个词的意义，作为"能指"，肯定不同于它的"所指"或意指的对象。"我手上的粉笔"这个词语的意义绝不等同于我手上的粉笔这个东西；这个词语（短语）是凭借它本身带有的意义来意指我手上的粉笔客体。

因此，语言表达式的意义（Sinn, sense）既是客观的（objective，这在西文中与"对象的"就是一个词），可被分享的，但又不是客观化了的对象。而传统经验论的意义观则认为这意义只是心中的观念，就此而言是主观的。弗雷格的《论意义和所指》所做的，就是从主观一面和对象一面的中间清楚地剥离出一个客观的意义层。

弗雷格以这样一些事例来论证语言表达式（这里指词）的意义不等于它们的所指对象。首先，"相等"（equality）这样一种关系如不考虑到语词的意义与所指的区别，就说不通。比如，假定"a=b"是真的，也就是"a"和"b"的所指对象确实相同，例如"晨星即昏星"（两个词都指同一颗星）；在这种情况下，如果只考虑语词的所指，"a=b"和"a=a"就不可能有所区别了。[①]但这两个等值语句或表达式明明是可以有认识上的重大区别的。"a=a"只表达了一个重言式，不传达任何关于世界的知识；

传统唯理论相信语词的意义是客观的。往往混淆意义与通过这意义所指示的对象（比如理念上的对象）。亚里士多德在这方面稍有意识，他在《解释篇》开头说："语音词是思想内容的符号。书写词是语音词的符号。……这些符号［不同语言的语音词］直接表示的思想内容是相同的，这些思想内容所反映的事物也是相同的。"（《解释篇》16a4-8）这里亚氏毕竟将"思想内容"与"事物"分开讲。不过，这思想内容还是可以作心理主义的解释。而且，亚氏也未说明关键的一点，即所反映的事物相同，但思想内容（意义）可以不同。

---

① 弗雷格：《论意义和所指》，第 296—297 页。

"a=b"却不是重言式,因而在其真的情况下可以传达知识。比如"晨星即昏星"、"等腰直角三角形的两斜角相等于等角直角三角形的两斜角"等等。弗雷格还用了三角形顶点与对边中点连线的交点问题来表示这个意思:

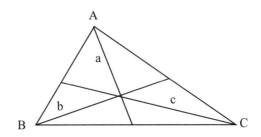

其中,"a 和 b 的交点"和"b 与 c 的交点"的所指是同一个点,但这两个短语的意义不同,故断言它们相等的语句才能传达知识。

　　由这样的例子和分析,可以清楚地看出,语词的客观意义(有知识价值的意义)与其所指对象是不同的,尽管两者之间有着内在联系,即语词凭借其意义来指向它的对象。弗雷格因此讲到:"除了符号所指称的东西(可称为符号的所指)之外,还有我想称为符号的意义的东西,表现方式即包含于其中。因此,在上面的例子中,'a 和 b 的交点'和'b 和 c 的交点'的所指是同一个东西,而其意义则不同。'昏星'和'晨星'的所指是同一颗星,但其意义是不同的。"①

　　注意,这种语词或专名(proper name)的所指可以是一个物理对象,比如"金星";但也可以是观念对象,比如"a 和 b

内容提示:1.表达式的意义可不同而所指相同。

──────────

① 陈启伟主编:《现代西方哲学论著选读》,第 297 页。

的交点"、"2 与 3 的和"、"1 与 4 的和"等等。(在后一种情况下，将其意义与其所指区分开更困难一些。)

为了突出名词或他所讲的"专名"(包括了摹状词)的意义与其所指的不同，弗雷格还举了一些只有意义而无所指的例子。比如：

2. 表达式可以有意义而无所指。

> "距离地球最远的天体"这些词有一种意义，但是它们是否也有其所指，则大有疑问。"最弱收敛级数"或"最小的正分数"一词有一种意义，但是可以证明它并无所指，因为对每个给定的收敛级数或正分数来说，都能找到另一个更弱的收敛级数或更小的正分数。[①]

总之，由于：(1)每个作为专名出现、符合语法规则的表达式总有一种意义，但不一定有所指(弗雷格认为它的所指为"空类")；(2)这些表达式可以有不同的意义和相同的所指；(3)当人们谈论一个表达式("A")时，涉及的只是这个表达式的意义而非其所指(比如在"间接引语"的情况下)。所以，表达式的意义不同于其所指。

弗雷格还指出这种情况，"即我们想要谈的是关于词语本身或它们的意义"。[②]弗雷格没有给"谈关于语词本身"的例子，但我们可以举出"'花'这个字由七划组成"，"李商隐那首'无

3. 谈论符号时，涉及符号的意义而非其所指。

---

①　陈启伟主编：《现代西方哲学论著选读》，第 298 页。

②　同上。

题'诗的第三句中用的是'丝'而不是'思'"。至于"谈的是关于它们［语词］的意义"，则是指"间接话语"，比如间接引语："南联盟军方发言人说他们的防空部队已打下三十五架北约飞机"。这句话的从句（"他们的防空部队已打下三十五架北约飞机"）与整句的真假无关，所以这里只涉及它的意义而不是所指。关于这种间接话语，我们下面再谈。

　　从以上介绍可看出弗雷格的分析风格，即以语言现象为依据来组织自己的论辩。他接着强调"必须把符号的所指和意义同与之相关联的观念区别开来"。"观念"对于他指的是一个"人内心中的影像"。"这影像是从对我过去的感官印象和我过去的内部与外部活动的记忆中产生的。"[1] 它是依不同时间和场合而变化不定的，主观的、常浸透了情绪的。比如对亚历山大大帝的战马"骠赛佛拉斯"（Bucephalus），画家、骑手和动物学家大概有不同的观念，但这符号的意义（"亚历山大大帝的战马"）却"为许多人所共有，因而不是个别心灵的一个部分或样态"。[2] 于是他讲：

4.意义不同于观念。

　　　　一个专名的所指是我们用它去指称的对象本身；我们在这种情况下所具有的观念完全是主观的；意义处于所指对象和观念之间，它的确不再像观念那样是主观的，但也还不是对象本身。[3]

-----

① 陈启伟主编：《现代西方哲学论著选读》，第299页。
② 同上。
③ 同上书，第300页。

接下来，他举了一个有名的"通过望远镜观察月亮"的比喻来说明这种居间状态：

　　一个人通过望远镜观察月亮。我把月亮本身比作所指；它是观察的对象，是以由物镜投射在望远镜内的实际影像和观察者视网膜上的影像为中介的。前者我比作意义，后者则有如观念或经验。望远镜里的光学影像确实是片面的，而且依赖于观察的着眼点；但它仍然是客观的，因为它可被许多观察者所利用。无论如何，它能够被安排得使许多观察者同时利用它。①

于是，他得出了这样一个公式：

　　专名（语词、符号、符号组合、表达式）表达其意义，意指或指称其所指。我们使用符号来表达其意义并指称其所指。②

为了将这样一个重要学说推行到各种语言现象，他考察了 5.语句的意义与所指。"整个陈述句的意义和所指"。他认为，陈述句的意义是它所表达的思想，当然这是指客观的、可交流分享的思想。他的论证是：

---

① 陈启伟主编：《现代西方哲学论著选读》，第300页。
② 同上书，第301页。

分析哲学之所以"佶屈聱牙"，一个原因就是：它向语言本身的意义、所指深钻，而这些在我们使用语言时是意识不到的。

如果我们用另一个具有同一所指而意义不同的语词代替句子中的一个语词，那么这对句子的所指不会有什么影响。然而我们可以看到，在这种情况下，思想却改变了；因为，例如在"晨星是被太阳照耀发光的天体"和"昏星是被太阳照耀发光的天体"这两个句子中，思想是不同的。凡是不知道昏星即是晨星的人可能认为一个思想是真的而另一个思想是假的。因此，思想不可能是句子的所指，而勿宁应被看做句子的意义。①

但陈述句的所指呢？他认为是句子的真值——真值或假值。这种颇有些奇怪的结论来自他的"专名"的意义与所指的模式，以及他的实在论的真理观。

他的思路可能是：如果要将关于陈述句的思想与主观感受（观念的结合）区别开来，就必须为这种句子找到客观的、与此句中语词所指对象相关联的所指。他看到，一个句子中的专名有无所指直接影响到此句子有无真假可言。比如"奥德修斯［荷马史诗《奥德赛》主角］在熟睡中在以色加被送上岸"，如果人们已认定"奥德修斯"没有所指（现实中的对象存在），只有在句子中的意义，那么这个句子虽然可以有观念意义，比如"诗句的意义及其激发的想象和情感"，但它"表达的思想对我们也就失去了［知识的、真假的］价值。"②"正是对真理的追求驱使我们总是从

---

① 陈启伟主编：《现代西方哲学论著选读》，第302页。
② 同上书，第303页。

意义进而探究所指"。"凡是涉及句子成分的所指时，我们总要寻求句子的所指；当我们探求真值时而且仅当此时，情形即是如此。因此我们必须承认句子的真值构成它的所指。"[1]

当然，这是指一个孤立句子而言，在"间接话语"或"从句"的情况下，这些间接话语"以一思想为其所指"[2]，因而它的真假值与整句子的真假无关。再如"哥伦布从地球是圆的推论出他能够通过向西航行到达印度"，这里重要的只是哥伦布对"地球是圆的"与"他能够……到达印度"的确信，以及确信其中一个是另一个的根据，与这两个从句本身的真假无关，因这两个从句的所指在这种语境中是其思想。

问题在于：如果认为"事态"是句子所指（后来维特根斯坦有此主张），那么，在句子为假、也就是不指称所意向的事态的情况下，此句子无所指，它也就无法从逻辑上与诗句分开了。（维氏的解决方案是认为假句子（而非诗句）仍有"逻辑形式"，但此逻辑形式本身不可再被说出。）

弗雷格语言哲学的特点：

（1）通过对语言现象的分析和讨论来论证自己的观点。这是他之前的哲学家很少在如此自觉的程度上实行过的（亚里士多德有过方面的意识。发明逻辑者可能会有此敏感和信心，只是他的逻辑过于简单，所以与语言的交点很少）。其重要动机来自"演算语言"的创立。所以，他总面临一个如何使分析出来的语言逻辑（语法）结构与语言现象（及我们对这种现象的直觉）相符合的任务，正是在这方面，他及其后继者没有一个取得实质性的成功（尽管维特根斯坦曾自信自己成功了）。

（2）弗雷格提出，语言的意义处于主观观念和客观对象之

---

① 陈启伟主编：《现代西方哲学论著选读》，第303页。

② 同上书，第307页。

比如，为了保障语句结构的认识论价值，"对象"只能被专名或单称定冠词词组（比如"概念'马'"）指称。所以专名和定冠词词组只能作主词，不能作谓词。它们是饱合的语言表达式。

谓词的所指是概念，它不能作主词。"关云长的赤兔马是好马"这个句子中，"是好马"就是概念；但在句子"'好马'这个概念（the concept 'good horse'）不是空的"之中，"'好马'这个概念"就应被看成一个专名了。（陈启伟主编：《现代西方哲学论著选读》，第324页）

概念是不饱合的，所以才能与对象结合起来形成一个句子的内容。如果谓语中出现的是名称或专名，那么这就必有非饱合词来使它们联结成一个整体。比如"归属"（fails under）这个非饱合词使"数2"与"素数概念"结合成"数2归属于素数这个概念"。

间；它是客观的，是一切求真知识的出发点。因此，这种语言的结构分析具有哲学（认识论及下面讲到的本体论）后果。

（3）这种意义观有强烈的客观主义（也就是传统唯理主义的实在论）倾向，认为语词和语句的客观（可交流）性是由于它们有所指（现实的或理念对象的）造成的（罗素甚至否认两者区别），而不是像实用主义讲的是由人的探究活动过程造成的。在这个意义上，它的意义观依据其真理观（语词意义来自语句，语句的意义指称真值），其真理观是一种符合论。就这一方面而言，弗雷格开创的逻辑分析的语言哲学是传统唯理论的现代延伸。

（4）然而，由于（1），即依据语言现象而不直接是概念范畴来立说，这种客观主义倾向遇到内在的困难；这主要表现在语言表达式可以没有所指而具有弗雷格讲的认知意义，比如"离零最近的正分数"、"离地球最远的天体"、"当今的中国皇帝"，等等。虽然他说这种表达式的所指是"空类"，但"人工构造"性太强，太不自然。在语句层次上，则表现为"其真值为假的［陈述］句子如何与无知识含义的语句，比如诗句区别开来"的问题，也就是自柏拉图的《智者篇》开始就折磨西方形而上学的"假的可能性"的问题。为了硬性避开这个问题，弗雷格将句子的所指就说成是真假。表现出捉襟见肘的理论窘态。

因此，辨认语言意义的独立身份并探讨这种意义的表现方式，既是分析哲学安身立命之处和特色所在，又从一开始就困扰它，因为意义实际上是个只可被"显示"而不可被"有意义地"谈论、定义和对象化的"终极"问题。你去谈意义时一定还要靠意义，所以不可能有指称论意义上的确定解决。当然，可以使问题所处的局面得到某种澄清。逻辑分析学派的问题的根子就在于，意义与所指之间没有他们要发现的那么强的、那么直接的联系。所以，弗雷格一开始区别开意义与所指，马上得到很大反响，但要从逻辑上区分开人的其他意义活动与知识性的意义活动（即再将意义通过与所指紧密联系而客观化）则遇到内在困难，最后导致维特根斯坦本人的转变和日常语言学派的出现。

逻辑分析哲学的几乎所有重要的问题都起源于弗雷格，比如他以意义与所指的区分逼出的涉及语言的"'假'的可能性"的问题。不知多少聪明才智耗于其中，但就像传统哲学的理论所遭遇的一样，从没有任何肯定性的提案被广泛认可。

当分析哲学批判形而上学，主张意义、关系不同于对象、实体时，它有生命力；但当它坚持客观主义、基础主义时，则毫无新意可言。

第三节 罗 素

一、综述

罗素在分析哲学中的地位不太容易说清。有人说他"是分析运动的实际缔造者"，[①] 似乎过分了。弗雷格的工作是真正开创性的，已经提供了分析的逻辑手段，并走出了极关键的几步（反心理主义、意义与所指的区分），已使"对语言的逻辑分析"成为了一个有意识的哲学方法。所以，弗雷格应是分析哲学的"实际缔造者"。罗素在这方面又向前推进了一大步，比如摹状词理论，将弗雷格的问题带向深处，并通过他的宣传和在剑桥大

---

① 刘放桐：《现代西方哲学》，上册，第388页。

学的学术活动而极大地推动了分析哲学运动的开展，尤其是吸引了、激发了维特根斯坦这位天才思想者，并通过维特根斯坦而引出了逻辑经验主义运动。在这个意义上，可以说他是分析哲学的始创阶段的最重要人物之一。但是，相比于弗雷格，罗素的哲学观反倒从语言分析的主旨路线（即哲学问题可以并且必须通过对语言的分析而解决）上有所后退了，他的哲学观是经验主义、柏拉图主义和语言分析哲学（外在关系论、逻辑原子论）的杂烩，经常走到语言的界限之外来谈"意义"和"真理"。维特根斯坦则更彻底得多地继承了弗雷格的逻辑语言哲学的精神，并在《逻辑哲学论》中阐述了这种分析方法的见地（"全部哲学就是语言批判"），真正为语言分析哲学确定了工作范式（尽管他本人的学说比他的追随者和这个范式内的批评者们都要更深刻）。

　　罗素的影响在很大程度上要归于他作为著名逻辑学家（自称成功地将数学还原为逻辑）的成就和他关于道德、社会和政治问题写的比较流行的著作，以及他本人对社会、政治问题的介入。他 1918 年反对第一次世界大战而被判六个月的监禁，在狱中写了《数学哲学引论》（*Introduction to Mathematical Philosophy*）。1961 年 89 岁时又因参加群众性静坐运动而被拘留七天。还有就是他因其文章的机智流畅而获得诺贝尔文学奖（1950 年）。他在杜威之后来中国讲过学，因而在当时的中国学术界乃至"文革"后的中国哲学界都有一定影响。但这绝不是普遍现象，就我所知，他在美国和欧陆国家的哲学界的影响并不算大，对欧陆哲学更是几乎毫无影响（这些方面他比维特根斯坦差得远）。因此，说"20 世纪的哲学家，几乎没有一个不在某种

20 世纪的英语世界大半属于"分析的时代"，所以罗素乘潮而上。

程度上受到罗素的影响"①，是绝对不准确的。此人特别善于宣传，有时是夸大地宣传自己成果的重要性，使不懂行者"受到影响"。他写的《西方哲学史》在中国"文革"中和其后有一定影响，但依我看，几乎都是消极的，因为除了文笔的流畅和一些小机智之外，你通过它既不会透彻地了解罗素本人的思想，更不可能较真切地了解哲学史；其中有多处错讹，对别人的批评也往往是先依自己的框架改写过，再去做不着边际的批评，比如对詹姆士和杜威的批评。他本人的哲学洞察力并不强，局限于经验主义、唯智主义和一点肤浅的柏拉图主义，因而只在某些问题（比如哲学与数学的关系的问题；莱布尼茨）上有真见地，其余则多以文采见长了。他自己的著作中有很多重复和一些观点的改变调整，但一直没有什么深化。这方面比维特根斯坦差得多。罗素在中国的影响也远比不上杜威，我想主要原因是实用主义与中国人思维方式较靠近。

伯特兰·罗素（Bertrand A. W. Russell, 1872—1970）的父母亲是英国贵族（Lord and Lady Amberley），但在他很小的时候就过世了。罗素由他爷爷约翰·罗素伯爵带大，罗素本人在 1931 年承袭了伯爵爵位（earldom）。

与维特根斯坦放弃万贯家财之举不同。

罗素 18 岁（1890 年）时入剑桥大学，先学数学，四年之后转到哲学，但当时主要受新黑格尔主义的影响，一直到 1897 年左右，他一直是一个"纯正的黑格尔主义者"。1898 年，他在摩尔（G. E. Moore）影响下开始猛烈地反叛德国唯心论和英

① 刘放桐：《现代西方哲学》，上册，第 388 页。

国新黑格主义代表布拉德雷的哲学，主张"外在关系说"，以与他所说的布拉德雷的"内在关系说"相对抗。1900 年，罗素在巴黎开国际哲学会时，听到了意大利的数学家和数理逻辑学家皮亚诺（Giuseppe Peano, 1858—1932，他与布尔、德·摩根等人都对数理逻辑的建立有贡献）的讨论，"我深深感到，在每项讨论的时候，他比别人更精确，在逻辑上更严密，……正是这些［皮亚诺的］著作促进了我对于数学原理有我自己的主张。"[①]1903 年，罗素发表了《数学的原理》（*The Principle of Mathematics*），将基数（cardinal number）定义为"相似于某个类的所有的类的类"（the class of all classes similar to the given class）。当他 1900 年底写完此书初稿没多久，就发现了"所有非自身项的类的类［the class of all classes which are not members of themselves］的悖论"。如果我们将这个类称为"X"，当问道："X 是不是它自身的一项"时，就出现悖论，即从其肯定可推出其否定，从其否定可推出其肯定。他将此发现告之弗雷格，使后者深受震动（前已述）。罗素本人则提出"类型论"（the theory of types）来对付。

1914 年，罗素与怀特海合著的三卷本巨著《数学原理》（*Principia Mathematica*）出齐。他们在其中完善了数理逻辑及其符号系统，自信已将数学还原为逻辑，建立了数学基础研究中的逻辑主义学派。它是罗素最重要的学术贡献，他关于关系、摹状词的思想也在其中详加阐述。

其实，如上所及，他们并未能将数学归约为逻辑，因为这"还原"所需的"无穷公理"不是一个逻辑命题。

1905 年，罗素在英国著名的哲学刊物《心》（*Mind*）上发

---

① 罗素：《我的哲学的发展》，温锡增译，商务印书馆 1982 年版，第 57 页。

表了《论指称》的短文,阐发了他的摹状词理论,这个理论实际上是他对分析哲学的最大的直接贡献(除了《数学原理》的技术性贡献之外),在他后来的几乎每一本哲学书中都提到或不断阐述它。他认此论文为自己最好的哲学论文。[①]

1912 年,他发表了《哲学问题》(*The Problems of Philosophy*),此书实可作为他一生多变的哲学思想的代表作,他本人于 1959 年写的《我的哲学的发展》(*My Philosophical Development*)持此看法,并认为其中不少(主要)观点他还是相信。Broad 教授曾评论道:"我们都知道,罗素先生每隔几年就要产生出一个不同的哲学系统"。[②]

罗素 1959 年时还写道:"维特根斯坦对我有过深远的影响"[③],1914—1918 年,罗素在维特根斯坦影响下形成"逻辑原子主义"(logic atomism)。斯塔姆福的书介绍罗素时只讲这个主义,不少其他书也这么讲。其实这不是他最有特色之处。当然,他讲的逻辑原子主义与维特根斯坦的哲学貌合神离,在根本问题的见解上并不一致。在某种意义上(即影响者不与自己对抗的情况下),罗素很容易受他人影响,也不在乎前后是否一致,这既表现出他性格中较开放自由和真诚的一面,"他的哲学主要是一个副产品";[④]又表明其哲学思想的不深透、不到底和随

这与维特根斯坦思想的前后期转变性质不同。

---

① 罗素:《逻辑与知识》,苑莉均译,商务印书馆 1996 年版,第 47 页。此书与《哲学问题》《我的哲学的发展》是了解罗素的最重要的中译本。

② F. Copleston: *A History of Philosophy*, vol.8, p.426.

③ 罗素:《我的哲学的发展》,温锡增译,第 99 页。

④ 同上书,第 244 页。

波逐流的特点。(他还受詹姆士影响，放弃自己以前的主客二元的认识模式，主张中立一元论，但未得詹姆士之真意。)考虑到他自己确立的哲学追求目标，这一多变就更触目，并带有了讽刺意味。

罗素在《我的哲学的发展》一开头讲："只有一件我念念不忘的事，没有改变：我始终是急于要发现，有多少东西我们能说知道，以及知道的确定性或未定性究竟到什么程度。"[①] 如此寻求确定性的人却如此地达不到确定性或起码的稳定性，一方面表明逻辑分析流派面临许多讲不通的困难(没有任何哲学家会愿意无道理地改变自己已经发表了的学说)，另一方面也表现出罗素是一个很典型的西方知识分子，在自由主义(自由探讨，开放性)的形式下坚持和追求西方传统的宗教价值和哲学理想。艾兰·乌德在一篇被罗素极为赞许的研究罗素的文章中这般陈述：

> ［罗素写道：］"我那时需要的是确定性，就像人们需要宗教信仰那样。"我相信在罗素的工作背后有一个基本的目的，那就是以一种类乎宗教的热诚来寻求真理，寻求超乎人世的真理，一种离人心而独立、甚至离人的存在而独立的真理。……杜威"对于宇宙不恭"，罗素对这一点颇致不满。[②]

他又引了罗素的话来作为佐证："我年轻的时候希望在哲

---

① 罗素：《我的哲学的发展》，温锡增译，第 7 页。
② 同上书，第 241 页。

学里找到宗教上的满足；即使是在我放弃了黑格尔以后，柏拉图式的永恒世界给了我一种与人无关的东西使我崇拜。……我一想到数学就有崇敬之心。……"[1] 可见，他是将基督教对一个人格实体神的崇拜转到了对数学的确定性和柏拉图的非人格的实体理式的崇拜上。表面上从神走向了非神的人道主义，但思想方法还是非人的、非现象体验的。杜威（关于有机体的哲学）和实用主义的方向不只是走向人，而是走向一种原本的生命经验。这一点在海德格尔那里实现得比较（但还不是完全）彻底，使此经验超出狭隘的主体之人，不管是经验主义、功利主义意义上的人，还是唯理主义和精神理念意义上的人。罗素讲的"柏拉图式的永恒世界"和"数学"，从思想方式上带有更沉重的"人气"。

二、摹状词理论

1. 摹状词理论要解决的具体问题：摹状词与名词不同。

这一理论的提出与迈农（Meinong）给"金山"、"圆的正方形"都派上某种理念存在的对象（object）的问题有关。罗素的思路涉及了"存在"（being）的意义问题：存在是否应理解成实际的所指或观念的所指？如果不是的话，那么"存在"还有什么意义？

"摹状词"（description），又译作"叙述"、"描述[短语]"[2]，

---

① 罗素：《我的哲学的发展》，温锡增译，第 243 页。

② 见罗素：《哲学问题》。

是对人或物做出特征性描述的短语。非限定性摹状词："一个某某"（a so-and-so）。比如"一个人"、"一条狗"，等等。① 限定性摹状词（definite description）具有"那个某某"（the so-and-so）的形式，比如"当今美国总统"、"《人间词话》的作者"、"太阳系的质量中心"、"离零最近的真分数（最小的正分数）"、"1998年围棋下得最好的人"（李昌镐）等等。它的描述使它所描述或指称的人或事物是唯一的。可见一般意义上的摹状词有这样三个特点：(1)它不是一个简单的名字，而是有内部结构的复合符号。(2)它所指称的对象可能存在、也可能不存在。(3)说话者对它所指称的对象不必亲知，就可正确地使用这类词。

与摹状词有联系的语法现象是名词。名词分为通名（general name）和专名（proper name）。通名比如"红""作者""分数""黄金"；专名比如"［威廉·杰斐逊·］克林顿""北京""华山"等等。当然，与限定性摹状词最有关系的是专名，因为两者都唯一地指称一个对象。按照罗素，专名的特点是：(1)它是没有内部结构的简单符号，直接指称一个个体，这个个体就是它的意义。(2)所指称的对象存在。(3)被指称者为说话者所亲知的对象。

在罗素之前，哲学家和逻辑学家一般没有看重名词与摹状词的区别，认为它们只是以各自的不同方式指称对象而已。"《红楼梦》的主要作者"与"曹雪芹"都是同一个人的名字，只不过命名的方式不同罢了。但罗素却发现这两者之间有着逻辑

---

① 陈启伟主编：《现代西方哲学论著选读》，第370页。

上的重大区别，不明确做出这种区别会导致逻辑上的困难，并引出哲学上的困惑乃至谬论。

这些困难是：（1）意义与所指的关系方面的困难，表现为无法说明含有同一性的语句的意义，比如说"德国现今（2022 年）总理是朔尔茨"；如果只就其所指而言，由于"德国现今总理"的所指是朔尔茨，这句话相当于说"朔尔茨是朔尔茨"，只是重言式。关于这个问题，我们读到罗素在《论指称》（1905 年）中这样一段话：

> 如果 a 等于 b，那么，凡对于一个真的，对另一个亦真，且这二者可以在任何命题中互相代入而不改变命题的真假。例如，乔治四世想知道司各脱是否为《威弗利》的作者；〔注：司各脱（Walter Scott）是英国著名小说家和诗人。他创作的历史小说《威弗利》于 1814 年匿名发表，所以当时的英王乔治四世想知道这本小说的作者到底是不是司各脱。〕而事实上司各脱是《威弗利》的作者。因而，我们可以以司各脱代入《威弗利》的作者，从而证明乔治四世想要知道的是，司各脱是否是司各脱。但是，人们并不认为欧洲的这位头等显贵对同一律感兴趣。①

但是，你会讲：弗雷格已解决了这个问题呀！问题在于，罗素不同意弗雷格的解决方案。在他看来，语词（摹状词、名词）

---

① 罗素：《逻辑与知识》，苑莉均译，第 57—58 页。

但是，若无弗雷格的问题视野，罗素不会有此似乎是"前弗雷格的"观点。

的意义与所指无法区分开。① 他的论证很复杂绕弯儿，这里就不介绍了。总之，他的论说与他的经验论与实在论纠结在一起的思路有关，也似乎与弗雷格讲的"只在语境［上下文］中询问语词的意义"的原则有关。但很明显，他的这个结论（语词的意义与所指无法区分开）后来受到了大量批评，斯特劳森甚至认为他错了。② 要是语词的意义与所指真的无法区分，那么罗素指出的就确是一个逻辑说明上的困难了。（由他的主张、论证、别人对他的反驳，重新立说，不尽合适又出新说，等等，可见语言分析哲学的工作方式和问题的性质。下面将更显明。）

（2）由于前人不注重名词和摹状词的区别，而要区别语词的意义与所指（按照罗素）又不可行，所以就会形成这样一种看法，即有一个名词或有一个合乎语法的摹状词，就一定有（存在着）一个相应的所指或对象。这马上会遇到（第）一种困难，即有些摹状词，比如"最小的正分数"，没有所指对象。我们已看到，弗雷格已看到这个困难，但他为了保持自己的学说的逻辑完整，提出一个在罗素看来是"人为的"主张（其实罗素的许多主张也很"人为"），即这类语词指称"空类"，也就是不包含任何成员的类。而奥地利哲学家、布伦塔诺的学生迈农则认为，任何语法上正确的指称语词都指称对象，这种对象（比如"金山"）如果在现实中不实存（exist），那么总在较弱的含义上存在或从理念上存在（subsist）。

注意：关于"假"或"无"的问题总在起关键的思想开启作用。

---

① 罗素：《逻辑与知识》，苑莉均译，第58—61页。

② 徐友渔：《"哥白尼式"的革命》，第155页。

即便这样，这种维持语词的意义与所指的区别的努力还会面临第二层困难，即过于人为化。所以罗素批评弗雷格的方案"显然是人为的"，"没有对问题作出精确的分析"[1]。确实，"空类"是个两栖物，既可以说它不是个对象，又可以说它是个对象。而迈农的说法则是将"对象"分为"实"对象（the objects that exist）和"虚"对象（the objects that subsist），也取得了两栖性。

罗素在这个问题（如何处理在现实中不存在者的逻辑身份的问题）上比弗雷格和迈农的成功之处在于：他的讲法可以更多地展示数理逻辑（谓词演算）的构造技巧，显得更精致。还有就是对"存在"的哲学角色的否定。但他的方案付出的代价是：取消了"假"或"不"带来的思想曲折与微妙。

2. 不区分摹状词与名词导致的（更多）困难

罗素对以往的特别是迈农的理论的批评是：（1）这样会违反排中律。他写道："根据排中律，'A 是 B'或者'A 不是 B'二者中必有一真。因而，'当今的法国国王是秃头'或者'当今的法国国王不是秃头'这二者必有一真。但是，如果我们列举出一切是秃头的事物，再列举出一切不是秃头的事物，那么，我们不会在这两个名单中找到当今的法国国王"[2]。他接着开玩笑："喜好综合的黑格尔信徒可能会推断说，法国国王戴了假发"[3]。

罗素在这里的说法（"如果……不是秃头的事物"）不够严格，应该说成："如果我们列举出一切当今（1905 年）是秃头的事物，再列举出一切当今不是秃头的事物"。后来斯特劳森正是以此为例来反驳罗素（认为加上了"当今"也不行，论证语句的意义不等于所指，只有在被使用时才有所指）。

对这段话的一些补充性说明是：首先，由于法国久已废除了君主制，所以"当今的法国国王"这个摹状词没有实际的所指。而"A 是 B"就意味着"A"是"B 类"中的一个成员。如果 A 确定是 B 中的一个成员，则"A 是 B"为真，否则为假。

---

① 罗素：《逻辑与知识》，苑莉均译，第 57 页。
② 同上书，第 58 页。
③ 同上。

注意，在数学基础研究中，直觉主义学派不承认排中律在涉及无穷时的普遍有效。所以，罗素这里是在用逻辑中也遭争议的规则来规范自然语言。

但若"A"根本不存在，那么说"A 是 B"和"A 不是 B"(不只在否定意义上理解，而要在所指上体现，即在"非 B 类"中找到 A)这两个矛盾命题就都假了。于是违反了逻辑的排中律，即两个矛盾命题中必有一真。罗素这个玩笑也开得相当机智，既嘲笑了他这时视之为对立面的黑格尔主义者，又讥讽了迈农的"两栖"(戴假发介乎秃子与非秃子之间，既可在某种场合下是秃子，又可在另外的场合下不是秃子)所指方案。

(2)这会造成"否认任何事物理存(在理念上存在，subsist)或存在(subsistence，being)就会产生矛盾"的局面。这也就是不区分名词与摹状词会遇到的第三个困难。比如在 A 完全等同于 B 的条件下，就应该讲"A 和 B 之间的差异并不理存"。或者说，"金山[现实中不存在者]不存在[is not]"。但按迈农的说法，主词(不管是名词还是摹状词)的所指必定理存或观念式地存在，尽管可以不现实存在。这样就形成了"A 和 B 之间的差异"、"金山"既不理存(实则为"存在")又理存的矛盾局面。(在另一处，《西方哲学史》最后一部分，罗素这样表达："假定我说'金山不存在'，再假定你问我'那个不存在的东西是什么?'如果我说'是金山'['是'在西方语言中又意味着'存在']，看起来我就是把某种存在归给它了。"罗素认为这里也有矛盾之处，或起码有不对头之处。而不像柏拉图和迈农那样认为讲"不存在[却还实存]的某种存在"是可以的。)

3. 罗素的新方案：摹状词本身是既无意义也无所指的"不完全符号"(摹状函项)

面对这些困难，罗素起码可以有两种选择：第一是放弃名称一定是对某个对象的命名这种观点（这正是后来斯特劳森等人的主张）；第二是放弃摹状词和名称是一回事的主张。① 他当然选择了第二条道路。

海德格尔的策略是：将"存在本身"完全非对象化、非实体化、非存在者化。
从思想方式上看，第二条道路更传统。

他认为，应该从逻辑上明确区分开专名和摹状词。专名必有所指，其意义就是其所指。摹状词则没有本身的意义，按照意义与所指不可分的观点，也就谈不上有什么独立的所指。关于这一点，罗素在《我的哲学的发展》第七章末有一个"证明"：

　　摹状词［原译文译作"叙述"］学说的主要之点是，一个短语对于一句话的意思可以有所贡献，若是单独用的时候就完全不具有任何意义。就摹状词来说，关于这一点有精确的证明：如果"《威弗利》的作者"是指"司各脱"以外的什么东西，"司各脱是《威弗利》的作者"就是伪的，实际上这个命题并不伪。［所以，"《威弗利》的作者"不指"司各脱"以外的东西。］如果"《威弗利》的作者"是指司各脱，"司各脱是《威弗利》的作者"就是同义反复，而实际上并非如此。［所以，"《威弗利》的作者"也不指"司各脱"。］所以，"《威弗利》的作者"既不指"司各脱"，也不指什么东西。那就是说，"《威弗利》的作者"什么也不指。证讫。②

相当于以上所述的"第一个困难"，即 A 和非 A 皆不成立，违反排中律。

---

① 徐友渔：《"哥白尼式"的革命》，第 146 页。
② 罗素：《我的哲学的发展》，温锡增译，第 75 页。其中"威弗利"译作"威弗雷"，"司各脱"译作"斯考特"。现统改。

那么，摹状词是什么样的一种词呢？罗素的回答是：由于它是一个没有本身意义的"不完全符号"，所以任何包含它的命题都可以被还原为不包含它的命题。

比如："《威弗利》的作者"实际上是说："……x写了《威弗利》"，它的意义与所指要在具体的句子中得到确定。

（这就正如"每个东西"这个非限定摹状词在命题"C（每个东西）"中意谓"C（x）恒真"，"某个东西"在"C（某个东西）"中意谓"'C（x）假'恒真是假的"（即"C（x）并非恒假"），以及"一个人"在"C（一个人）"中意谓着"'C（x）且x是人'并非恒假"一样。"每个东西"、"某个东西"、"一个人"这样的摹状词本身在还原后的句子中不出现，而只是作为明确的"不完全（不饱合）符号"，也就是在"……东西"的情况下作为"x"及其对命题真假的影响方式而存在，比如在"一个人"的情况下作为"……x是人"及其对命题真假的影响方式而存在。可见"一个人"这样的词语没有本身意义和所指。）

于是"司各脱是《威弗利》的作者"或者"《威弗利》的作者是司各脱"这个命题或句子就变成了：

有一个x，那个x写了《威弗利》，并且x就是司各脱。

罗素有时也将它说成：

就x的一切值来说，"x写了《威弗利》"等于"x是司各脱"。①

（左侧旁注）若没有谓词演算的技巧，这里的讨论既不会产生，也不会被理解。

_____

① 罗素：《我的哲学的发展》，温锡增译，第75页。其中"威弗利"译作"威弗雷"，"司各脱"译作"斯考特"。现统改。

这里边"《威弗利》的作者"这个摹状词（伪名词，不完全符号）就不出现了，而以它逻辑上的真实身份——"有（且仅有）一个 x，那个 x 写了《威弗利》"——出现。此外，由于罗素认为限定的（加指示词"the"的）摹状词表示唯一的一个对象，所以说"……的作者"指仅有一个作者。于是上面那个对于日常语言的逻辑分析式的翻译就变成了："有一个 x，那个 x 写了《威弗利》，对于一切 y，如果 y 写了《威弗利》，则 y 与 x 等同，并且 x 就是司各脱。"

（可参考他在《论指称》中对于"查理二世的父亲被处以死刑"一句的翻译。[①] 但那里未特别用存在量词（"有一个 x"）。这里用存在量词，是为了对付摹状词作为主词出现时，比如"金山存在"，"当今法国国王是秃子"的情况。也就是让对摹状词的转译统一起来。）

简言之，"司各脱是《威弗利》的作者"可被分析为：

有一个且仅有一个实体［存在者］写了《威弗利》，并且这个实体就是司各脱。

4.这种摹状词理论产生的后果

经过这种翻译，可见"司各脱是《威弗利》的作者"一句或"《威弗利》的作者是司各脱"并不是关于"司各脱"的所指（及意义）与"《威弗利》的作者"的所指（及意义）之间的同一关系，要是那样的话，乔治四世想知道的就是一种同一关系而不是一

---

① 罗素：《逻辑与知识》，苑莉均译，第 52—54 页。

个含有信息量的事实了；这句话是关于"一个实体"，关于"它写了《威弗利》"与"它是司各脱"这两件不同的事情之间的同一关系，或"它写了《威弗利》"与"它等同于司各脱"这两件事都成立（"并且"）的事实。而这就是有认知意义的陈述了。所以，这就解决了由于不区分语词与摹状词造成的第一个困难，即"无法说明含有同一性的语句的意义"的困难。

注意这种解决方式与弗雷格的解决方式的不同。

当然，由于不再认为摹状词本身有相应的所指，因而可以克服另两个困难。首先，按照这个新看法，"当今的法国国王是秃头"就应被分析成：

> 有一个（且仅有一个）实体，它现在是法国国王，并且它是秃头的。

由于根本没有一个实体是现在的法国国王，所以根本不用考虑它是不是秃头（因为"A ∧ B"中只要"A"是假，则整句为假。也就不用到秃子类里面去找当今法王），就可断定此命题为假。而它的反命题"当今的法国国王不是秃头"如写成："有一个实体，它现在是法国国王，且它不是秃头"，此命题也假。但是如写成："以下所述是假的：有一个实体，现在它是法国国王，且它是秃头"，此命题为真，因为它断定一个假命题为假（但这种解决方案太绕弯儿），这也就不用到非秃头类中去找当今的法国国王了。这样，就避免了违反排中律。

再者，按这个分析，否定（主词代表的）事物的理念存在也就不会造成矛盾。因为"当今的法国国王不存在"就被看作是：

就 x 的一切值来说，"x 现在是法国国王"恒假。

你就不能再反问我："不存在的是什么"，以引出"是当今的法国国王"。这里，摹状词"当今的法国国王"已被还原为句子中的谓词成分。因此，说"金山不存在"，就意味着：

就 x 的一切值来说，"x 是金的而且是一座山"是假的。$[(x)\neg G(x) \wedge M(x)]$[1]

不再给摹状词"所指"的"存在"或"理存"留什么"存在"的余地，而用"……为真（或为假）"来代替。而且，由于用这种分析方法能将所有摹状词都消减为谓词性的不完全表达式，比如将"金山"消减为"……x 是金的而且是一座山"，摹状词就不可能做主词了。因此，否定摹状词表面上的"所指"就不会造成矛盾，因为经分析后可看出，根本没有这种所指。

5. 摹状词理论解决了"存在问题"

罗素相信自己的摹状词理论除了能解决以上这三个困难之外，还能澄清两千年来关于"存在"这个头等重要的哲学问题。康德已在《纯粹理性批判》中论证"'存在'（Sein）明显地不是一个实在的谓词"。[2]罗素从摹状词理论延伸出的结论与康德

---

① 罗素：《我的哲学的发展》，温锡增译，第 75 页。

② 蓝公武译，商务印书馆版，第 430 页。A598/B626. Smith 英译："'Being' is obviously not a real predicate". 德文原文是："Sein ist offenbar kein reales Prädikat"。

当我们说"《威弗利》的作者存在"时，这个"存在"是个虚的存在。因为"《威弗利》的作者"作为摹状词无所指。我们之所以绝不能说"司各脱存在"，一个理由就是（按罗素的专名理论）我们不可能说"司各脱不存在"。

的命题有相似之处，但也不完全相同。罗素认为，"存在"这个词既不是名词，也不是"实在的谓词"，而只是用来说一个摹状词的。比如我们可以说"《威弗利》的作者存在"，但绝不能说"司各脱存在"。当然，说"《威弗利》的作者存在"，其真实的或分析的意义只是：

> 有一个（且仅有一个）实体 e，如果 x 是 e，"x 写了《威弗利》"这个陈述就是真的，否则（"如果 x 不是 e"），这个陈述就是假的。

> （或者说成："对于 x 的一切值来说，'x 写了《威弗利》'不恒假。"变项 x 至少有一个取值是真的。）

按照罗素的观点，这也就意味着"存在只能用来说一个摹状词"。[①] 它说的是：对于这个由该摹状词分析出的命题函项（"x 写了《威弗利》"），至少有一个变项（"x"）取值使此函项为真。而且，如果否认这一点，即否定"有一个"这样的存在量词的断定，也不会造成矛盾，因它可被译成"对于 x 的一切值来说，'x 写了《威弗利》'恒假"。而否定"司各脱存在"则会造成原来认为否定"金山存在"会造成的矛盾，因为"司各脱"是专名，不是可化为谓词（命题函项）的摹状词，它已被认为指称着它命名的对象了，或者说，它必有所指。我们可以说"名叫司各脱

---

①　罗素：《我的哲学的发展》，温锡增译，第 75 页；洪谦主编：《西方现代资产阶级哲学论著选辑》，第 246 页。

的那个人存在(或不存在)"，因为这时已是对一个摹状词来言说"存在"了。

在这个意义上，罗素相信他已解决了自古而来的"存在"问题：即存在既不是实体(可用名字去表示)，亦不是真实的谓词(用来表达一实体的状态或特性)，而是一个表示摹状词或命题函项的特性的逻辑谓词。

由于罗素要求专名只能是对个别的、特殊的东西的命名，而他的经验主义立场使他认为只有亲知(acquaintance)才能得到关于个别与特殊东西的知识，所以，对于罗素，许多对于前人是专名的名称(比如"苏格拉底"、"曹雪芹")对后人就成了摹状词的缩写。他于是认为：一般情况下专名都是改头换面的摹状词，真正的专名只有"这"(this)和"那"(that)。而且由于它们只指称当下经验，而不是一个固定的、单个的物理客体，所以只是"逻辑专名"，而且这种以摹状词方式起作用的名称有意义可言。[①] 这实际上或从功能角度讲，又回到了接近弗雷格之处，因为日常语言中的绝大部分专名与摹状词又无法区分了。

三、对罗素摹状词理论之要点、意义的总结和评议

1. 我们将罗素的摹状词理论的要点做一总结：

(1)摹状词(description)在日常语言中是对人或物的特征

---

① 罗素：《数理哲学导论》，晏成书译，商务印书馆1982年版，第164、168页。

进行描述的短语。限定性摹状词则是对该（the）人该物的独特特征做出描述的短语，使得在一般人心目中，它所描述的对象（实际上，罗素否认它能独立地描述或指称对象）是唯一的。它所描述者在现实中可能存在，也可能不存在。

（2）不区分摹状词与名词，会遇到至少三个困难。靠区分意义与所指（弗雷格），或区分不同种类的对象（迈农），是行不通的。也正是因此，这些困难不能通过这种区别得到克服。

（3）所以，必须严格区分摹状词与名词，特别是区分限定性摹状词与专名。专名必有所指，摹状词则从严格的逻辑上讲没有本身的意义和所指，可称为"摹状函项"，是一个不完全的表达式（"……x 写成了《威弗利》"、"……x 是当今的法王"）。

（4）经过分析，含有摹状词的语句可以被还原为不含有摹状词的语句，也就是从逻辑语法角度看是形式准确的语句，在其中摹状词的表达功能由谓词行使。

（5）于是那三个困难可以被一一克服。

（6）这个理论对于"存在"一词的使用做了逻辑上的明确说明，证明历史上的存在学说绝大多数犯了逻辑语法的错误。

（7）专名命名亲知的特殊对象。由于我们能够真正亲知的对象极为有限，因此，在一般情况下，表面上的专名只是摹状词的缩写。真正的或逻辑上严格的专名只有"这"和"那"。

2. 此摹状词理论对于分析哲学的意义：

（1）它以特别鲜明的方式将日常语言的语法、传统哲学及传统逻辑所依据的语法（一般意义上的主谓结构）与经过数理逻辑技巧处理过的分析型的逻辑语法区别开来,并表明只有后者才是逻辑上站得住的、清晰的。由此而进一步强化了分析运动中对一种理想的人工(分析化的)语言的追求。

(2)将弗雷格开创的"意义与所指(指称)"问题向前或向更复杂的方向推进了一步,反对弗雷格将意义与所指在词的水平上加以区分的做法,使得"语句是意义的基本单位"的思想占了主导地位。罗素认为对于语词来讲无法区分其意义与所指,绝大部分表面上的语词只是伪装的摹状词,而摹状词可以并应该还原为语句中的谓词性的不完全表达式。这样就提示出:一般语词本身无意义可言,可以还原到最单纯的词或专名,它的意义与所指不分;独立的意义则只在句子这一形成了命题、有真假可言的层次上才出现。

第(1)和(2)条对早期的维特根斯坦有明显的影响,哪怕只是表达方式意义上的。

(3)这个理论削弱了唯实论倾向,包括在弗雷格那里还有的唯实论倾向,鼓励了唯名论倾向和与经验主义("亲知")还原论的联手。(但在逻辑经验主义衰落之后,语言型的唯实论又复活。)尽管罗素本人在共相问题上持唯实论的立场,即认为时间中的事物和思想是"实存"(exist)的,但共相(universals)如关系("在……之北"、"大于")、普遍观念("白")、数学对象等"是理存(subsist)的,或具有存在(having being)的,而这种'存在'因其无时间性而与'实存'相对立。"[1]共相通过"抽象"而得到,而不是通过描述或摹状得到。或者,共相是逻辑上需要的。罗

---

[1]　Bertrand Russell: *The Problems of Philosophy*, London, New York, Toronto: Oxford University Press, p.100.

素本人的学说经常这样不谐调。

3. 对于罗素的摹状词理论，我的评论是：

（1）摹状词理论是语言的逻辑分析哲学中最典型的例子之
一。它运用了数理逻辑（谓词演算）的量词技巧和"函项"（不完
全表达式）的概念，分析日常的哲学语言中的例子，发现所谓"更
真实的"逻辑特性或语法结构，并用来解决传统哲学的问题（当
然也包括逻辑本身的问题）。

其表达方式的新异、严格和矫情改变了不知多少刊物和著作的话语特点。

（2）这个理论的构造与人的直觉不相合，有很大的人为性，
比如规定限定性摹状词所描述的对象是唯一的，但罗素所用的
例子中，比如"《威弗利》的作者"就有可能是两人；但罗素从
一开始就规定他只这么使用"限定性摹状词"。而且，认为无
法区分语词的意义和所指的观点和论证，都不如弗雷格的相反
观点更合乎人的直觉。他依据逻辑的排中律、矛盾律等来立
论，实际上不仅从逻辑上杜绝了语词本身具有意义，而且使真
正的专名难于找到。这种治学方法鼓励的是一种以逻辑来规范
语言、强矫语言的倾向。他所谓对传统哲学问题的解决应理解
为：如果承认他为此理论定下了一些人为规则，那么……就被
如此这般地解决了。

（3）这个理论从表面上是反传统哲学的一些看法的，比如
每个词或词组（摹状词）都有所指（都指称某种存在（being）者），"存
在"可以当谓词用。但究其实，它的基本方法论见解还是很传
统的，比如认为每个真正的名词（专名）都有所指，其意义等同
于其所指；"存在"不能作以专名为主词的句子中的谓词，但

可以成为以摹状词作主词的句子中的谓词。这些都与实用主义、现象学、存在主义等对意义和存在的非对象化的看法大不同。

（4）这个理论鼓励这样一种看法，即语言的意义与语言本身的结构或特点没有什么内在的关系，语言只是表征符号，只与对外在对象的经验指称有关系。"意义"的根本来源是"亲知"，这是一个经验主义的原则。

（5）这个理论本身也很难说是站得住的。他反驳弗雷格、迈农时最有效的一条论据是对方违反了排中律（相反命题之间必有一真），用的是"当今法国国王是秃头"一例。除了"排中律"的绝对有效性值得怀疑之外，后来斯特劳森（在 On Reference 中）则依据此例中的问题批评他错误地将语词的意义和所指混淆。斯特劳森认为"意义是语句或语词的一种功能；而提到和指称、真或假则是语词的使用或语句的使用的功能［在一特定场合下用来做出一个或真或假的论断，或用来指称和提到某物］。因此，一个语句或语词是否有意义的问题，与某一特定场合下所说出的该语句是否在那个场合下被用来做出一个或真或假的论断的问题，或与该语词是否在那个特定场合下正被用来指称或提到某物的问题毫无关系"。[1]如果有人并非开玩笑地说："法国国王是贤明的"。你不会这么反驳："这是不真实的"（经过摹状词理论分析，这句话是假的）。你可能会对他解释，这里有误解，法国的政体现在不是君主制，法国没有国王。一个句子有意义并不意

---

① 引自徐友渔《"哥白尼式"的革命》，第 155—156 页。

味着它在任何使用情况下都是真的或假的。[①]

如果说该理论本身就有问题，那么说它削弱了传统哲学的唯实论还可以，说它"解决了"什么问题就大为不妥了。它真正的"意义"是引起了更强烈的分析的兴趣。

四、罗素的哲学思想

罗素一生哲学立说多变，但如前所述，1912 年出版的《哲学问题》基本上可当作他在这方面的代表作。

他认为，我们的一切真实知识都从直观知识而来。而直观知识就是由亲知得来的知识（knowledge by acquaintance）。亲知或"认知"（何明中译本用语）就是传统经验主义者们（贝克莱、休谟）讲的感觉或感官觉知，它们提供不可加以怀疑的感觉材料（sense-datum）。罗素讲："我们对于我们所直接察觉的任何事物都是有所亲知［原译文为'认知'，下皆同］的，既不需要任何推论过程做媒介，也不需要任何真理的知识做媒介。……当我看见颜色的时候，我完完全全地亲知它，甚至在理论上也再不可能有什么关于颜色本身的知识了。因此，构成桌子现象的感觉材料是我所亲知的事物。"[②]

但我不能亲知"桌子本身"，或"作为物体的桌子"，而只能依据亲知的感觉材料，通过描述（description）或摹状来间接地达到对象。"桌子"就是用感觉材料来描述或摹状的物

---

① 引自徐友渔《"哥白尼式"的革命》，第 155—156 页。

② 罗素：《哲学问题》，何明译，商务印书馆 1959 年版（1964 年第三次印刷），第 31 页。

体，我们总可以怀疑它的存在，也总可能在这种描述的知识
（knowledge by description）上出错。这种描述知识如果是经验
性的（而不是逻辑和数学的），则要通过归纳法，使我们对这种不
完全确定的知识形成合理的信念而不是证明。而假设被描述物 传统的经验主义路子。
体的客观存在则是合乎常识的，这种信念"使我们经验的叙述
简单化和系统化，所以，使人没有理由不接受它。因此，尽管
梦境引起人怀疑外部世界，我们还是可以承认外部世界的确存
在着，而且它的存在不依赖于我们不断觉察它"。① 描述的知识
的根本重要性是它能够使我们超越个人经验的限制，② 比如关
于"俾斯麦"的知识。③

　　罗素的摹状词或描述理论在这里的作用就是保证一切凭描
述而知道的关于物体对象的知识，"最后可以转化为凭借着亲
知而知道的知识"。④

　　还有一种既不凭亲知，又不凭描述而来的知识，即对于一
些普遍原则的知识。这些原则的例子是：归纳法，逻辑规则，
数学命题。人们首先亲知这些原则的某些特殊的应用，然后又
认识到这与特殊性是无关的。⑤

　　罗素相信，我们关于"共相"（the universal）的知识与以上
讲的关于殊相的知识有一个类似的层级结构，即从凭借亲知到

---

① 罗素：《哲学问题》，何明译，第 15 页。
② 同上书，第 46 页。
③ 同上书，第 37 页。
④ 同上书，第 39 页。
⑤ 同上书，第 48 页。

依靠描述再到不依据这两者而知的结构，尽管"共相世界"的存在本性与确定性与前者有所不同。

"凭借亲知而认识共相（包括关系）"，这说法似乎与现象学和詹姆士一致，但罗素的具体讲法表明他绝没有"现象学直观"和"意识流"的思路，而是传统的从特殊抽象出一般的思路。让我们读一段他写的话：

> 显然我们都亲知像白、红、黑、甜、酸、大声、硬等等共相，也就是说，认识感觉材料中所证实的那些性质。当我们看见一块白东西的时候，最初我们所认识的是这块特殊的东西；但是看见许多块白东西以后，我们便毫不费力地学会了把它们共同具有的那个"白"抽象出来，在学着这样做的时候，我们就体会到怎样去认识"白"了。①

能"看见许多块白东西"的前提不就是具有了"白"的共相了吗？哪里还要事后再"把它们共同具有的那个'白'抽象出来"呢？

他甚至认为关系（比如"居于左边"、"时间的前后"、"相似"、"关于"）、数学命题等共相都是抽象出来的。令人吃惊的是，他居然还会相信这是一种亲知的直接知识！这除了表明他的哲学素养有问题之外，似乎表现出他对共相代表的柏拉图的确定世界的偏爱。但他的思想方式主要还是经验主义的（抽象说而不是回忆说）。

凭描述而知的共相知识的例子是：依归纳法，"看出在共相的'人'和共相的'有死的'之间有一种联系"。② 于是说"凡

---

① 罗素：《哲学问题》，何明译，第70—71页。
② 同上书，第74页。

人皆有死"。

第三种共相知识是：我们可以知道并赞同一个普遍命题，但是关于这个命题的事例却一个也不知。比如这样一个命题："人类所从未思考过，将来也永远不会思考的两个整数的一切乘积［超出了九九表中的乘积］，都在 100 以上"。[①] 关于它，所需要的只是共相关系的知识。

这就是罗素的知识图景，其出发点是经验主义的（一切知识依赖认识特殊者的直观知识），而其区分构架是"殊相 / 共相"这种传统的二分叉模式。他的柏拉图主义倾向则体现在他对先天的实体和共相的看法上。在他看来，逻辑和数学都是一些先天的知识，因此：

> 我们的一切先验的知识都是和一些实体有关的，但确当地说，不论在心灵的世界或在物质的世界里，这些实体是不存在的。[②]

关系、共相（"白"、"公道"、"三角形"）就是这种实体，

> 它们是永存［理存，*subsist*］的，或者说，它们具有实在［*having being*］，在这里，"实在"是超时间的，和"存在"［exist，以上译作"实存"］相对立。因此，共相的世界也

可以说就是实在的世界。实在的世界是永远不变的、严正的、确切的，对于数学家、逻辑学者、形而上学体系建立者和所有爱好完美胜于爱好生命的人们，它是可喜可悦的。①

照罗素的思路，没有它们，任何有效的、稳定的客观交流便不可能。② 所以，当我们思考白的时候，"在我们心灵中的并不是'白'，而是思考白的那个行为"；这行为由于"白本身"的实体性，而在个人主观体验之上具有了客观性。

由此，罗素的上述不成道理的"（抽象）亲知共相"说就可理解了。因为只有认为某些共相是可亲知的（这种思想与胡塞尔的本质直观说，貌合神离），不然就很难在主张经验主义的同时坚持永存实体的独立性。罗素的摹状词理论所消解的，绝大部分是限定性摹状词的虚假所指，而不是共相，即由"（一般）名词、形容词、前置词、动词"所代表的共相。③（"金山"是迈农所用。）柏拉图主义与经验主义能如此生硬地杂陈在一起，实在是奇观。

至于罗素关于"错误如何与知识分开？"这个问题的回答，原则上并没有超出柏拉图的"鸟笼说"（形成几个单位之间的关系时可能会不符合实际的关系，但感觉材料不会出错）。"当一种信仰和某一相联系的复杂体相应的时候，它便是真确的，不相应的时候，它便是虚妄的。"④ 如此而已。

---

① 罗素：《哲学问题》，何明译，第70页。
② 同上书，第69页。
③ 同上书，第64页。
④ 同上书，第88—90页。

罗素的哲学思想中有个别新说法，比如"直接亲知共相和关系"，但究其实，并无任何新意。这是分析哲学早期的普遍情况。但在维特根斯坦那里，情况有所不同。

传统的经验论与唯理论的外在拼合。

第七章　分析哲学(二)

第一节　维特根斯坦的风格与人生

当我们想到绝大多数分析哲学家，比如弗雷格、罗素、卡尔纳普、蒯因、克里普克等，感到的主要是一种摆弄符号的技巧，论辩的精细甚至是只偏向自己主张的精细和繁琐(罗素)，崇尚科学和客观世界的平板，对一切神秘东西和传统理念形而上学的排斥，顶多再加上一些不多的表达的风趣(主要用于嘲笑对手)。但是，一旦想到维特根斯坦，局面就大为不同。我们这时感到是一种振奋、清澈和思想的真诚，甚至是一种灵感。他绝不缺少逻辑的精巧、严格，以及论辩的犀利和自己独特的表达风格，但他更有一种将问题想到底的透彻和对于"终极状态"的敏感，而且敢于去追求和揭示这根本处的真实，而绝不仅仅满足于依据某个逻辑和理论框架来探索。所以，在他那里，思想的透辟与对人生终极问题、存在的终极形势的敏锐感受相互渗透，在冷峻(相比于丰富的生活本身是"残缺"，但是却是天才的残缺)中透露出深刻的"宗教"(活的"终极"信念)追求的热情和某种诗意或乐感。因此，他的学说有内在的蕴意，能引发人的感受而

> 能娴熟地掌握那套逻辑分析话语，而又不丧失原发的哲学视野和思考能力的，确属凤毛麟角。

> 在维特根斯坦那里，你可能会感到搞哲学、消解哲学是件有内在价值的事情。

不只是论辩；这一点没有任何其他分析哲学家能达到。

有的人认为是他实际上开创了"语言的转向"，主张一切哲学问题皆是语言问题。在这个意义上，他是语言分析哲学运动的真正缔造者。不管怎么说，他直接引发了分析哲学运动中两个很有影响的流派：逻辑经验主义（维也纳学派）和日常语言分析学派，尽管他本人并不属于它们。他理解哲学的深度和独具魅力的表达方式是无人可以模仿的。可以说，他是西方"知识分子"中少有的天才型的、有能力突破既定框架的思想者。所以他反而对海德格尔这位让自由主义知识分子和绝大多数分析哲学家受不了的思想家表示了理解和某种敬意。他的天才和巨大的分析思想能力让分析哲学家们不得不尊重他，在理智上受其影响，但又对他更深刻的一面（思想与人生相遭遇的一面）产生本能的反感，并以"维特根斯坦等同于破坏"这类惊呼表现出来。原因只是，维特根斯坦既是分析哲学运动的一位开创者、赋予灵感者，又是它的逻辑分析形态的摧毁者，乃至整个西方传统哲学根基的摧毁者。他后期开辟出的思想天地已经与实用主义、现象学和解释学有了不少相通之处，甚至与东方思想可以有对话的可能（尽管他本人几乎没有这么做），只是他的表达更精细（当然在某种意义上更狭窄），更丝丝入扣地揭示了传统哲学的虚假。

相比于海德格尔，他的弱处在于还未能让自己思想本身包含的"气韵"或"境域"性获得较充分的学说上的表现，只能以"语言的意义在于使用"、"生活形式"（或早期的"神秘"倾向）这种残缺的、不饱满的方式表达出来。而且，他对西方哲学史的

说着分析话语的尼采。

解构或"解-释"也较弱。当然，如上所述，他有海德格尔所缺少的论辩的犀利、巧妙和贴切。

路德维希·维特根斯坦（Ludwig Wittgenstein, 1889—1951）与马丁·海德格尔同年出生，而且两人的生日都是 26 日，只是维特根斯坦是 4 月 26 日，海德格尔是 9 月 26 日。维特根斯坦家庭是犹太人，但这位哲学家的祖父已改信基督教，直到路德维希这一辈，都不愿让别人知道他们是犹太血统。他的父亲是一位从工程师做起，后来成了奥地利工业巨头的人，很有教养和道德责任心，治家极严，既给孩子们以良好严格的管教，又往往使他们感到压力。维特根斯坦的母亲为人善良，有音乐和艺术素养，使这个富裕家庭成为一个充满音乐的地方。（传说家中钢琴有七架之多。）J. 勃拉姆斯是这个家庭的亲密朋友。舒曼夫人（克拉拉）也在这里演出小提琴（维特根斯坦极喜爱舒曼的音乐）。维特根斯坦在家中八个孩子里最小，有四个哥哥和三位姐姐。后来有三个哥哥自杀身亡（另一个在战争中失去一臂），表明父亲严格教育的失误。

14 岁以前，他在家中受教育，由父亲聘请家庭教师。但维特根斯坦表现出很强的个性，主要靠自己读书，并以一种有选择的方式来反复读自己感兴趣的东西。1903 年，家中长子汉斯（有音乐天才，但父亲期望他经商）自杀，给父亲带来极大冲击，决定送最小的两个儿子保罗和路德维希进正规学校。于是路德维希进了林兹（Linz）中学，与希特勒同校一年（希特勒 1900—1904 年在该校）。希特勒比维特根斯坦大几天，但维特根斯坦在校时却比希特勒高两个年级（五年级，而希特勒在三年级）。维特根

边缘。

所以儿童少年最需要自觉的读经、背经。

斯坦在那里并不舒服,但还是读完了三年毕业,然后(1906年)赴柏林附近的夏洛腾堡(Charlottenburg)工科大学机械工程系求学。大约在那个时候,他通读了(据说这是他唯一通读过的哲学书)叔本华的《作为意愿和表象的世界》,深受影响。在接触弗雷格之前一直是一个叔本华主义者;以后也未从"思想性格"上 由此可窥其真性情。脱开。维特根斯坦在音乐上最喜欢瓦格纳的歌剧《纽伦堡的名歌手》,对这位承接叔本华思想又引起尼采共鸣的音乐家的评价是:"天才显露之处,技术就变得无足轻重了。"[1]在柏林期间养成一种终身受益的习惯:随时把自己所想的东西记下来,与自己对谈。他一生都比较孤独,所以与自己对谈似乎是使他没有自杀而且成为伟大思想者的一个重要原因。维特根斯坦曾数次认真地考虑过自杀。

1908年他转到英国曼彻斯特大学,读到1911年。研究飞机发动机,设计螺旋桨,反倒因此对纯数学和数学基础问题有了兴趣。后经过弗雷格介绍,到剑桥的三一学院从学于罗素。他常常唐突不拘地去找罗素讨论问题。罗素在《记忆中的肖像》中讲道(注意,罗素讲话有时夸大,并爱显示自己):

> 他常在半夜到我屋里来,几个钟头内一直来回踱步犹如笼中之虎。一进门时他就声明,在离开我的房间后他就自杀。所以尽管我很困,也不愿撵他走。其中一个晚上,经过一两个小时死一般的沉寂,我对他说:"维特根斯坦,

---

[1]　引自江怡《维特根斯坦传》,河北人民出版社1997年版,第31页。

你是在思考逻辑呢？还是想着你的罪孽呢？"他答道："都有"，于是又重新陷入了沉默。①

他那时主要关心的是否定命题的真理可能性问题。因为现实中并不存在否定的事实。罗素一开始不知他是怪人还是天才，但看了他写的一些东西，认其为天才，断定他应该搞哲学。

1913 年秋，他同在剑桥结交的朋友青年数学家大卫·平森特（后来《逻辑哲学论》就题献给他。平森特 1918 年 5 月死于第一次世界大战。维特根斯坦在得知噩耗之后给母亲回函中讲："大卫是我第一个也是唯一的朋友。"②）一起去挪威游览，深为那里古朴的山林、海湾和民风吸引。回英国后，维特根斯坦很快又独自一人回到挪威，建了一座极简单的小木屋，一直住到 1914 年第一次世界大战爆发，不少早期思想就在此形成。1914 年 3、4 月，当时已著名的哲学家摩尔从剑桥到挪威来看他，记录下他口授的研究成果，维特根斯坦死后以《挪威笔记》为题发表。他很喜欢挪威这个国家和民族，甚至学会了一口流利的挪威语。

第一次世界大战爆发后，他因病可以免去兵役，但他像尼采那样，主动报名参军，加入奥匈帝国的军队，认为这是最好的自杀方式。他作战英勇，还展示工程技术方面的才能，被晋升为炮兵中尉，获勇敢奖章。1918 年 11 月，奥匈军队崩溃，

谁说分析哲学家都无道性？

---

① A. J. 艾耶尔：《维特根斯坦》，陈永实译，中国社会科学出版社 1989 年版，第 28 页。

② 维特根斯坦：《名理论（逻辑哲学论）》，张申府译，北京大学出版社 1988 年版，第 144 页。

他成了意大利人的俘虏，直到 1919 年 8 月才获释。在战争期间，据说他在战壕中看到杂志里关于一次汽车事故的报道，其中有对于事件的可能次序的略图，于是产生了命题的图象论的思想。在囚禁中与罗素通了消息，将基本完成的《逻辑哲学论》手稿寄去。此书后来的出版困难重重，屡遭拒绝。有的出版商看在罗素写前言的信誉上同意出版，但维特根斯坦却觉得罗素的前言歪曲了他的思想，不同意一起刊登……。1921 年此书出德文版，1922 年出了后来影响广泛的英德对照本。这是他生前出版的唯一一本哲学专著，只有两万字，但成为 20 世纪影响最大的哲学著作之一。

从战俘营返回维也纳后，他将父亲留下的大笔遗产分给了家庭中其他成员（他在剑桥读书时，就匿名资助逻辑学家约翰逊、诗人特拉克（Georg Trakl）和里尔克（R. M. Rilke）），以至想去海牙见罗素商议出版《逻辑哲学论》都没有了费用。按照巴特利的书[1]，他这一段时间在维也纳有过同性恋经历，使他后来总感痛苦。

维特根斯坦认为《逻辑哲学论》"所述思想的真理性，在我看来，是确定而不容置疑的。所以，我以为，哲学问题在根本上已经最后地解决了。"[2] 因此，他不想再从事哲学了，因他从来未想以之为谋生手段。他愿意做一个平民，而且早已怀有做一名小学老师的愿望，去说去教原发的语言，而不是去对语言说三道四。于是在短期培训后，从 1920 年起至 1926 年在奥地

海德格尔也关注过这两位诗人，但方式是解读他们的诗歌。

---

① W. W. 巴特利 (Bartley, III)：《维特根斯坦》(*Wittgenstein*), Illinois: Open Court, 1985. 中文版为《维特根斯坦传》，杜丽燕译，东方出版社 2000 年版。

② 《逻辑哲学论》自序。

利的边远山区教小学。据巴特利的书，维特根斯坦当时受到鼓吹教育改革的一位教育家的影响，决心改变传统的教学方式。因此，他对教学极为投入，赢得了学生们-的爱戴，但由于贵族派头和个性，却与个别同事及学生家长们时有冲突。他自费带孩子们去维也纳参观，(通过他的姐妹)自费赞助有培养前途的农家孩子去深造，并自己制作教具。他还自编了一本《小学字典》(1926年出版，是他生前发表的两本书之一)，以他本人的教学经验为依据，注重对语词用法的分析，由此而促进了他形成后期思想中的一些重要思路。他在字典的序言中写道：

维特根斯坦思想是他的"生活形式"。

> 本字典的目的，是为了满足目前在缀字法教学方面的迫切需要。这是作者实际经验的结果。……这样一本字典可以使学生尽快地查找一个词。其次，本字典告之学生的方式能够使他们永远地得到构词方法。[①]

1919年改革之前，学校训练法规定：必须口授拼读规则和语法规则，把它们写在黑板上，然后死记硬背。改革后，鼓励孩子们自己去发现拼读和语法规则。首先，让他们自由地写文章，不必专门注意拼读和语法规则；只有当他们的文字表达比较流畅时再介绍语法规则，以改进其文章。以往字典的用法示例多为书面语，且繁杂，再加入一些外来语，使之成为孩子们眼中的可怕工具，很难理解。维特根斯坦的字典与众不同，它

---

① 江怡：《维特根斯坦传》，第99页。

的词汇都是他的学生撰写文章时实际使用的，而且，还选了一些方言词汇，并就在方言的使用中显示语法，比如三格与四格的区别。

维特根斯坦主张，孩子应通过有趣的特殊例子学习事物的原则。尽管这表面上比用标准示例要困难。但他坚持人应从不寻常走向寻常，而不是像绝大多数教师认为的，应从寻常（普遍化）走向不寻常。罗伯特·多弗伦斯（Robert Doffrens）关于这时的学校改革写道："像母语和写作方面的训练一样，算术教学也完全改变了。……在获得运算技巧的同时，也发现了运算的意义。"维特根斯坦则在他的《片语集》（*Zettel*,412）中说："[我应]在教学概念与意义概念之间建立联系"。

学校改革的两个口号是"自身主动"（Selbsttätigkeit,自我活动）和"整体化训练"（integrated instruction）。第二个口号强调把教学与学生的地方环境和习俗结合起来：让教师自由决定学生在校期间如何以及什么时候从一个科目转向另一个，并由孩子们的兴趣来决定如何划分学时。

这是对战前联想主义教育心理学的批评。那种主张认为，一切事物可以且应该分解为"单位观念"，这实际上意味着，不同科目的教学应严格地分门别类。维特根斯坦的《字典》则不同，学生编纂字典时的自我活动，提醒他们注意自己使用词汇的必要模糊性，并通过方言的使用，与地方环境结合起来。

维特根斯坦在学校里感到最愉快的事情，是给孩子们读神话故事。教学期间，一位剑桥学者莱姆塞（F. P. Ramsey）曾专程来访，劝他重返剑桥，但他认为自己在哲学上的工作早已完成了，于是继续从事他的儿童教学。可是，他因体罚孩子（当时学校允许这样做）被家长告到法庭，最后虽然胜诉，但他感到受了侮辱，于 1926 年 4 月辞职。然而，他当年的学生们对他一直记忆犹新。他去世后，国际维特根斯坦研讨会每年在这附近的基尔希堡（Kirchburg）举行。

他回到维也纳后，去一所修道院当一名园丁，又曾起过当修士的念头，后又为其二姐设计了一所房子。赖特讲：

> 这所房子直到最小的细节都是他的作品，而且高度体现了它的创造者的特点。它免除一切装潢，而以精确的测量和严格的比例为特色。它的美和《逻辑哲学论》的文句所具有的那种朴素文静的美是相同的。[①]

他的《逻辑哲学论》强烈地吸引了维也纳学派的创始人莫里兹·石里克。石里克热情邀请从乡村回到维也纳的维特根斯坦为他们讲解这本书并正式参加该学派（小组）的活动。维特根斯坦拒绝参加该学派（因为他正确地判断，他们并不与他一致），但同意与他们中的一些人做私下交流。1927—1929 年，维特根斯坦以主宰的角色来"接见"石里克、卡尔纳普、魏斯曼等人。后来他与卡尔纳普格格不入，"取消"了卡尔纳普的参与资格。卡尔纳普视海德格尔的文章为滥用语言的坏典型，维特根斯坦

---

① 马尔康姆：《回忆维特根斯坦》，李步楼、贺绍甲译，商务印书馆 1984 年版，第 9 页。

却在与魏斯曼等人的交流中对海德格尔表示理解。不管怎样，通过与这些人的交流，又逐渐引起他的哲学兴趣。1928 年 3 月听了直觉主义数学家布劳威尔（Brouwer）的讲演，很受启发，加上他的其他经验，终于促使他决定重返哲学界。1929 年初，他返回剑桥，当年 6 月就以《逻辑哲学论》获博士（罗素、特别是摩尔帮助他）。1930 年被该校三一学院聘为研究员。

异才遇伯乐，自成佳话。

　　1933 年前后，他的思想完成了重大转变。除了其他因素，两位朋友即莱姆塞和皮诺·斯拉法（Piero Sraffa，意大利经济学家，当时在剑桥任教）的顽强批评使他逐渐放弃了早期的许多观点。（斯拉法做了一个意大利人表示轻蔑的动作，即用一个手指在下巴上向外刮一下，然后问："这个动作的逻辑形式是什么？"）马尔康姆讲，"他同斯拉法的讨论使他觉得像是一棵树被砍去了所有枝杈。这棵树能够重新发绿，是由于它自身的生命力。"[①]

无内在生命力者，何以能让"讨论"砍去枝权？谁能"损之又损，以至于无"？

　　他的讲课是"非学院化的"，在充分准备后当场生发和进行着的，可以说是"在听众面前进行思考"。[②] 每次都像打一场战役一样。听课的人中，除学生外，还有摩尔等著名学者。他们的记录被很好地保存。1936 年，与三一学院合同满，他曾想去苏联定居，因他于 1935 年时访问了苏联，印象极好。但后来苏联的大清洗使他不能成行。于是他回到挪威的小屋，开始写作死后出版的、也是他后期最重要的《哲学研究》的第一部分。1937 年，他又返回剑桥授课。写《回忆维特根斯坦》的诺曼·马

---

① 马尔康姆：《回忆维特根斯坦》，李步楼、贺绍甲译，第 13 页。

② 同上书，第 14 页。

尔康姆（笔者的老师 N. Garver 的论文导师）就是 1938 年第一次去听他的课的。1939 年，他接替摩尔任三一学院的哲学教授（罗素一直未曾任此职位）。但二次大战爆发后，他于 1941 年初志愿到伦敦的盖伊医院当护理员，后来又成为一个临床研究实验室的助手，在这两处他都隐瞒了自己大学教授的身份。1944 年他又返回到剑桥。他从一开始就似乎讨厌教授职业，尤其是其中的一些程式上的例行公事。于是 1947 年年底就辞去了教席。以后他住在爱尔兰西海岸的海边小屋中，在渔民中成了一位传奇式的会养鸟的人，1948 年秋移居到都柏林的一家旅馆里，在那里完成了《哲学研究》第二部分；1949 年赴美国，住在马尔康姆家，到 10 月回来；之后发现患了癌症；1951 年春末，健康恶化，回到剑桥。他不愿待在医院等死，应医生贝文之邀搬到贝文家；4月 27 日散步后，夜里病重，两天后去世。在失去知觉之前，他对贝文夫人（那一整夜都在看护他）说："告诉他们（亲密的朋友们），人之将死，其言也善！　我度过了极为美好的一生！"马尔康姆对此这样写道：

> 当我想到他的深刻的悲观主义，想到他精神上和道德上遭受的强烈痛苦，想到他无情地驱使自己的心智，想到他需要爱而他的苛刻生硬又排斥了爱，我总认为他的一生是非常不幸的。然而在临终时他自己竟呼喊说它［这一生］是"极为美好的"！对我来说这是神秘莫测而且感人至深的言语。①

---

① 马尔康姆：《回忆维特根斯坦》，李步楼、贺绍甲译，第 90 页。

第二节 图象论

一、语言有认知意义的两个前提：意义在先和对应实在

《逻辑哲学论》[①]讨论的是语言与世界（及与"我"的人生）的关系；为此就要讲世界与语言各自是怎么回事，以及两者如何关联起来。讨论这种关联在维特根斯坦看来就是回答这样一个问题，即语言的意义（Sinn），也就是弗雷格讲的那种既不同于内心观念又不同于所指对象的居中的意义是如何可能的。在这里，他提出了图象（Bild，image, picture，象、图象）论。从另一个更深的角度看，这本书的中心问题就是语言的意义如何可能的问题，相应于康德的"知识如何可能？"的问题。（尽管维特根斯坦对康德的了解并不很多。）而在这里，他比弗雷格，当然更比罗素自觉得多地意识到：语言哲学的逻辑分析方向如果真的能回答哲学问题，（或像莱布尼茨设想的能够以"演算"解决思想争论的话，）就绝不能时而在语言之内、时而又跑到语言之外来探讨语言的意义，而应该只保持在语言的界限之内。"我的语言的界限意味着我的世界的界限"（5.6）。

这种边缘感和对"路径依赖"的自觉，是后黑格尔哲学的特点：叔本华、克尔凯郭尔、柏格森。

[①] 维特根斯坦：《逻辑哲学论》（*Tractatus Logico-Philosophicus*），1922 年英德对照本第一次出版，英译者为 C. K. Ogden；中译本较好的有《名理论（逻辑哲学论）》，张申府译，陈启伟校订，北京大学出版社 1988 年版。

以下引用此书时，只在行文括号中给出它本身提供的序号。中译基本上采用张-陈本。

　　语言当然要与世界发生关联，但绝不是已经先有了一个现成的世界和我们对于这个世界的"亲知"经验（罗素），然后我们再用语言去（从词到句子式地）表达这对世界的经验（罗素称之为"对知觉判断的表达"，即他所谓的"原子命题"），弗雷格的反心理主义应该已经否定了这样一条外在于语言来讲语言意义的道路。以这种外在于语言的方式，就不能从逻辑上、而不只是心理上（罗素所谓"搞错了三相——心理观念、语言与客观实在——之间的关系"）说明为何假命题（有意义但又不对应现实事态的命题）是可能的。维特根斯坦敏锐地感到：语言必须先具有本身的意义，也就是凭借自己的结构而能与世界的可能情况相呼应，"我们为自己造出事实的图象"（2.1）[①]，然后才能谈得上命题的真假，也就是它们是否在事实上与世界的情况相对应。由此，我们可以说维特根斯坦对于意义理论有这样两个要求：（1）意义在先；（2）对应实在。（关于它们的确切含义，后边会再阐明。）所以语言对于他绝不仅仅是表象一个现成世界的中性（透明）手段，而是"人类有机体的一部分"，人根本不能违反他本身的逻辑，语言的可能也就是人类思想的可能和世界的可能。

　　生活在这么理解的原发语言之中，"我就是我的世界"（5.63），而不是一个"思想的、表象的主体"。在后期海德格尔那里，我们也能找到对于语言如此原本的、在罗素等持

保持住一种不被剪破的构意张力，如折纸。（按照相对论，）测度给予"同时性"以意义，揭示一个有限的、弯曲的时–空世界。

---

　　① 应该这么理解这句话：我们总想造出事实的图象，因此说是"为自己"造出图象（"自以为"是在造出事实的图象）；但这图象是否真的是"对应事实"，则不一定。可无论如何，这图象是关于"实在"的，即便没有对应事实，也有自己的"逻辑形式"，所以具有认知的意义。下面会阐发"事实"与"实在"的区别。

语言表象世界论者们看来是"神秘主义的"看法。也正是在这个意义上,维特根斯坦讲:"所有哲学都是'语言批判'(Sprachkritik)。"(4.0031)并以此而将语言分析哲学运动推上了它的正轨,即认为语言问题先于主体认知问题和世界的实在状态问题,乃是一切哲学活动的天地所在。只有从这里发生和延伸出去,才有真正意义上的自身依据和"演算"的严格。不过,分析运动中的其他人似乎再也未达到他达到过的对语言含义的如此深刻和饱满的直觉。

他的诚实、不苟且、严格、自律自苦和对"还有意义"的界限的敏感,通通在这里显现出来。他要表明,不管从古至今那些号称"伟大"者多么能够构造体系,但一旦越过了这条界限(自构而又相应的"居中"),就怎么讲都随便了,不再有原发的、摸索着的、期盼着的、苦熬着的真实意义了。科学的成功在于经常跟着它,而其他学科或活动(宗教、伦理……),尤其是形而上学的"车轱辘话"式的原地打转,则是由于没意识到这条界线而随意漫流的缘故。

二、对图象论的通常表述及其问题:"实在"与"事实"的关系

一般讲维特根斯坦的图象论,往往这样陈述(比如刘放桐主编的《现代西方哲学》):《逻辑哲学论》中讲了两个对称的系统,一个是关于"世界"的存在论系统,另一个是关于命题或语言的逻辑系统。二者具有同型的逻辑结构,可以用"图象"这种关系把两个系统对应起来,这就是他的语言图象论。维特根斯坦说:

> 命题是实在的图象。命题是我们所设想的实在的模型。(4.011)

维特根斯坦的这两个相应的系统实质上代表了他的逻辑原子论,它与罗素的思想既有联系也有差别。[①] 不过,它与罗素的

---

① 见刘放桐主编:《现代西方哲学》,第396页。

思想的联系只是外表的，差别则是如上所讲的那样，是在最关键处。所以维特根斯坦会对罗素在他最困难时(全力帮助他，欣赏他，并)为他精心写的序言极不满意，一开始宁肯不出版此书，也不愿与这在外人看来很好的序言一起出版。

《现代西方哲学》较简洁地介绍了这样两系统，我大致先用它的方式讲，再讨论它和一般的介绍中的问题和重大缺陷。这两个系统是：

I. 世界的存在论系统

1) 世界是(正负)事实(Tatsachen，facts)的总和。(1.1)

2) 事实是事态(Sachverhalt，atomic fact)的存在(《现代西方哲学》缺此加点之语，谬)(2)。

3) 事态由对象的配置所构成(bildet)。(2.0272)

4) 对象构成了(bilden)世界的实体。(2.201)它们是单纯的。(2.02)

II. 语言的逻辑构造系统

1) 语言是命题的总和。(4.001)

2) 命题可通过分析达到基本命题。

3) 基本命题由一些名字的联络组成。(4.22)

4) 名字是原初记号(3.202)。不能被定义加以进一步分析(3.201)。

于是，这两个系统可对应成：

1）世界（正负事实的总和）↔语言（命题的总和）

2）事实（事态的存在）的有限集合（关系）↔复合命题（还包含表达事态不存在的假命题）

3）事态（原子事实）的存在与不存在↔基本命题（实在——事体的存在与不存在——的图象）

4）对象（世界的实体）↔名字

但这里的要点在于，只有命题（Satz）有意义，因为它才是实在（事态的存在与不存在（2.06））的图象。（4.01）名字没有意义（Sinn）可言，而只是由于参与到命题中才有了所指（Bedeutung），或得以命名其对象。

这一主张（只有命题才有意义）与弗雷格的原则（只在命题中寻求词的意义）有内在联系但更彻底。按照它，根本不能谈名字（专名）的含义或意义，只能谈其所指（因此与罗素的专名的意义与其所指合一的主张亦有别）。而命题也绝不是一个复合的大名字。

这里维特根斯坦的用语很讲究，将命题说成是实在（*Wirklichkeit, reality*）的图象，而不是像一般的介绍文字中误认作的事实（*Tatsachen*）的图像①。尽管维氏也偶尔有用语不严格之处（如2.1；以上引用它时，在注释中已做了解释），但从他的整个话语方式和思想方式上看，"实在"绝不等同于"事实"。"事实是事态的存在"（2），而实在则相当于事态的存在与不存在（2.06）（"事态的不存在也称为否定性的事实"（2.06）之说要以序号2这一条的说法为准。也就是说，单用"事实"一词时，应视为肯定的，即"事态的存在"（2）），因此而为假的命题留下了空隙或逻辑上的可能性（逻辑空间）。这是理解《逻辑哲学论》的一个关键，一个最重要的活眼，绝不能填死了。

①　比如《现代西方哲学》，396—397页；韩林合：《维特根斯坦哲学之路》（仰哲出版社1994年版，第41页以下）；将事实等同于实在。

三、命题是实在而非事实的图象

这里讲的"命题是实在的图象"(4.01),即命题凭借"图象"(Bild)来描画(abbilden)实在,有这样几个主要的意思:

(1)命题的要素(词,Wörter)与可能事态(Sachverhalt,原子事实)的要素(对象,Gegenstände)对应;也就是这些词的连结(verhalten einander)方式相应于对象可能有的联结。"我们将命题的从感官上可知觉的记号(Zeichen,声音或书写的记号,等等)以这样的方式使用,使得它们成为对于可能的事势(Sachlage)的投影。"(3.11)也就是说,命题与可能的事态之间有一种同构关系,它们是实在的模型(4.01),也就是所谓"实在的图象"。这里"图象"相当于"投射出的同构模型"。"图象凭借去表象事态的存在和不存在的可能性来使实在图象化〔又译为"描述实在""摹绘实在"〕(Das Bild bildet die Wirklichkeit ab, indem es eine Möglichkeit des Bestehens und Nichtbestehens von Sachverhalten darstellt)。"(2.201)这就满足了我所谓维特根斯坦的意义理论中第二个要求,即"对应(描述)实在"或"与表达式的真值相关"的要求。但切需注意,这对应不可能是现实的,而只能是可能的,不然就会阻塞有意义的假命题的可能,从而实现不了第一个要求,即"意义在先"。

由此可见,命题与名字(包括复合物的名字)有本质不同;因为它有内在的结构,是靠节奏分明地(artikuliert)抛投向事态的可能状态(对象的某种可能组合)而被构成的(bildet)。命题绝不能命名事情。一个命题只能说一个事情是如何样子的,而不

张-陈译本中"事势(Sachlage)"的译法极好。一般译作"情形"或"情况",就未显其与"事态(Sachverhalt)"的词根和意义相关性,也平淡得多。

注意"构成(bilden)"及"描摹(ab-bilden)"与"图象(Bild)"的词源上的和思想上的联系。

能说它是什么。(3.221)

(2)命题因此而一定与实在共享某种东西，即这图象表象（描画、描述、摹象）实在的形式(2.17)，或叫"逻辑形式"(2.18)。所以，"每个（这样的）图象也是一个逻辑图象。……这图象与被图象化者（Abgebildeten）的共同之处乃是摹象（Abbildung）的逻辑形式。"(2.182, 2.2)

(3)这命题与实在同享的逻辑形式，也就是命题所显示（zeigt）的"逻辑空间中的可能事势"(2.202)，乃是此命题的意义（Sinn）。(4.002, 2.221)（"命题显示实在的逻辑形式。"(4.121)）

(4)因此，极为重要的是，我能直接地、独立地、在知其为真为假之前就理解一个命题的意义，就像理解一幅最逼真、直感的格式塔图画和肖像。"命题是实在的图象，因为，如果我理解了这命题，我就知道了由它呈报出的事势。不用对我再解释它的意义，我就能理解这命题"。(4.021)"因此，人可以理解它而无须知道它是否是真的。"(4.024)"命题有独立于事实的意义。"(4.061)

所以，构造命题的行为乃是意义之源，基本命题相互独立。后期维特根斯坦化去了这种象论中的固着之处（"对象"的逻辑设定），使之融于实际生活的游戏之中。

这就是我所谓维特根斯坦的"意义在先"的原则，即命题必须在被确定为真的或假的之前就具有意义；不然的话，我们就根本无从去确认它们的真假。

吃紧处！

(5)要知道命题这图象的真假，只有将它（亦即就它所说的，它的意义）与实在作比较。(2.223)如果它所摹画的事实存在，它就是真的；否则就是假的。至于如何具体地作出比较，维特根斯坦没有讲，可能视之为经验科学家的事。这里确有困难！命题与实在是异质的东西，如何能进行直接的比较，以确定命题的逻辑形式与事实（事态的存在）的逻辑形式的同一？当然，他的图象论的一个目的就是要起码从"理想状态"上说明这种"比较"的可能。"图象与实在的对应就如同一些触角（Fühler），通过它们，图象接触到（berührt）实在，达到实在。（2.1515，2.1511）因此，维特根斯坦相信"命题将实在决定［'完全地描述'］到这样一个程度，使得人只需对命题说'是'或'否'，以使它与实在取得一致［即与事态的存在与不存在取得一致］。"（4.023）不过，现实中似乎绝大部分描述具体事态的语句，在维特根斯坦看来都不能算是基本命题。除了一个形式上的"aRb"（即a与b之间有R关系）之外，维特根斯坦从未给过一个关于基本命题和对象的例子。他只是从道理上这么推：如果命题要有既不同于事实，又不同于心理过程和文学构造的意义，就必须与"实在"有这样一种"图象"的虚应关系，因为只有图象能够同时满足或不如讲是较真切地承受"对应实在"（与真假有关）和"意义在先"这样两个似乎相互矛盾的要求。

命题的意义（它所显示的、与实在共享的逻辑形式）又可说成是该命题的真值条件。"去理解一个命题意味着知道，如果这命题是真的，那么情况是怎么样的。"（4.024）虽然弗雷格已提出这个主张，但维特根斯坦的图象论使它的含义极大地直观化、可理解化和丰富化了。

（6）命题图象与实在共享的逻辑形式，或命题所显示出的意义，不能再被更高层的命题说出。"那能被显示者不能被说。"（4.1212）换句话说，一个基本命题的意义不可能被解释（说）得比它本身显示的更有意义、更可理解，就像你不能用另

因它已在边缘。

一幅图画来更清楚地表现出最原本的格式塔图象所显示的含义。"图象不能将自身置于它的呈现形式之外"。(2.174) 你要说一个逻辑形式，还必须用与之共享的逻辑形式，不过那也只能是原来那个逻辑形式，因此只能产生比重言式还更无踪影的摹画。被语言的节奏分明的时机表达所显示($zeigen, show$)者，不可能被当作任何意义上的对象、事实来说；前者从根本上就比后者更丰富、更有意义，这一点是一切传统的理性主义者无论如何无法认可的。他们（罗素、卡尔纳普等）总是相信任何有客观的认识价值者，都从逻辑上可能被超时机的概念化、对象化语言表达，从一个角度、一个层次说不全，还可再换一个角度、再高一个层次（比如在"元语言"中），总可以"无穷逼近"那个原来的有意义者。照他们想来，那不能被观念和二级语言再现的意义就根本不可能是客观的、可引起交流和理解的意义。他们的思想中总带着这么一个"时机意义的盲点"、"生命原义的盲点"。维特根斯坦则以他的既有严格的逻辑性，又有活生生的图象的直观感受性的方式，肯定了这原发的语言意义、表达的时机意义的原本性、独特性和不可还原性（被觉察到但没有被、不可被看到的盲点）。这正是他天才之所在，与他后期思想（语言游戏等反还原论的学说）暗中相通。

　　这一要点——那能（被）显示者不能被（当作某种表达对象）说——正是《逻辑哲学论》的第二个活眼（第一个为"假命题的可能"），是他讨论缺少意义的(sinnlos)逻辑命题、无意义的(unsinnig)命题（比如形而上学命题）、伦理学、美学、宗教等问题的出发点，充满了非概念的或显示性的理性含义。它一方面表

"我们不能思想任何反逻辑的东西。"（3.03）

这种潜藏的生存时间含义，更明白得多地表现于维特根斯坦后期的《哲学研究》之中，也可与现象学的时间观相对比。

明即便陈述语言（命题）的根子也不是可概念化、对象化（"被说"）的，另一方面则极真切地显示出了陈述语言和与之相应的人类理性（并非是全部人类理性）的界限。越过此界限就不可能再有可陈述性地认知的意义，只是原地打滑；但那绝不说明"不可说者"是不重要的，不可理解的，相反，它们中的可显示者是更重要的！

四、图象论的特点和问题

语言意义图象论的特点与其中存在的问题是：

（1）它要解决的仍是弗雷格提出的"意义与所指"这样一个语言分析哲学的中心问题。它对于弗雷格、罗素等讨论的语词和语句的意义与所指有自己的回答：语词无意义（Sinn）而只有所指（意谓），语句不仅有意义，而且是意义的最基本的独立单位。（这一点维特根斯坦后期不再坚持，以"使用"为限了。）语句的"所指"（如果硬要这么讲）是它所断言的事态（的存在或不存在），而不再是"真假"（弗雷格观点）。他能这么讲，因为他已通过图象的逻辑形式意义说解决了假命题（无所指）与非命题语句（比如文学的、形而上学的）的区别问题。

> 因而提出了"意义在于图象"这样一个在概念化的理性主义者们看来是怪异的、甚至是"神秘的"说法。"图象（的逻辑形式）"已不是"概念（有普遍性的观念）"，也不只是"心象"。换言之，它不是或不只是对应者，而是使潜在的、原本的对应可能的居间引发者。

但我们看到，维特根斯坦极大地深化了、严格化了这个问题，从中引出了这个说法所蕴涵的所有重要前提和结论。显示了他的这样一个天赋：他让所处理者吐出一切可吐出者，让一种说法走到它的（深刻意义上的）逻辑终极处，而不再靠含糊其词蒙混掉最根子处的（"发生"）问题，以取得表面上的肤浅理性构架。如果是绝对避不开的"含糊"，那也要分析清楚在何处就必有含糊了。他的原则是：凡可以说的，就一定要说到底，说明白；凡不可有意义地去说的，就必须对之保持沉默。正因为他能将(某一前提下的)要说的东西说到底，他才能真正意识到那个似乎可说，实则是说了也毫无意义的领域，一个只能让它自行显示的领域。

他敏锐地看出，如果要坚持这样一个主张，即通过分析语言来解决哲学问题，那么这语言本身一定要有自己的构成意义的客观(可分享的、稳定的)方式，而绝不能只是附在外在或内在现实之上的一层表(象之)皮。而要有自己的构意方式，在他当时(受弗雷格、罗素影响，要对应实在)看来，就必有一描画或图象化实在的结构，靠直接命名现实对象是不行的，那只能有心理的、个人经验的效果(这一点与后来的克里普克(S. A. Kripke)不同)，而不能使语言本身有自己的构意方式。所以，语言意义的最小单位只能是具有最初级结构的语言表达式：基本语句或命题。(由于又要满足对应实在的要求以取得客观性，这命题或句子只能是最基本的、纯摹象的。)名字不可能有(严格意义上的)意义，只能在命题中获得指称或意谓对象的能力。这两条都是弗雷格、罗素未充分明确表达甚至违反的。维特根斯坦对他们含糊名字和命题的逻辑(意义逻辑)的区别(比如弗雷格认命题为名字，罗素认之为复合的名字)深为不满，多次提出批评。对于有构意结构的语言表达式，根本不存在"命名"的可能。这恰说明在他们的思想方式而非表面主张中，语言的意义并没有从根本上与语言指称的对象分开。而不少解释维特根斯坦的学者(比如徐友渔先生)认为维特根斯坦讲的名字也有意义，它等于其指称，是基于对含糊的英译

意义一定要直接可理解，不然就与它失之交臂。

意义一定是虚的(可指称也可不指称)；而原始的命名只能是实的。

（将"Bedeutung"在这里译成了"meaning"）的错误中译（"meaning"在弗雷格、维特根斯坦的语境中只可译成"意谓"，而不是"意义"，如果你用"意义"来译"Sinn"的话）。

（2）因此，维特根斯坦对"意义"的非现成性（或"漏掉了意义问题"的种种哲学可能性）有前无古人、（迄今在西方分析传统中还是）后无来者的敏感，而其他的绝大多数西方哲学家，包括号称要研究语言意义的众多逻辑分析哲学家，都无此敏感。这是维特根斯坦这个人的思想特点，贯穿他的前后期。也正因此，其他分析哲学家，比如罗素、卡尔纳普，以及迄今为止的相当多的中文世界里的解析者，都错解了这个图象意义论。其表现有多种，最常见的就是混淆虚实，将这图象说成是"事实的图象"，与维特根斯坦的"实在［事态的存在与不存在］的图象"似乎只失之毫厘，却差之千里。将虚活的、真假未定的构象（Bilden）填死和平板化为照片式的映象（Figur）。

另一种错解就是以某种方式认为人能在语言之外知道乃至亲知名字的所指，由此而能明白由这些名字复合成的语句或命题的意义。比如我们事先就通过感觉经验知道了"雪""绿""白"这些词的意义，知道它们所指称的对象，而且知道这些对象是现实存在的。于是，当我们说出或听到"雪是绿的"这句话时，就表达或理解了它的意义，它起到了一幅逻辑图象的作用。但这绝不是维特根斯坦的图象论要说的，因为它已漏掉了真正的意义问题。通过感觉观察而知道了词的所指，实际上也就是在这些观察事态中已经理解了这些词的意义；而语言本身就没有必要再有自己的构意结构了，意义也就

维特根斯坦后期放弃了图象论中"唯一地对应实在"的要求，但绝未放弃"意义在先"或"语言活动本身就有意义"的思路。

大可不必在"命题-句子"层次上才出现了。而且,以这种"词-对象"为最基本单位来理解命题的逻辑形式。比如"雪是绿的"的形式,就只能是"(x)(F(x)→L(x))";而它不可能是一幅逻辑图象,你看到它并不能直接领会其含义。而且它也不是独特的,而是为无数语句所共有的。

所以,图象论中讲的"名字"和"对象"必须是比"雪""绿"更单纯更到底的简单对象,实际上是维特根斯坦从他的"意义逻辑"角度要求的绝对简单的("实体"的)、仅决定一个形式而非物质属性的对象。他从未给出一个这种对象的例子(甚至视野中的一块颜色也还不单纯)。

实际上,这对象的存在是为了说明"对应实在"前提下的意义而设定的,所以绝不是任何意义上的现成对象,可以在语言的原发、当场的活动之外被知晓。它们的存在可能性(或名字对于对象的指称以及由名字组成表达一个命题的句子)只能通过命题图象而显现出来;命题图象的形式或音节清晰地说出这个命题,意味着对象的内在组合样式和有关对象的第一次出现,或这些对象的存在可能性的"被构成"(gebildet)。这也就是说,维特根斯坦讲的对象是世界的逻辑构造所要求的实体,而不是现成的实体。①

正是由于单纯对象的组成样式(事态)自发地出现于命题图象的形式之中,在这事态与图象之间才能存在一种只在此形成

> 对象是最小和最单纯的逻辑单位,说它如何如何(比如它的数目、颜色)是无意义的。
> 它的在场并不保证事实上的对应,而只保证事态或事势上的对应。
>
> 早期维特根斯坦讲的由"对象"决定的"形式",或命题图象与实在共享的"逻辑形式",与海德格尔在他形成自己的方法论特点时(20世纪20年代初)所讲的"形式指引"(formale Anzeige)。很有些微妙的相通之处。

---

① 参见拙文《维特根斯坦与海德格尔的象论》,《学人》第八辑,第457页;或拙著《从现象学到孔夫子》(增订版),第十章。

中建立起来的、被构成的联系。这也就是说，语言的内在形式与世界的结构在一个重要的意义上已经耦合了起来（2.1514），即两者都已经预设了或共享了逻辑（形式）和整个的逻辑空间（3.4-3.42）。由于在根本处已经有了这样一种先于真假区别的共享，命题的图象乃是那可以在还未与实在进行比较之前就描画此世界的可能状态（2.182，2.19）的逻辑的图象。也正是因为这样一种根本的在先性，逻辑本身或逻辑形式本身无法被命题像表达事态那样地表达出来，而只能通过"音节清晰地说出"（3.14，4.032）和形成命题而自发地被显示出来。基于同样理由，逻辑不同于逻辑句法，是不能被有意识地违反的（3.03-3.0321）。从这里可以清楚地看到，维特根斯坦讲的逻辑具有一种亚里士多德、弗雷格和罗素的逻辑所没有的原初含义，即与语言的意义构成的本然联系，绝不只是对现成"意义"或观念的推演形式。这种"语言的逻辑"（4.002）具有原发的构成性，并使得人的语言活动成为这样的：

> 人具有去构造语言的能力；凭借这种能力，每个意义都能被表达出来。而且，在这样做的时候，不需要预知每个词是如何意谓的以及意谓着什么。——这正如人们在不知道每个单音是如何发出的情况下能够说话一般。日常语言是人类有机体的一部分，并且并不比这个有机体更少复杂性。人类不可能从日常语言中直接抽取出语言的逻辑。（4.002）

维特根斯坦体现了真正的分析精神，即分析到原发的生动处。而非逻辑的框架里。

正因为小孩子学语言时能达到图象的而不只是表象的层次，它们能用这语言说出任何想要说的意思。学习语言的天才就是那些能很快穿过表象而进入图象维度的人。

可见，即便是早期维特根斯坦，也不像弗雷格和罗素那样一味贬低日常的自然语言，只是反对对它的理论化（直接从中抽取出语言的和思想的逻辑，比如主谓结构式的或谓词演算式的）。维特根斯坦要保护自然语言天生的"复杂性"或原发的丰富性。实际上，只有在"不需要预知每个词是如何意谓的以及意谓着什么"、并且"每个意义都能被表达出来"的情境下，有意义的（合乎理性的）假命题才是可能的。

（3）这种图象论不是对"语言意义如何可能"这个（康德式的，但语言分析化了的）问题的唯一合理的答案，但它在"唯一地对应实在"和"意义在先"的预设前提下，似乎是唯一合理的和打到点子上的回答。这两前提中只有"唯一地对应实在（以便与非科学认知的语句区别开）"这一前提可被否定。如果去掉了它，还能那么深彻地思考语言意义问题的话，就会引到维特根斯坦后期的"语言游戏（情境使用）"的意义说。

维特根斯坦还有关于"缺少意义的（sinnlos，senseless）"语句与"无意义的（unsinnig，nonsensical）"语句的讲法。前者指重言式之类的纯逻辑句子，后者指传统形而上学的句子，包括他自己在《逻辑哲学论》中所讲的东西。于是就有这样两段耐人寻味的"自刎"或"失声"：

6.54　我的命题由下述方式而起一种说明的作用，即理解我的人，当他已通过这些命题，并攀越其上之时，最后便会认识到它们是无意义的（unsinnig）。〔可以说，在其已

"神秘的……魔变"使语言可能。参见前面介绍维氏人生，所述他为孩子们编撰字典一事。

大象无形。

经爬上梯子以后，必须把梯子丢开。]

他必须超过这些命题，然后才会正确地看世界。

大音希声。　　　7　　对于不可说的东西，必须沉默。

第三节　维也纳学派的意义标准

一、意义标准

在以上介绍维特根斯坦生平时，已谈到他如何极大地影响到以石里克、卡尔纳普为首的维也纳学派或逻辑经验主义运动。关于这个学派的基本情况，这里将不做讨论，许多书上都有介绍。以下将只介绍和讨论这个学派在当时最有影响力的一个学说，即"划分有意义和无意义语句的标准"之说。这个标准的特点和成败不仅基本上可以代表这一学派的治学特点和成败，而且与我们这两章一直关注的"意义与所指"的问题，或语言分析哲学的中心问题直接相关。实际上，它就是对维特根斯坦《逻辑哲学论》提出的关于命题的意义学说的一种再解释。遗憾的是，在维特根斯坦看来，这是一种歪曲的、拙劣的再解释。所以，我们也要看一下这个"标准"与维特根斯坦的图象论的关系。

这个标准可以表述为：

一个语句或命题的意义就是证实它的方法；而且，当

且仅当一个语句可以[而不是事实上]以某种方式被证实
（verified）时，它才有意义。①

所以，此标准可视为"关于语言意义的可证实性
（verifiability）原则"。

按照它，"这钟早上六点十分闹响"、"火星上有生命存
在"、"太阳光线经过引力场会发生偏斜"等语句是有意义的，
因为它们从原则上可得到证实（包括证实其反面）。另有些句子，
比如"这个导线上有电流通过"，虽然不直接可证实，但可以通
过理论的解释，还原到某种可直接观察的句子。比如"与它相
接的电流表的指针移动"、"与它相接的电灯亮了"。但是，像
"世界只由一种实体构成"，"上帝存在"等，按这个标准就是
无意义的，因为它们从原则上就不可被证实。

卡尔纳普（R. Carnap）还谈到"词的意义"，认为词是通过
出现在"观察句子"或"记录句子"中而获得意义。②这似乎是
接受了维特根斯坦的学说，但讲词的意义而不是意谓显然有悖
于维特根斯坦的更微妙的苦心所在。

二、对此标准的评论

1. 这个意义的证实标准与维特根斯坦的意义学说的关系：

---

①　见石里克：《意义和证实》，另见洪谦主编：《逻辑经验主义》（上卷），商
务印书馆 1982 年版，第 39、42—43 页。此译文是总结这两处表述的结果，不是
严格的引文。

②　洪谦主编：《逻辑经验主义》（上卷），第 16 页。

　　一言以蔽之：它是图象论的赝品，或低劣的模仿品。失去了其敏感处，保留并张大了其弱点。

　　（1）意义的证实论失去了"对应实在"（有真假可言）和"意义在先"之间的张力和微妙平衡，只偏于前一个要求。这样，也就没有对"图象（Bild）"的理论需要。"图象"在证实论中毫无真实地位。

　　所以，不可避免地漏掉了原本的意义问题。坚持"一个句子的意义在于它原则上是否可被证实"，却没有意识到此句子如不先已经具有了意义，怎么知道要去证实什么。绝大多数参与讨论者（包括反对此标准的波普）都没有意识到这个循环论证（意义的标准已预设了意义），可见这里正是西方哲学的一个内在盲点。蒯因意识到它，由此取消了意义的可分析性，主张行为主义、刺激反应为意义来源，等于放弃弗雷格的发现，回到某种非观念化的心理学立场。

　　此外，在这个框架中讲"词的意义"而不是"意谓"，也是其漠视维特根斯坦的思路微妙处的一种表现。

　　（2）此标准表现出，维也纳学派将语言看做是无自身意义的工具和被研究对象。这种语言只可传输，而无"显示"的功能。相信语言的逻辑句法或凭借这些句法在元语言中构造的东西就是语言的逻辑或逻辑本身，这仍是罗素水平上的主张，完全没有维特根斯坦《逻辑哲学论》中对于自然语言在表达中的构成（图象化出来，bilden）的原发性和内在丰富性的认识。因此，这一派将最能体现逻辑句法特点的经验语言，也就是物理（主义）语言视为统一一切科学，乃至人类思维的终极语言，这是维

未知生，焉知死？

特根斯坦绝不会接受的。

(3)此学派不自知自己所谈者的"无意义",也就是未真正意识到语言的界限。比如,这意义标准本身是可证实的吗?如不是(当然!),那它的意义何来?而维特根斯坦对自己所说的无意义有深刻的认识,并让人看到那"显示自身者"的原本重要性。

2. 其他人对此意义标准的批评:

(1)波普的证伪主义。将"意义"问题视为"划界"问题,"证实"对于普遍命题从逻辑上讲就不可能。但一位科学家如果想坚持自己的学说,就总可维护理论命题的表面有效,当然,如果不顾一切地总这么做,就可能失去批判和求真的精神。波普说马克思主义、阿德勒心理学等,总可以说得头头是道,将不利的事实解释为于己有利的。但这些貌似科学的理论与爱因斯坦的相对论大不同。有科学意义的命题是可被证伪的命题。

(2)蒯因反驳(逻辑)经验主义的两个教条:①综合命题与分析命题的绝对划分;②一切有意义命题可还原为感觉观察语言。他论证任何命题都有理论负荷,主张意义的整体论(知识场)。

他对维特根斯坦的"意义在先"有所领会;但从逻辑学家立场出发,根本否定"意义"的存在,即否定了弗雷格的发现。(所以谈"人生的意义"也无意义。)认为意义是类似柏拉图理念的幽灵式的东西,主张外延主义。导致"整体论"、"译不准"意义上的相对主义,同时又以较硬性的实在论、自然主义矫正之。

罗森塔尔否认他继承了实用主义的真精神。

　　分析哲学中除已讲到者，还需了解下面人物和问题：

　　1．卡尔纳普等人主张的物理主义。

　　2．蒯因阐述的有关本体论承诺的学说和译不准原则。

　　3．后期维特根斯坦的语言游戏说，对私人语言可能性的反驳。

　　4．克里普克（非内涵的）的专名和通名理论。

第八章　现象学

第一节　胡塞尔现象学

当代现象学出现于本世纪初,与其他一些思潮,比如生命哲学、弗洛伊德心理学、格式塔心理学等一起,极深刻地影响了欧陆哲学的发展。但是,在这些思想中,广义的现象学最有方法论的新鲜含义和纯思维的穿透力。主要通过它,现代西方哲学中的欧陆思潮与传统的西方哲学保持了内在的联系,在新的视野和语境中理解老的问题,比如传统的存在论(本体论)、认识论、伦理学、宗教哲学和美学问题。所以,正是在广义的现象学潮流中,产生了一系列有世界性影响的哲学家和思想家,形成了欧陆哲学的主干。

一、胡塞尔的生平

当代现象学由德国犹太裔哲学家胡塞尔创立,它最重要的贡献是揭示出了一种新的哲学思考方法的可能,或一个看待哲学问题的更原初的视野。胡塞尔(Edmund Husserl, 1859—1938)23岁时在维也纳大学获得数学博士,并从事过短期的数学方面的工作。1884年至1886年，他在维也纳听到了 F. 布伦塔诺(Brentano，1838—1911)的课，后者关于"意向性"的讲述使得他的思路大开，从此决定献身于哲学事业。1891年他发表了《算术哲学》一书，对数学和逻辑的基础从意识心理的角度进行分析。它的"心理主义"倾向受到了现代数理逻辑的创始人弗雷格的批评。1900年至1901年，胡塞尔发表了两卷本的《逻辑研究》，对逻辑研究中的心理主义、包括他自己的一些过去的思想进行了多方面的清理；而且，更重要的是，他用"意向性"这个居于主体和(感觉经验)对象之间的更本源的思路来理解"意义"的纯构成，并以此为基点，论述了现象学的一些基本思想和方法。此书标志着20世纪现象学运动的开始。1901年，胡塞尔到哥廷根大学任教。其后，他经历了某种思想危机，最后以1913年出版的《纯粹现象学和现象学哲学的观念》第一卷①一书作结，完成了从"描述现象学"到"先验现象学"的过渡。这之后，他对于意向性构成的思想又有更丰富的论述。1916年，胡塞尔受聘于弗莱堡大学，接替新康德主义者李凯尔特的教席，并与海德格尔相识。后来，他对于意向性构成的思想又有更丰富的论述，尤其是在1915年前后，开展出"发生现象学"，探讨时间视域的原发构成作用，启发了不少后来的现象学思想家。1928年，他发表了《内在时间意识的现象学讲座》(海德格尔编辑)，1929年出版了《形式的和先验的逻辑》。在他生命的最后十年中，更多地关注"主体间性"问题，而且提

现象学的创始人受到分析哲学创始人的批评和影响，并且，双方都关注作为数学基础的逻辑问题，这是耐人寻味的事实。但是，与弗雷格的只依靠逻辑构造的方式不同，胡塞尔维持住了心理学与逻辑之间的一种发生式的平衡。逻辑不离人的意识行为，是"关于意义的科学"；而意识行为则具有先验逻辑的取向，因而包含了认识论与存在论的旨趣。

---

① 以下行文中简称《观念1》。

出了"生活世界"的学说，撰写了《笛卡尔的沉思》和《欧洲科学的危机与先验现象学》。由于纳粹对于犹太人的迫害，胡塞尔晚景凄凉，1938 年 4 月去世时弗莱堡大学哲学系只有一人参加他的葬礼。

胡塞尔去世后四个月，比利时的青年神父范·布雷达（H. L. Van Breda）为了准备博士论文来到弗莱堡，得知胡塞尔的大量遗稿可能落入纳粹之手，就想尽办法，经由比利时驻德使馆的外交渠道，将手稿运到鲁汶大学，成立了胡塞尔文献档案馆。二战后，这些遗稿中的一部分被逐渐编辑出版，呈献出一个更加丰富和深刻的现象学景观。

二、现象学的还原

他在 1901 年之后提出了"现象学的还原"。按照《现象学的观念》和《观念 1》①，还原（Reduktion）意味着自然主义的终止，即将一切关于某种东西"已经在那了"的存在预设"悬置起来"，或使其失效。也就是说，任何一个命题，如果包含了某种超出"意识自身给予"范围的断定，这种超越的东西就要被过滤掉或"放人括弧中"，让它不能影响我们的哲学思考。自然主义立场所夹带进来的预设，必须与该命题本身的纯意义"分离"开来。通过这种还原，我们所达到的就是那些自身显现的纯现象。

胡塞尔的还原法与笛卡尔的怀疑方法的不同之处在于：第

在现象学这里，"还原"不是指还原到某种基本的现成元素，而意味着回返到意识的原发构成中来。

———————

① 中文版为李幼蒸译，该卷的书名为《纯粹现象学通论》。

一，笛卡尔的怀疑法在本质上是一种逻辑式的排除法，将一切可怀疑者否定掉；而胡塞尔的方法则是一种旨在超出是非两极的中性化方法，即只将关于存在的现成设定取消掉。命题的纯意义以及在自身给予的限度内的现象都保留了下来，并且由于冒充顶替者的消失而第一次活生生地出现于我们的视界之中。现象学的"看"就是要训练一个人只看他的看所当场展示或构成的东西，而不看那些由于自然主义的习惯伪造出的东西。所以它既非心理主义，亦非超越的实在论，而是在"不及"与"过分"中间的更原初者。这就是现象学"到事情本身中去！"的口号的含义。

第二，笛卡尔的方法所造成的是研究范围的缩小，最后只剩下一个孤立的"我思，故我在"的命题。与之相对，胡塞尔实行还原法的结果是研究范围的扩大，并因此而发现了"一个新的科学领域"[①]。第三，笛卡尔的方法导致研究对象（"我思"）的抽象化和实体化；而还原法按胡塞尔的期望，会导致研究对象的丰富化和现象的本质化。这也就是说，还原从根本上讲是一种松绑，将现象从自然主义的现成设定中解放出来，从而暴露出此现象本身的构成结构和本真质（Eidos，艾多斯）。这种有普遍性功能的本质也不是能与现象分离开的抽象实体，而就是纯现象所不断地显现和维持者。第四，从以上的对比中可以看出：笛卡尔的方法从根本上说还是一种抽象方法，具有逻辑思维的非此即彼的二值性；胡塞尔的方法则运作于直观体

---

① 胡塞尔：《纯粹现象学通论》，李幼蒸译，商务印书馆1992年版，第65页。

验之中，寻求的是一种意识化了的、构成化了的、在一切彼此分别之先的纯现象，所以是一种破执显真的直观显示方法，有类似于印度唯识瑜伽行派（玄奘将它传入华夏后，称唯识宗或法相宗）之处。

三、胡塞尔的意向性构成的学说

1. 概说

现象学的一个重要特点就是对于"现象"（Phänomen）及直观（比如"看"）的新看法。通过与心理主义（经验主义在逻辑研究中的观点）划清界限，胡塞尔逐渐发展出了一种对于"纯粹现象"的看法，它与传统哲学，不管是唯理论还是经验论的"现象"观很不一样。类似实用主义对"经验"的新看法，特别是与"意识流"之说相关，但更有德国的"思辨"（追究到终极）味道，且将实用主义者们未特别从哲学上关注和张大的"意识流"之说的纯思想或纯哲理含义突出了出来，提炼了出来，又与哲学史上的诸问题，乃至存在主义的问题（克尔凯郭尔）直接相关。

在胡塞尔看来，原初的纯现象并非像经验主义者们讲的那么贫乏，比如休谟讲的无内结构的"印象"或罗素讲的"感觉材料"，而是以这些材料为"实项内容"的被构成者。而且，这种构成不来自松散的"联想"乃至"概括"，而是意向行为对于实项内容的自发统握（Auffassung，立义）[1]，由此而构成

你什么时候看到过纯粹的"印象"或"感觉材料"？维特根斯坦曾想找这类"简单对象"，但后来发现即便是"一块红"这样的现象，也并不简单。但断定任何观察经验包括感知这种经验中"已经有理论"，则过分了。我们的感知、想象源自内时间意识流，其中已经被动综合了我们过去和期待中未来的经验，以及我们浸于其中的广义文化传

---

[1]　要简捷地了解胡塞尔使用的这些术语的含义，可参考倪梁康的《胡塞尔现象学概念通释》，生活·读书·新知三联书店1999年版，或后来的修订本。

统（首先是语言）的经验。但它们都是以被沉淀过滤了的非对象状态得到被动综合的，所以不同于理论的构造，即便影响广泛的理论也可以"去理论化"的沉淀方式渗入进来。

这种对纯现象的意向性构成中，有康德讲的"先天综合"吗？如果在胡塞尔后期讲的"被动综合"（passive Synthesis）或"被动构成"（passive Konstitution）的意义上（参见《胡塞尔现象学概念通释》的"Passivität"或"被动性"条目），也就是任何意向活动都已经处于意识流的被动综合中而言，现象的意向性构成中是有先天综合的。但它不预设康德讲的那些先天形式（直观形式和知性范畴）的硬性规范，而是从内时间的晕流结构中发生出来或涌现出来的。

与罗素的现象观与知识论大不相同。但与维特根斯坦的语言观，特别是其后期的"语言意义源于生活形式中的语言游戏"说，有某种隐蔽的联系，也间接回应了亚里士多德的那个"个体的本质"的问题。

（konstituieren）意向相关项或意向对象（noema），其中已经有原生的格式塔结构。比如，我们首先看到的不是讲台的感觉材料，也不止于此讲台对我呈现的投影面，而已经是一个潜含它的各个侧面的立体化讲台，讲得更确切些，是一个可能化的、作为意向对象的讲台，内含无数我们可能对它的观察，比如从反面、下面、侧面对它的观察，所以这个特殊经验中已经潜藏着对一般者比如"讲台"的观看。这才是我们认知世界的活起点，从感知的直观可以不失真地过渡到对本质的直观，既不落入经验主义主张的相对主义，也不设定唯理主义的超验实体。

2. 意向性构成的发生结构

说得更具体些，我们经验到的纯现象并非是或并非只是人的感官对某个现成对象的一种片面的、分立的、私有的和注定了是肤浅的、甚至是歪曲的反映结果；如果承认了这样的贫乏现象观，那么认识真理就要"透过这种现象［幻象］［才能］达到本质"了。纯现象是使得一个纯粹的原本呈现的可能条件、结构、构成方式和构成结果。所以，它必涉及意识的行为（Akt，活动）、这行为本身构成的对象，这行为构成其对象的方式（行为与其对象的关联），乃至这行为源自的意识流。因此，纯现象从根子上是动态的、在构成着的"视域"或"流域"（关系网）之中的，与所指对象有着内在的而又超出当下偶然性和个别性的联系。这样的现象就既可能是个别的，又具有一般性；既是当下呈现的，又包含着视域中潜伏的各种空间关系和过来、未来的历时可能性。这些关系、本质能够被直观（看）到，"本质直观"到，换句话说，这种有着构意机制的纯现象本身就包含着使其是其所是的本质；在它们之外或之后是什么意义也没有的。

总之，胡塞尔讲的现象中含有一个意向性构成（intentionale Konstitution）的生发机制；既体现在显现活动一边，又在一定程度上体现于被显现的东西那一边。这也就是说，任何现象都不是现成地被给予的，而是被构成着的；即必含有一个生发和维持住被显现者的意向活动的机制。这个机制的基本动态结构是：处在时间意识流中的意识行为，因某种动机比如某个目的或刺激的引发，激活并统握实项的（reell）内容，从而投射出或构成（在某种意义上是"创造"出）那超出实项内容的内在的被给予者，也就是意向对象或被显现的东西。①

因此，在胡塞尔的现象学看来，人的意识活动从根本上是一种总在依缘而起的意向性行为，依据实项内容而构造出"观念的"（ideal）意义和意向对象（noema，意向相关项）；就像一架天生的放映机，总在依据胶片上的实项内容（可比拟为胶片上的一张张相片）和意识行为（放映机的转动和投射出的光亮）而将活生生的意义和意向对象投射到意识的屏幕上。所谓"意识的实项内容"，是指构成现象的各种要素，比如感觉材料（Stoff, data）或质素（hyle），以及意识行为；它们以被动或主动的方式融入一个原发过程，一气呵成地构成那更高阶的意义和意向对象，即那些人们所直接感觉到的、所思想到的、所想象出的、被意志所把握着的、被感情所体味着的……东西。当然，低阶的意向

可见感觉材料与意向对象（被感知对象、关系、形式等）有内在联系。这一学说因此与传统的经验论与唯理论都不同，而与詹姆士的意识流学说相似。只是胡塞尔有时特别强调这意向对象的明见性、确定性和客体性，以满足他心目中的科学认知的需要。后来现象学的发展弱化了这种"科学情结"。

----

① 胡塞尔：《现象学的观念》，倪梁康译，上海译文出版社 1986 年版，第 60 页。

对象也可以成为更高阶的意向性构成中的实项内容，成为起奠基作用的要素，而那更高阶的意向活动及其构成物则是"被奠基的"。因此，除了有感觉直观之外，还可以有"范畴直观"，即构成那些不能被感觉到的意向对象，比如关系、事态及其表达式（包含系词"是"或"存在"的语句）的直观。对于胡塞尔，"直观"指有体现性内容的意向行为。他所讲的"范畴直观"的重要性或革命性在于反驳了这样一个传统西方哲学中的成见，即只承认有感觉的直观，而根本否定"知性直观"或"范畴直观"的可能。

3. 意向性学说的哲学含义

由此可见，传统哲学中个别与一般或特殊与普遍的根本区别，在这个现象学的构成学说中已不能维持了。感知的意向活动是一道无间断的"流"，而不是按联想律组合成的一串印象。所以，就是在基本的感知中，我们也已经在以一种隐蔽的、"边缘的"的方式知觉着一般性，比如"一般的红""一般的形状"，甚至"一般的花"。因而这种直观就既是感觉直观，又可能在调整了直观方式后是普遍（一般）直观；用传统的说法已经很难讲清楚了。

另一方面，虽然我们的每一次感性知觉都只能是从一个观察角度面对一个事物的侧显面或投影面（Abschattung），不可能在实体的和实项的意义上显示出这个事物本身；但从意向性的角度上看，我们每次的知觉都凭借着内时间视域的在先的隐蔽构成，能够对事物本身形成"立体的""构成式"的知觉，其中潜伏着被不断丰富的无穷可能。由此我们看出意向性构成所具有的"直接熔贯性"(unmittelbare Verschmelzung)的力度；它实际上能够穿透传统的多种二元区分。

更重要的是，在《观念1》及他晚期的作品中，胡塞尔进一步反思了这样一种意向性构成的前提：他注意到了作为"实项"参与的还有一种更重要的在场"因素"，即任何意向性活动都要运作于其中的视域(Horizont)或边缘域。以感知为例，当我看桌子上的一张白纸时，不可避免地要同时以较不突出的方式也看到围绕着这张纸的周围环境以及其中的各种东西，而这种边缘域式的"看"以隐约的和隐蔽的方式参与着、构成着对这张纸的视觉感知。[1] 在我看这纸之前（那时我正在看桌子那边的墨水瓶），我已经以依稀惚恍的方式看到了它；再往前，我则是以更加非主题的方式知觉这张纸的所处的环境，而我所处的"生活世界"则提供了更广大的一个生存境域，埋伏下无穷多的（还"未发"的）发生与出现的可能。当我的注意力或意向行为的投射焦点转向这张纸时，它就从这个它一直潜伏于其中的边缘域里浮现或被构成出来（"发而皆中节"）。当我的注意力转开后，它又退入隐晦的知觉视域之中。尽管胡塞尔的这一边缘域的思想受到过 W. 詹姆士的意识流思想的影响，但这种知觉的"边缘域"和"晕圈"对于胡塞尔来讲绝不止是心理学意义上的，而是一切意向性活动的根本特性；它更深入地说明了从实项内容到意向对象的意向性构成为什么是可能的，如何实现的。这个视域

此境域或边缘域可相比于中国古代思想中的负阴抱阳的冲虚之气，介于有无之间而生成涌动。又可比于近代人王国维讲的"境界"与"气象"。

---

[1] 胡塞尔：《纯粹现象学通论》，李幼蒸译，第35节。

或边缘域为意向性行为"事前准备"和"事后准备"了潜在的连续性、多维性和熔贯性；使得意向行为从根本上讲是一道连续构成着的湍流，而非经验主义者们讲的印象序列或感觉材料的集合。而且，它还为从整体上看待人的生存方式提供了新的理论可能。

4. 现象学时间是一切意向性的根底

由此亦可看出，任何现象或意向性行为，比如知觉，从根底处就不是单个孤立的，它势必涉及边缘域意义上的"事前"与"事后"，也就是现象学意义上的时间。这种时间比我们平时说的物理时间、宇宙时间更内在和原本，胡塞尔称之为"内在时间"或"现象学时间"。对于时间本性的追究更清楚也更严格地表明了视域的不可避免。绝对不可能有一个孤立的"现在"，因而也就不可能有传统的现象观所讲的那种孤立的"印象"；任何"现在"必然有一个"预持"（Protention，前伸）或"在前的边缘域"（Horizont des Vorhin），以及一个"保持"（Retention，重伸）或"在后的边缘域"（Horizont des Nachher）。[1] 它们的交织构成着具体的时刻，一种时晕（Zeithof）[2]，而时晕之间并无界

---

[1]　胡塞尔：《纯粹现象学通论》，李幼蒸译，第81—82节。

[2]　胡塞尔：《内时间意识现象学》，倪梁康译，商务印书馆2009年版，第68、212页。对于胡塞尔，每一个被感知着的时间点（如被听到的旋律中的一点）都是一个时间晕，比如他讲"现在点重又具有一个时间晕"、"时间晕的连续统"（68页）、"时间晕也有一个将来"（212页）；但他也认为，构成这时间晕的滞留（保持）和前摄（预持）各自——当然它们没有任何实质的"各自"——也是晕："每个感知都有其滞留的和前摄的晕。即便是感知的变异也必须——以变异了的方式——含有这种双重的晕"（140页）。

限,所以必晕晕相套而成时流(Zeitfluß)①。这也就是说,任何知
觉从根本上就涉及时间晕流所赋予的想象和回忆,只是这里涉
及的想象和回忆是原生性的(produktiv,生产的)而不是再生性
的(reproduktiv,再造的);也就是说,它们是使任何一个现象(知
觉现象、时间现象、意志现象……)出现所必然具有的构成要素或"测
度"要素,而不是依据已有的现成现象而做的二手性想象、联想
和回忆。依据这种时间观,"直观超出了纯粹的现在点,即:它
能够意向地在新的现在中确定已经不是现在存在着的东西,并
且以明证的被给予性的方式确认一截过去。"②

> 原生想象可看作阴阳相交之气韵之根。

这一思路令我们想到康德关于"先验想象力"如何与再现
的想象力不同的说法。因此,这些边缘域或意向晕圈从其本义
上讲,就是联成一气的或处于内时间流之中的。按照胡塞尔后
期发展出的"发生现象学",正是这种内时间视域中的原发综
合或被动综合,使得感觉材料的被构成和它们应时参与意向对
象的构成成为可能,③等等。关于胡塞尔的发生现象学的说明,
可参见倪梁康的《胡塞尔现象学概念通释》④和张祥龙主讲的
《朝向事情本身——现象学导论七讲》⑤。这也就是说,我们的意

> "感觉材料"是在内时间意识视域中被前反思、被动地、边缘式地、应时地构成或生成的,而不是像经验论者们讲的那样,是作为对象片段而被感官直接接受到意识中来的。

---

① 胡塞尔:《内时间意识现象学》,倪梁康译,第165页。德文版(《胡塞尔全集》第10卷)第124页(边码第478页)及以下。

② 胡塞尔:《现象学的观念》,倪梁康译,第56—57节。

③ 胡塞尔:《经验与判断》第一部分第16节,邓晓芒、张廷国译,生活·读书·新知三联书店1999年版。

④ 参见生活·读书·新知三联书店,1999年版。

⑤ 参见团结出版社2003年版,第4章。此书后来出了新版,即:《现象学导论七讲:从原著阐发原意》,中国人民大学出版社2011年版。

识之所以总有"胶片"可放，而且总能靠这些胶片在意识的屏幕上投放出活生生的图象，是因为内时间视域之流在暗中（非自主地）进行的前反思、前主客分离式的综合、调适或"气化流行"所致。实际上，正是我们的内在时间意识境域和众多体验共同预设、构成和维持着一个"世界视域"，晚期胡塞尔称之为"生活世界"，它是一切认知活动，包括科学认知的意义源头。当然，由于他将这本是纯境域的生活世界最终归为"先验的主体性"，将其产生的意义作观念（Idee）或意向对象式的理解，视域构成的思想被打了折扣，并没有被发挥到极致。

　　一切意向活动都发生在这条内时间意识流之中，所以它们才会具有上述三个小节中阐述的那些性质。由于这时间的晕流结构及其匿名（前对象地）构造的本能，它实际上是一条总在生发意义和存在的充沛的乃至"过于"充沛（以致总要溢出现在者）的时流，所以其中的意向性之"看"不会只看到眼前的二维印象，而一定会看到"更多"的维度及其可能化（"虚构"化）的对象，从个别直观到本质直观的跨越也才可能。同理，任何意向行为都不会只是一个朝向、构成其对象的活动，而势必在这意识流中牵扯、搅动出更多的意识，也就是与此行为同时发生的对这行为及其对象的"自身意识"。它是非反思的，与这行为同属一个意识晕圈，但因为有它，这行为就与整个意识流（起码）潜在相通，所以回忆和预期乃至更微妙的意识现象才可能存在。

第二节　海德格尔的解释学：
存在论化了的现象学

海德格尔张大、深化和改造了胡塞尔的意向构成结构中的"边缘域"或"时晕"，使之获得了存在论（Ontologie）的含义，让这境域晕流不只是"时间的内意识"和意向活动的背景，而更是人的生存本身的特点，与杜威的"经验"有类似之处，但更纯发生得多，并不预设任何被意识到的实用目的。所以，对于海德格尔，人的原本生存（实际生活）的样式与人的思想及话语方式——"形式指引"（或"形式显示"）、原本的领会、语言、诗、艺术——不可分。在这个意义上，海德格尔的现象学是解释学（Hermeneutik）化了的和存在论化了的。

海德格尔是二十世纪最有创新力和影响力的西方哲学家之一，弄懂海德格尔是了解当代西方哲学，尤其是胡塞尔之后的欧陆哲学发展的必要一环，也是了解西方当代思潮与文化中的深层问题和中西哲学关系的一个契机。草草扫视一下当代西方思想，就可以举出这样一些明显受过海德格尔思想影响的人们的名字：萨特、梅洛-庞蒂、伽达默尔、阿伦特、利科、福柯、列维纳斯、拉康、德里达、马塞尔、阿多诺、阿佩尔、哈贝马斯、布洛赫、布尔特曼、拉纳等等。而且，他的学说还越出了哲学领域，涉及神学、文学批评、历史学、心理分析或广义上的人文学科，也超出了一般意义上的学术研究范围，延伸至那些进行文化创造的人们，比如诗人、艺术家、作家，甚至建筑师。海

这是思想深刻性与生命力的一个指标。

德格尔在中、日、韩的影响则更有日渐扩大和深化的趋势。简言之,海德格尔思想既是德国的,更是国际的,也是文化际的(intercultural,transcultural)。

一、海德格尔的生平和思想特点

马丁·海德格尔(Martin Heidegger, 1889—1976)的父亲是德国西南部一座小镇上的教堂司事,近乎杂役。教会人士注意到少年海德格尔的天赋,帮他得到奖学金,使他得以离家去读寄宿中学,为成为一名神父而努力。假期里,在一次"田野道路"上的散步中,他得到格约伯神父送的一本题为《论存在对于亚里士多德的多种含义》(布伦塔诺著)的书,引出了他一生对于"存在的原义"的追求。"田野道路"(Feldweg)对于海德格尔有特殊含义,它一方面意味着"自然"(physis),是海德格尔终生依傍的一个源头;另一方面又指这自然境域中由人的生命脚步开出的,并在其中往返回复的"道路"或"道境"(Weg)。

他中学毕业时(1909年)想加入耶稣会,但因"神经性的"或"神秘的"心脏问题而被拒,于是入弗莱堡大学神学系;大学三年级第一学期,他因心脏病再次发作而休学,后被迫退出神学系,失去与教会有关的经济支持。他病愈后几经努力,才得以重返大学,改学哲学和自然科学。大学期间,他受到胡塞尔现象学的有力影响,神学解释学也一直牵引着他的追求。一次大战中,出于哲学活动所要求的"内在真诚"和另外一些原因,他公开与天主教意识形态决裂,但又终生未正式抛弃教徒身份,没有成为新教教徒,更谈不上变成自由主义的知识分子。

这种信仰上的矛盾是他人生里一根"总在肉中作痛的刺"，另一根是他与纳粹的关系。

　　海德格尔主要思想的形成有这样三条线索：第一，从布伦塔诺到胡塞尔的现象学，再到拉斯克（新康德主义、胡塞尔与亚里士多德的结合），乃至回到《纯粹理性批判》第一版时的康德；第二，生命哲学（尼采、柏格森等）、解释学（施莱尔马赫，尤其是狄尔泰）、艾克哈特的神秘主义和克尔凯郭尔的生存主义；第三，从布伦塔诺到古希腊（以亚里士多德为主），再到中世纪唯名论（司各脱）和海德格尔大学期间的老师布亥格的实在论。在这三者开始交汇的过程中，他写成博士论文（1913年）和教职论文（1915年）。到1919年，经历了一系列人生事件，即震撼西方世界传统价值观的第一次世界大战、与信仰新教的埃尔夫丽德·佩特瑞小姐结婚、信仰的转变等等，他达到了思想上的突破，使上述几条线在深刻意义上相互交融，从而找到了自己的独特方向。1920年，他对《新约》做出生存时机化（kairology）的解释，表达出"实际生活经验本身的形式指引［或显示］"的现象学-解释学方法；其后，又在古希腊、特别是亚里士多德的哲学中欣喜地发现了一个不为人知的现象学化的存在论天地。由此走上写作《存在与时间》的道路。

　　1923年，海德格尔以一篇用现象学-解释学方法阐发亚里士多德的手稿（所谓"那托普手稿"）获得马堡大学的正式聘任，成为那里的副教授。在马堡大学教学和准备写作《存在与时间》期间，他的学术名声在学生中流传；而且，他与犹太血统的女学生汉娜·阿伦特之间产生了婚外恋情，但他在许多年间成功

从学理上讲，第一条线索是最重要的。

此方法是理解海德格尔的关键。

地"遮蔽"住了真相。阿伦特后来流亡美国，成为著名的学者。以他重新解释亚里士多德的努力为开端，经过《时间概念》和《时间概念史导论》的手稿，海德格尔于 1926 年在托特瑙（Todtnau）山中写出了《存在与时间》的前一大半，并于次年在胡塞尔和舍勒编辑的《哲学与现象学研究年鉴》第八辑上发表了充实后的全文。1928 年，海德格尔回到弗莱堡大学，接替胡塞尔退休后空出的教席。《存在与时间》一书没有包括《时间概念史导论》开头讨论现象学发展的部分，写出的也只有原计划的三分之一，可说是一部"缺头少尾"的著作，但却成为了 20 世纪最有影响的几本哲学著作之一。由于此书在方法上的突破、表达的新颖和意境的深邃，使得人们容易受其吸引，但很难做出合适的解释与评论。海德格尔在随后的几年内发表了《康德与形而上学问题》（又称《康德书》，1929）和一些文章来进一步说明，但并没有从根本上改变这样一个被误读和误解的局面。

> 这可能是他一生中感觉最好的时刻。

更奇怪的是，正当此书的影响日益扩大，他的学术事业顺利进展之时，海德格尔却在 1930 年发生了思想的"转向"。其起因除了《存在与时间》遇到的困难之外，就是他对于荣格尔（E. Jünger）著作的反思。荣格尔通过检视第一次世界大战而得到这样的结论：人类已经丢开任何现成区分，进入了一个技术力量的世界，使得战争不再是骑士、国王和公民的战争，而是"一个巨大的工作程序"，或"工作者（Arbeiter）们的战争"[1]，其胜

> 一次大战与相对论改变了 20 世纪的西方世界。

---

[1]　E. 荣格尔（Ernst Jünger）：《总动员》（*Die Totale Mobilmachung*），见《关于海德格尔的争论——批判性读本》（*The Heidegger Controversy: A Critical Reader*, ed. R. Wolin, The MIT Press, 1993），第 128 页。

负不再取决于个人的英雄主义，而取决于"钢铁的洪流"或参战国能"随时"进行"全面总动员"的力量。海德格尔认为荣格尔所讲的极为真实深刻，展示出西方的形而上学和数理科学如何通过尼采的"对力量的意愿"而表现于这个时代。要避免这赤裸裸的现代化技术力量给人类带来的巨大危险，就必须超出西方形而上学的基本视野和语言，实现一个拓扑式的而非简单断裂的"转向"。它的一个重要表现就是不再只以知识带来的"光明"或"去蔽（'祛魅'）的真理"为真实，还要看到"黑暗"或"隐藏着的神秘"对于人的终极含义。

因此，海德格尔在 1930 年做《真理的本性》的演讲时（它标志着海德格尔思想从前期向后期的"转向"），引用了《老子》第二十八章中"知其白，守其黑"一语；其德文的表达是："那知其光亮者，将自身隐藏于黑暗之中"。[①] 它的含义就是让技术力量"转向"或"转回到"人生的缘发生境域，在"阴阳"或"明暗"相济中重获自己的原本形态——技艺或广义的艺术（techne）。1958 年，海德格尔在另一篇文章中再次引用了老子的这句话，将赤裸裸的知性光亮比作原子弹爆炸时"比一千个太阳还亮"的致死之光；认为困难的而又最关键的是"去找那只与黑暗相匹配的光明"。因此，转向后期的海德格尔更多地关注"语言"和"技艺–技术"等问题，而不是"缘在"（Dasein）与"时间性"的问题。

海德格尔的"道路"（Weg）与老庄之"道"的沟通。

---

① 张祥龙：《海德格尔传》，河北人民出版社 1998 年版，第 236 页。又见新版《海德格尔传》，商务印书馆 2007 年版，第 242—243 页，及书前的影印件。

这样，从三十年代中期开始，海德格尔对"艺术的本源"、"语言的本性"、尼采哲学、荷尔德林的诗等等与技艺–技术有关的问题做了不懈的探讨。与之有关的著作有：《荷尔德林诗的阐释》（1944）、《林中路》（1950）、《演讲与论文集》（1954）、《同一与差异》（1957）、《在通向语言的道路上》（1959）、《尼采》（1961）、《技术和转向》（1962）、《路标》（1967）、《哲学论文集——论"缘构发生"（Ereignis）》（1989）等。

"技艺"（techne）指一种当场显示的领会方式，"将在场者作为在场者从隐蔽状态带出来"。[①] 所以，它也是一种揭除遮蔽的认知方式或求真方式；但由于其原发性，它总与那构成在场者的隐蔽的一面、边缘域的一面保持着较为充沛的关联。技艺变成现代技术（technology），就在颇大程度上失去了这种缘构发生的联系，成为蛮横地主宰境域和"环境"的人为系统。原本意义上的"语言"是最精巧的技艺，它是人的"存在居所"，什么样的思想方式必会表现为什么样的言语方式。概念化哲学需要表达判断的"陈述句"，而超出这种哲学的现象学解释学不但将"诗"视为最纯粹的语言形态，而且要借重非陈述化的各种"语言游戏"来表达自己。这就构成了海德格尔独特的写作风格。

在这种要转化现代技术文化的动机驱使下，海德格尔于1933年卷入了纳粹运动。他的思想与国家社会主义的相似之

技艺与现代技术的联系与区别。

———————

① 张祥龙：《海德格尔传》，第278页。

处是：反现代主义和对于人的生存空间和原本联系（比如"土与血"）的关注。但是，海德格尔对所有这些问题的理解是非现成的、纯境域的和发生式的，与纳粹崇拜技术力量、鼓吹攫夺领土和种族主义等主张大为不同。也是出于这样一种反对现成化、算计化和对象化的思想倾向，导致他在某种程度上追随欧洲久已有之的歧视犹太人的传统和时潮，私下里写了一些这方面的话，应和了纳粹的反犹主义，尽管他在个人交往中对犹太学生并没有歧视行为。他之所以没有充分意识到自己思想与纳粹的深刻分歧，一个重要原因是因为他那时的自我感觉太好了，相信自己可以"转化"这个运动，使之成为拯救西方文化的"健康力量"。1933 年 5 月，他就任弗莱堡大学校长，并参加了纳粹党。他的校长就职演说表现出他要为此运动寻找更深刻的"本性"的愿望。当然，这根本无法实现，他与纳粹意识形态的冲突从一开始就表现了出来。比如纳粹教育部长在听了他的就职演说后，立即指责他不讲种族，是"自创的国家社会主义"。以后的情况也是困难重重，冲突不断，致使他在就职十个月后辞职。这之后，他只能在教学和写作中去追究西方形而上学与现代技术体现出的"对力量的意愿"的关联。

柏拉图的叙拉古之行。

1945 年，盟军攻占德国西南部。海德格尔因其纳粹问题受到审查，身心交瘁，大病一场。1946 年，清除纳粹委员会决定禁止他的一切教学和公开学术活动。此禁令直到 1951 年才取消，海德格尔正式退休。具有讽刺意味的是，正值法国占领军当局审查他时，海德格尔"关于人道主义的信"和他的思想在法国知识界却产生了巨大影响，历经几十年而不衰。法国当代哲学的领潮者鲜有不与"海学"打交道的。

海德格尔的次子及与之有关的一批人，出于非学术的动机，曾力图否认这次合作的真实性，但并不成功。

就在海德格尔最感痛苦之时，他又遇到了中国学者萧师毅，并向萧师毅提出共同翻译老子《道德经》。这样，在1946年暑假三个月的周末里，他们在托特瑙山中小屋中一起从事这项使人"知其白，守其黑"的工作。但萧师毅逐渐感到不安，并最终退出，因为海德格尔的做法更像研究和探寻中文原本，而不是按萧师毅告诉的现成意思去写出德文译文。尽管这样，这次合作影响了海德格尔以后的写作，以致他敢于在五十年代和六十年代公开发表的文章中讨论"道"并引用老庄。他青少年时期的"田野道路"经过他成年时的托特瑙山中的"林中路"，与中国的"天道"之路相交接。他那时在山中写的诗《出自思想的体验》，颇有道家意境。

然而，他的"道"（Weg）不就是道家之"道"，而是从始至终地牵连着西方的源头或"神"意，不管这"神"意味着解释学化的基督教之神，还是荷尔德林诗歌所召唤的古希腊之神和自然之神。对于他，这些神及其时机化、艺术化的思想体现同样是人类未来的希望所在，是我们应该以生动的方式"等待"着的那样一个纯境域的"来临"。所以，他在1966年9月《明镜》杂志采访时说了这样一句话："只有一个神能救我们。"当然，只有充分明了这"神"的非现成的、纯境域的含义，才能看出此种说法中的"道"性。

1976年5月26日，海德格尔逝世于弗莱堡，享年87岁。按照他的遗愿，遗体运回家乡安葬。关于这个葬礼的宗教性质，海德格尔的亲属之间也存在着很大的争议。①他的墓碑不像左右父母和胞兄的墓碑那样带着十字架，而是镶刻着一颗闪烁的星，放射出"让自身没入深深泉源的黑暗中"的星光。

二、实际生活经验和形式指引

为了有效回应新康德主义者那托普（P. Natorp）对胡塞尔现象学中残留的反思方法的尖锐批评（反思定会"止住"实际的经验之流，改变原本的现象形态，并使对它们的表达不可能），海德格尔在自己思想的形成期，力求寻找一种让生活经验之流的冲动得以充分展示，同时还能够表达出这种经验之流本身的形式-关系结构的方法。这就是后来影响了他一生的思想方式和话语方式的方法——实际生活经验本身的形式指引。

在海德格尔 1920 年冬季学期的题为《宗教现象学引论》的讲课稿中，他关于"生活"和"形式指引"的解释学得到了比较直接的表达。它的"方法上的引论"部分着力讨论了"实际的生活经验"（die faktische Lebenserfahrung）和"形式指引"（die formale Anzeige，或译为"形式显示"）。这种实际生活经验从根子上是境域式的、无区别相的、混混沌沌的和意义自发构成的。海德格尔描述了它的几个特点，首先，人的实际生活经验的经验方式是"无区别"或"不在乎"（Indifferenz）的，也就是说，不在乎、不顾及对象化的区别。但这无区别绝不干瘪，而意味着一种根本的发生可能性，因而根本就不可设想什么东西

① 张祥龙：《海德格尔传》，第 20 章。

海德格尔讲的"形式指引"与维特根斯坦讲的"逻辑形式"及后期的"语言游戏"。虽然其思想背景和用语方式很不同，但其深层见地颇有些可对参之处。两边都是原本的意义结构，是事情本身的动态机理，是人的自发领会与语言的源头，其本身都不可被对象化地定义，而只能在语境与情境中显示。

会不能与它相通。① 所以，实际生活经验的第二个特点就是"自足"（*Selbstgenügsamkeit*）。这种经验展现于一切之中，同时意味着主动和被动、经验与被经验，包含着"周遭世界、共通世界和自身世界（Umwelt, Mitwelt und Selbstwelt）的透彻意义"。② 由此也就可知它的第三个特点，即它总是一种"有深意的状态"（*Bedeutsamkeit*）。这种原本的意义状态不是认识论的和形而上学的，而意味着一种生活本身具有的、构成非对象化的意义的能力与机制。

所以，世界与经验着它的人的实际生活息息相通而不可生分；这世界（Welt）也就绝不只是所有存在者的集合，而意味着一个世界境域。海德格尔形式地（formal）称之为"环-境""世-域"或"周遭世界"（Um-welt）；③ 而在此世域之中，就总有着与我"同此世域（Mitwelt）者"或他人。由此可以看出，海德格尔讲的人的实际生活经验本身已具有了形式指引或不如称之为"境域指引"的特性，因为这经验本身就是对于一个世界境域和关系的体验，而这里"境域"或"形势"所意味着的就是各种原发的方向或关系姿态，比如"In-""Um-""Mit-""Gegen-""Ent-""Zu-""Ge-""Da-"等等。而对于海德格尔，形式指引就是实际生活经验本身的"形势"本性或境域本性的表述，因而与这生活经验一样，是自足的或意义构成的，并不再预设

中国古学中也有着这种"形式-境域指引"，也就是出于实际生命经验的回旋表达，比如道家讲的"道可道，非常道""为无为，事无事"，儒家讲的"父父，子子""亲亲而疏疏""善善而恶恶"（董仲舒《春

---

① 海德格尔（Martin Heidegger）：《宗教现象学引论》*(Einleitung in die Phänomenologie der Religion)*，《海德格尔全集》60卷，《宗教生活的现象学》*(Phänomenologie des religiösen Lebens)* (Frankfurt a. M.: Klostermann, 1955)，第10页。

② 同上书，第13页。

③ 同上书，第14页。

什么更基本的东西。尽管这实际生活的"不在乎"的混世状态中有一种要"寻求保障的倾向"（Sicherungstendenzen），[1] 并以对象化和科学化的方式来逃避实际生活经验的令人"忧虑"（Bekümmemng，牵挂、操心）的不确定性，但它们永远无法完全遮蔽掉实际经验的浑噩之下沸腾着的不安。而这种不安的原本表达就是形式指引。

海德格尔通过区分普遍化（Generalisierung）、形式化（Formalisierung）和形式指引（formale Anzeige）来更确切地说明这形式显示的特点。古希腊哲学家已经能自觉地运用普遍化方法，通过它，就能形成一个从低级的种或属上升到更具普遍性的属或类的概念等级。比如从"人"到"哺乳类"，再到"动物""生物"等等。在此普遍化"等级排列"过程中，概念的外延越来越大，内涵越来越小。定义这样的一个概念就是给出它的属和种差，比如"人"可被定义为有理性（种差）的动物（属）。从表面上看，这种普遍化可以一直向上进行，最后达到最普遍的"存在"概念。但是，依照胡塞尔和海德格尔，这是不对的，因为普遍化到了一定程度之后必被形式化打断。例如，从"红"到"颜色"，从"颜色"到"感觉性质"是普遍化，而从"感觉性质"到"本质"（Wesen），从"本质"到"对象"（Gegenstand）则是形式化，因为前者受制于"事物域"（Sachgebiet）的限定，后者则不受此限制。[2] "红"色有它的事物域，即一切具体的红色事物的集合；"颜色"的事物域则是由一切具体的颜色（红、黄、蓝、

秋繁露·楚庄王》）；兵家则曰"胜兵先胜而后求战""形兵之极，至于无形"（《孙子兵法》）；皆就人生和语言本身之反身成境的关系势态而言之，故不拘泥于对象而乘时得中。

---

① 海德格尔：《宗教现象学引论》，《海德格尔全集》60卷，《宗教生活的现象学》，第9节。

② 同上书，第58页。

绿……)组成,等等。但"本质"不受制于这样的事物域(说"本质的事物域由一切具体的本质或性质组成"没有意义),它的意义不能被属加种差的层级次序来决定;它是一个形式的概念,其意义来自"纯粹的姿态关系本身的关系含义",而不来自任何"什么内容"(Wasgehalt)或事物域内容。① 因此,"这石头是一块花岗岩"与"这石头是一个对象"这样两个句子就属于不同的逻辑类型,因为前者的谓词("花岗岩")是事物性的,而后者的则不是。按照这个区分,"对象""某物""一""多""和""其他"等等只能被视为形式范畴。

海德格尔看到,由于人们的寻求保障或对象化的倾向,这形式化的原本意义可能而且往往被掩盖住。掩盖的方式之一,就是将形式化概念视为"形式本体论(formal-ontologisch)的范畴"。这样,它的关系意义就又受制于普遍的对象域或"形式域"(die formale Region),比如数学中的抽象对象域,从广义上讲也是一种事物域。海德格尔称这种看待形式化的方式为"不真正切身的(uneigentlich)理论态度"。为了达到"更本原的"思想和表达方式,他提出了"形式指引",用它来"防范"形式本体论的倾向,从而进一步实现纯关系姿态的意义构成。海德格尔写道,"如何才能预防这种[滑向对象的形式规定性的]偏见或事先判断呢?形式指引就正是做这件事的。它属于现象学解释本身的方法论的方面。为什么称它为'形式的'?[因为要强调]这形式状态是纯关系的。指引(die Anzeige)则意味着要事先指引或显示出现象的关系——不过是在一种否定的意义

由此开始,就是海德格尔的独特思路了。"胡塞尔的助手"走上了通向《存在与时间》的道路。

---

① 海德格尔:《宗教现象学引论》,《海德格尔全集》60卷,《宗教生活的现象学》,第58—59页。

上，可以说是一种警告！一个现象必须被这样事先给出，以致它的关系意义被维持在悬而未定之中（sein Bezugssinn in der Schwebe gehalten wird）。"[①] 这种"悬而未定"意味着不受任何对象域的规定，但它本身又绝不缺少原本的含义；相反，这正是原发的、还未被二元化思路败坏的纯意义实现的可能性，因而最适于表达那"无区别""自足""有深意"的实际生活经验。这是更原本意义上的现象学还原，或者说是还原与构成的结合，不会"止住"或"抽象化"生活流的原发冲动，因为这被"凭空维持"的纯姿态关系只能靠它们原本趋向的相互构成而实现出其非对象化的意义，因而是纯境域、纯语境和纯缘发构成的。可以说，形式指引使我们的关注目光从意向对象挪移到意向性的境域关系上，并由此边缘域而得以与原时间流接上气。这样才从方法上排除了脱离实际生活体验的实体化倾向，包括胡塞尔将这种体验归为纯意识的形式规定倾向。

"形式指引"（更确切的表达应该是"形式的关系指引"或"纯境域关系的指引"）表达出了一个西方哲学中还从来没有真正出现过的新方法和新的话语方式。它的一个基本见解是：在一切二元分岔——不管是先天与后天、质料与形式，还是一与多、内与外、主体与客体、人与世界——之先，在人的最投入、最原发和前反思的活生生体验之中，就已经有了或存在着（es gibt）一种纯境域的动态关系（趋势）结构，及其对意义、理解和表达的自发构成或生成实现。所有的意义与存在者都是从这境域关系结

旁注：

"悬而未定"意味着它能够成为生活之流或生存时间之流本身的纹理脉络，而并不止住或硬性规范这流变者。由此回应那托普对现象学方法的批评。

看一张讲台。经验主义者说，我们最先看到它的感觉材料或感觉印象；胡塞尔说，我们最先看到的已经是一个长立方体；海德格尔说，我们最先看到的是一张被使用着的、还没对象化的讲台。

---

① 海德格尔：《宗教现象学引论》，《海德格尔全集》60卷，《宗教生活的现象学》，第63—64页。

构中生成，但这种关系结构本身不能被孤立化和主题化为任何意义上的对象式的存在者，以及这种存在者层次上的关系和构造。所以，这种结构中总有"悬而不定"的或隐藏着的原发维度，并总在这不定、忧虑之中当场实现出前对象化的意义和理解。现象学意义上的"时间"或"历时（历史）体验方式"是这种形式指引的一个典型例子。

其次，还应指出，正是由于这形式指引的动态关系结构已原本到再无任何现成者可依据的地步，它就只能靠某种从根本上生发着的回旋结构来实现和维持"自身"。这样，传统西方哲学的问题，比如胡塞尔还在努力去解决的"认知意识如何能切中实在本身？"的问题，或观念论与实在论之争，等等，就都从根本上被解决了或消解了。在实际生活体验中生成的或形式指引出的东西，总已经是世界的了；再顺着"寻求保障倾向"堕落，按兴趣和关注方式而聚焦出各种对象。但另一方面，形式指引出的东西又都活在人的体验之缘里，与实际体验毫无关系的"客观存在"是没有的或无意义的。

量子力学在物理世界中，指引出了这个道理。

第三，更微妙的是，海德格尔找到了一种能对抗对象化堕落倾向的，并与这种实际生活体验一气相通的理解方式和表达方式，这是他之前的其他哲学家都没有做到的，在他之后也只有列维纳斯、德里达才悟到了其中的某些诀窍。这样，让哲学考察中的思想回复到实际经验中的努力就同时体现为话语方式的改变，从传送语言之外的现成的观念变为语言本身在当场的生成活动，也就是对语言中隐蔽的各种非对象联系的揭示，新的联系的发现和建立；或者说是，让语言成为有生命的、有自己的时空间的，让语言本身说出和歌唱出充满深意的凭空而行的东西来。所以，在海德格尔那里，一切有助于让语言本身活动起来、当场生成起来的语境化和完型-格式塔（Gestalt）化的成分，比如副词、介词、中性代词、有内结构的词（比如有词头、词根、词尾区别的）、有外结构的词（比如他用小横线连起来的词）、词丛（有词头、词根、词尾照应的词族）、语音关联、词源关联等等，都被尽量调动起来，参加一场语言-思想音乐会和舞会（与黑格尔讲的那场绝对精神吞吃对象的"豪宴"是大不同了）。于是，语言的"肉身"（读法、写法、排法、前后文中的位置等）已不可忽视，能指与所指的界限与一一对应被模糊，角色开始变换翻转。简言之，对语言的境域式和亲身的（leibhaftig）体验在某种程度上成了实际生活的体验的微缩形态及其形式指引，它们让思想和领会被当场萌发出来和凭空维持在"那时各自的状态"之中。这样的语言就成了思想的温床或"家"，而不再是家奴或邮差。而思想也就在这个意义上被语境化了、动态化了和当场生成化了。我们主要不是在听关于某些概念化思想的报告，而是在观看乃至串演语言-思想的戏剧演出。这真是闻所未闻的哲学方法的革命。

　　所以，我们看海德格尔的著作时，就有一种阅读别的哲学著作时所没有的感受，也就是一种悬浮在当场的语言氛围之中，遭遇到思想的萌发、生长与深化的活生生体验，而绝不是按照某个预先设定的设计框架进行的分类与扩展。当然，做这种思想-语言游戏需要创造性的技艺，需要才华和时机，即使对于海德格尔这样的大师，也有发挥得好与差的问题。无论如何，海德格尔最重要的一些哲学贡献，都与他成功地将语言游

说就成了道，道也化身为说，是为"说道"与"道说"，其实也就是"道道"！

戏与对重大思想问题的深层揭示相结合有关。在他那里，对存在的意义、人的本质、时间的本质、世界的奥义、哲学史上的概念、技术与艺术的关系等等的理解，几乎都是从德语的语境旋涡中喷涌而出的。它让习惯于平整化的科学语言的人绝望，使"正常的"翻译难于进行，但它带来了一种新的哲学思想的可能。尤其是，不了解它，就根本不可能真正理解海德格尔。在他那里，哲学不再是观念化的思维，而是凭借广义的语境来开启道路的思索。

在《宗教现象学引论》的后一半，海德格尔小试牛刀，用实际生活经验本身的形式指引这个新方法来解读《新约》中的保罗书信，令人耳目一新。比如，海德格尔对《保罗致帖撒罗尼迦人前书》的解释，就旨在揭示原始基督教信仰的生活经验及我们对它的理解的纯形势–形式构成的本性，并说明这经验最终应被视为原发的时间性的理由。他敏锐地注意到，这封信中有一些关键词反复出现，比如"知道"（Wissen）和"成为"（Gewordensein）就出现了十几次。它们是作为形式指引词而非观念表象词来起作用的，所以它们的原本意义只在说出它们、写下它们、阅读着它们的语境中被当场实现出来。因此，如诗句乐调，它们在境域中的重复出现有着原发构成的意义，表达着紧张饱满的生活体验流的构成趋向。而海德格尔阐述的保罗心目中的基督再临（parousia，莅临、在场）的时间含义，则是他的《存在与时间》里表面上与神无关的时间性的先导之一。①

---

① 张祥龙：《海德格尔传》，第 99—105 页。

三、《存在与时间》简介

1. 对"存在"和"缘在在世"的形式-境域式的理解

这本书的基本思路是：要解决"存在的意义"问题，必须对人类缘在（Dasein）的生存（Existenz）方式进行分析，而这种分析会揭示出这缘在的本性是牵挂（Sorge）及这牵挂的纯方式——时间性。这时间性的各种时机化（Zeitigung）表现是一切要理解存在含义的努力所依据的基本视野。各类传统存在论的失误就在于它们所依据的时机化方式是不真切的，而且几乎完全不意识到存在的含义与时间性的关联。而通过对人的真正切身的（eigentlich）生存方式的阐发，可以开启出原发的时间视域；通过这个视域，会让我们在历史上第一次充分领会存在的真义。

依据我们上面所介绍和分析的海德格尔早期的方法，即"人的实际生活本身的形式［境域］指引"，我们可以而且必须对以上这个简略含糊的概括做进一步的解释。

"存在"不能被当作一个最普遍的种属概念来把握，[①] 因为它根本就不是一个通过"普遍化"而得出的概念；它只能被形式-境域指引式地理解，而形式指引就意味着去揭示人的实际生活本身的可领会性和可表达性的依据。结合存在（Sein）问题，人的生活实际性（Faktizität des Lebens）就被称作"缘-

---

① 海德格尔（Martin Heidegger）：《存在与时间》（*Sein und Zeit*）（Tübingen：Max Niemeyer），1986 年第 16 版，第 3 页。

这个认识在胡塞尔现象学中已经冒头。人的意识根底是内时间意识流，它总在进行匿名的被动综合，承接、保存、气化我们意识行为的后果，为将来的行为做铺垫。我们的意向化意识永远活动于这个远超它并成就它的时流晕海之中，以至于这意识的每次意向行为都会扰动和牵扯出超出它、多于它的当下行为及其对象的意识流，使这意向性总具有"冗余"的"自身意识"，也就是对当下行为的非对象化、晕圈化的自身意识、随附意识（不是对当下行为的更高阶的反思意识），并使得意向对象总要比现成把握的那些东西要更多。

这个思路被实际生活化和形式指引化，就是"Dasein"或"缘在"。它显得极度贫乏，没有自己的实体性，总要在投入时流中得其身份；但它又极度丰富、过于丰富，总走在现成者之前，并做出先行筹划（及被筹划、被抛投）乃至决断。

在"（Da-sein），也就是一种完全被它的实际生存方式或"缘分"（Da）所趋动和构成的存在者。"人"在这里也就绝不能按"种属"定义，比如"理性的动物"，而只能通过它卷入的活生生的生存关系和形势-形式被理解。说到底，人没有任何现成（vorhanden）的本性，而是天下最不安分的、总是超出现成事态一步、只在其去（zu）存在、去投入世界之中得其自性的缘存在者。就我们无法依据任何"对象域"，而只能通过对"缘在在世"这样的纯关系境域的构成含义的分析，才能展示这种存在者的存在性。

因此，缘在（Dasein）或生存着的人与这缘在在世的世界（Welt）从根本上或意义逻辑上就不可分。这样，对缘在的"在世界之中"（In-der-Welt-sein）的分析就主要（"首先和通常"）是对于缘在-世界的生存方式的分析，即它的形式指引方式的揭示。知道了"生存"（Ex-istenz 或 Ek-sistenz：在自身之外构成自身）这个词的纯形式指引意义，就不会将缘在的生存从一开始就误解为一种主体对客体（对象域）或客体对主体的规定方式，就会知道对于缘在的生存论的（existenzial）分析已处在一个全新的、超出了传统形而上学与认识论的思想维度之中。它所显示的主要是一个主客还未分叉、正在构成之中的实际生活本身的构意方式和理解"存在意义"的方式，因而是一种不离开生活或生命之流、并让这最不平静的湍流本身表达出自身的方式。从这里面"跌落"出来的主-客对峙的形态，只是这生活经验的一种延伸罢了。对于还受制于传统的主客框架而不能完全投入到这生命大化之中的人而言，这种实际状况无理性可言，是"神秘的"、全黑的；但对那些敢于并有办法进入这生命流本身的人而言，这里正是原本的"解释学形势"，是一切意义、真理（a-1etheia）和（解释学）理性的被构成处。

2. 缘在在世的本性：牵挂

通过对缘在的"在世界之中"的各种生存方式的层层分析，比如对境域式的打量（先于主体对客体的观察）、使用工具的称手状态、与"大家伙儿（das Man）"一同混世、处身情境、闲谈与好奇、害怕与恐惧等等的分析，揭示出了它的第一个完整的形式指引结构——牵挂（Sorge, care）。它涉及三个维度：首先，畏惧现象（缘在对于世界境域的纯势态的无形感应、"恐高反应"）表明缘在总已经与它本身的存在可能性（世界化）缠结在一起，先于任何现成的自身而存在（Sich-vorweg-sein）。其次，这"先于"不是指"先验逻辑范畴"一类的现成在先，而是指"被抛在世"这种缘构式的在先，因而必表现为"已经存在于一个世界之中的先于自身"（Sich-vorweg-im-schon-sein-in-einer-Welt）。第三，以上两点包含的前后牵引使一种"沉沦着的在……状态里"（verfallenden Sein bei...）的处身情境不可避免。因此，牵挂的总含义就是："作为存在于（世界内所遭遇着的存在者的）状态里的、已经在（此世界）之中的先于自身"；德文原文为："Sich-vorweg-schon-sein-in-(der-Welt-) als Sein-bei (innerweltlich begegnendem Seienden)"[1]。这便是"缘在之存在"（das Sein

---

① 海德格尔：《存在与时间》，1986 年第 16 版，第 192 页。

这"悬而未定"的"牵挂"恰能显示出人获得生存意义的"缘在"方式。

des Daseins）或 "缘存在的存在"，是《存在与时间》这本书所达到的第一个对于缘在本性的整体构成结构的描述，也是海德格尔讲的"形式指引（显示）"的典型表现（这个问题值得思考：为何说它是典型的形式指引？），具有重要的意义。

3. 缘在真正切己的生存方式和时间性

随着这样一个解释学形势的暴露，对于缘在的生存方式的分析进入了"真正切己"（eigentlich，真态的）的形态，也就是真态缘在；它脱开了与"人们"（das Man，大家伙儿）的共处、只通过因缘关联网（Bewandtnis）而沉迷于世域的诸形态，但又并未从根子上脱开世界和实际性。它这时只以自身能存在（Seinkönnen）的方式，开启出更彻底地凭空构成的生存境域。因此，按照海德格尔这时的看法，这类形态——朝死的存在、愿意听从良知、先行的决断——都更充分地是形式-境域指引的，更明白地体现出缘在的实际生存本性。《存在与时间》在讨论"生存"的方法论意义时还在用"形式指引"这个词。比如海德格尔在开始讨论真正切己的缘在形态时（第二部分的一开头）写道："生存这个词形式指引地（in formaler Anzeige）表明缘在就是领会着的能存在；作为这种能存在，它在其存在中就是为了其本身而存在着。如此生存式地存在着，它本身就总是这样的存在者。"[1] 又在极为重要的讨论"总括生存论分析的方法论特点"的第 63 节中写道："我们对于生存观念的形式指引被在

---

[1]　海德格尔：《存在与时间》，1986 年第 16 版，第 231 页。

缘在本身中的存在理解引导着。"[①] 可以毫不含糊地说：《存在与时间》关于缘在的全部生存方式分析，都被海德格尔 1919 年至 1923 年在多处阐释的实际生活本身的形式指引方法引导着，所以这个方法是理解此书的生命（Leben）线。然而，此书中尽管有七八处使用了"形式指引"这个词，但都是以上面所引段落的那种"不显眼"的方式使用的，而且对此方法本身也没有做专门说明，以致读到它们或更频繁出现的"形式的"（formal）这个词（它常是"形式指引"在《存在与时间》中的替身）的人，并不能真切领会其微妙义。实际上，海德格尔在词之间加小横线的表述方式就是形式指引的一种体现；以这种方式，他尽量破除通过一个词来指称一个对象的阅读习惯和思想方式，而让词与词（或词素与词素）相连属而形成悬空摆荡着的词族、词丛，具有当场显示和指引的内结构或外结构。

这些真正切己的生存论分析在"先行着的决断"（vor-laufende Entschlossenheit）——或译为"先行地揭除（Ent）蔽障（schlossenheit）"——这个缘在形态中，达到最空灵的形式-境域指引，因为它最彻底地摆脱了一切现成性而非世界性的平板化遮蔽，鲜明地表明缘在在一切对象化之先的构意能力，或"让自身逼临到自身"（Sich-auf-sich-zukommenlassen）的生存（"能存在"）可能性的构成。[②] 简言之，这是最无现成者可把捉的又最切身的纯势态构成。

---

① 海德格尔：《存在与时间》，1986 年第 16 版，第 313 页。
② 同上书，第 325 页。

这样一个原发的缘在现象就把我们带到了"将来"（Zu-kunft）这个首要的时间维度，由此而引出"已在"（Gewesen）和"当前"（Gegenwart），并在这三者的相互缠结和引发中达到了缘在的"根身"——时间性（Zeitlichkeit）。"时间性将自身开显为真正切身的牵挂的意义。"[①] 以这种方式，生存性、实际性和沉迷于世界这三者就统一到牵挂的整体结构之中。所以，这时间性——"已在着的和当前化着的将来"（gewesend-gegenwärtigende Zukunft）[②]——就是一个缘在（人的实际生活）本身的形式-境域指引，也就是缘在的生存本性的鲜明表达。

> 时间性是缘在的牵挂本性的浓缩和提纯。它是纯形式-形势-境域指引的。

凭借这样一个时间视域，特别是通过分析这时间性的各种"时机化"方式，包括真正切己的和不真正切己的方式，海德格尔要重新解释以前讨论过的那些缘在方式的存在论含义；并进一步揭示"历史性"的真义和传统形而上学的"庸俗时间"观的特点。

四、海德格尔阐发的时间性的特点

海德格尔揭示出的时间性与传统西方的所有时间观都不同，无论它是思辨的、宗教的还是心理学或物理学的。简略地说，这种时间性有这样几个特点：

首先，它既非客观的物理时间，亦非主观的心理时间，也不是目的论的宗教时间，而是缘构发生自身的缘在时间，也就

---

① 海德格尔：《存在与时间》，1986年第16版，第326页。
② 同上。

是人的实际生活经验本身的形式指引或牵挂方式。因此，它不像物理时间那样是无限流逝的，而是有限的，也就是以人的被抛生存和朝死存在为限的生命时间或生存时间。另一方面，它的有限性又不像宗教时间和心理时间那样是以某个关注对象（比如"最终审判"）为界限或凝聚点的，它的界限是非对象化的，以被抛和朝死这样的纯趋向或纯指引的方式构成着、牵挂着这个时间境域。

此生存时间有限而无界。

其次，这种有限的时间不像传统的所有时间观那样是以"现在"为基点的，过去是"已不现在"，将来是"还未现在"；这缘发时间却是以"将来"为重心的，这特别鲜明地表明了它的非现成性和纯趋势性。

以《周易》为代表的中国古代的时间观的重心也是朝向将来的。当然，能朝向将来是由于这将来与过去和当下的原发交织、晕流式的互补交融。

第三，这将来从根本上就与已在和当前相互牵挂而构成一个不可截分的"统一现象"。每个时相都必须在"出离自身"（Außer-sich）而与其他时相的相勾连之途中而获得自己的意义。所以，在海德格尔的充满"形式[境域]指引"的时间表述中，介词、副词而非名词、动词，以及词根、词头的相互照应，具有最微妙的构成含义。他这样写道：

> 将来、已在、当前表示这样一些现象上的特点："去朝向自身"（Auf-sich-zu）、"回到"（Zurück auf）和"让与……遭遇"（Begegnenlassen von）。"去……""到……""与……"，这些现象将时间性作为彻头彻尾的 ekstatikon（位移、站出去）而公开出来。时间性就是这种原本的在自身之中并为了自身地"出离自身"。因此，我们称将来、已

这种说法之所以不是辩证法的，是因为它并不借助概念，而是直接可领会的。

可见。海德格尔讲的时间性是非在场者（出态、出离自身）的在场（时机化、在自身之中）。德里达批评海德格尔的学说还是"在场形而上学"，有失之过简之处。

在、当前这些已被刻画的现象为时间性的诸"出（神）态"或"逸出态"（Ekstasen）。此时间性并非先是一个存在者（然后）才从自身里走出来；情况倒是：它的本性就是在诸逸出态的协调统一中的时机化（Zeitigung）。[①]

由于时间的非实体性和非主体性，它不能不在它的逸出态中而非任何现成状态中达到自身和维持住自身，并在"时机化"或"时机成熟"中具体地表现自身。

第四，这种纯构成的时间是看待哲学根本问题的最基本和逃避不了的视域。它不受任何更高或更低原则操纵，不会像黑格尔讲的时间，被概念化的原则所超越或"扬弃"（aufgehoben），因为它无现成性可被超越，反倒是使一切领会

混淆海德格尔与黑格尔的人，一般都还未弄懂海德格尔。

成为可能的缘构终极。领会最终是一个时机成熟或时机化的问题。

第五，这样的原本时间并非一种特殊的容器，或直观的先天形式，让万物在其中与之一起流逝；它也不是匀质的流逝过程，无法像物理时间或日常时间那样被天体的或钟表的循环运动所测量，尽管在它自身里面确有"解释学循环"那样构成着和保持着的机制。

第六，这原本的时间性是一切日常时间、世界时间（Weltzeit）、庸俗时间（vulgäre Zeit）的源头。人们在世的牵念活动，不管直接说出的或隐含着的，都具有时间和时间跨度，

---

① 海德格尔：《存在与时间》，1986年第16版，第329页。

其中"当前化"是最突出的时机化方式。当人们专注于这些活动并用称手的东西(日夜,钟表)度量这些时间跨度时,就进入了"在时间之中"的、被公开了的"世界时间状态",时间本身的朝向将来的牵挂境域就消隐了。当这种还是非专题的、前概念的缘在在世的时间形态被进一步削平,就变成了从未来流到过去的一系列现成的"现在"(Jetzt)时刻的序列,世界时间就被庸俗时间代替了。以当前化为特征的世界时间本身还具有意指性和可定时性。庸俗时间则失去了这种与用得称手状态相牵连的意谓和指向,只能面对由一个个干巴巴的"现在"组成的序列。所以它就找不到任何还有自身意义的时间起点和终点。这种无根无几的时间就只能是无始无终的或无限的。"人们(大家伙儿)"就依据这种无决断、无终始的现在序列而不死。这种时间也因此具有了一种被削平了的"客观"性,既属于每个人,又不属于任何人。但是,即便如此平板化的现成时间也以某种扭曲的方式体现着原初时间性的特性。① 正因为原初时间是有朝向的,即朝向非现成的将来,这公共的和庸俗的时间流向才是不可逆转的,尽管这不可逆性已经抽缩为一种无可奈何的流逝(朝向过去)了。

黑格尔的时间观被海德格尔认为是庸俗的。

第七,原本的时间性是一切历史性的源头。这种时间性在根本处有一个由三维逸出态(Ekstase)相互缘构而成的时间跨度,并且从来就以当前化着的和朝向将来的方式而已在(Gewesen)着。这就是说,时间性必然体现为历史性

---

① 　海德格尔:《存在与时间》,1986 年第 16 版,第 424 页。

（Geschichtlichkeit），以时间为本性的缘在从根本上就是历史性地生存着。但这种缘构成的历史性与一般人常讲的"用历史观点看问题"很不同。后者相应于世界时间的"在时间内的状态"和庸俗时间的平板状态，并遵循它们而编写出"世界历史"和各类编年史。按照海德格尔，缘在并非由于"总在历史之中"而是时间性的，而是应该倒过来，由于它本来就是缘构时性的，它才历史性地生存。① 狄尔泰的生命哲学的积极意义，如约克伯爵所说，就在于它力图"去领会历史性"本身，② 尽管对于这历史性的存在论根据——时间性——还说不上有什么真正的认识。

　　第八，这缘发时间是理解"存在的意义"的最原本视域。这表明海德格尔所理解的存在既不是一种抽象存在，比如"理式""先验主体"这些据说已超出了时间的存在，又不是任何"在时间之内"的个别存在，比如亚里士多德讲的第一实体或个体。它们都还是现成的存在，是缘构的结果，本身都显示不出存在本身的那种在缘构发生中获得自身的本性。只有在这作为缘在之缘的时间性中，存在本身方进入了领会的视野。

以海德格尔讲的时间性为历史性的根本，这历史性就绝不会再受概念发展的目的论框架的规范。它是由时机化构成的，包含更深刻的自由与不测。

----

① 海德格尔：《存在与时间》，1986年第16版，第376页。
② 同上书，第398页。

第九章 当代科学哲学的线索

第一节 科学(高科技)乃当今世界的
第一显学

科学(science)主要指以物理学为代表的各门自然科学，首先指那些成功的或被普遍认可的科学。当代技术也越来越被科学化，而科学也在被技术化。科学与技术合在一起，数百年来在西方，近百年来在中国，已成为第一显学。谁要成为思想与意识形态的主流，必被誉为"科学的"才行。实事求是就等于科学态度。谁要取信于人，也似乎非要依傍科学的超级大腕儿，比如那些气功师，也都要将自己的功法冠以科学的形容词才觉得放心。于是，就有了"科学的独裁"，科学就等于客观公正的真理，"不科学""反科学""伪科学"成为铁板钉钉的否定判决。在可预见的未来，这种独裁或唯科学主义的盛行似乎不会被从整体上动摇。

在现实中，科学也成为了正统的生活范式，除了少数特立独行者外，无人不依其势、用其势。人如果不经过西式医院的诊断和"全力抢救"而死在家里，其子女的用心就要被质疑。

吴国盛说："不信科学的人是否就是不幸的人？我的回答是否定的。"(《自由的科学》，福建教育出版社 2002 年版，第 157 页)但还有一个问题是："相信科学万能的人是否是幸福的？"我的回答也是否定的。

反之，不管这医生如何无能，诊治（按照我们的常识直觉）如何不妥，只要医方以"不违反科学"来辩护，则总立于不败之地。（而医生可以不违反科学地来治死人的途径也太多了！）在这种格局里，科学就是"天"，按科学来治死治活就是"天命"。而中医、气功、自然疗法、民间偏方等等只能等待"死马当活马医"的时刻。唯科学主义在国策上的反映是："科学技术是第一生产力"、"发展是硬道理"、"如果不掌握现代科学技术，就要被现代化过程淘汰"等等。今天，在"上帝死了""主体死了""哲学终结了""家庭快死了"之时，科学成了一种代之而起的信仰；尽管科学与信仰似乎是不协调的。

从下面介绍库恩的科学观可以感到，科学的存在方式与西方宗教（比如犹太教、基督教）的存在方式，很有些相似或同构之处。可参见彼得·哈里森的《圣经、新教与自然科学的兴起》（张卜天译，商务印书馆 2019 年版）。

西方传统哲学，从亚里士多德到黑格尔，大多认为自己是科学，而且是最高级的科学。

　　所以，对于科学特性的探讨就是"哲学"最重要的一件事。康德、维特根斯坦、海德格尔都有这方面的论述。现代分析哲学（罗素、维也纳小组、美国、英国……）与这件大事一直有关。这种探讨在波普和库恩处发出了最清晰和最有影响力的新音，使得科学等于绝对客观真理的公式不再严格成立。

第二节　波普的科学观

　　传统的科学观是与真理观内在挂钩的。科学在近代以来如此成功，以致成了"关于自然现象的真知识"，科学成了"唯一的"真理，不成功的科学是错误，是虚假的理论，就不是科学了。

一、归纳原理的真理性无法得到证明

　　一般认为科学的特点和成功在于它将理论与观察经验紧密

地结合。与传统的形而上学、自然哲学和演绎科学相比，科学的特点就是它直接来自观察经验，并受观察经验的检验。可被证实者为科学知识，被否证者为错误。此为实证主义的看法（孔德）。

但是，科学命题是普遍命题，比如牛顿定律、化学定律、电学命题……。即便"天鹅（都）是白的"这样的普遍命题，也不可能完全从经验中来，也不可能被完全证实，于是就有哲学家们用"归纳法"来说明其合理性。培根等人认为，科学就是对观察事实进行比较、归纳，提出假说，通过实验来对假说进行检验，然后将证实了的假说表述为理论。观察事实是绝对客观的、独立有效的，以它们为基础通过归纳法来提出假说，得到证实了的假说就是科学的理论。但休谟提出，这里没有客观的证实和必然因果联系，只有有用的联想习惯。科学并不能以"不可能出错的被证实性、确定性"来区别于其他非科学的理性活动。于是，实证主义者们就需要证明：使用归纳法本身虽不足以达到统计上的满值，但却足以赋予归纳出来的科学规律以真理性，这就是"归纳问题"。

波普（Karl Popper, 1902—1994）要解决的问题就是"归纳问题"（休谟问题）与"划界问题"（康德问题），两者内在相关。

一般认为经验科学相对于其他理论的独特性，在于它依据于经验事实并能为经验事实所验证。这种"验证"表现为归纳推理。它是从单称陈述、例如对观察和实验结果的陈述，过渡到全称陈述，即假说或理论。如从"天鹅$_1$是白的""天鹅$_2$是白的"……，到"天鹅是白的"。

"归纳推理是否得到证明，或者在什么条件下得到证明的

"划界"意味着为科学划界，将它与一切非科学的活动区别开来。如果归纳法的使用导致了科学命题的话，那么"归纳问题"当然就与"划界问题"内在相关了。

问题,被称作归纳问题"。① 此问题也可表述为如何确定基于经验的全称陈述的真理性问题,是否存在已知是真的自然定律的问题。

莱辛巴赫指出:"……从科学中除去这个[归纳推理的]原理就意味着剥夺了科学决定其理论真伪的能力。显然,没有这个原理,科学就不再有权将它的理论和诗人幻想的、随意的作品区别开来"。②

其实,我们日常经验的直觉也能显示,归纳推理绝不足以证明科学命题的独立身份,因为人们在日常生活或前科学的探索活动中,都在前对象化觉知的基础上大量运用归纳法(即从特称陈述过渡到全称陈述的方法)。在我看来,科学理论的某种独特性倒可能是出于其理论建构的方式,比如说使用数学手段来表达理论的内容,由此而使得预测更可能出新,各种实验核对(说不上是最终的"检验")可以更精密,更有定位关联性。

波普的回答是:归纳原理,即将归纳推理纳入逻辑上可接受形式中去的一个陈述,不可被证明。因为,这原理本身是一个全称陈述,如果它的真理性来自经验,那末,就又涉及运用归纳原理来确定全称命题的合法性问题,即又出现一个第二层的归纳问题,如此无穷。所以波普尔认为,这条归纳原理本身不是"真的"(在"是其所是"——亚里士多德、塔斯基认同——的意义上),只是"或然的",对解决归纳问题也毫无帮助。

康德主张归纳原理(他称为"普遍因果性原理")是"先验正确的"。波普不同意。在强调对规则的期待先于经验这一点上,康德是对的,但认为这种规则不会错,则不对。波普因此认为归纳问题无解。

二、科学理论的特点在于可被证伪

这种抽象的讨论后面有波普个人年轻时的生活体验。他

---

① 《科学知识进化论——波普尔哲学选集》,纪树立编译,生活·读书·新知三联书店1992年版,第16页。
② 同上。

接触过三种他所谓的现代的伪科学：马克思的历史理论、弗洛伊德的心理分析和阿德勒（A. Adler）的"个人心理学"。它们吸引过波普和当时许多年轻人。波普发现它们有很强的解释力（explanatory power），实际上能解释该领域中一切东西。一旦你信了它或对这个新的真理睁开眼睛，你就可以到处找到肯定它们的事实。"这个世界充满了对此理论的证实（verifications）。"[1] 正如后来库恩讲的："科学史家要把过去人们所观察和相信的'科学'部分，同前人任意扣上'错误''迷信'的部分互相区别开来，也遇到愈来愈大的困难。他们愈是仔细研究像亚里士多德力学、燃素说化学、热质说热力学等等，就愈会感到，那些一度流行过的自然观，从总体上说，一点也不比今天流行的更不科学，或者更加是人类天性怪癖的产物"。[2]

你发现心理分析的一些预言不对了吗？那很快便有辅助假设出来，使它在"新阶段"中又能解释所有现象。有一次，波普发现一个孩子的病例不太符合阿德勒的理论，就告诉了阿德勒，但后者根本不去看那个病孩子，而是马上用他的"低下感情理论"解释了这里的异常。波普问他为何如此自信，阿德勒回答："由于我的一千次经验。"波普不禁回答："加上这个例证，我觉得［你一定会认为］你的经验已成为一千零一次了。"[3]

① K. Popper: "Science: Conjectures and Refutations", *Scientific Knowledge: Basic Issues in the Philosophy of Science,* ed. J. A. Kourany, Belmont: Wadsworth, 1987, p.140.

② T. S. 库恩：《科学革命的结构》，李宝恒、纪树立译，上海科学技术出版社 1980 年版，第 2 页。

③ *Scientific Knowledge*, p.140.

是这样吗？拉卡托斯讲："实验可以有反驳年轻理论的效力，但却无法反驳已立住脚跟的成熟理论。科学日益，则经验证据之力日损。"（见其《证伪性与科学研究纲领的方法论》一文）

但爱因斯坦的相对论是个例外，如果埃丁顿的埃及观测队根本没有观察到这个理论预测的光线在引力场中的偏斜，那么相对论就要被拒绝。[①] 这与以上那些"科学理论"很不同。

所以，波普认为"划界（分界）问题"（即"找到一个使我们能够区别经验科学为一方与数学、逻辑以及'形而上学'系统为另一方的标准的问题"）或"康德问题"，只能通过"可证伪性"（falsifiability）来得到解决。

波普得出以下的结论：

1．每个理论（由各种陈述组成的有巨大解释力的系统）都很容易得到证实和肯定确认（confirmation），如果我们去寻求这种确认的话。

2．确认的意义只在于去冒预言的风险（成真的概率小）而存活下来。也就是说，应该设想出能与此理论不相容的事件，而到目前为止还没有出现。

这岂不就意味着，越好的科学理论就越是脆弱？

3．"好的"科学理论是一种禁令；它排除的可能情况越多（或成真的概率越小），就越好，就越有内容。

4．一个不可反驳的理论不是一个科学理论。不可反驳不是理论上的长处，而正是其短处，说明它缺少真实内容，是个"老好人"。

5．可检验性（testability）意味着可证伪性（falsifiability）而非可证实性（verifiability）。

6．只有努力去证伪而未获成功的结果才是有意义的确认。（"严格检验"意味着：一个理论预测了某些根据背景知识来说是不可

① *Scientific Knowledge*, p.140.

能的事实,并得到实验确认。)

7. 总可能通过引入附加假设重新解释理论而逃避证伪。但这样做的代价或"因袭主义扭曲(conventionalist twist)""因袭主义策略"会降低或毁掉该理论的科学价值。

波普拆去了传统的"可检验"理性观的一半——可证实性,但他相信另一半(可证伪性),相信科学的进步和知识上的特权地位。按照他的解释逻辑,科学合理性是一个与别的理论活动从本质上不同的活动。然而,他自己也早已意识到,虽然证伪一个全称判断比证实它逻辑上可行,但要从逻辑上维持整个理论不被证伪是极容易的(这一点在他的第1点和第7点中已表明)。所以,第7点,即如何在这种可能性的诱惑下保持科学家的"良知"就不是一个逻辑问题,而是一个态度问题。那么,"划界问题"的解决就不在于找到了"发现的逻辑",而在于找到了与"因袭之扭曲"不同的"科学的良知",这就颇为暧昧了。

如果不用1和7的策略,人类能找到一种完全不面对反例的科学理论吗?难道科学家们是一批还未遂的思想自杀者吗?

第三节　库恩的科学观

库恩(Thomas Kuhn, 1922—1996)则特别突出了因袭主义的合理性,所以他讲"在科学研究中教条(dogma,教义、教理)的功能"[①],主张在传统与革新之间维持"必要的张力"(essential tension)。由此发展出著名的科学研究的"范式"(科研的因袭传统和教条的一面)理论和关于"科学革命的结构"(范式如何转变)的学说。

---

① *Scientific Knowledge*, p.253.

一、科学研究需要"范式"

库恩依据现实的科学进展现象（科学史）而分析科学的特征。通过审察许多历史上的科学研究案例，他看出，科学家的卓有成效的工作只能在一个已有某种共同前提的理论和操作系统中进行；假如他们还要为一些基本原理的建立和判定真假的程序而操心，就不可能有成熟的科学形态。他实际上将波普讲的"对规则的天然预期"扩大到了科学共同体。这也就是说，在成熟科学中，面对经验检验（证实与证伪）的不会是单个的假说甚至是理论，而是一个由一组被公认的原理、定律、应用和仪器设备为出发点的相互牵连着的科学成就系统或模式，为一科学共同体所信奉。如果整个系统都像波普讲的那样时刻面临着被证伪的可能，就不会有像样子的科学研究。所以这种科学理论对于证伪要求总有"抵御力"（resistance），而且它并不像波普讲的那样，是丧失科学良知的因袭表现，而是"必要的"、合理的。哥白尼的日心说在提出后许久才通过"严格检验"，牛顿力学在一开始几乎被潮涌而来的反常现象淹没。哥白尼的日心说甚至连困扰古代日心说的主要问题（比如受地球转动影响的落体为何不西坠？地面物体为何不飞散？）也解决不了。

库恩的这个关于科学研究特点的观点介于康德的"先天原理"与波普的"科学假说"之间，认为这种特点是一种有着某种先天合理性的（无它就无真实的科学活动）的假设系统或研究纲领。它绝不会被从逻辑上"决定性地"否证掉，因为（正如波普所讲），这里总有增加附助假设和重新解释的可能。而且，更重要的

未来的思想史家可能会认为，库恩的重要性不亚于康德。在当代破除对科学的迷信所产生的思想冲击力，不会小于康德破除形而上学的迷惑力而产生的思想效应。

是，这里一定程度的"抵御证伪"确实是合理的，为"科学的进步"所必须。

库恩将这样一个有着一定的"先天"稳定性和防御力的理论和实践结构（它不一定能明白地表达为一套规则），称之为"范式"（*paradigm*）。在常规科学时期，这种规范结构通过（大学、研究生、博士后所教习的）"教科书"及其配套实验而传播给要入此科学之门的人。以此范式为基础，这个科学团体就会解决那样一些问题，它们只能被相信或采纳这个范式的科学家们想出和提出。而且，由于范式的规范作用，这些问题无论多么难，肯定是有解（正解、反解）的，就如同"拼板游戏"一样。想象一下围棋高手特别是某一流派的高手之间提出的那些问题的解决，就知道一个"共同范式信仰"对于达到"深入则专"的研究效应的关键作用了。中国人信"祖传"，也有这个意思。

比如，在牛顿《自然哲学的数学原理》出现后一百年中，没有谁能设计出可以确定万有引力常数的仪器。卡文迪什在 18 世纪 90 年代的著名判定，也不是最后一个。由于引力常数在物理科学中的重要地位，改进其数值就成了此后一大批著名实验家反复努力的目标。这一类长期研究的其他事例是：确定天文单位、阿佛伽德罗数（Avogadro）、焦耳系数（Joule）、电荷等等。如果没有一种范式（规范）理论规定了问题并保证有一个稳定的解，就很难设想会有这么多精心的长期努力，更不会产生任何成果。①

世上哪有不沉溺于自家剑术之中的顶尖剑术高手？只要是剑法，就不会达到与日俱变的"无法以为法"的境界，也就必有可破它的另一种剑法。

---

① T. S. 库恩：《科学革命的结构》，李宝恒、纪树立译，第 23 页。

这里需要"逼、供、信"。所以常规科学即解难题（puzzle-solving），题型和内容大致已有，关键是肯定有解。

二、新范式的出现与科学结构的革命

然而，范式毕竟不是先天有效的；它虽有抵御力，但并不就是绝对的前提，完全与事实无关，尽管"观察事实"本身也带有理论负荷。这里有一种理论与事实的相互影响、交缠和张力。所以，常规科学研究尽管是在范式中进行，却"不断揭示出意料之外的新现象"。[①]但请注意，这里的"新现象"或"反常现象"是由范式指导下的科研本身发现的，或起码与这种科研可以相关，不能只是个"奇迹"（比如气功特异功能……）。这种由范式研究本身揭示的反常现象的例子是：氧气的发现之于化学、X射线的发现之于物理学、以太测定实验、……。而且，"反常现象"在一开始时往往作为正常现象出现，但逐渐地分辨出它不同于以往的范畴。于是开始调整理性范畴，"一直调整到最初的反常现象成为预期现象为止"。[②]

反常的增多或对"反常"的深刻性的认识，有可能引发出对于已有范式的反叛者或"危机"，或反过来讲，反叛者（有新的范式或思想苗头的人）的声音会导致对于这类现象的"反常性"的认识。因为用原来的范式仍然可以从概念上解释反常（如麦克尔逊实验的洛伦兹变换），视之为范式中的"难题"。"哥白尼看成是

这种"否定自身"并不是科学所独有的，一切有范式特征的人类活动，比如排他性的宗教信仰与政治学说，也会引出反常现象、异端团体与革命性的转变。所以东方智慧（佛、道、儒等）总想避免范式的幻化和对人的控制。

①　T. S. 库恩：《科学革命的结构》，李宝恒、纪树立译，第43页。
②　同上书，第53页。

逆事例[反常事例]的，在托勒密的大多数其他继承者看来则是观察与理论之间相适合的难题。拉瓦锡、……普利斯特利[燃素]、爱因斯坦……洛伦兹……"。①

这样，新的范式（可能不止一个）或按新的基本原则的解释模式就出现于舞台。如果这新的范式能够在某些方向更有效地、更富于预见力或更一致（库恩提出一些选择标准：准确、一致、丰富（broad scope）、简洁（simple）、有启发新现象的能力（fruitful））、则有希望顶替老的范式而成为新的占主导地位的范式。这就是一个范式"推翻"另一个范式的"革命"。它往往由有新思路的年轻科学家发起，逐渐争取到大多数，但一些顽固的保守者是难于改变的。

为什么称之为"革命"而不是合理的"改良"或"发展"呢？因为，这种改变涉及的是整个范式而不是单个命题，危机不是通过诉诸原来的范式解决的，这里范式本身就在争论之中。而且，那些选择范式的标准不是"算法"（algorithm），对它们可以有不同的解释。"趋同"是由于某些外部原因使人采取了新范式，而不是按传统理性本身的选择，"在对于范式的选择中就像在政治革命中一样，没有比团体的赞成更高的标准了。"②

对于范式化的生活形态而言，这句话是千真万确的；但对于憧憬正道中的"天人合一"的生存形态而言，就不一定是这样的了。

那么对范式的选择有合理性吗？当然有！范式活动本身引出一些事实，这些事实可以被新思路理解为反常，于是就可以用来支持新范式。而且，在具体的选择时，有一些衡量哪个范

时势化的合理性，而非绝对的合理性。

① T. S. 库恩：《科学革命的结构》，李宝恒、纪树立译，第 66 页。
② 同上书，第 78 页。

式更为成功的标准，尽管对于这些标准的解释以及（在不能同时满足的情况下）哪个更重要则无算法可言。总有模糊的、"主观的考虑"在其中。所以这些标准更近乎"价值"（value）而不是"规则"（rule）。按规则选择范式，这规则不是过高就是过低。范式选择的合理性主要表现在，有不同范式的竞争和可能，人们总可能按照他们认为是最合理的方式去选择，重新选择，或甘于处于不被重视的边缘（达则兼济天下，穷则独善其身。中国人对于穷通、出隐、阴阳共同组成的人生和事业的合理性极敏感）。这种选择就其孤立的状态来说，也免不了受范式的指导，但人的生存理性也有超出范式的边缘直觉。没有范式，就不可能达到高深；但成为高深和成功，就必受制于范式。

在这种成败、真假、是非观看来，"损之又损，以至于无"是不可能在现世实现的，只能是退一步而求得新范式的转移与过渡。科学传统确立之后，新范式不可能凭空产生，必是受旧范式的训练、激发而偏斜者。

因此，提出或能在早期跟随新范式的科学家，往往有其生命存在的更丰富向度，比如爱因斯坦对音乐和康德哲学的热爱，海森堡、汤川秀树对道家哲理的关注。

正如纽拉特的"船喻"所说的："想要用绝对不出错的纯记录语句当作科学的出发点，这是办不到的。……我们就像那样一种水手，他们只能在大海上改造他们的船，而绝不可能将这船在干燥的船坞中拆卸开来，然后用最好的材料来重组它。"（纽拉特：《记录语句》，见《认知》（*Erkenntnis*）杂志，1932 年第 3 期，第 206 页）

参 考 文 献

艾耶尔，A.J.：《维特根斯坦》，陈永实译，中国社会科学出版社，1989年。

布伦特，约瑟夫：《皮尔士传（增订版）》，邵强进译，上海人民出版社，2008年。

陈启伟主编：《现代西方哲学论著选读》，北京大学出版社，1992年。

杜丽燕：《尼采传》，河北人民出版社，1997年。

杜威：《经验与自然》，傅统先译，商务印书馆，1964年。

贺麟：《五十年来的中国哲学》，辽宁教育出版社，1989年。

洪谦主编：《逻辑经验主义》（上卷），商务印书馆，1982年。

洪谦主编：《西方现代资产阶级哲学论著选辑》，商务印书馆，1964年。

胡塞尔：《纯粹现象学通论》，李幼蒸译，商务印书馆，1992年。

胡塞尔：《经验与判断》，邓晓芒、张廷国译，生活·读书·新知三联书店，1999年。

胡塞尔：《内时间意识现象学》，倪梁康译，商务印书馆，2009年。

胡塞尔：《现象学的观念》，倪梁康译，上海译文出版社，1986年。

吉桑，尼古拉：《跨越时空的骰子：量子通信、量子密码背后的原理》，周荣庭译，上海科学技术出版社，2016年。

纪树立编译：《科学知识进化论——波普尔哲学选集》，生活·读书·新知三联书店，1992年。

库恩：《科学革命的结构》，李宝恒、纪树立译，上海科学技术出版社，1980年。

刘放桐等编著：《现代西方哲学》，人民出版社，1990年。

罗森塔尔，桑：《从现代背景看美国古典实用主义》，陈维纲译，开明出版社，1992年。

罗素：《逻辑与知识》，苑莉均译，商务印书馆，1996年。

罗素:《数理哲学导论》，晏成书译，商务印书馆，1982年。

罗素:《我的哲学的发展》，温锡增译，商务印书馆，1982年。

罗素:《哲学问题》，何明译，商务印书馆，1964年。

马尔康姆:《回忆维特根斯坦》，李步楼、贺绍甲译，商务印书馆，1984年。

马瑟，乔治:《幽灵般的超距作用：重新思考空间和时间》，梁焰译，人民邮电出版社，2017年。

莫绍揆:《数理逻辑初步》，上海人民出版社，1980年。

尼采:《悲剧的诞生——尼采美学文选》，周国平译，生活·读书·新知三联书店，1986年。

尼采:《权力意志》，孙周兴译，商务印书馆，2007年。

尼采:《权力意志》，张念东、凌素心译，商务印书馆，1994年。

尼采:《苏鲁支语录》，徐梵澄译，商务印书馆，2009年。

倪梁康:《胡塞尔现象学概念通释》，生活·读书·新知三联书店，1999年。

叔本华:《作为意志和表象的世界》，石冲白译，商务印书馆，1982年。

王宪钧:《数理逻辑引论》，北京大学出版社，1982年。

维特根斯坦:《名理论（逻辑哲学论）》，张申府译，北京大学出版社，1988年。

维特根斯坦:《维特根斯坦传》，杜丽燕译，东方出版社，2000年。

维特根斯坦:《哲学研究》，李步楼译，商务印书馆，2002年。

徐友渔:《"哥白尼式"的革命》，上海三联书店，1994年。

詹姆士，威廉:《彻底经验主义》，庞景仁译，上海人民出版社，2006年。

詹姆士，威廉:《实用主义》，陈羽纶、孙瑞禾译，商务印书馆，1983年。

詹姆士，威廉:《心理学原理（选译）》，唐钺译，商务印书馆，1965年。

张祥龙:《海德格尔传》，河北人民出版社，1998年/商务印书馆，2007年。

张祥龙:《现象学导论七讲：从原著阐发原意》，中国人民大学出版社，2011年。

Bartley, W. W.: *Wittgenstein*, Illinois: Open Court, 1985.

Copleston, S. J. Frederick: *A History of Philosophy*, vol.IX, New York: Double-day, 1985.

Copleston, S. J. Frederick:*A History of Philosophy*, vol. Ⅶ, New York: Double-day, 1985.

Dewey, J.: *The Public and Its Problem*, Chicago: Gateway Books, 1946.

Heidegger, M. : *Sein und Zeit*, Tübingen : Max Niemeyer, 1986.

Heidegger, M. : *Phänomenologie des Religiösen Lebens*, Gesamtausgabe LX, Frankfurt: Klostermann, 1955.

Kourany, J. A. (ed.) : *Scientific Knowledge: Basic Issues in the Philosophy of Science*, Belmont: Wadsworth, 1987.

M. H. Fisch(ed.): *Classic American Philosophers*, New York: Appleton-Century-Crofts, 1951.

Nietzsche, F.: *Thus Spake Zarathustra*, trans, Thomas Common, Beijing: China Social Sciences Publishing House, 1999.

Ogden, C. K.: *Tractatus Logico-Philosophicus*, Dover Publications,1922.

Peirce, C. S.: *Collected Papers of Charles Sanders Peirce*, vol. I-VI, ed. C. Hartshorne and P. Weiss, Cambridge, Massachusetts: Harvard University Press, 1931-1935.

Russell, Bertrand : *The Problems of Philosophy*, London, New York, Toronto: Oxford University Press,1997.

Stumpf, Samuel E.: *Socrates to Sartre: A History of Philosophy*, New York: McGraw-Hill, 1993.

Wolin, R. (ed.): *The Heidegger Controversy: A Critical Reader*, The MIT Press, 1993.

人 名 索 引

术 语 索 引

图书在版编目(CIP)数据

西方哲学史讲演录:上下卷/张祥龙著.—北京:商务
印书馆,2022
(张祥龙文集;第5、6卷)
ISBN 978 - 7 - 100 - 21267 - 0

Ⅰ.①西…　Ⅱ.①张…　Ⅲ.①西方哲学—哲学
史—文集　Ⅳ.①B5 - 53

中国版本图书馆 CIP 数据核字(2022)第 095779 号

张祥龙文集

第 5—6 卷

西方哲学史讲演录(上下卷)

商 务 印 书 馆 出 版
(北京王府井大街36号　邮政编码100710)
商 务 印 书 馆 发 行
北京通州皇家印刷厂印刷
ISBN 978 - 7 - 100 - 21267 - 0

2022 年 11 月第 1 版　　　开本 710×1000　1/16
2022 年 11 月北京第 1 次印刷　　印张 48
定价:238.00 元

张祥龙文集